DAS GROSSE BUCH DER

NAMENSTAGE

DAS GROSSE BUCH DER NAMENSTAGE

Mit 3850 Namen und
1680 Lebensbeschreibungen durch das Jahr

HOHE

Jakob Torsy, Hans-Joachim Kracht: Das große Buch der Namenstage
Titel der Originalausgabe: Der große Namenstagskalender

Lizenzausgabe für Verlag HOHE GmbH, Erftstadt

Die Verlag HOHE GmbH ist ein Gemeinschaftsunternehmen der
Herder GmbH & Co. KG, Freiburg, und BMH Buch Medien Handel GmbH, Erftstadt.

Einbandgestaltung: sowiesodesign.de
Einbandabbildungen: Griechisch-orthodoxe Ikone, die Ezechiel darstellt, picture-alliance/Godong; Darstellung des Heiligen Antonius auf einem Fresko aus dem Andreas-Kloster auf dem Berg Athos, picture-alliance/Godong; Darstellung des Ignatius von Loyola, Spanien, picture-alliance/Godong; griechisch-orthodoxe Darstellung eines Heiligen mit einem vom Blut eines Märtyrers durchtränkten Tuch, picture-alliance/Godong; Darstellung des Heiligen Cornelius auf einem Gemälde (um 1530/38) des Meisters von Messkirch, picture-alliance/akg-images; Darstellung Papst Stephan I. (um 1442), picture-alliance/akg-images (Bildleiste v. l. n. r.);
Baby, picture-alliance/Picture Press/ANTONIUS (unten)
Satz: SatzWeise, Föhren

Gesamtherstellung: Verlag HOHE GmbH, Erftstadt
Printed in Germany 2007

ISBN 978-3-86756-038-2

Zum Geleit

Im Jahr 1969 wurde der alte römische Kalender durch das neue »Calendarium Romanum Generale« ersetzt, das einerseits um etwa ein Drittel weniger Feiern enthielt, andererseits für nicht wenige Heilige neue Daten angab. Die Veröffentlichung des neuen Kalenders löste eine unerwartet starke Welle von Protest und Kritik aus. Es schien so, als hätte die nachkonziliare Kirche viele Heilige, darunter sehr populäre und traditionsverwurzelte Namenspatrone wie Barbara, Christoph, Katharina, Margareta aus dem Himmel gejagt. Was war geschehen?

Die Konzilsväter des II. Vatikanums hatten beschlossen, die längst notwendige Reform des liturgischen Kalenders auf ein wichtiges Ziel hinzuordnen: Die Feier der Erlösungsgeheimnisse im *Kirchenjahr* sollte kräftig unterstrichen und ihr gegenüber der Feier der Heiligen der gebührende Vorrang eingeräumt werden. Die fast tägliche Feier von Heiligenfesten, darunter viele von nahezu unbekannten Heiligen, deren Verehrung im Volk kaum verbreitet war, hatte in der Liturgie von Messe und Stundengebet tatsächlich die Feier der Erlösung durch Christus stark beeinträchtigt. Dieser Missstand sollte dadurch beseitigt werden, dass künftig nur die Feier jener Heiligen, die von unbestreitbar gesamtkirchlicher Bedeutung sind, in der ganzen römischen Kirche vorzusehen war; die Mehrzahl der Heiligen aber sollte den teilkirchlichen Kalendern überlassen bleiben.

Diese Grundregel entsprach durchaus dem Sinn und der Geschichte der liturgischen Heiligenverehrung: Heilige gehören auf Grund ihres Lebens und ihrer Wirksamkeit zu einer bestimmten Ortskirche. Dort haben ihre Verehrung und ihre liturgische Feier ihren Ursprung, und von hier aus finden beide auch mehr oder weniger weite Verbreitung.

Die Verantwortlichen für die Durchführung der Kalenderreform hatten aber eine Tatsache übersehen, die unbedingt zu berücksichtigen gewesen wäre. Das Wort »Kalender« hat beim christlichen Volk eine andere Bedeutung als in der Fachsprache der Liturgiker. Diese unterscheidet nämlich zwischen *Kalender* und *Martyrologium:* Der Kalender enthält die kirchenamtliche Regelung für die tägliche Gottesdienstfeier, das Martyrologium enthält umfassende Listen von Heiligen und Seligen in kalendarischer Ordnung. Das Volk aber, das diese Unterscheidung nicht kennt, will im Kalender möglichst alle Namenstage angemerkt finden, es erwartet gewissermaßen eine vollständige Heiligenliste. Ob diese vielen Heiligen im Gottesdienst der Kirche berücksichtigt werden oder nicht, ist für die meisten Menschen kaum von Interesse.

Die heftige Kritik an der römischen Kalenderreform war also in erster Linie einem Missverständnis zuzuschreiben. Die Weiterführung der Kalenderreform auf der Ebene des deutschen Sprachgebietes sollte darum nicht nur den richtigen Grundsätzen der nachkonziliaren Liturgiereform, sondern auch den berechtigten Erwartungen des Volkes Rechnung tragen und Missverständnisse vermeiden.

Von Anfang an wurden daher zwei Ziele ins Auge gefasst: Ein »Regionalkalender« für die Liturgiefeier und ein »Namenstagskalender« für den Volksgebrauch sollten ausgearbeitet und veröffentlicht werden.

Der liturgische Kalender – also die Regelung der Gottesdienstfeier im Lauf des Jahres – sollte jene Heiligen besonders hervorheben, die für die Kirche in unserer Heimat von hervorragender Bedeutung sind:

- die wichtigsten Märtyrer des Sprachgebietes,
- die wichtigsten Glaubensboten, die in unser Sprachgebiet gekommen oder von hier in die Mission gegangen sind,
- bedeutende Heiligengestalten verschiedener Epochen und verschiedener Standeszugehörigkeit,
- Erneuerer der Kirche, des Glaubenslebens, der Caritas, der Wissenschaft,
- Heilige, die im ganzen Sprachgebiet oder großen Teilen desselben verehrt sind.

Diese Heiligen sollten uns durch ihre regelmäßige Feier bekannt und vertraut bleiben, denn sie bilden für die meisten Christen den einzigen und wirksamsten Zugang zu einem lebendigen Verständnis unserer Kirchengeschichte. Der *Regionalkalender* wurde 1971 von den Bischofskonferenzen des deutschen Sprachgebietes beschlossen, 1972 in Rom bestätigt, 1973 in Gebrauch genommen und ist Grundlage für das neue deutsche Messbuch und Stundengebet.

Der zweite Kalender, der so genannte *Namenstagskalender*, sollte den Wünschen vieler Christen entgegenkommen, ihre Namenstage zu finden, aber darüber hinaus auch ihre Namenspatrone kennen zu lernen und einen Einblick in die unermesslich große Zahl von Heiligengestalten zu gewinnen, die – jeder in seiner besonderen Weise – ein beispielhaftes christliches Leben geführt haben und uns heute Leitbild und Fürsprecher sind. Er stellt einen Auszug aus dem *Martyrologium* dar, bereichert durch einige Hinzufügungen.

Bei der Auswahl der Heiligen für diesen Kalender waren verschiedene Gesichtspunkte maßgebend: Einerseits sollte die Praxis der heutigen Namensgebung berücksichtigt werden, andererseits die überaus reiche Tradition der Heiligenverehrung unseres Gebietes hervorgehoben und die Aufmerksamkeit auf vorbildliche Christen aus Vergangenheit und Gegenwart gelenkt werden. Aus unserem Jahrhundert sind auch einzelne hervorragende Personen angeführt, die durchaus verehrungs- und nachahmungswürdig gelebt haben, aber nicht heilig oder selig gesprochen sind. Es steht nichts im Weg, auch solche Personen als Namenspatrone zu wählen.

Der Gedenktag eines Heiligen und somit der »Namenstag« für den Träger seines Namens ist in der Regel der Todestag. Wenn der liturgische Gedenktag davon abweicht (etwa ein Kirchweihtermin, Übertragung von Reliquien, ein wichtiges Ereignis aus dem Leben usw.), sind beide Daten angeführt und als Namenstag wählbar.

Bei vielen Heiligen gibt es verschiedene Formen, Übersetzungen oder Schreibweisen ihres Namen. Alle diese Formen sind im alphabetischen Register am Ende des Buches angeführt, damit die richtigen Heiligen leicht gefunden werden können.

Wenn für bestimmte Namen mehrere Heilige genannt sind (so etwa Petrus, Johannes, Jakob …), so steht es natürlich den Eltern bzw. dem Träger des Namens frei, sich für einen Namenspatron und damit auch für einen Namenstag zu entscheiden.

Der mit großer Sorgfalt und Sachkenntnis erarbeitete »Namenstagskalender« wird nun der Öffentlichkeit übergeben. Er sollte dazu beitragen, dass Paten oder Eltern auf der Suche nach Namen für ihre Kinder nicht nur nach gerade gängiger Mode oder wegen des Wohlklangs eines Namens entscheiden, sondern dass sie nach bewährter Tradition einen ganz bestimmten Patron als Vorbild und Fürsprecher für ihr Kind auswählen.

Philipp Harnoncourt

Vorwort

Die erste Kalenderkonferenz der für liturgische Fragen zuständigen Diözesanvertreter im Mai 1969 in Heppenheim hatte Universitätsprofessor Dr. Karl Amon/Graz gebeten, einen Namenstagskalender für die Bistümer des deutschen Sprachgebietes zu entwerfen. Ende des Jahres wandte sich Prof. Amon an die betreffenden Diözesanvertreter sowie an Kloster- und Ordensleitungen, um Unterlagen für den Namenstagskalender zu erhalten. Die eingehenden Antworten wurden anschließend gesichtet und geordnet. Der Kölner Erzbistumsarchivar Dr. Jakob Torsy übernahm dann von Prof. Amon die Bearbeitung des Namenstagskalenders mit allen bis dahin eingegangenen Hinweisen. Nachdem in mehreren Sitzungen mit den Professoren Amon und Philipp Harnoncourt aus Graz das Kalendarium zusammengestellt war, fertigte Dr. Torsy die Kurzviten und das alphabetische Namensregister an. Nach dem Tod des Kölner Erzbistumsarchivars im Jahre 1990 übernahm in dessen ausdrücklichem Auftrag der Unterzeichnete die Neubearbeitung des vorliegenden Werkes.

Die Verantwortlichen der Diözesen sowie der Orden und Klöster für Fragen der Liturgie und der Eigenkalender haben sich große Mühe gegeben, die an sie gerichteten Fragen erschöpfend zu beantworten. Die Mitarbeiterinnen und Mitarbeiter der Bistumsarchive waren immer gern bereit, besonderen Fragen nachzugehen.

»Das große Buch der Namenstage« hat im deutschsprachigen Raum eine ungewöhnlich wohlwollende Aufnahme und gute Resonanz gefunden. In vielen Zuschriften wurden Verbesserungs- und Erweiterungsvorschläge gemacht, die alle reiflich geprüft wurden. Zahlreiche Heilige und Selige wurden zur Aufnahme in das Werk vorgeschlagen. Mehreren dieser Vorschläge konnte stattgegeben werden. Andere mussten leider unberücksichtigt bleiben. Denn der Kalender will ja in erster Linie die »Sancti« und »Beati« erfassen, die als Namenspatrone im deutschen Sprachgebiet gewählt werden. Er kann und soll sich nicht zu einem Martyrologium oder Heiligenlexikon ausweiten.

Drei Wünsche kamen in den Zuschriften immer wieder zum Ausdruck:

Man vermisste die Angabe des kultischen Verehrungsgrades, ob heilig oder selig; man regte die Angabe der Patronate an, weshalb ein Heiliger angerufen wurde und man bat im Rahmen des Möglichen um etymologische Erklärung der Namen.

Bis ins Mittelalter war es Recht und Aufgabe des Ortsbischofs, das Prädikat »selig« oder »heilig« zuzuerkennen. Vielfach ist aber kein offizielles Dokument hierüber vorhanden.

Bei der »Elevatio«, der »Erhebung der Gebeine«, entnahm man den Leib des Heiligen dem Boden und bettete ihn in einen Schrein, der hinter oder neben den Altar auf kleine Säulen oder Pfeiler gestellt wurde, damit das gläubige Volk ihn sehen konnte. Papst Leo IV. (847–855) gestattete, Reliquien auch auf den Altar zu stellen.

Die »Translatio«, eine Übertragung der Reliquien in einen Schrein oder von ihrem Ursprungsort an eine andere Stätte, kam einer Kultanerkennung gleich.

In größerem Ausmaß kommen Translationen von ganzen Leibern oder Abgabe von einzelnen Teilchen erst in fränkischer Zeit vor. Der Heilige war dort »ansässig«, wo sein Leib oder größere Teile seiner Reliquien ruhten. Diesem Ort, dieser Stadt oder diesem Land galt in erster Linie nach der Auffassung des frühen und auch späteren Mittelalters seine Fürsprache bei Gott. Translationen von Reliquien förderten den Kult eines Heiligen. So entstanden am Weg der Übertragung von Reliquien des hl. Vitus von St.-Denis nach Korvey 887 mehrere Vituskirchen.

993 nahm Papst Johannes XV. die erste feierliche Heiligsprechung in Rom vor: Bischof Ulrich von Augsburg († 973). 1173 bestimmte Papst Alexander III., dass jemand nur mit päpstlicher Ermächtigung als Heiliger verehrt werden dürfe. Damit war die Form der vom Papst ausgesprochenen Kultanerkennung verbindlich geworden. Doch auch nachher gestatteten noch manche Bischöfe die Verehrung eines Seligen.

Papst Urban VIII. erließ 1625 und 1634 eingehende Bestimmungen über die Heiligenverehrung. Der Kult von Seligen und Heiligen, der bis 1634 bestanden hatte, durfte weiterhin ausgeübt werden; in Rom sollte jedoch die Anerkennung des Kultes erbeten werden. Für die Zukunft war die kultische Verehrung an den erfolgreichen Abschluss eines Selig- oder Heiligsprechungsprozesses gebunden, der dem Apostolischen Stuhl vorbehalten ist.

Die Apostolische Konstitution »Divinus Perfectionis Magister« vom 25. Januar 1983 hat diese Prozessordnung neu geregelt. Papst Johannes Paul II. hat den Diözesanbischöfen größere Vollmachten bei der Vorbereitung der Heilig- oder Seligsprechungsprozesse übertragen.

Gemäß den Konstitutionen Papst Urbans VIII. und Leos XIII. bleibt das endgültige Urteil hinsichtlich der kirchlichen Verehrung der im Namenstagskalender aufgeführten Personen und über die mitgeteilten übernatürlichen Begebenheiten in deren Leben der Kirche vorbehalten.

Bei vielen Heiligen oder Seligen ist zwischen 1173 und 1634 eine kultische Verehrung entstanden, ohne dass ein Prozess in Rom stattgefunden hat oder die Kultanerkennung ausgesprochen wurde. Oft ist auch die Bezeichnung »selig« oder »heilig« nach Orten und Zeiten verschieden. Im Register und bei den Viten ist der Grad der kultischen Verehrung mit »Hl.« oder »Sel.« angegeben. Wo die Quellen bei der Angabe des Grades der kultischen Verehrung schwanken oder unklar sind, wurde es im Register ausgedrückt mit »(Hl.)« oder »(Sel.)«. Bei alttestamentlichen Personen ist kein Grad der kultischen Verehrung erwähnt.

»Sancti« und »Beati« werden als Patrone vielfach von bestimmten Standes- oder Berufsgruppen angerufen. So haben etwa die Kinder, Jungfrauen, Brautleute, Frauen, aber auch die Bäcker, Metzger, Schuhmacher, Schreiner ihre besonderen Heiligen, deren Schutz und Hilfe sie erflehen. Die Patronate, die Handwerkergruppen betreffen, lassen sich zum Teil bis ins Mittelalter zurückverfolgen und sind über die Gilden und Bruderschaften bis in die heutige Zeit lebendig geblieben. Doch haben nicht überall die gleichen Handwerkergruppen auch die gleichen Patrone. Hier finden sich örtliche und zeitliche Unterschiede.

Die Heiligen werden aber auch in bestimmten Anliegen angerufen. Auch hier gibt es wieder Differenzierungen nach Zeiten und Landschaften. Nicht alle Heiligen werden also überall in allen genannten Anliegen angerufen. Ebensowenig werden die Heiligen stets mit allen angeführten Attributen dargestellt.

Viele Patronate haben sich aus der Lebensbeschreibung oder der Leidensgeschichte des Heiligen ergeben. Manche lassen sich auch aus den ikonographischen Attributen erklären. Manchmal ist heute nicht mehr zu klären, weshalb der Heilige zum Schutzherrn gerade dieser Personengruppe erwählt wurde, oder warum er gerade bei bestimmten Anliegen angerufen wird.

Die Kurzviten des Kalenders enthalten keine Quellen- und Literaturangaben. Doch weist das auf den neuesten Stand gebrachte Literaturverzeichnis auf einschlägige weiterführende Werke hin. Nur in vereinzelten Fällen wurden die Orts-, Landschafts- und Länderpatronate der Heiligen angegeben. Ihre lückenlose Erfassung würde viel Aufwand erfordern. Ebenso sind die Patronate über Orden und Kongregationen nicht aufgeführt. Diese »Sancti« und »Beati« kommen im Allgemeinen bei der Wahl der Taufnamen nicht in Betracht, sondern eher bei der Verleihung der Ordensnamen.

Die Studien der Gesellschaft für deutsche Sprache, die nach Auswertung von Unterlagen der Standesämter im deutschen Sprachraum in regelmäßiger Folge eine »Hitliste« der beliebtesten Vornamen erstellen, zeigen eine interessante Entwicklung an. Die meist gewählten Vornamen für Jungen waren: Alexander, Maximilian, Lukas, Leon, Tim, Paul, Niklas, Jonas, Daniel und Jan. Die Rangliste bei den Mädchennamen wird angeführt von Marie. Es folgen: Sophie, Maria, Anna/Anne, Laura, Lea, Julia, Michelle, Katharina und Sarah.

Diese Ergebnisse für das Jahr 2000 sind aus mehrfachen Gründen besonders aufschlussreich. Heilige überwiegen ganz deutlich. Dabei werden Kurzformen bevorzugt. Die seit Jahrhunderten beliebtesten Vornamen Johannes (der Täufer), Maria und Nikolaus, die – in weiblicher oder männlicher Form – mit ihren zahlreichen Varianten oder Kurzformen weiteste Verbreitung fanden, blieben im Trend. Auffallend ist der Anteil von Persönlichkeiten aus dem Alten Testament.

Seit 1588 – nach der grundlegenden Neuordnung der Verfahren – wurden bis zum Beginn des Pontifikats Johannes Pauls II. 296 Männer und Frauen heilig gesprochen, 808 zu Seligen erklärt und in 1430 Fällen eine Kultanerkennung ausgesprochen.

Ein Blick in die jüngste Geschichte der Selig- und Heiligsprechung zeigt eine deutliche Zunahme und damit auch einen – nicht nur geographischen – Wandel an.

Papst Johannes XXIII. (1958–1963) proklamierte bei fünf Heiligsprechungsfeiern zehn Heilige aussschließlich aus dem romanischen Sprachraum. Zu Beginn des II. Vatikanums setzte er am 9.12.1962 mit der Heiligsprechung von Vinzenz Palotti, dem gebürtigen Römer, ein unübersehbares Zeichen. Mit dem hl. Martinus de Porres aus dem Dominikanerorden erhielt die Kirche von Lateinamerika seit langer Zeit wieder einen Heiligen. Bei vier Seligsprechungen proklamierte dieser Papst drei italienische und eine kanadische Selige.

Papst Paul VI. (1963–1978) kanonisierte bei 21 Heiligsprechungen 84 Heilige, von denen 66 nicht zum romanischen Sprachraum gehören. Damit sind zum ersten Mal deutlich weltkirchliche Akzente gesetzt. Am 18.10. 1964 sprach er die Märtyrer von Uganda, Karl Lwanga und Matthias Kalemba mit 20 Gefährten, heilig. Am 21.6.1970 folgte die Heiligsprechung des Franziskaners Nikolaus Tavelic mit 3 Gefährten. Am 25.10. des gleichen Jahres sprach er Cuthbert Mayne und seine 39 Gefährten heilig. Dieser Papst sprach bei 28 Seligsprechungsfeiern 137 Diener Gottes selig.

Johannes Paul II. hat seit 1978 bis Ende August 2001 bei 42 Heiligsprechungsfeiern – zum ersten Mal auch außerhalb Roms – 452 Heilige (401 Märtyrer und 51 Bekenner) proklamiert. Davon gehörten über fünfzig Prozent dem asiatischen Kulturraum (China, Japan, Korea, Philippinen, Vietnam) an. 114 von ihnen waren von seinen Vorgängern Johannes XXIII. (1) und Paul VI. (113) zur Ehre der Altäre erhoben worden.

In 128 Seligsprechungsfeiern hat Johannes Paul II. bis Ende August 2001 1498 Diener(innen) Gottes selig gesprochen. Dazu vollzog der Papst 6 Kultanerkennungen. Das ist die bisher höchste Zahl von Selig- und Heiligsprechungen in der Amtszeit eines Papstes überhaupt.

Allen, die beim Zustandekommen dieser Neubearbeitung des Namenstagskalenders mitgewirkt haben, sei ein aufrichtiges Wort des Dankes gesagt. Mein Dank gilt zunächst den Bischöfen und Vorsitzenden der liturgischen Kommissionen des deutschen Sprachraumes. Ein herzlicher Dank gebührt dem Verlag Herder, hier ganz besonders Herrn Ludger Hohn-Morisch und seinen Mitarbeiter(inne)n, für das beständige Interesse an dieser Arbeit sowie für die Mühe und Sorgfalt, mit der sie diese neue Ausgabe gestaltet haben.

Herzlicher Dank gilt Frau Nina Kracht, Brühl, für die mühevolle Texterfassung und Frau Astrid Haas, Rom, für das zielsichere Aufspüren von Unstimmigkeiten.

Vorwort

Der Bearbeiter ist sich bewusst, dass auch diese völlig neu gestaltete Auflage des Namenstagskalenders Mängel, Fehler und Ungereimtheiten enthält und Wünsche offen lässt. Er ist darum dankbar, wenn Benutzer und Leser ihre Kenntnisse und Vorschläge zur weiteren Verbesserung des Kalenders dem Unterzeichneten über den Verlag mitteilen. Das ist in den letzten Jahren in dankenswerter Weise geschehen!

Aufrichtig danke ich darum all denen, die durch Fragen und Hinweise Anregungen gaben. Nicht alle können namentlich genannt werden. Besonders danke ich den Herren Militärdekan Mag. Hans Ellenhuber, Wals; Pfarrer Ulrich Falke, Verne; Pfarrer Dr. Michael Ulrich, Dresden, und Herrn Dr. Manfred Becker-Huberti, Köln.

Möge das neu bearbeitete und neu gestaltete »große Buch der Namenstage« auch im dritten Jahrzehnt seines Erscheinens wohlwollende Aufnahme finden und dazu beitragen, dass der persönliche Namenspatron wieder an Bedeutung zunimmt und die Namensträger sich bewusst werden, in ihrem Namenspatron ein Vorbild für ihr Leben und einen Fürsprecher für die Ewigkeit zu haben.

Rom, im August 2001 *Dr. Hans-Joachim Kracht*

Einleitung

»Der große Buch der Namenstage« soll allen, die ihren Namenstag feiern, die Möglichkeit bieten, sich über das Leben ihres Namenspatrons kurz zu informieren. Hierzu dient der eigentliche Namenstagskalender, der vom 1. Januar bis zum 31. Dezember alle im deutschen Sprachgebiet für Vornamen in Frage kommenden Heiligen oder heiligmäßigen Personen an ihrem jeweiligen Fest- oder Gedächtnistag aufführt. Das anschließende alphabetische Namensregister am Ende des Buches lässt leicht den Gedächtnistag finden.

Namen, Namenspatron, Namenstag

In den ersten Jahrhunderten der Kirche behielten im Allgemeinen Männer und Frauen, die den christlichen Glauben annahmen und sich taufen ließen, ihren ursprünglichen Namen bei. Namensänderungen anlässlich der Taufe sind uns nur wenige überliefert. Johannes Chrysostomus forderte um 388 die Eltern auf, ihren Kindern Namen von heiligen Männern und Frauen zu geben. In späteren Zeiten wird dieser Wunsch in der Ostkirche immer wieder zum Ausdruck gebracht. Auch in der lateinischen Kirche des Westens kennen wir Beispiele, dass Kindern Namen von Heiligen beigelegt wurden. Doch hat die abendländische Kirche dies niemals als Forderung erhoben, sondern ihren Gliedern bezüglich der Namensgebung volle Freiheit gelassen. Die in die Kirche eintretenden Germanen trugen weiter ihre überlieferten Namen. Zwar brachten die iroschottischen Glaubensboten aus ihrer Heimat den Gebrauch alttestamentlicher Namen mit; doch verschwanden diese Namen bis zum 10. Jahrhundert wieder im Volk und hielten sich nur in einigen Klöstern. In deutschsprachigen Gebieten blieben vorerst auch deutsche Namen in überwiegendem Gebrauch.

Erst mit dem 13. Jahrhundert begannen dann fremde Heiligennamen sich langsam zu verbreiten. Hierzu mag der Einfluss der Bettelmönche, besonders der Franziskaner, beigetragen haben, die durch die weite Ausbreitung der so genannten Dritten Orden einen großen Einfluss ausübten. Auch die in der zweiten Hälfte des Mittelalters ansteigende Heiligenverehrung hat sicher mitgeholfen, dass bei der Namensgebung auch fremde Heilige berücksichtigt wurden. Die Kreuzfahrer brachten mit Reliquien auch griechische und orientalische Namen in das Abendland.

Erst im 16. Jahrhundert hat die lateinische Kirche klar den Wunsch ausgesprochen, Kindern Namen von Heiligen zu geben. Das Konzil von Trient erklärte 1563, es sei recht und heilsam, die Heiligen zu verehren und ihre Fürbitte anzurufen. Der auf Veranlassung des Konzils 1566 herausgegebene Römische Katechismus brachte dann den Wunsch der Kirche zum Ausdruck, der dem Täufling beigelegte Name sollte von Männern oder Frauen genommen werden, die durch ihren frommen und gottesfürchtigen Wandel unter die Zahl der Heiligen aufgenommen worden seien, damit der Täufling in seinem Leben dem Vorbild seines Namenspatrons nacheifern und ihn um seinen besonderen Schutz und seine Fürbitte anrufen könne. Die Ablehnung der Heiligenverehrung durch die Neugläubigen führte dann in der Zeit der Erneuerung der Kirche dazu, dass in katholischen Gebieten der Brauch, Kinder nach einem Heiligen zu benennen, allgemein üblich wurde.

Schon im Spätmittelalter lässt sich nachweisen, dass der Namenstag als das Fest des besonderen Schutzpatrons feierlich begangen wurde. Manche fasteten vorher, besuchten am Festtag den Gottesdienst und spendeten Opfer und Almosen. Nach der Reformation wurde die Feier des Namenstags besonders von den neuen Orden der Jesuiten und Kapuziner angeregt. Außer durch eine religiöse Feier wurde er auch im Familienkreise festlich begangen.

Heiligenlegenden

Viele Männer und Frauen verehren einen Heiligen als Namenspatron, dessen Leben uns klar und deutlich überliefert und bekannt ist. Wir können das Streben dieser Heiligen nach Vollkommenheit, ihre Schwierigkeiten sowie ihre Rückschläge auf dem Weg zu Gott hin genau verfolgen. Bei anderen Heiligen sind wir nur über größere oder kleinere Strecken ihres Lebensweges unterrichtet. Endlich lässt sich von einer Anzahl von Heiligen nur sagen, dass ihr Kult schon früh bestanden hat. Gerade von diesen Heiligen, von deren Leben und oft auch von ihrem Sterben uns nichts mehr überliefert ist, wollten die Menschen aber genauere Angaben über den irdischen Wandel und das Weiterschreiten in der Heiligkeit wissen, zumal da solche Heilige häufig eine sehr große Verehrung genossen. So wurden nun um das Leben dieser Heiligen fromme Geschichten gesponnen, die die Lücken der Überlieferung ausfüllen sollten. Auch um Karl den Großen oder um Friedrich Barbarossa, zwei geschichtliche Persönlichkeiten, ist ein Sagenkranz entstanden, dessen einzelne Erzählungen aber nicht als wirklich geschehene Tatsachen angenommen werden. So sind ebenfalls die Legenden der Heiligen zu bewerten. Sie sind ein Rankenwerk, oft von erstaunlicher Feinheit und duftiger Blütenpracht, das leider bisweilen den echten Kern, der darunter verborgen ist, kaum oder überhaupt nicht mehr erkennen lässt. Das sollte aber nicht irremachen. Überraschende Funde in wieder aufgefundenen Schriften oder bei Ausgrabungen haben bereits öfters die Echtheit eines vielfach angezweifelten Kerns einer Legende erwiesen. Betrachten wir die Legenden als das, was sie sein wollen: dichterische Übermalung weiter Strecken unseres Nicht-Wissens.

Grundlagen des Namenstagskalenders

Der Namenstagskalender verdankt sein Entstehen einer Anzahl verschiedener Quellen:

1. dem neuen römischen Generalkalender, veröffentlicht durch Dekret der Ritenkongregation vom 21. März 1969;
2. dem deutschen Regionalkalender für die Bistümer des deutschen Sprachraums;
3. den Eigenkalendern der deutschsprachigen Bistümer;
4. Namen, die von den Bistumsleitungen oder ihren hierzu Beauftragten über den Eigenkalender hinaus für die Aufnahme in den Namenstagskalender vorgeschlagen wurden;
5. Namen, die von Klöstern und Ordensgemeinschaften gewünscht wurden;
6. Namen, die auf Grund der Taufregister aus je einer traditionsgebundenen und einer fortschrittlichen Pfarrei eines jeden Bistums für das Jahr 1968 ermittelt wurden;
7. Namen von Schülern und Schülerinnen einiger Schulen im deutschen Sprachgebiet.
8. Namen, die auf Grund einzelner Zuschriften aufgenommen wurden.

Im Namenstagskalender sind nicht nur Heilige und Selige, sondern auch viele Personen, die von der Kirche noch nicht zur Ehre der Altäre erhoben worden sind. Unter ihnen finden sich auch zahlreiche Opfer des Nationalsozialismus, die durch ihr mutiges Eintreten für christliche Belange und ihr heldenmütiges Sterben als Vorbilder dienen können.

Schreibung der Namen

Schwierigkeit bereitete die Überlegung, welche der verschiedenen Schreibarten eines Namens gewählt werden sollte. Die neue ökumenische Schreibung der biblischen Eigennamen nach den Loccumer Richtlinien von 1970 ist für den Namenstagskalender kaum brauchbar. Eine Stichprobe ergab, dass neben 25 Thomas nur ein Tomas steht, dass alle 17 Befragten ihren Namen Elisabeth schrieben und dass 5 die Form Matthias und 2 die Schreibweise Mathias benutzten. Die Formen Tomas, Elisabet, Mattias und ähnliche sind also für den Namenstagskalender nicht angemessen. Eine Ausnahme bildet die Schreibung Josef, die sich heute mit Joseph die Waage hält. Auch in evangelischen Kreisen wird übrigens bei biblischen Namen die hergebrachte Form noch bevorzugt.

Bei Namen lateinischen Ursprungs wurde vielfach die Endung als heute nicht gebräuchlich fortgelassen, z.B. Severin, Martin.

Bei deutschen Namen wurde ebenfalls auf die latinisierende Endung verzichtet: z.B. statt Wilhelmus, Engelbertus, Walburga oder Walburgis einfach Wilhelm, Engelbert, Walburg. Die Namensteile »sig« und »frid« wurden ohne »e« geschrieben, z.B. Sigfrid. Nur bei Friedrich und Gottfried schien ein Auslassen des »e« ungebräuchlich.

Eine konsequente Durchführung von grundlegenden Prinzipien in der Schreibweise der Namen war nicht möglich und auch nicht beabsichtigt. Zur Erleichterung des Auffindens eines Namens sind daher vielfach Hinweise im alphabetischen Namensregister gegeben.

Kurz- und Kosenamen

Die in das alphabetische Namensverzeichnis aufgenommenen Kurz- und Kosenamen können nur eine Auswahl bilden, die durch die Grundlagen des Namenstagskalenders, besonders durch die unter den Nummern 6 bis 8 (s.o.) genannten, gegeben war. Sie wollen also keineswegs Vollständigkeit erzielen. Ebenso sind bei den Kurz- und Kosenamen die Hinweise auf die vollständigen Namensformen nicht erschöpfend. Es lassen sich zu den aufgeführten Kurz- und Kosenamen oft auch noch andere Grundnamen finden.

Für eine Anzahl von Namen ist keine heilige oder vorbildhafte Persönlichkeit gefunden worden. Diese Namen sind im alphabetischen Verzeichnis gekennzeichnet durch k. H. (= kein Heiligenname). Bei manchen dieser Namen wurde auf einen anderen Namen verwiesen, ohne dass eine etymologische Verwandtschaft vorhanden ist. Namen germanischer Herkunft setzen sich oft aus zwei Namensteilen zusammen, die vielfach auch umgekehrt aneinandergereiht werden können, z. B. Bertger–Gerbert, Gangolf–Wolfgang, Hildegund–Gunthild, Hildiger–Gerhild, Hildegrim–Krimhild, Notker–Gernot, Gerwald–Waltger, Trudgeb–Gebtrud usw.

Daher wurde bei einigen Namen, für die kein Patron gefunden werden konnte, auf die umgekehrte Form verwiesen. Bei anderen Namen wurde auf Namen, die wenigstens einen Namensteil enthalten, hingedeutet, z. B. Brunhild = Brun(o), Hilda. Bei beliebten Blumennamen wurde als Patronin Flora vorgeschlagen. Doch blieben einige Namen, z. B. aus der Mythologie oder der alten Geschichte, übrig, bei denen ein Hinweis auf einen anderen Namen nicht gegeben werden konnte und wo es daher einfach beim k. H. bleiben musste.

Aber in allen diesen Fällen, wo der bei Geburt oder Taufe gewählte Name keinen vorbildhaften Namensträger aufweisen kann, ist es vielleicht angebracht, dem eigentlichen Rufnamen einen zweiten Namen hinzuzufügen, der als Patron und Vorbild dienen kann, z. B. Horst Peter, Sven Paul, Kassandra Maria, Daphne Elisabeth.

Gedächtnistag

Die Kirche begeht im Allgemeinen als Gedächtnistag eines Heiligen nicht den Tag, an dem der Heilige das Licht der Welt erblickte, sondern den Tag, an dem er sein irdisches Leben vollendete und in die ewige Heimat abberufen wurde. Dieser Tag wird daher folgerichtig »dies natalis«, Geburtstag für das ewige Leben in der Anschauung Gottes, genannt. In den 1969 veröffentlichten »Allgemeinen Vorschriften über das liturgische Jahr und den Kalender« (2, II, 56) wird dieser Brauch nochmals betont und auch für die Eigenkalender der Regionen und Bistümer zwar nicht vorgeschrieben, aber doch dringend vorgeschlagen. So wurden bei der Neuordnung des römischen Generalkalenders eine Anzahl von Gedächtnistagen auf den Sterbetag des Heiligen verlegt. Dasselbe ist bei der Aufstellung des deutschen Regionalkalenders und der Bistumskalender im deutschen Sprachraum weitgehend beachtet worden.

Der Namenstagskalender nennt nun alle Heiligen, die im römischen Generalkalender, im deutschen Regionalkalender sowie in den Kalendern der deutschsprachigen Bistümer aufgeführt sind, an den Tagen, an denen sie auch in diesen Kalendern erwähnt sind. Die übrigen Personen des Namenstagskalenders kommen fast ausnahmslos an ihren Sterbetagen zur Sprache. Ist der Gedächtnistag nicht mit dem Sterbetag gleich, wird im Namenstagskalender am Sterbetag auf den Gedächtnistag verwiesen.

Im Namenstagskalender ist angemerkt, ob das Gedächtnis eines Heiligen auch in einem kirchlichen Kalender des deutschen Sprachgebietes enthalten ist. Hierzu vergleiche man das nachfolgende Abkürzungsverzeichnis.

An den einzelnen Tagen werden im Namenstagskalender zuerst die im General- und im deutschen Regionalkalender, dann die in den einzelnen Bistumskalendern genannten, endlich dann die übrigen Personen aufgeführt, jede Gruppe in zeitlicher Aufeinanderfolge.

Attribute

Bei vielen Heiligen wurde auch angegeben, wie sie in der christlichen Kunst dargestellt werden. Generelle Attribute kennzeichnen den Stand, z. B. Palme, Märtyrerkrone und Kranz erweisen ihn als Märtyrer, Mönchshabit mit Hirtenstab und Mitra als Abt. Spezielle Attribute unterscheiden eben diesen Heiligen von anderen, z. B. dem hl. Laurentius ist neben dem Diakonengewand der Rost eigen, dem hl. Quirin von Neuss außer der Ritterrüstung der Schild mit den neun Kugeln. Doch sind von zahlreichen Heiligen keine speziellen Attribute bekannt.

Auch machen die ikonographischen Angaben keinen Anspruch auf Vollständigkeit. Das würde den Rahmen des Namenstagskalenders sprengen. Zu beachten ist, dass, wenn mehrere Attribute genannt sind, diese selten in ihrer Gesamtheit bei der Darstellung des Heiligen vorzufinden sind, sondern die Attribute werden häufig einzeln oder auch in wechselnder Zusammenstellung verwendet.

Abkürzungen und Siglen für die einzelnen Kalender

↗	siehe
GT	Gedächtnistag
Hl.	Heiliger, Heilige
Sel.	Seliger, Selige

(Hl.), (Sel.) werden zeitlich und örtlich unterschiedlich als Heilige oder Selige verehrt.

k. H.	kein Heiligenname

GK	römischer Generalkalender
MR	Martyrologium Romanum
RK	deutscher Regionalkalender
RO	russisch-orthodoxer Kalender

A	Augsburg
AC	Aachen
B	Berlin
BA	Bamberg
BB	Bozen-Brixen
BR	Eisenstadt
BS	Basel
CH	Chur
E	Essen
EF	Erfurt
EIH	Eichstätt
ES	Einsiedeln
FB	Freiburg/Schweiz
FD	Fulda
FR	Freiburg/Breisgau
G	Graz-Seckau
GÖ	Görlitz
H	Hamburg
HI	Hildesheim
JE	Jerusalem (Lat. Patriarchat)
K	Köln
KG	Klagenfurt-Gurk
L	Linz
LM	Limburg
LÜ	Lüttich
LUX	Luxemburg
M	München u. Freising
MA	Magdeburg
ME	Metz
MEI	Dresden-Meißen
MS	Münster
MZ	Mainz
N	St. Pölten
OS	Osnabrück
PA	Passau
PB	Paderborn
R	Regensburg
RT	Rottenburg-Stuttgart
S	Salzburg
SG	St. Gallen
SI	Sitten
SP	Speyer
ST	Straßburg
T	Innsbruck
TR	Trier
V	Feldkirch
W	Wien
WÜ	Würzburg

Abkürzungen für etymologische Erklärungen

Aengl.	Altenglisch
Ags.	Angelsächsisch
Ahdt.	Althochdeutsch
Aisl.	Altisländisch
Air.	Altirisch
Anrd.	Altnordisch
Aram.	Aramäisch
Asächs.	Altsächsisch
Aschw.	Altschwedisch
Aslw.	Altslawisch
Gall.	Gallisch
Germ.	Germanisch
Griech.	Griechisch
Hebr.	Hebräisch
Kelt.	Keltisch
Lat.	Lateinisch
Nord.	Nordisch
Pers.	Persisch
Poln.	Polnisch
Russ.	Russisch
Sem.	Semitisch
Westg.	Westgotisch

Januar

Basilius der Große, Hl., gest. 1.1.379, ↗ 2.1. **1.1.**

Fulgentius [Lat.: »der Strahlende«], Hl., geb. 467/68, war ein hochgebildeter Theologe in Nordafrika, der sich in seiner Lehre Augustinus anschloss. 507 wurde er Bischof von Ruspe in Nordafrika. Vom arianischen Vandalenkönig wegen seiner Erfolge viele Jahre nach Sardinien verbannt, konnte er erst 523 zurückkehren. Fulgentius war ein großer Freund des Mönchtums. Er starb am 1. Januar 532 in Ruspe.
Dargestellt in bischöflichen Gewändern oder im Einsiedlerkleid, in oder vor einer Höhle betend, mit Buch.

Wilhelm [Ahdt.: »der auf Schutz Bedachte«] OSB, Hl., geb. 962, Sohn des Grafen Robert von Volpiano. Seine Taufpaten waren das Kaiserpaar Otto d. Gr. und Adelheid. Schon mit 7 Jahren Oblate in einem Kloster ging er 987 nach Cluny, wo er begeisterter Anhänger der Reform wurde. 990 als Abt in die verfallene Abtei St.-Benignus in Dijon gesandt, machte er diese bald zum Mittelpunkt seiner Reform. Diese nach der von Wilhelm 1001/1003 gegründeten Abtei Fruttuaria benannte Reform übernahm zahlreiche andere Klöster. Wilhelm ließ überall Schulen einrichten, die Grundwissen vermitteln und die Weiterbildung fördern sollten. Wegen seiner großen Mildtätigkeit liebte ihn das Volk. Zur Unterstützung der fahrenden Leute gründete er eine »Bruderschaft der Jongleure«. Wilhelm starb am 1. Januar 1031 in Fécamp, wo er auch bestattet wurde.
Dargestellt im Mönchshabit mit Stab.

Basilius [Griech.: »der Königliche«], Hl., schon von seinen Zeitgenossen »der Große« genannt, geb. um 330 in Cäsarea in Kappadozien. Nach Vollendung seiner Studien gewann Gregor von Nazianz ihn für ein asketisches Leben in der Einöde des Iris am Schwarzen Meer. Hier verfasste Basilius zwei Schriften, die Regeln für ein gemeinsames Leben von Mönchen enthalten. Ab 364 entfaltete er als Priester eine fruchtbare seelsorgliche Tätigkeit in Cäsarea. 370 wurde er zum Erzbischof seiner Vaterstadt erhoben. Er setzte sich sehr für die Reinheit der Lehre gegen den Arianismus, für das Ausmerzen der Simonie im Priestertum, für eine neue Gestaltung der Liturgie und für die Beilegung der Zwistigkeiten mit Papst Damasus ein. Er erbaute die »Basilias«, die ein Pilgerheim, ein Krankenhaus für Arme und eine medizinische Versuchsstation umfasste. Basilius starb am 1. Januar 379. Er ist einer der vier großen Kirchenlehrer des Orients. **2.1.**

Dargestellt in der Westkirche im bischöflichen Ornat oder in Messgewändern, als Bendiktiner- oder Basilianermönch oder als Einsiedler, mit Kirchenmodell, Büchern und Totenkopf. – Patron des morgenländischen Mönchtums. GK

Gregor [Griech.: »der Wachsame«], Hl., geb. 330 in Arianz bei Nazianz, lernte während seines langen Studiums in Athen Basilius kennen, mit dem er um 360 am Schwarzen Meer in der Einsamkeit lebte. Als Basilius Erzbischof geworden war, weihte er Gregor 372 zum Bischof von Sasima. Doch hat er dieses »Fuhrmannsdorf« nie betreten. Gregor verwaltete in der Folge mehrere Bischofssitze. Zuletzt lebte er in Arianz, wo er die meisten seiner Briefe und Gedichte verfasste. Der Bischof war ein hervorragender Kanzelredner, begeisterungsfähig und selbst begeisternd, jedoch ohne Ausdauer und leicht entmutigt. In seinen Schriften zeigt er sich als der erste große Vertreter eines christlichen Humanismus. In seiner Theologie bewahrte er die überkommende Lehre der Väter. Für die spätere Zeit galt er als die Richtschnur für den rechten Glauben. Gregor starb 390 in seinem Geburtsort Arianz. Er ist einer der vier großen Kirchenlehrer des Orients.
Dargestellt als Bischof am Schreibpult mit Taube. – Patron für eine gute Ernte. GK

Adalhard [Ahdt.: »edel« u. »stark«] OSB, Hl., geb. um 751, war ein Vetter Karls d. Gr. und erhielt in der Palastschule von Aachen seine Bildung. Dann wurde er Mönch in Corbie, wo er – nach kurzem Aufenthalt in Montecassino – 780 die Abtswürde erlangte. In Verbindung mit Alkuin und Paulus Diakonus war Adalhard ein Vertreter der karolingischen Renaissance. Karl d. Gr. setzte ihn öfter als Gesandten in politischen und kirchlichen Angelegenheiten ein. Unter Ludwig dem Frommen lebte Adalhard sieben Jahre als Verbannter auf der Insel Herium in der Loiremündung bis 812. Nach seiner Rückkehr gründete er mit seinem Bruder Wala die westfälischen Klöster Corvey und Herford. Adalhard starb am 2. Januar 826. Seine Gebeine wurden 1040 erhoben und befinden sich seit 1827 zum größten Teil in St.-Acheuil.
Dargestellt im Benediktinerhabit, aus einem Brotkorb Almosen spendend, auch als Gärtner mit Kreuz. – Patron der Gärtner; gegen Fieber, Typhus, Infektionskrankheiten.

Dietmar [Ahdt.: »Volk« u. »berühmt«], von Geburt Sachse, wurde 976 zum ersten Bischof von Prag erhoben, wo er unter schwierigen Verhältnissen sein Amt ausübte. Er starb 983.

Odino [Oteno], [Ahdt.: »Besitz, Habe«] OPraem, Sel. (Hl.), war seit 1140 der erste Abt des 1126 gegründeten Prämonstratenser-Stiftes Rot an der Rot bei Memmingen. Zu seiner Zeit zählte das Stift zweihundert Mitglieder. Odino starb 1182.

Genovefa [Gall.: »Volk« u. »Frau«], Hl., geb. um 422 zu Nanterre, führte ein Leben der Buße, das durch Wunder ausgezeichnet war. Ihre Fürbitte soll 451 Paris beim Hunneneinfall gerettet haben. Genovefa gilt als Stifterin der Kirche St.-Denis. Nach ihrem Tod am 3. Januar um 502 in Paris erbaute König Chlodwig I. über ihrem Grab eine Kirche. In der Französischen Revolution wurden Schrein und Reliquien Genovefas vernichtet. Die Kirche wurde zum Pantheon umgewandelt. **3.1.**

Dargestellt als vornehme Jungfrau mit Teufel und Engel, Kerze, Licht, Hirschkuh, Schafen. – Patronin von Paris; der Frauen, Hirten, Winzer; gegen Augenleiden, Fieber, Blattern, Aussatz, Pest, Trockenheit, Krieg.

Irmina [Ahdt.: »Volk« u. »allumfassend«] OSB, Hl., entstammte dem fränkischen Großgrundherrengeschlecht der Theodarde. Sie ist wahrscheinlich die Mutter Adulas von Pfalzel und Plektruds von Köln. Nach dem Tod ihres Gatten schenkte sie ihren Besitz in Echternach Willibrord, der dort ein Kloster errichtete. Irmina wurde dann Äbtissin des Klosters Oeren in Trier. Hier starb sie am 24. Dezember vor 710 und wurde in der Kirche der später nach ihr benannten Abtei beigesetzt. Der größere Teil der Reliquien ging in Kriegen und nach der französischen Revolution verloren.

Dargestellt im Benediktinerinnenhabit, auch in fürstlichem Prunkmantel, mit Urkundenrolle oder Kirchenmodell mit Jesuskind LUX, TR

Adula [Adela], [Ahdt.: »edel« u. »Wesen«] OSB, Hl., war wahrscheinlich die Tochter Irminas von Oeren/Trier und gründete das Nonnenstift Pfalzel bei Trier, dessen erste Äbtissin sie wurde. Hier erzog sie auch ihren Enkel Gregor. Als Bonifatius 722 auf einer Reise Adula besuchte, nahm er Gregor als seinen Schüler mit. Er brachte es später bis zum Verwalter des Bistums Utrecht. Adula starb um 734 und fand in der Kirche von Pfalzel ihr Grab. Ihre Gebeine wurden 1072 erhoben. Das Hochgrab entfernte man 1802.

LUX, TR

Odilo [Ahdt.: »Besitz, Habe«] OSB, Hl., geb. um 962 in der Auvergne, trat 991 in das Reformkloster Cluny ein, das er seit 994 als Abt leitete. Unter seiner Leitung erfasste die cluniazensische Reform in weitem Umkreis zahlreiche Klöster, die Odilo in einem Klosterverband zusammenführte. Der Abt von Cluny stand in engsten Verbindungen zum Papsttum und zu den Kaisern Heinrich II., Konrad II. und Heinrich III., die die Kirchenreform unterstützen. In Frankreich setzte sich Odilo für die Verbreitung der Idee vom »Gottesfrieden« ein. Um 1028/1030 führte er den Gedächtnistag für die Armen Seelen am 2. November ein, der sich bald in der ganzen Kirche verbreitete. Odilo starb am 31. Dezember 1048 in Souvigny. Die Reliquien in Souvigny wurden 1793 in der Französischen Revolution verbrannt.

Dargestellt als Abt, neben sich das Fegefeuer, aus dem Engel arme Seelen in den Himmel führen. – Patron der Armen Seelen im Fegefeuer; für Glas; gegen Gelbsucht. FB

4.1. Maro [Marius], [Lat.: »Familie der Marier«], Hl., geb. um 530/531, war seit 574 Bischof von Avenches. Er verlegte den Bischofssitz von Avenches nach Lausanne. Maro verfasste eine für seine Zeit sehr zuverlässige Chronik. Auch betätigte er sich künstlerisch als Goldschmied für seine Kirchen. Um die ihm anvertrauten Armen genügend unterstützen zu können, betrieb er selbst Landwirtschaft. Maro starb am 31. Dezember 594 zu Lausanne. Man bestattete ihn in der Kirche des hl. Thyrsius, die später seinen Namen erhielt.
Dargestellt in bischöflichem Gewand mit Ackergeräten oder Goldschmiedewerkzeugen. FB

Liawizo [Liebizo], [Ahdt.: »Liebe« u. »Weite«], stammte vermutlich aus Graubünden und kam 964 im Gefolge des verbannten Papstes Benedikt V. nach Hamburg. Hier erhob man ihn nach dem Tod Adaldags 988 zum Erzbischof. Ihm lag besonders die Verkündigung und Festigung des christlichen Glaubens bei den Elbslawen und Dänen am Herzen. Doch musste er den Abfall der Wenden und die Verfolgung der Kirche in Dänemark erleben. Nach einem von apostolischem Wirken, aber auch von vielen Misserfolgen erfüllten Leben starb er am 4. Januar 1013.

Roger [Ahdt.: »Ruhm« u. »Speer«] OCist, Hl., führte 1148 die ersten Zisterzienser von Loroy nach Ellant, das er dann als Abt leitete. Mit seinen Mönchen lebte er in äußerster Armut. Er starb im Ruf der Heiligkeit am 4. Januar nach 1162. Seine Reliquien lagen bis zur Französischen Revolution in einem Schrein auf dem Altar von Ellant.

Angela [Griech./Lat.: »die Engelgleiche«], Sel., geb. um 1249, führte in Foligno/Umbrien ein weltliches Leben. Im Alter von 40 Jahren vollzog sie eine Umkehr in ihrem Lebenswandel. Sie verzichtete auf ihren Reichtum und führte ein Leben in Gebet und Armut, das durch mystische Gnadengaben und Offenbarungen bereichert wurde. Angela starb am 4. Januar 1309.
Dargestellt als Franziskaner-Terziarin mit Teufel.

Elisabeth Anna Seton Bayley, Hl., wurde am 28. August 1774 in New York/USA in einer zur Episkopalkirche gehörenden Familie geboren. Im Alter von 24 Jahren heiratete sie und wurde Mutter von fünf Kindern. Ihr Mann starb 1803 auf einer gemeinsamen Romreise in Pisa. Vier Jahre nach ihrer Konversion gründete sie 1809 die »Barmherzigen Schwestern vom hl. Joseph«, heute als »Sisters of Charity« in Amerika sehr verbreitet. Von 1812–1820 leitete die fromme und hilfsbereite Ordensfrau die Gemeinschaft als erste Generaloberin. Sie verstarb am 4. Januar 1821 in Emmitsburg. – Seligsprechung am 17. März 1963, Heiligsprechung am 14. September 1975. GK

Ämiliana [Emilie], [Lat.: »die Nacheifernde«], Hl., war eine Tante Papst Gregors d. Gr., der ihr asketisches, gottgeweihtes Leben der Nachwelt überlieferte. Sie starb zwischen Weihnachten und Epiphanie gegen Ende des 6. Jhs. **5.1.**

Gerlach [Ahdt.: »Grenzzeichen«], Hl., geb. um 1100, war ein Ritter, der nach dem plötzlichen Tod seiner Gattin eine Wallfahrt nach Rom und Jerusalem unternahm. Hier pflegte er sieben Jahre lang Kranke. Nach seiner Heimkehr lebte er vierzehn Jahre als Einsiedler in einer hohlen Eiche bei Houthem/Niederländisch-Limburg. Oft pilgerte er von hier zu Wallfahrtsstätten in Maastricht und Aachen. Er starb wahrscheinlich am 5. Januar um 1172/77. Über seinem Grab entstand 1201 das Prämonstratenserinnen-Kloster Houthem-Sint-Gerlach.
Dargestellt im Prämonstratenserhabit vor einen hohlen Eiche, mit Wassergefäß. – Patron gegen Viehkrankheiten.

Johann Nepomuk Neumann CSsR, Hl., geb. am 28. März in 1811 Prachatitz/Böhmen, studierte in Budweis und Prag, wanderte aber nach Amerika aus, weil es in seiner Heimat zu viele Priesterberufungen gab. 1836 in New York zum Priester geweiht, widmete er sich vier Jahre der Deutschenseelsorge bei Buffalo. 1840 trat er in den Redemptoristenorden ein, wurde schon 1848 zum Vizeprovinzial und 1852 zum Bischof von Philadelphia berufen. In seiner Diözese gründete er viele Schulen und Pfarreien und baute die Kathedrale und das Priesterseminar. Er lebte persönlich sehr anspruchslos und starb an Überarbeitung am 5. Januar 1860 in seiner Bischofsstadt. – Seligsprechung am 13. Oktober 1963, Heiligsprechung am 19. Juni 1977. GK

Charles v. hl. Andreas Houben CP, Sel., am 11. Dezember 1821 als viertes von elf Geschwistern in Munstergeleen/Niederlande geboren und auf den Namen Johann Andreas getauft, hegte er schon als Jugendlicher der Wunsch, Priester zu werden. 1854 trat er in Belgien bei den »Passionisten« ein und empfing 1850 die Priesterweihe. Er wirkte zunächst in Neugründungen in England, seit 1857 in Mount Argus bei Dublin/Irland. Wegen seines bekannt gewordenen Tugendlebens war Pater Houben ein gesuchter Beichtvater und Seelenführer. Er starb nach schwerer, geduldig ertragener Krankheit in Mount Argus am 5. Januar 1893. – Seligsprechung am 16. Oktober 1988.

Kaspar [Pers.: »Schatzmeister«], Hl., **Melchior** [Hebr.: »Gott ist König«], Hl. **Balthasar** [Hebr.: »Gott schütze den König«], Hl., werden seit dem Aufkommen der Legende im 6. Jh. die Sterndeuter aus dem Morgenland genannt, die **6.1.**

nach dem Bericht des Evangelisten *Matthäus* (2,1–12) von einem Stern zur Krippe in Betlehem geführt wurden, den Jesusknaben anbeteten und ihm als Geschenke Gold, Weihrauch und Myrrhe darbrachten. Seit dem 9. Jh. werden diese drei Namen volkstümlich. – Die Reliquien der Hl. Drei Könige wurden wohl im 6. Jh. von Konstantinopel nach Mailand überführt. Hier ruhten sie in der Kirche S. Eustorgio, die im 9. Jh. »Basilika der Könige« genannt wird. Nach der Zerstörung Mailands schenkte Kaiser Friedrich Barbarossa die Reliquien seinem Kanzler Erzbischof Rainald von Dassel, der sie 1164 feierlich in seine Kathedrale, den Dom von Köln, übertrug. Sie ruhen im Dreikönigsschrein, der als kostbarstes Werk der Rhein-Maas-Kunst nach 1181–1210 unter maßgeblicher Mitwirkung des Nikolaus von Verdun entstanden ist. Bis ins 18. Jh. waren die Reliquien der Hl. Drei Könige Ziel einer der bedeutendsten Wallfahrten des Abendlandes.

Dargestellt als Könige mit Geschenken, wie sie dem Jesuskind in der Krippe huldigen; meistens einer der Könige von schwarzer Hautfarbe. – Patrone der Pilger, Reisenden (Gasthäuser: Drei Könige, Krone, Drei Kronen, Stern, Mohr), der Kürschner, Spielkartenhersteller; für einen guten Tod (letzte Reise); gegen Zauberei, Epilepsie, Gewitter, Hagel.

Wiltrud [Ahdt.: »Streben« u. »Kraft«] OSB, Sel., möglicherweise Tochter Herzog Giselberts von Lothringen, heiratete nach 939 Herzog Berthold von Bayern, der bereits 947 starb. In den nachfolgenden Wirren wurde sie ihrer Güter beraubt, die ihr 976 durch Kaiser Otto II. zurückgegeben wurden. Aus diesem Besitz gründete sie das Frauenkloster Bergen bei Neuburg an der Donau, dem sie als Äbtissin vorstand. Ihrer Kunstfertigkeit in feinen Handarbeiten soll der Dom in Eichstätt kostbare Paramente verdankt haben. Wegen ihrer Frömmigkeit erhielt sie in Bergen den Beinamen »Pia« [die Fromme]. Sie starb am 6. Januar um 990.

Dargestellt als Äbtissin mit abgelegter Krone, mit Kreuzerscheinung und Taube.

Gertrud [Ahdt.: »Streiter« u. »Stärke«] OSB, (Sel.), leitete als Äbtissin das 1020 gegründete Kloster Traunkirchen. Sie folgte vielleicht der ersten Äbtissin Ata und starb am 6. Januar um die Mitte des 11. Jhs. Ihr Andenken wird dort gepflegt.

Erminold [Ahdt.: »allumfassend« u. »herrschen«] OSB, Hl., entstammt einem schwäbischen Rittergeschlecht und wurde Mönch in Hirsau. 1106/07 leitete er die große Gemeinschaft der Hirsauer Mönche, die auf Bitten Bischof Gebhards von Speyer die Reichsabtei Lorsch erneuern sollten. Durch den Tod Gebhards scheiterte der Reformversuch. 1114 wurde Erminold von Bischof Otto von Bamberg zum ersten Abt des Klosters Prüfening bei Regensburg berufen. Dort führte er das Klosterleben nach der strengen Richtung seines Lehrers Wilhelm von Hirsau ein. Von einem unzufriedenen Mönch

misshandelt, erlag Erminold am folgenden Tag, dem 6. Januar 1121, seinen Verletzungen. – Sein Leib wurde 1283 erhoben. In der Klosterkirche von Prüfening befindet sich das Hochgrab des 14. Jhs.
Dargestellt als Abt mit Regelbuch.

Makarius [Griech.: »der Selige«] der Schotte OSB, war Prior im Schotten-Kloster St.-Jakob in Regensburg. Als Bischof Embricho in Würzburg ein Schotten-Kloster gründete, wurde Makarius 1139 der erste Abt. Schon zu Lebzeiten galt er als heiligmäßiger Mönch. Er starb am 6. Januar 1153. – Seine Gebeine wurden 1615 erhoben und in den Chor der Kirche von St.-Jakob übertragen. Seit 1818 befinden sich die Reliquien in der Marienkapelle in Würzburg.
Dargestellt als Abt, Kranke heilend oder im Gespräch mit dem Papst.

Pia [Bia], [Lat.: »die Fromme«] OSB, war Nonne in Quedlinburg. Doch sie strebte nach größerer Vollkommenheit. So ließ sie sich um 1170 mit Erlaubnis des Bischofs Burchard von Halberstadt an der Marienkapelle in Huysburg als Klausnerin nieder. Ihr Seelenführer wurde der Halberstädter Domherr Ekkehard. Als dieser um 1180 in Huysburg ein Doppelkloster gründete, wurde Pia die »Mutter« des Frauenklosters. Sie starb an einem 6. Januar unbekannten Jahres.

Gertrud von Oosten, Sel., so genannt nach dem ihr zugeschriebenen Lied »Het daghet in den oosten«, wurde um 1300 in Voorburg/Niederlande geboren und lebte dort als Begine in Delft. In ihrem Gebetsleben konnte sie sich in die von der Liturgie dargebotenen Heilsgeheimnisse vertiefen. In mystischer Versenkung empfing sie die Wundmale Jesu und wurde durch die Gabe der Prophezeiung ausgezeichnet. Gertrud starb am 6. Januar 1358 in Delft.
Dargestellt in Nonnentracht mit Wundmalen an den Händen. – Patronin der Hausangestellten.

Juan de Ribera, Hl., wurde im Dezember 1532 in Sevilla als Sohn des Vizekönigs von Neapel geboren. Nach dem Studium in Salamanca erhielt er dort eine Professur für Theologie. 1562 zum Bischof von Badajoz ernannt berief der Papst ihn sechs Jahre später zum Erzbischof von Valencia und Patriarchen von Antiochia. Mit pastoralen und katechetischen Veröffentlichungen und gezielter seelsorglicher Tätigkeit setzte er sich für die Durchführung der Beschlüsse des Trienter Konzils und für eine Verbesserung der Bildung des Klerus ein. Der gelehrte Erzbischof starb am 6. Januar 1611 in Valencia. – Seligsprechung am 18. September 1796, Heiligsprechung am 12. Juni 1960.

GK

Raphaela Porres y Ayollón, Hl., mit Ordensnamen Raphaela Maria vom hl. Herzen Jesu, geb. am 1. März 1850 in Pedro-Abad/Spanien, verlor schon früh ihren Vater. Im Alter von 15 Jahren legte sie das Gelübde der Jungfräulichkeit ab und weihte sich nach dem Tod ihrer Mutter ganz Gott und dem Dienst am Nächsten. 1877 gründete sie nach der Regel des hl. Ignatius die »Dienerinnen vom hl. Herzen Jesu zum Unterricht und zur apostolischen Tätigkeit«. Bis 1892 leitete sie den Orden als Generaloberin. Dann ging sie zur Gründung eines weiteren Hauses nach Rom. Dort starb sie am 6. Januar 1925. – Seligsprechung am 18. Mai 1952, Heiligsprechung am 23. Januar 1977. GK

Raimund von Peñafort OP, Hl., gest. 6. Januar 1275, ↗7.1.

7.1. **Valentin** [Lat.: »gesund, stark«], Hl., Bischof in Rätien, war nach der Legende Glaubensbote in Passau und in den Alpengebieten. Er starb am 7. Januar um 475 und wurde zunächst in der Kirche der Zenoburg in Meran/Südtirol beigesetzt. Im 8. Jh. kamen seine Gebeine zunächst nach Trient, dann durch Herzog Tassilo in den Dom von Passau.

Dargestellt in bischöflichem Ornat mit Buch, Heiden predigend; irrig oft mit Krüppeln oder Epileptikern aus Verwechslung mit Valentin von Terni. – Patron des Bistums Passau; gegen Epilepsie, Krämpfe, Gicht, Viehseuchen. BB, L, N, PA

Sigrid [Aisl.: »Sieg« u. »schön«], (Hl.), lebte als Schafhirtin in Tonars bei Poitiers. Sie starb nach der Überlieferung an einem 7. Januar im 5. Jh.(?). Vielleicht ist sie personengleich mit

Virginia [altröm. Familienname], eine Hirtin der französischen Landschaft Poitou, Patronin des Ortes Sainte-Verge im Department Deux-Sèvres, über deren Leben und Sterben nichts Weiteres überliefert ist.

Widukind [Ahdt.: »Wald« u. »Sohn«], (Sel.), ein sächsischer Edelmann, dessen Stammsitz wohl Wildeshausen war, erscheint seit etwa 777 als Führer einer Partei, die sich den Franken und der Einführung des Christentums widersetzte. Die Feldzüge Karls d. Gr. gegen die Sachsen zermürbte den Widerstand Widukinds und seiner Gefolgsleute. 785 gab Widukind den aussichtslosen Kampf auf und empfing wahrscheinlich am Weihnachtsfest in Attigny die Taufe, bei der Karl Pate war. Die Nachrichten über Widukinds späteres Leben sind unsicher. Vermutlich lebte er noch 797. Im folgenden Jahrzehnt (809?) ist er wohl an einem 7. Januar gestorben und in Enger bei Herford beigesetzt worden. Das Grabmal Widukinds in der dortigen Kirche stammt aus der Zeit um 1100.

Reinold [Ahdt.: »Beschluss« u. »walten«] OSB, Hl., nach der Legende ein Mönch der Abtei St.-Pantaleon in Köln, der vom Abt zum Aufseher der Steinmetze bestellt wurde. Diese erschlugen ihn wegen seiner Frömmigkeit und seines Fleißes. Möglicherweise hat er im 10. Jh. gelebt. – Im 12. bis 13. Jh. wurde die

Reinoldslegende mit der Sage von den vier Haimonskindern verknüpft. Reliquien Reinolds wurden nach Dortmund übertragen, wo er 1238 als Patron der Reinoldikirche genannt wird. Weitere Reliquien befinden sich in Kölner Kirchen, seit 1616 auch in Toledo.

Dargestellt als Mönch oder Ritter mit Maurerkelle und Hammer. – Patron von Dortmund; der Maurer, Steinmetze, Bildhauer, von Kaufmannsbruderschaften; gegen Pest.

Knud [Germ.: »freimütig«] Lavard, Hl., wurde 1096 in Roskilde als Sohn des dänischen Königs Erik Ejegod geboren. Er war ein Neffe König Knuds des Heiligen. Knud Lavard erhielt seine Ausbildung am Hof des späteren Kaisers Lothar III. 1115 wurde er Herzog [= Lavard] von Südjütland und 1129 dazu König der Wenden im Wagrierland. Er bemühte sich um die Ausbreitung des Christentums und der deutschen Kultur im Norden. Am 7. Januar 1131 wurde er von seinem Vetter Magnus Nielsen im Wald von Haralsted aus Eifersucht ermordet. Seine Gebeine ruhen in der St.-Bents-Kirche von Ringstedt auf Seeland. – Noch zu Lebzeiten seines Sohnes, König Waldemar d. Gr., wurde Knud 1169 heilig gesprochen.

Dargestellt mit königlichen Insignien, Keule oder Streitaxt, Quelle.

Raimund [Ags.: »Rat« u. »Schutz«] von Peñafort OP, Hl., geb. 1175/80 bei Barcelona, studierte Rechtswissenschaft in Bologna, wurde 1210 Stiftsherr in Barcelona, verfasste 1222 die Statuten für den neuen Orden der »Mercedarier« (OdeM). Im gleichen Jahr trat er in den Dominikanerorden ein und entfaltete nun als Rechtsgelehrter und Schriftsteller eine bedeutsame, umfangreiche Tätigkeit im Orden und in der römischen Kurie. 1238–1240 nahm er als dritter Ordensgeneral eine Neufassung der Konstitutionen des Ordens vor. Später betätigte er sich als unermüdlicher Prediger gegen die Mauren und rief Studienhäuser ins Leben, an denen orientalische Sprachen gelehrt wurden, um eine Grundlage für die Mission unter den Moslems und Juden zu haben. Raimund starb am 6. Januar 1275 in Barcelona.

Dargestellt im Dominikanerhabit, wie er auf dem ausgebreiteten Mantel über das Meer fährt, oder in einem Kahn, dessen Segel sein Mantel ist. – Patron der Kirchenrechtsgelehrten. GK

Carlo Melchiori OFM, Hl., geb. am 19. Oktober 1613 in Sezze bei Rom, trat 1635 als Laienbruder in den Franziskanerorden ein und erhielt den Namen Carlo da Setia. Er war mystisch begnadet. Auf Veranlassung seines Seelenführers verfasste er bedeutende geistliche Schriften und starb am 6. Januar 1670 in Rom. – Seligsprechung am 22. Januar 1882, Heiligsprechung am 12. April 1959. GK

7. JANUAR

Maria Theresia Haze FCr, Sel., wurde am 27. Februar 1782 in Lüttich/Belgien geboren und auf den Namen Johanna getauft. Seit 1823 leitete sie mit ihrer Schwester eine Schule in Lüttich und gründete 1833 die Kongregation der »Töchter vom hl. Kreuz«. Sie diente in ihrem Leben Christus in den Armen, Schwachen und Kranken. Die Verehrerin des Kreuzes Christi starb am 7. Januar 1876 in Lüttich. – Seligsprechung am 21. April 1991.

8.1. **Severin** [altröm. Familienname], Hl., kam während der Völkerwanderung nach dem Tod des Hunnenkönigs Attila nach Norikum. Er bemühte sich um einen friedlichen Ausgleich der Spannungen zwischen den eingesessenen Romanen und den Germanen, die im Römischen Reich neue Wohnsitze suchten. Durch groß angelegte Hilfsmaßnahmen wurde er zum Retter der notleidenden Bevölkerung. Er selbst lebte arm und anspruchslos. Als Stützpunkte für seine Tätigkeit gründete er klösterliche Niederlassungen, so in Passau-Innvorstadt, Lorch/Enns und Mautern. Hier starb er am 8. Januar 482. – Im Bistum Linz wird Severin als zweiter Diözesanpatron verehrt.
Dargestellt häufig als Pilger mit Stab, Kruzifix und Buch, auch den Heiden predigend. – Patron des Bistums Linz; der Gefangenen, Winzer, Leinweber; für Fruchtbarkeit der Weinstöcke. RK, G, L, N, PA, S, W

Erhard [Ahdt.: »Ansehen« u. »stark«], Hl., stammte vielleicht aus Narbonne/Südfrankreich, soll im Elsass als Wanderbischof tätig gewesen sein und dort die heilige Odilia getauft haben. In Regensburg hat er vor Emmeram um 700 als Bischof gewirkt. Er wurde in der Krypta der Niedermünsterkirche begraben. – Papst Leo IX. erhob 1052 die Gebeine Eberhards, für die man 1866 einen neuen Schrein schuf.
Dargestellt in bischöflichem Ornat, mit zwei Augen auf einem Buch, mit Axt. – Patron des Bistums Regensburg; der Spitäler; Schuhmacher; gegen Augenleiden, Pest, Viehkrankheiten (Erhardsbrot).

Gudula [Ahdt.: »trefflich, passend«], Hl., wurde von ihrer Patin Gertrud im Kloster Nivelles erzogen. Später ging sie wahrscheinlich nach Ham bei Alost, wo sie ein Leben des Gebetes und tätiger Nächstenliebe führte. Der Überlieferung nach starb sie 712. Ihr Leib wurde 978 nach Brüssel gebracht und 1047 in die dortige St.-Michales-Kirche übertragen, die heute nach der Stadtpatronin St. Gudule genannt wird.
Dargestellt in langem Kleid mit Buch, Kerze oder Laterne, Teufel und Engel. – Patronin von Brüssel.

Heinrich [Ahdt.: »der in seinem Besitztum Mächtige«] Graf von Arnsberg OPraem, (Sel.), gründete um 1170/73 in seiner Burg Wedinghausen bei Arnsberg ein Prämonstratenser-Stift. Nach dem Tode seiner Gemahlin 1183 trat er dort selbst als Laienbruder ein und führte ein Leben des Gebets und Verzichtes bis zu seinem Tod am 8. Januar 1200.

Julian und **Basilissa**, Hl., ein christliches Ehepaar in Ägypten, richteten in ihrem Haus ein Hospital für bedürftige Kranke ein. Julian pflegte die Männer, während Basilissa sich um die Frauen sorgte. Basilissa starb vor dem Ausbruch der Verfolgung im Frieden. Julian erlangte mit mehreren Gefährten um 304 (in Antinoë?) die Krone der Märtyrer. **9.1.**
Dargestellt vor Götzenbildern, die auf ihr Gebet hin von Flammen ergriffen werden.

Eberhard [Ahdt.: »Eber« u. »hart«] OPraem, übernahm 1153 als zweiter Propst die Leitung des Prämonstratenser-Stiftes Schäftlarn/Bayern. Er sorgte in kluger Weise für das zeitliche und geistige Wohlergehen seiner Mitbrüder sowie für gastliche Aufnahme von Reisenden und Pilgern, blieb aber selbst bescheiden und demütig. Eberhard starb am 9. Januar 1160.

Alix Le Clerc, Sel., wurde am 2. Februar 1576 in Remiremont geboren. Weihnachten 1597 begann sie unter Leitung von Peter Fourier mit der Gründung des Ordens der »Regulierten Chorfrauen Unserer Lieben Frau«. Fourier verfasste 1598 die erste Regel. 1606 entstand im lothringischen Nancy das erste Mutterhaus, das Alix, mit Ordensnamen Maria Theresia von Jesus, leitete. 1621 trat Alix von der Leitung ihrer Gründung zurück und starb wenig später am 9. Januar 1622.

Paulus [Lat.: »der Kleine«], Hl., geb. um 228 in der unteren Thebais in Oberägypten, stammte aus einer begüterten Familie. In der Verfolgung des Decius zog er sich in die Einsamkeit zurück. Da sein habgieriger Schwager ihn als Christ zu denunzieren drohte, floh Paulus ins Gebirge, wo er neunzig Jahre lang als Einsiedler in einer Felsenhöhle lebte. Kurz vor seinem Tod besuchte ihn der Mönchsvater Antonius. Als Paulus um 341 im Alter von 113 Jahren starb, nahm Antonius die Beisetzung vor. **10.1.**
Dargestellt als Einsiedler mit Krückstock, Palme, Raben, Löwen. – Patron der Korb- und Mattenflechter.

Wilhelm [Ahdt.: »der auf Schutz Bedachte«] von Donjeon OCist, Hl., geb. 1150, stammte aus der gräflichen Familie von Nevers und wurde Kanoniker in Soissons und Paris. Nach kurzem Aufenthalt in Grammont trat Wilhelm 1176 bei den Zisterziensern in Pontigny ein und leitete als Abt seit 1184 das Kloster Fontaine-Saint-Jean/Sens und seit 1187 die Abtei Châlis bei Sens. 1200 übernahm er das Erzbistum Bourges. Auch als Erzbischof befolgte er die strenge Zisterzienserregel. Gegenüber Armen und Kranken war er mildtätig und barmherzig, gegenüber Bußfertigen nachsichtig. Doch verteidigte er mutig die Rechte der Kirche, als König Philipp II. August sie zu verletzen

drohte. Wilhelm starb in Bourges am 10. Januar 1209 während der Vorbereitung des Kreuzzuges gegen die Albigenser. Seine Reliquien in Bourges wurden 1562 von den Hugenotten verbrannt.
Dargestellt in bischöflicher Kleidung, wie er sterbend auf dem Boden liegt. – Patron der Kinder.

Gregor X. [Griech.: »der Wachsame«], Hl., mit weltlichem Namen Tedaldo Visconti, geb. 1210 in Piacenza, war Archidiakon in Lüttich. Er wurde 1271, als er sich gerade im Heiligen Land befand, nach dreijähriger Vakanz in Viterbo zum Papst gewählt und am 27. März 1272 in Rom gekrönt. Sein Ziel war die Befreiung des Heiligen Landes und die Wiedervereinigung mit der Ostkirche. Das II. Konzil von Lyon brachte 1274 die Kirchenunion und die Einrichtung des Konklaves für die Papstwahl, um künftig lange Sedisvakanzen auszuschließen. Die im Osten nicht akzeptierte Union zerbrach bald. Ein Kreuzzug kam durch den vorzeitigen Tod des Papstes nicht zustande. Gregor starb am 10. Januar 1276 in Arezzo, wo sich auch sein Grab befindet.
Dargestellt in päpstlichem Ornat mit Tiara. FB

11.1. **Paulin**, Hl., geb. vor 750 in Aquileja, war bereits ein berühmter Lehrer der Grammatik, als Karl d. Gr. ihn nach 776 an die Palastschule von Aachen berief. Hier war Paulin in Freundschaft mit Alkuin verbunden. 787 erhob ihn der Kaiser auf den Patriarchenstuhl von Aquileja/Norditalien. Doch blieb Paulin weiter eng mit dem Hof in Aachen verbunden. Er nahm an Reichssynoden teil und bekämpfte in Schriften Irrlehren. Auf ihn ist die heutige Form des Credos der Messe zurückzuführen. Mit Arn von Salzburg und Markgraf Erich von Friaul/Norditalien bemühte sich Paulin um die Glaubensverkündigung bei den Avaren. Als er am 11. Januar 802 in Aquileja starb, verfasste Alkuin seine Grabinschrift.

Johannes [Hebr.: »Jahwe ist gnädig«] Cochlaeus, geb. 1479 in Wendelstein/Frankreich, studierte 1504–1510 in Köln, wo er vom Humanismus beeinflusst wurde. Er leitete seit 1510 als Rektor die Lateinschule an St.-Lorenz in Nürnberg, betrieb 1515 juristische Studien in Bologna, erwarb 1517 den Doktor der Theologie in Ferrara und empfing anschließend in Rom die Priesterweihe. Nach Deutschland zurückgekehrt stand er zunächst Luther positiv gegenüber, wurde aber seit 1520 sein entschlossener Gegner. Als Berater in Glaubensfragen nahm er an mehreren Reichstagen und verschiedenen Religionsgesprächen teil. 1539 wurde Cochlaeus Domherr in Breslau. Er stellte sich uneigennützig in den Dienst der katholischen Sache und trat in etwa 200 Schriften für den Glauben der Kirche ein. Seine große Lutherbiographie (1549) hat das katholische Lutherbild für Jahrhunderte entscheidend beeinflusst. Cochlaeus starb am 11. Januar 1552 in Breslau.

Francesco A. Placidi OFM, Hl., mit Ordensnamen Thomas von Cori, wurde am 4. Juni 1655 in Cori/Mittelitalien geboren und wirkte als unermüdlicher Seelsorger über zwanzig Jahre in der Gegend um Subiaco. Er starb am 11. Januar 1729 in Bellagra. – Heiligsprechung am 21. November 1999. GK

Tatiana [altröm. Personenname], Hl., starb in den ersten christlichen Jahrhunderten in Rom als Märtyrin für Christus. Über ihr Leben und ihren Tod ist nichts mehr bekannt. Doch wurde sie schon früh in der lateinischen, griechischen und slawischen Kirche verehrt. **12.1.**

Dargestellt als Jungfrau in langem Gewand mit Mantel, mit Löwen, auch mit kahl geschorenem Haupt.

Hilda OSB, (Hl.), lebte als Klosterfrau in der Benediktinerinnen-Abtei auf dem Nonnenberg/Salzburg im 11./12. Jh.. In einem Verzeichnis des 15. Jhs. wird sie als Heilige erwähnt.

Aelred [Ethelred], [Ahdt.: »Heil« u. »Einsicht«] OCist, (Sel.), geb. um 1110 in Hexam, wurde 1124–1133 am Hof König Davids von Schottland ausgebildet und später Hofmarschall Davids. Nach 1133 trat er als Mönch in die Zisterzienser-Abtei Rievaulx ein, wurde 1142 Abt in Revesby/Lincolnshire und 1146 in Rievaulx. In zahlreichen Schriften, die auf dem Johannesevangelium, den Bekenntnissen des Augustinus, der Regel Benedikts, den Schriften Bernhards von Clairvaux und seiner reichen Lebenserfahrung beruhen, versuchte er, das Geheimnis der göttlichen Liebe seinen Zeitgenossen deutlich zu machen. Aelred starb am 12. Januar 1167.

Bernardo da Corleone OFMCap, geb. am 6. Februar 1605 in Corleone/Sizilien. Er erlernte das Schuhmacherhandwerk und war als junger Mann von großer Vitalität und Weltoffenheit bei seinen Freunden geschätzt. Er liebte besonders Waffengefechte, in denen er seine Kraft und seinen Mut unter Beweis stellen konnte. Eines Tages verletzte er einen seiner Gegner schwer. Dieses tragische Geschehen wurde für ihn zum Anlass, über sein Leben nachzudenken und sich für die Nachfolge Christi zu entscheiden. 1631 trat er als Laienbruder in den Kapuzinerorden ein und nahm den Namen Bernardo da Corleone an. Er widmete sich mit ganzer Hingabe dem beschaulichen Gebet und arbeitete nach Kräften in allen Bereichen des klösterlichen Alltags mit. Er zeichnete sich besonders durch seine Liebe zum Nächsten und eine strenge Bußgesinnung aus. Am 12. Januar 1667 starb Bernardo im Ruf der Heiligkeit in Palermo. Man berichtete schon zu seinen Lebzeiten von seiner besonderen Fürsprache bei unerklärlichen Heilungen. – Seligsprechung am 5. Mai 1768, Heiligsprechung am 10. Juni 2001.

Marguerite Bourgeoys, Hl., wurde am 17. April 1620 in Troyes/Frankreich geboren. Im Alter von 33 Jahren ging sie nach Kanada und wirkte in Montreal besonders unter den Jugendlichen. Sie gründete Schulen und Missionsstationen sowie schließlich die Kongregation der »Schwestern von U. L. F. von Montreal«, die sich bald in ganz Kanada ausbreitete. Die einsatzbereite Ordensfrau starb am 12. Januar 1700 in Montreal. – Seligsprechung am 12. November 1950, Heiligsprechung am 31. Oktober 1982. GK

Johann Kaspar Kratz SJ, geb. am 14. September 1698 in Golzheim bei Düren. Er besuchte das Jesuitenkolleg in Düsseldorf, reiste mehrere Jahre durch Europa und weilte im Dienst der Holländischen Ostindischen Gesellschaft 1728–1730 in Batavia. Dann begab er sich nach Macao, wo er in die »Gesellschaft Jesu« eintrat und 1734 zum Priester geweiht wurde. Als er 1736 als Missionar nach Indochina kam, wurde er mit drei Gefährten an der Grenze von Tonkin gefangen genommen und am 12. Januar 1737 in der Hauptstadt Ke-cho enthauptet.

Eustochio Pucci OSM, Hl., mit Ordensnamen Antonio Maria, wurde am 16. April 1819 als Sohn eines Landarbeiters und Küsters in Poggiole/Italien geboren und trat 1837 in das Serviten-Kloster in Florenz ein. Seit seiner Priesterweihe 1843 wirkte er als Kaplan und Pfarrer in Viareggio. Gleichzeitig übernahm er Leitungsaufgaben in der toskanischen Ordensprovinz. Der vorbildliche Priester und Erzieher war ein großer Fürsprecher der Armen und Kranken. Der umsichtige Seelsorger starb am 12. Januar 1892 in Viareggio. – Seligsprechung am 22. Juni 1952, Heiligsprechung am 9. Dezember 1962. GK

13.1. **Hilarius** [Lat.: »heiter, fröhlich«], Hl., geb. um 315, war wohl im Verwaltungsdienst tätig, als er um 345 die Taufe empfing. Um 350 wurde er Bischof von Poitiers. 356 als Gegner der Irrlehre des Arius nach Phrygien verbannt, konnte er 360/61 zurückkehren. In zahlreichen Schriften verteidigte er den Glauben gegen die Arianer und schrieb die erste Gesamtdarstellung der Lehre der Heiligen Schrift über Gott und den Gottessohn. Östliche und westliche Theologie verband er miteinander und lehrte die Vereinbarkeit von Glauben und Vernunft. Aus dem gemeinsamen Leben des Hilarius mit seinen Mitbrüdern entstanden die ersten klösterlichen Gemeinschaften Galliens. Hilarius gilt auch als der erste Hymnendichter der lateinischen Kirche. Er starb Anfang des Jahres 367 und wurde nach alter Überlieferung am 13. Januar beigesetzt. Sein Grab befindet sich im Dom von Parma. 1851 wurde er zum Kirchenlehrer erhoben.

Dargestellt in bischöflichen Gewändern mit Schlangen und Drachen. – Patron schwächlicher Kinder; gegen Schlangenbiss. GK

Gottfried [Ahdt.: »Gottesfriede, -schutz«] Graf von Cappenberg OPraem, Hl., geb. 1097, wurde von dem Ordensideal Norberts von Xanten so tief beeindruckt, dass er 1122 im Einvernehmen mit seinem Bruder Otto, aber gegen den Willen seines Schwiegervaters, des Grafen Friedrich von Arnsberg, seine Burg Cappenberg mit ihrem reichen Besitz Norbert zur Gründung einer Prämonstratenser-Propstei übergab. Seine Gemahlin Jutta und seine Schwestern Gerberga und Beatrix traten in das mit der Propstei verbundene Frauenstift ein. Weitere Propsteien gründete Gottfried 1123 in Ilbenstadt/Wetterau und 1128 in Varlar/bei Coesfeld. Nach dem Tod Friedrichs von Arnsberg legte Gottfried 1125 in Prémontré die Ordensgelübde ab. Aus Liebe zu den Armen, Kranken und Notleidenden errichtete er in Cappenberg ein Spital. Gottfried starb, erst 30 Jahre alt, am 13. Januar 1127 in Ilbenstadt. Seine Reliquien befinden sich in Ilbenstadt und Cappenberg.
Dargestellt als Ritter oder im Prämonstratenserhabit, mit Kirchenmodell, Brotschüssel, Totenkopf, Krone zu Füßen. MS, MZ

Heldemar [Hildemar], [Ahdt.: »Kampf« u. »berühmt«], Sel., stammte aus Tournai, wurde Priester und Hofkaplan Wilhelms des Eroberers in England. Um 1090 gründete er das Chorherren-Stift Arrouaise im Bistum Arras. Heldemar starb am 13. Januar 1097/98.

Ivette [Jutta, Judith], [Hebr.: »die Judäerin, Jüdin«], Sel., geb. in Huy bei Lüttich, wurde nach fünfjähriger Ehe mit 18 Jahren Witwe. Sie widmete sich nun der Erziehung ihrer beiden Söhne, die Zisterziensermönche in Orval und Troisfontains wurden. Dann pflegte sie zehn Jahre lang Aussätzige im Spital von Huy. Vor 1200 ließ sie sich bei der Kirche von Huy durch den Abt von Orval in einer Zelle als Reklusin einschließen. Gott verlieh ihr die Gabe des beschaulichen Gebets und der Erkenntnis des Seelenzustands anderer Menschen. So konnte sie vielen helfen, Gott wieder zu finden und ihm näher zu kommen. Ivette starb am 13. Januar 1228 und wurde in der Kirche des Leprosenhauses in Huy bestattet.
Dargestellt als Reklusin mit glühendem Dreifuß in der Hand.

Remigius von Reims, Hl., gest. 13.1. 533, ↗1.10.

Maleachi, Malachias, Malachia [Hebr: »Mein Gesandter«), der um 400 v. Chr. lebte, gilt als Verfasser des letzten Buches der Kleinen Propheten. Er kündete von der großen Liebe Gottes, des Herrn, zu seinem Volk und von der Ankunft des Propheten Elija vor dem Tag des Herrn. In der jüdischen Tradition gilt er als letzter der Propheten. MR **14.1.**

Engelmar [Ahdt.: »Engel« u. »berühmt«], Sel., lebte als Einsiedler im Bayerischen Wald bei Passau. Die Bewohner der Umgegend holten sich bei ihm Rat. Um

1096 wurde Engelmar von einem Fremden, der vorgab, sein Gefährte werden zu wollen, im Winter aus Habsucht ermordet. Als der Fremde keine Schätze vorfand, begrub er sein Opfer im Schnee und flüchtete. Erst nach der Schneeschmelze des folgenden Jahres wurde der Leichnam gefunden und von einem Priester bestattet. – An den Einsiedler erinnert heute noch der Name des Dorfes Engelmar und das Brauchtum an seinen Gedenktag.
Dargestellt als Einsiedler mit Palme und Lilie. – Patron der Bauern; für Erhaltung der Feldfrüchte; gegen Viehseuchen.

Reiner [Ahdt.: »Rat« u. »Heer«] OPraem, erster Propst des Prämonstratenser-Stiftes Arnsberg, war durch seine Frömmigkeit für alle Mitbrüder ein Vorbild. Nach einem Leben, das in allem ein Dienst vor Gott war, starb er am 14. Januar 1184.

Berno [Ahdt.: »Bär« u. »hart«] OCist, (Sel.), war Zisterziensermönch in Amelunxborn an der Weser. Seit 1154 verkündete er im Auftrag Papst Hadrians IV. den Glauben unter den Obotriten in Mecklenburg. Von Heinrich dem Löwen um 1160 zum Bischof von Schwerin ernannt erbaute Berno den 1171 geweihten Dom. 1168 nahm Berno am Kreuzzug König Waldemars I. von Dänemark gegen Rügen teil. Bei Gründung der Klöster Doberan 1171 und Dargun 1172 wirkte Berno mit. Trotz zeitweiliger Misserfolge unternahm er immer wieder Bekehrungsreisen in heidnische Gebiete. Der unermüdliche »Apostel der Obotriten« starb am 14. Januar 1191.

Heilika, (Sel.), lebte als Reklusin bei St.-Andreas in Köln. Für ihren Unterhalt sorgte der Stiftsdechant Ensfrid. Heilika lebte im 12. Jh.

Petrus Donders CSsR, Sel., geb. am 27. Oktober 1809 in Tiburg/Niederlande und seit 1841 Weltpriester, ging 1842 als Missionar nach Surinam. 1866 trat er in die Kongregation der »Redemptoristen« ein. Er wirkte 27 Jahre im Leprosorium in Batavia und missionierte unter den Indianern. Den Willen Gottes im Gebet zu erfahren, ihm zu folgen und ihm besonders in der Eucharistie verbunden zu sein, waren Schwerpunkte seines geistlichen Lebens. Donders starb am 14. Januar 1187 in Batavia. – Seligsprechung am 23. Mai 1982.

15.1. **Habakuk** und **Micha** gehören zu den Kleinen Schriftpropheten. Habakuk [Hebr.: »Wasserminze«, »Basilikum«] lebte vermutlich um 600 v. Chr. Ein zentrales Wort seiner Botschaft lautet: »Der Gerechte bleibt wegen seiner Treue am Leben« (2,4). Der Apostel Paulus bezieht sich auf ihn (*Röm* 1,17).

Micha, Michäas, Michäa [Hebr.: »Wer ist gleich dem Herrn?»] stammte aus Moreset-Gath (*Mi* 1,4). Er kam aus einfachen ländlichen Verhältnissen und trat zwischen 756 und 697 v. Chr. in Judäa auf und prangerte die sozialen Missstände in Jerusalem an. MR

Maurus [Lat.: »der Maure«, »der Mohr«] OSB, Hl., Sohn des römischen Senators Equitius, wurde von seinem Vater an Benedikt von Nursia übergeben, dessen bevorzugter Schüler und Gehilfe er bald war. Wahrscheinlich wurde Maurus Nachfolger Benedikts als Abt von Subiaco. Gregor d. Gr. berichtete, dass Maurus Benedikt vorbildlichen Gehorsam leistete. Maurus starb im 6. Jh. – Im 9. Jh. wurden in der Abtei Glanfeuil die Gebeine eines Maurus gefunden, die Abt Odo zu der Abfassung einer Legende veranlasste, dass nämlich Benedikt vor seinem Tod seinen Schüler Maurus nach Gallien gesandt habe, wo dieser die Abtei Glanfeuil gegründet habe. Odo behauptete, die aufgefundenen Gebeine seien die des Benediktinerschülers. Glanfeuil nannte sich später Saint-Maur-sur-Loire. Die angeblichen Maurusreliquien wurden 868 nach Fosses übertragen, 1750 nach St.-German-de-Prés, wo sie 1793 in der Französischen Revolution vernichtet wurden.
Dargestellt als Mönch oder Abt, bisweilen mit dem Teufel. – Patron der Köhler, Lastträger, Schneider, Schuhmacher, Kupferschmiede; gegen Heiserkeit, Schnupfen, Kopfweh, Gicht, Rheumatismus, Skrofeln, Lähmung; Maurus-Segen für Kranke.

Romedius [Remedius], [Ahdt.: »Ruhm« u. »Besitz«], Hl., entstammte dem Geschlecht der Grafen von Thaur bei Innsbruck. Nach dem Tod seiner Eltern verteilte er seinen umfangreichen Besitz teils unter die Armen, teils an die Domkirchen von Trient und Augsburg. Nach einer Pilgerfahrt nach Rom zog er sich auf den Rat des Bischofs von Trient mit zwei Gefährten in die Wildnis bei Tavon am Nonsberg/Südtirol zurück, wo er als Einsiedler lebte und Anfang des 5. Jhs. starb. – Nach einer neueren, aber nicht unbedingt beweiskräftigen Untersuchung soll Romedius dem Andechser Grafengeschlecht angehört und erst im 11. Jh. gelebt haben, als die Andechser Burg und Dorf Thaur besaßen. Sein Kult in der Diözese Trient ist seit dem 12. Jh. bezeugt. Reliquien befinden sich heute in der Pfarrkirche von Thaur.
Dargestellt in Einsiedler- oder Pilgerkleid auf einem Bären sitzend, mit Pilgerstab in der Hand. BB, T

Konrad II. [Ahdt.: »kühn« u. »Ratgeber«] Bosinlother OSB, Sel., geb. in der Nähe von Trier, wurde Mönch in der Abtei Siegburg. Bischof Kuno von Regensburg ernannte Konrad 1127 zum Abt des Klosters Mondsee, das zum Regensburger Bischofsgut gehörte. Bald hatte Konrad durch eine Reform das geistige und geistliche Leben des Klosters reformiert. 1142 erwirkte er vom Papst für sein Kloster freie Abtswahl, Loslösung von Regensburg und Stellung unmittelbar unter Rom. Als Konrad entfremdete Klostergüter zurückforderte, wurde er am 15. Januar 1145 in Oberwang bei Mondsee von Lehensleuten der Abtei ermordet. Die Gebeine befinden sich in der ehemaligen Abteikirche auf dem Hochaltar.

Anton [ein altröm. Familienname] OPraem, war nach der Überlieferung Chorherr in Prémontré und wurde um 1138 zum Propst von Ilbenstadt in der Wetterau berufen. Er bemühte sich, die Liebe zu Gott und den Mitmenschen auch seinen Mitbrüdern zu vermitteln. Die Güter des Stifts verteidigte er mutig gegen ungerechte Angriffe. Anton schloss die Augen an einem 15. Januar um 1149.

Gabriel Graf von Ferrara OSJdD, war Mönch des »Hospitalordens der Barmherzigen Brüder vom hl. Johannes von Gott«. Als Generalvikar der deutschen Ordensprovinz gründete er u. a. 1616 das Hospital in Wien und 1622 das in Neuburg an der Donau. Gabriel starb im Ruf der Heiligkeit am 15. Januar 1627 in Wien.

Arnold Janssen SVD, Sel., geb. 5. November 1837 in Goch/Niederrhein, wurde 1861 Priester der Diözese Münster. 1875 errichtete er das Missionshaus St.-Michael im niederländischen Steyl an der Maas, Mutterhaus der »Gesellschaft des Göttlichen Wortes«. 1889 erfolgte die Gründung der »Steyler Missionsschwestern«, 1896 die der »Steyler Anbetungsschwestern«. Zum Gymnasiallehrer ausgebildet, rief er mehrere Gymnasien und Priesterseminare in Deutschland und Österreich für den Nachwuchs seiner Gesellschaft ins Leben. So waren die »Steyler Missionare« bald in der Lage, Glaubensboten in die ganze Welt zu entsenden. Die Steyler Missionsdruckerei, die besonders religiöse Volksschrifttum pflegte, schaffte die finanzielle Grundlage für Janssens Werk. Er starb am 15. Januar 1909 in Steyl. – Seligsprechung am 19. Oktober 1975. A, MS

16.1. **Marzellus I.**, Hl., war Papst wohl seit 307. Die dürftige Quellenlage lässt es nicht zu, seine Persönlichkeit klar zu umreißen. Die Überlieferung schreibt ihm eine Neuordnung der kirchlichen Verwaltung in Rom zu. Von Kaiser Maxentius verbannt, ist er bereits 308/309 gestorben und in der Priscillakatakombe/Rom beigesetzt worden. Ob der 16. Januar der Tag des Todes oder der Bestattung ist, kann nicht entschieden werden.

Dargestellt in päpstlichen Gewändern mit Tiara und Kreuzstab, mit Kelch und Hostie, auch mit Pferdekamm und Halfter. – Patron der Stallknechte.

Honorat [Lat.: »der Geehrte«], Hl., geb. 2. Hälfte des 4. Jhs., stammte aus einer vornehmen Familie Galliens, vielleicht aus Trier. Um 410 gründete er auf einer einsamen Insel das Kloster Lérins, das später eine berühmte Pflanzstätte der Heiligkeit und Wissenschaft wurde. 427 wurde er Bischof von Arles. Honorat starb am 16. Januar 429/430. Seine Reliquien, 1391 nach Lérin übertragen, ruhen seit 1788 in der Kirche von Grasse.

Dargestellt als Einsiedler oder Bischof, mit Drachen und Quelle. – Patron für und gegen Regen; gegen Unglück.

Tillo [Tillmann] OSB, Hl., stammte aus Westfalen. In seiner Jugend wurde er als Sklave nach Belgien verschleppt und von Eligius von Noyon losgekauft, der ihn in der Goldschmiedekunst unterrichtete. 641 wurde er Priester und Mönch in Solignac. Später zog er sich in die Einsamkeit von Brajac zurück, um Gott ungestört dienen zu können. In hohem Alter kehrte Tillo in sein Kloster zurück, wo er um 700/702 gestorben ist. Seine Reliquien wurden von den Hugenotten verbrannt.
Dargestellt als Mönch, häufig mit Goldschmiedewerkzeugen oder Kelch. – Patron der Kinder, die schwer gehen lernen; gegen Fieber.

Tozzo [Tasso] OSB, Hl., soll Mönch im Kloster Murbach gewesen sein. König Pippin soll ihn auf Empfehlung des hl. Magnus um 772 zum Bischof von Augsburg ernannt haben. Gestorben ist er wohl um 778. Sein Grab ist nach der Überlieferung in St.-Ulrich und Afra in Augsburg.
Dargestellt in Bischofsgewändern mit brennender Kerze.

Ulrich [Ahdt.: »der an Besitz Reiche«] von Blücher OPraem, gehörte als Priester dem Prämonstratenser-Stift Ratzeburg an. 1257 wurde er zum Bischof gewählt. Er war erfüllt von großem Seeleneifer und barmherziger Liebe zu den Armen. Sein irdisches Leben vollendete sich am 16. Januar 1284.

Theobald [Dietbald], [Griech./Ahdt.: »Gott« u. »mutig«] von Geisling OFM, Priester des Franziskanerordens. Er war in den österreichischen Ländern unermüdlich tätig, um den Glauben in den Herzen der Menschen zu festigen. Daher hat man ihm den Ehrennamen »Apostel Österreichs« gegeben. Theobald starb in Wien am 16. Januar 1520.

Antonius [altröm. Geschlechtername], Hl., geb. 251/252 in Kome/Mittelägypten, **17.1.**
war der Sohn wohlhabender christlicher Eltern. Nach deren Tod verschenkte er seinen Besitz und führte ein Leben der Askese in der Wüste. Sein Ruhm verbreitete sich schnell: Es fand sich eine Jüngerschar ein; andere suchten ihn auf, um Rat zu erbitten oder um durch sein Gebet geheilt zu werden. Mit Kaiser Konstantin und seinen Söhnen wechselte er Briefe. Gegen Ende seines Lebens verließ er nochmals die Wüste, um in Alexandrien gegen die Irrlehre des Arius zu predigen. Nach seiner Rückkehr in die Einöde starb Antonius im Alter von 105 Jahren. – Sein Freund Athansius hat seine Lebensbeschreibung verfasst. Antonius gewann dadurch Bedeutung, dass er einzelne Einsiedlergemeinden zusammenführte, denen er durch sein Leben und durch seine Weisungen zum Vorbild wurde. Daher wird er mit Recht »der Große« genannt. Sein Grab wurde 561 aufgefunden, und seine Gebeine wurden nach Alexandrien überführt. Vor den Sarazenen brachte man sie 635 nach Konstantinopel in Sicherheit. Um 1000 kam der größere Teil der Reliquien in die Prioratskirche St.-Didier-de-la-Mothe im Bistum Vienne,

von dort 1491 in die Pfarrkirche St.-Julien in Arras. Im Abendland wurde Antonius besonders seit dem 14. Jh. ein beliebter Patron der Ritter und Bauern.

Dargestellt als greiser Mönch mit Buch und Stab, der als Krücke das Antoniuskreuz trägt, mit Schwein, Untieren und Dämonen. – Patron der Ritter und Bauern, der Haustiere, besonders der Schweine; der Bürsten-, Korb- und Handschuhmacher, Weber, Metzger, Zuckerbäcker, Totengräber; gegen Feuersnot, Pest und ansteckende Krankheiten. GK

Gamelbert [Ahdt.: »Spiel« u. »berühmt«], Sel., der von edler Herkunft war, lebte als Pfarrer in Michaelsbuch/bei Plattling. Nach einer Pilgerfahrt nach Rom gründete er mit seinem Besitz in Michaelsbuch, wo er Grundherr war, das Kloster Metten, dessen Leitung er seinem Patenkind Utto anvertraute. Gamelbert starb der Überlieferung nach an einem 17. Januar in der 1. Hälfte des 8. Jhs.

Dargestellt als Weltpriester oder Pilger mit Vögeln.

Beatrix [Lat.: »die Selige«] Gräfin von Cappenberg OPraem, Schwester der Grafen Gottfried und Otto, wurde Prämonstratenserin in Cappenberg und starb nach einem Leben des Gebets und der geistlichen Betrachtung der Überlieferung nach an einem 17. Januar des 12. Jhs.

18.1. **Priska** [Lat.: »ernsthaft«], Hl., nach dem legendarischen Leidensbericht des 8. Jhs. ein junges Mädchen, wurde unter Kaiser Claudius im 1. Jh. um seines Glaubens willen enthauptet. Möglicherweise verbirgt sich hinter der Legende eine geschichtlich nicht mehr fassbare Märtyrin des 3. Jhs.

Dargestellt als jugendliche Märtyrin mit Palme, Schwert, Löwe, auch im Grab ruhend mit zwei Adlern.

Odilo war der vorletzte Herzog der Bayern aus dem Geschlecht der Agilolfinger. Um 736/737 zur Herrschaft gelangt, ließ er 739 die bayrische Kirche durch Bonifatius neu ordnen. Nach einem verlorenen Krieg gegen die fränkischen Hausmeier Karlmann und Pippin erhielt Odilo zwar einen günstigen Frieden, aber er gewährte Bonifatius keinen Einfluss mehr auf die bayrische Kirche. Vielleicht schon 741 stiftete er die Benediktinerabtei Niederalteich/Bayern und besiedelte sie mit Mönchen von der Reichenau. Den Iroschotten Virgil erhob er auf den Bischofssitz von Salzburg. Odilo starb am 18. Januar 748.

Wolfrid [Ulfrid], [Ahdt.: »Heimat« u. »Friede«] OSB, Hl., stammte aus England, wo er wahrscheinlich Mönch war. Er ging als Glaubensbote nach Schweden. Als er dort den Götzen Forstan in Stücke geschlagen hatte, wurde er von der aufgebrachten Bevölkerung am 18. Januar 1028 getötet.

Regina Protmann, Sel., geb. 1552 in Braunsberg/Ostpreußen, entstammte einer angesehenen Familie. 1571 begann sie mit zwei Gefährtinnen ein gemeinsames Leben, das zunächst sehr beschaulich ausgerichtet und von Gedanken der spätmittelalterlichen Mystik beeinflusst war. Eine zweite Regel 1602 milderte die Klausur und betonte unter dem Einfluss der Jesuiten mehr die aktive Betätigung in der Krankenpflege und Mädchenerziehung. Reginas gesunde Frömmigkeit und Askese sowie ihre unermüdliche Tatkraft brachten die Kongregation der »Katharinerinnen« bald zum Blühen. Am 18. Januar 1613 starb Regina in Braunsberg. – Seligsprechung am 13. Juni 1999 in Warschau.

Agritius [Lat.: »der Ländliche«], Hl., war Bischof von Trier und nahm 314 an der Synode von Arles teil. Nach der Lebensbeschreibung des 11. Jhs. ist er von Kaiserin Helena auf den Bischofssitz von Trier berufen worden und hat Herrenreliquien und die Gebeine des Apostels Matthias nach Trier gebracht. Die Ausgrabungen im Trierer Dom haben bestätigt, dass zu seiner Zeit der Kaiserpalast zum Dom umgebaut worden ist. Agritius ist um 329 gestorben. **19.1.**

TR

Marius, **Audifax** und **Abachum**, Hl., haben um des Glaubens willen in Rom den Tod wahrscheinlich in der Verfolgung Diokletians um 300 erlitten. Reliquien der Märtyrer befinden sich in Prüm in der Eifel und in Seligenstadt am Main.

Dargestellt in Szenen ihres Martyriums.

Ratmund [Ags.: »Einsicht« u. »Schutz«] OSB, war der Neffe Godehards von Hildesheim. Er wurde Godehards Nachfolger als Abt von Niederaltaich und leitete das Kloster seit 1026. Ratmund starb am 19. Januar 1048.

Aleidis von Oldenburg OPraem, mit den Grafen von Cappenberg verwandt. Durch das Beispiel der Cappenberger Geschwister Gottfried, Otto, Gerberga und Beatrix bewogen, trat auch sie in das Prämonstratenserinnen-Stift Cappenberg ein und starb nach einem heiligmäßigen Leben an einem 19. Januar des 12. Jhs.

Heinrich [Ahdt.: »der in seinem Besitztum Mächtige«] OCist, aus dem Geschlecht der Edelherren von Staufen wurde von Bernhard um 1171 zum Eintritt in Clairvaux bewogen. Im Auftrag Bernhards reiste Heinrich mehrmals nach Westdeutschland. Als Chorprofesse, aber nicht Priester, liebte er ein inniges Gebetsleben und wurde mystischer Begnadungen teilhaftig. Gegen Ende seines Lebens war er gelähmt und starb in Clairvaux am 19. Januar 1211.

Smeralda Calafato OSCl, Hl., mit Ordensnamen Eustochia, geb. am 25. März 1434 in Messina, fasste bereits in jugendlichem Alter den Entschluss, sich Christus zu weihen. Sie trat bei den Klarissinnen von S. Maria di Basciò ein. Die Liebe zur Armut und zur Bußgesinnung ließ die junge Schwester bald mit päpstlicher Erlaubnis eine Neugründung in S. Maria Accomandata vornehmen. In dieses Kloster traten nach dem Tod ihres Vaters auch ihre Mutter und eine Schwester ein. Nach einem Leben des Gebets und der Christusnachfolge starb die Ordensfrau am 20. Januar 1485 in dem von ihr gegründeten Kloster Montevergine. – Der Kult wurde am 14. September 1782 bestätigt; Heiligsprechung am 11. Juni 1988 in Messina. GK

20.1. **Fabian** [Lat.: »aus dem Geschlecht der Fabier«], Hl., seit 236 Papst, baute die römische Kirche organisatorisch aus. Die Stadt Rom teilte er in sieben kirchliche Bezirke, deren Verwaltung sieben Diakonen übertragen wurde. Ebenso trug er Sorge für die kirchlichen Begräbnisstätten. Sein Ansehen in der Gesamtkirche wird von Cyprian von Karthago und Origenes bezeugt. Fabian starb als einer der ersten Märtyrer in der Verfolgung Kaiser Decius' am 20. Januar 250 und wurde in der Kalixtus-Katakombe/Rom beigesetzt. – Sein Sarkophag wurde 1915 wieder aufgefunden.

Dargestellt mit Papstkreuz, Schwert und Taube. – Patron der Töpfer, Zinngießer. GK

Sebastian [Griech./Lat.: »verehrungswürdig«], Hl., nach Mitteilung des Ambrosius aus Mailand gebürtig, starb er als Märtyrer in Rom in der 2. Hälfte des 3. Jhs. – 354 wird berichtet, dass sein Grab an der Via Appia am Eingang des Coemeteriums »ad catacumbas« sei. Die Legende aus der 1. Hälfte des 5. Jhs. berichtet, Sebastian sei Offizier der kaiserlichen Garde gewesen, der auf Befehl Kaiser Diokletians mit Pfeilen durchschossen wurde. Er erholte sich durch die Pflege einer christlichen Witwe, bekannte sich erneut zu seinem Glauben und wurde daraufhin mit Keulen erschlagen. – Reliquien Sebastians befinden sich seit 1250 im Franziskaner-Kloster Hagenau/Elsass sowie angeblich im Kloster Ebersberg/Oberbayern. Im Spätmittelalter erlebte der Kult Sebastians eine große Blüte, da er der Pfeile wegen als Pestpatron verehrt wurde.

Dargestellt als Soldat oder junger Mann, mit Baumstumpf und Pfeilen, oder an einen Baum gebunden und von Pfeilen durchbohrt, mit Knüttel und Palme. – Patron der Sterbenden, Schützengilden, Kriegsinvaliden, Büchsenmacher, Eisenhändler, Zinngießer, Steinmetze, Gärtner, Gerber, Töpfer, Bürstenbinder und -händler, Raketenmacher, Leichenträger; der Brunnen; bei Verwundungen, gegen Pest, Seuchen, Viehkrankheiten, Epilepsie, Religionsfeinde. GK

Elisabeth [Hebr.: »Gott hat geschworen« od. »Gott ist vollkommen«] OPraem, Prämonstratenserin in Füssenich/bei Zülpich, war eine geistliche Tochter

Hermann Josephs von Steinfeld, der ihr manche Anregung für Gebet und Betrachtung gab. Elisabeth war mit mystischen Erfahrungen ausgestattet und starb am 20. Januar um 1220.

Ursula Haider OSCl, (Sel.), geb. 1413 in Leutkirch, wurde als Vollwaise im Alter von 9 Jahren von Elisabeth von Reute auf den Empfang der Sakramente vorbereitet. Sie wurde »Klarissin« im Kloster von Valdunen/Vorarlberg, dem sie seit 1467 als Äbtissin vorstand. 1480 musste sie die Leitung des Bicken-Klosters in Villingen übernehmen. Hier förderte sie besonders den Kult des Leidens und des Herzens Jesu sowie im Anschluss an Heinrich Seuse die Verehrung der ewigen Weisheit. Ursula starb im Ruf der Heiligkeit am 20. Januar 1498 in Villingen.

Jakob [Hebr.: »Gott möge schützen«] Potfliet OFM, stammte aus Brügge in Flandern (Belgien) und wurde Priester des Franziskanerordens. Mit äußerster Genauigkeit erfüllte er alle Vorschriften der Regel, um dem Heiligkeitsideal des hl. Franziskus möglichst nahe zu kommen. Jakob starb am 20. Januar 1628 in Andernach.

Agnes [Lat.: »das Lamm«], Hl., war eine jugendliche Märtyrin, deren Kult schon **21.1.**
im 4. Jh. in Rom bestand und sich schnell in der abendländischen Kirche ausbreitete. Über die Zeit und Art des Martyriums sind keine sicheren Nachrichten überliefert. Schon am Ende des 4. und Anfang des 5. Jhs. haben Legenden das Bild der Märtyrin unscharf gemacht. Ob Agnes durch Enthauptung oder durch Feuer getötet wurde, ist unsicher. Ebenso schwankt die Zeit des Martyriums zwischen Kaiser Valerian (258–259) und Kaiser Diokletian (304). Agnes wurde in Rom an der Via Nomentana beigesetzt. Über ihrem Grab entstand nach Beendigung der Verfolgungszeiten eine Kirche, die um 630 unter Papst Honorius I. erneuert wurde.
Dargestellt in jugendlichem Alter mit Lamm, Palme oder Blumenkranz. – Patronin der Jungfrauen, Verlobten, Gärtner; der Keuschheit. GK

Patroklus [Griech.: »Vater« u. »berühmt«], Hl., erlitt den Martertod in Troyes, wahrscheinlich in der Verfolgung Kaiser Valerians um 259. Sein Kult in Troyes wird von Gregor von Tour bezeugt. Erzbischof Brun I. von Köln brachte die Reliquien 960 in seine Bischofsstadt und überführte sie 964 nach Soest, wo sie in der Patrokli-Kirche ruhen.
Dargestellt in vornehmer Laienkleidung oder als Ritter mit Schwert, Schild, Fahne, Handkreuz oder Palme. – Patron gegen Fieber, Besessenheit, Dämonen.

Meinrad [Meginrad], [Ahdt.: »Macht« u. »Ratgeber«] OSB, Hl., geb. Ende des 8. Jh. im Süldigau/bei Rottenburg. Er lebte als Priestermönch auf der Reichenau/Bodensee. Später zog er sich um 835 in eine Einsiedelei im »Finsteren

Walde« zurück. Hier wurde er am 21. Januar 861 von Räubern erschlagen, die er vorher bewirtet hatte. Seine Gebeine wurden zunächst auf der Reichenau beigesetzt. 1039 wurden sie in das Kloster Einsiedeln überführt, das an der Stelle seiner Klause errichtet worden war.
Dargestellt als Benediktinermönch mit Brot, Weinkrug, zwei Raben, Keule und Märtyrerpalme. – Patron des Gebietes um Einsiedeln. RK, CH, ES, FR, RT, SG

Agnes [Lat.: »das Lamm«] Aislinger, (Sel.), geb. in Aislingen/Schwaben, lebte als Reklusin bei dem Augustiner-Chorherren-Stift Rebdorf in der Nähe von Eichstätt. Nach einem Leben des Gebetes und der Abtötung starb sie 1504 im Ruf der Heiligkeit.

22.1. Vinzenz [Lat.: »der Siegreiche«], Hl., nach der Überlieferung Archidiakon des Bischofs Valerius von Saragossa, wurde mit diesem nach Valencia verbannt. Dort wurde er wegen seines christlichen Glaubens nach einer glänzenden Verteidigung zu Tode gemartert an einem 22. Januar, wahrscheinlich 304. Schon im Frühmittelalter entstand an seinem Grab und bei seinen Reliquien ein blühender Kult, der sich später auch in Frankreich und auf den deutschen Sprachraum ausdehnte.
Dargestellt als Diakon mit Palme, Buch und Raben, mit Rost, eisernen Haken, Mühlstein, Trauben und Zweigen mit Blumen. – Patron der Ziegelbrenner, Töpfer, Dachdecker, Winzer, Seeleute, Holzfäller; des Federviehs; der Kaffeehäuser; bei Körperschwäche; zur Wiedererlangung gestohlener Sachen. GK, GÖ

Gaudenz [Lat.: »der Fröhliche«], Hl., nach der Legende ein Glaubensbote im Bergell im schweizerischen Kanton Graubünden, erlitt im 4. Jh. dort den Martertod. Die Kirche mit seinem Grab in Casaccia am Fuß des Septimer wird erstmals um 830 erwähnt. Sie wurde 1551 während der Reformation verwüstet und ist heute eine Ruine.
Dargestellt mit Mitra und Stab.

Theodelind [Dietlind], [Ahdt.: »Volk« u. »mild«], Hl., entstammte dem bayrischen Herzogshaus und wurde 589 mit dem Langobardenkönig Authari vermählt. Nach dessen Tod 590 heiratete sie Herzog Agilulf von Turin, der bis 615 regierte. Seitdem war Theodelind Regentin für ihren Sohn Adaloald, der als erster Langobardenkönig katholisch getauft wurde. Auch ihren Gemahl Agilulf hatte die Königin zum katholischen Glauben geführt. Mit Erfolg bemühte sie sich auch, das Volk der Langobarden, das dem arianischen Bekenntnis anhing, für den katholischen Glauben zu gewinnen. Papst Gregor d. Gr. war voller Hochachtung für die Königin, die in Monza eine Johannes-Basilika erbaute und Kolumban bei der Gründung des Klosters Bobbio unterstütze. Theodelind starb wahrscheinlich am 22. Januar 627. Ihr Sarkophag befindet sich im Dom von Monza.

Dargestellt in königlichem Ornat mit eiserner Krone, zwei Knaben unterrichtend.

Anastasius [Griech.: »Auferstehung«] der Perser, Hl., ein Ritter, wurde 620 in Jerusalem getauft und Mönch. Nach sieben Jahren verließ er mit Erlaubnis das Kloster, wurde in Cäsarea verhaftet und nach Persien gebracht, wo er am 22. Januar 628 in Betsaloe mit zahlreichen Gefährten getötet wurde. Seine Reliquien sind über Konstantinopel nach Rom gekommen, wo sie in der Kirche der hll. Vincenzo und Anastasio verehrt werden.
Dargestellt als Märtyrer mit Axt und Palme. – Patron der Goldschmiede.

Walter [Ahdt.: »der Herrschende«] von Bierbeek OCist, (Sel.), war ein Ritter, der von einer innigen Verehrung Marias beseelt war. Nach einer Kreuzfahrt wurde er um 1182/86 Mitglied der Zisterzienser-Abtei Himmerod. Bereits zu Lebzeiten wurde er wegen seiner großen Frömmigkeit und seiner großen Liebe zur Mutter Gottes sehr geschätzt und der »Mönch Marias« genannt. Walter starb zwischen 1206 und 1222.

Elisabeth [Hebr.: »Gott hat geschworen« od. »Gott ist vollkommen«] von Österreich, Tochter Kaiser Maximilians II., wurde 1570 durch Heirat mit Karl IX. Königin von Frankreich. Da Karl aber schon 1574 starb, kehrte Elisabeth nach Wien zurück. Hier weihte sie ihr weiteres Leben dem Dienste Gottes und der Nächstenliebe. Den Armen und Notleidenden wurde sie eine hilfreiche Mutter. Sie starb in Wien im Ruf der Heiligkeit am 22. Januar 1592.

Vinzenz [Lat.: »der Siegreiche«] Pallotti SAC, Hl., geb. 21. April 1795 in Rom, war nach Empfang der Priesterweihe 1818 Seelsorger der Jugend, der Kranken und Gefangenen, Exerzitienmeister, Volksmissionar und seit 1827 Spiritual am Römischen Seminar. Er wirkte als gesuchter Beichtvater und Seelenführer, Förderer guter Bücher und Erneuerer des Missionsgedankens. Zur Wiedererweckung eines lebendigen Glaubensgeistes gründete Pallotti 1834 die »Gesellschaft des katholischen Apostolates zur Vertiefung, Verbreitung und Verteidigung der Frömmigkeit und des katholischen Glaubens«, 1835 als deren Träger eine Priestergemeinschaft, die »Pallottiner«. Zur Betreuung zahlreicher karitativer Werke rief er 1843 die Schwesterngemeinschaft der »Pallottinerinnen« ins Leben. Pallottis Gründung kann als eine Vorläuferin der katholischen Aktion angesehen werden. Er starb am 22. Januar 1850 und wurde in der Kirche S. Salvatore in Onda/Rom bestattet.
Dargestellt im Ordenskleid oder mit Chorrock und Stola. GK

Heinrich [Ahdt.: »der in seinem Besitztum Mächtige«] Seuse OP, Sel., geb. um 1295 wahrscheinlich in Konstanz, entstammte dem Rittergeschlecht von Berg. Er wurde Dominikaner und war Schüler Meister Eckharts in Köln. Der begnadete Mystiker und ausgezeichnete Seelsorger kam auf seinen rast- **23.1.**

losen Predigtreisen durch Schwaben, die Schweiz, das Rheinland bis zu den Niederlanden. Sein »Büchlein der Ewigen Weisheit« wurde ein weitverbreitetes Andachts- und Betrachtungsbuch. Seit 1348 lebte er in Ulm, wo er am 25. Januar 1366 starb.

Dargestellt im Dominikanerhabit mit Griffel, Kranz von Rosen, Monogramm des Namens Jesu, vor einem Baum, von dem das Jesuskind Blütenzweige auf ihn wirft; neben ihm ein Hund mit Tuch oder Lilie im Maul. RK, FR, RT

Desponsata, Sponsata – das Fest »Marias Vermählung« [Verlöbnis = Desponsatio, ↗Maria am 8. September] verdankt sein Entstehen einem Domherrn von Chartres, der den hl. Joseph innig verehrte und zu dem Festgedanken »Vermählung Marias mit dem hl. Joseph« eigene Tagesgebete erstellen ließ. Anfang des 15. Jhs. wurde das Fest zuerst in Chartres feierlich begangen. 1537 gestattete Papst Paul III. die Festfeier für den Franziskanerorden, 1725 Papst Benedikt XIII. für die ganze Kirche.

Emerentiana [Lat.: »die Verdienstvolle«], Hl., war eine römische Märtyrin, die wahrscheinlich in der Verfolgung Kaiser Diokletians um 304 ihr Leben für den Glauben an Christus hingab. Ihr Grab war früher im Coemeterium majus an der Via Nomentana. Die Legende nennt Emerentiana eine Mitschwester der hl. Agnes, bei deren Beisetzung sie als Katechumene durch Steinigung die Bluttaufe empfing.

Dargestellt als Jungfrau mit Palme, Lilie und Steinen. – Patronin der schwangeren Frauen; gegen Magenleiden, Kolik.

Ildefons [Ahdt.: »Kampf« u. »bereit«] OSB, Hl., wurde gegen den Willen seiner Eltern Mönch und war später Abt im Kloster der hll. Kosmas und Damian in Agalia/bei Toledo. Wahrscheinlich war er Schüler Isidors von Sevilla. 657 wurde er Erzbischof von Toledo. Sein umfangreiches theologisches Schrifttum weist ihn als einen großen Marienverehrer aus. An der Ausbildung der westgotisch-mozarabischen Liturgie in Spanien hat Ildefons erheblichen Anteil. Er starb am 23. Januar 667.

Dargestellt im Mönchshabit oder Bischofsornat, mit Muttergottes, die ihm ein weißes Kleid oder Messgewand überreicht.

Lüfthild [Liuthild], [Germ.: »freundlich« u. »Mühen«], Hl., lebte im 9. Jh. in Berge bei Bonn. Nach ihrem Tod an einem 23. Januar (?) wurde sie in der Kirche des später nach ihr Lüftelberg genannten Ortes bestattet, wo ihr Grab in Ehren gehalten wird. Cäsarius von Heisterbach erwähnt 1222 zuerst ihre Verehrung und die Wallfahrt nach Lüftelberg. 1902 wurden die Reliquien in einem neuen Marmorsarkophag gebettet.

Dargestellt als junge Frau mit Blüten, Spindel, Ginsterrute, Kirchenmodell. – Patronin gegen Kopf- und Ohrenleiden (in Lüftelberg Berührung mit silberner Spindel).

Hartmut [Ahdt.: »hart« u. »Mut«] OSB, war Mönch, Schüler des Rhabanus Maurus und wurde 827 als Nachfolger Grimalts Abt von St.-Gallen. Otfrid von Weißenburg widmete 868 seine Dichtung »Krist«, eine Art Evangelienharmonie in südrheinfränkischer Mundart, seinem Freund Hartmut. Als Abt entwickelte Hartmut wie sein Vorgänger eine reiche Bautätigkeit. 883 dankte er ab und führte dann als Rekluse in St.-Gallen ein Leben der Zurückgezogenheit und Abtötung. Er starb an einem 23. Januar nach 905.

Wido OCist (Sel.), Abt des Zisterzienser-Klosters Adwert, wurde 1218 als Nachfolger Gerbrands zum Abt von Klaarkamp berufen. Nach einem vorbildhaften Klosterleben starb er der Überlieferung nach an einem 23. Januar.

Eugen Bolz, geb. 15. Dezember 1881 in Rottenburg/am Neckar, wurde 1912 Reichstags-, 1913 württembergischer Landtagsabgeordneter, 1919 württembergischer Justiz-, 1923 Innenminister und 1928 württembergischer Staatspräsident. In den Lehren der katholischen Kirche über Staat, Kultur, Wirtschaft- und Sozialordnung sah er die Grundlagen seines öffentlichen Wirkens. Schon früh erkannte er die Notwendigkeit zum Widerstand gegen den Nationalsozialismus. Nach dem 20. Juli 1944 verhaftet wurde der aufrechte Katholik und Demokrat am 23. Januar 1945 zum Tode verurteilt und am selben Tag in Berlin-Plötzensee hingerichtet.

Nikolaus [Griech.: »Sieger im Volk«] Groß, geb. am 30. September 1898 in Niederwenigern an der Ruhr als Sohn eines Arbeiters, wurde zunächst Bergmann. Er bildete sich in Abendkursen weiter. Nach Mitarbeit in der christlichen Bergarbeiterbewegung war er als Gewerkschaftssekretär in Schlesien, Sachsen und im Ruhrgebiet tätig. 1930 wurde er Redakteur der »Westdeutschen Arbeiterzeitung«. In Wort und Schrift setzte er sich mit dem Nationalsozialismus auseinander, gegen den er die christlich begründete Familie als stärkstes Bollwerk ansah. Am 20. Juli 1944 wurde er verhaftet, zum Tode verurteilt und am 23. Januar 1945 hingerichtet. – Seligsprechung am 7. Oktober 2001.

Vera [Lat.: »die Wahrhaftige«], eine Frau aus vornehmem Haus, die in Clermont/ **24.1.**
Frankreich um 400 ein vorbildliches christliches Leben führte.

Arn OSB (Sel.), geb. nach 740 im Isengau aus bayrischem Hochadel, wurde in Freising/nördl. v. München erzogen, um 776 Priester, 778 Mönch und 782 Abt in Elno. Hier knüpfte er enge Verbindung zum Karolingischen Hof in

Aachen und gewann die Freundschaft Alkuins. 785 wurde er Bischof von Salzburg und erlangte 798 mit dem Pallium (Insignie der Erzbischöfe; eine weiße Binde mit sechs schwarzen Kreuzen, um die Schulter gelegt) die Erhebung zum Erzbischof. In der Diözese war er auf die Vertiefung des Glaubens und auf den Ausbau der Seelsorge bedacht. Auch sorgte er sich um die wirtschaftliche Sicherung seiner Kirche. Neben Paulin von Aquileja bemühte er sich um die Bekehrung der Avaren. Für wissenschaftliche Studien errichtete er eine Bibliothek von etwa 150 Handschriften. Arn starb am 24. Januar 821.

Eberhard Graf von Nellenburg OSB, Sel., ein Verwandter der Kaiser Konrad II. und Heinrich III., gründete 1049 das Benediktiner-Kloster Allerheiligen in Schaffhausen. Nach einer Pilgerreise zum Grab des hl. Jakobus in Santiago de Compostela trat Eberhard als Laienbruder selbst in seine Gründung ein, während seine Gattin Ita von Kirchberg Nonne im Agnes-Kloster wurde. Eberhard starb am 25. Januar 1078/97. – Sein und seiner Gattin Grabmal vor dem Kreuzaltar wurde 1537 während der Reformation beseitigt, aber 1921 wieder entdeckt und befindet sich jetzt im Museum von Schaffhausen. Die Gebeine sind verschollen.
Dargestellt als bärtiger Ritter mit Kirchenmodell. BS

Franz [Ahdt.: »frei, kühn«] von Sales, Hl., geb. 21. August 1567 auf Schloss Sales in Savoyen, studierte in Paris, wo er nach schweren Gewissenskämpfen ein tragendes Vertrauen auf das ewige Heil fand. In Padua 1591 zum Doktor beider Rechte promoviert, wurde er gegen den Willen seines Vaters 1594 Priester und wirkte in entsagungsvoller Arbeit in Chablais am südlichen Genfer See. Er konnte eine große Zahl von Calvinisten für den katholischen Glauben zurückgewinnen. 1599 wurde er Koadjutor des Bischofs von Genf. Seit er 1602 Bischof war, bemühte er sich um die Durchführung der Beschlüsse des Konzils von Trient durch Gründung eines Priesterseminars und Visitationen. – Seit 1604 verband ihn mit Johanna Franziska von Chantal eine innige geistliche Freundschaft, deren ideale Gesinnung viele erhaltene Briefe bezeugen. 1610 gründete er mit ihr den beschaulichen »Orden von der Heimsuchung Mariens« (Salesianerinnen Don Boscos OVM).
In zahlreichen Schriften betonte Franz die Verbindung von Religiosität und weltlicher Kultur, von Humanismus und Christentum. Zur Stärkung des inneren, auf Gott ausgerichteten Lebens empfahl er den häufigeren Empfang der Kommunion. Auf einer Reise nach Lyon verschied er am 28. Dezember 1622. Sein Leib ruht seit dem 24. Januar 1623 in Annecy in der Kirche der Heimsuchung. – 1877 wurde Franz von Sales zum Kirchenlehrer erhoben.
Dargestellt als Bischof oder Prälat mit einem von Dornen umwundenen Herzen. – Patron der katholischen Presse und der Schriftsteller. GK

Bernhard [Ahdt.: »der Bärenharte«] Lehner, wurde 1930 in Herrngiersdorf, Pfarrei Semerskirchen im Bistum Regensburg, geboren. Nach einem unauffälligen, aber musterhaften Leben als Schüler des bischöflichen Knabenseminars Obermünster starb er nach kurzer Krankheit am 24. Januar 1944 in Regensburg. Man bestattete ihn in seiner Heimat und übertrug 1952 die sterblichen Überreste in die Kirche.

Susanna von Babylon [Hebr.: »Lilie«] war nach dem Danielbuch (Daniel-Theodotion vor *Dan* 1, nach Daniel-Septuaginta nach *Dan* 12) die schöne, gottesfürchtige Frau Joakims. Sie wurde wegen fälschlicher Anklage des Ehebruchs zum Tode verurteilt, von Daniel jedoch gerettet. RO **25.1.**

Prikt, Amarin und Elid, Märtyrer, Hl., gest. 25.1.674, ↗15.2.

Poppo, Abt von Stablo-Malmedy, Hl., gest. 25.1.1048, ↗29.1.

Eberhard von Nellenburg, Sel., gest. 25.1.1078/79, ↗24.1.

Wolfram OPraem, 1135 der erste Abt der von der Gräfin Gisela von Saarbrücken und Erzbischof Adalbero von Trier gegründeten Prämonstratenser-Abtei Wadgassen im Saarland. Er legte den Grund zum Aufblühen des Klosters und starb nach einem arbeitsreichen Leben im Dienst Gottes am 25. Januar 1158.

Titus Maria Horten OP, geb. 9. August 1882 in Elberfeld (Taufname Anton Hubert), trat 1909 in den Dominikanerorden ein und wurde 1915 zum Priester geweiht. Seit 1917 mit verschiedenen Aufgaben im Orden betraut leitete er den Albertus-Magnus-Verlag und war ein geschätzter Seelenführer und Beichtvater. Schon zu Lebzeiten brachte man dem heiligmäßigen Priester große Verehrung entgegen. Wegen angeblicher Devisenvergehen wurde Horten von der nationalsozialistischen Rechtsprechung zu einer Gefängnisstrafe verurteilt und starb am 25. Januar 1936 im Gefängnislazarett Oldenburg noch vor der Berufungsverhandlung, die mit seinem Freispruch endete.

Timotheus [Griech.: »ehre Gott«], Hl., stammte aus Lystra, Sohn eines heid- **26.1.**
nischen Vaters und einer jüdischen Mutter. Paulus bekehrte ihn wohl selbst auf seiner ersten Missionsreise. Später war Timotheus oft Begleiter des Völkerapostels, der ihn auch mit Briefen oder Aufträgen zu verschiedenen Gemeinden sandte. Paulus ließ ihn vor seiner Reise nach Makedonien in Ephesus zurück und gab ihm briefliche Anweisungen über die Verwaltung seines Amtes. Später rief Paulus ihn zu sich nach Rom. Nach altkirchlicher Überlieferung ist Timotheus nach dem Tod des Paulus nach Ephesus zurück-

gekehrt und hat dort als erster Bischof gewirkt. Über sein Lebensende gibt es keine gesicherten Nachrichten. Seine Reliquien wurden 356 von Ephesus nach Konstantinopel übertragen. Heute rühmt sich die Kirche S. Giovanni in Fonte/Rom ihres Besitzes.
Dargestellt in bischöflichen Gewändern mit Keule, Steinen und Palme. – Patron gegen Magenleiden. GK

Titus, Hl., wurde als Heide geboren. Über seine Herkunft sowie seine Bekehrung gibt es keine sicheren Kenntnisse. Er begleitete Paulus auf der Reise zum Apostelkonzil nach Jerusalem und wurde später mit wichtigen Aufträgen betraut. So ließ Paulus seinen Mitarbeiter Titus auf Kreta zurück, sandte ihn aber vor seinem Tod noch nach Dalmatien.
Nach allgemeiner kirchlicher Überlieferung ist Titus später nach Kreta zurückgekehrt und hat in Gortyna den dortigen Bischofssitz übernommen. Im Alter von 94 Jahren soll er dort gestorben sein.
Dargestellt in Pontifikalkleidung mit durch Strahlen erleuchtetem Antlitz, hinter ihm einstürzende heidnische Tempel. – Patron gegen die Freigeister. GK

Paula [Lat.: »die Kleine«], Hl., geb. in Rom am 5. Mai 347, entstammte einer christlichen Patrizierfamilie. Aus ihrer Ehe mit dem Heiden Toxotius gingen fünf Kinder hervor. Als Paula mit 31 Jahren Witwe geworden war, wandte sie sich dem von Hieronymus betreuten Kreis vornehmer römischer Frauen zu. 385 reiste sie nach Palästina, wo sie mit Hieronymus die heiligen Stätten besuchte. 386 gründete sie in Betlehem eine Pilgerherberge, ein Kloster für Hieronymus und seine Freunde sowie ein Frauenkloster, in dem sie selbst lebte. Unter Anleitung des Hieronymus widmete sie sich dem Gebet, der Buße und dem Studium der Heiligen Schrift. Paula starb am 26. Januar 404 in Betlehem. Hieronymus widmete ihr einen ehrenden Nachruf.
Dargestellt als Witwe mit Pilgerstab, Kürbisflasche, Schreibfeder, Geißel.

Notburg [Ahdt.: »Bedrängnis« u. »Schutz«], Hl., fand, wie eine späte Legende berichtet, nach der Ermordung ihres Gemahls, eines schottischen Königs, in Bühl/Klettgau Zuflucht. Hier soll sie neun Kinder geboren haben. Ihr Leben wird in das 9. Jh. verlegt. Ihre Verehrung ist seit dem 15. Jh. nachweisbar, doch wahrscheinlich älter. Spuren der Verehrung finden sich in Oberschwaben sowie in den schweizerischen Kantonen Aargau und Zug.
Dargestellt als Matrone mit neun Kindern, von denen eines tot auf ihrem Schoß oder zu ihren Füßen liegt. – Patronin gegen Geburtsschmerzen; für glückliche Entbindung.

Alberich [Ahdt.: »bewährt« u. »mächtig«] OCist, Hl., war unter Abt Robert Prior in Molesmes und gründete mit ihm 1098 Cîteaux/südl. v. Dijon. Als Robert nach Molesmes zurückkehrte, wurde Alberich Abt in Cîteaux und der

eigentliche Gesetzgeber des Zisterzienserordens. Er verfasste die neuen Statuten und führte die weiße Ordenstracht ein. Er nahm Laienbrüder ins Kloster auf, um die Gutshöfe außerhalb des Klosters zu verwalten. Auch die Begründung der in seinem Orden blühenden Marienverehrung wird seiner Liebe zur Gottesmutter zugeschrieben. Alberich starb nach einem Leben der Arbeit und Entsagung am 26. Januar 1109.
Dargestellt als Zisterziensermönch.

Albert [Ahdt.: »von glänzender Abstammung«] OPraem, wurde 1184 erster Abt des Prämonstratenser-Stiftes Steinfeld, das bis dahin Propstei gewesen war. Er war ein besonderer Verehrer der Gottesmutter Maria, zu deren Lob er ein Buch verfasste. Albert starb am 26. Januar 1189.

Hieronymus [Griech.: »der heilig Genannte«] Jaegen, geb. am 23. August 1841 in Trier, verbrachte den größten Teil seines Lebens in seiner Heimatstadt, in der er am 26. Januar 1919 verstarb. Streben nach christlicher Vollkommenheit in seinem jeweiligen Lebensstand war für den begabten Ingenieur, Bankdirektor und mystischen Schriftsteller höchstes Ziel. Sein selbstloses Engagement im katholischen Vereinswesen und als Abgeordneter gründeten im Dienst am Evangelium. – Das Seligsprechungsverfahren ist eingeleitet.

Julian [Lat.: aus dem Geschlecht der Julier], Hl., ist nach den Bischofslisten der erste Bischof von Le Mans. Die Zeit seines dortigen Wirkens ist nicht bekannt. Nach späterer Legende ist er einer der siebzig Jünger Jesu gewesen, der von Petrus oder Clemens nach Le Mans gesandt worden sei. Über seinem Grab wird 616 eine Basilika erwähnt. 835 werden die Reliquien Julians in die Bischofskirche übertragen, die seit 1158 Julian zum Patron hat. Nachdem seit 1205 das Fest Julians in Paderborn gefeiert worden war, wurde 1243 auch ein Teil der Reliquien von Le Mans nach Paderborn übertragen. **27.1.**
Dargestellt in bischöflicher Pontifikalkleidung mit Buch. PB

Unwan war sächsischer Abstammung aus dem Geschlecht Widukinds. Als Erzbischof von Bremen-Hamburg vertrat er mit Erfolg die erzbischöflichen Rechte gegenüber den Bischöfen in Dänemark und Schweden. Unwan starb am 26./27. Januar 1029.

Alrun[a], Sel., Gattin des Markgrafen Mazelin von Cham, führte nach dessen Tod bei Niederaltaich ein Leben der Zurückgezogenheit, des Gebets und der Wohltätigkeit. Sie starb nach der Überlieferung am 27. Januar 1045. Ihr Leib ruht in der Kirche von Niederaltaich, wo bis nach 1800 ihr Kult gepflegt wurde.
Dargestellt im Benediktinerinnenhabit mit abgelegter Markgrafenkrone.

Gerhard [Ahdt.: »der mit dem Speer Kühne«] OSB, Sel., wurde 1040 zum Abt des Benediktiner-Klosters Kremsmünster erwählt. Nach segensreichem Wirken und vorbildlichem Leben starb er am 27. Januar 1050. Sein Andenken wurde in Kremsmünster in Ehren gehalten.

Angela [Griech./Lat.: »die Engelgleiche«] Merici OSU, Hl., geb. am 1. März 1474 in Desenzano am Gardasee, unterrichtete mit ihren Gefährtinnen Kinder in den Glaubenswahrheiten. 1524 pilgerte sie nach Jerusalem. Kurz darauf bestätigte Papst Clemens VII. die von Angela ins Leben gerufene »Gesellschaft der hl. Ursula«, die 1535 endgültig gegründet wurde und 1537 Angela zur ersten Oberin wählte. Die Ursulinen widmeten sich besonders der Erziehung und dem Unterricht der weiblichen Jugend. Als »Madre« war Angela in Brescia eine Ratgeberin aller Stände. Sie starb am 27. Januar 1540 in Brescia und wurde in der dortigen St.-Afra-Kirche bestattet.
Dargestellt im Ursulinengewand mit Kruzifix, Buch und Himmelsleiter. GK

Enrique Ossó y Cervelló, Hl., geb. am 16. Oktober 1840 in Vinebre/Spanien. Er studierte in Tortosa, empfing dort 1867 die Priesterweihe und war danach zunächst Dozent für Mathematik und Physik. Bald widmete er sich erfolgreich der Katechese, publizierte ein Buch für Katecheten und war für verschiedene Zeitschriften tätig. 1876 gründete er die »Genossenschaft der Schwestern der hl. Teresia von Jesus«. Er wurde als Apostel des Friedens und der Liebe bekannt und starb am 27. Januar 1896 in Gilet. – Seligsprechung am 14. Oktober 1979, Heiligsprechung am 15. Juni 1993 in Madrid. GK

28.1. **Maura** [Lat.: »die Mohrin«] und **Britta** [Kelt.: »die Erhabene«], (Hl.), sollen Töchter aus dem schottischen Königshaus gewesen sein. Sie starben nach Gregor von Tours als Märtyrinnen in Tours/Frankreich bei einer Wallfahrt zum Grab des hl. Martin für die Bewahrung ihrer Unschuld und werden besonders in England und Frankreich verehrt.

Karl [Ahdt.: »Mann, freier Mann«] der Große, (Hl.), geb. um 724, wurde nach seinem Vater Pippin dem Jüngeren 768 mit seinem Bruder Karlmann fränkischer König und regierte seit 771 nach Karlmanns Tod allein. Er vergrößerte das fränkische Reich durch Einnahme der Lombardei, Bayerns und Sachsens. Dem Papst bestätigte er den Kirchenstaat. Seine Bemühungen, auch in der Kirche für Ordnung und Frieden zu sorgen, führten zu einem Staatskirchentum, das auch vor Eingriffen in Glaubenssachen nicht zurückschreckte. Zur Förderung von Bildung und Sittlichkeit unterstützte er die Gründung und Erhaltung von kirchlichen Schulen sowie alle Zweige der Seelsorge. Die wirtschaftliche Sicherung der Pfarrgeistlichkeit erfolgte durch Einführung des Pfarrzehnten. 800 krönte ihn Papst Leo III. zum Kaiser. Die naturhafte Sinnlichkeit der jüngeren Jahre Karls wurde später durch

seine Frömmigkeit und seine echte christliche Gesinnung zurückgedrängt. Karl starb am 28. Januar 814 in Aachen und wurde dort im Münster beigesetzt. – Auf Veranlassung Kaiser Friedrich Barbarossas nahm der Kölner Erzbischof Rainald von Dassel mit Zustimmung des Gegenpapstes Paschalis III. 1165 die Heiligsprechung Karls vor, die indes Rom nicht anerkannte. Doch wurde seine Verehrung für Aachen und Osnabrück gestattet. Die Gebeine Karls wurden 1215 in den Karlsschrein gebettet.
Dargestellt als Kaiser mit Krone, Reichsapfel und Schwert, mit Kirchenmodell. – Patron der Lehrer, Handelsmakler, Zinngießer.

Irmund [Ags.: »groß« u. »Schutz«], Hl., wird als Einsiedler und Hirt in Mündt/bei Jülich verehrt. Die Zeit seines Lebens kann nicht bestimmt werden.
Dargestellt im Einsiedlergewand mit Hirtenstab und verschiedenartigem Vieh. – Patron für das Vieh (Quelle »St.-Irmunds Pütz«).

Thomas [Hebr.: »Zwilling«] von Aquin OP, Hl., wurde um 1225 auf Schloss Roccasecca/bei Neapel geboren und war von vornehmer Herkunft. Seit 1239 Student in Neapel lernte er dort den Dominikanerorden kennen, dem er gegen den Willen seiner Eltern um 1243/44 beitrat. Seine Angehörigen überfielen Thomas und hielten ihn zwei Jahre gefangen. Wieder in Freiheit, sandte der Orden ihn zum Studium nach Paris und Köln. In Köln war Thomas jedenfalls von 1248–1252 Schüler von Albertus Magnus. Nun wechselten längere Aufenthalte in Paris und Italien einander ab. Seine wissenschaftlichen Erkenntnisse legte er in zahlreichen Werken nieder. Auf den Schriften seines Lehrers Albert aufbauend, erbrachte er als größte geistesgeschichtliche Leistung des Mittelalters die Synthese zwischen den Lehren von Augustin und Aristoteles in Philosophie und Theologie in seinem Hauptwerk, der »Summa theologica«. Mit der arabischen Philosophie setzte er sich in der »Summa contra gentiles« auseinander. Für das Fronleichnamsfest gestaltete er die liturgischen Texte und erwies sich als mytisch-spekulativer Dichter. Auf dem Weg zum II. Konzil von Lyon starb Thomas plötzlich in der Zisterzienser-Abtei Fossanuova am 7. März 1274. – 1567 wurde er zum Kirchenlehrer erhoben. Größere Teile seiner Reliquien befinden sich in Paris, Toulouse und Rom.
Dargestellt im Dominikanerhabit mit Buch und Schreibfeder, mit Sonne, Stern oder Edelsteine auf der Brust, mit Lilie und Taube, mit Kelch und Monstranz, zu Füßen Mitra und Bischofsstab. – Patron der katholischen Wissenschaft, der katholischen Hochschulen; der Buchhändler, Bleistiftfabrikanten; für Reinheit und Keuschheit; gegen Blitz, Unwetter, Sturm. GK

Manfred [Ahdt.: »Mann« u. »Friede«], Sel., war ein Priester, der als Einsiedler bei Riva am Luganer See ein Leben in äußerster Strenge führte. Als sein Todestag wird der 28. Januar 1430 überliefert.
Dargestellt als Einsiedler, oft mit Kreuz, Buch oder Rosenkranz.

Karoline Barbara Carré de Malberg, geb. am 28. April 1829 als Tochter des Weinhändlers Franz Colchen in Metz. Ihre Ehe mit ihrem Vetter Paul, der seine kirchlichen Pflichten nicht erfüllte und sehr rücksichtslos und aufbrausend war, verlangte von ihr viel Opferbereitschaft und Selbstüberwindung. Doch ihre Liebe und Freundlichkeit bezwangen ihren Gatten, der seit 1852 wieder regelmäßig zu den Sakramenten ging. In Paris gründete die 1872 mit Hilfe des Abbé Henri Chaumont die »Gesellschaft der Töchter des hl. Franz von Sales«, die nach den Grundsätzen des hl. Franz von Sales Frauen weltlichen Standes in der Selbstheiligung vervollkommnen und in ihrem Familienkreis christlichen und kirchlichen Geist fördern wollte. Deren Leitung nahm Karoline Barbara wahr, ohne ihre Ehepflichten zu vernachlässigen. Sie starb am 28. Januar 1891 in ihrer Heimat Metz. Ihr Leib ruht in Lorry/bei Metz.

Joseph [Hebr.: »(Gott) möge hinzufügen«] Freinademetz SVD, Sel., geb. 15. April 1852 in Abtei im Tiroler Gadertal, seit 1875 Priester der »Gesellschaft des Göttlichen Wortes« (Steyler Missionare), ging 1879 nach China. Dort begründete er die Südschantung-Mission mit. Unter Leiden und Verfolgungen wirkte er unermüdlich für die Verkündigung des Gotteswortes. Besonders für die Heranbildung eines einheimischen Klerus war er tätig. Nach einem vorbildlichen und heiligmäßigen Leben starb er am 28. Januar 1908 in Tätja bei Tsining in Südschantung.

29.1. **Radegund** [Ahdt.: »Berater« u. »Kampf«], Hl., war ein Waisenkind und wurde von der Frankenkönigin Balthild als Pflegetochter angenommen. Radegund starb um 680 kurz vor Balthild und wurde mit dieser in der Klosterkirche von Chelles beigesetzt.

Valerius, Hl., der zweite bekannte Bischof von Trier. Er stammte wohl aus einer einheimischen Familie und lebte spätestens in der 2. Hälfte des 3. Jhs. Er wurde neben seinem Vorgänger Eucharius beigesetzt. Eine über ihren Gräbern errichtete Kapelle wurde im 5. Jh. von dem Trierer Bischof Cyrillus erneuert. Die spätere Legende, die Valerius zu einem Petrusschüler macht, ist ungeschichtlich. – Im Bistum Limburg wird das gemeinsame Gedächtnis von Eucharius, Valerius und Maternus am 11. September begangen.
Dargestellt in pontifikaler Messkleidung mit Bischofsstab und Buch. TR, (L)

Aquilin [Wezelin], Hl., geb. um 970 in Würzburg, war Dompropst in Köln. Auf einer Reise nach Rom wurde er vor 1018 in Mailand von Irrlehrern erstochen. Sein Grab befindet sich dort in der Kirche S. Lorenzo Maggiore. Von dort wurden Reliquien 1705 und 1854 nach Würzburg überführt. Die Verehrung Aquilins ist in Mailand seit etwa 1400 nachweisbar.
Dargestellt als Priester mit Büßergewand, mit Buch und Schwert. – Patron der (Mailänder) Gepäckträger. WÜ

Poppo OSB, Hl., geb. 978 aus flandrischem Adel, wurde für den ritterlichen Stand erzogen. Um 1000 machte er eine Wallfahrt nach Jerusalem. 1005 pilgerte er nach Rom. Ein Bekehrungserlebnis veranlasste ihn zum Eintritt in das Kloster St.-Thierry/Reims. Um 1008 wurde er in der Abtei St.-Vanne/Verdun Schüler Richards von St.-Vanne. Dieser war ein Hauptvertreter der lothringischen Klosterreform, die in den Erneuerungsideen von Gorze und Cluny/Burgund wurzelte. Nachdem Poppo schon im Auftrag Richards für die Reform in verschiedenen Klöstern tätig gewesen war, ernannte ihn 1020 Kaiser Heinrich II. zum Abt der Reichsabteien Stablo und Malmedy. Nun entwickelte Poppo eine reichsweite Reformtätigkeit, die sich bis nach Hersfeld und St.-Gallen erstreckte. Zwar gelang es ihm nicht überall, die Form der lothringischen Observanz durchzuführen. Doch gab Poppo Veranlassung, die Ideale des Mönchtums wieder mehr zu sehen und auch zu erfüllen. Seine Tätigkeit wurde besonders von Kaiser Konrad II. unterstützt, in dessen Auftrag Poppo auch in Reichsangelegenheiten tätig war. Poppo starb auf einer Visitationsreise am 25. Januar 1048 in Marchiennes. Sein Leib wurde in Stablo beigesetzt. – Am 30. Juli 1624 wurden seine Gebeine erhoben.
Dargestellt als Abt mit Speer, Wolf und einem Toten. LÜ

Karl [Ahdt.: »Mann, freier Mann«] OCist, Sel., geb. um 1150, entstammte einem Kölner Patriziergeschlecht und wurde im ritterlichen Dienst erzogen. 1184/85 wurde er Zisterziensermönch in Himmerod, 1191 Prior im neugegründeten Heisterbach und 1197 Abt von Villers in Brabant. Hier begann er mit dem Neubau von Kirche und Abteigebäuden, sicherte die wirtschaftliche Grundlage des Klosters und bemühte sich um den benediktinischen Geist in der Mönchsgemeinde. Durch seinen Eifer und seine gewinnende Freundlichkeit erlebte Villers unter ihm eine Blütezeit. 1209 dankte Karl ab und zog sich nach Himmerod zurück, um sich in Demut auf sein Ende vorzubereiten. Doch bald musste er die Leitung der Abtei Hocht/bei Maastricht übernehmen, die er vor dem Untergang bewahrte.
Hier starb Karl wahrscheinlich am 29. Januar zwischen 1212 und 1215 und wurde in der Abteikirche beigesetzt.

Serena [Lat.: »die Heitere«], Hl., wird genannt als Jungfrau und Märtyrin in Spoleto, die um 291 den Tod für Christus erlitten haben soll. Sie wird in Tholey/Saarland verehrt. **30.1.**

Adelgund [Aldegund], [Ahdt.: »Ansehen« u. »gewähren«] OSB, Hl., gründete auf Rat ihrer Schwester Waltrud das Kloster Maubeuge an der Sambre, das sie als erste Äbtissin leitete. Sie starb am 30. Januar zwischen 695 und 700. Ihre Reliquien befinden sich heute in der Kirche St.-Pierre in Maubeuge.

Dargestellt als Nonne oder Äbtissin mit Buch und Stab oder auch als vornehme Jungfrau. – Patronin gegen Augen-, Brust-, Krebs-, Kinderkrankheiten, Kopfweh, Geschwüre, Entzündungen, Fieber, plötzlichen Tod. TR

Martina [Lat.: »die dem Mars Geweihte«], Hl., war eine Märtyrin in Rom, über die sichere Nachrichten fehlen. Nach der im 7. Jh. verfassten Leidensgeschichte soll sie den Tod unter Kaiser Alexander Severus (222–235) erlitten haben. Doch bei der Toleranz des Kaisers gegenüber den Christen ist diese Nachricht unglaubwürdig. Die Verehrung Martinas ist in Rom seit Anfang des 7. Jhs. bezeugt.
Dargestellt mit Lilie, Palme und Marterwerkzeugen oder bei der Enthauptung mit Löwen zu ihren Füßen.

Balthild [Ahdt.: »Streiter« u. »kämpfen«], Hl., stammte aus einem der angelsächsischen Reiche in England und kam als Sklavin in das Haus eines fränkischen Adeligen. König Chlodwig II. nahm sie zu seiner Gemahlin. Nach dessen Tod 657 führte sie im Einvernehmen mit dem Hausmeier Ebroin in Neustrien und Burgund kraftvoll die Regentschaft für ihren Sohn Clotar III. Ihr jüngerer Sohn Childerich II. wurde 662 zum König von Austrasien (heute Westdeutschland, mit Lothringen, Hauptstadt Metz) erhoben. Balthild gründete die Klöster Corbie für Mönche und Chelles für Nonnen. In mehreren anderen Abteien führte sie zur Hebung des klösterlichen Geistes die Mönchsregel von Luxeuil ein. Um 664/665 überwarf sie sich mit Ebroin und zog sich in das Kloster Chelles zurück. Auch hier zeigte sie sich als kluge Ratgeberin und Helferin der Armen und Notleidenden. Balthild starb in Chelles am 30. Januar um 680 und fand in der Klosterkirche ihr Grab. – 833 wurden ihre Reliquien erhoben. Schon damals wurde ihr Fest im ganzen Frankreich gefeiert.
Dargestellt mit Krone und Kirchenmodell, mit Himmelsleiter, auf der Engel herabsteigen und ihr ein Kind reichen, oder Almosen spenden.

Thiathild [Diethild], [Ags.: »Volk« u. »Schutz«], Hl., war die erste Äbtissin des von ihren Adoptiveltern gegründeten Doppelstiftes für Kanoniker und Kanonissen in Freckenhorst/Westfalen. Sie starb an einem 30. Januar vor 882. 1069 wurden die Reliquien Thiathilds erhoben.

Amnichat OSB, Sel., war ein irischer Mönch, der auf seiner Wanderfahrt nach Fulda kam. Hier ließ er sich als Rekluse in der Zelle nieder, die nach ihm Marian der Schotte bewohnte. Amnichat starb 1043. Sein Leib wurde hinter dem Altar der Michaelskirche neben Abt Eigil beigesetzt.

Maria Ward, geb. 1585 in Mulwith/Yorkshire, zuerst Klarissin, gründete eine religiöse Vereinigung zur Erziehung der weiblichen Jugend und zur Unterstützung der Priester in der Seelsorge (Institut der »Englischen Fräulein«). Eine Bestätigung ihrer Gründung wurde ihr in Rom verwehrt. Nach vielen Enttäuschungen starb sie am 30. Januar 1645 in Hewarth. Ihre große Bedeutung besteht u. a. darin, die Notwendigkeit erkannt zu haben, Frauen in der Seelsorgearbeit der Kirche ihren Platz zukommen zu lassen.

Louis-Joseph Wiaux FSC, Hl., mit Ordensnamen Mutien Marie, wurde am 20. März 1841 in Mellet/Belgien geboren. Im Alter von 15 Jahren trat er in den Orden der »Christlichen Schulbrüder« ein. Fast 60 Jahre wirkte er im Kolleg Malonne/bei Namur als Musik- und Zeichenlehrer. Durch seine Bescheidenheit und Gottverbundenheit weckte er viele geistliche Berufungen. Der beliebte Ordensmann starb am 30. Januar 1917 in Malonne. – Seligsprechung am 30. Oktober 1977, Heiligsprechung am 11. Dezember 1989. GK

Marzella [altröm. Familienname], Hl., geb. um 325/335, stammte aus einer alten **31.1.**
römischen Adelsfamilie. Nach siebenmonatiger Ehe starb ihr Gatte. Eine neue Heirat lehnte Marzella ab. Sie weihte sich Christus und sammelte in ihrem Haus einen Kreis frommer Witwen und junger Mädchen, mit denen sie ein Leben der Askese und des Studiums der Glaubenswahrheiten führte. Von Hieronymus ließ sie sich mündlich und schriftlich in die Heilige Schrift einführen. Bei der Plünderung Roms 410 durch die Goten Alarichs wurde sie von Soldaten brutal niedergeschlagen, konnte sich aber noch in die Basilika des hl. Paulus retten. Kurz darauf verstarb Marzella. Der 31. Januar ist möglicherweise der Tag, an dem sie fünf Jahre nach ihrem Tod eine würdige Grabstätte erhielt, da sie wegen des Goteneinfalls zunächst nur vorübergehend beigesetzt werden konnte.
Dargestellt als vornehme Römerin, die Mädchen oder Frauen unterrichtet.

Eusebius [Griech.: »der Gottesfürchtige«] OSB, Hl., geb. zu Beginn des 9. Jhs. in Irland, kam als irischer Mönch nach St.-Gallen, wo er mehrere Jahre im Kloster lebte. Da er nach größerer Einsamkeit verlangte, erhielt er die Erlaubnis, sich auf dem Viktorsberg bei Rankweil niederzulassen. Hier führte er ein Leben der Abtötung und der Betrachtung, hoch verehrt von den Bewohnern der Umgebung und durchreisenden Pilgern, denen er geistliche und leibliche Hilfe gewährte. Nachdem er etwa dreißig Jahre als Einsiedler gelebt hatte, starb er am 31. Januar 884. – Seine Reliquien wurden 1786 nach St.-Gallen übertragen. Im Bistum St.-Gallen wird seiner am 30. Januar gedacht. V, (SG)

Hemma [Ahdt.: »Schutz«, Schützerin], (Sel.), geb. um 808, war die Tochter des bayrischen Grafen Welf. Seit 827 mit Ludwig dem Deutschen verheiratet, schenkte die Königin ihrem Gemahl sieben Kinder. Besonders dem Frauenkloster Obermünster in Regensburg widmete sie ihre Liebe und Fürsorge, so

dass sie als dessen zweite Gründerin gelten kann. Hemma starb am 31. Januar 876 und wurde in St.-Emmeram/Regensburg begraben. Ihr dortiges Grabmal ist eine der schönsten deutschen Plastiken des 13. Jhs.
Dargestellt in vornehmen Gewändern mit Krone und Reichsapfel.

Wolfhold, Sel., war ein Priester, der zur Zeit der Äbtissin Wiltrud in Hohenwart im Bistum Augsburg lebte. Er starb am 31. Januar 1100 und fand seine letzte Ruhestätte in der Klosterkirche.
Dargestellt in priesterlicher Kleidung, Türen durchschreitend, die ihm Engel öffnen.

Rudbert OPraem, baute mit einigen Gefährten auf Geheiß Norberts von Xanten seit etwa 1125 das Stift Windberg in Niederbayern auf, das erst 1140 von Graf Albert von Bogen-Windberg rechtlich den Prämonstratensern übereignet wurde. Propst Rudbert starb in demselben Jahr am 31. Januar.

Johannes [Hebr.: »Jahwe ist gnädig«] Bosco, Hl., geb. am 16. August 1815 in Becchi, gelangte erst nach Überwindung vieler Hindernisse um 1841 zum Priestertum. In Turin begann er unter der Arbeiterjugend mit seinem Werk, der Erziehung verwahrloster Kinder und junger Männer. 1846 gründete er das »Oratorium vom hl. Franz von Sales«, 1861 die »Salesianer Don Boscos« (seit 1946: SDB), eine Genossenschaft, die vor allem für seine Zöglinge gedacht war. Mit Maria Mazzarello rief er die Genossenschaft der »Mariahilfschwestern« (Salesianerinnen Don Boscos OVM) ins Leben, die sich der Mädchenerziehung widmete. Zur Bildung der Jugendlichen errichtete er Schulen aller Art. Sein Spätberufenenwerk brachte viele Priester hervor. Seine Erfolge in der Jugenderziehung beruhten teils auf seiner Begabung und seinem Einfühlungsvermögen in die Welt der Jugend, teils auf seiner von Religion, Vernunft und Liebe bestimmten Erziehungsmethode, die vorbeugend wirken und die Mitarbeit der Jugendlichen erreichen wollte. In seinem arbeitsreichen Leben empfing Don Bosco häufig übernatürliche Gnadenerweise. Er starb am 31. Januar 1888 in Turin. Dort ist er in der Salesianerkirche bestattet.
Dargestellt im Priestergewand, oft mit Knaben umgeben. – Patron der Jugend, der Jugendseelsorge. GK

Februar

Severus [Lat.: »der Strenge«], Hl., Bischof von Ravenna, nahm 342 an der Synode von Sardika teil. Er starb an einem 1. Februar des 4. Jh. und wurde in einer kleinen Kapelle in Classe/bei Ravenna beigesetzt. Seine Verehrung in Ravenna ist im 6. Jh. mehrfach bezeugt. Ein gallischer Kleriker namens Felix entwendete mit List und Betrug die Gebeine des Severus, die 836 in die Albanskirche/Mainz, später nach Erfurt, übertragen wurden. **1.2.**
Dargestellt in Pontifikalgewändern mit Buch, Kirchenmodell, Taube, Wollbogen, Weberschiffchen. – Patron der Wollweber, Spinner, Tuch-, Strumpf-, Handschuh-, Hutmacher, Polizisten.

Brigida [Brigitte], [Air.: »die Kräftige«], Hl., geb. um 453, wurde im Alter von 14 Jahren Nonne im Stift Meath, gründete mehrere Klöster, darunter als bedeutendstes Kildare [= Eichenkirche], wo sie bis zu ihrem Tod am 1. Februar 523 als Vorsteherin lebte. Ihr Leib wurde angeblich in Downpatrick beigesetzt. – Der wahrscheinlich älteste Hymnus in irischer Sprache aus dem 7. Jh., ein wichtiges Denkmal irischer Poesie, besingt das Leben der Patronin Irlands. Im 8. Jh. kamen Teile ihrer Reliquien nach Honau/Elsass, von da nach St.-Peter/Straßburg. Ihr Haupt gelangte im 16. Jh. nach Belém/bei Lissabon.
Dargestellt als Äbtissin im Gebet, mit Enten oder Gänsen, mit Feuerflamme, Lampe oder Kerze. – Patronin von Irland; des Geflügels, der Kühe, des Viehs; der Kinder, der Wöchnerinnen; gegen Unglück und Verfolgung. ST

Sigibert III., Hl., geb. um 629, wurde im Alter von 3 Jahren von seinem Vater Dagobert I. zum König von Austrasien (heute Westdeutschland, mit Lothringen, Hauptstadt Metz) erhoben. Seine Erziehung leitete Bischof Kunibert von Köln, der auch zusammen mit Herzog Adalgisel die Regierung führte. Sigibert zeigte sich als ein Wohltäter von Kirchen und Klöstern. Er gründete mit dem Hausmeier Grimoald die Doppelabtei Stablo und Malmedy, die Remaklus als erster Abt leitete. Sigibert starb am 1. Februar 656 in Metz und wurde dort in der ebenfalls von ihm gegründeten Abtei St.-Martin beigesetzt. – 1603 wurden Teile der Reliquien nach Nancy übertragen.
Dargestellt in königlichem Ornat. – Patron gegen Regen, Unglück. ME

Winand OP, als Priester im Predigerorden hat er im Kloster von Maastricht gelebt und nach der Überlieferung die Wundergabe besessen. Nach einem heiligen Lebenswandel starb er 1233.

Darstellung des Herrn – das Fest wurde vom Osten her im 7. Jh. in Rom eingeführt und dort auch der Name »Mariä Reinigung« übernommen. Im Wes- **2.2.**

ten bürgerte sich wegen der Kerzenweihe und Lichterprozession der Name »Mariä Lichtmess« ein.
An diesem Tag wird Maria angerufen als Patronin der Bandwirker, Essigbrauer, Wachs- und Lichterzieher.

Hadelog [Ahdt.: »Kampf« u. »Schar«] OSB, Hl., nach glaubhafter Überlieferung Stifterin des Frauenklosters Kitzingen am Main, war dort wohl auch Äbtissin, wahrscheinlich vor Thekla. Um 750 starb Hadelog. Ihre Reliquien in Kitzingen wurden 1525 im Bauernaufstand vernichtet.
Patronin gegen Fieber.

Gosbert, Hl., Bischof von Osnabrück, gest. 2.2.874, ↗13.2.

Dietrich [Ahdt.: »der Mächtige im Volk«], Hl., Bischof von Minden, um 871 Gründer des Klosters Wunsdorf, **Markward** [Ahdt.: »Grenze« u. »Schützer«] OSB, Hl., Bischof von Hildesheim, und **Bodo** [Ahdt.: »Bote«], Hl., ein königlicher Gefolgsmann, fanden mit zahlreichen anderen Edlen, Vasallen und Kriegern in der Schlacht bei Hamburg den Tod, wo das sächsische Heer am 2. Februar 880 eine furchtbare Niederlage gegen heidnische Normannen erlitt. Ihre Reliquien wurden später in dem im 12. Jh. gegründeten Stift, dann im Kloster Ebsdorf verehrt.

Stephan Bellesini OSA, Sel., geb. am 25. November 1774 in Trient, wurde dort Priester im Orden der »Augustiner-Eremiten«. Nach Aufhebung des Klosters machte er sich als Generaldirektor der Schulen im Fürstentum Trient um Erziehung und Unterricht verdient. Als später im Kirchenstaat die Klöster wiederhergestellt wurden, kehrte er in den Orden zurück und wirkte als Novizenmeister. Seit 1826 im Kloster von Gennazano übernahm er die Pfarrseelsorge. Bei der Pflege von Cholerakranken ergriff ihn selbst die Seuche, der er am 2. Februar 1840 erlag.

Maria Katharina Kasper ADJC, Sel., geb. am 26. Mai 1820 in Dernbach/Westerwald, gründete 1845 einen »Frommen Verein«, der sich nach Überwindung vieler Schwierigkeiten zu einer Kongregation entwickelte. 1851 nahm der Bischof von Limburg die Gelübde der ersten fünf Schwestern der Genossenschaft der »Armen Dienstmägde Jesu Christ« entgegen. Maria Katharina war erfüllt von großer, opferbereiter Liebe zu ihren Mitmenschen, tiefer Demut, vollkommener Hingabe an den Willen Gottes sowie von einem innigen Gebetsleben. Sie leitete ihre Gründung als erste Generaloberin bis zu ihrem Tod am 2. Februar 1898 in Dernbach. – Seligsprechung am 16. April 1978; Gedächtnis am 1. Februar.
Dargestellt in Ordenstracht. LM

Alfred [Aengl.: »der durch die Elfen Rat gibt«] Delp SJ, geb. am 15. September 1907 in Mannheim, trat in die »Gesellschaft Jesu« ein und wurde 1937 zum Priester geweiht. Als Schriftsteller, Redakteur und Seelsorger bemühte er sich unablässig um die Verkündigung des Glaubens gegenüber den Irrlehren der Zeit. Von der Kirche forderte er, dass sie sich auch der »Sorge um die menschenwürdige Ordnung« annehme. Seine Verbindung zum »Kreisauer Kreis« der Grafen Moltke brachte Delp 1944 Verhaftung und Todesurteil, das am 2. Februar 1945 in Berlin vollstreckt wurde. RK

Simeon [Hebr.: »Gott hat erhört«] der Greis, Hl., und die Prophetin **Hannah** **3.2.**
[Anna], [Hebr.: »Erbarmung, Gnade«], Hl.; nach *Luk* 2,22–38 war Simeon gerecht und fromm und erwartete die Rettung Israels. Er nahm das Jesuskind auf seine Arme und sprach den Lobgesang »nunc dimittis« [»Nun entlässt du, Herr, deinen Diener im Frieden«], den die abendländische Kirche täglich in der Komplet betet (*Luk* 2,29–32). Das apokryphe Nikodemusevangelium berichtet legendenhaft über das spätere Leben Simeons. Reliquien Simeons sind im 6. Jh. in Konstantinopel bekannt und wurden 1243 nach Zara/Dalmatien gebracht, wo sie bis heute am 8. Oktober besonders verehrt werden. – Die Prophetin Hannah war eine betagte Witwe, die sich täglich im Tempel aufhielt und Gott Tag und Nacht mit Beten und Fasten diente. Sie sprach prophetisch über das Jesuskind.
Dargestellt im Tempel als Greis mit dem Jesuskind auf dem Arm. – Patron zur Erlangung von Nachkommenschaft. JE, MR

Blasius, Hl., Bischof von Sebaste/Armenien, wurde als unerschütterlicher Bekenner des christlichen Glaubens nach furchtbaren Qualen wahrscheinlich um 316 unter Licinius enthauptet. Die Legende berichtet, Blasius habe im Kerker einen Knaben, der eine Fischgräte verschluckt hatte und dem der Erstickungstod drohte, durch sein Gebet geheilt. Die Verehrung des Märtyrers ist seit dem 9. Jh. bekannt. Seit dem späten Mittelalter wird er zu den Vierzehn Nothelfern gerechnet. Der Blasius-Segen ist, veranlasst aus der Legende, wohl erst im 16. Jh. entstanden.
Dargestellt als Bischof mit Kerze, Kanne, Wolf oder Schwein. – Patron der Ärzte, Musikanten, Hutmacher, Weber, Bauarbeiter; gegen Halsleiden, Zahnweh, Pest, Kinderkrankheiten, wilde Tiere; um eine gute Beichte. GK

Hadelin OSB, Hl., stammte aus Aquitanien und begleitete Remaklus in die Abtei Stablo. Von Remaklus ins Lessetal entsandt, gründete Hadelin mit Unterstützung Pippins von Herstal die Abtei Celles. Hadelin starb wohl um die Mitte des 7. Jh. – Nach ihrem Tod wurde das Kloster in ein Chorherren-Stift umgewandelt und 1338 nach Visé verlegt. Seitdem ist auch der Schrein mit den Reliquien Hadelins in Visé. LÜ

3. Februar

Werburg OSB, Hl., Tochter des Königs Wulfherr von Mercien und seiner Gemahlin Ermenhild, wurde Klosterfrau in Sheppey. Auf ihre Veranlassung wurden mehrere Klöster gegründet. Wohl in Hanbury wurde Werburg Äbtissin. Schon zu Lebzeiten durch Heiligkeit und Wunder berühmt, starb sie um 700 und wurde in Hanbury bestattet. Wegen der Däneneinfälle wurden die Reliquien 875 in die Kathedrale von Chester übertragen, unter Heinrich VIII. vernichtet, nur der Schrein blieb erhalten.
Dargestellt als Äbtissin mit Stab, Buch und Wildgänsen.

Berlind OSB, Hl., führte in Meerbeke/Brabant als Reklusin ein jungfräuliches Leben in strenger Selbstzucht. Sie starb wohl erst in der 1. Hälfte des 8. Jh. Ihre Reliquien befinden sich in der Peterskirche von Meerbeke.
Dargestellt im Nonnenhabit mit Kuh.

Nona, Hl., eine Gefährtin Berlinds in Meerbeke, wird von der Legende als Nichte Berlinds bezeichnet. Nach einem Leben der Entsagung starb Nona in der Mitte des 8. Jh. Ihre Reliquien werden in der Peterskirche von Meerbeke verehrt.

Heridag, (Sel.), war der erste Priester der Kirche in Hamburg, die im Auftrag Karls d. Gr. von dem Trierer Chorbischof Amalar 810 geweiht worden war. Heridag sollte hier Bischof werden. Über sein weiteres Leben und seinen Tod finden sich keine sicheren Quellen.

Nithard OSB, (Hl.), Benediktinermönch in Corbie, Neffe Gosberts, folgte diesem nach Schweden, um dort den Glauben zu verkünden. Als erster christlicher Blutzeuge in diesem Land erlangte Nithard um 845 die Krone des Martyriums.

Ansgar [Germ.: »Gott« und »Speer«] OSB, Hl., geb. 801 bei Corbie in der Picardie, entstammte wahrscheinlich einem sächsischen Geschlecht. In Corbie besuchte er auch die Schule und wurde dort Mönch. 823 ging er als Lehrer an die Klosterschule von Corvey. Seit 826 unternahm er Missionsreisen nach Skandinavien. 831 wurde er erster Bischof in Hamburg und päpstlicher Legat für Dänemark, Schweden und das Slawengebiet. In Schleswig und Rib/Dänemark sowie Birka/Schweden gründete er Missionsstationen. Nach der Zerstörung Hamburgs durch die Normannen 845 verlegte Ansgar seinen Sitz nach Bremen. Dort starb er am 3. Februar 865.
Dargestellt in bischöflicher Kleidung mit Buch oder Kirchenmodell.

GK, RK, H, HI, OS

Imad, Sel., war ein Neffe Bischof Meinwerks von Paderborn. Nach dem Tod Rudolfs von Büren wurde Imad Bischof von Paderborn. Die von Meinwerk gegründete Domschule brachte er zu großer Blüte. Den Dom stellte er nach dem Brand von 1058 wieder her und weihte ihn 1068. Obwohl Imad mit den Kaisern Heinrich II. und Heinrich IV. befreundet war, ließ er sich 1073 in den Aufstand gegen den Kaiser hineinziehen. Für den Dom stiftete er die mit Gold bekleidete so genannte Imad-Madonna. Imad starb am 3. Februar 1076 und wurde unter dem von ihm errichteten Westturm des Domes begraben. – Das Grab wurde 1924 aufgefunden.

Claudine Thévenet MSSCC, Hl., mit Ordensnamen Maria vom hl. Ignatius, wurde in einer bürgerlichen Familie am 30. März 1774 in Lyon/Frankreich geboren. Sie musste als 20-jährige miterleben, wie ihre beiden Brüder zur Hinrichtung geführt wurden. Der Aufruf ihrer Brüder an sie zu verzeihen bestimmte ihr weiteres Leben, das an ihre Heimat gebunden blieb. Der Einsatz für Arme und Waisen führte sie und einige ihrer Altersgenossinnen zur Gründung der Kongregation der »Schwestern von den heiligsten Herzen Jesu und Marias«. Die umsichtige und einfühlsame Frau prägte mit sozialen Diensten die Gemeinschaft, die sie bis zu ihrem Tod am 3. Februar 1837 leitete. – Seligsprechung am 4. Oktober 1981, Heiligsprechung am 21. März 1993. GK

Michael Brenner, geb. 1806 in Groß-Siegharts/Niederösterreich; er wurde 1830 Priester und Kooperator in Gars und 1846 Pfarrer in Roggendorf bei Eggenburg im Bistum St.-Pölten. Mit einem heiligmäßigen Lebenswandel verband er eine unermüdliche Tätigkeit als Seelsorger. Er förderte die häufigere heilige Kommunion und starb am 3. Februar 1868 in Roggendorf.

Maria Stollenwerk SSpS, Sel., geb. 1852 in Rollesbroich/Eifel (Taufname Helena), wurde Mitbegründerin der von Arnold Janssen 1889 ins Leben gerufenen »Steyler Missionsschwestern der Dienerinnen des Heiligen Geistes«. Sie war eine von apostolischem Geist erfüllte Frau, eine große Verehrerin der heiligen Eucharistie und des Heiligen Geistes sowie ein Vorbild im Streben nach Vollkommenheit. In dieser Gesinnung trat sie von ihrem Amt als erste Oberin der Missionsschwestern 1898 zurück und wurde Novizin bei den »Steyler Anbetungsschwestern«. Am 3. Februar 1900 ging ihr irdisches Leben zu Ende. – Seligsprechung am 7. Mai 1995.

Alois Andritzki, Priester des Bistums Meißen, starb im Alter von 28 Jahren am 3. Februar 1942 im KZ Dachau.

Veronika [Griech.: »die Siegbringende«], Hl., war nach der Legende eine Jüngerin Jesu, die ihm auf dem Kreuzweg ihr Schweißtuch reichte, auf dem das Leidensantlitz des Erlösers sichtbar blieb. Die Legende, seit dem 4. Jh. bekannt, entwickelte sich besonders im Spätmittelalter, angeregt durch Pas- **4.2.**

sionsspiele, zu reicher Blüte. Nach einer französischen Lesart der Legende ist Veronika 70 in Soulac gestorben; ihre Gebeine wurden in die Kirche St.-Seurin/Bordeaux übertragen.
Dargestellt als Matrone, in den Händen das ausgebreitete Tuch, auf dem das Antlitz Jesu abgebildet ist. – Patronin der Pfarrhaushälterinnen, Leinwandhändler, Wäscherinnen; gegen Blutfluss.

Rhabanus [Hrarabnus] **Maurus**, [Ahdt.: »Rabe« u. Lat.: »der Maure«] OSB, Hl., geb. 780 aus fränkischem Geschlecht, wurde Mönch, 822 Abt von Fulda und 847 Erzbischof von Mainz. Er war einer der bedeutendsten abendländischen Theologen seiner Zeit, er erhielt den ehrenden Beinamen »Lehrer Germaniens«. Wahrscheinlich ist er der Verfasser des Hymnus »Veni, Creator Spiritus«. Er starb am 4. Februar 856 in Mainz. Seine Gebeine, die nach Halle/Saale übertragen wurden, sind seit der Reformationszeit verschollen.
Dargestellt als Benediktinerabt oder in bischöflichem Ornat. RK, FD, MZ

Gilbert, Hl., geb. vor 1090, um 1123 Priester, gründete um 1131 auf seinem Erbgut Sempringham in der Grafschaft Lincoln ein Nonnen- und ein Mönchskloster, aus denen der 1148 bestätigte Doppelorden der »Gilbertiner« entstand, der Spitäler und Armenhäuser einrichtete und versorgte. Gilbert starb im hohen Alter am 4. Februar 1189 und wurde in der Klosterkirche von Sempringham bestattet.
Dargestellt in der Kleidung der Gilbertiner-Chorherren.

Christian [Griech./Lat.: »der Christ«] OCist, Sel., war Priester und Mönch in der Zisterzienser-Abtei Himmerod/Eifel. Nach den Erzählungen des Cäsarius von Heisterbach diente er vorher als Knappe dem Grafen von Looz. Christian war ein großer Marienverehrer. Er starb an einem 4. Februar vor 1222.

Johanna [Hebr.: »Jahwe ist gnädig«] von Valois OAnnM, Hl., geb. am 23. April 1464 in Paris, war eine Tochter König Ludwigs XI. von Frankreich. Sie war körperlich missgestaltet, aber beseelt von tiefer Frömmigkeit. Aus politischen Gründen wurde sie 1476 mit ihrem Vetter Ludwig von Orléans vermählt. Nachdem dieser als Ludwig XII. den Thron Frankreichs bestiegen hatte, setzte er die Nichtigkeitserklärung seiner Ehe durch, da sie unter Zwang geschlossen und Johanna zur Mutterschaft unfähig sei. Johanna lebte danach auf dem Schloss in Bourges und gründete 1500 mit Zustimmung des Franz von Paula den Orden der französischen »Annunziatinnen« (»Von der Verkündigung Marias«). Sie selbst legte 1503 die Gelübde ab. Johanna starb nach einem Leben vieler Demütigungen und Entsagungen am 4. Februar 1505 in Bourges. Ihre sterblichen Überreste wurden 1562 von den Hugenotten verbrannt und die Asche verstreut.

Dargestellt im Ordensgewand, oft darüber Hermelinmantel, mit Jesuskind, Geißel und Becher.

Agatha [Griech.: »die Gute«], Hl., eine christliche Märtyrin in Catania/Sizilien, hat wahrscheinlich den Tod in der Verfolgung Kaiser Decius' um 250 erlitten. Die Legende erzählt, der Statthalter habe sie, um ihren Glauben zu erschüttern, wegen ihrer Schönheit in ein öffentliches Haus bringen und nachher grausam martern lassen. In der Nacht wunderbar geheilt, wurde sie am folgenden Tag weiter gepeinigt, worauf sie im Kerker gestorben sei. Die Verehrung Agathas ist schon früh außerhalb Siziliens bezeugt. – Papst Symmachus (498–514) errichtete ihr zu Ehren in Rom eine Kirche. Nach der Legende erfolgte ein Jahr nach ihrer Bestattung ein Ausbruch des Ätna, der Catania bedrohte. Man trug den heranflutenden Lavamassen den Schleier Agathas entgegen, die darauf zum Stillstand kamen. Seitdem gilt Agatha als Patronin gegen Feuergefahr. **5.2.**

Dargestellt mit zangenähnlichem Werkzeug, mit abgeschnittenen Brüsten, mit Scheiterhaufen, mit Fackel, mit brennendem Haus, mit Einhorn. – Patronin der Ammen, Hirtinnen, Weber, Glockengießer; gegen Krankheiten der Brüste, Brandgefahr (Agatha-Kerze, Agatha-Brot), Hungersnot, Unwetter, Erdbeben, Unglück. – Seit dem 16. Jh. in Deutschland Segnung von Brot, Wein, Wasser, Früchten und Kerzen an ihrem Fest. GK

Ingenuin und **Albuin**, Hl., waren Bischöfe von Säben. Ingenuin nahm an der Synode von Marano 588/590 teil. Sein Sprengel musste durch die Einfälle der arianischen Langobarden und heidnischen Bajuwaren viele Leiden erdulden. Der Bischof half bei diesen Drangsalen, soviel er konnte. Ingenuin starb um 605. – Albin entstammte dem Geschlecht der Aribonen in Kärnten. Als er Bischof geworden war, verlegte er endgültig den Bischofssitz von Säben nach Brixen. Die Kaiser Otto II. und Heinrich II. machten ihm für das Bistum reiche Zuwendungen. Albuin starb am 5. Februar 1005/06.

Dargestellt beide in Pontifikalgewändern. BB, KG, T, V

Adelheid, Hl., Tochter des Grafenpaares Megingoz und Gerberg. Zum Gedächtnis an ihren einzigen Sohn Gottfried, der im Böhmenkrieg wohl 978 gefallen war, gründeten die Eltern um 983 das Stift Vilich gegenüber Bonn, dessen Äbtissin Adelheid wurde. Nach dem Tod ihrer Schwester Bertrada um 1002 übernahm Adelheid auch noch die Leitung des Stifts St.-Maria im Kapitol/Köln. Während mehrerer Hungerjahre, die damals das Rheinland heimsuchten, war Adelheid die Wohltäterin der Armen und Notleidenden. Sie erwies sich weiterhin als Meisterin in fraulichen Fertigkeiten und vermittelte anderen gerne ihre Kenntnisse. Erzbischof Heribert von Köln schätzte Adelheid als kluge Ratgeberin. Nach ihrem Tod am 5. Februar zwi-

schen 1008 und 1021 in Köln wurde sie in Vilich beigesetzt. – Kultanerkennung am 27. Januar 1966.
Dargestellt als Äbtissin mit Kirchenmodell, mit Broten. – Patronin gegen Augenkrankheiten (Adelheidis-Pützchen in Bonn). K

Erlebold [Herebald], [Ahdt.: »Heer« und »herrschen«] OPraem, Prämonstratenser im Stift Strahov, wurde 1143 erster Propst im Frauenstift Doksany bei Leitmeritz. Den ihm anvertrauten Prämonstratenserinnen gab er ein Vorbild heiligmäßigen Lebens. Er führte in Doksany die Verehrung des hl. Maternus ein. Erlebold starb am 5. Februar 1154.

Elisabeth [Hebr.: »Gott hat geschworen« od. »Gott ist vollkommen«], geb. um 1270 aus dem Geschlecht der Grafen von Wertheim, um 1284 vermählt mit Gottfried von Hohenlohe, wurde bereits 1290 Witwe. Seitdem hatte sie nur noch ihr ewiges Heil vor Augen und gab reiche Schenkungen an Klöster, Spitäler und Kirchen. Zur Gründung der Kartause Grünau bei Wertheim machte sie eine große Stiftung. Hier wurde sie auch nach ihrem Tod am 5./6. Februar 1335 bestattet. Ihre Grabstätte ist nicht bekannt.

Paul Miki und die Märtyrer von Nagasaki, Hl., gest. 5.2.1597, ↗6.2.

6.2. **Dorothea** [Griech.: »Geschenk Gottes«], Hl., eine jungfräuliche Blutzeugin, erlitt nach der Legende in der Verfolgung unter Kaiser Diokletian um 304 das Martyrium in Cäsarea/Kappadozien. Auf dem Richtplatz betete sie zu Gott, er möge auf ihre Fürbitte alle aus jeder Not retten. Vielerorts wird sie der Gruppe der Vierzehn Nothelfer beigesellt.
Dargestellt als Jungfrau mit Schwert und Palme, mit Körbchen mit Rosen und Äpfeln. – Patronin der Blumengärtner und -händler, Bräute, Neuvermählten, Bierbrauer; bei Armut, falschen Anschuldigungen, Geburtswehen, Todesnöten. GÖ

Vedast [Wadast, Vaast, Gaston], Hl., geb. in der 2. Hälfte des 5. Jhs. bei Limoges, wurde in Toul zum Priester geweiht. Remigius von Reims beauftragte ihn, König Chlodwigs Taufe vorzubereiten. Um 500 bestellt ihn Remigius zum Bischof von Arras. Diese Diözese war durch den Einfall der Hunnen weitestgehend zerstört, und unter der Bevölkerung hatten sich Aberglauben und Sittenverfall ausgebreitet. Doch mit Klugheit und Eifer bewältigte Vedast diese Schwierigkeiten. Gleichzeitig musste Vedast auch das verwaiste Bistum Cambrai mitverwalten. Er starb am 6. Februar 540 in Arras und wurde in der dortigen Marienkirche beigesetzt. 667 wurden die Reliquien in die Peterskapelle übertragen. Später entstand hier die berühmte Abtei St.-Vaast.
Dargestellt in bischöflichem Gewand mit Bären oder Wolf, der eine Gans im Rachen hat, oder mit Lichtsäule. – Patron des Bistums Arras; der Walker, Kinder; gegen Augenleiden.

Amandus [Lat.: »der Liebenswerte«] OSB, Hl., stammte aus einer edlen Familie Aquitaniens. Nachdem er viele Jahre als Mönch und Einsiedler gelebt hatte, wurde er in Rom vor 638 zum Missionsbischof für das friesisch-fränkische Grenzland geweiht. Aus Flandern durch einen Aufstand vertrieben, predigte er in Tirol und Kärnten. 647–649 soll er als Bischof von Maastricht gewirkt haben. Eine Predigtreise in das Land der Basken blieb ohne Erfolg. Sein Bistum überließ Amandus dem Abt Remaklus von Stablo-Malmedy. Im Verlauf seiner Tätigkeit gründete Amandus zahlreiche Kirchen und Klöster, darunter Elno/Tournai. Hierhin zog er sich gegen Ende seines Lebens zurück und starb am 6. Februar 679 oder 684. Das Kloster Elno, wo er begraben wurde, erhielt nach ihm den Namen St.-Amand.
Dargestellt als Bischof oder Glaubensprediger mit Ketten, Kirchenmodell, Schlange. – Patron der Wirte, Bierbrauer, Branntweinbrenner, Händler. LÜ

Reinhild [Relind], Hl., Äbtissin, gest. 6.2. um 780, ↗13.2.

Hildegund [Ahdt.: »Kämpferin«] von Meer OPraem, Sel. (Hl.), war verheiratet mit Graf Lothar von Are. Nachdem ihr Gatte gestorben war, gründete sie 1165 auf ihrem väterlichen Erbgut Meer/bei Neuss ein Prämonstratenserinnen-Kloster, das sie selbst als Meisterin bis zu ihrem Tod am 6. Februar um 1183 leitete.
Dargestellt im Prämonstratenserinnengewand, eine Krone zu ihren Füßen. – Patronin gegen Kopfweh; für glückliche Entbindung.

Alderich OPraem, Hl., lebte nach der erst zu Beginn der Neuzeit überlieferten Legende als Hirt und Diener um 1200 im Prämonstratenserinnen-Kloster Füssenich/bei Zülpich, wo auch seine angeblichen Reliquien verehrt werden.
Dargestellt als Hirt, knieend im Gebet.

Paul Miki SJ, Hl., stammte aus einer vornehmen, christlichen japanischen Familie. Seit seinem 11. Lebensjahr wurde er von Jesuiten erzogen und trat mit 22 Jahren in die »Gesellschaft Jesu« ein. Hier wirkte er als einer der bedeutendsten Jesuitenmissionare unter seinen Landsleuten. Im Dezember 1596 wurde Paul Miki mit 25 anderen Christen verhaftet. Es waren außer ihm noch zwei Katecheten der »Gesellschaft Jesu«, sechs Franziskaner und siebzehn japanische Laien, darunter drei Knaben. Die Gefangenen wurden zum Kreuzestod verurteilt, nach Nagasaki geführt und dort am 5. Februar 1597 hingerichtet.
Dargestellt als Märtyrer am Kreuz. GK, GÖ

Maria Theresia Bonzel, geb. am 17. September 1830 in Olpe/Westfalen, erhielt bei der Taufe den Namen Regina Christina Wilhelmine. Ihrer besonderen Verehrung für den hl. Franziskus und ihrem sozialen Engagement konnte sie als Gründerin der »Armen Franziskanerinnen von der Ewigen Anbetung« in Olpe auch nach außen hin Ausdruck verleihen. Sie starb am 6. Februar 1905 in Olpe. – Das Seligsprechungsverfahren ist eingeleitet.

7.2. **Richard** [Ahdt.: »kühner Herrscher«], Hl., Angelsachse aus Wessex, Vater Willibalds, Wunibalds und Walburgs. Mit seinen beiden Söhnen unternahm er 720 eine Wallfahrt nach Rom, starb aber unterwegs in Lucca und wurde dort in der Kirche S. Frediano beigesetzt. Um 1154 wurden seine Gebeine erhoben und sein Kult sofort nach Eichstätt verpflanzt, wohin auch Reliquien übertragen wurden.
Dargestellt als König mit Krone und Zepter, auch in Pilgertracht mit Pilgerausrüstung. EIH

Ava stammte aus adeligem Geschlecht. Sie ist die älteste österreichische Dichterin, die in deutscher Sprache mehrere größere Werke über das Werden, Wirken und Ende der Kirche verfasste. Sie lebte zuletzt als Reklusin im Donautal (Göttweig oder Melk?) und starb der Überlieferung nach am 7. Februar 1127.

Nivard OCist, Sel., geb. um 1100, der jüngste Bruder Bernhards von Clairvaux, wurde in jugendlichem Alter Zisterziensermönch. Er genoss das besondere Vertrauen Bernhards und war an mehreren Klostergründungen beteiligt. Noch 1150 ist Nivard zusammen mit Bernhard in der Diözese Tours bezeugt. Danach ist er wohl in Clairvaux gestorben.
Dargestellt im Zisterzienserhabit.

Francesco Antonio Postillo OFMAlc, Hl., mit Ordensnamen Egidio Maria di San Guiseppe, geb. am 16. November 1729 in Taranto/Italien, musste nach dem frühen Tod seines Vaters zunächst für die Familie sorgen. 1754 nahm er das Ordenskleid der »Alcantariner-Franziskaner« in Neapel und wirkte in den Klöstern der Stadt als Koch, Pförtner und schließlich über fünfzig Jahre als Almosensammler. Der beliebte Ordensmann starb am 7. Februar 1812 in Neapel. – Seligsprechung am 5. Februar 1888, Heiligsprechung am 2. Juni 1996.

8.2. **Sacharja** [Zacharias, Zacharia], [Hebr.: »Der Herr hat sich wieder erinnert«] war einer der Kleinen Propheten zur Zeit des persischen Königs Darius I. (521–485 v. Chr.). Seine Botschaft: Ruf zur Umkehr; sittliche Erneuerung sei Vorbedingung für das messianische Heil. RO

Milada OSB, Sel., Tochter des Böhmenherzogs Boleslav I., wurde in Regensburg erzogen und in Rom Benediktinerin. Papst Johannes XIII. weihte dann Milada zur Äbtissin und gab ihr den Namen Maria. In Prag, das gerade damals 973 Bischofssitz wurde, errichtete Milada das von ihrem Bruder Boleslav II.

gegründete Benediktinerinnen-Kloster bei der Kirche St.-Georg. Der Überlieferung nach starb Milada am 8. Februar 994. Ihre Gebeine ruhen in der Annakapelle der Georgskirche.
Dargestellt in der Tracht der Äbtissin, auch wie ihr der Bischof den Äbtissinnenstab überreicht.

Hieronymus [Griech.: »der heilig Genannte«] Ämiliani CRS, Hl., geb. 1486 in vornehmer Familie von Venedig, wandte sich in frühester Jugend dem Waffendienst zu. Nachdem er 1508 unerwartet aus der Gefangenschaft befreit worden war, führte er ein Leben heroischer Buße und Nächstenliebe. Er pflegte Arme und Kranke, errichtete in mehreren Städten Waisenhäuser und stellte sich 1528 unter die geistliche Leitung Giampietro Caraffas, des späteren Papstes Paul IV. Obwohl er selbst Laie blieb, gründete er ebenfalls 1528 eine Genossenschaft von Regularklerikern, die in seinen Einrichtungen wirken sollte. Sie wurde später nach dem Mutterhaus in Somasca/Lombardei »Somasker« genannt. Hieronymus starb am 8. Februar 1537 im Mutterhaus seiner Genossenschaft in Somasca, wo er sich bei der Pflege von Pestkranken eine Ansteckung zugezogen hatte.
Dargestellt in vornehmer Tracht mit Ketten, Fesseln, Eisenkugeln oder in der Ordenstracht mit Waisenkindern. – Patron von Treviso, Venedig; der verlassenen und verwaisten Jugendlichen, der Gründer von Schulen, Waisenhäusern und sozialen Rehabilitationszentren für Jugendliche. GK

Philipp [Griech.: »Freund« u. »Pferd«] Jeningen SJ, geb. am 5. Januar 1642 in Eichstätt, wurde 1672 Priester in der »Gesellschaft Jesu«, war Lehrer an den Kollegien in Mindelheim und Dillingen und kam 1680 nach Ellwangen. Von dort war er unermüdlich als Volksmissionar in den Bistümern Augsburg, Eichstätt und Würzburg tätig. Als Pilgerseelsorger auf dem Schönenberg bei Ellwangen veranlasste er die Erbauung einer neuen Wallfahrtskirche. Mystisch hoch begnadet, dabei von apostolischer Einfachheit war »der gute Pater Philipp« sehr beliebt. Er starb am 8. Februar 1704 in Ellwangen und wurde im Kreuzgang der Stiftskirche bestattet. – Nach der Erhebung der Gebeine 1953 wurden sie vor dem Altar der Marienkapelle des Kreuzganges wieder beigesetzt.
Dargestellt in Jesuitentracht mit Kruzifix, Reisestab und Rosenkranz.

Apollonia, Hl., eine Jungfrau, vielleicht Diakonissin in Alexandrien, wurde zur **9.2.**
Zeit des christenfreundlichen Kaisers Philipp des Arabers (244–249) bei einem vom heidnischen Pöbel ins Werk gesetzten Christenprogrom schwer misshandelt. Es wurden ihr die Zähne ausgeschlagen, und man drohte ihr mit dem Tod auf dem Scheiterhaufen. Als man sie losließ, stürzt sie sich selbst in die Flammen.
Dargestellt als jungfräuliche Märtyrin mit Palme, Zange und Zahn. – Patronin der Zahnärzte; gegen Zahnweh.

9. Februar

Alto OSB, Hl., gehörte wahrscheinlich zum Kreis der angelsächsischen Glaubensboten. Um die Mitte des 8. Jh. lebte er als Einsiedler im Raum von Dachau. Nach glaubwürdigen Nachrichten des 11. Jh. erhielt Alto von König Pippin Grund und Boden, um ein Kloster zu gründen, das später Altomünster genannt wurde. Alto starb noch im 8. Jh. Sein Grab wurde Ziel einer Wallfahrt.
Dargestellt als Abt mit Jesuskind. M

Lambert [Ahdt.: »der im Land Berühmte«] OSA, Sel., war der erste Propst des von Erzbischof Adalgoz von Magdeburg um 1114/16 gegründeten Chorherren-Stiftes Neuwerk bei Halle an der Saale, das mit Chorherren aus Reichsberg besetzt wurde. Lambert starb am 9. Februar 1144.

Gottschalk [Ahdt.: »Diener Gottes«] von Selau OPraem, um 1126 in Köln geboren, wurde Prämonstratenser in Steinfeld und kam 1149 mit einigen Gefährten auf Bitten des Bischofs Daniel von Prag nach Böhmen, um dort das Stift Selau zu besiedeln, in dem vorher Benediktiner gelebt hatten. Gottschalk wurde erster Abt in Selau, bemühte sich sehr um das religiöse Leben in der Neugründung und sicherte die wirtschaftliche Grundlage des Stifts. In hohem Alter beschloss er sein irdisches Leben am 9. Februar 1184 und wurde in der Klosterkirche bestattet. – Verehrung als Seliger in Selau und geras am 19.2.

Julian OFM, stammte aus Speyer, war Kapellmeister am Hof des Königs von Frankreich und trat um 1225 in das Kloster der Franziskaner in Paris ein. Im Minderbrüderorden wirkte Julian als Chormeister. Er verfasste vor 1235 ein Reimoffizium auf Franz von Assisi. Ebenfalls wurde ihm ein vor 1249 entstandenes Reimoffizium auf Antonius von Padua von vielen zugeschrieben. Julian starb um 1250 in Paris.

Anna Katharina Emmerick, geb. 1774 in Flamske bei Coesfeld/Westfalen, war seit Kindheit mit einem innigen Gebetsleben begnadet, das sie zu heroischen Werken der Sühne und Nächstenliebe anspornte. Als die Wundmale Jesu an ihrem Leib sichtbar wurden, musste sie Verleumdung und Verfolgung erleiden. Ihre Visionen wurden von Clemens Brentano, wohl nicht immer getreu, aufgezeichnet. Anna Katharina starb am 9. Februar 1824 in Dülmen/Westfalen. – Das Seligsprechungsverfahren ist eingeleitet.
Dargestellt als Nonne im Krankenbett mit Stigmata.

Miguel Febres Cordero FSC, Hl., mit Ordensnamen Francisco Aloisio, geb. am 7. November 1854 in Concha/Ecuador, trat gegen den Willen seines Vaters 1868 in Quito in den Orden der »Christlichen Schulbrüder« ein. Von 1869–1897 wirkte er als erfolgreicher und beliebter Lehrer, Erzieher und geistlicher Volksschriftsteller sowie Hausoberer in Quito. Seine Selbstbeherrschung, seine Geduld und sein Gebetseifer waren vorbildlich. Nach 1904 war er in Belgien und schließlich aus Gesundheitsgründen bis zu seinem Tod am 9. Februar 1910 in Premiá de Mar/Spanien tätig. – Seligsprechung am 30. Oktober 1977, Heiligsprechung am 21. Oktober 1984. GK

Scholastika OSB, Hl., geb. um 480, war schon als Kind Gott geweiht und lebte nach der glaubwürdigen Überlieferung zuerst in einem Kloster bei Subiaco, später in der Nähe von Montecassino. Jährlich traf sie sich einmal mit ihrem Bruder Benedikt zu einem geistlichen Gespräch. Bei der letzten Zusammenkunft der Geschwister verlangte Scholastika nach weiterer geistlicher Belehrung. Doch Benedikt wollte gemäß der Regel vor Abend wieder in seinem Kloster sein. Da brach auf das Gebet der Schwester ein Unwetter aus, das Benedikt zu längerem Bleiben zwang. Drei Tage später sah Benedikt die Seele seiner Schwester in Gestalt einer Taube zum Himmel auffahren. Scholastika starb um 547. Wohl nur Teile ihre Reliquien kamen vom 7. bis 9. Jh. über Fleury und Le Mans nach Juvigny-sur-Loison. **10.2.**
Dargestellt im Benediktinerinnenhabit mit Äbtissinnenstab, Regelbuch und Taube. – Patronin für Regen; gegen Blitzschlag. GK, RK

Brun [Ahdt.: »der (braune) Bär«], am 29. Mai 1037 zum Bischof von Minden geweiht. 1042 gründete er auf dem Werder, einer Weserinsel vor Minden, das St.-Mauritius-Kloster. Er starb am 10. Februar 1055.

Wilhelm [Ahdt.: »der auf Schutz Bedachte«] (d. Gr.) von Malavalle, Hl., unternahm eine Bußwallfahrt nach Santiago de Compostela, Rom und Jerusalem. In der Toskana versuchte er vergeblich, Gruppen von Eremiten mit einem neuen Geist zu erfüllen. Darauf zog er sich in die Einöde von Malavalle/bei Siena zurück, wo er nach einem Leben der Selbstzucht und des Gebets am 10. Februar 1157 starb. Nach seinem Tod entstand an seinem Sterbeort aus einer Eremitengemeinschaft der nach ihm benannte Orden der »Wilhelmiten«.
Dargestellt in ritterlicher Rüstung, darüber Mönchgewand, mit Ketten, Pilgerstab und Rosenkranz. – Patron der Klemptner.

Gregor II., Hl., Papst, gest. 11.2.731, ↗12.2. **11.2.**

Benedikt von Aniane, Hl., gest. 11.2.821, ↗12.2.

Anselm [Germ./Ahdt.: »der von Gott Beschützte«] OPraem, Prämonstratenser im Stift Rot/bei Memmingen. Als Herzog Welf VI. von Bayern das Stift Steingaden 1147 gründete, wurde Anselm dort Abt. Bald blühte das neue Stift durch den frommen Lebenswandel und die Gelehrsamkeit seiner Mitglieder. Anselm starb am 11. Februar 1162.

Theobert [Dietbert] OSB, Hl., Mönch der Benediktiner-Abtei Tholey/Bistum Trier, soll Cellerar des Klosters gewesen sein. Die Zeit seines Lebens ist nicht mehr festzustellen. Doch um 1200 werden seine Reliquien erwähnt, und 1246 wird er als Patron für zwei Gotteshäuser genannt.

Theodor [Griech.: »Gottesgeschenk«] Babilon, geb. am 26. Februar 1899 in Köln, trat nach seiner Entlassung vom Militär 1919 in den Dienst des Kolpingwerkes ein und wurde 1932 Geschäftsführer des Kölner Kolpinghauses. Er war tiefgläubig und eine sonnige Natur. Am 15. August 1944 verhaftet, nutzte er eine Gelegenheit zur Flucht nicht aus, um seine Frau und seine fünf Kinder nicht zu gefährden. Über seinen Tod ist wenig bekannt. Er soll am 11. Februar 1945 im KZ Buchenwald, Außenlager Ohrdruf, an Gehirnhautentzündung gestorben sein.

12.2. **Gregor II.**, [Lat.: »der Wachsame«], Hl., geb. 669 in Rom, wurde 715 zum Papst erhoben. Herzog Theodor von Bayern erhielt 716 eine Instruktion Gregors über die Gründung von Bistümern, die allerdings durch den baldigen Tod des Herzogs nicht ausgeführt wurde. 719 erteilte Gregor Bonifatius den Auftrag, bei den heidnischen Germanen den Glauben zu verkünden, und weihte ihn 722 zum Bischof. Mit den Langobarden verband er sich zur Abwehr byzantinischer Ansprüche in Italien. Gregor, einer der bedeutendsten Päpste des 8. Jhs., starb am 11. Februar 731. FD

Benedikt von Aniane [eigentlich Witiza], [Lat.: »der Gesegnete«] OSB, Hl., geb. um 750, entstammte dem westgotischen Adel Aquitaniens. Zuerst im Kriegs- und Hofdienst ausgebildet, trat 773/774 in das Kloster Saint-Seine bei Dijon ein. Um ein Leben in der Strenge der altchristlichen Wüstenväter zu führen, errichtete er 779/7780 auf seinem Erbbesitz eine Cella, die sich schnell zum Kloster Aniane entwickelte. Bald wurde die Regel Benedikts von Nursia zur Leitidee seines Lebens. Zahlreiche Klöster nahmen die Lebensgewohnheiten Anianes an. Nach 814 wurde Benedikt Abt von Maursmünster und des von Ludwig dem Frommen als Musterkloster für das Frankenreich gegründeten Inden, das später Kornelimünster genannt wurde. Der Kaiser wählte ihn zu seinem Berater und zum Abt aller Klöster im Reich. 816–818 wurde auf mehreren Synoden die Regel Benedikts von Nursia zur allein geltenden Klosterregel im Frankreich bestimmt. Benedikt starb am 11. Februar 821 in Kornelimünster. Sein Grab ist bisher nicht aufgefunden worden.
Dargestellt als Benediktinerabt mit Feuerflamme. AC

Helmward, (Hl.), war seit 950 Bischof von Minden. Den wieder errichteten Dom, der 947 durch einen Brand zerstört worden war, weihte er 952 ein. Helmward starb am 12. Februar 958.

Ludan, Hl., wohl schottischer Herkunft, starb bei der Rückkehr von einer Pilgerfahrt nach Rom am 12. Februar 1202 bei Hipsheim/Elsass. Sein Grab in der Scheerkirche bei Hipsheim, im Dreißigjährigen Krieg 1632 von Schweden geschändet, ist seit etwa 1300 bis zur Gegenwart Ziel zahlreicher Wallfahrer.
Dargestellt im Pilgergewand mit Pilgerausrüstung ST

Antonius [Lat.: altröm Geschlechtername] OFM, geb. in Sachsen, Priester im Orden des hl. Franziskus. Als er in Bulgarien den rechten Glauben predigte, wurde er von Schismatikern überfallen und, da er zur römischen Kirche die Treue nicht brechen wollte, am 12. Februar 1369 mit vier Gefährten getötet.

Kastor, Hl., stammte wahrscheinlich aus Aquitanien und war um 342–347 Schüler des Bischofs Maximin von Trier. Mit mehreren Gefährten lebte Kastor dann als Priester und Einsiedler in Karden an der Mosel, wo eine zum Teil schon christliche Bevölkerung wohnte. Er starb im hohen Alter um 400. – Seine Gebeine wurden vor 791 erhoben und in die Paulinuskirche von Karden übertragen. Erzbischof Hetti von Trier brachte den größten Teil der Reliquien 836 in die von ihm erbaute Kirche in Koblenz, deren Patron Kastor später wurde. **13.2.**
Dargestellt als Priester oder Bischof mit Buch, Kelch, Kirchenmodell, Palme, Kreuz. TR

Ermenhild [Irmhild], [Ags.: »umfassend« u. »kämpfen«] OSB, Hl., geb. 630/640, Tochter des Königs Erkonbert von Kent, war die Gemahlin König Wulfhers von Mercien. Nach dem Tode Wulfhers 675 trat sie in das Kloster Sheppey ein, das ihre Mutter Sexburg als Äbtissin leitete. Später wurde Ermenhild Äbtissin von Ely, wo sie um 700 starb und begraben wurde. – Ihre Reliquien wurden 1541 vernichtet.
Dargestellt als Benediktinernonne mit abgelegter Königskrone.

Reinhild [Relind], [Ahdt.: »Rat« u. »Kampf«] OSB, Hl., folgte ihrer Schwester Harlind als Leiterin des von ihrem Vater Adalhard um 720/730 gegründeten Klosters Alden-Eyck an der Maas. Angeblich wurde sie von Bonifatius zur Äbtissin geweiht. Reinhild starb am 6. Februar um 780. – Bischof Franko von Lüttich erhob die Reliquien der beiden Schwestern um 880. Vor den Geusen wurden die Reliquien 1571 nach Maaseyk gerettet, wo sie sich heute noch befinden.

Im Bistum Lüttich wird am heutigen Tag das Gedächtnis beider Schwestern Harlind und Reinhild begangen. LÜ

Wiho, Hl., geb. in Friesland, war in Utrecht ausgebildet worden, Karl d. Gr. berief ihn zum Leiter des 780 gegründeten Missionsbezirks Osnabrück. Dank des Eifers Wihos und seiner Gefährten entfaltete sich ein blühendes

christliches Leben. Daher wurde vor 803 Osnabrück Bistum und Wiho der erste Bischof. Als sein Sterbetag wird der 20. April 804 (?) überliefert.
Dargestellt in Pontifikalgewändern. OS

Gosbert [Simon zubenannt], Hl., war von Ebbo von Reims und Ansgar um 832 zum Bischof für die schwedische Mission geweiht worden. 845 musste er von dort fliehen. Dann wurde Gosbert Bischof von Osnabrück, wo er am 2. Februar 874 starb. OS

Ekkehard [Egward], Sel., auch Gorman genannt, war vielleicht Mönch in Hirsau, ehe er als Glaubensbote nach Holstein ging. Um 968 wurde er zum Bischof von Oldenburg in Ostholstein geweiht und übernahm vor 1000 das Bistum Schleswig. Die unglücklichen politischen Verhältnisse zwangen ihn, sein Bistum zu verlassen und in Hildesheim Zuflucht zu suchen. Ohne sein Bistum wieder gesehen zu haben, starb Ekkehard wohl am 13. Februar 1026.

Adolf [Ahdt.: »edler Wolf«] OCist, Hl., geb. um 1185, aus dem Geschlecht der Grafen von Tecklenburg, wurde schon in jungen Jahren Domherr in Köln. Bei einem Besuch der Abtei Altenkamp lernte er die Askese der Zisterzienser kennen. Sogleich bat er um Aufnahme in den Orden. Doch schon 1216 wurde er zum Bischof von Osnabrück gewählt. Hier entwickelte er eine bedeutende Reformtätigkeit. Er sorgte für Hebung des Gottesdienstes, für bessere Verwaltung der Diözese sowie für Erneuerung des inneren Geistes der Klöster, denen er dazu auch durch große Schenkungen eine gesicherte Grundlage für ihren Lebensunterhalt gab. Adolf starb am 30. Juni 1224 und wurde im Dom von Osnabrück beigesetzt. – Seine Reliquien wurden 1651 erhoben.
Dargestellt in bischöflicher Gewandung. OS

Gisela [Ahdt.: »Bürgschaft, Pfand« u. »Edle, Vornehme«], (Sel.), starb am 13. Februar 1277. Ihr Grab befindet sich in Veltheim/Aargau. Über ihr Leben und ihren Tod ist nichts weiter bekannt.

Aleidis OPraem, (Sel.), wurde nach einem sehr weltlichen Leben Prämonstratenserin in Langwaden bei Neuss. Hier unterzog sie sich aus Reue über ihr früheres Leben außergewöhnlichen Bußwerken, um für ihre Sünden Verzeihung zu finden. Wegen der Strenge ihrer Abtötung nannte man Aleidis »die Büßerin«. Sie starb am 13. Februar in der 2. Hälfte des 12. Jhs.

Jordan OP, Sel., geb. Ende des 12. Jhs. in Borgberge bei Paderborn, trat als Diakon und Bakkalaureus der Theologie in Paris in den Dominikanerorden ein. 1222 wurde er als Nachfolger des Dominikus Ordensmeister. Durch seine Predigten in Universitätsstädten gewann Jordan viele Professoren und Studenten für den Orden, so 1223 in Padua Albert d. Gr. Er baute den Orden weiter aus und wirkte später als Glaubensbote bei den Sarazenen. Auf der Rückreise von Palästina ertrank er bei einem Schiffbruch an der syrischen Küste am 13. Februar 1237. Er wurde in der Dominikanerkirche von Akkon begraben.

Dargestellt im Dominikanerhabit mit Lilie und Strahlenkranz.

Valentin, Hl., Bischof von Terni, erlitt 268/269 den Tod um des Glaubens willen. **14.2.** Über seinem Grab an der Via Flaminia in der Nähe von Terni wurde im 8. Jh. eine Kirche errichtet. Um die Mitte des 5. Jh. erwähnte das »Martyrologium Hieronymianum« bereits das Gedächtnis Valentins am 14. Februar. Reliquien befinden sich in Worms in der Liebfrauenkirche und in Kiedrich im Rheingau.

Dargestellt als Bischof mit Hahn, mit Krüppeln oder Epileptikern. – Patron der Jugend, Reisenden, Imker; für gute Verlobung und Heirat; gegen Ohnmachtsanfälle, »fallende« Krankheit, Pest. FD, LM, MZ

Cyrillus [Griech.: »der rechte Herr«], Hl., und **Methodius** [Griech.: »vernünftiges Überdenken«], Hl., waren Brüder und stammten aus Thessaloniki. Beide beherrschten die in Mazedonien verbreitete slawische Sprache. Sie reisten 860 als Glaubensboten im Auftrag des byzantinischen Kaisers zu den Chasaren. In Cherson fanden sie Reliquien des Papstes Clemens I., die sie später nach Rom brachten. 863 sandte sie Kaiser Michael III. nach Mähren. Hier schuf Cyrillus ein slawisches Alphabet und übersetzte Texte der Heiligen Schrift und der Liturgie. Mit Glaubensboten der lateinischen Kirche, die bereits im großmährischen Reich wirkten, ergaben sich hier erste Schwierigkeiten, die sich 866 in Pannonien fortsetzten, wo Cyrillus und Methodius slawische Texte benutzten, die in Salzburg und Aquileja angefertigt worden waren. Die beiden Brüder traten in Rom dafür ein, dass auch das Slawische als liturgische Sprache anerkannt wurde, und fanden 867 die Billigung Papst Hadrians II. In Rom erkrankte Cyrillus, starb am 14. Februar 869 und wurde in der Kirche des hl. Clemens beigesetzt. Hadrian II. ernannte darauf Methodius zum Erzbischof von Pannonien und Mähren und zum Legat des Apostolischen Stuhles bei den Slawen. – Erzbischof Adalwin von Salzburg und seine Suffragane betrachteten Pannonien und Mähren als ihr Missionsgebiet und verurteilten Methodius auf der Synode in Regensburg 870 zur Verbannung nach Ellwangen. Papst Johannes VIII. erreichte 873 die Freilassung des Methodius. Aber er schränkte seine Befugnisse ein und stellte ihm den Suffraganbischof Wiching mit Sitz in Nitra zur Seite. Unter der direkten Leitung Roms, unabhängig von der fränkischen Reichskirche, sollte sich der Aufbau des kirchlichen Lebens in den gleichberechtigten lateinischen und slawischen Kirchensprachen vollziehen. Nach einer wohl 881 unternommenen Reise nach Byzanz übersetzte Methodius weitere kirchliche Texte ins Slawische. Er starb am 6. April 885 in Staré Mesto. Aus dem Missionsgebiet von Cyrillus und Methodius flossen Anregungen zu den Böhmen, Polen, Bulgaren und Russen. – Johannes Paul II. erhob sie am 31. Dezember 1980 zu Mitpatronen Europas.

Dargestellt: Cyrillus in bischöflichen Gewändern mit bekehrten Heiden; Methodius hält das Bild des Jüngsten Gerichts in seiner Hand. – Patrone gegen Gewitter. GK

Giovanni Garcia OSST, Hl., mit Ordensnamen Giovanni Battista von der Empfängnis, geb. am 10. Juli 1561 in Almodóvar del Campo/Spanien, ausgebildet bei den Karmeliten, trat 1580 in Toledo in den Orden der »Trinitarier« ein. Seit 1594 wirkte er als beliebter Prediger in Sevilla. Im gleichen Jahr wurde er zum Mitbegründer des Reformzweiges seines Ordens, der »Unbeschuhten Trinitarier«. Er lebte in großer Strenge mit sich selbst in Fasten und Nachtwachen. Kurz vor seinem Tod am 14. Februar 1613 in Córdoba hatte er noch einen Frauen-Zweig des reformierten Ordens gegründet. – Seligsprechung am 26. September 1819, Heiligsprechung am 25. Mai 1975. GK

15.2. **Prikt** [Präjektus], Hl., seit etwa 666 Bischof von Clermont, errichtete zwei Frauenklöster und ein Krankenhaus. **Amarin** war Leiter der von ihm begründeten Zelle Doroangus im Tal der Thur im Oberelsass. Prikt hatte einst auf seiner Reise zum Königshof bei Amarin gerastet und diesen von seinem Fieber geheilt. Bei einem Besuch Amarins bei Prikt hatte sich der Bischof gerade bei König Childerich II. gegenüber Verleumdungen des Grafen Hektor rechtfertigen können. Doch die Anhänger des Grafen überfielen den Bischof und ermordeten ihn mit Amarin und dem Akolythen **Elid** in Volvic bei Riom am 25. Januar 674. Reliquien der Märtyrer befinden sich an verschiedenen Orten im Elsass.

Dargestellt: Prikt in bischöflichem Ornat mit Palme; Amarin als Einsiedler oder Abt mit Palme; Elid in Klerikerkleidung mit Palme.

Sigfrid [Sigurd], [Ahdt.: »Sieg« u. »Hüter«], Hl., war Mönch in Glastonbury/England. Er ging als Bischof nach Norwegen, wo er unter König Olaf Haraldsson den Glauben verkündete. In Schweden taufte Sigfrid König Olaf Erikson; doch musste er sich vor der Gegnerschaft der Bewohner am Mälarsee in das südliche Gotland zurückziehen. Hier konnte er in Skara einen Bischofssitz errichten. Nach weiterem Wirken in Norwegen war er zuletzt in der südschwedischen Provinz Värend tätig. Hier ereilte ihn nach der nordischen Überlieferung am 15. Februar 1030 der Tod. Sein Grab wurde in Växjö schon früh verehrt, die Gebeine in der Reformation vernichtet.

Dargestellt als Bischof, bisweilen mit Kübel, in dem sich drei abgeschnittene Köpfe befinden; auch mit Schiff und Teufel. – Patron von Schweden.

Drutmar [Trudmar] OSB, Sel. (Hl.), lebte als Mönch in dem Reichskloster Lorsch. Kaiser Heinrich I. setzte ihn 1014 zum Abt von Corvey ein. Die Mönche sahen ihn anfangs mit Misstrauen entgegen. Doch sein Wissen und seine Kenntnisse, seine Sorge für das Wohl der Abtei sowie seine Frömmigkeit und seine Regeltreue versöhnten sie mit dem aufgezwungenen Abt. Drutmar starb am 15. Februar 1046. Um 1100 wurden seine Gebeine erhoben.

Claude de la Colombière SJ, Hl., wurde am 2. Februar 1641 in St.-Symphorien d'Oczon geboren. Er trat 1858 in die »Gesellschaft Jesu« ein, wurde Priester und Volksprediger. Als Seelenführer der hl. Maria Margar la Alacoque förderte er besonders die Herz-Jesu-Verehrung. Von 1676–1679 wirkte er als Hauskaplan der Herzogin von York in England. Der Jesuitenpater starb am 15. Februar 1682 in Paray-le-Monial. – Heiligsprechung am 31. Mai 1992. GK

Juliana, Hl., war eine jungfräuliche Märtyrin, die nach der Legende von ihrem Vater und ihrem Bräutigam, die beide Heiden waren, als Christin angezeigt wurde und in Nikomedien zur Zeit des Kaisers Maximinus Daja Anfang des 4. Jh. den Tod erlitt. Seit dem 6. Jh. wurden ihre Reliquien in Cumae verehrt und 1207 nach Neapel übertragen. **16.2.**

Dargestellt als Jungfrau mit Märtyrerkrone, Buch, Teufel, Lilie. – Patronin bei Entbindungen, Infektionskrankheiten.

Pamphilus, Hl., stammte aus edler Familie, studierte in Beirut und Alexandrien, trat zuerst in den Staatsdienst, wurde dann Priester und Lehrer in Cäsarea/Palästina. Er war ein ausgezeichneter Theologe, der die Schriften des Origenes verteidigte und verbesserte. Sein Schüler war der Kirchengeschichtsschreiber Eusebius. Pamphilus wurde in der Verfolgung des Kaisers Maximinus Daja 307 in den Kerker geworfen und am 16. Februar 309/310 in Cäsarea enthauptet.

Dargestellt im Philosophenmantel mit Buch, Messer oder Schwert.

Philippa [Griech.: »Freund« u. »Pferd«] Mareri OSCl, geb. um 1200 in Petrella Salto/Abruzzen als Tochter des Ortsherrn, traf 1221/25 mit Franz von Assisi zusammen, der ihr Roger von Todi als Seelenführer gab. Mit Hilfe ihrer Brüder gründete sie bei der Kirche S. Pietro de Molito ein Klarissen-Kloster, dem sie als Äbtissin vorstand. Philippa war erfüllt von Frömmigkeit und Nächstenliebe. Sie starb am 16. Februar 1236. Bereits 1247 erwähnte eine Bulle des Papstes Innozenz IV. ihr Fest.

Dargestellt als junge Klarissin mit Buch und Rosenkranz.

Bonosus, Hl., wurde als Nachfolger des Paulinus 358 Bischof von Trier. Im Kampf mit der Irrlehre des Arius bewährte er sich als mannhafter Streiter für den wahren Glauben. Bonosus starb 374. Sein Leib wurde in St.-Symphorian beigesetzt. Heute ruhen seine Reliquien in St.-Paulin/Trier. **17.2.**

Dargestellt in Einsiedlerkleidung. TR

Benignus [Lat.: »der Gütige«], Hl., ist wohl ein Glaubensbote in Burgund gewesen, der möglicherweise den Martertod erlitten hat. Unglaubwürdig ist die Angabe der Legende, er sei ein Schüler Polykarps gewesen. Die Verehrung des Benignus ist schon vor dem 6. Jh. bezeugt. Über seinem Grab in Dijon, wo er Stadtpatron ist, entstand das Kloster St.-Bénigne. Reliquien von ihm ruhen in dem kostbaren Benignusschrein (um 1200) von Siegburg.
Dargestellt als Priester mit Marterwerkzeugen oder Hunden.

Mazelin OSB, Sel., seit 1025 Abt in St.-Peter/Salzburg, verzichtete später auf seine Abtswürde und lebte als Einsiedler auf dem Gaisberg. Er starb am 17. Februar um die Mitte des 11. Jhs. und wurde in der Klosterkirche der Benediktinerinnen auf dem Nonnenberg bestattet. – Im 17. Jh. wurde sein Grab geöffnet.

Evermod OPraem, Hl., aus Belgien, schloss sich 1120 in Cambrai noch jugendlichen Alters Norbert von Xanten an. Seit 1134 wirkte Evermod als Propst des sächsischen Stiftes Gottesgnaden bei Kalbe und in Magdeburg. 1154 wurde er zum ersten Bischof von Ratzeburg bestellt. Bei den Wenden wirkte er als eifriger Verkünder des Glaubens. Evermod starb am 17. Februar 1178. Sein Grab befindet sich im Dom von Ratzeburg. – Zugleich mit Evermod wird am heutigen Tag im Erzbistum Hamburg und im Bistum Osnabrück des Gedächtnis der Bischöfe Isfrid (15.6.) und Ludolf (29.3.) von Ratzeburg gefeiert.
Dargestellt als Bischof, die Heiden lehrend. H, OS

18.2. **Simon** [Hebr.: »Gott hat erhört«], Hl., der »Bruder des Herrn«, war ein Sohn des Kleopas, ein Bruder des Nährvaters Joseph. Simon und sein Bruder Judas waren somit Vettern Jesu. Nachdem der »Herrenbruder« Jakobus an Ostern 62 den Martertod erlitt, wurde Simon sein Nachfolger als Leiter der Kirche von Jerusalem. Simon ist wahrscheinlich 107 in hohem Alter, ob in Jerusalem oder sonst in Palästina ist ungewiss, unter dem Prokonsul Atticus gekreuzigt worden.

Konstantia, (Hl.), eine Verwandte Kaiser Konstantins. Nach der Legende war sie durch Agnes von Rom von einer unheilbaren Krankheit befreit worden. Der Überlieferung nach verstarb Konstantia am 18. Februar in der 1. Hälfte des 4. Jhs. in Rom.
Dargestellt als vornehme römische Dame mit kaiserlichen Insignien und Taube.

Angelikus von Fiesole OP, Sel., bekannt unter dem Namen Fra Angelico, trat 1407 in den Dominikanerkonvent in Fiesole ein. Er war einer der bedeutendsten Maler des 15. Jhs. Seine Kunst ging völlig im Religiösen auf, und er suchte durch seine Darstellungen, die den Geist des Glaubens ausstrahlten, im Herzen des Beschauers gläubiges Vertrauen und Liebe zu Gott, der

Kirche und den Heiligen wach zu rufen und zu vermehren. Fra Angelico starb 1455 in Rom und wurde in der Kirche S. Maria sopra Minerva begraben.
Dargestellt im Dominikanerhabit mit Buch und Palette.

Giuseppina Bakhita FdCC, Hl., kam um das Jahr 1870 in Olgossa Darfur/Sudan zur Welt. Bakhita ist nicht ihr ursprünglicher Name. Nach einer Entführung in früher Kindheit gaben ihr ihre Übeltäter den Namen Bakhita, der soviel bedeutet wie »die Glückliche«. Man verkaufte sie mehrmals auf Sklavenmärkten, und so lernte sie die Mühen und Leiden der Sklaverei kennen. In der Hauptstadt des Sudan kam Bakhita zum italienischen Konsul. Dort erlebte sie die Wärme einer Familie. Zur Weiterbildung kam Bakhita mit einem Schützling in die Obhut der »Canossianischen Schwestern« im Institut der Katechumenen in Venedig. Hier machte sie schließlich ihre erste Gotteserfahrung. Einige Monate nach dem Katechumenat empfing sie die Sakramente der Taufe und Firmung und erhielt ihren neuen Namen Giuseppina, am 9. Januar 1890. Jeden Tag wurde ihr mehr bewusst, wie Gott sie auf geheimnisvollen Wegen zu sich geführt hatte. »Hier bin ich Tochter Gottes geworden.« Am 8. Dezember trat Giuseppina Bakhita in das »Institut der hl. Magdalena von Canossa« ein und weihte sich für immer Gott, den sie liebevoll »mein Patron« nannte. Im Alter befiel Mutter Bakhita eine langwierige Krankheit. Im Todeskampf wurde sie erneut an die Tage der Sklaverei erinnert und bat die Krankenschwester: »Löse mir die Ketten, sie lasten mir so schwer.« Ihre letzten Worte waren: »Die Madonna, die Madonna.« Bakhita starb, umgeben von der trauernden Ordensgemeinschaft, am 8. Februar 1947 in Schio/Italien. – Seligsprechung am 17. Mai 1992, Heiligsprechung am 1. Oktober 2000. GK

Irmgard [Germ.: »gute Frau im Haus«] Gräfin von Aspel, Hl., erwies sich als eine **19.2.**
große Wohltäterin von Kirchen. In Rees/Niederrhein baute sie die zerstörte Kirche wieder auf und errichtete um 1040 an ihr ein Stift für Chorherren. Irmgard starb am 19. Februar 1065.

Bonifatius von Lausanne, Sel. (Hl.), geb. um 1173/88 in Brüssel, wurde nach seinem Studium in Paris zum Bischof von Lausanne berufen. Hier bemühte er sich, die Gläubigen durch Wort und Beispiel zu unterrichten. Als er 1245 die Exkommunikation Kaiser Friedrichs II. in seinem Bistum bekannt gab, wurde Bonifatius vertrieben. Er begab sich in seine Heimat und nahm seinen Aufenthalt bei der Zisterzienserinnen-Abtei Mariä Kammern in der Nähe von Brüssel, wo er die Klosterfrauen durch sein Leben erbaute. Er starb am 19. Februar 1265 und wurde im Chor der Klosterkirche bestattet. Heute ruhen seine Gebeine in einem Schrein des 19. Jhs.
Dargestellt im Zisterzienserhabit oder Bischofsornat. – Patron gegen Fieber. FB

Hadwig OPraem, (Hl.), erste Priorin des von Gottfried von Cappenberg am Fuß des Berges errichteten Prämonstratenserinnen-Klosters, war ihren Mitschwestern ein leuchtendes Vorbild in Frömmigkeit, Liebe und Demut. Sie starb an einem 19. Februar um die Mitte des 12. Jhs.

20.2. **Korona** [Lat.: »Krone, Kranz«], Hl., soll eine christliche Märtyrin in der Thebais in der 1. Hälfte des 2. Jhs. gewesen sein. Die romanhafte Leidensgeschichte erzählt, dass sie an den heruntergezogenen Spitzen zweier Palmen festgebunden und bei deren Emporschnellen zerrissen worden sei. – Kaiser Otto III. brachte 997 angeblich Reliquien in das Münster von Aachen. In St.-Corona im Wiener Wald und in Handlab im Bistum Passau bestehen Wallfahrten.

Dargestellt in antiker Gewandung mit Palmbau, Geldstück und Krone. – Patronin in Geldangelegenheiten; wird auch bei abergläubischen Handlungen (Schatzgarben) und Glücksspielen angerufen.

Eleutherius, Hl., erster Bischof von Tournai im Hennegau zur Zeit der Frankenkönige Childerich und Chlodwig um 500. Die Reliquien befinden sich in dem kunstvollen Eleutherius-Schrein von etwa 1247 in der Kathedrale von Tournai.

Dargestellt in bischöflichen Gewändern mit Geißel, Kirchenmodell, Monstranz.

Falko, Hl., Bischof von Tongern-Maastricht. Remigius von Reims, sein Zeitgenosse, erwähnte in einem Schreiben dessen Kenntnisse und Seeleneifer. Falko starb um 512.

Eucherius, Hl., Bischof von Orléans. Er versuchte, Karl Martell Widerstand zu leisten, als dieser Kirchengut in Staatsbesitz überführen wollte. Er wurde deshalb zuerst nach Köln, dann nach Sint-Truiden verbannt, wo er am 20. Februar 738 starb.

Dargestellt als Bischof, wie er aus Orléans vertrieben wird, oder bei einer Totenerweckung. LÜ

Amata OSCl, eine Nichte Klaras von Assisi, geb. um 1200, führte ein sehr weltliches Leben. Von Klara bekehrt, wurde sie Klarissin und nahm außergewöhnliche Bußübungen auf sich. Amata starb gegen 1254.

Pierre Romancon FSC, Hl., mit Ordensnamen Béniildus, geboren als Sohn einer Bauernfamilie am 14. Juni 1805 in Thuret/Frankreich, trat 1820 in die Kongregation der »Schulbrüder vom hl. Johannes Baptist de La Salle« ein. Er war ein vorbildlicher Lehrer, dem die ganzheitliche Erziehung ein wichtiges Anliegen war. Pflichterfüllung und Regeltreue brachten ihm den Namen »Held des geheiligten Alltags« ein. Über zwanzig Jahre war er Direktor der von ihm gegründeten Schule in Sauges-sur-Loire. Der begnadete Pädagoge starb am 13. August 1862 in Saugues. – Seligsprechung am 4. April 1948, Heiligsprechung am 29. Oktober 1967. GK

Jordan Mai OFM, geb. am 1. September 1866 in Buer/Westfalen (Taufname Heinrich), lernte das Sattlerhandwerk. Im Alter von 28 Jahren trat er als Laienbruder in den Franziskanerorden ein. Seit 1907 war er im Kloster in Dortmund tätig. Seine Berufung zum Ordensleben sah er als Verpflichtung an, durch die Liebe zu Gott und den Menschen nach Heiligkeit zu streben. Vor allem fühlte er sich den Notleidenden verbunden. Für die Sünder und die der Kirche Entfremdeten betet er und leistete stellvertretende Sühne. Als in der Nacht vom 20./21. Januar 1922 in der Franziskanerkirche der Tabernakel ausgeraubt worden war, bot er Gott sein Leben als Sühne an und war überzeugt, dass er ihn erhören werde. Einen Monat später, am 20. Februar 1922, nahm Gott ihn zu sich. – 1950 wurden seine Gebeine erhoben und in die Klosterkirche übertragen.

Germanus OSB, Hl., geb. um 610 in Trier, war ein Schüler Bischof Modoalds von Trier. Zuerst Einsiedler war er danach Mönch in Remiremont, später in Luxeuil. Nach seiner Priesterweihe wurde er zum ersten Abt des um 640 neu gegründeten Klosters Münster-Granfelden/Basel ernannt, das er 35 Jahre leitete. Als er für die durch Kriegswirren bedrängte Bevölkerung eintrat, wurde Germanus mit dem Mönch **Randoald** OSB durch Soldaten am 21. Februar 675 getötet. – Die Reliquien beider Märtyrer sind seit 1799 in der Pfarrkirche von Delsberg. Hier wird auch der Abtsstab Germanus' aufbewahrt, der, um 640/675 angefertigt, als einer der ältesten erhaltenen Abtsstäbe gilt. **21.2.**
Dargestellt: Germanus als Abt mit Buch, Lanze, Palme; Randoald in Mönchskutte mit Palme und Schwert oder Lanze. BS

Pippin der Ältere (von Landen), Sel., führte mit Arnulf von Metz 613 den Sturz der Königin Brunhilde herbei und wurde später Hausmeier und Berater der Könige Dagobert I. und Sigibert III. Er war mit Bischof Kunibert von Köln befreundet. Eine Tochter Pippins und seiner Gattin Iduberga war Gertrud von Nivelles. Pippin starb 640.
Dargestellt in fürstlicher Kleidung mit Schwert und Gerichtswaage.

Petrus Damiani OSB, Hl., geb. 1007 in Ravenna, wurde nach einer schweren Jugend Lehrer und Priester in seiner Heimatstadt. 1035 nahm er das Kleid des hl. Benedikt in Fonte Avellana, wo er 1043 Prior wurde. Er reorganisierte die verschiedenen Einsiedlervereinigungen und er suchte ihnen Rückhalt an einem Kloster zu schaffen. Schon bald wirkte er auch für die Reformen der Kirche, die er allerdings nur im Zusammenwirken von Kaiser und Papst für möglich hielt. 1057 wurde er gegen den Willen von Papst Stephan IX. zum

Kardinal erhoben. Auf vielen Reisen im Auftrage der römischen Kurie trat Petrus für die Freiheit der Kirche ein. Auch seine zahlreichen Schriften erwiesen ihn als einen unermüdlichen Streiter gegen die Gebrechen der Kirche. Er starb am 22./23. Februar 1072 in Faenza. Sein Leib wurde später im dortigen Dom beigesetzt. – 1829 wurde er zum Kirchenlehrer erhoben.
Dargestellt mit Kardinalshut, Buch, Geißel und Totenkopf. – Patron gegen Kopfschmerzen. GK

Leodegar [Liutiger], nach der Überlieferung aus dem Geschlecht der Grafen von Lechsgemünd-Graisbach, war Stiftsherr in Eichstätt. Mit Bischof Heribert von Eichstätt gründete er 1035 an der Grabeskirche der hl. Walburg anstelle eines dort bestehenden Chorfrauenstiftes die Benediktinerinnen-Abtei St.-Walburg in Eichstätt. Leodegar starb am 21. Februar 1074 und wurde im Kapitelsaal von St.-Walburg beigesetzt.

Gunthild [Ahdt.: »zulassen« u. »kämpfen«] OSB, (Sel.), Tochter des Grafen Dietrich I. von Mömpelgard-Bar, erste Äbtissin des von ihrem Vater gegründeten Benediktinerinnen-Klosters Biblisheim/Elsass. Sie starb im Ruf der Wunderkraft am 21. Februar 1131 und wurde vor dem Kreuzaltar in der Abteikirche beigesetzt.

22.2. **Petrus** Damiani, Hl., gest. 22.2.1072, ↗21.2.

Isabella [Elisabeth], Sel., geb. im März 1225, Schwester des hl. Königs Ludwig IX. von Frankreich, gründete 1255 in der Nähe ihres Hauses in Longchamp/Paris ein Klarissen-Kloster. Seit 1260 lebte sie nach der Klarissenregel und führte ein Bußleben. Nach ihrem Tod am 22. Februar 1270 wurde sie in der Klosterkirche beigesetzt.
Dargestellt in Klarissenhabit mit Krone, Kirchenmodell, Lilienzweig.

Margareta [Griech.: »Perle«] von Cortona, Hl., geb. 1247 in Laviano, bekehrte sich 1274 beim Anblick des entstellten Leichnams eines Edelmanns, mit dem sie neun Jahre zusammen gelebt hatte. Nun führte sie in Cortona ein außerordentlich strenges Bußleben. Gott zeichnete sie durch reiche mystische Gnadenerweise aus. Margarete gründete ein Hospital und eine Vereinigung von Franziskanerinnen. Sie starb am 22. Februar 1297 in Cortona, wo sich ihre Reliquien in einem kostbaren Schrein befinden.
Dargestellt im Terziarinnenhabit mit Rosenkranz, Geißel, Strick, Totenschädel, oft auch mit einem kleinen Hund. – Patronin der Büßer und Büßerinnen.

Johanna Maria Bonomo OSB, Sel., geb. am 15. August 1606 in Asiago/Venetien, erzogen bei den Klarissen in Trient, wurde 1622 Benediktinerin in Bassano. Im Kloster bekleidete sie die Ämter der Novizenmeisterin, Priorin und Äb-

tissin. Sie war mystisch begnadet, lebte in engster Liebesvereinigung mit Christus und wurde gewürdigt, die Wundmale Jesu zu empfangen. Schmerzhafte körperliche Leiden und seelische Prüfungen ertrug sie in Demut und Geduld. Sie starb am 22. Februar 1670. Ihre Reliquien befinden sich in der Kirche della Misericordia in Bassano.
Dargestellt in Benediktinerinnentracht, als Äbtissin, mit Taube.

Polykarp, Hl., Schüler des Apostels Johannes und Bischof von Smyrna. Als Ignatius von Antiochien als Gefangener nach Rom geführt wurde, begegnete er in Smyrna Polykarp. Auch Irenäus von Lyon kannte den Bischof von Smyrna. Um 154 reiste Polykarp nach Rom, um mit Papst Anizet Verhandlungen wegen der Festlegung des Ostertermins zu führen. Der Brief Polykarps an die Philipper ist in der überlieferten Form eine Zusammenstellung mehrerer Schreiben Polykarps. Als Greis von etwa 86 Jahren wurde Polykarp wegen seines freimütigen Bekenntnisses zu Christus zum Feuertod verurteilt. Da die Flammen ihn nicht verletzten, wurde er durch einen Dolchstoß getötet. – Der in seinem Kern echte Bericht über das Martyrium Polykarps gehört zu den ältesten christlichen Märtyrerakten. Sein Tod fällt auf den 22./23. Februar wohl um 155/156. **23.2.**
Dargestellt in bischöflichem Ornat oder auf dem Scheiterhaufen mit Palme, Dolch, Ofen, Flammen, Löwen oder Taube. – Patron gegen Ohrenleiden. GK

Romana, Hl., lebte nach der legendarischen Lebensbeschreibung nach ihrer Flucht aus dem Elternhaus zuerst auf dem Berg Soracte (nördlich von Rom), wo sie von Papst Silvester I. zur Zeit der diokletianischen Verfolgung getauft wurde. Später wohnte sie in einer Höhle bei Todi/Umbrien als Einsiedlerin. Sie soll um 335 gestorben sein. – Ihre Reliquien wurden 1301 in die Kirche S. Fortunato/Todi übertragen.

Willigis, Hl., entstammte einer niedersächsischen Bauernfamilie. Zuerst Hofkaplan Kaiser Ottos II., wurde 971 Kanzler und 975 Erzbischof von Mainz. Der sächsischen Kaiserfamilie blieb er ein uneigennütziger Berater. 976 wurde er päpstlicher Vikar für Deutschland. 996 führte er Gregor V. als ersten deutschen Papst in Rom ein. 1007 war er wesentlich an der Gründung des neuen Bistums Bamberg beteiligt. In seinem Bistum förderte er Kunst, Wissenschaft und das Schulwesen. Der von ihm errichtete Martinsdom in Mainz brannte 1009 am Tag der Weihe ab. Die Kirche St.-Stephan und St.-Viktor in Mainz, das Stift Disibodenberg sowie das Benediktiner-Kloster Jechaburg in Thüringen verdanken ihm ihre Erbauung. Auch die Erstellung mehrerer Brücken geht auf ihn zurück. In Mainz ließ er täglich dreißig Arme speisen. Willigis starb am 23. Februar 1011 und wurde in St.-Stephan in Mainz bestattet, wo heute noch seine Reliquien in einem Büstenschrein ruhen.
Dargestellt in bischöflichen Gewändern mit Rad. – Patron der Wagner. MZ, TR

Otto [Odo] Graf von Cappenberg OPraem, (Sel.), war von 1123–1126 erster Propst des auf der elterlichen Burg in Varlar/bei Coesfeld gegründeten Prämonstratenser-Stiftes. 1148 übertrug er einen Teil der Reliquien seines Bruders Gottfried von Ilbenstadt nach Cappenberg. 1156 wurde er Propst in Cappenberg, wo er Kirche und Altäre prächtig ausschmückte. Otto starb am 23. Februar 1171 und wurde in der Propsteikirche bestattet. – Sein Grab wurde 1634 von den Hessen zerstört, aber später wieder hergestellt.

24.2. **Matthias** [Hebr.: »Geschenk Gottes«], Apostel, Hl., wurde durch das Los als Ersatz für den Verräter Judas gewählt. Er soll später zuerst in Judäa, dann bei den Heiden, besonders in Äthiopien, das Evangelium verkündet haben. Doch gibt es weder über sein späteres Leben noch über seinen Tod sichere Nachrichten. – Seine Reliquien sollen im Auftrag Kaiserin Helenas durch den Bischof Agritius nach Trier gebracht worden sein, wo sie 1050 und wieder um 1127 erhoben wurden. Sie befinden sich in der Eucharius-Basilika, die seit 1127 nach Matthias benannt wird. Die Matthias-Reliquien wurden das Ziel einer weit verbreiteten Wallfahrt, die bis heute von Matthias-Bruderschaften getragen wird. Der neue römische Kalender hat das Fest des Apostels Matthias auf den 14. Mai verlegt.

Dargestellt als Apostel mit Buch und Rolle, oft mit Schwert, Hellebarde oder Beil, auch mit Steinen oder Lanze. – Patron des Bistum Trier; der Bauhandwerker, Zimmerleute, Schreiner, Schmiede, Metzger, Zuckerbäcker, Schneider; gegen Blattern.

RK, (GK)

Eunike, Hl., wird als Mutter des Timotheus in der Apostelgeschichte (16,1) und im zweiten Brief des hl. Paulus an Timotheus (1,5) erwähnt.

Ethelbert, Hl., König von Kent seit 560, lernte durch seine Gemahlin Berta, eine fränkische Prinzessin, das Christentum kennen. Die von Gregor d. Gr. 596 nach England entsandten Glaubensboten unter Führung Augustinus' von Canterbury nahm Ethelbert freundlich auf und ermöglichte ihnen die Verkündigung des Evangeliums. Nach 601 empfing Ethelbert die Taufe. Er starb am 24. Februar 616.

Dargestellt als König, in der Vision, den Schmerzensmann oder die Leidenswerkzeuge des Herrn schauend.

Ida [Germ./Ahdt.: »die schützende Frau«] OSB, Sel., stammte aus dem Geschlecht der Herren von Hohenfels und war verheiratet mit Graf Eberhard von Sponheim. Nach dem Tod ihres Gatten wurde sie Klosterfrau auf dem Rupertsberg/bei Bingen, wo ihre Schwester Margareta bereits seit ihrer Jugend Nonne war. Ida starb der Überlieferung nach an einem 24. Februar Ende des 12. Jhs.

Irmengard, geb. um 1195/1200 als Kind des Herzogs Heinrich von Braunschweig und der Erbtochter des Pfalzgrafen Konrad, wurde Gemahlin des Markgrafen Hermann V. von Baden. Nach dem Tod ihres Gatten um 1224 gründete Irmengard 1245 die Zisterzienserinnen-Abtei Lichtenthal bei Baden-Baden, deren Gebäude 1248 vollendet waren. Sie lebte fortan in ihrer Gründung nach den Regeln und Gewohnheiten des Ordens, wenn sie auch selbst nie den Schleier nahm. Am 24. Februar 1260 verschied sie und wurde im Chor der Klosterkirche beigesetzt. Meister Wölflin von Rufnach aus Straßburg verfertigte ihr noch erhaltenes kunstvolles Grabmal.

Adeltrud [Aldetrud] OSB, Hl., Tochter Waltruds, wurde von ihrer Tante, Äbtissin Adelgund, in Maubeuge erzogen, der sie auch als Äbtissin nachfolgte. Adeltrud starb am 25. Februar um 696. **25.2.**
Dargestellt als Äbtissin mit Stab.

Walburg OSB, Hl., geb. aus vornehmen angelsächsischem Geschlecht, Tochter Richards und Schwester Willibalds und Wunibalds, gehörte zu den von Bonifatius nach Deutschland gerufenen Glaubensboten. Sie wurde Äbtissin des Doppelklosters in Heidenheim/Franken, wo sie die neue Abteikirche errichtete. Durch ihre Glaubenskraft und mütterliche Gesinnung trug sie viel zur Verbreitung und Festigung der Frohbotschaft in der zum Teil noch heidnischen Bevölkerung bei. Sie starb am 25. Februar 779 in Heidenheim. – Ihre Gebeine wurden zwischen 870 und 879 in die Kirche St.-Walburg nach Eichstätt übertragen. Auch in der heute evangelischen ehemaligen Abteikirche in Heidenheim, wo Walburgs erstes Grab erhalten blieb, ist ihr Andenken nicht erloschen.
Dargestellt in fürstlicher Kleidung oder als Klosterfrau mit abgelegter Krone, mit Äbtissinnenstab, Ölfläschchen und Ähren. – Patronin des Bistums Eichstätt; der Bauern, Haustiere; für Gedeihen der Feldfrüchte; gegen Biss tollwütiger Hunde, Pest, Husten, Augenleiden (Walburgis-Öl). RK, EIH

Adelhelm OSB, Hl., Benediktinermönch in Muri, wurde erster Abt des 1120 von Konrad von Seldenbüren gestifteten Klosters Engelberg im Kanton Obwalden. 1124 erlangte Adelhelm für sein Kloster die Selbstständigkeit und Ausgliederung aus dem Bistum Konstanz. Er starb am 25. Februar 1131. Seine Verehrung ist seit 1147 bezeugt.

Luigi Versiglia SDB, Hl., geb. am 5. Juni 1873 in Oliva Gessi/Italien, besuchte das Gymnasium der »Salesianer« in Turin. Dann studierte er in Rom an der Gregoriana Philosophie und Theologie, empfing 1895 die Priesterweihe und war anschließend in der Priesterausbildung seines Ordens tätig. 1906 gehörte er zu den ersten Chinamissionaren seines Ordens. Er begann sein Wirken in Macao und in Hongkong. 1918 übernahm er die Leitung der Mission, aus der das Apostolische Vikariat Shiuchow entstand, dessen Leitung er als Apostolischer Vikar und Titularbischof 1921 übernahm. Auf einer Visitationsreise wurde der Bischof, der ein Leben für das Heil der ihm anvertrauten Gläubigen einsetzte, am 25. Februar 1930 in Liu Thau Tseui mit seinem Begleiter ermordet. – Seligsprechung am 15. Mai 1983, Heiligsprechung am 1. Oktober 2000. GK

26.2. **Dionysius**, Hl., gilt als der erste Bischof von Augsburg. Der legendarische Bericht über die Bekehrung der hl. Afra vom Ende des 8. Jh. nennt Dionysius den Onkel Afras, der von dem Missionsbischof Narzissus von Gerona getauft und als Bischof von Augsburg eingesetzt worden sei; später habe er den Martertod durch Feuer oder durch Enthauptung erlitten. – Anfang des 12. Jhs. wurden in St.-Ulrich die angeblichen Gebeine des Dionysius aufgefunden und 1258 feierlich erhoben.
Dargestellt in bischöflichem Ornat mit aufgeschlagenem Buch.

Adalbert [Ahdt.: »von glänzender Abstammung«] OSB, Sel., und **Otgar** OSB, Sel., gräfliche Brüder aus Bayern, gründeten um 756 die Abtei Tegernsee. Adalbert wurde dort erster Abt, während Otgar Laienbruder blieb. Adalbert starb am 1. November um 804; Otgar war schon vorher gestorben. – 1693 wurden die Reliquien der Stifter unter den Hochaltar übertragen.
Dargestellt: Adalbert als Abt mit Stab, Otgar im Habit, beide mit Kirchenmodell.

Mechthild [Ahdt.: »machtvolle Kämpferin«], (Hl.), Schwester des Abtes Bernhelm von Sponheim, führte ein Leben der Bescheidenheit und Selbstzucht als Reklusin in einer Zelle beim Kloster Sponheim. Als Todestag wird angegeben der 26. Februar 1154.

Ulrich [Ahdt.: »der an Besitz Reiche«] OPraem, gehörte zu der Gruppe von Prämonstratensern, die von Rot an der Rot 1171 ausgesandt worden waren, um in Obermarchtal ein neues Stift zu gründen. Nach dem Tod des ersten Propstes Eberhard folgte ihm Ulrich 1179 und war dem Stift ein guter Oberer bis zu seinem Tod am 26. Februar 1187.

27.2. **Markward** OSB, (Sel.), Mönch in Ferrières, wurde 829 Abt in St.-Hubert und in Prüm. 836 verzichtete er auf die Abtswürde von St.-Hubert. Er erwies sich als treuer und kluger Berater Kaiser Ludwigs des Frommen und der späteren Karolinger. 844 reiste Markward im Auftrag Kaiser Lothars nach Rom. Von dort brachte er Reliquien der hll. Chrysanth und Daria mit, die er nach Münstereifel, einer nicht lange vorher von Prüm gegründeten Zelle, überführte. Unter Markward, der selbst sehr gebildet war, herrschte in Prüm ein reges geistiges Leben. Er starb am 27. Februar (oder 29. Mai/?) 853 und wurde in Prüm bestattet.

Augustin Tchao; Hl., und weitere 119 chinesische Märtyrer des 17.–20. Jhs. Augustin Tchao-Soung wurde 1746 in Kweichow/China geboren. Im Alter von 20 Jahren arbeitete er als Kommunalbeamter von Wu-chuan. Er hatte Christen im Gefängnis zu beaufsichtigen. Er hörte die Unterweisungen, die ein gefangener Priester seinen Mithäftlingen erteilte, und empfing am 28. August 1776 die Sakramente der Taufe und der Firmung. Am 5. Mai 1781 wurde er im Alter von 35 Jahren zum Priester geweiht. Er starb nach langer Kerkerhaft 1815. – Seligsprechung am 27. Mai 1900, Heiligsprechung am 1. Oktober 2000. GK

U. a. gehörten dazu:

Alberico Crescitelli, Hl., geb. am 30. Juni 1863 in Altavilla-Irpina/Italien, 1878 Eintritt ins Seminar St.-Peter u. Paul in Rom, 4. Juni 1887 Priesterweihe, 2. April 1888 Ausreise nach Süd-Shen-si, ermordet am 21. Juli 1900 – GT: 21.7.;

Andreas Bauer OFM, Hl. – ↗ 9.7.;

Anna Diercks OFM, Hl., mit Ordensnamen Maria Adolfina – ↗ 9.7.;

Anna Moreau FMM, Hl., mit Ordensnamen Maria v. hl. Justus, geb. 1866 in Rouen; es war ihr Wunsch, »ihr Leben für die Chinesen hinzugeben«, hingerichtet am 9. Juli 1900 – GT: 9.7.;

Antonio Fantosati OFM, Hl., geb. 1842 in Trevi/Italien, 33 Jahre als Missionar in China, Apostol. Vikar u. Bischof in Hu-nan, ermordet am 7. Juli 1900 bei Hengchow – GT: 7.7.;

Auguste Chapdelaine MEP, Hl., geb. am 6. Januar 1814 in La Rochelle, 1843 Priester, Kaplan in Boucay, 1852 Ankunft in der Provinz Kwang-si, erschlagen am 27. Februar 1856 in Kwansi – GT: 27.2.;

Callisto Caravario SDB, Hl., geb. am 8. Juni 1903 Couorgné, Priester, ermordet am 25. Februar 1930 in Liu Thau Tseui – GT: 25.2.;

Cesidio Giacomantonio OFM, Hl., geb. 1873 in Fossa/Italien„ Priester, verbrannt am 4. Juli 1900 in Wanscha-wan – GT: 4.7.;

Clelia Nanetti FMM, Hl., mit Ordensnamen Maria Chiara, geb. 1872 in Ponte S. Maria Maddalena/Italien, ermordet am 9. Juli 1900 – GT: 9.7.;

Elia Facchini OFM, Hl., Priester, geb. 1839 in Reno Centese/Bologna, ermordet am 9. Juli 1900 – GT: 9.7.;

Francesco Fogolla OFM, Hl., geb. 1839 in Montereggio/Toskana, Weihbischof, ermordet am 9. Juli 1900 – GT: 9.7.;

Francesco M. Lantrua OFM, Hl., mit Ordensnamen Giovanni da Triora, geb. am 15. März 1760 in Molini di Triora, 1777 Eintritt OFM, 1784 Priester, 1795 Guardian in Velletri, 1798 Missionar in China in den Provinzen Hu-pe, Shansi und Hu-nan, 1815 eingekerkert und nach grausamer Haft ans Kreuz gefesselt und erdrosselt am 7. Februar 1816. Seit 1866 ruhen seine Gebeine in der Kirche Aracoeli in Rom – GT: 7.2.;

Francisco Fernández de Capillas OP, Hl., geb. am 14. August 1607 Baquerin de Campos/Spanien, Protomartyrer Chinas, Priester, 1632 Missionar auf den Philippinen in Nordluzon, 1642 in der Dominikanermission in China in der Provinz Fukien, 1647 verhaftet und gefoltert, enthauptet am 15. Januar 1648 – GT: 15.1.;

Francisco Serrano Frías OP, Hl., geb. 1695, ernannter Bischofskoadjutor für Fu-kien, hingerichtet am 28. Oktober 1748 – GT: 26.5.;

Francois Regis Clet CM, Hl., geb. am 20. August 1748 in Grenoble, 1769 Lazarist in Lyon, Professsor für Moraltheologie in Annecy, 1788 Novizenmeister in Paris, 1791 Ankunft in China, Priester in Houkwang, hingerichtet am 18. Februar 1820 – GT: 18.2.;

Francisco Díaz del Rincón OP, Hl., geb. 1713, hingerichtet am 28. Oktober 1748 – GT: 26.5.;

Giuseppe Maria Gambaro OFM, Hl., geb. in Galliate/Italien, vier Jahre Missionar in China, starb mit Bischof Fantosati am 7. Juli 1900 – GT: 7.7.;

Joaquim Royo Pérez OP, Hl., Priester, geb. 1691, hingerichtet am 28. Oktober 1748 – GT: 28.10.;

Johanna Maria Kerguin OFM, Hl., mit Ordensnamen Maria von der hl. Natalia, geb. 1864 in Belle-Isle-en-Terre/Frankreich, ermordet am 9. Juli 1900 – GT: 9.7.;

Johann Gabriel Taurin Dufresse, Hl., geb. am 8. Dezember 1750 Lezoux, Studium bei den Lazaristen in Paris, 1775 Priester, 1776 Ankunft in China/Setschuan, 1785 Gefangennahme und Verbannung, 1789 Rückkehr in seine Mission, 1800 Bischof u. Apostol. Vikar in Setschuan, 1818 Gründung eines Priesterseminars der Lazaristen in Pulo-Penang, enthauptet am 14. September 1815, bei seinem Tod gab es in seiner Diözese 60 000 Christen, ihre Zentren waren in Privatwohnungen – GT: 14.9.;

Juan de Alcober Figuera OP, Hl., geb. 1694, hingerichtet am 28. Oktober 1748 – GT: 26.5.;

Léon-Ignace Mangin SJ, Sel., ↗20.7.;

Luigi Versiglia SDB, Hl., ↗25.2.;

Maria Anna Giuliani FMM, Hl., mit Ordensnamen Maria della Pace, geb. 1875 in Olsena, ermordet am 9. Juli 1900 – GT: 9.7.;

Maria Irma Grivot FMM, Hl., mit Ordensnamen Maria Ermellina di Gesu, geb. 1866, ermordet am 9. Juli 1900 – GT: 9.7.;

Modest Andlauer SJ, Hl., ↗19.6.;

Paulina Jeuris OFM, Hl., mit Ordensnamen Maria Amandina, ↗9.7.

Pedro Sanz OP, Hl., geb. am 1. September 1680 in Ascò, 1704 Priester, 1713 Missionar in Mexiko, 1715 in China/Provinz Fukien, 1730 Apostol. Vikar und Bischof in Fukien, 1732 nach Macao verbannt, 1746 in Fugan verhaftet, enthauptet am 26. Mai 1747 in Fuchow – GT: 26.5.;

Pietro Antonio Grassi OFM, Hl., mit Ordensnamen Gregorio, geb. am 13. Dezember 1833 in Castellazzo Bormida, 1848 Eintritt OFM, 1857 Priester-

weihe, 1860 Missionar in China, 1891 Apostol. Vikar und Bischof in Shian-si, ermordet am 9. Juli 1900 in Tai-Yuang-Fu – GT: 9.7.;
Remigius Isoré SJ, Hl., geb. am 22. Januar 1852 in Bambeque/Frankreich, Priester, ermordet am 19. Juni 1900 in der Kirche von U-Y – GT: 19.6.;
Theodor Balat OFM, Hl., Priester, geb. 1858 in St.-Martin-de-Tours/Frankreich, ermordet am 9. Juli 1900 – GT: 9.7.;
Seligsprechungen am 14. Mai 1893, 27. Mai 1900, 2. Mai 1909, 24. November 1946, 18. Februar 1951, 17. April 1955 und 15. Mai 1983; Heiligsprechung am 1. Oktober 2000.

Romanus und **Lupizinus**, Hl., ein Brüderpaar, geb. Ende des 4. Jh., gründeten um 450 das Kloster Condat in Burgund, das zuerst Romanus als Abt leitete. Er starb um 463/464 und wurde in dem von ihm ebenfalls errichteten Frauenkloster La Beaume beigesetzt. Nun übernahm Lupizinus die Leitung der Abtei bis zu seinem Tod um 480. Er wurde in Lauconne bestattet. Die Abtei Condat wurde später nach dem dritten Abt St.-Claude genannt. Reliquien von Romanus befinden sich heute in St.-Romain-de-Roche. **28.2.**
Dargestellt: Romanus als Mönch mit Glöckchen, Brotkorb am Seil, Kette um den Leib; Lupizinus als Abt. FB

Silvana, Hl., erlitt als Jungfrau den Martertod in der Verfolgung Diokletians um 304. Über den Ort und die Art des Martyriums ist nichts bekannt.

Sirin [Sira], Hl., Tochter eines angesehenen persischen Magiers, wurde durch das vorbildliche Leben von christlichen Frauen selbst zum wahren Glauben geführt. Obwohl sie misshandelt und gepeinigt wurde, besiegelte sie ihre Treue zu Christus der Überlieferung nach unter dem Perserkönig Chosrau Anosarwan am 28. Februar 559 durch den Tod durch Erhängen.

Theodulf, Hl., Priester (?) und Einsiedler in Trier, lebte wohl im 7. Jh. – 1250 wurde in einer in die Kaiserthermen eingebauten Kapelle sein Grab geöffnet, das als das eines heiligen Theodulf bezeichnet war.
Patron gegen Krankheiten.

Elisabeth [Hebr.: »Gott hat geschworen« od. »Gott ist vollkommen«] von Pommern, letzte Gemahlin Kaiser Karls IV. und Mutter Kaiser Sigismunds. Nach Karls Tod 1378 lebte sie als Franziskaner-Terziarin dem Gebet und Werken der Nächstenliebe in Königgrätz. Dort starb sie am 28. Februar 1393 im Ruf der Heiligkeit und wurde in Prag beigesetzt.

29. Februar

29.2. *Wenn kein Schaltjahr, am 28. Februar*

Oswald [Germ./Ahdt.: »Gott« u. »walten«] OSB, Hl., ein Neffe Erzbischof Odos von Canterbury, wurde schon in jungen Jahren Kanoniker, dann Dechant des Domkapitels in Winchester. Da er nach einem vollkommeneren Leben strebte, trat er als Mönch in die berühmte Abtei Fleury in Frankreich ein. 959 nach England zurückgekehrt, wurde Oswald 961 Bischof von Worcester und 972 zugleich Erzbischof von York. Oswald gründete mehrere Klöster, darunter St.-Maria in Worcester und Ramsay. In anderen Klöstern führte er behutsam vorgehend Reformen im Geiste von Fleury durch. Auch das Leben des Weltklerus suchte er zu verinnerlichen. Die Verwaltung der bischöflichen und klösterlichen Güter ordnete er neu. Daneben vernachlässigte er nicht die Sorge für die Armen und Notleidenden. Oswald starb am 29. Februar 992 und wurde in der Marienkirche zu Worcester begraben. Bereits zehn oder zwölf Jahre nach seinem Tod wurden die Gebeine erhoben.
Dargestellt in bischöflichem Ornat mit Kirchenmodell und Teufel. – Patron für Vieh.

März

Albin OSB, Hl., geb. um 496, Mönch und Abt im Kloster Tincillacense, wurde um 529 Bischof von Angers und starb um 550. Schon Ende des 6. Jhs. war ihm in Angers eine Kirche geweiht. Venantius Fortunatus schrieb seine Lebensgeschichte. **1.3.**
Dargestellt in bischöflicher Gewandung. – Patron für kranke Kinder.

David [Hebr.: »Liebling«] von Menevia, Hl., geb. in der 1. Hälfte des 6. Jhs. wohl aus vornehmer Familie, war Priester und zog sich nach dem Vorbild ägyptischer Mönche als Einsiedler in die Berge von Wales zurück. Er starb um 601. Sein Grab war bis zur Reformation einer der meist besuchten Wallfahrtsorte auf den britischen Inseln.
Dargestellt in Bischofsornat, auf einem Hügel stehend, mit Taube auf der Schulter. – Patron von Wales.

Roger, Sel., geb. auf Schloss Ternes in Mittelfrankreich um 1285/88, wurde nach seinem Jurastudium 1316 Stiftsherr in Rouen, 1317 Domdechant in Bourges, dann Professor für kirchliches und weltliches Recht in Orléans, 1321 Bischof von Orléans, 1328 von Limoges, 1343 Erzbischof von Bourges. Als Bischof nahm er sich der Armen und Kranken an. In Bourges errichtete er ein Hospital. In Ternes gründete er ein Priorat der Cölestiner. Roger starb im Alter von über achtzig Jahren 1368.
Dargestellt in bischöflichen Gewändern mit Kreuz und Buch.

Swidbert [Suitbert], Hl., Missionsbischof am Niederrhein, gest. 1.(?)3. 713, ↗ 4.9.

Teresa Eustochio Verzieri, Hl., am 31. Juli 1801 in Bergamo in Italien geboren. Im Alter von 30 Jahren schloss sie sich mit gleichgesinnten jungen Frauen unweit ihrer Heimatstadt zusammen und gründete in Brescia die Kongregation der »Töchter vom Heiligsten Herzen Jesu«. Erklärtes Ziel der Frauen war es, sich besonders der Erziehung und Ausbildung von Mädchen vor allem aus den armen Kreisen der Bevölkerung anzunehmen und ihnen eine Perspektive fürs Leben aufzuzeigen. Für die neue Ordensgemeinschaft, in Italien auch »Suore Verzeri« genannt, setzte sie sich nach Kräften ein und überwand mit unerschütterlichem Gottvertrauen alle mit ihrem Vorhaben verbundenen Schwierigkeiten. Teresa starb am 1. März 1852 in Brescia. – Seligsprechung am 27. Oktober 1946, Heiligsprechung am 10. Juni 2001.

Karl [Ahdt.: »Mann, freier Mann«] der Gute, Sel., geb. 1082/86, Sohn König Knuds des Heiligen von Dänemark und Adeles von Flandern, wurde am **2.3.**

flandrischen Hof erzogen, machte eine Pilgerfahrt ins Heilige Land, war seit 1111 Berater Graf Balduins VIII. von Flandern und wurde 1119 dessen Nachfolger. Er schützte als Graf von Flandern die Gottesfrieden-Bewegung und verteidigte Klöster, Kaufleute und Arme gegen Ungerechtigkeit und Unterdrückung. Von einem seiner Gefolgsleute, den er wegen Friedensbruch bestraft hatte, wurde er am 2. März 1127 in Brügge ermordet. Schon bald wurde er als Märtyrer verehrt. – Sein Gebeine befinden sich seit 1827 in der St.-Salvator-Kirche von Brügge.
Dargestellt in gräflicher Gewandung mit Grafenkette, Richtschwert, Geldbörse oder Geldstück. – Patron gegen Fieber.

Grimo OPraem, Sel., zweiter Propst des Prämonstratenser-Stiftes Ursberg in der Diözese Augsburg, das er ab 1136 in Frömmigkeit, Liebe und Regeltreue leitete. Das Stift baute er nach einem Brand wieder auf. Er starb am 4. März 1172.
Dargestellt im Prämonstratenserhabit mit Becher.

Agnes [Lat.: »das Lamm«] von Böhmen OSCl, Hl., geb. 1205 in Prag, Tochter König Ottokars, wurde im Zisterzienserinnen-Kloster Trebnitz/Schlesien erzogen. Um 1233 gründete sie in Prag die Salvatorkirche mit einem Hospital, 1234 ein Klarissen-Kloster, wo sie selbst Äbtissin wurde und gegen vielfache Widerstände in äußerster Armut lebte. Mit Klara von Assisi wechselte sie Briefe. Agnes starb am 2. März 1282 in Prag. – Kultbestätigung am 3. Dezember 1874, Heiligsprechung am 12. November 1989.

3.3. **Kunigunde** OSB, Hl., Tochter des Grafen Sigfrid von Lützelburg/Luxemburg, wurde 889/1000 mit dem späteren Kaiser Heinrich II. vermählt. Erzbischof Willigis von Mainz krönte sie 1002 in Paderborn zur Königin, Papst Benedikt VIII. 1014 in Rom zur Kaiserin. Kunigunde war mehrfach während Heinrichs Abwesenheit Regentin des Reichs. An der Gründung des Bistums Bamberg 1007 durch Heinrich war sie durch Schenkung großen Besitzes wesentlich beteiligt. 1017 gründete sie das Benediktiner-Kloster Kaufungen, in dem sie 1029 nach dem Tod des Kaisers den Schleier nahm. Fortan lebte sie als einfache Nonne in Kaufungen bis zu ihrem Tod am 3. März 1033 oder 1039. Sie wurde an der Seite Heinrichs im Bamberger Dom bestattet. – Im deutschen Sprachraum außer Bamberg wird ihr Gedächtnis mit dem Heinrichs zusammen am 13. Juli begangen.
Dargestellt in vornehmer Frauentracht mit Krone und Zepter, Kirchenmodell, Pflugschar, Handkreuz. – Patronin des Bistums Bamberg; der hoffenden Frauen und (kranken) Kinder. – Kunigunds-Wasser und -Kränzlein aus Kunigunds-Kraut (Thymian). BA, (RK), (FD), (LUX), (R), (S)

Islav oder mit seinem isländischen Namen Isleifr Gizurarson, Hl., geb. 1005, erhielt die Bischofsweihe von Erzbischof Adalbert von Bremen-Hamburg und war seit 1056 der erste ordentliche Bischof von Island. Er nahm seinen Wohnsitz in Skálholt und starb dort 1080.

Friedrich [Ahdt.: »schützender Herrscher«] OPraem, Sel., Pfarrer in seinem Geburtsort Hallum/Friesland, gründete 1164 das Prämonstratenser-Stift Mariengaarde, dessen erster Abt er wurde. Für den ebenfalls hier zuerst bestehenden Frauenkonvent gründete Friedrich 1170 das Prämonstratenserinnen-Priorat Betlehem. Unter Friedrich und seinem ersten Nachfolgern war Mariengaarde wegen der Frömmigkeit und des klösterlichen Geistes seiner Bewohner berühmt. Friedrich starb am 3. März 1175 in Mariengaarde, wo er auch bestattet wurde. – 1616 wurden die Reliquien in die Prämonstratenser-Abtei Bonne-Espérance bei Mons/Belgien übertragen, seit 1938 ruhen sie in der Abtei Leffé bei Dinant.
Dargestellt im Prämonstratenserhabit mit Blumen in den Händen.

Liberat [Lat.: »der Befreite«] Weiß OFM, Sel., geb. am 4. Januar 1675 in Konnersreuth, trat in den Franziskanerorden ein und wurde nach seiner Priesterweihe 1704 für die Mission in Äthiopien bestimmt. Erst einige Jahre später gelang es Liberat, inzwischen zum Apostolischen Präfekten ernannt, mit seinen Gefährten das Land zu betreten und vom Negus Erlaubnis zu erhalten, sich dort niederzulassen. Der Sturz des Negus brachte die Franziskaner in Verdacht, es mit dem Entthronten zu halten. Sie wurden zum Tod durch Steinigung verurteilt und am 3. März 1716 in Gondar hingerichtet. – Seligsprechung am 20. November 1988.

Tobias [Hebr.: »Jahwe ist gütig«] Wasnack OFM, lebte als Laienbruder des Franziskanerordens in Wien. Er war ein Vorbild in seinem Streben nach Vollkommenheit und in der Treue, mit der er die Regel des hl. Franziskus befolgte. Im hohen Alter verschied er am 3. März 1761 in Wien .

Katherine Maria Drexel, Hl., stammte aus einer wohlhabenden Familie, geb. am 26. November 1858 als Tochter des Bankiers Francesco Antonio und seiner Gattin Anna Langstroth in Philadelphia/USA. Religion und Nächstenliebe spielten in der Familie eine wichtige Rolle. Katherine trat 1891 in eine Kongregation ein, um mit der Gründung einer Ordensgemeinschaft zur Evangelisierung amerikanischer Schwarzer und Indianer beizutragen. Die barmherzige und von Großzügigkeit geprägte Lebensweise, die sie von ihren Eltern geerbt hatte, setzte Katherine auf die bestmögliche Weise um, als sie eine beachtliche Geldsumme in die Evangelisierung investierte. Katherine verspürte immer stärker den inneren Wunsch, ihr Leben Christus in Form des Heiligsten Sakraments zu weihen. Dem Rat ihres geistlichen Leiters folgend, unternahm sie alles, die Kongregation der »Schwestern vom Heiligsten Sakrament« zu gründen. Ihr Ziel war, den amerikanischen Indianern und Schwarzen Christus in der Eucharistie näher zu bringen und ihnen eine katholische Erziehung und soziale Betreuung zu vermitteln. Wohl die bekannteste Gründung war die Universität von Xavier in New Orleans/Louisiana. Als Generaloberin ihrer Kongregation mehrmals bestätigt, starb sie am 3. März 1955 in Cornwells Heights/Pennsylvenia. – Heiligsprechung am 1. Oktober 2000. GK

4.3. **Basin**, Hl., Bischof von Trier, gest. 4.3.705, ↗ 23.9.

Walburga, Sel., erste Äbtissin des von ihr und ihrem Bruder, Bischof Liuthard von Paderborn, um 868 gegründeten Frauenstiftes Neuenheerse bei Paderborn. Sie starb an einem 4. März des 9. Jhs., und man bestattete sie in einer Seitenkapelle der Stiftskirche. – 1823 wurden ihre Gebeine erhoben.

Rupert [Ahdt.: »der Hochberühmte«] OSB, Sel. (Hl.), geb. um 1075/80, wurde Mönch und Priester in der Benediktiner-Abtei St.-Laurentius/Lüttich. Wohl seit 1116 weilte er in der Abtei Siegburg, wo ihn Abt Kuno förderte. Erzbischof Friedrich I. von Köln holte ihn als Abt nach Deutz. Ruperts literarische Tätigkeit brachte ihm zahlreiche Gegner. Er verfasste unter anderen Werken Erklärungen zu Büchern der Heiligen Schrift, zur Regel Benedikts und zur Liturgie sowie Schriften geschichtstheologischen Inhalts. Seine Theologie ist zwar noch konservativ, doch lässt sie den Aufbruch zur Scholastik schon erkennen. In der Mariologie kennt er den Begriff der geistlichen Mutterschaft und deutet die Braut des Hohenliedes auf Maria. Die Siegburger Klosterreform fand in ihm einen großen Förderer. Rupert starb am 4. März 1129/30 in Deutz.

Dargestellt im Benediktinerhabit mit Buch und Schreibfeder.

Humbert [Ahdt.: »braun« u. »glänzend«], Sel., Graf von Savoyen, geb. um 1126, übernahm die Regierung 1148. Er war ein kraftvoller und gewandter Fürst, von ernster Frömmigkeit und in den Streitigkeiten zwischen Kaiser und Papst streng kirchlich gesinnt. Humbert starb am 4. März 1189 in Chambéry und wurde im Familiengrab in der Kirche der Zisterzienser-Abtei Hautecombe beigesetzt.

Kasimir, Hl., geb. am 5. Oktober 1458, drittes Kind König Kasimirs IV. von Polen und seiner Gemahlin Elisabeth von Österreich, wurde 1471 von ungarischen Adeligen zum König gewählt, konnte sich aber gegen Matthias Corvinus nicht durchsetzen. In Vertretung seines in Litauen weilenden Vaters führte er von 1479 bis 1483 die Regierung in Polen. Eine Heirat mit einer Tochter Kaiser Friedrichs III. lehnte er 1481 ab. Kasimir war ein Prinz von ungewöhn-

licher Sittenreinheit und großer Verehrung Marias. Auf einer Reise nach Litauen wurde er von der Schwindsucht ergriffen, der er am 4. März 1484 in Grodno erlag. Er wurde in der Schlosskirche von Wilna unter dem Marienaltar beigesetzt.
Dargestellt als Ritter mit den königlichen Insignien von Polen, mit Lilie und Kruzifix. – Patron von Polen und Litauen; der Jugend; im Kampf gegen Religions- und Vaterlandsfeinde; Pest. GK

Oliva [Olla], [Lat.: »Ölbaum, Ölzweig«], Hl., eine jungfräuliche Märtyrin in Brescia zur Zeit Kaiser Hadrians, fand den Tod in der 1. Hälfte des 2. Jhs. Ihr Leib wird in der dortigen St.-Afra-Kirche verehrt. **5.3.**

Dietmar [Ahdt.: »der im Volk Berühmte«], Hl., stammte aus Bayern und wurde 1185/86 zum Bischof von Minden erhoben. Er starb am 5. März 1206.

Fridolin, Hl., ein Glaubensbote am Oberrhein im 6./7. Jh., gründete das Hilarius-Kloster auf der Rheininsel Säckingen, wo er nach seinem Tod auch bestattet wurde. Ein Teil seiner Reliquien befindet sich dort in einem Schrein des 15. Jhs., ein anderer im Stephansdom von Wien. **6.3.**
Dargestellt als Abt während der Predigt. – Patron des Kantons Glarus, der Stadt Säckingen, der Schneider, des Viehs; gegen Arm- und Beinleiden, Wassergefahr; für gutes Wetter. RK, CH, FR

Quiriakus OSB, Hl., ein Priestermönch der Trierer Abtei St.-Maximilian, hat wohl vor dem 7. Jh. gelebt. Seine Reliquien wurden nach Traben an der Saar übertragen, wo sie heute noch Ziel einer Wallfahrt sind.
Patron gegen Kinderkrankheiten. TR

Chrodegang, Hl., stammte aus dem austrasischen Hochadel und wurde wahrscheinlich 742 Bischof von Metz. Er stand an der Spitze einer Gruppe einheimischer Bischöfe, die mit Zustimmung Pippins ohne Bonifatius die Reform der fränkischen Kirche in Zusammenarbeit mit Rom durchführen wollten. 754 wurde Chrodegang als Nachfolger des Bonifatius Metropolit für den Reichsteil Austrasien (heute Westdeutschland; mit Lothringen, Hauptstadt Metz). Er gründete und erneuerte Klöster und wirkte für die Übernahme der römischen Liturgie. Für das gemeinsame Leben seiner Kleriker verfasste er eine Regel, die in der Folge große Verbreitung erlangte. Chrodegang starb am 6. März 766 in Metz. – Als Tag seiner Bischofsweihe wird der 1. Oktober genannt. Im Bistum Metz wird sein Gedächtnis am 3. Oktober begangen.
Dargestellt in bischöflichem Orant mit Kirchenmodell. LÜ, (ME)

Kunissa [Kunigund] Gräfin von Dießen, Sel., gründete nach dem Tod ihres Gatten vor 1020 in Dießen das Chorfrauenstift St.-Stephan. Kunissa starb der

Überlieferung nach am 6. März 1020 und wurde in der Stephanskirche bestattet.

Mechthild [Ahdt.: »machtvolle Kämpferin«], (Hl.), wird als Heilige in Hochsal/bei Waldshut verehrt, wo sich in der Pfarrkirche ihr Grab befindet. Sie soll als Inklusin bei der Kirche von Hochsal vor dem 12. Jh. gelebt haben. – Im 17. Jh. war das Grab noch Ziel zahlreicher Wallfahrten.

Coleta [eigentlich Nicolette Boillet], [Griech.: »Sieger im Volk«] OSCl, Hl., geb. am 13. Januar 1381 in der Nähe von Corbie, lebte seit ihrem 21. Lebensjahr als Reklusin. Nach dreijährigem strengen Bußleben wurde sie 1406 Klarissin. Mit Hilfe Heinrichs von Baume begann sie 1408 eine Erneuerung der Klarissenklöster, die sie im Auftrag Papst Benedikts XIII. fortsetzte. Zahlreiche Klöster führte sie zur ursprünglichen Strenge der Regel zurück, dazu gründete sie über zwanzig weitere Klöster. Ihre Reform verbreitete sich bis nach Deutschland. Coleta starb am 6. März 1447 in Gent.
Dargestellt im Klarissenhabit mit Buch oder Kreuz, mit Lamm oder Lerche. – Patronin der Dienstboten, Zimmerleute; gegen Kopfweh, Augenleiden, Fieber; bei Unfruchtbarkeit; für glückliche Entbindung.

Franziska [Ahdt.: »frei, kühn«] Streitel, geb. am 24. November 1844 in Mellrichstadt, wurde 1866 Franziskaner-Terziarin in Augsburg, später Oberin in Würzburg; sie gründete 1883 in Rom die Kongregation der »Schwestern von der Schmerzhaften Mutter«. 1896 wurde sie infolge falscher Beschuldigungen als Oberin abgesetzt und lebte fortan als einfache Schwester in Demut und Ergebenheit in Gottes Willen in den Klöstern in Rom und Castel S. Elia. Dort starb sie am 6. März 1911, nachdem sie noch das Aufblühen ihrer Gründung erlebt hatte.

7.3. **Perpetua** und **Felizitas**, Hl., wurden in Karthago zur Zeit des Kaisers Septimus Severus verhaftet, weil sie christliche Katechumenen waren. Perpetua stammte aus einer vornehmen Familie, Felizitas war Sklavin. Beide empfingen im Kerker die Taufe. Dann wurden sie den wilden Tieren vorgeworfen. Als sie danach trotz schwerer Verletzungen noch lebten, töteten Henker sie durch Dolchstiche in den Hals. Perpetua und Felizitas erlangten die Krone des Martyriums am 7. März 202/203. Ein Augenzeuge hat uns das ganze Geschehen in der von ihm verfassten Leidensgeschichte überliefert, die noch zur Zeit des hl. Augustinus in den Kirchen Afrikas vorgelesen wurde. Seit dem 5. Jh. erhob sich über den Gräbern eine Basilika.
Dargestellt häufig als voneinander Abschied nehmende Frauen mit Kuh. GK

Willeich OSB, Hl., Chorherr in Utrecht, schloss sich Swidbert an, dessen Schüler und Gehilfe er wurde. Nach Swidberts Tod 713 folgte er ihm als Abt in der

Leitung von Kaiserwerth. Willeich starb um 725. Seine Reliquien befinden sich im Swidbertschrein von Kaiserwerth, das Haupt seit 1403 in der Lambertuskirche von Düsseldorf.
Dargestellt in bischöflichen Gewändern mit Stab, Buch, Kirchenmodell.

Johannes [Hebr.: »Jahwe ist gnädig«] von Vandières (von Gorze) OSB, Sel., entstammte einer Grundherrenfamilie des Mosellandes. Er wurde Priester und Pfarrer bei Metz. Dann schloss er sich dem Archidiakon Ainold von Toul an, der das verfallene Kloster Gorze wieder besiedelte. Unter Abt Ainold bewährte sich Johannes als Verwalter der Klostergüter und wurde 967 Ainolds Nachfolger. Johannes gehörte zum Kreis der Begründer der Gorzer Reformbewegung. Er starb wohl am 7. März 976. – Im Bistum Metz wird sein Gedächtnis am 23. Mai begangen. (ME)

Volker, Sel., Schüler Vizelins, unterstütze diesen bei der Glaubensverkündigung unter den Wenden. Nach der Gründung des Stifts Segeberg durch Vizelin wurde Volker dort Kanoniker. Bei einem Überfall der Slawen auf Segeberg wurde Volker 1132/38 getötet und in Neumünster bestattet.
Dargestellt, den Heiden das Evangelium predigend, mit Kreuz in der Hand und Schwert.

Reinhard [Germ. u. Ahdt.: »kühner Ratgeber«] OSB, Sel., war Mönch im Benediktiner-Kloster Helmarshausen. Zwischen 1110 und 1115 wirkte er als Abt in Stablo, wo er später Abt Wibald von Stablo sein Schüler war. Um 1130 wurde Reinhard zum ersten Abt der bisherigen Helmarshauser Propstei Reinhausen bestellt. Hier musste er die Bürde einer großen Schuldenlast und unzureichender Einkünfte auf sich nehmen. Trotzdem fand er noch Zeit, sich dem Studium der Heiligen Schrift hinzugeben. Reinhard starb wohl bald nach 1168.
Dargestellt als Benediktinerabt mit Stab und Buch.

Thomas von Aquin, Hl., gest. 7.3. 1274, ↗28.1.

Eddo OSB, (Sel.), Mönch auf der Bodenseeinsel Reichenau, dort von Pirmin bei seinem Weggang um 727 als Abt eingesetzt. 734 wurde Eddo Bischof von Straßburg, schuf eine Neuumgrenzung der Diözese, sorgte für die Durchführung der Reformen des Bonifatius, führte die römische Liturgie ein, gründete die Domschule und verpflichtete den Domklerus auf die Regel Chrodegangs von Metz. Die Mönchssiedlung Ettenheimmünster/Schwarzwald wandelte er 762 in ein Benediktiner-Kloster um. Eddo starb am 8. März 776 und wurde in Ettenheimmünster beigesetzt. **8.3.**

Johannes [Hebr.: »Jahwe ist gnädig«] von Gott OSJdD, Hl., geb. am 8. März 1495 in Portugal, wurde nach einem bewegten und unsteten Leben 1539 durch eine Predigt des Johannes von Ávila tief erschüttert und widmete sein weiteres Leben der Krankenpflege. 1540 gründete er in Granada ein Krankenhaus. Hier entwickelte er neue Methoden der Kranken- und Behindertenpflege. Durch Aussprachen suchte er die körperliche und seelische Heilung des ganzen Menschen zu erreichen. Für seine Helfer im Krankenhaus gründete er einen Hospitalorden, in Deutschland »Barmherzige Brüder« genannt. Johannes starb am 8. März 1550 in Granada und ruht dort in der nach ihm benannten Kirche seines Ordens.

Dargestellt im Ordensgewand mit Dornenkrone und Strick, mit zwei Körben oder Almosenkasten, mit Jesuskind, das einen Granatapfel hält. – Patron der Kranken, Krankenhäuser, Krankenpfleger (seit 1930); Papiermüller, Buchdrucker, Buchhändler. GK

Michael Wittmann, geb. am 22. Januar 1760 in Finkenhammer/Oberpfalz, wurde 1782 Priester, 1788 Subregens und Professor am Lyzeum in Regensburg, 1802 Regens, 1804 zugleich Dompfarrer. 1829 wurde er zum Weihbischof, 1830 zum Generalvikar ernannt. Als Lehrer von Priestergenerationen weckte er bei seinen Schülern eine treukirchliche Gesinnung, die er auch durch Schriften und Briefe in seinen ausgedehnten Freundeskreis verbreitete. Hierdurch trug er mit dazu bei, die kirchenfeindliche Aufklärung zu überwinden. Den Armen und Notleidenden war er ein mildtätiger Helfer. 1832 wurde Wittmann zum Bischof von Regensburg ernannt, doch ereilte ihn der Tod bereits am 8. März 1833, ehe die päpstliche Bestätigung eingetroffen war. Sein Grab ist im Dom von Regensburg.

9.3. **Gregorios** [Lat.: »der Wachsame«] von Nyssa, Gregor, griech. Kirchenvater, 3. Jh., jüngerer Bruder des Basileios. Mit Gregor von Nazianz nennt man sie die drei Kappadozier. RO

Franziska [Ahdt.: »frei, kühn«] OblOSB, Hl., geb. 1384 in Rom aus dem Adelsgeschlecht de Buscis, führte nach ihrer Verheiratung ein vorbildliches Leben als christliche Ehefrau und Mutter. 1425 gründete sie eine Vereinigung von »Benediktineroblatinnen«, die sich 1433 zu einem gemeinsamen Leben zusammenschlossen, um mehr in der Nächstenhilfe wirken zu können. Als Witwe übernahm Franziska 1436 die Leitung der Vereinigung. Nach einem Leben der Selbstentäußerung, das reich an mystischen Gnadenerweisen war, starb Franziska am 9. März 1440 in Rom und wurde in der Kirche S. Maria Nova am Forum Romanum bestattet.

Dargestellt als römische Bürgerin mit Buch und Schutzengel, mit Maultier, das mit Holz für die Armen beladen ist. – Patronin der Frauen, der Autofahrer (seit 1925). GK

Brun [Ahdt.: »der (braune) Bär«] von Querfurt OSB, Hl., geb. um 974/976 aus sächsischem Adel, erzogen an der Domschule von Magdeburg, Mönch und Einsiedler in Italien, wurde von Papst Silvester II. mit der Heidenmission betraut und 1004 in Merseburg zum Bischof geweiht. Er verkündete den Glauben in Siebenbürgen, Weißrussland und schließlich in Preußen. Dort wurde er mit achtzehn Gefährten in Kolno/bei Lötzen am 9. März 1009 (oder am 14. Februar 1008) von Heiden ermordet.
Dargestellt als Reiter auf einem Esel mit Reisesack, als Märtyrer, dem mit Beilen Hände und Füße abgehauen werden. – Patron Preußens.

Dominikus Savio SDB, Hl., geb. am 2. April 1842 in Riva di Chieri. Seit 1854 weilte er im Oratorium von Turin, wo er Lieblingsschüler von Don Bosco wurde. Dominikus war sehr begabt, erfüllt von einem leidenschaftlichen Drang nach Vollkommenheit und von großer Liebe zum eucharistischen Sakrament und zur Muttergottes. Er starb am 9. März 1857 in Mondonio d'Asti. Sein Leib ruht in der Maria-Hilf-Basilika in Turin. – Heiligsprechung am 12. Juni 1954. In seinem Orden (»Salesianer«) wird seiner am 9. Mai gedacht.
Dargestellt als Knabe oder Ministrant. – Patron der katholischen Jugend, besonders in Österreich und Zentralamerika, der Sängerknaben (seit 1956). GK

Barbara [Griech.: »die Fremde, die Ausländerin«] Pfister, geb. 1867 in Wattenheim/Rheinpfalz, war von Kindheit an mit mystischer Schau begnadet. Der heldenmütigen Opferseele wurden die Stigmata Jesu zuteil. Die leidgeprüfte Dulderin starb am 9. März 1909 in Speyer.

Attala OSB, Hl., stammte aus Burgund, war zuerst Mönch in Lérins, dann aber schloss er sich Kolumban in Luxeuil an, der ihn dort als seinen Nachfolger zurücklassen wollte. Doch Attala zog mit Kolumban nach Italien und folgte ihm hier 615 als Abt von Bobbio. Attala hielt in seinem Kloster an der Strenge der Regel Kolumbans fest. Er starb am 10. März 627. **10.3.**
Dargestellt als Abt mit Stab und Buch.

Ämilian OSB, Hl., von Geburt Ire, kam vielleicht mit Furseus um 640 ins Frankenreich und blieb in dessen Gründung Lagny. Nachdem Furseus 649 gestorben war, wurde Ämilian Abt in Lagny, wo er 660/675 starb.

Gustav [Aschw.: »Gott« u. »Stütze«], Hl., nahm den christlichen Glauben an, nachdem Ansgar in Schweden die Frohbotschaft verkündet hatte. Gustav lebte nun als Einsiedler in Nordschweden, wo er der Überlieferung nach am 10. März 890 starb.

John Ogilvie SJ, Hl., geb. 1579 in Banffshire/Schottland aus einer adligen calvinistischen Familie, studierte zuerst seit 1592 in Helmstedt, wurde katholisch und trat nach weiteren Studien in Löwen und Olmütz in Brünn in die »Gesellschaft Jesu« ein, wurde ausgebildet in Graz, erhielt 1610 die Priesterweihe und begab sich 1613 wieder nach Schottland. Dort wurde er 1614 eingekerkert, gefoltert und am 10. März 1615 öffentlich in Glasgow gehängt. – Sein Gedächtnis wird im Bistum Graz-Seckau am 7. September begangen. (G)

11.3. **Rosine**, Hl., wird als Jungfrau und Einsiedlerin (?) in Wenglingen bei Augsburg verehrt, wo ihr auch die Kirche geweiht ist. Über ihr Leben ist nichts Sicheres bekannt.

Dargestellt als jungfräuliche Märtyrin mit Kreuz, Lilie, Palme und Schwert.

Alram OSB, (Sel.), war Mönch in Niederaltaich. Er wurde dann zum Abt von Kremsmünster berufen und ist als solcher 1099 zuerst bezeugt. Alram starb am 11. März 1123.

Ulrich [Ahdt.: »der an Besitz Reiche«] OCist, (Sel.), Zisterziensermönch im elsässischen Kloster Groß-Lützel, zog sich 1135 mit einer Mönchsschar nach Kaisheim bei Donauwörth zurück, um das von dem Grafen Heinrich von Lechsgemünd gegründete Kloster zu besiedeln. Ulrich leitete als Abt das Kloster bis zu seinem Tod am 11. März 1165.

Heinrich [Ahdt.: »der in seinem Besitztum Mächtige«] Hahn, geb. am 29. August 1800 in Aachen, lebte seit 1824 dort als beliebter Arzt. 1846–1881 war er als Stadtrat, 1859–1861 als preußischer Landtagsabgeordneter tätig. Heinrich war Mitbegründer des »Franziskus-Xaverius-Missionsvereins« und Verfasser einer Geschichte der katholischen Missionen. Daneben wirkte er auf sozialen und karitativen Gebieten. Man nannte ihn schon zu Lebzeiten einen »Apostel im Laienkleid«. Heinrich starb im Ruf der Heiligkeit am 11. März 1882 zu Aachen.

12.3. **Innozenz I.**, Hl., Papst, gest. 12.3.417, ↗28.7.

Gregor d. Gr., Hl., Papst, gest. 12.3. 604, ↗3.9.

Almud CBMV, (Hl.), war wohl Stifterin und erste Äbtissin des um 1015 gegründeten Chorfrauenstiftes Wetter im Oberlahngau bei Marburg. Ihre Herkunft aus schottischem Königshaus ist fragwürdig. Ihre im Mittelalter bezeugte Verehrung ist nach der Reformation untergegangen.

Beatrix [Lat.: »die Glückliche«] OPraem, (Sel.), lebte als Chorfrau im Prämonstratenserinnen-Stift Engelport bei Treis/an der Mosel. Nach einem heiligmäßigen Leben nahm Gott sie nach 1275, wie die Überlieferung berichtet, während des Sanctus der heiligen Messe in die Schar seiner Heiligen auf. Die in einer schönen Tumba aufbewahrten Reliquien wurden bald Mittelpunkt einer verbreiteten Verehrung.

Leander, Hl., geb. um 540 in Cartagena, wurde Mönch in Sevilla und 579 dort Erzbischof. Er bemühte sich um die Bekehrung der arianischen Westgoten, und es gelang ihm, den Prinzen Hermenegild zum katholischen Glauben zu bringen. Als dieser sich gegen seinen Vater Leovigild empörte, stand Leander an seiner Seite. Mit Papst Gregor d. Gr. war Leander befreundet. Auf dem 3. Konzil von Toledo, das durch Leanders Bemühungen 589 zustande kam, schworen König Rekkared, der Adel und der arianische Klerus dem Irrglauben ab. Leander starb am 13. März 600 in Sevilla. **13.3.**
Dargestellt in bischöflichem Ornat mit Schreibfeder und einem Herzen. – Patron gegen Rheumatismus.

Answin [Oswin], Hl., soll Beichtvater Kaiser Ludwigs des Frommen gewesen sein, ehe er auf den Bischofssitz von Camerino/Mittelitalien erhoben wurde. Gerühmt wird seine Wohltätigkeit gegen die Notleidenden. Answin starb der Überlieferung nach am 13. März 861.
Dargestellt in bischöflichen Gewändern.

Judith OSB, Sel., eine Schwester Bischof Bernwards von Hildesheim. Sie leitete als Äbtissin das 1021 gegründete Chorfrauenstift Ringelheim und starb an einem 13. März wohl noch in der 1. Hälfte des 11. Jhs.

Paulina OSB, Sel., Tochter des kaiserlichen Truchsess Moricho, zog sich nach dem Tod ihres zweiten Gatten Ulrich von Schraplan mit mehreren Frauen in die Einöde des Thüringer Waldes zurück, wo sie 1106 das Doppelkloster Paulinzelle gründete und mit Mönchen aus Hirsau besiedelte. Im folgenden Jahr unternahm sie eine Reise nach Hirsau, erkrankte aber unterwegs und verschied am 14. März 1107 in Münsterschwarzach. 1122 wurden ihre Gebeine in ein Hochgrab der neuen Klosterkirche von Paulinzelle übertragen.
Dargestellt in Nonnentracht mit Klostermodell. FD

Sancha [Sancia], Sel. (Hl.), geb. um 1180, Tochter König Sanchos I. von Portugal, eine Schwester Mafaldas. Sancha war Stadtherrin von Alenquer, wo sie 1216 die ersten Minderbrüder aufnahm. Im gleichen Jahr gründete sie das Zisterzienserinnen-Kloster Celas bei Coimbra, wo sie nach der Überlieferung seit 1223 lebte. Sancha starb am 13. März 1229 und wurde im Kloster Lorvão begraben.
Dargestellt im Zisterzienserinnenhabit mit Klostermodell und abgelegter Krone.

14.3. **Einhard** [Eginhard], [Ahdt.: »kühner Schwertkämpfer«] OSB, von Geburt Mainfranke, erhielt seine Ausbildung in Fulda und Aachen. Hier am Hof Karl d. Gr. wirkte er als bildender Künstler und Leiter der Kunstwerkstätten. Einhard verfasste eine Lebensbeschreibung Karls d. Gr. und war wohl auch an der Abfassung der Reichsannalen beteiligt. Von Ludwig dem Frommen erhielt Einhard als Laienabt die Abtei Fontenelle. Aus Rom überführte er 827/828 die Gebeine der hll. Petrus und Marzellinus zuerst in die von ihm errichtete Kirche Steinbach/Odenwald, dann in seine Gründung Seligenstadt am Main. Hier starb Einhard am 14. März 840.

Mathilde [Ahdt.: »Macht« u. »Kampf«], Hl., geb. um 890 aus dem Geschlecht Widukinds, war Gemahlin König Heinrichs I., Mutter Ottos I. und Erzbischof Bruns von Köln. Sie gründete die Klöster Quedlinburg, Engern, Nordhausen und Pölde. Nach einem Leben der Mildtätigkeit starb sie am 14. März 968 in Quedlinburg, wo sich auch ihr Grab befindet.
Dargestellt in königlicher Gewandung mit Krone und Kirchenmodell; auch an Arme Almosen verteilend. RK, FD, PB

Paulina von Paulinzelle, Sel., gest. 14.3.1107, ↗13.3.

Konrad [Ahdt.: »kühner Ratgeber«] Müller OFM, Priester in der sächsischen Provinz des Franziskanerordens. 1532 wurde er von irrgläubigen Fanatikern ermordet.

Gottfried [Ahdt.: »Gottesfriede, -schutz«] Könzgen, geb. 1886 in Mönchengladbach, war Arbeitersekretär des Bezirksverbandes Duisburg der katholischen Arbeiterbewegung. Als Gegner des Nationalsozialismus wurde er ins KZ Oranienburg verschleppt. Gegen Ende des Krieges ist er beim Abtransport aus dem KZ am 14. März 1945 in der Ostsee ertrunken.

15.3. **Zacharias**, Hl., Papst, bestieg 741 als letzter Grieche den Stuhl des hl. Petrus. Der bedächtige und feingebildete Papst hob durch sein kluges Verhalten gegenüber Byzantinern, Langobarden und Franken das Ansehen Roms. Er unterstützte das Wirken Bonifatius' in Deutschland und ebnete dem fränkischen Hausmeier den Weg zum Königtum. Zacharias starb am 15. März 752.
Dargestellt in päpstlichem Ornat mit Tiara, Kreuzstab und Buch, auch mit Taube, die einen Ölzweig im Schnabel hält.

Diedo [Dietrich], [Ahdt.: »der Mächtige im Volk«], Sel., lebte als Einsiedler in Andelsbuch im Bregenzer Wald. Später soll er Mönch und angeblich Prior des in Andelsbuch gegründeten Klosters, einer Filiale in Petershausen, gewesen sein. Die Legende hat sein Leben so umrankt, dass es geschichtlich kaum fassbar ist. Als sein Todestag wird der 15. März 1120 angegeben.

Luise de Marillac FdC, Hl., geb. am 12. August 1591 in Paris, wurde bereits 1625 Witwe und widmete sich nun Werken der Frömmigkeit und Nächstenliebe. Mit Vinzenz von Paul, dessen Mitarbeiterin sie wurde, gründete sie 1633 die »Töchter der Liebe« (Vinzentinerinnen), deren erste Generaloberin sie wurde. Sie opferte sich im Dienste an den Kranken und bewahrte auch im Leiden ihren Starkmut. Bis zu ihrem Tod am 15. März 1660 leitete sie das Haus der Genossenschaft in Paris.
Dargestellt in Witwenkleidung.

Klemens Maria Hofbauer CSsR, Hl., geb. 1751 in Tasswitz/Mähren, war in seiner Jugend Bäckergeselle in Znaim. 1784 wurde er in Rom der erste deutsche Redemptorist und war seit 1786 in Polen tätig. 1807 wurde er von Napoleon aus Warschau vertrieben und ließ sich in Wien nieder, wo er sich als Seelsorger aller Bevölkerungskreise, besonders aber der Armen und Notleidenden, bewährte. Kurze Zeit war er auch in Triberg im Schwarzwald tätig. Er trug viel zur Überwindung der Aufklärung und zur Stärkung des Einflusses Roms in Deutschland und Österreich bei. Der »Apostel von Wien« starb am 15. März 1820.
Dargestellt im Redemptoristengewand in Gebetshaltung. – Patron der Stadt Wien; zweiter Patron der Gesellenvereine. RK, FR, L, N, W

Pius Keller OSA, geb. am 25. September 1825 in Ballingshausen, trat nach seiner Priesterweihe 1849 in den Orden der »Augustiner-Eremiten« ein, wo er neben der Tätigkeit am Gymnasium Münnerstadt fast dauernd höhere Ordensämter bekleidete. Er machte sich besonders verdient um die Ausbreitung des Ordens in Deutschland sowie um Wiederherstellung der ursprünglichen Armut und Askese. Seinen Mitbrüdern war er ein Vorbild in der Beobachtung der Regel und innigem Gebetsleben. Er starb am 15. März 1904 in Münnerstadt.

Gummar [Gommar], [Ahdt.: »berühmter Kämpfer«], Hl., geb. in Emblehem/ **16.3.**
Belgien, war ein Edelmann am Hof König Pippins. Er verließ den Hof angeblich wegen seiner bösen Frau Grimmara und gründete mit Rumold ein Kloster in Lier. Gummar selbst lebte als Einsiedler in Nivesdonck, wo er eine Kirche zu Ehren des hl. Petrus erbaute. Gummar starb um 774. Seine Gebeine wurden später nach Lier übertragen.
Patron von Lier bei Antwerpen; der Holzhauer, Drechsler, Schreiner, Handschuhmacher; gegen Bruchleiden, unverträgliche Frauen. – Wallfahrt in Lier.

Heribert, Hl., Erzbischof von Köln, gest. 16.3.1021, ↗30.8.

Jean de Brébeuf, Hl., Glaubensbote, Märtyrer, gest. 16.3.1649, ↗19.10.

17.3. **Patrick** [Lat.: »Adeliger«], Hl., geb. um 385 im römischen Britannien, war zwar Christ, aber sehr weltlich aufgewachsen. Mit 16 Jahren wurde er von Seeräubern verschleppt. Während er als Sklave arbeiten musste, vollzog sich seine religiöse Wandlung. Nach sechs Jahren gelang ihm die Flucht. Doch mystische Erlebnisse gaben ihm die Gewissheit, dass er nach Irland zurückkehren müsse, um dort den Glauben zu verkünden. Zunächst studierte er wahrscheinlich in Auxerre unter Germanus. Nach Überwindung mancher Schwierigkeiten wurde er zum Nachfolger des ersten Irenbischofs Palladius bestellt und verkündete wahrscheinlich seit 432 auf rastlosen Missionsreisen das Wort Gottes. Da es in Irland keine Städte im römischen Sinn gab, machte er Mönchskirchen zu Bischofssitzen. Patrick hat vielleicht um 444 seine Bischofskirche Armagh gegründet. Gegen Widersacher verfasste er am Ende seines Lebens eine »Confessio«, die ein Rechenschaftsbericht seines Wirkens darstellt. Wahrscheinlich ist Patrick um 461 gestorben. Seine Verehrung wurde nicht nur in Europa, sondern durch irische Auswanderer auch in Amerika verbreitet.

Dargestellt in bischöflichen Gewändern mit Schlangen, Feuer, Kleeblatt, Vieh. – Patron Irlands; der Bergleute, Schmiede, Friseure, Böttcher; des Viehs; gegen Anfeindung des Bösen. GK

Gertrud [Ahdt.: »Speer« u. »Stärke«] OSB, Hl., geb. 626 als Tochter Pippins des Älteren, wurde 652 erste Äbtissin des von ihrer Mutter Iduberg gegründeten Klosters Nivelles. Sie bemühte sich, der weiblichen Jugend Wissen und Fertigkeit zu vermitteln, besonders die Kenntnis der Heiligen Schrift. Gertrud starb am 17. März 659 und wurde zu Nivelles bestattet. – Der kostbare Schrein von 1272 wurde 1940 vernichtet. Im Maingebiet wird sie auch Gertrud von Karlburg genannt.

Dargestellt als Äbtissin mit Kreuz, mit Mäusen, Katze, Spinnrad. – Patronin der Armen, Witwen, Gärtner, Feld- und Gartenfrüchte; der Herbergen und Reisenden (Gertrudenminne); gegen Ratten- und Mäuseplage, Fieber. – Wallfahrt in Nivelles und Wetteren/Belgien. RK, TR

Diemut war eine Reklusin beim Kloster St.-Gallen, die in Abgeschiedenheit sich ganz dem Gebet und der Betrachtung hingab. Sie lebte im 12. Jh.

Konrad [Ahdt.: »kühner Ratgeber«] von Bayern OCist, Sel., geb. um 1105, war der Sohn Herzog Heinrichs des Schwarzen. Er studierte in Köln und wurde dann vor 1125 Zisterziensermönch in Morimund. Bernhard berief ihn nach Clairvaux und erlaubte ihm 1143 eine Wallfahrt ins Heilige Land, um dort als Einsiedler zu leben. Auf seiner Rückreise starb Konrad am 17. März 1145/55 in Modugno bei Bari in einer Klause und wurde im Dom von Molfetta beigesetzt. Dort befinden sich heute noch seine Reliquien.

Dargestellt als Einsiedler im Zisterzienserhabit mit Kreuz, Buch, Totenschädel.

Johannes [Hebr.: »Jahwe ist gnädig«] Sarkander, Hl., geb. am 20. Dezember 1576 in Skotschau bei Teschen, studierte bei den Jesuiten in Olmütz und Prag, wo er 1603 in der Philosophie promovierte. 1606 brach er das theologische Studium in Graz ab und heiratete. Nach dem baldigen Tod seiner Frau studierte er wieder Theologie und wurde 1609 zum Priester geweiht. Nun wirkte er in Mähren für den katholischen Glauben. 1616 wurde er Pfarrer von Holleschau in Mähren. Beim Aufstand der Stände 1620 gegen Ferdinand II. wurde er von den Revolutionären gefangen genommen. Um Aussagen aus ihm zu erpressen, wurde er in Olmütz gefoltert. Den hier erhaltenen Verletzungen erlag er am 17. März 1620. Sein Grab befindet sich in der Kathedrale von Olmütz. – Seligsprechung am 6. Mai 1860, Heiligsprechung am 21. Mai 1995.
Patron des Beichtgeheimnisses. GK

Cyrill, Hl., geb. um 313, wurde 348/350 Bischof von Jerusalem. Durch die Arianer wurde er mehrfach aus Jerusalem vertrieben und konnte erst 378 endgültig aus der Verbannung zurückkehren. Von seine Schriften sind 24 Ansprachen überliefert, die er den Taufbewerbern gehalten hat, um sie in den Grundwahrheiten des christlichen Glaubens und in die bei der Taufe empfangenen Mysterien einzuführen. Cyrill starb am 18. März 386. 1882 wurde er zum Kirchenlehrer erhoben. **18.3.**
Dargestellt mit einem Geldbeutel, Almosen spendend. GK

Eduard [Ags.: »Erbgut« u. »Hüter«], Hl., geb. 963, ältester Sohn König Edgars des Friedfertigen, wurde nach dem Tod seines Vaters 975 durch die Bemühungen Dunstans, Erzbischof von Canterbury, zum König von England erhoben. Seine Stiefmutter Elfrida war damit nicht einverstanden, da sie selbst regieren wollte. Sie ließ daher Eduard, als er auf der Jagd bei Corfe Castle weilte, am 18. März 978 ermorden. – Eduard der »Märtyrer« wurde zuerst in Wareham bestattet, dann 980 in Shaftesbury beigesetzt. Vom Volk wurde er schon bald als Heiliger verehrt. Seine Reliquien wurden 1931 wieder aufgefunden.
Dargestellt als König mit Becher und Dolch. – Patron gegen Drüsenkrankheiten.

Josef [Hebr.: »(Gott) möge hinzufügen«], Hl., stammte aus dem Geschlecht Davids. Er lebte in Nazaret als Zimmermann. Nachdem er sich mit Maria verlobt hatte, geschah an ihr das Geheimnis der wunderbaren Empfängnis. Joseph wollte Maria wegen ihrer vermeintlichen Untreue in der Stille verlassen; doch im Traume über das Geheimnis unterrichtet, führte er Maria heim, ohne die eheliche Gemeinschaft mit ihr aufzunehmen. Nach der Geburt in Betlehem gab er dem Kind den Namen Jesus und floh nach der Darstellung im Tempel mit Maria und dem Kind nach Ägypten. Nach dem Tod des Herodes kehrte er zurück und ließ sich in Nazaret nieder. Als Jesus zwölf Jahre alt war, pilgerte Joseph mit seiner Familie zum Osterfest nach **19.3.**

Jerusalem. Zwischen dieser Wallfahrt und dem öffentlichen Auftreten Jesu wird Josef gestorben sein, da er in den Evangelien nicht mehr genannt ist. – Das Bild, das die Legenden von Josef zeichnen, ist wertlos, hat aber seine Darstellung in der christlichen Kunst wesentlich beeinflusst: Sicher zu Unrecht erscheint Josef durchweg als älterer Mann, ja als hinfälliger Greis. Im Orient wird die Verehrung Josefs früher deutlich als im Westen. Ein Martyrologium von der Reichenau um 850 erwähnt ihn erstmals. Bernhard von Clairvaux, die Mystik und die Theologie des ausgehenden Mittelalters beginnen sich mit seiner Stellung in der Heiligengeschichte zu beschäftigen. Erst 1479 wurde sein Fest in das römische Brevier aufgenommen.

Dargestellt mit Jesuskind, Lilie, Wanderstab, Zimmermannsgeräten. – Patron der ganzen Kirche (seit 1870); zweiter Patron des Erzbistums Köln; von Böhmen, Bayern, Österreich; zahlreicher Bruderschaften und Verein; der christlichen Familie, ehelicher Keuschheit, Jungfräulichkeit; der Arbeiter, Handwerker, Zimmerleute, Schreiner, Wagner, Holzhauer, Totengräber, Ingenieure, Pioniere, Reisenden, Verbannten, Erzieher, Jugendlichen, Waisen; bei Augenleiden; in Versuchungen, verzweifelten Lagen, Wohnungsnot; für eine guten Tod. GK

20.3. **Wolfram** [Ahdt.: »Wolf« u. »Rabe«], Hl., gehörte dem Hofklerus des Merowingenkönigs Theudebert III. an. Um 688 wurde er Erzbischof von Sens. Doch bald ging er nach Friesland, um dort den Glauben zu verkündigen. Mönche aus dem Kloster Fontenelle unterstützen ihn bei seiner Missionsarbeit. Da sich nur geringer Erfolg zeigte, verließ Wolfram Friesland und ging nach Fontenelle, wo er am 20. März um 700 starb. Der größte Teil seiner Reliquien kam 1058 nach Abbeville.

Dargestellt im Bischofsornat, neben ihm ein kleiner König, den er bekehrte. – Patron gegen Gefahren des Meeres.

Irmgard [Ahdt.: »allumfassend« u. »Schutz«], Hl., als Tochter des Grafen Hugo von Tours eine Nachfahrin des Herzogs Attich vom Elsass. Sie wurde 821 die Gemahlin Kaiser Lothars I. Irmgard gründete 849 bei der Pfalz Erstein im Unterelsass ein Frauenkloster, für das sie aus Rom große Reliquienschätze erhielt. Ihre Tochter Rotrud wurde die erste Äbtissin. Nach ihrem Tod am 20. März 851 wurde sie in Erstein in einem Hochgrab beigesetzt, das in der Französischen Revolution zerstört wurde. In Erstein wurde Irmgard stets als Heilige verehrt.

Dargestellt mit Kaiserkrone und Zepter, mit Kirche oder Klostermodell.

Johannes von Nepomuk, Hl., gest. 20.3.1393, ↗16.5.

Maria Josepha Sancho de Guerra, SdJ, Hl., Gründerin der »Dienerinnen Jesu der Liebe«, wurde am 7. September 1842 in Vitoria/Spanien geboren. Mit dem Gedanken, Ordensschwester zu werden, trug sich Maria Josepha schon von

Jugend an. Mit vier weiteren Gefährtinnen beabsichtigte sie, ein neues Institut zu gründen. Es hatte bald eine eigene Konstitution mit entsprechenden Direktiven unter dem Namen »Barmherzige Schwestern Dienerinnen Jesu«. Maria Josepha starb in Bilbao am 20. März 1912 nach einer schweren Krankheit, an der sie seit 1894 litt, im Ruf der Heiligkeit. – Seligsprechung 1992, Heiligsprechung am 1. Oktober 2000. GK

Benedikt von Nursia, Hl., gest. 21.3.547, ↗11.7. **21.3.**

Christian [Griech./Lat.: »der Christ«] OSB, erster Abt des von Erzbischof Brun um 960 gegründete Klosters St.-Pantaleon/Köln, war in der theologischen Wissenschaft wohl bewandert und hat mehrere Werke geschrieben. Er starb am 21. März 1002.

Richeza, Sel., Tochter des lothringischen Pfalzgrafen Erenfrid und seiner Gemahlin, der Königstochter Mathilde, heiratete den Sohn des ersten polnischen Königs Boleslaw I. Chrobry, der als Mieszko II. den polnischen Thron bestieg. Richeza versuchte, an der Seite ihres Gemahls das Christentum in Polen auszubreiten. Doch nach dem frühen Tod Mieszkos 1031 wurde Richeza mit ihrem Sohn Kasimir von der heidnischen Reaktion aus Polen vertrieben. Kasimir konnte später den polnischen Thron besteigen. Richeza aber blieb in ihrer Heimat an Rhein und Mosel. Sie führte ein Leben der Wohltätigkeit und Nächstenliebe. Große Zuwendungen machte sie dem Frauenkloster Brauweiler, das sie dem Erzbistum Köln schenkte. Sie starb am 21. März 1063 auf ihrem Besitz in Saalfeld/Thüringen. Erzbischof Anno bestattete sie in der mit ihren Mitteln erbauten Kirche St. Maria ad grades in Köln. Seit 1817 befinden sich ihre Gebeine in der Johanneskapelle des Kölner Doms.

Absalon [Axel], Hl., geb. 1128 in Fjenneslev aus dem berühmten Geschlecht der Hvide, wurde nach seinem Studium in Paris 1158 Bischof von Roskilde und 1178 Erzbischof von Lund. Er stand als Ratgeber den Königen Waldemar I. und Knut VI. zur Seite, gründete zahlreiche Klöster, erbaute um 1170 die Bischofsburg Havn, aus der sich später die Stadt Kopenhagen entwickelte, förderte Studium und Wissenschaft. Er starb am 21. März 1201.

Nikolaus von Flüe [Bruder Klaus], Hl., gest. 21.3.1487, ↗25.9.

Emilie [Lat.: »die Nacheiferin«] Schneider FCr, am 6. September 1820 in Haaren geboren und auf den Namen Julie getauft, war das vierte von zehn Kindern. Die Familie lebte in bescheidenen Verhältnissen. Zunächst arbeitete Julie nach einer guten Ausbildung als Erzieherin in Lüttich, bis sie sich nach schwerem Ringen 1845 endgültig zum Eintritt in die neu gegründete Gemeinschaft der »Töchter vom hl. Kreuz« entschloss. Die Kraft für ihr vielseitiges Engagement im Orden schöpfte sie aus ihrer eucharistisch orientierten Spiritualität. So wird sie auch als »moderne deutsche Mystikerin« bezeichnet. Am 21. März 1859 starb Schwester Emilie in Düsseldorf. – Das Seligsprechungsverfahren ist eingeleitet.

22.3. **Lea** [Hebr.: »Wildkuh« od. »Schlange«], Hl., eine begüterte Witwe, gehörte zum Kreis frommer Frauen um Hieronymus in Rom. Später leitete sie ein Kloster. Nach ihrem Tod um 384 widmete ihr Hieronymus einen Nachruf.
Dargestellt in Witwenkleidung, betend vor einem Kruzifix.

Lukardis OCist, Sel., Zisterzienserin im Kloster von Oberweimar, ertrug ihre langjährige Krankheit mit größter Geduld. In ihren Schmerzen fand sie Trost in der Liebe zum bitteren Leiden Jesu, der sie durch die Einprägung der fünf Wundmale auszeichnete. Bald nach ihrem Tod am 22. März 1309 ist ihre Verehrung nachzuweisen, die in der Reformation erloschen ist.

Elko [Elmar] OPraem, Sel., war seit 1325 Abt des Prämonstratenser-Stiftes Lidlum/Friesland. Weil er die genaue Erfüllung der Vorschriften der Regel verlangte, wurde er 1332 von Laienbrüdern erschlagen.

Clemens August Graf von Galen, als elftes von zwölf Kindern am 16. März 1878 auf Burg Dinklage geboren, empfing nach dem Studium in Fribourg/Schweiz, Innsbruck und Münster 1904 die Priesterweihe. Schon sehr bald nach seiner Ernennung zum Bischof von Münster trat er der Rassenlehre der Nationalsozialisten entschieden entgegen, getreu seinem Wahlspruch »Nicht Lob – nicht Furcht«. Er starb wenige Tage nach der Rückkehr von einer Romreise, wo ihm der Kardinalspurpur verliehen worden war, am 22. März 1946 in seiner Bischofsstadt Münster. – Das Seligsprechungsverfahren ist eingeleitet.

23.3. **Merbot** OSB, Sel., war Mönch in der Abtei Mehrerau am Bodensee, die 1097 von Petershausen besiedelt worden war. Er wurde Seelsorger in der Pfarrei Alberschwende im Bregenzer Wald, die von der Abtei seelsorgerisch betreut wurde. Als Merbot dort auf die Erfüllung der christlichen Pflichten drängte, wurde er am 23. März 1120 von einigen Bauern erschlagen.

Toribio Mongrovejo, Hl., geb. 1538 in der Diözese Oviedo, wurde nach dem Studium in Valladolid, Salamanca und Coimbra 1575 Inquisitor in Granada und 1579 Erzbischof von Lima. Nach seiner Ankunft in Lima 1580 bemühte er sich, seine ausgedehnte Diözese zu reorganisieren sowie Wissen und sittliches Leben bei Klerus und Volk zu heben. Er hielt 1582–1583 ein Provinzialkonzil in Lima ab, das für die südamerikanische Kirche grundlegende Be-

stimmungen erließ. Ausgedehnte Visitationsreisen sowie zahlreiche Synoden dienten weiter seiner Reformarbeit. Zwar versuchte ein Teil des Weltklerus sowie die auf ihre Privilegien bedachten Orden, die Bemühungen des Erzbischofs zunichte zu machen. Auch die spanische Regierung verursachte durch ihre Einmischungen immer wieder neue Hindernisse. Doch Ausdauer und unermüdlicher Einsatz bewirkten seine Erfolge. Sein Tod am 23. März 1606 war für die Kirche in der Neuen Welt ein großer Verlust.
Dargestellt in bischöflichen Gewändern. GK

Rebekka Ar-Rayyès, Hl., 1832 in Himlaya/Libanon (Taufname: Pierette) geboren. Als junge Frau fühlte sie sich zum Ordensstand berufen, wählte ihn aus voller Überzeugung und widmete sich in dieser Lebensform ganz der religiösen Erziehung und schulischen Ausbildung von Kindern und Jugendlichen. Bei einem durch erbitterte Stammesfeindschaft ausgelösten Massaker rettete sie vielen ihrer Schützlinge das Leben. Die letzten Jahrzehnte ihres erfüllten Lebens brachten für sie schwere körperliche Krankheiten und seelische Leiden, die sie in Demut und im Vertrauen auf Gott in Ergebenheit ertrug. Die fast völlig erblindete Ordensfrau der »Baladiten-Schwestern« starb am 23. März 1914 in Al Dahr. Ihr Grab wurde bald zu einer viel besuchten nationalen Wallfahrtsstätte. – Seligsprechung am 17. November 1985, Heiligsprechung am 10. Juni 2001.

Elias OPraem, leitete seit etwa 1197 als siebter Abt das Prämonstratenser-Stift **24.3.**
Rommersdorf bei Engers im Rheinland. Nach einem vorbildhaften Leben starb er nach der Überlieferung am 24. März 1201.

Katharina [Griech.: »die allzeit Reine«] OSBirg/OSSalv, Hl., geb. um 1331/32, Tochter Birgittas von Schweden, war seit 1345 mit Eggard von Kyren verheiratet. 1350 reiste sie mit ihrer Mutter nach Rom. Da 1351 ihr Gatte starb, blieb Katharina bei ihrer Mutter und wurde deren Schülerin. 1374 brachte sie die Gebeine Birgittas nach Schweden und wurde erste Vorsteherin des Klosters Vadstena. 1378 erlangte Katharina vom Papst Bestätigung der Regel des »Birgittenordens« und ihres Klosters. Sie starb am 24. März 1381 und wurde in Vadstena bestattet.
Dargestellt im Birgittenhabit oder als Pilgerin, mit Buch, Lilie, brennender Lampe, Hirsch. – Patronin gegen Fehl- und Frühgeburten, Überschwemmung.

Giuseppe Maria Tomasi CR, Hl., wurde als Sohn einer Fürstenfamilie am 12. September 1649 in Licata/Sizilien geboren. 1666 trat der gebildete junge Mann in Palermo in den Theatinerorden ein. Nach Studien an mehreren Universitäten besuchte er das Seminar von S. Andrea della Valle und empfing am 23. September 1673 in Rom die Priesterweihe. Er vervollständigte seine Ausbildung mit dem Studium arabischer Sprachen und legte mehrere wichtige liturgische Publikationen vor. Die Veröffentlichungen brachten ihm nicht nur den Tittel »Dr. liturgicus« ein, er wurde auch Mitglied namhafter Akademien und bekleidete hohe Ämter an der römischen Kurie. Am 18. Mai 1712 ernannte ihn Papst Klemens XI. zum Kardinal. Der fromme und bescheidene Gelehrte starb am 1. Januar 1713 in Rom und wurde in seiner Titelkirche S. Martino ai Monti beigesetzt. – Seit 1971 ruhen seine Gebeine in S. Andrea della Valle. – Seligsprechung am 29. September 1903, Heiligsprechung am 12. Oktober 1986. GK

25.3. **Annunziata**, Nuncia, Ancilla – das Fest der Verkündigung des Herrn, ursprünglich im Advent als Gedächtnis begangen, wird seit der Mitte des 6. Jhs. am 25. März gefeiert. Wir gedenken am heutigen Tag der Verkündigung [= annuntiatio] der Geburt des Erlösers durch den Engel Gabriel an Maria und der Bereitschaft Marias, den Willen Gottes zu erfüllen: »Siehe, ich bin die Magd [= ancilla] des Herrn.«

An diesem Tag wird Maria angerufen als Patronin der Bäcker, Brettschneider, Garköche, Metzger, Weber, Postboten, Zeitungsausträger; in Trübsal. GK

Prokop OSB, Hl., geb. um 1004 in Chotaun bei Podiebrad, war zunächst verheiratet und wurde dann Mönch. Seit etwa 1030 lebte er als Einsiedler in Sázavatal, wo er ein Kloster nach der Regel des hl. Benedikt, aber mit der Feier der Liturgie in altslawischer Sprache gründete und das er später als Abt leitete. Prokop starb am 25. März 1053 und wurde in Sázava bestattet. – 1588 wurden seine Reliquien in die Allerheiligen-Kirche auf der Prager Burg übertragen.

Dargestellt im Benediktinerhabit, in Pontifikalkleidung oder im Einsiedlergewand, mit Buch, Hirsch, Teufel an der Kette.

Jutta [Judit], [Hebr.: »die Judäerin, Jüdin«], lebte in der 1. Hälfte des 12. Jhs. und war Schülerin der Einsiedlerin Herluka von Bernried.

Rosa Margareta Flesch TFSC, geb. am 24. April 1826 in Schönstatt, lernte menschliches Leid und soziales Elend in der eigenen Familie kennen. Demut und Gottvertrauen waren ihre Antwort darauf und wurden die tragende Kraft der Gründerin der »Franziskanerinnen von Waldbreitbach«, die sich der Hilfe der Armen und Kranken verschrieb. Der Kreuzweg war Symbol ihres Lebens, das sie am 25. März 1906 in Waldbreitbach in die Hände ihres Schöpfers zurückgab. – Das Seligsprechungsverfahren ist eingeleitet.

26.3. **Kastulus**, Hl., war ein römischer Märtyrer, wahrscheinlich um 286. Seine Gebeine, die in einer Katakombe an der Via Labicana bestattet waren, sollen nach Pavia und im 8. Jh. durch Abt Reginpert in die Abtei Moosburg bei Freising

übertragen worden sein. 1604 fand eine weitere Überführung nach Landshut statt, wo die Reliquien nun in der Martinskirche ruhen.
Dargestellt in römischem Gewand oder in fürstlicher Kleidung mit Palme und Schaufel. – Patron der Hirten; gegen Blitzgefahr, Rotlauf, Wildfeuer. – Wallfahrt in Moosburg. M

Larissa [Lara], [ausLat.: »die Lorbeer-Gekränzte«], Hl., gehört zu einer Gruppe von Christen, die nach der Legende um die Mitte des 4. Jhs. auf der Krim auf Befehl eines Gotenfürsten während des Gottesdienstes in der Kirche lebendig verbrannt wurden. Ihr Gedächtnis wurde schon früh in der griechischen Kirche am 26. März begangen.

Liudger [Ludger], [Ahdt.: »Kämpfer des Volkes«], Hl., geb. um 742 aus vornehmer friesischer Familie, war Schüler Gregors von Utrecht und seit 767 Alkuins in York. Er empfing 777 in Köln die Priesterweihe. Dann ging er, um den Glauben zu verkünden, nach Friesland und Helgoland, zuletzt in das Sachsenland. Hier schuf er sich in Mimigerneford, dem späteren Münster, einen Mittelpunkt der Mission und errichtete im Münsterland ein Netz von Pfarrkirchen. Er gründete das Frauenkloster Nottuln sowie die Abteien Helmstedt und Werden/Ruhr. 804 wurde er zum ersten Bischof von Münster geweiht. Er starb am 26. März 809 in Billerbeck und fand in Werden seine letzte Ruhestätte.
Dargestellt in bischöflichem Ornat mit Buch, Kirchenmodell, Wildgänsen. – Patron des Bistums Münster; zweiter Patron des Bistums Essen. RK, E, H, HI, MS, OS

Rupert, Hl., Abtbischof in Salzburg. gest. 27.3. um 720, ↗ 24.9. **27.3.**

Haimo [Heimo] OSB, war Mönch in Fulda und dort mit Rhabanus Maurus Schüler von Alkuin. Anschließend wirkte er als Lehrer in Fulda und seit 839 in Hersfeld. Kaiser Ludwig der Fromme ernannte ihn 840 zum Bischof von Halberstadt. Haimo starb am 27. März 853.

Frowin OSB, Sel., Mönch in St.-Blasien, vorübergehend auch in Einsiedeln, wo er eine Schreibschule einrichtete; er wurde 1147 Abt des Benediktiner-Klosters Engelberg im Kanton Obwalden in der Schweiz. Hier festigte Frowin die wirtschaftlichen Grundlagen der Abtei, gründete eine Schreib- und Malschule, die sich selbständig in süddeutsche Formen entwickelte, und legte hierdurch den Grund zur wissenschaftlichen Blüte Engelbergs. Frowin selbst verfasste theologische Lesebücher, die bei der klösterlichen Lesung verwandt wurden und die Verbindung von Gotteswissenschaft und Gebet bezeugen. Er starb 1178 und wurde in der Klosterkirche bestattet, wo das Grabmal noch vorhanden ist.

Ensfrid [Ahdt.: »Spitze« u. »Friede«], Pfarrer in Siegburg, wurde später Stiftsdechant an St.-Andreas in Köln. Er war ein liebenswürdiger und frommer Priester, den ein leidenschaftlicher Drang zur Wohltätigkeit beseelte, der oft originelle Formen annahm. Ensfrid starb der Überlieferung nach am 27. März 1192 und wurde in seiner Stiftskirche beigesetzt.

28.3. **Guntram** [Ahdt.: »Kampf« u. »Rabe«], (Hl.), geb. um 525 als Sohn Chlotars I. und Radegunds, erhielt bei der Reichsteilung 561 Burgund und nach Süden anschließende Bezirke. Gegen den aufständischen Adel verteidigte er die königliche Macht. Gegen Arme war er freigiebig. In der Kirche unterstützte er die Gegner der Simonie und verbot die Sonntagsarbeit. Zur Wiederherstellung kirchlicher Ordnung berief er mehrere Synoden für seinen Reichsteil. Der König war zwar bei seinem Volk beliebt, aber er hatte einen schwächlichen Charakter und konnte sehr gewalttätig werden. Guntram starb am 28. März 592 und wurde in seiner Residenz Chalon-sur-Saône beigesetzt. Sein Gedächtnis wird in den Diözesen Dijon und Autun bis in die Gegenwart begangen.
Dargestellt in königlichem Ornat mit gefundenem Schatz in drei Kästen.

Gundelind [Ahdt.: »Kampf« u. »Lindenholzschild«] OSB, Hl., war der Überlieferung nach eine Tochter des elsässischen Herzogs Adalbert. Als ihre Tante Odilia von Hohenburg am Fuß des später Odilienberg genannten Klosterbergs ein Spital gründete, wurde Gundelind zur Leiterin bestimmt. Aus dem Spital entwickelte sich bald das Kloster Niedermünster. Gundelind starb nach 722.
Dargestellt als Äbtissin mit Palme und Blumenkranz.

Ingbert Naab OFMCap, geb. am 5. November 1885 in Dahn/Pfalz, trat 1905 in den Kapuzinerorden ein. Er bekleidete mehrere höhere Ordensämter. Vor allem zeigte er sich als erfolgreicher Jugend- und Studentenseelsorger. Schon früh erkannte er die drohende Gefahr des Nationalsozialismus, den er seit 1923 als religiöse Irrlehre bekämpfte. Daher musste er 1933 ins Ausland fliehen, lebte zuerst in der Schweiz, dann im Elsass, wo er am 28. März 1935 in Straßburg starb. – 1953 wurden seine Gebeine auf den Friedhof des Kapuziner-Klosters von Eichstätt überführt.

29.3. **Gladys**, (Sel.), Königin im Süden von Wales, führte ein lockeres Leben, bis sie sich zum christlichen Glauben bekehrte. Sie zog sich in die Einöde des Tals des Weye, dann in die Berge von Wales zurück, wo sie um 500 starb.

Ragnachar, Schüler des Eustasius in Luxeuil und dortiger Mönch, wurde zum Bischof von Basel berufen. Er hat wahrscheinlich um 620 die Verlegung des Bischofssitzes von Augst nach Basel vorgenommen. Sein Tod erfolgte zwischen 621 und 639.

Helmstan [Helmut], [Ahdt.: »Heil« u. »gesund«], Hl., war Bischof von Winchester, das etwa um 676 anstelle von Dorchester zum Bischofssitz erhoben war und sich zu einem bedeutenden Mittelpunkt des kirchlichen Lebens im angelsächsischen England entwickelt hatte. Helmstan starb um 850.
Dargestellt in bischöflichen Gewändern mit Mitra und Stab.

Ludolf [Ahdt.: »Volk« u. »Wolf«] OPraem, Hl., stammte aus Sachsen. Er trat dem Prämonstratenserorden bei und war Mitbegründer des 1237 vom Papst bestätigten Benediktinerinnen-Klosters Rehna in Mecklenburg. Inzwischen war Ludolf 1236 Bischof von Ratzeburg geworden. Als Herzog Albrecht von Lauenburg Bischofsgut für sich beanspruchte, trat ihm Ludolf entgegen und wurde daraufhin gefangen genommen. Nach längerer Kerkerhaft freigelassen, starb Ludolf an den Folgen der erlittenen Misshandlungen am 29. März 1250 in Wismar. – Eine Reliquie Ludolfs, der als Märtyrer verehrt wird, befindet sich in der Abtei Hamborn. Sein Gedächtnis wird im Bistum Osnabrück am 17. Februar zugleich mit Evermod und Isfrid begangen.
Dargestellt im Prämonstratenserhabit mit Mitra. (OS)

Patto [Bado, Spatto] OSB, Hl., war Abt in Amorbach. Diese Abtei im Odenwald **30.3.**
hatte den Auftrag erhalten, im Gebiet von Verden den christlichen Glauben zu verkünden. Um 816 wird Patto als Abt von Amorbach und Bischof von Verden erwähnt. Nicht lange darauf starb Patto. Als Todestag ist der 30. März überliefert.

Diemut, Sel., eine Reklusin in Wessobrunn, schrieb seit etwa 1080 sorgfältig theologische Werke ab. Ein Katalog des 12. Jhs. zählt ungefähr fünfzig von ihr geschriebene Werke. Hiervon haben sich etwa fünfzehn erhalten. Mit der Reklusin Herluka von Bernried stand Diemut in Briefwechsel. Diemut starb am 30. März 1130. – 1709 wurden ihre Gebeine aus dem Grab in der Marienkirche in die Abteikirche übertragen.

Dodo OPraem, Sel., Prämonstratenserchorherr in Mariagaarde, war ein Schüler des dortigen Abtes Siard. Mit dessen Zustimmung führte Dodo ein strenges, enthaltsames Leben als Einsiedler zunächst in Bakkeveen, dann in Haska, wo er am 30. März 1232 starb. Dass Dodo die Leidensmale Jesu an seinem Leib getragen hat, ist nicht gesichert.

Leonardo Murialdo, Hl., Apostel der Arbeiterjugend und Initiator mehrerer katholischer Bewegungen, wurde am 26. Oktober 1828 in Turin geboren und nach religiösen Grundsätzen erzogen. Die Priesterweihe empfing er am 20. September 1851. Er widmete sich einem vielfältigen Apostolat als Prediger, Beichtvater, Unterricht des Katechismus, in den Jugendgefängnissen und der Betreuung der ersten sonntäglichen Gebetsstätten. Mehr als 30 Jahre kämpfte er gegen Schwierigkeiten jeder Art, folgte der göttlichen Vorsehung und orientierte sich an dem Motto: »Handeln und Schweigen!« Er starb am 30. März 1900. – Heiligsprechung am 3. Mai 1970. GK

31.3. **Kornelia** [Lat.: »aus der Familie der Cornelier«], Hl., eine christliche Jungfrau, erlitt mit mehreren Gefährten in Nordafrika den Martertod. Über die Zeit und die näheren Umstände des Martyriums ist nichts bekannt. Ihr Gedächtnis wurde seit alters am 31. März begangen.
Dargestellt als jugendliche Märtyrin mit Palme.

Benjamin [Hebr.: »Sohn des Glücks«], Hl., Diakon, verkündete in Persien den Glauben an Jesus Christus. In der Christenverfolgung um 422 ins Gefängnis geworfen, weigerte er sich, seinen Glauben zu verleugnen und Sonne und Feuer anzubeten. Nach grausamen Peinigungen erlangte Benjamin die Krone des Martyriums. Die Griechen und Lateiner begehen seit alters sein Gedächtnis am heutigen Tag.
Dargestellt im Gewand eines Diakons mit Dornen oder Dornenzweig.

Guido, Hl., Abt von Pomposa, gest. 31.3.1046, ↗ 4.5.

Goswin OCist, (Sel.), aus Lothringen gebürtig, war Mönch im Zisterzienserorden. 1141 wurde er Abt von Bonnevaux und 1151 von Cîteaux. Goswin starb am 31. März 1155. Seine Gebeine wurden Ende des 12. Jhs. in das Grab »der seligen und ehrwürdigen Väter« übertragen.

Lambert Conradi OFM, stammte aus Aachen und trat in den Franziskanerorden ein, wo er mehrere höhere Ordensämter bekleidete. 1592 wurde er Provinzial der kölnischen Ordensprovinz. Er war ein heiligmäßiger Mann, der streng nach der Regel lebte. Nach seinem Tod am 31. März 1594 in Koblenz wurde er im Chor der dortigen Klosterkirche bestattet.

Heinrich [Ahdt.: »der in seinem Besitztum Mächtige«] Thyssen OFM, geb. am 5. Dezember 1755 in Gangelt bei Aachen (Taufname Renatus), nahm 1775 das Kleid des hl. Franziskus. Seit 1782 lehrte er Theologie im Kloster von Antwerpen. Als das Kloster 1797 aufgehoben wurde, blieb er in Antwerpen und wirkte in der Seelsorge, seit 1806 an der St.-Karls-Pfarrkirche. Er nahm sich besonders der Armen und Kranken, der Kinder, der Seeleute und der Gefangenen an. Thyssen starb in Antwerpen am 31. März 1844.

Klemens [Lat.: »der Sanftmütige«] Fuhl OSA, geb. am 18. Juni 1874 in Aidhausen/Unterfranken (Taufname Vinzenz), trat 1893 in den Orden der »Augustiner-Eremiten« in Münnerstadt ein. Er war von einfachem, bescheidenem Wesen, als Seelenführer und Exerzitienmeister sehr gesucht. 1920–1929 war er Provinzial, 1931 wurde er Ordensgeneral. Bei einer Visitationsreise erlag er am 31. März 1935 in La Paz/Bolivien der Höhenkrankheit und wurde in der Gruft der dortigen Franziskanerrekollekten beigesetzt. – 1953 wurden seine Gebeine nach Würzburg überführt.

April

1.4. **Irene** [Griech.: »die Friedfertige«], **Agape** [Griech.: »die Liebevolle«] und **Chionia** [Griech.: »die Jugendliche«], Hl., waren Geschwister, die ihres christlichen Glaubens wegen auf Befehl des Präfekten Dulcitius in der Verfolgung Kaiser Diokletians in Thessaloniki am 1. April 304 auf dem Scheiterhaufen verbrannt wurden. In der Leidensgeschichte der drei Märtyrinnen sind echte Prozessakten erhalten. In Thessaloniki lag vor den Stadtmauern eine den Geschwistern geweihte Kirche.

Dargestellt als jugendliche Märtyrinnen, gebunden oder mit Scheiterhaufen, Palmzweigen in den Händen.

Hugo [Ahdt.: »berühmter Denker«], Hl., geb. 1053 in Châteauneuf-d'Isère, wurde 1080 von Papst Gregor VII. zum Bischof von Grenoble geweiht. Wie Gregor kämpfte er für die Reform in der Kirche gegen Simonie und Priesterehe. 1084 schenkte er Brun die Stätte, wo dieser dann die große Kartause, die Keimzelle des Ordens der »Kartäuser«, gründete. Ferner errichtete Hugo um 1100 das Benediktiner-Kloster Chalais. Er starb am 1. April 1132 in Grenoble und wurde in der Kathedrale bestattet. Während der Hugenottenkriege in der 2. Hälfte des 16. Jhs. wurden die leiblichen Überreste Hugos auf einem öffentlichen Platz verbrannt.

Dargestellt in Pontifikalgewändern oder im Kartäuserhabit, drei Blumen in der Hand, mit Engel, der ihn vor einem Blitz schützt, mit sieben Sternen. – Patron gegen Kopfweh.

Cäsarius OFM, geb. in Speyer in der 2. Hälfte des 12. Jh., studierte in Paris und zog 1217 mit Kreuzfahrern ins Heilige Land. In Syrien wurde er als Subdiakon von Elias von Cortona in den Minderbrüderorden aufgenommen. 1221 führte er eine weitere Schar von Minoriten nach Deutschland, wo der ersten Niederlassung in Augsburg bald andere folgten. Cäsarius war der erste Provinzial der Minderbrüder. Doch legte er 1223 dieses Amt nieder und kehrte nach Italien zurück. Über sein weiteres Leben ist nichts bekannt. Er starb um 1239.

2.4. **Maria** von Ägypten, Hl., eine Einsiedlerin, deren Grab in Palästina im 6. Jh. besucht wurde. Die Legende schmückte das Leben Marias aus. Danach hatte sie in Alexandrien in Ägypten ein ausschweifendes Leben geführt und sich anlässlich einer Wallfahrt nach Jerusalem bekehrt. Sie zog sich nun in die Wüste östlich des Jordans zurück und büßte als Einsiedlerin für ihre früheren Sünden. Als Gewand diente ihr das lange, bis auf die Füße reichende Haar. Nach ihrem Tod begrub ein Löwe ihren Leib, ihre Seele trugen Engel zum Himmel.

Dargestellt als Einsiedlerin oder Büßerin, häufig nackt, eingehüllt von ihren langen Haaren. – Patronin der Büßerinnen, reumütiger Sünderinnen; gegen Fieber.

Eustasius, Hl., stammte aus Burgund, folgte seinem Lehrer Kolumban nach Bregenz und wurde 615 als dessen Nachfolger Abt von Luxeuil. Von dort ging er als Glaubensbote zu den Waraskern am Doubs und später nach Bayern. Ihm und Agilus wird die erste Gründung des Klosters Weltenburg zugeschrieben. Nach Luxeuil zurückgekehrt, musste sich Eustasius mit seinen Mönchen auf der Synode von Mâcon 626/627 verpflichten, die iroschottischen Formen des Gottesdienstes aufzugeben und sich dem Brauch der gallischen Kirche anzuschließen. Eustasius starb am 2. April 629. Zu Beginn des 13. Jhs. wurden seine Reliquien von Luxeuil nach Vergaville übertragen. Seit 1921 befinden sie sich in Roville-aux-Chênes.
Dargestellt als Abt mit Stab und Buch, Götzenbilder stürzend oder Besessene heilend. – Patron gegen Besessenheit.

Thetwif [Thetwig], (Hl.), lebte als jungfräuliche Einsiedlerin auf dem Wittekindsberg bei Minden. Bischof Milo gründete dort ein Benediktinerinnen-Kloster, dessen Leitung er Thetwif übertrug. Milos Nachfolger Ramward verlegte um 1000 das Kloster in die Stadt Minden.

Sandrina OSCl, geb. 1385 in Sulmona/Italien, gründete in Foligno ein Klarissen-Kloster, in dem sie in vollkommener Armut in der geistigen Nachfolge der hl. Klara lebte. Sie starb am 2. April 1458.

Franz [Ahdt.: »frei, kühn«] von Paola OM, Hl., geb. 1436 (oder 1416?) in Paola/Kalabrien, ließ sich nach zweijährigem Aufenthalt bei den Franziskanern von Paola als Einsiedler mit strengster Askese nieder. Für seine Anhänger gründete er den Orden der »Eremiten des hl. Franz von Assisi«, auch Minimi [die Geringsten] oder Paulaner genannt, der 1474 die päpstliche Bestätigung erhielt und sich schnell ausbreitete. Franz starb am 2. April 1507 in Plessis-les-Tours, wo seine Gebeine bis zu den Hugenottenkriegen im 16. Jh. ruhten.
Dargestellt im Kapuzenhabit, auf der Brust das Wort »Christus«, mit Totenkopf und Geißel. – Patron der Einsiedler, in Leiden, für Nachkommenschaft, gegen Pest. GK

Wilhelm [Vilmos], [Ahdt.: »der auf Schutz Bedachte«] Apor, Sel., wurde am 29. Februar 1892 in Segesvár/Rumänien geboren und besuchte von 1900–1907 das Jesuitengymnasium Kalksburg bei Wien. 1910 nahm er in Innsbruck das Theologiestudium auf und promovierte 1916 zum Dr. der Theologie. Seine mitfühlende Seelsorgetätigkeit als Pfarrer von Gyula und Bischof von Györ blieb bei den ihm Anvertrauten unvergessen. Er wurde am 28. März 1945 von russischen Soldaten niedergeschossen und starb am 2. April 1945 in Györ. – Seligsprechung am 9. November 1997.

3.4. **Liudbirg** [Lutbirg], Hl., stammte aus Solazburg im Sulzgau. Um 830/840 ließ sie sich mit Erlaubnis des Bischofs Thiadgrim von Halberstadt in einer Höhle beim Kloster Wendhausen bei Thale als Klausnerin nieder, wo sie Mädchen in Kirchengesang und Handarbeiten unterrichtete. Sie war geschätzt von den Bischöfen Ansgar von Hamburg-Bremen und Haimo von Halberstadt. Liudbirg starb am 3. April um 876/882 und wurde in Wendhausen bestattet.

Thiento OSB, Sel., Abt des Benediktiner-Klosters Wessobrunn, wurde 955 mit mehreren seiner Mönche vor der Abtei in Ungarn ermordet. – Das Grab der Märtyrer in der Marienkapelle wird schon im 13. Jh. erwähnt. 1707 wurden die Reliquien in einem Hochgrab neben dem Kreuzaltar geborgen. Mit dem Abbruch der Klosterkirche nach der Säkularisation ist auch das Grab verschwunden.

Richard [Ahdt.: »kühner Herrscher«], Hl., geb. 1197/98 in Wych (Droitwich in Worcestershire), studierte in Oxford, Paris und Bologna Rechtswissenschaften. Als Kanzler unterstützte er Erzbischof Edmund von Abingdon gegen die Anmaßungen König Heinrichs III. Dann studierte Richard Theologie, empfing in Orléans die Priesterweihe, wurde 1244 zum Bischof von Chichester gewählt und von Papst Innozenz IV. 1245 in Lyon geweiht. Nachdem der König 1247 seinen Einspruch gegen die Wahl zurückgezogen hatte, konnte Richard eine segensreiche Tätigkeit in seinem Bistum entfalten. Er bemühte sich um bessere Ausbildung des Klerus und um würdigen Vollzug des liturgischen Gottesdienstes. Armen und Kranken ließ er reichliche Hilfe zuteil werden. Auch betätigte er sich als eifriger Kreuzzugsprediger. Richard starb am 3. April 1253 in Dover und wurde in der Kathedrale von Chichester beigesetzt. – Sein Grab wurde 1538 zerstört.
Dargestellt in bischöflichem Ornat mit Buch, Kelch zu Füßen, auch auf einem Felde pflügend. – Patron der Fuhrleute.

Luigi Scrosoppi OR, Hl., am 4. August 1804 in Udine/Norditalien geboren. Er empfing die Priesterweihe und trat in die Gemeinschaft der »Oratorianer« ein. Seit 1854 wirkte er im Orden als Oberer. Seine Erfahrung als Seelsorger hatte ihm den Blick geschärft, den Gläubigen bei der Lösung von Problemen des Lebensalltags gezielte Hilfen anzubieten. Der Bau eines Waisenhauses und der Aufbau einer professionell geführten Einrichtung für Taubstumme waren für den sozial eingestellten Priester Herausforderungen, die ihm mehr und mehr zur Lebensaufgabe wurden. Dafür gründete er eigens die Gemeinschaft der »Schwestern von der Göttlichen Vorsehung« (CDP). Zudem organisierte er umsichtig Hilfen für von Alter und Krankeit gezeichnete Missionare und Priester. Luigi Scrosoppi starb am 3. April 1884 in seiner Heimatstadt Udine. – Seligsprechung am 4. Oktober 1981, Heiligsprechung am 10. Juni 2001.

Elisabeth [Hebr.: »Gott hat geschworen« od. »Gott ist vollkommen«] Koch, geb. am 21. Januar 1815 in Aachen (Taufname Josephine), wurde Rekollektin in Eupen und übernahm 1842 die Leitung der Krankenpflege im dortigen Nikolaus-Hospital. Unter dem Beistand von Franziska Schervier gründete sie 1857 die »Genossenschaft der Franziskanerinnen von der Heiligen Familie«, die sie ab 1858 als Generaloberin leitete. Als Meisterin des inneren Lebens war sie ganz erfüllt zur Ehre Gottes. Sie starb am 3. April 1899 in Löwen. 1964 wurden ihre sterblichen Überreste nach Eupen in das »Klösterchen« überführt.

Ambrosius, Hl., Bischof von Mailand, gest. 4.4.397, ↗7.12. **4.4.**

Isidor [Griech.: »Gottesgeschenk«], Hl., geb. um 560, stammte aus einer vornehmen Familie Spaniens und wurde von seinem älteren Bruder Leander unterrichtet. Er wurde wohl Kleriker in Sevilla und übernahm nach dem Tod Leanders 600 die Leitung des Erzbistums. Isidor bemühte sich um eine gute Ausbildung des Klerus. Zu diesem Zweck errichtete er Schulen, denen Bibliotheken und Schreibstuben angegliedert wurden. Das Mönchtum suchte er zur ursprünglichen Höhe der Ideale zurückzuführen. Sein Verdienst ist die beginnende Versöhnung der romanisierten Bevölkerung mit den westgotischen Eroberern in der katholischen Kirche, die die Grundlage für die Bildung des spanischen Nationalgefühls bildeten. Seine zahlreichen Schriften enthalten eine Fülle antiken Wissens, das so in die Welt des Mittelalters hinübergerettet wurde. Der große Erzbischof von Sevilla und bedeutende Kirchenlehrer starb 636 und wurde in seiner Kathedrale bestattet. – König Ferdinand I. ließ die Gebeine Isidors in die Stadt León überführen. 1722 wurde er zum Kirchenlehrer erhoben.
Dargestellt in bischöflichen Gewändern mit Buch und Feder.

Konrad [Ahdt.: »kühner Ratgeber«] OPraem, (Sel.), stammte aus Schwaben und erhielt seine Erziehung am Hof Kaiser Heinrichs VI. Er trat in das Prämonstratenser-Stift Weißenau/Württemberg ein, wo er 1203 Propst wurde. Als Konrad 1217/18 zum Generalkapitel gereist war, sandte ihn der Generalbt Gervasius als Abt nach Valsecret bei Château-Thierry. 1220 wurde Konrad selbst Generalabt, doch auf Verleumdungen hin 1230 abgesetzt. Diese Kränkung ertrug er mit größter Demut und Ergebung. Um 1235 beriefen ihn die Prämonstratenser von Cuissy an der Aisne zu ihrem Abt. Dort hat Konrad sein bewegtes Leben 1241 beendet.

Heinrich [Ahdt.: »der in seinem Besitztum Mächtige«] Richter, geb. am 23. Dezember 1898 in Köln-Mülheim, 1922 zum Priester geweiht und 1931 zum Lokalpräses der Kolpingfamilie Köln-Zentral ernannt. Der seeleneifrige, fromme und hilfsbereite Priester wurde am 15. August 1944 von der Gestapo verhaftet. Auch in der Gefangenschaft zeigte er eine vorbildliche Haltung und wurde wahrscheinlich im KZ Ohrdruf bei der Räumung am 4. April 1945 ermordet, da er wegen schwerer Erkrankung nicht mehr transportfähig war.

5.4. **Juliana** von Kornelienberg, Hl., gest. 5.4. 1258, ↗7.8.

Vinzenz [Lat.: »der Siegreiche«] Ferrer OP, Hl., geb. um 1350 in Valencia, trat mit 17 Jahren dem Dominikanerorden bei. Während des abendländischen Papstschismas stand er zuerst auf der Seite der avigonesischen Päpste. Seit etwa 1412 schwenkte er allmählich zum rechtmäßigen Papst über. Vinzenz war einer der wortgewaltigsten Bußprediger des späten Mittelalters, persönlich von großer Opferbereitschaft und aszetischem Lebenswandel. In den kirchlichen und politischen Wirren seiner Zeit hatte er nicht immer eine glückliche Hand. Während einer Predigtreise, die ihn im Auftrag Papst Martins V. in die Normandie und Bretagne führte, ereilte ihn am 5. April 1419 in Vannes der Tod. Er wurde in der dortigen Kathedrale bestattet.
Dargestellt in Dominikanerhabit mit Buch, Lilie oder Feuer, als Bußprediger mit Flügeln oder Posaunen, mit Erscheinungen der Muttergottes, mit Taufbecken. – Patron der Ziegelmacher, Holzarbeiter, Dachdecker, Bleigießer; bei Krankheiten (Vinzenz-Wasser für Kranke), Kopfschmerzen, Epilepsie, Fieber, Gefahren aller Art; für gute Heirat, Fruchtbarkeit, seligen Tod. GK

Kreszentia Höß OFS, Hl., geb. am 20. Oktober 1682 in Kaufbeuren (Taufname Anna), wurde als eine arme Weberstochter nur unter großen Schwierigkeiten 1703 in den Konvent der »Franziskaner-Terziarinnen« aufgenommen. Leiden und ungerechte Behandlungen ertrug sie mit Geduld und Starkmut. Nachdem sie etwa fünfundzwanzig Jahre lang Novizenmeisterin gewesen war, wurde sie 1741 zur Oberin berufen. Obwohl oft kränklich, bewahrte sie sich ein frohes Herz. Sie pflegte besonders die Verehrung des leidenden und des eucharistischen Heilands sowie die Andacht zu den Heiligen Joachim und Anna. Der Ruf ihres heiligmäßigen Lebens verbreitete sich weit, und zahlreiche, auch hochgestellte Persönlichkeiten baten um ihren Rat und ihr Gebet. Kreszentia starb am 5. April 1744 in Kaufbeuren. Ihr Grab befindet sich unter dem Choraltar der Klosterkirche. – Seligsprechung am 7. Oktober 1900, Heiligsprechung am 25. November 2001.
Dargestellt in Nonnenkleidung mit Kreuz, Buch, Sieb, Taube.

6.4. **Methodius**, Hl., Glaubensbote in Mähren, gest. 6.4.885, ↗14.2.

Notker, Sel., Ordensmann, gest. 6.4.912, ↗7.5.

Wilhelm [Ahdt.: »der auf Schutz Bedachte«] von Aebelholt CanR, Hl., geb. um 1127 in Paris, entstammte einem französischen Adelsgeschlecht und wurde schon in jungen Jahren Chorherr an St.-Genovefa in Paris, dessen Kapitel 1148 die Regel des hl. Augustinus annahm. Erzbischof Absalon von Lund berief 1165 Wilhelm nach Dänemark und übertrug ihm die Leitung der Klöster auf Eskilsó. Wilhelm machte sich sehr verdient um die Verbindung von französischer und dänischer Kultur. Er förderte die Ordenszucht, verteidigte die Freiheit der Kirche und trat für die Heiligkeit der Ehe ein. Deswegen ließ ihn König Philipp August von Frankreich, der seine Gemahlin Ingeborg von Dänemark verstoßen hatte, zwei Jahre bis 1196 im Kerker schmachten. Wilhelm starb am 6. April 1203 in Aebelholt. Seine Gebeine wurden 1238 in die dortige neue steinerne Kirche übertragen.
Dargestellt in Chorherrenkleidung oder im Abtsgewand mit brennender Fackel.

Petrus Martyr [der Märtyrer] OP, Hl., geb. um 1205 in Verona, wurde um 1221/22 Dominikaner. Er war seit 1251 Prior in Como und päpstlicher Inquisitor in Oberitalien sowie in der Toscana und Ancona. Petrus war ein gewandter, vom Volk gefeierter Prediger, der aber von den Irrgläubigen mit Hass verfolgt wurde. Auf Betreiben der Papst- und Kirchengegner wurde er am 6. April 1252 in Farga bei Mailand ermordet. Sein Leib wurde in der Kirche S. Eustorgio in Mailand bestattet.
Dargestellt im Dominikanerhabit, mit Finger am Mund, klaffender Schädelwunde, Krummsäbel, Dolch, Märtyrerpalme. – Patron der Wöchnerinnen; für Gedeihen der Feldfrüchte; gegen Kopfleiden, Gewitter, Blitz, Sturm.

Hermann Joseph von Steinfeld, Hl., gest. angeblich 7.4.1241 oder 1252, ↗ 21.5. **7.4.**

Johannes Baptist de La Salle FSC, Hl., geb. am 30. April 1651 in Reims aus einer adeligen Juristenfamilie, wurde 1667 Domherr in Reims und 1678 Priester. Um der geistigen und leiblichen Not der Kinder entgegenzuwirken, gründete er 1679 eine Freischule für Knaben, verzichtete 1683 auf eine Domherrenstelle und schloss sich 1684 mit einigen Gleichgesinnten zur »Genossenschaft der christlichen Schulbrüder« zusammen. Nun gründete er zahlreiche Schulen, auch für die berufstätige Jugend, sowie zwei Lehrerseminare. La Salle ist der Begründer des französischen Volksschulwesens und sorgte für eine gediegene Lehrerausbildung. Er starb am 7. April 1719 in Rouen und wurde in der dortigen Kirche Saint-Sever bestattet.
Dargestellt im Priesterkleid, mit Buch und Kinderschar. – Patron des christlichen Unterrichts; der Lehrer, Erzieher (seit 1958). GK

Walter [Ahdt.: »der Herrschende«] OSB, Hl., geb. Ende des 11. Jhs. in Andainville **8.4.** in der Picardie, war Benediktinermönch in Rebais im Bistum Meaux. Um 1060/69 wurde er der erste Abt des neu gegründeten Klosters Pontoise. Der

Bürde der Klosterleitung entzog er sich durch die Flucht nach Cluny, musste aber auf Befehl Papst Gregors VII. wieder nach Pontoise. In Demut und Ordenszucht war er fortan seinen Mönchen ein Vorbild. In Béaucourt in der Diözese Amiens gründete er ein Benediktinerinnen-Kloster. Am 8. April 1099, dem Karfreitag, starb er und wurde in Pontoise bestattet. – 1153 wurden seine Gebeine erhoben. In der Französischen Revolution wurden die Reliquien auf dem Friedhof begraben, aber später nie wieder aufgefunden.
Dargestellt in Abtsgewand mit Ähre und Weinberg. – Patron der Gefangenen, Winzer; gegen Fieber, Rheumatismus; bei Augenleiden.

Manegold OPraem, verwaltete als Weltpriester drei Pfarreien und unterrichtete junge Adelige in den Wissenschaften. Dann nahm er in Steingaden das Kleid der »Norbertiner«. 1191 wurde er als vierter Propst an das Prämonstratenser-Stift Obermarchtal berufen. Hier war er ein Vorbild in der Erfüllung der Ordensvorschriften, wehrte mit Geschick die Angriffe habgieriger Hände auf den Klosterbesitz ab und zeigte sich als freigiebiger Freund der Armen und Kranken. Manegold starb am 8. April 1204.

Beate [Lat.: »die Selige«] OSCl, (Sel.), Tochter Herzog Heinrichs von Mecklenburg, wurde 1350 Äbtissin im Klarissen-Kloster Ribnitz. Sie war ihren Mitschwestern ein Vorbild in Friedfertigkeit, Nächstenliebe, Demut und treuer Befolgung der Regel. Beata starb am 8. April 1399 im Ruf der Heiligkeit und wurde bis zur Reformation verehrt.

Marie-Rose-Julie Billiart, Hl., am 12. Juli 1751 Cuvilly/Frankreich geboren. Seit ihrem 23. Lebensjahr war sie gelähmt. Sie widmete sich besonders dem mystischen Gebetsleben. 1804 gründete sie die Kongregation der »Schwestern Unserer Lieben Frau von Namur« für die Bildung der weiblichen Jugend. Bald nach der Gründung wurde sie von ihrer Krankheit geheilt. Die begnadete Erzieherin starb am 8. April 1816 im Ruf der Heiligkeit in Namur/Belgien. – Heiligsprechung am 22. Juni 1969. GK

9.4. **Waltrud** [Waldetrud, Waltraud], [Ahdt.: »kraftvolle Herrscherin«] OSB, Hl., Schwester Adelgunds, Mutter Adeltruds und Madelbertas, gründete, nachdem ihr Gatte Mönch geworden war, ein Kloster in Mons/Hennegau, das sie als erste Äbtissin leitete. Sie starb am 9. April um 688. Ihre Reliquien befinden sich in der nach ihr St.-Waudru genannten Kirche in Mons.
Dargestellt als Mutter mit ihren Kindern, die sie unter ihrem Mantel birgt, oder als Klosterfrau.

Kasilda, Hl., der Überlieferung nach Tochter eines Emirs von Toledo, half schon in ihrer Jugend christlichen Gefangenen. Von einer schweren Krankheit ergriffen, wurde sie in den Bädern von San Vincente bei Burgos geheilt. Sie

ließ sich taufen und lebte fortan als Einsiedlerin. Kasilda starb im 11. Jh. Über ihrem Grab entstand eine Kirche, die heute noch von Wallfahrern besucht wird.
Dargestellt in vornehmer Gewandung mit Rosen im hoch gehobenen Kleid. – Patronin gegen Blutfluss, Unfruchtbarkeit, Unglück.

Konrad I. [Ahdt.: »kühner Ratgeber«], (Sel.), geb. um 1075 aus dem Geschlecht der Grafen von Abensberg, war Domherr in Hildesheim und wurde 1105 von Heinrich V. zum Erzbischof von Salzburg ernannt. Nachdem er sich 1112 auf dem Romzug mit dem Kaiser entzweit hatte, musste er fliehen und konnte erst 1121 nach Salzburg zurückkehren. Nun widmete er sich in Verbindung mit Gerhoh von Reichersberg der Reform von Welt- und Ordensgeistlichen und führte 1122 am Domstift in Salzburg, dann aber auch an vielen anderen Stiftskirchen die Regel der Augustiner-Chorherren ein. 1125 lenkte Konrad die Königswahl auf Lothar III. von Supplinburg. Der Erzbischof starb am 9. April 1147 im Lungau.

Hulda, Prophetin des Alten Bundes, sagte dem König Joschija voraus, das nach **10.4.**
seinem Tod über Juda ein Strafgericht Gottes kommen werde. Sie starb um 620 v. Chr.
Dargestellt als Prophetin, neben sich einen Turm.

Gerold, Hl., Einsiedler im Groß-Walsertal, gest. 10.4.978, ↗19.4.

Eberwin von Helfenstein OPraem, Augustiner-Chorherr in Springiersbach, ging 1121 mit mehreren Gefährten nach Steinfeld/Eifel, um das von Benediktinern verlassene Kloster einzurichten. Vor 1135 schlossen sich Propst Eberwin und sein Stift dem Orden der »Prämonstratenser« an. Eberwin bekämpfte die Irrlehren, die in Köln und Umgebung verbreitet wurden, durch Wort und Schrift. Mit Bernhard von Clairvaux war er befreundet. Nach der Überlieferung starb er am 10. April 1152.

Engelbert [Ahdt.: berühmt wie die Angeln, die ursprünglich an der Bucht von Schleswig wohnten] OSB, Sel., geb. um 1250, Bendiktinermönch in Admont, studierte in Prag und Padua und entwickelte sich zu einem vielseitigen Schriftsteller. 1297–1327 leitete er als Abt Kloster Admont. Am 10. April 1331 schied er aus dem Leben.

Magdalena Gabriela Gräfin von Canossa FDC, Hl., wurde am 1. März 1774 in Verona geboren. Nach dem frühen Tod ihrer Eltern lebte sie einige Zeit als Karmelitin, widmete sich dann der Sorge um die Straßenkinder. 1808 eröffnete sie in Verona ein Haus und eine Schule im Stadtviertel San Zeno. Mit dieser Aufgabe begann ihre Gründung der Gemeinschaft der »Töchter der

Göttlichen Liebe«. Die hoch verehrte Ordensfrau starb am 10. April 1835 in ihrer Heimat Verona. – Heiligsprechung am 2. Oktober 1988. GK

11.4. **Stanislaus** [Poln.: »durch Standhaftigkeit berühmt«], Hl., geb. um 1030, wurde Domherr und 1072 Bischof von Krakau. Er erfüllte eifrig seine Hirtenpflichten. Als er König Boleslaw II. in seine Schranken wies und exkommunizierte, wurde Stanislaus auf Befehl des Königs in der Michaelskirche von Krakau am 11. April 1079 während der Messe erschlagen. 1088 wurden seine Gebeine in die Kathedrale von Krakau übertragen.
Dargestellt in bischöflichem Ornat mit Buch, Schwert und einem Toten. – Patron Polens; des Bistums Krakau; bei Glaubenskämpfen. GK

Hildebrand OCist, (Sel.), ein Konverse des Ordens der »Zisterzienser«, wurde 1209 bei Saint-Gilles von Albigensern grausam ermordet.

Reiner [Ahdt.: »Ratgeber des Heeres«], (Sel.), stammte angeblich aus der Umgebung von Groningen/Friesland und war seit etwa 1211 Rekluse am Dom in Osnabrück. Nach seinem Leben in strengster Abtötung und Buße starb er am 11. April 1233. Schon bald wurde er vom Volk verehrt. – 1465 wurden seine Gebeine erhoben und in einem Schrein im Dom von Osnabrück aufbewahrt.
Dargestellt als Einsiedler, in seiner Klause betend, mit Kruzifix und Geißel.

Gemma [Lat.: »Edelstein«] Galgani, Hl., geb. am 12. März 1878 in Camigliano bei Lucca, war mystisch begnadet und stieg in ihren Erscheinungen und Ekstasen bis zur mystischen Vermählung mit Christus auf. Sie ist die erste stigmatisierte Mystikerin des 20. Jh. 1899 empfing sie die Wundmale Jesu. Ihre außergewöhnlichen Leiden brachte sie als Sühneopfer für gefährdete Seelen dar. Von ihr sind zahlreiche Briefe, das Tagebuch, die Autobiographie und weitere Schriften vorhanden, die eine gute Kenntnis ihrer Theologie erkennen lassen und die die einzigartige Seelenkunde einer jungen Frau, stark von göttlicher Gnade geprägt, aber gleichzeitig reich an Intuition und Feingefühl und Kühnheit wiedergeben. Sie starb am 11. April 1903 in Lucca und wurde im dortigen Passionistinnen-Kloster beigesetzt. – Heiligsprechung am 2. Mai 1940.
Dargestellt als betendes junges Mädchen, oft mit den Wundmalen Jesu. GK

12.4. **Herta** [Hertual], Hl., eine christliche Jungfrau in Rom, bezeugte zur Zeit der Verfolgung Diokletians um 303 ihren Glauben an Christus durch ihren Martertod.

Julius I., Hl., Papst seit 337, bekämpfte kraftvoll die Irrlehre des Arius und verteidigte Athanasius von Alexandrien. Durch seine Güte, Milde und Charak-

terfestigkeit hob er das Ansehen des Papsttums. In Rom erbaute er die Kirche zu den zwölf Aposteln. Julius starb am 12. April 352 und wurde bald als Heiliger verehrt.
Dargestellt in päpstlicher Kleidung mit Pallium und Buch. – Patron der Latrinenreiniger.

Zeno, Hl., stammte wohl aus Mauretanien. Er wirkte in der 2. Hälfte des 4. Jhs. als Bischof in Verona. Zeno bemühte sich, die Reste des Heidentums und des Irrglaubens in Oberitalien zu beseitigen. Er war ein bedeutender Prediger und vielseitiger Kirchenschriftsteller. Als erster im Abendland vertrat er die dauernde Jungfräulichkeit Marias. Zeno ist wahrscheinlich um 371 gestorben. Der Bericht über sein Martyrium ist geschichtlich nicht haltbar. – Schon um 440 befand sich über seinem Grab eine Kirche. 830 übertrug Ratold von Verona sein Haupt nach Radolfzell.
Dargestellt in bischöflichem Ornat mit Mitra und Stab, mit Buch und Fischen. – Patron gegen Wasserschäden; für Kinder, die schlecht laufen und sprechen lernen.
M

Giuseppe Moscati, Hl., wurde am 25. Juli 1880 als Sohn einer adeligen Familie geboren. Am 31. Juli 1880 empfing er in der Pfarrkirche San Marco das Sakrament der Taufe auf die Namen Giuseppe, Maria, Carlo, Alfonso. Nach dem Tod seines Vaters im Oktober 1897 schrieb sich Moscato an der Fakultät für Medizin der Universität von Neapel ein. Am 4. August 1903 promovierte er. Später erhielt er den Lehrstuhl für klinische Chemie und wurde 1922 Privatdozent für Allgemeine Medizin. Seine wissenschaftlichen Forschungen führten ihn zu Gott, dem Schöpfer des Universums, den er täglich in der Eucharistie empfing. Geradezu heroisch lebte er die christlichen Tugenden. Seinen Beruf übte er nicht des Gewinnes wegen aus, im Gegenteil, er arbeitete beinahe umsonst. Oft verzichtete er auf das Honorar und gab beträchtliche Spenden für Medikamente für notleidende Kranke. Nach einer kurzen Krankheit und nachdem er den Tag wie jeden anderen mit dem Empfang der heiligen Kommunion und einigen Krankenbesuchen begonnen hatte, beendete er am 27. April 1927 sein irdisches Leben. – Am 16. November 1930 wurden seine sterblichen Überreste in die Kirche »Gesù Nuovo« überführt und sind bis heute das Ziel fortdauernder Pilgerfahrten zahlreicher Gläubiger. – Seligsprechung am 16. November 1975, Heiligsprechung am 25. Oktober 1987.
GK

Giovanna Fernández Solar OCarm, Hl., mit Ordensnamen Teresia von Jesus der Anden, als Tochter gläubiger Eltern am 13. Juli 1900 Santiago de Chile geboren, verbrachte eine unbeschwerte Jugend im Kreis der Familie. Als Katechetin war sie für ihre Altersgenossinnen ein Vorbild an Gottes- und Nächstenliebe. Sie wollte ein Opfer- und Sühneleben führen und trat im Alter von

19 Jahren in den Karmel von Los Andes ein. Sie starb als Novizin gottergeben am 12. April 1920 in Los Andes. – Seligsprechung am 3. April 1987, Heiligsprechung am 21. März 1993. GK

13.4. **Hermenegild**, Hl., Sohn des arianischen Westgotenkönigs Leovigild, wurde durch seine Gemahlin Ingundis, Tochter König Sigiberts I. von Austrasien (heute Westdeutschland, mit Lothringen, Hauptstadt Metz), zum katholischen Glauben geführt. Hermenegild ließ sich zu einem Aufstand gegen seinen Vater verleiten. Leovigild eroberte Sevilla, nahm Hermenegild gefangen und ließ ihn am 13. April 585 in Tarragona enthaupten. Hermenegild, der sich vor seinem Tod geweigert hatte, die Kommunion aus der Hand eines arianischen Priesters zu empfangen, wurde in Sevilla bestattet.
Dargestellt in fürstlicher Kleidung mit Palme und Beil.

Martin I. [Lat.: »der dem Mars Geweihte«], Hl., wurde 649 Papst, ohne die kaiserliche Bestätigung der Wahl abzuwarten. Auf der Lateransynode im Oktober 649 verurteilte Martin die Irrlehre des Monotheletismus. Kaiser Konstans II. ließ Martin im Juli 653 in der Lateranbasilika ergreifen und nach Konstantinopel bringen. Hier wurde Martin wegen Hochverrats zum Tode verurteilt, zur Verbannung begnadigt und im Frühjahr 654 nach Cherson gebracht, wo er am 16. September 655 starb. – Seine Briefe aus der Verbannung geben seine tiefe Enttäuschung über seine ehemaligen Freunde wieder. Sein Gedächtnis wird in der griechischen Kirche immer am 13. April begangen.
Dargestellt in bischöflicher oder päpstliche Gewandung mit Tiara und Kreuzstab.
GK

Paulus Diaconus OSB, (Sel.), geb. um 720/724, entstammte wahrscheinlich einem langobardischen Adelsgeschlecht. Schon vorher als Lehrer und Geschichtsschreiber tätig, trat er nach dem Ende des Langobardenreiches 774 als Mönch in das Kloster Montecassino ein. Karl d. Gr. berief ihn 782 in den Kreis seiner Hofgelehrten, wo Paulus als Geschichtsschreiber, Dichter und theologischer Schriftsteller großes Ansehen genoss. Sein Hauptwerk ist die »Geschichte der Langobarden«. Er verfasste auch eine Geschichte der Bischöfe von Metz. Paulus starb um 799 auf Montecassino.

Paternus OSB, (Sel.), ein Iroschotte, lebte als Inkluse beim Kloster Abdinghof in Paderborn. Beim großen Stadtbrand am 13. April 1058 weigerte er sich seines Gelübdes wegen, seine Zelle zu verlassen, und kam im Feuer um.
Dargestellt im Mönchshabit mit Buch und brennender Kerze.

Ida [Germ.: »schützende Frau«] von Boulogne, Sel., geb. um 1040 in Bouillon als Tochter Herzog Gottfrieds des Bärtigen von Lothringen, vermählte sich um

1057 mit Graf Eustach I. von Boulogne und wurde die Mutter Gottfrieds von Bouillon und König Balduins I. von Jerusalem. Nach dem Tod ihres Gatten unterstützte sie reichlich Kirchen und Klöster und förderte die Reform von Cluny. Ida starb am 13. April 1113 und wurde in der Abtei St.-Vaast in Arras, der ihre größte Fürsorge gegolten hatte, begraben. – 1669 wurden die Reliquien den Benediktinerinnen von der Ewigen Anbetung in Paris übergeben und kamen mit diesen 1808 nach Bayeux.

Hadwig Gräfin von Meer OPraem, Sel., hatte mit ihrer Mutter 1165 in deren Stammsitz bei Neuss ein Prämonstratenserinnen-Kloster gegründet. Nach dem Tod Hildegunds um 1183 folgte ihr Hadwig als Meisterin und leitete den Konvent bis zu ihrem Tod am 14. April um 1200. **14.4.**

Lidwina [Lidwiga, Ludwina, Lidia], Sel., geb. am 18. März 1380 in Schiedam bei Rotterdam, stammte aus einer armen Familie. Seit 1395 von einer schmerzlichen Krankheit heimgesucht, ertrug sie 38 Jahre lang ihr Leiden mit heroischer Geduld. Sie nährte sich fast nur durch die hl. Kommunion und wurde durch Visionen und mystische Entrückungen begnadet. Lidwina starb am 14. April 1433 in Schiedam. – Ihre Gebeine wurden 1616 nach Mons und Brüssel übertragen, letztere 1871 teilweise nach Schiedam zurückgebracht. Im niederländischen Regionalkalender wird ihrer am 14. Juli gedacht.
Dargestellt als junges Mädchen mit rosenbekränztem Haupt, in den Händen Kruzifix, Rosenkranz, Bußkette. – Patronin der Kranken, des Krankenapostolates. – Wallfahrt in Schiedam.

Ernestine OCarm, Tochter des Herzogs von Pfalz-Sulzbach, wurde im Stift Essen erzogen und mit dem Grafen Wilhelm von Rheinhessen vermählt. Nach dem Tod ihres Gemahls trat sie 1731 in den Karmel von Neuburg an der Donau ein und erhielt den Ordensnamen Augusta. Hier war sie ihren Mitschwestern ein Vorbild an Gehorsam, Demut und Liebe zur Armut. Sie starb dort als Priorin am 14. April 1775 im Ruf der Heiligkeit. Ihre Gebeine wurden in die Neuburger Hofkirche übertragen.

Huna [Unna], Hl., Gattin des fränkischen Ortsherren Huno in Hunaweier/Elsass, unterstützte freigebig die Armen, denen sie nach der Legende sogar die Wäsche gewaschen hat. Daher nannte sie das Volk »heilige Wäscherin«. Huna starb im 7. Jh. um (687?). Ihre Gebeine wurden am 15. April 1520 feierlich erhoben. Der größte Teil der Reliquien wurde 1540, als Hunaweier protestantisch wurde, von den Einwohnern vernichtet. **15.4.**
Dargestellt als Wäscherin. – Patronin der Wäscherinnen, des Weinbaus. ST

Nidker [Nidgar], Sel. (Hl.), ist 822 und 829 als Bischof von Augsburg bezeugt. Nach späteren, unbeweisbaren Angaben soll er vorher Abt von Ottobeuren gewesen sein. Nidker starb nach der Grabinschrift am 15. April, nach dem Nekrolog von St.-Ulrich am 27. September nach 829. Seine Reliquien wurden in St.-Ulrich und Afra verehrt. Eine Übertragung seiner Gebeine wird 1064 erwähnt.
Dargestellt als Mönch, dem die bischöfliche Mitra übergeben wird.

Damian Josef Deveuster SSCC, Sel., geb. am 3. Januar 1840 in Tremelo/Belgien und auf den Namen Josef getauft, trat 1859 in die Genossenschaft der »Picbus-Patres« ein. Seit 1864 wirkte er auf den Hawaii-Inseln, seit 1873 stellte er sich ganz in den Dienst der Aussätzigen auf Molokai. Er erkrankte schließlich selbst an Lepra und starb am 15. April 1889 in Kalawo. – Sein Leichnam wurde 1936 nach Löwen/Belgien überführt. Seligsprechung am 4. Juni 1995.

16.4. **Benedikt Josef** Labre, Hl., geb. am 26. März 1748 in Amettes/Pasde-Calais, wanderte seit 1770 als heimatloser, unbekannter Pilger zu den Wallfahrtsstätten in Frankreich, Italien, Spanien, Deutschland und der Schweiz. Er lebte in vollkommener Armut und ertrug geduldig Spott und Verfolgung. Schweigsames, betrachtendes Gebet war seine Begleitung. Dafür wurden ihm außergewöhnliche Gnadenerweise Gottes zuteil. Am 16. April 1783 wurde der »Vagabund Gottes« in Rom aus diesem Leben abberufen. Sein Grab befindet sich dort in der Kirche Madonna dei Monte.
Dargestellt als Pilger mit Stab und Rosenkranz. ES

Bernadette Soubirous, Hl., geb. am 7. Januar 1844 in Lourdes, hatte 1858 in der Grotte Massabielle achtzehn Erscheinungen der unbefleckt empfangenen Gottesmutter Maria. Hierdurch wurde Lourdes zu einem der bedeutendsten Marienwallfahrtsorte der Neuzeit. Bernadette aber hatte viele Anfeindungen zu ertragen. 1866 trat sie in das Kloster der »Caritas- und Schulschwestern von St.-Gildrad« in Nevers ein, wo sie in demütiger Verborgenheit Kranke pflegte. Auch hier ertrug sie Unverständnis und schwere Krankheiten mit geduldiger Ergebenheit. Sie starb am 16. April 1879. Ihr Leib ist unverwest.
Dargestellt als Nonne oder Bauernmädchen, vor der Lourdesgrotte kniend mit Rosenkranz.

17.4. **Wando** OSB, Hl., war wohl schon Mönch in Fontenelle, als er mit einigen Mitbrüdern nach Friesland zog, um dort Wolfram von Sens bei der Glaubensverkündigung zu unterstützen. Vor 700 kehrte Wando nach Fontenelle zurück und wurde 716 dort Abt. Unter Karl Martell lebte er von 717 bis nach 741 in der Verbannung in Maastricht, wo er für die Reliquien des hl. Servatius eine Kirche erbaute. Wiederum in Fontenelle war er auf die geistige Bildung seiner Mönche bedacht und vermehrte die Bücherschätze der Abtei. Als er im Alter erblindete, verzichtete er 752 auf seine Abtswürde. Er starb am 17. April wahrscheinlich 756.

Eberhard OPraem, Sel., stammte aus edlem Geschlecht der Edlen von Wolfegg. Als Archidiakon hatte er eine hohe kirchliche Würde inne. Er entsagte der Welt und trat in das 1126 gegründete Prämonstratenser-Stift Rot bei Memmingen ein. 1175 bestellte ihn Abt Odino von Rot zum ersten Propst der Tochtergründung Obermarchtal, die Eberhard aufbaute und bis zu seinem Tod am 17. April 1179 leitete. – Die frühe Erhebung seiner Gebeine 1204 lässt auf eine bald nach dem Tod einsetzende Verehrung schließen.
Dargestellt als Prämonstratenser mit Segenshand, von der Strahlen ausgehen.

Rudolf [Ahdt.: »berühmter Wolf«], (Sel.), wurde im Kindesalter 1294 ermordet. Diese Tat wurde zu Unrecht den Juden zugeschrieben. Es kam in Bern zu einer Judenverfolgung. – An dem Grab Rudolfs in der Berner Leutkirche sollen sich Wunder ereignet haben. 1435 wurden die Gebeine Rudolfs im Kreuzaltar der neuen Münsterkirche beigesetzt, während des Bildersturms 1529 aber außerhalb der Kirche beerdigt.
Dargestellt als Knabe mit Messer, Palme, Kreuz.

Max Joseph Metzger, geb. am 3. Februar 1887 in Schopfheim/Schwarzwald, wurde 1911 zum Priester geweiht. Als er im Ersten Weltkrieg Divisionspfarrer in Frankreich war, erfolgte eine radikale Wendung zum Pazifismus, der ihn von nun an prägte. Er gründete den »Friedensbund deutscher Katholiken«, die »Christkönigsgesellschaft vom weißen Kreuz« und die Bruderschaft »Una Sancta«. Er lebte und wirkte für den Frieden unter den Völkern und die Wiedervereinigung der getrennten Kirchen. Als Verfasser eines Friedensmemorandums, das durch Spitzel in die Hände der Geheimen Staatspolizei fiel, wurde er durch ein nationalsozialistisches Gericht zum Tode verurteilt und am 17. April 1944 in Brandenburg durch das Fallbeil hingerichtet.

Aya [Agia] OSB, Hl., Gemahlin des fränkischen Edlen Hildulf, wurde im Alter Klosterfrau in Mons, wo sie wohl am 18. April 708/709 starb. – Einige Reliquien kamen 1669 in die Kapelle der Tuchschererzunft nach Antwerpen, andere in die Pfarrkirche »Unserer Lieben Frau« nach Brüssel. **18.4.**

Wikterp [Wigo], Hl., geb. in Epfach am Lech, ist der erste geschichtlich nachzuweisende Bischof von Augsburg. Sein Erbgut in Epfach schenkte er dem Augsburger Dom. Um 742 wurde das Salafeld vom Bistum Augsburg abgetrennt und dem neuen Bistum Eichstätt zugeteilt. Wikterp hat große Verdienste um die Glaubensverkündigung im Allgäu, wo er Magnus und Tozzo in ihrem Wirken unterstützte. Er starb vielleicht am 18. April um 771 und wurde in Epfach begraben. – 1121/65 wurden seine Gebeine nach St.-Ulrich und Afra in Augsburg übertragen und 1489 in der dortigen Sakristei beigesetzt.

Dargestellt in bischöflichen Gewändern, auch bei nächtlichem Kirchenbau sowie mit Herluka von Bernried.

Herluka von Bernried, Sel., geb. um 1060, führte unter Leitung der Äbte Wilhelm von Hirsau und Theoger von St.-Georgen ein Leben der Nächstenliebe und des betrachtenden Gebets. Seit 1086 wohnte sie in Epfach am Lech, wo sie sich für den Kult Witkerps von Augsburg einsetzte. Sie stand im Briefwechsel mit Diemut von Wessobrunn. Ungerechten Anfeindungen wich sie 1122 durch Verlegung ihres Wohnsitzes nach Bernried aus, wo sie 1127 starb.

Dargestellt als Nonne, der der leidende Heiland erscheint, mit Lampe, die ein Teufel auszulöschen versucht, sowie mit Witkerp von Augsburg.

19.4. **Leo IX.**, Hl., geb. 1002 im Elsass als Sohn des Grafen von Egisheim-Dagsburg, wurde 1026 Bischof von Toul; 1048 bestimmte ihn sein Vetter, Kaiser Heinrich III., zum Papst. Leo bemühte sich auf zahlreichen Reisen durch Deutschland, Frankreich und Italien um die Reform der Kirche und wandte sich auf mehreren Synoden besonders gegen Simonie und Priesterehe. Er konnte verhindern, dass die griechische Kirche sich von Rom löste. Gestorben in Rom am 19. April 1054 wurde er in St.-Peter bestattet.

Dargestellt in päpstlichem Ornat mit Kirchenmodell, mit Aussätzigen. – Patron der Musiker, Organisten. RK, BS, FR, ME, TR

Gerold [Ahdt.: »Speer« und »herrschen«], Hl., Einsiedler im Groß-Walsertal/Vorarlberg, schenkte seine Güter dem Kloster Einsiedeln. Er starb wahrscheinlich am 10. April 978 und wurde in der Pfarrkirche in Frisen begraben. Die Reliquien kamen damals nach Einsiedeln. Das Haupt wurde 1663 nach Friesen zurückgebracht.

Dargestellt als Ritter oder Einsiedler, bei ausgehöhltem Baum betend, mit Esel. ES, V

Autbert [Otbert] OSB, (Hl.), Mönch von Corvey, begleitete 826 mit Ansgar den neu bekehrten Dänenkönig Harald von Ingelheim zurück in seine Heimat. Doch schon zwei Jahre später musste Autbert wegen Krankheit in sein Kloster zurückkehren. Er starb in Corvey der Überlieferung nach bereits am 19. April 829.

Friedrich [Ahdt.: »schützender Herrscher«] OCist, Priestermönch der Zisterzienser-Abtei Altzelle in Sachsen, wirkte als Glaubensbote in Livland. Hier wurde er bei der Feier der heiligen Messe am Osterfest, dem 19. April 1215, von heidnischen Liven überfallen und mit seinem Messdiener nach grausamer Marter getötet.

Werner [Ahdt.: »Verteidiger des Heeres«] von Oberwesel, Sel., ein aus Wormrath im Hunsrück gebürtiger Knabe, wurde 1287 auf einem Feld bei Bacharach ermordet aufgefunden. Der Mord wurde in Unrecht den Juden in Oberwesel zur Last gelegt und war die Ursache einer blutigen Judenverfolgung. Werner wurde in der Kunibertskapelle von Bacharach beigesetzt, deren weiter Ausbau sofort begonnen, aber erst im 15. Jh. vollendet wurde. – Die Gebeine Werners wurden 1621 von spanischen Soldaten verschleppt. 1689 begannen die Franzosen mit der Zerstörung der Wernerkapelle, die heute als Ruine dasteht. Ein in Rom im 15. Jh. eingeleitetes Heiligsprechungsverfahren hat nicht zum Ziel geführt.
Dargestellt als Bauernjunge mit Messer oder Schwert, Schaufel und Wanne, Palme und Märtyrerkrone. – Patron der Winzer.

Marcel Callo, Sel., geb. am 6. Dezember 1921 in Rennes/Frankreich, von Beruf Buchdrucker, engagierte sich aus Glaubensüberzeugung als Pfadfinder in der Katholischen Aktion. Er wurde 1944 verhaftet und kam als Märtyrer der Arbeiterjugend am 19. April 1945 im KZ Mauthausen ums Leben. – Seligsprechung am 4. Oktober 1987.

Wiho, Hl., erster Bischof von Osnabrück, gest. 20.4.804 ↗13.2. **20.4.**

Wilhelm [Ahdt.: »der auf Schutz Bedachte«], Sel., pilgerte zu den Wallfahrtsstätten der Christenheit und ließ sich zuletzt bei Windberg in der Nähe von Straubing nieder. Nach der Überlieferung besaß er die Gabe der Weissagung. Nach seinem Tod an einem 20. April zu Beginn des 12. Jhs. wurde über seinem Grab 1126 eine Kapelle errichtet.

Odette OPraem, Sel., geb. aus vornehmer Familie in Brabant, wollte von Jugend an sich ganz Gott weihen. Als ihre Eltern aber insgeheim einen Bräutigam für sie gesucht und mit List zur Trauung in die Kirche geführt hatten, erklärte Odette vor dem Priester, sie gehöre ganz Jesus Christus an, von dem sie weder Versprechungen noch Drohungen trennen könnten. Nun konnte sie endlich ins Kloster gehen, wo sie, vollständig abgeschlossen von der Welt, 1158 im Ruf großer Heiligkeit verschied. Ihre Reliquien befinden sich heute im Seminar von Bonne-Espérance in Tournai/Belgien.

Hildegund [Ahdt.: »Kämpferin«] OCist, Sel. (Hl.), stammte aus Neuss am Rhein. Mit ihrem Vater unternahm sie um 1183 eine Wallfahrt ins Heilige Land. Bevor dieser dort starb, riet er seiner Tochter, Männerkleidung zu

tragen und den Namen Josef anzunehmen, um ungefährdet die Heimreise zu überstehen. Glücklich zurückgekehrt behielt sie Kleidung und Namen bei und bat um Aufnahme in das Zisterzienser-Kloster Schönau bei Heidelberg. Hier lebte sie als Novizin bis zu ihrem Tod am 20. April 1188. Erst dann erkannte man ihr wirkliches Geschlecht und erfuhr durch Nachforschung ihre Herkunft.
Dargestellt in Männerkleidung mit einem neben ihr reitenden Engel.

21.4. **Anselm** [Germ./Ahdt.: »der von Gott Beschützte«] OSB, Hl., geb. 1033/34 in Aosta/Piemont aus lombardischem Adel, lebte seit 1060 als Mönch im Kloster Bec, das er seit 1078 als Abt leitete. Seine Bemühungen, die Mönche zu einem höheren geistigen Leben zu führen, waren weit über sein Kloster hinaus von Erfolg gekrönt. 1093 zum Erzbischof von Canterbury erhoben, zeigte sich Anselm als unentwegter Verteidiger der Freiheit der Kirche gegenüber dem englischen Königtum. Im Sinne der gregorianischen Reform lehnte er Laieninvestitur und Lehenseid der Bischöfe ab. Dafür musste Anselm zweimal in die Verbannung gehen. Der Kompromiss von Bec 1106 brachte eine Verständigung zwischen dem Erzbischof und dem König. Als philosophisch-theologischer Schriftsteller hatte Anselm großen Einfluss auf die mittelalterliche Gotteslehre, und er wird mit Recht der Vater der Scholastik genannt. Anselm starb am 21. April 1109 und wurde in der Kathedrale von Canterbury begraben. – 1720 wurde er zum Kirchenlehrer erhoben.
Dargestellt in bischöflichen Gewändern mit Buch, Schiff. GK

Konrad [Ahdt.: »kühner Ratgeber«] Birndörfer OFMCap, Hl., geb. 1818 in Parzham/südwestl. v. Passau, trat 1849 in den »Kapuzinerorden« ein, wo er einundvierzig Jahre lang Pförtner im Kloster von Altötting war. In Liebe und Hilfsbereitschaft hat er sich um Arme und Wallfahrer bemüht und war von tiefer Frömmigkeit und bescheidener Geduld. Konrad starb am 21. April 1894 in Altötting; sein Grab in der Klosterkirche wird hoch verehrt. – Seligsprechung 15. Juni 1930, Heiligsprechung am 20. Mai 1934.
Dargestellt im Kapuzinerhabit mit Kreuz in der Hand. – Patron der katholischen Burschenvereine, des seraphischen Liebeswerks; in allen Nöten. RK, PA, R, W

22.4. **Kajus**, Hl., stammte vielleicht aus Dalmatien und leitete die Kirche seit 282/283 in der Friedenszeit vor der Verfolgung Diokletians. Zu seiner Zeit beginnt die zuverlässige Überlieferung der römischen Weihetage. Kajus starb am 22. April 295/296. Er wurde in einem Raum der Kalixtus-Katakombe/Rom bestattet.
Dargestellt in päpstlichen Gewändern mit Tiara und Doppelkreuz.

Wolfhelm OSB, Sel., aus einem rheinischen Adelsgeschlecht, Ausbildung an der Kölner Domschule. 1036/38 hielt er sich als Benediktinermönch der Trierer

Abtei St.-Maximin auf, dann in St.-Pantaleon in Köln. Nach 1052 wurde er als Stellvertreter des Abtes von St.-Pantaleon nach Gladbach gesandt, um die dortige Abtei zu leiten. Von Erzbischof Anno II. von Köln als Abt von Siegburg vorgesehen, konnte er die dortigen Schwierigkeiten nicht meistern. 1065 wurde Wolfhelm Abt in Brauweiler. Hier entwickelte er eine rege Brautätigkeit und wahrte gegenüber den Kölner Erzbischöfen die Rechte des Klosters. Wolfhelm starb am 22. April 1091. Er wurde in der Abteikirche Brauweiler beigesetzt. Der romanische Sarkophag ist dort vorhanden, nicht aber die Reliquien.

Meingoz [Megingoz] OSB, (Sel.), leitete das Benediktiner-Kloster Weingarten seit etwa 1188. Der fromme und demütige Abt erwarb sich durch den Ausbau von Kirche und Kloster sowie durch Vermehrung des Klosterbesitzes große Verdienste. Meingoz starb um 1200.

Georg [Griech.: »der Landmann«], Hl., Soldat des römischen Heeres zur Zeit Kaiser Diokletians, wurde in Kappadozien oder Lydda um 304 enthauptet. In der Ostkirche wird er als »Großmärtyrer« verehrt. Schon früh rankten sich Legenden um seine Persönlichkeit, die darum nicht exakt zu erfassen ist. Georg gehörte zum Kreis der Vierzehn Nothelfer. **23.4.**

Dargestellt als Ritter mit und ohne Pferd, mit durch Schwert oder Lanze durchbohrtem Drachen. – Patron des Bistums Limburg; von Ritterorden; der Soldaten, Reiter, Schützen- und Kaufmannsgilden, Bergleute, Böttcher, Sattler, Schmiede, Pfadfinder, Artisten, Wanderer, Spitäler, Siechenhäuser, Bauern, Pferde; des Viehs, Wetters; für Glauben; in Kämpfen aller Art, Kriegsgefahren; gegen Fieber, Beschimpfungen, Versuchungen. GK, BA, LM

Pusinna, Hl., führte als gottgeweihte Jungfrau ein Leben des Gebets und der Entsagung in der Nähe von Châlons-sur-Marne/Frankreich im 5./6. Jh. – Ihre Gebeine wurden im 8. Jh. nach Herford übertragen.

Patronin von Herford.

Adalbert [Ahdt.: »von glänzender Abstammung«], Hl., geb. um 956 aus böhmischem Fürstengeschlecht, wurde 983 von Kaiser Otto III. zum Bischof von Prag berufen. Mit Unterstützung des Polenherzogs Boleslaw Chrobry zog er nach Preußen, um dort den Glauben zu verkündigen. Dort erlitt er in Tenkitten am Frischen Haff am 23. April 997 den Martertod. Zunächst in Gnesen bestattet, wurden seine Gebeine 1039 nach Prag überführt.

Dargestellt als Bischof mit Mitra und Stab, oft mit Ruder, Speer und Schwert. – Patron Preußens. RK, B, BR, GÖ

Gerhard [Ahdt.: »der mit dem Speer Kühne«], Hl., geb. in Köln, ausgebildet an der dortigen Domschule, wurde auf Vorschlag Erzbischof Bruns I. von Köln von Otto d. Gr. zum Bischof von Toul bestellt. Sein Leben war erfüllt von apostolischem Eifer und der Sorge für die Armen. Nach seinem Tod am 23. April 994 fand er seine letzte Ruhestätte in der von ihm neu erbauten Stephanskathedrale von Toul. K

24.4. **Maria**, Frau des Kleopas, und die anderen Jüngerinnen Christi (vgl. *Luk* 8, 2). Kleopas war einer der beiden Emmausjünger (*Luk* 24,18). Die Evangelien nennen folgende Frauen namentlich: Maria Magdalena, Johanna, die Frau des Chuza, Susanna, Maria, die Mutter des Jakobus, und die Mutter der Söhne des Zebedäus. Im Gemeindedienst erwähnt das Neue Testament die Diakonin Phoebe, die Apostolin Junia, die Missionarin Priska. JE

Mellitus OSB, Hl., Benediktinermönch und später Abt des Andreas-Klosters im Rom, wurde 601 von Papst Gregor d. Gr. zur Unterstützung Augustins nach England gesandt. Augustin weihte ihn zum Bischof der Ostsachsen mit dem Sitz in London. Eine heidnische Gegenbewegung vertrieb Mellitus 617; doch konnte er 619 zurückkehren und wurde zum Erzbischof von Canterbury erhoben. Er starb am 24. April 624 und wurde in der Kirche St.-Peter und Paul beigesetzt, die später St.-Augustine's Abbey genannt wurde. – 1091 wurden die Reliquien in einen Schrein übertragen, der bis zur Reformation in der Apsis der Abteikirche stand. 1916 wurde das ursprüngliche Grab des Mellitus wieder aufgefunden.
Dargestellt als Bischof im Gebet, um die Flammen einer brennenden Stadt zu löschen.

Wilfrid [Wilfrith], [Ahdt.: »Streben« u. »Friede«], Hl., geb. 634 in Northumberland, stammte aus vornehmem angelsächsischem Adel. Er wurde im iroschottischen Kloster Lindisfarne erzogen. 653 reiste er nach Rom und lernte hier die römische Liturgie und die benediktinische Klosterregel kennen. Über Lyon, wo er drei Jahre weilte, kehrte er 660 in die Heimat zurück. Hier kämpfte er unentwegt für die Einführung der Regel Benedikts und der römischen Liturgie. Auf der Synode von Withby 664 wurde die britische Kirche hierauf verpflichtet. Wilfrid wurde bald darauf Bischof von York, hatte aber viele Anfeindungen auszustehen. 678 wirkte er ein Jahr lang als Glaubensbote bei den Friesen. Aus York verbannt, predigte er nach 680 das Evangelium an der Südküste Englands und auf der Insel Wight. Seinen Lebensabend verbrachte Wilfrid im Kloster Ripon, wo er 660 zuerst die Benedikt-Regel eingeführt hatte. Er starb wohl am 24. April 710 im Kloster Oundel und wurde in Ripon bestattet. – 1224 wurden seine Gebeine nach York überführt. Das Gedächtnis an die Übertragung wird in Utrecht am 12. Oktober begangen.
Dargestellt in bischöflicher Gewandung mit Buch, mit einem toten Mönch, mit einer Frau, die ihm ihr Kind zum Segen hinhält.

Egbert [Ahdt.: »Spitze einer Waffe«] OSB, Hl., geb. 639 in Northumberland, begab sich zum Studium in das irische Kloster Rathmelsigi, wo er Priestermönch und wahrscheinlich auch Klosterbischof wurde. Seinen Wunsch, bei den Germanen zu verkünden, konnte er nicht verwirklichen. Doch veranlasste er Willibrord und Swidbert, als Glaubensboten nach Friesland und an den Niederrhein zu gehen. 716 bewog er Abt und Mönche des berühmten Klosters Jona, die römische Liturgie anzunehmen. Egbert starb am 24. April 729, unmittelbar nachdem er den Ostergottesdienst beendet hatte.

Marian [eigentlich Muiredach] OSB, Sel., Mönch irischer Herkunft, kam um 1067 nach Bamberg und weilte hier einige Zeit auf dem Michaelsberg. 1072 ließ er sich in Regensburg als Inkluse nieder. 1075 übertrug ihm die Äbtissin Willa von Obermünster die Kirche Weih-St.-Peter, wo Marian eine Mönchsniederlassung ins Leben rief. Seinen Unterhalt verdiente sich Marian durch Schreiben von Büchern. Er starb am 24. April 1083/86.
Dargestellt im Pilgerkleid mit Reisestab.

Fidelis [Lat.: »zuverlässig, treu«] OFMCap, Hl., geb. 1577/78, Sohn des Bürgermeisters Roy von Sigmaringen, wurde von der Universität Freiburg i.Br. zum Doktor der Philosophie und beider Rechte promoviert und war 1611/12 als Gerichtsrat in Ensisheim/Elsass tätig. Im September 1612 wurde er zum Priester geweiht und trat im Oktober desselben Jahres in den »Kapuzinerorden« ein. Der hervorragende Prediger und Seelsorger war im Badischen, in Vorarlberg und in der Schweiz tätig. In Graubünden wurde er von calvinistischen Bauern am 24. April 1622 vor der Kirche von Seewis erschlagen. Seine Reliquien werden in Chur (Kathedrale), Feldkirch (Kapuzinerkirche), Sigmaringen und Stuttgart verehrt.
Dargestellt im Kapuzinerhabit mit Palme, Lilie, Schwert und Keule. – Patron des Erzbistums Freiburg i. Br., des Bistums Feldkirch, von Hohenzollern; der Juristen; für die Ausbreitung des Glaubens. GK, RK, FR, V

Angelo Ercole Menni OH/OSJdD, Hl., geb. am 11. März 1841 Mailand, trat 1860 bei den »Barmherzigen Brüdern« ein und nannte sich Benedikt. Er ging nach Spanien, um den dort drei Jahrzehnte zuvor vom Staat aufgelösten Orden wieder aufzubauen. 1867 gründete er in Barcelona das erste Krankenhaus, zwanzig weitere in ganz Spanien folgten. Unter seiner Führung breitete sich der Orden auch in Portugal und Mexiko aus. 1903 gründete Menni die Kongregation der »Hospitalschwestern vom heiligsten Herzen Jesu«. 1911 wurde Menni Generaloberer der »Barmherzigen Brüder«. Er starb am 24. April 1914 in Dinan. – Heiligsprechung am 21. November 1999. GK

Theodor [Griech.: »Gottesgeschenk«] Peters SJ, geb. am 16. September 1848 in Dülmen, wurde 1873 in Münster zum Priester geweiht. 1878 trat er in Rom in die »Gesellschaft Jesu« ein und wirkte seit Oktober 1884 als Glaubensbote in Indien. Seit 1908 lebte er im Aussätzigenheim Kemmendine bei Rangoon/Birma, wo er die Qualen der Lepra und alle dadurch bedingten Entbehrungen mit größter Geduld ertrug. Theodor Peters starb am 24. April 1921.

Maria Elisabetta Hesselblad OSBirg, Sel., am 4. Juni 1870 in Fåglavik/Schweden als Tochter praktizierender Lutheraner geboren und am 12. Juli auf den Namen Maria Elisabeth getauft. Mit 18 Jahren wanderte sie in die Vereinigten Staaten aus. In New York wurde sie als Krankenschwester aufgenommen. Hier kam sie zum ersten Mal in Kontakt mit Katholiken. Am 15. August 1902 wurde sie in Washington in die katholische Kirche aufgenommen. Am 25. März 1904 kam sie nach Rom, wo sie im Haus der hl. Birgitta von Schweden sterben wollte. Mit Erlaubnis von Papst Pius X. durfte sie 1906 das Kleid der »Birgittinnen« nehmen und die Gelübde als Tochter der hl. Birgitta ablegen. 1908–1911 besuchte sie alle Klöster der »Birgittinnen« in Europa, um die Regeln zu studieren und eine kleine Gruppe von Schwestern zu sammeln, die in Rom ein Kloster der »Birgittinnen« neu beleben und den Orden wieder nach Schweden bringen sollten. Der Neubeginn des Ordens in Rom gelang 1911 und in Schweden 1923. Allen Töchtern übertrug sie ihr Charisma: das Gebet und die Arbeit für die Einheit der Christen. »Dass alle eins seien«, das war ihr besonderes Sehnen. Während des Krieges beherbergte sie in den Häusern ihres Instituts politische Verfolgte und Juden. Ihr apostolischer Eifer verwirklichte sich besonders in der ökumenischen Bewegung. Die Ordensfrau starb am 24. April 1957 in Rom. – Seligsprechung am 9. April 2000 auf dem Petersplatz/Rom.

Karl [Ahdt.: »Mann, freier Mann«] Franken OCSO, geb. 1875 in Werden an der Ruhr, wurde 1893 Trappist in Mariawald/Eifel. 1901 erhielt er die Priesterweihe. Seit 1925 war er Beichtvater der Trappistinnen von Maria-Altbronn im Bistum Straßburg. Die Heiterkeit seines Herzens sowie sein demütiges Gottvertrauen machten den frommen Mönch zu einem gesuchten Seelenführer. Er starb am 24. April 1931 im Ruf der Heiligkeit und wurde in der Abtei Oelenberg/Elsass begraben.

25.4. **Markus** [Griech.: »dem (Kriegsgott) Mars geweiht«], Hl., ist wahrscheinlich durch Petrus vom Judentum zum Christentum bekehrt worden. Er begleitete Barnabas und Paulus auf der ersten Missionsreise als Gehilfe, kehrte jedoch von Kleinasien nach Jerusalem zurück. Später reiste er mit Barnabas nach Zypern. Während der ersten Gefangenschaft des Paulus in Rom 61/63 weilte Markus auch dort. Später war er wieder in Ephesus. Auf Markus führt die altkirchliche Überlieferung einhellig das zweite Evangelium zurück. Über das spätere Leben des Markus fehlen gesicherte Angaben. Ob Markus die Kirche von Alexandrien gegründet und dort als Bischof den

Martertod gefunden hat, ist unsicher. Die späteren Legenden berichten von seinem Wirken in Aquileja und Lorch sowie von der Übertragung seiner Reliquien von Alexandrien nach Venedig und auf die Insel Reichenau/Bodensee. – Die neuere Exegese unterscheidet zwischen dem Paulus-Begleiter Markus und dem Verfasser des Markus-Evangeliums.
Dargestellt vor einem Buch sitzend, wie er mit der Feder schreibt, neben sich ein Löwe. – Patron der Bauarbeiter, Glaser, Glasmacher, Korbmacher, Maurer, Notare, Schreiber; gegen Gewitter, Blitz, Hagel, Krätze, Qualen, unbußfertigen oder jähen Tod; für gute Ernte. GK

Ermin [Erwin], [Ahdt.: »Heer« u. »Freund«] OSB, Hl., geb. in Herly aus fränkischer Familie, gehörte zum Klerus des Bischofs Madalgar von Laon. Hier lernte er den Abtbischof Ursmar von Lobbes kennen, wo Ermin später Mönch und nach Ursmars Verzicht 711/712 Abt und Bischof wurde. Ermin starb am 25. April 737. Er wurde in der Liebfrauenkirche von Lobbes bestattet. – 1409 wurden seine Reliquien nach St.-Ursmer übertragen.
Dargestellt im Abtsgewand mit Buch.

Hermann I. [Germ.: »Mann des Heeres«], Sel., Markgraf von Baden, geb. um 1040, war der älteste Sohn des Markgrafen Berthold I. von Zähringen. Er ist der Stammvater der badischen Markgrafen. 1073 trennte er sich von seiner frommen Gemahlin Judith und wurde Laienbruder in der Abtei Cluny. Dort starb er am 25./26. April 1074.

Franka OCist, Hl., geb. um 1173 in Piacenza, entstammte dem Grafengeschlecht von Vitalda. Mit 14 Jahren wurde sie Nonne im Kloster San Siro in Piacenza und 1198 dort Äbtissin. 1206 konnte sie zwischen Piacenza und Papst Innozenz III. einen Frieden vermitteln. 1216 trat Franka in das neu gegründete Zisterzienserinnen-Kloster Montelana ein, das bald nach Vallera und dann nach Plectoli verlegt wurde. Im Geist der strengen Regeln von Cîteaux leitete sie die neue Ordensgemeinschaft als Äbtissin und war ihren Mitschwestern ein Vorbild der Entsagung und des Gebets. Franka starb am 25. April 1218. – 1273 wurden ihre Gebeine erhoben und 1549/59 in das neue Kloster von Piacenza übertragen. Die Reliquien befinden sich jetzt in einem Marmorschrein unter dem Hochaltar von San Michele.
Dargestellt als knieende Nonne, die von Christus gekrönt wird. – Patronin gegen Alpdrücken, Augenleiden.

Kletus [Anaklet], Hl., war als Papst der zweite Nachfolger des hl. Petrus. Er erlitt **26.4.**
das Martyrium wohl unter Kaiser Domitian um 90.
Dargestellt mit Papstkreuz, mit Geldstück, das er zerbricht.

Richarius, Hl., ein Bewohner von Centula, wurde von iroschottischen Priestern zum christlichen Glauben bekehrt. Er wurde dann selbst Priester und Glaubensbote in der Umgebung von Centula. Am Ende seines Lebens zog er sich als Einsiedler in den Wald von Crécy zurück, wo er am 26. April 645 starb. Sein Leib wurde bald nach Centula übertragen, wo über seinem Grab eine berühmte Abtei entstand, die später nach ihm St.-Riquier genannt wurde.
Dargestellt in vornehmer Gewandung, im Abtsornat oder in Pilgertracht mit Buch, Schlüsseln, Löwen, Kirchenmodell.

Trudpert, Hl., gehörte zum Kreis der iroschottischen Glaubensboten in Luxeuil und Remiremont. Er lebte als Einsiedler im Breisgau wahrscheinlich in der 1. Hälfte des 7. Jhs. Nach der Legende des 9. Jhs. wurde Trudpert von missgünstigen Knechten erschlagen. Er wird deshalb als Märtyrer verehrt. – Über seinem Grab entstand später die Benediktiner-Abtei St.-Trudpert. Die Reliquien wurden 965/975 in die nach einem Brand neu errichtete Klosterkirche übertragen. Sie befinden sich noch heute in einem Schrein von 1714 in der ehemaligen Abteikirche.
Dargestellt in Einsiedlertracht mit Rosenkranz und Beil. FR

Ratbert [Paschasius Ratbertus] OSB, Hl., geb. um 790 bei Soissons, wurde Mönch in Corbie, Schüler Adelhards und später selbst hier ein angesehener Lehrer. Um 844 wurde Ratbert Abt von Corbie, verzichtete aber um 853 auf diese Würde, um fortan ganz für sein Studium zu leben. Seine theologischen Werke verschafften ihm manche Gegner. Im Abendmahlsstreit trugen seine Schriften zur Klärung der Lehre der Kirche bei. Auch für die Entwicklung der Lehre über Maria ist Ratbert von Bedeutung gewesen. Er starb um 859 in Corbie. – 1058 wurden seine Reliquien erhoben, die sich seit 1820 in der Pfarrkirche St.-Peter in Corbie befinden.
Dargestellt in Abtskleidung mit Büchern, dabei oft Engel, die aus den Wolken eine Monstranz zeigen.

Consuelo – der Titel »Unsere Liebe Frau vom Guten Rat« [Rat = consilium] ist für das Marienbild in der Kirche von Genazzano im 17. Jh. bekannt. 1682 wurde das Gnadenbild gekrönt. Das Fest, das nachweislich 1727 dort begangen wurde, wird seit 1789 mit Erlaubnis des Papstes Pius VI. am 26. April im Augustinerorden gefeiert. Leo XIII., der aus der Umgebung von Genazzano stammte, nahm die Anrufung »Mutter des Guten Rates« in die Lauretanische Litanei auf. Das Bistum Essen feiert die »Mutter vom Guten Rat« als Patronin der Diözese am 11. Oktober. E

Helene [Griech.: »die Leuchtende«] Leuther OSF lebte als Drittordensschwester nach der Regel des hl. Franziskus in Aachen. Sie verrichtete Werke strengster Abtötung und heroischer Buße. 1662 vollendete sie ihr irdisches Leben.

Salman, Hl., lebte als Einsiedler in Dobach bei Weiden in der Umgebung von Aachen im 7. Jh. Die Legende erzählt, er habe mit dem Einsiedler Jodok in der Bretagne in Verbindung gestanden. Reliquien Salmans befinden sich in Weiden und Würselen bei Aachen. **27.4.**
Patron gegen Hals- und Lungenleiden. – Wallfahrt in Weiden und Aachen.

Floribert, Hl., Sohn des Bischofs Hubert von Lüttich. Nach dem Tod Huberts 727 wurde Floribert Bischof von Lüttich. Er starb um 746.

Tutilo OSB, Sel., geb. um 850 im alemannischen Raum, wurde Mönch in St.-Gallen, wo er sich zu einem begnadeten Künstler, Dichter und Musiker entwickelte. Von seinen Werken sind Elfenbeintafeln sowie musikalische Schöpfungen erhalten. Tutilo starb am 27. April 913. Er wurde in einer später nach ihm benannten Kapelle beigesetzt.
Dargestellt im Mönchshabit mit Palette und Pinsel.

Zita, Hl., geb. um 1212 in Monsagrati, kam 1224 nach Lucca in das Haus der Familie Fatinelli als Magd. Sie war diensteifrig und geduldig, überwand durch ihre Liebenswürdigkeit Gegensätze und zeigte sich wohltätig gegen Arme. Nach 48-jährigem Dienen starb Zita im Ruf der Heiligkeit am 27. April 1272. – Ihr unversehrter Leib wird in San Frediano in Lucca verehrt.
Dargestellt in einfacher Kleidung mit Schlüsselbund, Krug und Stern. – Patronin der Haushälterinnen, Hausangestellten.

Petrus Kanisius SJ, Hl., geb. in Nijmwegen/Niederlande, studierte in Köln und trat 1543 in Mainz als erster Deutscher in die »Gesellschaft Jesu« ein. An der Gründung der ersten Niederlassung der Jesuiten in Köln war er maßgeblich beteiligt. Seit 1449 wirkte er unermüdlich für die Erhaltung und Erneuerung des katholischen Glaubens in Deutschland, Österreich, Böhmen und der Schweiz. Als Prediger und Katechet, als Seelenführer und Berater bewahrte er allzeit kluge Mäßigung und nachsichtige Geduld. Seine Katechismen wurden grundlegende Unterrichtsbücher für Kinder und Erwachsene bis in die Gegenwart. Er starb am 21. Dezember 1597 in Freiburg/Schweiz. Seit 1625 ruhen seine Gebeine in der Kirche des dortigen Michaelskollegs. – 1925 wurde er zum Kirchenlehrer erhoben. Der römische Kalender begeht das Gedächtnis am 21. Dezember. Im deutschen Regionalkalender hat man an dem früheren Termin festgehalten.
Dargestellt in Jesuitentracht mit Buch, Spruchband, Totenkopf. – Patron des Bistums Innsbruck; der katholischen Schulorganisation Deutschlands.
(GK), RK, A, AC, B, EIH, FB, FD, FR, GÖ, K, MEI, MZ, OS, R, SI, T, V, W

Nicola [Griech.: »Siegerin im Volk«] Roland, Sel., geb. am 8. Dezember 1642 in Reims, erhielt eine gründliche Ausbildung bei den Jesuiten und wurde nach

Priesterweihe und Promotion 1665 Kanoniker an der Kathedrale von Metz. Er starb am 27. April 1678 in Reims. Er wirkte bei der Gründung der Gemeinschaft der »Schwestern vom armen Kinde Jesu« in Reims mit und wurde zum Wegbereiter für die Ideen der Volksbildung von Johannes Baptist de La Salle. – Seligsprechung am 20. November 1994.

28.4. **Adaldag**, Hl., geb. um 900 aus sächsischem Adel, wurde Domherr in Hildesheim, Mitglied der königlichen Kapelle, 936/937 Kanzler und 937 durch Otto d. Gr. zum Bischof von Bremen-Hamburg erhoben. Den Ottonen diente er als treuer Berater. 964 führte er den verbannten Papst Benedikt V. nach Hamburg. Adaldag gründete die Bistümer Schleswig, Ribe, Aarhus und Odense sowie für die Wendemission Oldenburg in Ostholstein. Gegen Bischof Brun von Köln setzte er die dauernde Verbindung von Bremen und Hamburg durch. Adaldag starb am 28./29. April 988.

Hugo [Ahdt.: »berühmter Denker«] OSB, Hl. geb. 1042 als Sohn eines Grafen in Burgund, trat 1039 in das Kloster Cluny unter Abt Odilo ein. 1049 wurde er Abt in Cluny. Die Reformbewegung Clunys verbreitete sich unter ihm in Deutschland, Italien, Spanien und Ungarn. Mehreren Päpsten diente er als kluger Berater. Als Taufpate Kaiser Heinrichs IV. vermittelte er im Investiturstreit zwischen diesem und Papst Gregor VII. In Cluny baute Hugo die monumentale fünfschiffige Basilika. Er starb in Cluny am 28. April 1109. Seine Gebeine wurden 1120 erhoben und auf den Hochaltar der Basilika übertragen. 1574 wurden sie bis auf spärliche Überreste von den Hugenotten vernichtet.

Dargestellt in Abtskleidung, in Kasel, mit Buch. – Patron gegen Fieber.

Ludwig Maria Grignion de Montfort, Hl., am 31. Januar 1673 in Montfort/Frankreich geboren, 1700 zum Priester geweiht, wirkte er in Poitiers und Paris als Kranken- und Volksseelsorger. Er gründete die Gemeinschaft der »Töchter der Weisheit« zur Pflege von Kranken. In Paris schloss er sich einer geistlichen Gemeinschaft an, aus der seine »Gesellschaft Mariens«, auch Montfortaner (SMM) genannt, hervorging. Der Verfasser apostolischer Schriften und große Förderer der Verehrung der Gottesmutter war auch der Begründer der nach ihm benannten Andacht, die eine Form der Hingabe an Maria ist und durch sie zu Jesus führt. Der Volksseelsorger starb am 28. April 1716 in St.-Laurent-sur-Sévre. – 1888 Seligsprechung, Heiligsprechung am 20. Juli 1947. GK

Pierre Chanel, Hl., geb. am 12. Juli 1803 in Potière/Department Ain, wirkte seit 1837 als Glaubensbote auf der Insel Futuna/Westozeanien. Obwohl er keine Mühe scheute und von großer Liebe erfüllt war, blieb ihm ein größerer Erfolg versagt. Als er den Sohn des Königs zum christlichen Glauben bekehrte, fürchtete der König um seine Herrschaft und ließ Chanel am 28. April 1841 ermorden. Chanel ist der erste Märtyrer Ozeaniens. Nach seinem Tod wurde die ganze Insel Futuna katholisch. GK

Roswitha, (Hl.), leitete als erste Äbtissin das um 815 gegründete Frauenkloster Liesborn/Bistum Münster. Sie starb an einem 29. April unbekannten Jahres. **29.4.**

Irmtrud [Ermentrud], Tochter Kaiser Karls des Kahlen, war im 9. Jh. Äbtissin des Klosters Hasnon.

Theoger OSB, Sel. (Hl.), ein Mitglied der Metzer Grafenfamilie, ausgebildet bei Mangold von Lautenbach, wurde Stiftsherr und Lehrer an St.-Cyriak bei Worms. Später traf er als Mönch in Hirsau ein, wo er von den Reformideen des Abtes Wilhelm begeistert war. Dieser schickte Theoger als Prior nach Reichenbach im Murgtal, dann 1088 als Abt zum neu gegründeten Kloster St.-Georgen/Schwarzwald. Den jungen Konvent formte Theoger zu einer Gemeinschaft im Geist der Hirsauer Reform. 1117 nahm er nach längerem Widerstreben einen Ruf an den Metzer Bischofsstuhl an und empfing 1118 in der Abtei Corvey die Bischofsweihe. Doch konnte sich Theoger in Metz gegen seinen abgesetzten Vorgänger nicht durchsetzten. Daher wurde er gegen Ende seines Lebens ein einfacher Mönch in Cluny, wo er am 29. April 1120 starb.

Dietrich [Ahdt.: »der Mächtige im Volk«] von Thoreida OCist, Zisterziensermönch, wirkte als eifriger Glaubensbote in den baltischen Ländern. Um 1205 wurde er Abt des neu gegründeten Klosters Dünamünde. Mit Bischof Albert von Riga gründete Dietrich den »Schwertbrüderorden«. 1211 wurde Dietrich zum Bischof geweiht, um die Esten zu bekehren. Bei der Glaubensverkündigung konnte er bald Erfolge aufweisen. Doch im Sommer 1219 wurde Dietrich in Reval von Heiden erschlagen.

Katharina [Griech.: »die allzeit Reine«] Benincasa OSD, Hl., geb. um 1347 in Siena, Tochter eines Wollfärbers, trat mit 18 Jahren bei den »Bußschwestern vom hl. Dominikus« ein. Raimund von Capua wurde ihr Seelenführer. Im Pestjahr 1374 erkrankte sie selbst bei der Pflege von Pestkranken. In Pisa erhielt sie 1375 die Stigmata, die bis zu ihrem Tod unsichtbar blieben. Durch ihr staatsmännisches Talent konnte sie viele Streitigkeiten und Feindschaften beilegen. Besonders setzte sie sich für die Rückkehr des Papstes von Avignon nach Rom ein. Auf Wunsch Urbans VI. übersiedelte Katharina 1378 nach Rom. Hier betete, litt und sorgte sie sich um die Einheit und Reform der Kirche. Sie pflegte eine christozentrische Frömmigkeit, die besonders in der Verehrung des kostbaren Blutes Jesu ihren Ausdruck fand. Katharina starb am 29. April 1380 in Rom und wurde in der Kirche S. Maria

sopra Minerva beigesetzt. – 1970 wurde sie zur Kirchenlehrerin ernannt. Johannes Paul II. erhob sie am 1. Oktober 1999 zur Mitpatronin Europas.
Dargestellt in vornehmer weltlicher Kleidung oder im Ordenshabit mit Lilie, Buch, Kruzifix, Herz, Dornenkrone, Rosenkranz, Wundmalen Jesu. – Patronin Italiens; zweite Patronin Roms; der Sterbenden, Wäscherinnen; gegen Kopfweh, Pest. GK

30.4. **Quirin**, Hl., römischer Märtyrer, wurde nach der späteren Legende als römischer Tribun mit seiner Tochter Balbina von Papst Alexander I. getauft, erlitt unter Hadrian um 130 den Martertod und wurde in der Prätextatus-Katakombe beigesetzt. Die Gebeine kamen vermutlich von Rom nach Neuß in das dortige Frauenstift kurz nach dessen Gründung um 1000.
Dargestellt als Ritter mit Lanze oder Banner und Schild, auf dem sich neun Kugeln befinden, auch mit Habicht, Hund und Palme. – Patron der Stadt Neuss; gegen Bein- und Fußleiden, Gicht, Lähmung, Eitergeschwüre, Pest, Ohrenschmerzen, Kropfleiden, Blattern, Pocken (Greinskrankheit), Fisteln, Knochenfraß, Hautausschlag, Augenleiden; gegen Pferdekrankheiten. – Vielerorts im rheinischen Raum Quirinus-Brunnen mit Segnung von Quirinus-Wasser.

Hulda [Hilda], Hl., lebte um 450 in Troyes/Frankreich. Bischof Alpines von Châlons überreichte ihr den Nonnenschleier.
Patronin gegen Trockenheit und Überschwemmung.

Sigbod [Sibodo] von Are, (Sel.), aus rheinischem Edelherrengeschlecht, gründete um 920 das Frauenkloster Steinfeld in der Eifel, das später von Augustiner-Chorherren und dann von Prämonstratensern übernommen wurde. Sigbod starb in hohem Alter und wurde in der Kirche von Steinfeld beigesetzt.

Heimo, (Sel.), stammte aus Bayern. Er war ein Schüler des gelehrten Bischofs Notker von Lüttich. Um 988 wurde Heimo Bischof von Verdun. Hier erwies er sich als großer Förderer der Klosterreform von Cluny. Am 30. April 1024 ist Heimo gestorben.

Rosamunde [Ags.: »Ruhm« u. »Schutz«] erfüllte treu ihre Pflichten gegenüber ihren Kindern. Als diese dem Elternhaus entwachsen und ihr Gatte gestorben war, lebte sie als Einsiedlerin in einer Klause bei Vernon/Seine bis zu ihrem Tod um 1100.

Wolfhard, Hl., Einsiedler, gest. 30.4. 1127, ↗ 27.10.

Bernhard II. [Ahdt.: »der Bärenharte«] Graf zur Lippe SOCist, Sel., geb. um 1140, trat 1167 die Herrschaft in Lippe an. Er gründete die Städte Lippstadt und Lemgo und war an der Stiftung der Zisterzienser-Abtei Marienfeld 1185 beteiligt. Heinrich dem Löwen, mit dem ihn ein Bündnis verband, war er ein treuer Kampfgenosse. 1196 trat er in die Abtei Marienfeld ein und beteiligte sich 1198 an einer Kreuzfahrt gegen die Liven. Anschließend wirkte er als Glaubensbote in den baltischen Ländern. 1211 wurde Bernhard Abt von Dünamünde, 1218 Bischof von Semgallen. Die Bischofsweihe erteilte ihm sein Sohn Otto, Bischof von Utrecht, während er selbst seinen zweiten Sohn Gerhard zum Erzbischof von Bremen-Hamburg weihte. Bernhard starb am 30. April 1224 und wurde in Dünamünde begraben.

Pius V., Hl., Michael Ghislieri, geb. am 17. Januar 1504 in Bosco bei Alessandria, 1518 Dominikaner, erhielt 1628 die Priesterweihe und bekleidete mehrere höhere Ordensämter. 1556 wurde er Bischof von Sutri und Nepi, 1557 Kardinal, am 7. Januar 1566 Papst. Von tiefer Frömmigkeit erfüllt, beobachtete Pius strengste Askese. Er förderte die Reform in der päpstlichen Verwaltung durch Abstellung von Missständen. Er ließ den Katechismus, das Brevier und das Messbuch in neuer Fassung herausgeben. Seinem Bemühen ist 1571 der Seesieg über die Türken bei Lepanto zu verdanken. In das Kardinalskollegium berief er religiös gesinnte und reformfreudige Männer. In seinen politischen Entscheidungen bewies er nicht immer eine glückliche Hand. Pius starb am 1. Mai 1572. Er fand seine letzte Ruhestätte in S. Maria Maggiore in Rom.
Dargestellt im Dominikanerhabit oder im päpstlichen Ornat mit Rosenkranz. GK

Pauline von Mallinckrodt SCC, Sel., geb. am 3. Juni 1817 in Minden, widmete sich nach guter religiöser Erziehung in Aachen und Lüttich schon früh Werken der christlichen Nächstenliebe. Auf mehreren Reisen lernte sie das Wirken der »Barmherzigen Schwestern« in Kranken-, Blinden- und Armenbetreuung kennen. Seit 1839 und besonders nach dem Tod des Vaters 1842 konnte Pauline ganz in ihrem karitativen Wirken aufgehen. Neben der Fürsorge für arme Kranke und Kleinkinder gründete sie die Genossenschaft der »Schwestern der christlichen Liebe«. Als Generaloberin formte sie ihre Schwestern im Geiste der christlichen Liebe und erlebte ihre Ausbreitung in Europa, Nord- und Südamerika. Am 30. April 1881 rief der Vater der Liebe sie heim in sein ewiges Reich. – Seligsprechung am 14. April 1985. PB

Mai

1.5. **Markulf** [Aldt.: »Grenze« u. »Wolf«, Verteidiger der Grenzen] OSB, Hl., geb. 490 in Bayeux, wurde Priester und errichtete auf dem von König Childebert I. hierzu geschenkten Grund und Boden das Kloster Nanteuil in der Normandie, das er als erster Abt leitete. Die Reliquien wurden 898 nach Corbény übertragen, das die französischen Könige nach ihrer Krönung in Reims später zu besuchen pflegten. Der von Ludwig dem Heiligen gestiftete Schrein wurde während der Revolution 1793 vernichtet.
Dargestellt als Benediktinerabt mit kleiner Königsfigur. – Patron gegen Kropf, Skrofeln.

Sigismund, Hl., König der Burgunder, gest. 1.5.524, ↗2.5.

Evermar, Hl., wurde als Märtyrer bereits im 10. Jh. in Rutten bei Tongern verehrt. Nach späteren Berichten befand sich Evermar auf einer Wallfahrt von seiner Heimat Friesland zum Grab des hl. Servatius in Maastricht, als er in Rutten mit sieben Gefährten ermordet wurde.
Dargestellt als Pilger mit Palme und Krone.

Arnold [Ahdt.: »Adler« und »herrschen«], Sel., aus dem Geschlecht der Freien von Hiltensweiler im Argengau, gründete mit seiner Gemahlin Gunzila um 1122 in Hiltensweiler ein Kloster, das mit Mönchen der Abtei Allerheiligen in Schaffhausen besiedelt und später 1179/1224 nach Langnau verlegt wurde. Arnold starb nach 1127 und wurde in der Arnoldskapelle neben der Pfarrkirche in Hiltensweiler bestattet. Sein Grab und der nahebei gelegene Arnoldsbrunnen werden von Wallfahrten heute noch besucht.
Dargestellt als Ritter mit Fahne und Kirchenmodell.

Pius V., Hl., Papst, gest. 1.5.1572, ↗30.4.

Augustin Schoeffler CM, Hl., geb. am 22. November 1822 in Mittelbronn/Lothringen, studierte in Pont-à- Mousson und Nancy, trat der »Kongregation der Priester für die auswärtigen Missionen« bei und wirkte seit 1847 mit großer Hingabe als Glaubensbote in West-Tonkin. Als Opfer einer Christenverfolgung wurde er am 1. Mai 1851 in Son-Tay enthauptet. – Heiligsprechung am 19. Juni 1988. GK, ME

Maximilian [Lat.: »der überaus Große«] Westermeier, geb. am 6. Mai 1852 in Kaufbeuren, fühlte sich von Jugend an zur Naturwissenschaft hingezogen. Nach der Promotion war er zunächst Assistent an der Universität Berlin.

Wegen seiner geliebten religiösen Überzeugung und seines karitativen Wirkens wechselte er an ein Münchner Gymnasium. 1896 ging er zur neu errichteten Katholischen Universität von Fribourg/Schweiz. Seine für Gott empfundene Ehrfurcht leitete ihn zu einem außerordentlichen Tugendleben an. Er starb am 1. Mai 1903 in Fribourg. – Das Seligsprechungsverfahren ist eingeleitet.

Zoë, Hl., weigerte sich, ihren christlichen Glauben zu verleugnen und den heidnischen Göttern zu opfern. Mit ihrem Gatten und zwei Söhnen wurde sie in Attalia/Pamphylien um 127 lebendig verbrannt. **2.5.**

Athanasius [Griech.: »der Unsterbliche«] der Große, Hl., geb. um 295 in Alexandrien als Sohn christlicher Eltern, wurde 328 Patriarch von Alexandrien. Er war einer der Hauptverteidiger des Glaubensbekenntnisses des Konzils von Nizäa (325) und ein unentwegter Vorkämpfer gegen die Irrlehre des Arius. Deshalb musste Athanasius mehrmals in die Verbannung gehen. Er verbrachte über siebzehn Jahre im Exil, unter anderem in Trier (335–337) und Rom (339–345). Athanasius starb am 2. Mai 373 in Alexandrien. Er ist einer der vier großen Kirchenlehrer des Orients und hinterließ ein reiches Schrifttum, das sich mit pastoralen und asketischen Fragen befasst, vor allem aber die überlieferte Lehre der Kirche gegen die Arianer verteidigte.
Dargestellt in bischöflichen Gewändern mit Buch. – Patron gegen Kopfweh. GK

Sigismund [Sigmund], [Ags.: »Sieg« u. »Schutz«], Hl., folgte 516 seinem arianischen Vater Gundobald als König der Burgunder, nachdem er bereits 496/499 durch den Einfluss des Bischofs von Vienne zum katholischen Glauben übergetreten war. Seinen Sohn Sigrich aus erster Ehe ließ er auf Anstiften seiner zweiten Gemahlin erdrosseln. Hierfür leistete er Buße im Kloster St.-Maurice im Wallis, das er erneuerte und reich beschenkte und in dem er einen ununterbrochenen Chorgesang einrichtete. 523 wurde Sigismund von den Franken besiegt und mit seiner Familie gefangen fortgeführt. In der Nähe von Orléans ließ der Frankenkönig Chlodomir am 1. Mai 524 Sigismund mit seinen Angehörigen in einem Brunnen ertränken. Um 535/536 wurden die Gebeine des Sigismund in der Johanneskirche von St.-Maurice beigesetzt und befinden sich seit 1365 in einem von Kaiser Karl IV. gestifteten silbernen Schrein. Die Hirnschale kam 676 in das Kloster St.-Sigismund (später St.-Marx] im Elsass und ist seit 1813 in Matzenheim. Andere Reliquienpartikel wurden um 1354 in den Prager Veitsdom, nach Freising und Einsiedeln sowie in die Kathedrale von Plock übertragen. Im Erzbistum München und Freising ist Sigismund zweiter Diözesanpatron. – In Einsiedeln wird sein Gedächtnis am 1. Mai begangen.
Dargestellt in Königsornat mit Zepter und Reichsapfel, mit Kirchenmodell, Schwert und Palme, mit Brunnen. – Patron gegen Bruchleiden, Sumpffieber. (ES), M, SI

Liuthard [Luthard], Sel., aus einer westfälischen Adelsfamilie, wurde um 860 Bischof von Paderborn. Mit seiner Schwester Walburg gründete er 868 das Frauenstift Neuenheerse. Liuthard starb am 2. Mai 886/887.

Boris [Russ.: »Kampf«], Hl., seit 853 Fürst der Bulgaren, empfing 864/865 von byzantinischen Glaubensboten die Taufe. Sein Taufpate war Kaiser Michael III. Da Rom nicht sofort seinen Wunsch nach einem bulgarischen Patriarchat erfüllte, wandte sich Boris 870 endgültig der Ostkirche zu. Nach 885 führten die aus Mähren vertriebenen Schüler von Cyrillus und Methodius in Bulgarien die slawische Liturgie ein. 889 entsagte Boris der Herrschaft und wurde Mönch. Er starb am 7. Mai 907 bei Pliska, heute Aboba. Boris ist Nationalheiliger der Bulgaren, die sein Fest am 2. Mai feiern.
Dargestellt als jugendlicher Zar. – Patron der Bulgaren.

Geva von Freckenhorst, Sel., gest. 2.5.860/870, ↗3.5. (mit Everword)

Wiborada, Hl., aus alemannischem Adel, wurde 912 Einsiedlerin im Kloster St.-Georgen bei St.-Gallen. 916 wies Bischof Salomon von Konstanz Wiborada feierlich in eine Zelle bei der Magnuskirche in St.-Gallen ein. Dort lebte sie als Inklusin und wurde Ratgeberin für alle, die Hilfe und Beistand suchten. Auch Ulrich von Augsburg erbat ihren Rat. Als die Ungarn einfielen, veranlasste sie die Räumung des Klosters St.-Gallen. Sie selbst aber blieb in ihrer Zelle und starb als Märtyrin unter den Beilhieben der Ungarn am 2. Mai 926. Ihr Leib wurde in der Magnuskirche beigesetzt.
Dargestellt als Klosterfrau oder Einsiedlerin mit Buch, Palme, Hellebarde oder Streitaxt. – Patronin der Pfarrhaushälterinnen, Köchinnen, Bibliotheken, Bücherfreunde. SG

Konrad [Ahdt.: »kühner Ratgeber«] OSB, Sel., aus der bedeutenden schweizerischen Adelsfamilie von Seldenbüren, stiftete Anfang des 12. Jhs. auf seinem Besitz das Kloster Engelberg, das er mit Mönchen der Hirsauer Reform aus St.-Blasien/Südschwarzwald besiedelte. Er selbst trat hier später als Laienbruder ein. Bei der Vereidigung der Rechte des Klosters wurde er am 2. Mai 1126 ermordet. – Konrad war wahrscheinlich der Letzte seines Geschlechts. Seine Gebeine wurden 1611 erhoben. Spärliche Überreste befinden sich heute auf einem Altar der Abteikirche St. Blasien.

Mafalda OSB, Sel., geb. 1184, Tochter König Sanchos I. von Portugal und Schwester Sanchos, heiratete den jugendlichen Heinrich I. von Kastilien, der vor Vollziehung der Ehe im folgenden Jahr starb. Mafalda trat nun in das Benediktinerinnen-Kloster Arouca ein, in dem sie 1223 die Zisterzienserreform einführte. Gerühmt wurden ihr Gebetsgeist, ihre heroische Selbstzucht und ihre Liebe zum Schweigen. Mafalda starb am 2. Mai 1256.

Erminio Filippo Pampuri OH, Hl., mit Ordensnamen Riccardo, wurde als zehntes Kind der Eheleute Innocente und Angela Campari am 2. August 1897 in Trivolzio/Italien geboren. Er besuchte das Gymnasium in Pavia und studierte an der dortigen Universität Medizin. Nach einer ausgezeichneten Promotion nahm er die Tätigkeit eines Gemeindearztes in Morimondo auf. Neben seiner beruflichen Tätigkeit, für die er sich das ganzheitliche Wohl der ihm anvertrauten Patienten zum Ziel setzte, förderte er besonders die Jugend. Im Alter von 30 Jahren trat er in den Hospitalorden der »Barmherzigen Brüder des hl. Johannes von Gott« in Brescia ein und übernahm die Leitung eines Instituts für Zahnheilkunde in Brescia. Nur drei Jahre konnte der bei allen beliebte Ordensmann in dieser Funktion wirken, denn er starb an einer Lungenentzündung am 1. Mai 1930 in Mailand. – Seligsprechung am 4. Oktober 1981, Heiligsprechung am 1. November 1989. GK

Jakobus [Hebr.: »Gott möge schützen«] der Jüngere, Hl., war der Sohn des Alphäus und wurde von Jesus zum Apostel berufen. Sein Name wird im Neuen Testament nur in den Apostelkatalogen erwähnt. Doch wird er schon in der alten Kirche mit dem »Herrenbruder« Jakobus gleichgesetzt. **3.5.**

Dargestellt als Apostel, mit Walkerstange oder Keule, mit Kranz in den Händen. – Patron der Walker, Hutmacher, Krämer, Pastenbäcker. GK

Philippus [Griech.: »Liebhaber der Pferde«], Hl., stammte aus Betsaida. Er war mit Andreas befreundet. Jesus berief Philippus, der zuerst Jünger des Täufers Johannes war, zum Apostel. Philippus führte Jesus Nathanael zu. Wahrscheinlich hat Philippus später in Phrygien gewirkt, wo seine Töchter auch begraben wurden. Über sein Lebensende fehlen sichere Nachrichten. Seine Reliquien werden in Rom in der Kirche der Zwölf Apostel verehrt.

Dargestellt als Apostel mit Kreuz, Buch und Geißel. – Patron der Walker, Hutmacher und Händler. GK

Alexander I. [Griech.: »der Abwehrende, Beschützer«], nach der römischen Bischofsliste der fünfte Nachfolger des hl. Petrus, soll nach späteren Angaben die Kirche von 107 bis 116 geleitet haben. Über sein Leben und seinen Tod ist nichts Sicheres bekannt. Die Angaben über sein Martyrium beruhen auf Verwechslungen mit einem römischen Blutzeugen Alexander.

Dargestellt als Papst, oft im Kerker.

Philipp [Griech.: »Freund« u. »Pferd«] von Zell, Hl., geb. in England, pilgerte nach Rom, wo er zum Priester geweiht wurde. Auf der Rückreise errichtete er im Pfrimmtal bei Worms um 760 mit einem Gefährten eine Einsiedelei und eine Michaelskapelle. – Bald nach seinem Tod geschahen an seinem Grab zahlreiche Wunder. Aus der Einsiedelei entwickelte sich das Kloster

Zell, das 1230 in ein Kollegiatsstift umgewandelt wurde. Der in der Reformation erloschene Kult lebte 1780 wieder auf.
Patron für Kindersegen; gegen Diebstahl.

Everword OSB, Sel., ein westfälischer Edelmann, und seine Gattin **Geva**, Sel., gründeten das Kloster Freckenhorst. Dem Kloster Fulda machten sie bedeutende Zuwendungen. Gegen Ende seines Lebens wurde Everword Mönch in Fulda, wo er am 3. Mai 863 starb. Geva verbrachte ihre letzten Lebensjahre in Freckenhorst (als Äbtissin?). Sie verschied dort am 2. Mai unbekannten Jahres.

Zdislava von Lemberk, Hl., geb. um 1215 in Mähren, wurde mit dem vornehmen Gallus aus dem Geschlecht der Markvartitz verheiratet. Als »Dominikaner-Terziarin« nahm sie sich besonders der Armen und Kranken an. Nach der Tradition soll die fromme Frau Kranke geheilt und Tote erweckt haben. Sie starb 1252 in Deutsch-Gabel. Die Familie Berka ließ zu Beginn des 18. Jhs. über dem Grab ihrer vermeintlichen Vorfahrin eine bedeutende Barockkirche errichten. – Kultanerkennung am 28. August 1907, Heiligsprechung am 21. Mai 1995. GK

4.5. **Florian** [Lat.: »der Blühende«], Hl., war der höchste Beamte des römischen Statthalters von Ufernorikum. In der diokletianischen Christenverfolgung opferte er um des Glaubens willen seine Karriere. Aus Sorge um seine Glaubensbrüder kam er nach Lauriacum. Hier wurde er verhaftet und zum Tode durch Ertränken verurteilt. Das Urteil wurde am 4. Mai an der Ennsbrücke vollstreckt. Damals starben noch weitere Christen den Märtyrertod, deren wieder aufgefundene Reliquien im neuen Hochaltar der Lorcher Basilika ruhen.
Dargestellt als Soldat mit Fahne, Wasserkübel, mit Mühlstein am Hals. – Patron von Oberösterreich; der Feuerwehr, Böttcher, Töpfer, Schmiede, Kaminfeger, Seifensieder, Bierbrauer; bei Brandwunden; gegen Feuers- und Brandgefahren, Kämpfe, Stürme, Unfruchtbarkeit der Felder, große Dürre. RK, L, N

Valeria, (Sel.), eine fromme Frau in Lorch, bestattete den Leichnam Florians. Sie starb nach 304.

Guido [Wido], [Ahdt.: »Wald«, Waldbewohner] OSB, Hl., geb. um 1010 in Casamar bei Ravenna, wurde Abt des Benediktiner-Klosters Pomposa, wo er sich eifrig um Reformen im Orden und in der Kirche bemühte. Er starb am 31. März 1046 in Borgo San Domino. Kaiser Heinrich II. übertrug seine Gebeine nach Speyer, wo er Patron des St.-Guido-Stiftes wurde. Die Reliquien ruhen heute in der St.-Magdalenen-Kirche.
Dargestellt im Abtsgewand oder als Einsiedler mit Schiff. SP

Jean-Martin Moyé, Sel., geb. am 27. Januar 1730 in Cutting bei Dieuze, entstammte einer Bauernfamilie. Am 9. März 1754 wurde er in Metz zum Priester geweiht. Hier wirkte er auch zuerst als Vikar. Für die Erziehung der Kinder auf dem Lande gründete er die Genossenschaft der »Schwestern von der Vorhersehung«. Wegen großer Widerstände im Bistum Metz ging er 1771 als Glaubensbote nach China, wo er 1782 das »Institut der chinesischen Jungfrauen« ins Leben rief. 1783 in seine Heimat zurückgekehrt, widmete er sich der Predigt und der Leitung seiner Genossenschaft. Die Französische Revolution zwang ihn, sein Vaterland zu verlassen. Er flüchtete nach Trier. Hier zog er sich bei Besuchen von Kranken ein Leiden zu, an dem er am 4. Mai 1793 starb. ME

Briktius, Hl., wurde als Pilger in Heiligenblut in Kärnten von einer Lawine verschüttet. Die Legende berichtet, dass Briktius ein dänischer Prinz war, der am byzantinischen Kaiserhof um 900 wundertätiges Blut erhalten habe, das aus einem geschändeten Kreuz geflossen war. Aus den Schneemassen, unter denen er begraben wurde, seien drei Ähren herausgewachsen, wodurch sein Leichnam und die Blutreliquie aufgefunden wurden. Briktius wird heute noch in Heiligenblut hoch verehrt.
Dargestellt als Pilger, mit Krone zu Füßen, mit drei Ähren.

Cäcilia Schnur OSCl, lebte als »Klarissin« in Ungarn und Wien. Sie war erfüllt von hohem Tugendstreben und bemüht, die Ordensregel genau zu befolgen. Diese Gesinnungen versuchte sie als Äbtissin von Znaim ihren Mitschwestern zu vermitteln. Als die Schweden Znaim bedrohten, musste sie mit ihrem Konvent fliehen. Sie starb am 4. Mai 1645 in Aflenz in der Steiermark.

Waldrada, Hl., Äbtissin in Metz, gest. im 7. Jh., ↗ 27.7. **5.5.**

Godehard [Gotthard], [Ahdt.: »Gott« u. »hart, fest«] OSB, Hl., geb. 960 in Reichersdorf/Niederbayern, wurde 990 Mönch und 996 Abt in Niederaltaich. Später leitete er auch noch die Abteien Hersfeld und Tegernsee. In seinen Abteien führte er die Klosterreform von Cluny/Burgund durch. Auf Wunsch Kaiser Heinrichs II. wurde er 1022 als Nachfolger Bernwards zum Bischof von Hildesheim gewählt. In seinem Bistum baute er über dreißig Kirchen und Klöster, förderte das Schulwesen und bemühte sich um eine bessere Ausbildung der Geistlichkeit. Godehard starb am 5. Mai 1038 und fand im Dom seine letzte Ruhestätte.
Dargestellt in bischöflichem Ornat, mit Kirchenmodell, brennenden Kohlen, Teufel, Tote erweckend. – Patron des Bistums Hildesheim; gegen schwere Geburt, Kinderkrankheiten, Steinleiden, Gicht, Rheumatismus, Blitz, Hagel. RK, FD, H, HI, PA

Sigrid [Germ.: »siegreiche Reiterin«], Gemahlin des Wendenfürsten Gottschalk. Nachdem dieser von heidnischen Wenden 1066 erschlagen worden war, wurde Sigrid mit ihrem Sohn Heinrich von der heidnischen Gegenpartei vertrieben. Sigrid starb in der 2. Hälfte des 11. Jhs.

Angelus OCarm, Hl., lebte als Karmelitermönch in Palästina und ging nach Sizilien. Die Überlieferung berichtet, dass er dort einem Grundherrn sein unchristliches Leben vorhielt. Dieser ließ Angelus in Licata um 1220 ermorden. Dort befinden sich auch seine Reliquien.
Dargestellt im Karmeliterhabit mit Buch, mit Schwert oder Dolch, oft mit Krummsäbel im Kopf.

Jutta [Kurzform von Judith; Hebr.: »die Judäerin, Jüdin«] von Sangershausen, Sel., lebte nach dem Tod ihres Gatten in Armut, im Geist des Evangeliums und pflegte Kranke und Aussätzige. 1256 zog sie nach Preußen, wo sie sich auf Veranlassung ihres Seelenführers, des Bischofs Heidenreich von Kulm, als Einsiedlerin bei Kulmsee niederließ. Auch hier führte sie ein Leben des Gebets und der tätigen Nächstenliebe. Besonders verehrte sie die im Herzen Jesu versinnbildlichte Liebe Gottes zu den Menschen. Jutta starb am 5. Mai 1260. Schon bald nach ihrem Tod setzte in Preußen ihre Verehrung ein. Ihr Grab im Dom von Kulmsee ist verschollen.
Dargestellt als Einsiedlerin, im Gebet versunken. – Patronin Preußens.

Franz [Ahdt.: »frei, kühn«] Tendler CSsR, geb. am 21. März 1820 in Wien, wurde »Redemptorist« und 1842 Priester. Seit 1850 wirkte er in Österreich und Bayern als Volksmissionar, seit 1858 als gottbegnadeter Jugendseelsorger in Wien, wo er den ersten katholischen Jugendverein gründete. Nach einem von Liebe und Demut getragenen Leben starb er am 5. Mai 1902 in Wien.

6.5. **Antonia** [Lat.: altröm Geschlechtername], Hl., erlitt in der Verfolgung des Valerian mit mehreren Leidensgenossen am 6. Mai in Cirta den Martertod.

Gundula, Hl., starb nach der Überlieferung als Märtyrin um 286 in der Nähe von Mailand.

Britto, Hl., wurde 374 als Nachfolger des Bonosus Bischof von Trier. Als Vertreter der Kirche Galliens nahm er 382 an einer römischen Synode teil. Während seiner bischöflichen Zeit besuchten Ambrosius von Mailand und Martin von Tours Trier. Britto starb 385/386. Möglicherweise wurde er zunächst bei St.-Maximin bestattet und später nach St.-Paulin überführt. TR

Domitian, Hl., Bischof von Tongern, verlegte wahrscheinlich den Bischofssitz nach Maastricht und erbaute über dem Grab des hl. Servatius eine Kirche. Er starb um 560 und wurde in Huy an der Maas bestattet.
Dargestellt in bischöflichen Gewändern, oft mit einem Drachen zu Füßen. – Patron gegen Fieber. LÜ

Markward [Marquard] OPraem, Sel., stammte aus Pruntrut/Schweiz und wurde Prämonstratenser in Rot an der Rot. Von dort wurde er nach Wilten bei Innsbruck gesandt, um das dortige Chorherren-Stift für den »Orden des hl. Norbert« (Norbertiner) einzurichten. Markward wird als Propst von Wilten 1138 genannt. Er starb am 6. Mai 1142.

Boris, Hl., Fürst der Bulgaren, gest. 7.5.907, ↗2.5. **7.5.**

Notker der Stammler [Balbulus] OSB, Sel., benannt nach einem Sprachfehler, wurde um 840 geboren, wahrscheinlich in Jonschwil/Kanton St.-Gallen. Er trat als Mönch in St.-Gallen ein und trug viel zur ersten Blüte der Abtei bei. Er übte eine fruchtbare Tätigkeit als Lehrer an der Klosterschule aus, wurde als feinsinniger Gelehrter bekannt, verfasste ein Martyrologium und wahrscheinlich auch eine Sammlung von Sagen um Karl d. Gr. Er wurde berühmt durch seine Hymnen und Sequenzen, die er nach westfränkischen Vorbildern dichtete und vertonte. Notker starb am 6. April 912. Seine Reliquien ruhen heute auf dem ihm geweihten Altar im Chor des Münsters.
Dargestellt als Mönch mit Buch, Mühlrad oder wie er einen Teufel prügelt. – Nebenpatron des Bistums St.-Gallen. SG

Gisela [Germ.: »von edler Herkunft«] OSB, Sel., geb. um 985, Tochter Herzog Heinrichs II. von Bayern, Schwester Kaiser Heinrichs II., wurde mit König Stephan von Ungarn vermählt. Mit ihrem Gemahl bemühte sich die Königin, den christlichen Glauben in Ungarn zu verbreiten, und erbaute Klöster und Kirchen, vielleicht auch den Dom von Veszprém. Ihr Sohn Emmerich verunglückte bereits 1031 tödlich. Als Stephan starb, wurde seine Witwe von der heidnischen Partei verfolgt und misshandelt. König Heinrich III. befreite 1045 Gisela, die in Passau in das Kloster Niedernburg eintrat und dort später Äbtissin wurde. Sie starb am 7. Mai um 1060. Über der erhaltenen Grabplatte des 11. Jh. wurde Anfang des 15. Jhs. ein Hochgrab errichtet.
Dargestellt in königlichen Gewändern mit Krone und Kirchenmodell. PA

Heilika [Helga], [Ahdt.: »gesund, heil«] OSB, (Sel.), Tante Kaiser Heinrichs II. und der Königin Gisela von Ungarn, war Äbtissin des Klosters Niederburg in Passau. Sie starb 1020. Ihr Hochgrab in Niederburg ist erhalten.

7. Mai

Agostino [Lat.: »der Erhabne«] Roscelli, am 27. Juli 1818 in Bargone di Casarza Ligure/Norditalien geboren. Der spätere Gründer der Kongregation der »Schwestern von der Immakulata« stammte aus einer bescheidenen, kinderreichen Bauernfamilie. Er begann in Genua seine theologischen Studien und empfing am 19. September 1846 die Priesterweihe. Nach zehnjähriger seelsorglicher Tätigkeit (1847–1857) übernahm er die Betreuung von armen, schwer erziehbaren und verlassenen Kindern. Wichtigster Bezug seiner priesterlichen Tätigkeit blieb für ihn die »Chiesa della Consolazione«, in der er regelmäßig das Bußsakrament spendete, sodass die Gläubigen ihn bald »heiliger Beichtvater« nannten. 1864 konnte er in Genua die erste Schule eröffnen, der auch eine Werkstätte angeschlossen war. Zur Unterstützung seines Vorhabens gründete er die Kongregation der »Schwestern von der Immakulata«. Das Institut hatte die Aufgabe, Jugendlichen durch religiöse Erziehung und fachgerechte Ausbildung die Möglichkeit zu bieten, sich ihren Lebensunterhalt redlich zu verdienen. Agostino Roscelli starb am 7. Mai 1902 in Genua. – Seligsprechung am 7. Mai 1995, Heiligsprechung am 10. Juni 2001.

8.5. **Evodia**, Mitglied der christlichen Gemeinde in Philippi, unterstützte Paulus bei seiner Missionsarbeit. Der Apostel ermahnte sie und Syntyche im Brief an die Philipper (4,2) zur Eintracht mit dem Herrn.

Desideratus [Désiré], [Lat.: »der Erwünschte«], Hl., stammte aus der Nähe von Soissons. Er war Siegelbewahrer König Chlotars I. und Berater König Childeberts I. 543, wurde Erzbischof von Bourges, wo er die Kirche des hl. Symphorian erbaute. 549 nahm er an der Synode von Orléans teil. Desideratus starb am 8. Mai 550 in Bourges und fand sein Grab in der Kirche des hl. Ursinus. *Patron gegen Regen.*

Wigger [Wiker] OSB, wahrscheinlich schon vor 934 Mönch und Diakon, seit 957 Abt von St.-Maximin in Trier, vermehrte die wirtschaftliche Grundlage des Klosters. Er konnte 962 eine Zelle in Taben bei Saarburg gründen und sie mit zwanzig Mönchen von St.-Maximin besiedeln. Der Mönch Sigehard widmete seine Schrift über die Wunder Maximins seinem Abt Wigger. Dieser starb wohl am 8. Mai 966.

Friedrich [Ahdt.: »schützender Herrscher«] OSB, (Sel.), aus einem schwäbischen Adelsgeschlecht, Mönch in Einsiedeln. 1065 wurde er von dort mit einer Anzahl Mönchen nach Hirsau geschickt, um dieses Kloster zu besiedeln. Hier lebte er als Abt in Beschaulichkeit und in Mildtätigkeit gegenüber den Armen, während er die äußeren Geschäfte anderen überließ. Auf Grund von Verleumdungen musste er 1069 zurücktreten. Abt Ulrich von Lorsch richtete ihm eine Behausung auf dem Ebersberg bei Heidelberg ein, wo Friedrich bereits 1071, der Überlieferung nach am 8. Mai, starb.

Wolfhild [Ahdt.: »Wolf« u. »Kampf«] OSB, (Sel.), Tochter Heinrichs des Schwarzen von Bayern, wurde mit dem Grafen Rudolf von Bregenz vermählt. Als Witwe nahm Wolfhild nach 1143 den Schleier des Klosters Wessobrunn, wo sie am 8. Mai in der 2. Hälfte des 12. Jhs. starb. – Bis um 1800 wurde sie in Wessobrunn verehrt.

Ulrich [Ahdt.: »der an Besitz Reiche«] OPraem, leitete als erster Propst das 1173 gegründete Prämonstratenser-Stift Adelerg in Württemberg, das bald durch vorbildliches religiöses Leben und Kenntnis der Wissenschaft blühte. Er starb am 8. Mai 1216.

Klara [Lat.: »die Leuchtende«] Fey, geb. am 11. April 1815 in Aachen, rief 1837 hier eine Schule für verwahrloste Mädchen ins Leben. Seit 1844 nahm sie sich mit Helferinnen armer Kinder an. 1848 gründete sie die Kongregation der »Schwestern vom armen Kinde Jesus«, die sie fortan als Generaloberin leitete. Klara Fey war eine begnadete Erzieherin. Ihre tiefe Frömmigkeit war von eucharistischem Geist erfüllt. Im Kulturkampf musste sie das Mutterhaus ihrer Kongregation über die Grenze in das Simpelveld verlegen. Dort wurde sie nach ihrem Tod am 8. Mai 1894 auch begraben.

Ulrike Nisch, Sel., geb. am 18. September 1882 in Mittelbiberach/Oberschwaben (Taufname Franziska), trat 1902 bei den »Barmherzigen Schwestern vom Heiligen Kreuz« in Hegne/Bodensee ein. Sie war als Küchenschwester in Bühl und Baden-Baden tätig. Nach einem Leben der Demut, des Dienstes am Nächsten und der Kreuzesliebe, das mit mystischer Gottverbundenheit vereint war, starb sie am 8. Mai 1913 in Hegne und wurde auf dem dortigen Klosterfriedhof bestattet. – Seligsprechung am 1. November 1987.

Jesaja, Isaias, Isaja, [Hebr.: »Der Herr ist Rettung«], Prophet und Märtyrer. Der bedeutendste der Schriftpropheten, zum prophetischen Dienst berufen 739 v. Chr., im letzten Jahr des Königs Ozias. Er soll im 80. Lebensjahr auf Befehl des Königs Ozias grausam getötet worden sein. MR, JE **9.5.**

Beatus [Lat.: »der Selige«], Hl., Einsiedler am Thuner See, stammte nach der Legende aus Frankreich, wurde vom hl. Petrus selbst zum Priester geweiht und kam in die Schweiz, um die heidnischen Helvetier zu bekehren. Am Thuner See soll er einen Drachen getötet, in dessen Höhle gewohnt haben und um 112 gestorben sein. – Vielleicht ist der Einsiedler am Thuner See identisch mit dem iroschottischen Abt Beatus von Honau/Elsass (772/774–810). Das Kloster Honau sandte seine Mönche als Glaubensboten bis in die Wetterau und die Schweiz. Im 12. Jh. besaß die Abtei Engelberg bereits eine Beatusreliquie. Anfang des 13. Jhs. beginnt die Wallfahrt zur Beatushöhle und dem oberhalb gelegenen Beatenberg. Im Züricher Frauenmünster wurde um 1300 Beatus ein Altar geweiht; eine Beatusbruderschaft ist dort 1516 bezeugt. In der Reformation unterdrückte man im protestantischen Bern mit Gewalt den Beatuskult am Thuner See. Dafür wurde 1567 in Lungern/Kanton Obwalden eine Kapelle errichtet. Das Fest des schweizerischen Heiligen wurde im 14. Jh. am 18. Oktober begangen, seit dem 15. Jh. am 9. Mai, dem Gedenktag des hl. Beatus von Vendôme.

Dargestellt als Einsiedler, in oder vor einer Höhle, mit Drachen. – Patron der Schweiz; gegen Krebs. BS

Adalgar OSB, Hl., Mönch in Corvey und wurde 865 Gehilfe und 888 Nachfolger Rimberts als Erzbischof von Bremen-Hamburg. An eine erfolgreiche Glaubensverkündung in Dänemark und Skandinavien konnte Adalgar wegen der Normanneneinfälle nicht denken. Doch verteidigte er erfolgreich die von Papst Nikolaus I. 864 angeordnete Loslösung Bremens aus dem Metropolitanverband von Köln. Adalgar starb am 9. Mai 909.

Dargestellt in bischöflichen Gewändern mit Pallium.

Ottokar III., Markgraf von Traungau, gründete 1160 ein Spital am Semmering und übergab 1163 sein Eigengut Vorau/Steiermark Erzbischof Eberhard I. von Salzburg zur Gründung eines Augustiner-Chorherren-Stiftes. Ottokar starb 1164.

Volkmar OSB, (Sel.), seit 1280 Abt des Benediktiner-Klosters Niederaltaich/Bayern, versuchte dort, seine Mitbrüder mit rechtem Ordensgeist zu erfüllen. Nicht allen gefiel die strenge Befolgung der Regel. Als Volkmar am 9. Mai 1282 in einem Kahn über die Donau setzte, erschossen ihn zuchtlose Mönche mit Pfeilen.

Theresia Gerhardinger SSND, Sel., geb. am 20. Juni 1797 in Stadtamhof (Taufname Karoline), war dort von 1812 bis 1833 als Lehrerin tätig. 1833 gründete sie auf Veranlassung von Bischof Georg Michael Wittmann in Neunburg vorm Wald die Kongregation der »Armen Schulschwestern Unserer Lieben Frau«. 1841 verlegte sie als Generaloberin das Mutterhaus in das Anger-Kloster in München. Noch zu ihren Lebzeiten verbreitete sich ihre Gründung in Mitteleuropa und Nordamerika. Nach einem Leben, das von tiefer Demut, apostolischem Eifer und inniger Liebe zum leidenden Heiland erfüllt war, starb Theresia am 9. Mai 1879 in München. Ihr Grab befindet sich in der Jakobskirche am Anger. – Seligsprechung am 17. Oktober 1985.

Dargestellt in der Ordenstracht der Armen Schulschwestern. M

10.5. Ijob, Job, Hiob, [Sem.: »Wo ist der Vater?«], Prophet im Land Uz. Vielleicht ist mit dem Namen der himmlische oder der früh verstorbene Vater gemeint. Über sein Leben berichtet dichterisch das biblische Buch *Ijob*. Ijob gilt nach der Bibel als ein Vorbild der Gerechtigkeit und Geduld, als der Vieldulder. Die Erinnerung an das Schicksal Ijobs reicht in alte Zeit zurück, Patriarchenzeit oder vorisraelische. Vermutlich hat das Buch *Ijob* einen historischen Kern. Der Dichter bediente sich dieser alten Tradition, um seine Meinung über den Umgang mit dem Leiden zu äußern. MR, RO

Gordianus und **Epimachus**, Hl., haben einem frühchristlichen Coemeterium in Rom an der Via Latina den Namen gegeben. Nach der Inschrift des 6. Jh. war Gordian ein Knabe von 7 Jahren. Beide sind vielleicht Märtyrer in der Verfolgung Valerians oder Diokletians gewesen. Ihr Gedächtnistag wird schon im 5. Jh. am 1. Mai begangen. Reliquien der Märtyrer wurden angeblich 774 durch die Königin Hildegard in die Abtei Kempten übertragen.
Dargestellt: Gordian als Ritter; Epimachus in vornehmer Kleidung mit Kreuz und Nagel.

Juan de Ávila, Hl., geb. am 6. Januar 1499 in Almodóvar del Campo als Sohn eines jüdischen Konvertiten. Zunächst studierte er Jura, beschloss dann aber, Missionar zu werden. Seine Herkunft machte diesen Plan unmöglich. So beauftragte ihn der Bischof von Sevilla mit der Aufgabe eines Volksmissionars. In diesem Arbeitsfeld hatte er großen Erfolg. Er war ein großer Verehrer des Altarsakramentes. Bald wurde er »Apostel von Andalusien« genannt. Juan starb am 10. Mai 1569 in Montilla bei Córdoba. Dargestellt wird er als Beter vor dem Altarsakrament. – Heiligsprechung am 31. Mai 1970. GK

Mamertus, Hl., seit etwa 461 Bischof von Vienne, richtete zur Abwendung von Erdbeben und anderer Heimsuchungen die Bittgänge an den drei Tagen vor dem Fest Christi Himmelfahrt ein, indem er die schon vorher üblichen Litaneien neu ordnete. Dieser Brauch wurde zuerst in Frankreich allgemein eingeführt, danach von Rom übernommen. **11.5.**
Dargestellt in bischöflichen Gewändern mit brennendem Licht. – Patron der Ammen, Hirten, Feuerwehr; gegen Krankheiten der Brüste, Fieber, Dürre; gilt mancherorts als Eisheiliger.

Gangolf [Ahdt.: »Gang, Streit« u. »Wolf«], Hl., ein burgundischer Edler, stand im Dienst König Pippins. Vielleicht ist er personengleich mit dem 716 und 731 erwähnten Gangvulfus, der ein Eigenkloster bei Langres besaß. Nach der Legende soll er auf Anstiften seiner ehebrecherischen Gattin am 11. Mai 760 ermordet worden sein. Seit dem 9. Jh. wird er als Märtyrer verehrt. Eine bedeutende Reliquie befindet sich in Bamberg.
Dargestellt als Ritter mit Schild und Speer, mit Quelle. – Patron der Gerber, Schuhmacher, Kinder; gegen Knieleiden, bei Schwierigkeiten in der Ehe. BA

Udiskalk [Udalschalk], (Sel.), Edelfreier von Stille und Heft, gründete um 1100 in Seitenstetten/Niederösterreich ein Chorherren-Stift, das 1112 in ein Benediktiner-Kloster umgewandelt und von Göttweig besiedelt wurde. Udiskalk starb in der 1. Hälfte des 12. Jhs.

Joachim [Hebr.: »Jahwe wird aufrichten«] Tabernitz OSB, Mönch der Benediktiner-Abtei Klein-Mariazell, wurde um 1610 Pfarrer an der Traisen/Niederösterreich. Von apostolischem Eifer beseelt, bemüht er sich, die Pfarrangehörigen, die sich der lutherischen Lehre zugewandt hatten, zum katholischen Glauben zurückzuführen. Deshalb wurde er von neugläubigen Weinbauern am 11. Mai 1617 grausam getötet. Sein Leichnam wurde in der Abteikirche von Klein-Mariazell neben dem Marienaltar beigesetzt. Sein Grabstein wurde 1683 von den Türken zerstört.

12.5. **Pankratius** [Griech.: »der alles Beherrschende«], Hl., war ein römischer Märtyrer, über den sichere Nachrichten fehlen. Die Legende lässt ihn als 14-jährigen Knaben unter Valerian um 257 oder Diokletian um 304 den Martertod erleiden. Der Kult des hl. Pankratius ist im 5. Jh. in Rom sicher bezeugt. Papst Symmachus erbaute um 500 über seinem Grab an der Via Aurelia eine Kirche, die eine Vorgängerin der heutigen Kirche S. Pancrazio fuori le mura war. Kaiser Arnulf von Kärnten eroberte am 12. Mai 896 Rom und schrieb diesen Erfolg der Fürbitte des Pankratius zu. Daraufhin kam es zu einer Blüte des Pankratiuskults in Deutschland im 10. Jh.

Dargestellt als junger Mann, oft in Ritterrüstung, mit Schwert, Märtyrerkrone und Palme. – Patron der Erstkommunikanten; der jungen Saat; gegen Meineid, falsches Zeugnis, Krämpfe, Kopfschmerzen; gilt mancherorts als Eisheiliger. GK

Nereus und **Achilleus**, Hl., waren zwei römische Märtyrer, die vielleicht als zum christlichen Glauben bekehrte Soldaten unter Diokletian hingerichtet wurden. Ende des 4. Jhs. wurde über ihrem Grab in der Domitilla-Katakombe/Rom eine dreischiffige Basilika errichtet.

Dargestellt als Soldaten mit Schwertern und Palmen. GK

Modoald, Hl., wurde 614/615 Bischof von Trier. Er war ein Verwandter Idubergs, der Gattin Pippins von Landen und zeitweise Berater König Dagoberts I. Germanus von Münster-Granfelden war sein Schüler. Modoald gründete das Kloster St.-Symphorian in Trier, wohl auch die Klöster Oeren in Trier, Münstermaifeld und St.-Maria in Andernach. Er starb um 647/649 und wurde in St.-Symphorian bestattet. – 1107 übertrug man seine sterblichen Überreste ins Kloster Helmarshausen.

Dargestellt in bischöflichen Gewändern in Gebetshaltung. TR

Imelda OP, Sel., geb. um 1321 in Bologna, aus der gräflichen Familie Lambertini, trat früh in das Dominikanerinnen-Kloster Valdipietra bei Bologna ein. Sie starb unmittelbar nach ihrer wunderbaren ersten heiligen Kommunion am 12. Mai 1333. Reliquien befinden sich in der Kirche St.-Sigismund/Bologna. – Der Kult wurde 1826 für den Orden bestätigt.

Dargestellt als Dominikanerin oder Erstkommunikantin mit Gebetbuch in Händen. – Patronin der Erstkommunikanten.

Bogdan Mandic OFMCap, Hl., geb. am 12. Mai 1866 in Hercegnovi/Kroatien, trat im Alter von 18 Jahren in den Kapuzinerorden ein und nahm den Namen Leopold von Castelnuovo an. In Padua und Venedig studierte er Philosophie und Theologie und empfing 1887 die Priesterweihe. Er wollte als Priester in seiner Heimat für die Einheit der Christen wirken. Auf Wunsch seiner Obern blieb er aber als Beichtvater in Italien. Der hoch geschätzte Seelenführer besaß die Gabe der Herzensschau und trug die Wundmale. Für die Einheit der Christen in Ost und West opferte er sein Leben auf. Er starb am 30. Juli 1942 in Padua. – Seligsprechung am 2. Mai 1976, Heiligsprechung am 15. Oktober 1983. GK

Servatius [Lat.: »der Errettete«], Hl., seit etwa 345 Bischof von Tongern, ist wahr- **13.5.**
scheinlich der in den Akten der Synode von Sardika 350 genannte Sarbatios, der ein heftiger Gegner der Irrlehre des Arius war. In Tongern und Maastricht erbaute Servatius Marienkirchen. Er starb gegen Ende des 4. Jh. Von Maastricht aus, wo sein Grab in der Servatiuskirche Mittelpunkt einer Wallfahrt wurde, verbreitete sich der Kult in Westeuropa, vor allem an Rhein und Mosel.

Dargestellt in bischöflichem Ornat mit Busch, Schlüssel und Drachen. – Patron der Lahmen; bei Fußleiden; gegen Rheumatismus, Fieber, Todesfurcht, Frostschäden, Mäuse- und Rattenplage; für gutes Gelingen; gilt mancherorts als Eisheiliger. – Wallfahrt in Maastricht. AC, LÜ

Ellinger OSB, Sel., seit 1017 Abt von Tegernsee, sicherte die wirtschaftliche Lage und hob die wissenschaftlichen und künstlerischen Leistungen des Klosters. Die von ihm eingeleitete Reform des Klosters führte 1026 zu seiner Absetzung durch die unzufriedenen Mönche. Nach dem Tod seines Nachfolgers setzte Bischof Godehard von Hildesheim Ellinger wieder als Abt von Tegernsee ein. Bald konnte Ellinger mit Mönchen von Tegernsee die Abtei Benediktbeuern reformieren. Doch 1041 wurde Ellinger wiederum abgesetzt und nach Niederaltaich verbannt. Hier widmet er sich ganz dem Gebet und der Herstellung kunstvoller Handschriften. Gegen Ende seines Lebens konnte Ellinger, der alle Verfolgungen und Leiden in Ergebenheit und Geduld ertragen hatte, nach Tegernsee zurückkehren, wo er (am 13. Mai ?) 1056 starb. – Seine Gebeine wurden 1218 erhoben und nicht lange darauf auf den Vitusaltar der Abteikirche übertragen.

14.5. **Christian** [Griech./Lat.: »der Christ«], Hl., war ein jugendlicher Märtyrer, der zu den Gefährten des Meletius gehörte. Nach dem legendarischen Bericht der Leidensgeschichte, deren Verfassern aber anscheinend echte Akten vorgelegen haben, erlangten der Offizier Meletius und seine Gefährten wohl unter Kaiser Diokletian am Anfang des 4. Jhs. in Galatien die Krone des Martyriums.

Pachomius, Hl., Mönchsvater, geb. um 287 in Oberägypten als Sohn heidnischer Bauern, empfing nach Beendigung des ihm aufgezwungenen Militärdienstes die Taufe. Um 308 wurde er Einsiedler und erbaute 320/25 in Tabennisi ein großes Kloster. In der von ihm verfassten Regel verpflichtet er die Mönche zu einer für die Einsiedler neuen Lebensweise: Gemeinsamkeit bei Gebet, Arbeit und Mahlzeiten, sowie Gehorsam gegenüber dem Oberen als höchste Mönchstugend. Bis zu seinem Tod entstanden neun Männer- und zwei Frauenklöster. Pachomius starb am 14. Mai 347.
Dargestellt in Fellkleidung mit Schrifttafeln, die ein Engel bringt, vom Teufel in Gestalt eines jungen Mädchens versucht.

Paschalis I. [Hebr./Lat.: »der Österliche«], Hl., von Geburt Römer, Abt des Stephans-Klosters bei St.-Peter, wurde 817 Papst. Kaiser Ludwig der Fromme bestätigte ihm die Unabhängigkeit des Kirchenstaates. Paschalis verteidigte gegenüber den Bilderstürmern die katholische Bilder- und Heiligenverehrung. Den Erzbischof Ebbo von Reims bestellte er zum Legaten für Dänemark und Skandinavien und leitete so die Mission des Nordens in die Wege. Paschalis starb am 11. Februar 824. Sein Grab in St.-Peter ist verschollen.
Dargestellt in priesterlicher Gewandung mit Pallium und Kirchenmodell.

Iso OSB, Sel., geb. nach 830 in Thurgau, wurde Mönch in St.-Gallen, wo er eine bedeutende Lehrtätigkeit an der Klosterschule entfaltete. Er war Lehrer und Mitarbeiter Tutilos und Notkers des Stammlers und verfasste selbst zwei Schriften über den hl. Otmar. Später ging Iso als Lehrer in die Abtei Münster-Granfelden, wo er der Überlieferung nach am 18. Mai 871 gestorben ist.

15.5. **Sophia** [Griech.: »Weisheit«], Hl., römische Jungfrau, erlitt den Martertod wahrscheinlich in der Verfolgung Kaiser Diokletians um 304. Sie wurde auf dem Coemeterium der Heiligen Gordianus und Epimachus bestattet. – Papst Sergius II. übertrug Teile der Reliquien Sophias um 845 unter den Hochaltar der römischen Kirche S. Martino ai Monti. Ebenso scheinen die Reliquien, die Bischof Remigius von Straßburg 778 von Rom in das elsässische Frauenkloster Eschau überführte, von dieser Märtyrin Sophia herzurühren.

Dargestellt als jugendliche Märtyrin mit Palme, Buch, auch mit Trog und Schwert. – Patronin gegen Spätfröste (»kalte Sophie«); für gedeihliches Wachsen der Feldfrüchte.

Rupert [Ahdt.: »der Hochberühmte«] von Bingen, Hl., stammte wahrscheinlich aus dem Geschlecht der Rupertiner, das im 8. Jh. am Ober- und Mittelrhein ansässig war. Er lebte als Einsiedler, war wohltätig gegenüber Armen und Notleidenden und starb als junger Mann von 20 Jahren um 732 an einem Fieber. Sein Grab fand er in einer kleinen Kirche bei Bingen, wo auch seine Mutter Berta und sein Lehrer, der Priester Wigbert, bestattet wurden. – Hildegard von Bingen erbaute bei dieser Kirche ihr Kloster Rupertsberg, erhob die Gebeine Ruperts und förderte seinen Kult durch Lieder und seine Lebensgeschichte, die allerdings nicht frei von legendarischen Zügen ist. Die Reliquien Ruperts wurden 1632 nach Eibingen und 1814 auf den Rochusberg bei Bingen übertragen.
Dargestellt in fürstlichen Gewändern mit Krone, Lilienzepter, Kreuz und Palme, in Ritterrüstung mit Schild und Lanze, in Pilgertracht mit Pilgerausrüstung.
LM, MZ, TR

Gerebern, Hl., stammte nach der legendarischen Lebensbeschreibung des 13. Jhs. aus Irland und war Priester. Er wurde im 6./7. Jh. in Gheel bei Antwerpen ermordet. Ein Teil der Reliquien des Märtyrers befindet sich in Sonsbeck bei Xanten.
Dargestellt als bärtiger Priester mit Palme und Lanze. – Patron gegen Gicht, Lähmungen, Epilepsie. – Wallfahrt in Sonsbeck.

Isidor [Griech.: »Geschenk der Isis«], Hl., geb. um 1070, war Landwirt bei Madrid. Mit seiner Gattin erfüllte er pflichtgetreu die tägliche Arbeit. Im Gebet fand er Trost und Hilfe in Zeiten der Not. Für Hilfsbedürftige hatte er alle Zeit eine offene Hand. Isidor starb am 15. Mai 1130. Sein Grab befindet sich in der St.-Andreas-Kirche in Madrid.
Dargestellt in Bauernkleidern mit landwirtschaftlichen Geräten, betend vor einem Kruzifix, währen Engel mit Stieren oder Pferden das Feld bearbeiten. – Patron der Bauern, Feldmesser; gegen Dürre; für Regen.

Friedrich [Ahdt.: »schützender Herrscher«] Keller, geb. 1891 in Köln, im Ersten Weltkrieg zur Artillerie eingezogen, entlassen 1918 als Offizier mit dem »Eisernen Kreuz 1. Klasse«, wurde 1921 zum Priester geweiht. Lange Jahre wirkte er als Kolpingpräses in Düren, bis er Pfarrer in Stolberg-Atsch wurde. Er war ein lebensbejahender, erfolgreicher Seelsorger, der mit heiterem Herzen Gott diente. Von der Geheimen Staatspolizei verhaftet, wurde er im KZ als Versuchsobjekt für Malariainjektionen missbraucht. Das Gericht in Aachen sprach ihn frei, doch die Schergen des Dritten Reiches nahmen ihn erneut in Haft. Man wollte ihn freigeben, wenn er den »schwarzen Rock« ausziehen würde. Doch Fritz Keller blieb unbeugsam, wenn auch sein Leib gemartert und geschunden war. Am 15. Mai 1943 wurde er im Gefängnis von Aachen von seinem Leiden erlöst.

16.5. **Amos** [Hebr.: »Der Herr hat genommen«], Prophet im 8. Jh. v. Chr., der dritte der Kleinen Propheten. Von Beruf war er Vieh- und Maulbeerfeigenzüchter in Tekoa, also kein Berufsprophet. Vom Priester Amazja wurde er aus Jerusalem und Israel vertrieben. – Sein Grab wird in Tekoa verehrt. Das Buch des Propheten Amos spricht in eine Zeit, in der Israel zu Wohlstand gekommen war, aber auch zu einer großen Kluft zwischen Arm und Reich. Religiös herrschte ein selbstzufriedener Formalismus. Deshalb seine Drohbotschaft: Bevorzugung erfordert stärkere Verantwortung, Religion ohne Ethos hat keinen Wert vor Gott. RO

Adelphus, Hl., Bischof von Metz als Nachfolger von Rufus, lebte um die Wende des 4. Jh. – Seine Gebeine, zuerst in der Krypta der Abteikirche St.-Klemens in Metz beigesetzt, wurden 863 in die elsässische Abtei Neuweiler übertragen. Im 11. Jh. wurde hier der zahlreichen Pilger wegen eine Stiftskirche zu Ehren des hl. Adelphus errichtet, in der ein Hochgrab seine Reliquien barg. In der Reformationszeit wurden die Reliquien in die Abteikirche zurückgebracht. – In der Kathedrale von Metz wird das Gedächtnis des Bischofs Adelphus am 30. August begangen.
Dargestellt in bischöflichen Gewändern mit Kirchenmodell. (ME), ST

Ubald [Ahdt.: »Verstand« u. »mächtig«], Hl., geb. um 1080/85 in Gubbio/Umbrien, machte sich als Prior der Regularkanoniker von S. Marino verdient um die Einführung des gemeinsamen Lebens. Eine Wahl zum Bischof von Perugia lehnte er 1126 ab. Doch 1129 ernannte ihn Papst Honorius II. zum Bischof von Gubbio. Bescheiden in seiner Lebensführung wirkte er als milder und pflichteifriger Seelenhirt. Ubald starb am 16. Mai 1160 in Gubbio. Sein Grab befindet sich in der Kirche S. Ubaldo bei Gubbio.
Dargestellt in Pontifikalkleidung mit einem vor ihm fliehenden Teufel. – Patron der Kinder; gegen Nervenschmerzen, Besessenheit.

Johannes [Hebr.: »Jahwe ist gnädig«] von Nepomuk [aus Pomuk/Böhmen stammend], Hl., geb. um 1350, wurde 1393 Generalvikar des Erzbischofs von Prag. In den Auseinandersetzungen zwischen König und Erzbischof wurde Johannes von König Wenzel am 20. März 1393 gefangen genommen, gefoltert und in der Moldau ertränkt. – Erst vierzig Jahre später wird berichtet, dass der König von Johannes den Bruch des Beichtgeheimnisses verlangt habe. Doch war Johannes weder Beichtvater der Königin noch Hofprediger. Johannes wurde im Prager Dom bestattet. Sein Grab war schon früh Mittelpunkt

einer Verehrung des Märtyrers. Seit Ende des 17. Jh. verbreitete sich sein Kult über Böhmen, Österreich und Deutschland bis zum Rhein hin.
Dargestellt in Chorherrentracht mit Kruzifix, Palme, Kranz mit fünf Sternen, auch mit Brücke und Fluss. – Patron Böhmens; der Beichtväter, Priester, Schiffer, Flößer, Müller, Brücken; in Wassergefahren; für Verschwiegenheit, Schutz des Eigentums; gegen Verleumdungen, irrige Urteile; zur Verteidigung des guten Rufs.
RK, GÖ, MEI, R, S, W

Johannes [Hebr.: »Jahwe ist gnädig«] Rimer, er wirkte als Erzpriester in Lauban/Niederschlesien. Als die Hussiten Lauban eroberten, wurde er mit etwa tausend Katholiken, darunter zahlreichen vertriebenen böhmischen Priestern und Prager Studenten, von den fanatischen Kriegern am 16. Mai 1427 ermordet.

Walter [Ahdt.: »der Herrschende«] OSB, Sel., wurde nach der Ermordung Konrads 1145 zum Abt von Mondsee erwählt. Er war seinen Mönchen ein Vorbild im Tugendstreben. Walter starb am 17. Mai 1158 und wurde in der Peterskapelle der Klosterkirche begraben. **17.5.**

Paschalis Baylon OFM, Hl., geb. am 16. Mai 1540 in Aragonien, lebte zuerst als Hirt, trat 1564 als Laienbruder bei den Franziskanern von Monforte ein und diente in verschiedenen Klöstern als Pförtner und im Refektorium. Er zeichnete sich aus durch Demut und strenge Abtötung, durch Liebe zum Nächsten und durch Verehrung der Eucharistie. Gott schenkte ihm das Glück und den Trost mystischer Gnadenerweise. Paschalis starb am 17. Mai 1592 im Kloster Villarreal bei Valencia. Sein dortiges Grab wurde im spanischen Bürgerkrieg entehrt und die Reliquien verbrannt.
Dargestellt in Franziskanerhabit, mit Hirtenstab und Schafen, mit Ketten um den Leib, mit Monstranz oder Hostie. – Patron eucharistischer Vereinigungen und Bruderschaften; der Köche, Hirten.

Dioscorus, Hl., Sohn eines Lektors, erlitt den Martertod durch Enthauptung in der Verfolgung Diokletians um 304 in Alexandrien. Der überlieferten Leidensgeschichte liegen echte Prozessakten zugrunde. **18.5.**

Johannes I. [Hebr.: »Jahwe ist gnädig«], Hl., stammte aus Tuszien und wurde 523 zum Papst gewählt. Auf Befehl Theoderichs d. Gr. musste er nach Konstantinopel reisen, um Kaiser Justinus I. zu bewegen, Maßnahmen gegen die arianischen Goten im Oströmischen Reich aufzuheben. Johannes wurde vom Kaiser ehrenvoll aufgenommen. Doch war Theoderich mit dem Erfolg seiner Reise nicht zufrieden, nahm den Papst nach seiner Rückkehr ungnädig auf und hielt ihn in Ravenna fest. Dort starb Johannes nach wenigen

Tagen am 18. Mai 526. Berichte über die Kerkerhaft oder gar ein Martyrium des Papstes sind Legende. GK

Dietmar [Thetmar], [Ahdt.: »Volk« u. »Herrschaft«] CRSA/CSA, Sel., ein Gehilfe Wizelins bei der Glaubensverkündigung unter den wagrischen Wenden in Holstein, war Augustiner-Chorherr in Neumünster/Holstein und stand schon bei seinen Zeitgenossen wegen seiner Mildtätigkeit gegenüber Armen und Notleidenden in hohem Ansehen. Dietmar starb wohl am 18. Mai 1152.

Erich IX. [Germ.: »der Ehrenreiche«] Jedvardsson, Hl., König von Schweden, führte ein sittenreines Leben, schützte die Kirche und machte sich um die Bekehrung der Finnen verdient. Er starb im Kampf gegen den dänischen Prinzen Magnus Henriksson am 18. Mai 1160. Nach der Legende wurde er während eines Gottesdienstes ermordet. Schon bald nach seinem Tod, nachweislich 1198, wurde Erich als Heiliger verehrt. Seine Gebeine ruhen in einem goldenen Schrein hinter dem Hochaltar des Domes von Uppsala. – Im deutschen Regionalkalender wird sein Gedächtnis am 10. Juli begangen.
Dargestellt mit königlichen Insignien vor einem Altar, mit Kirchenmodell. – Patron Schwedens. (RK)

Burkhard [Ahdt.: »Burg« u. fest«], Sel., geb. Anfang des 12. Jh. wohl auf dem Hof Langenmatt, erhielt vielleicht seine Ausbildung im Kloster Muri und wurde dann Pfarrer von Beinwil im Aargau (Schweiz), wo er am 18. Mai 1192 starb und in der Krypta seiner Kirche bestattet wurde. – Die Verehrung Burkhards ist seit dem 13. Jh. nachweisbar. Sein Grab in Beinwil wird am 20. August von Wallfahrern besucht.
Dargestellt in Priesterkleidung, mit Hostie, mit Kranich. BS

Felix [Lat.: »der Glückliche«] OFMCap, Hl., geb. 1515 in Cantalice/Umbrien, wurde 1543 Laienbruder im Kapuzinerorden. Über vierzig Jahre übte er in Rom das Amt des Almosensammlers aus und erhielt wegen seiner Dankesworte den Namen »Bruder Deogratias«. Mit Karl Borromäus und Philipp Neri war er befreundet. Seine persönliche Lebensstrenge und Demut waren verbunden mit großer Geduld und liebenswürdiger Freundlichkeit. Beim betrachtenden Gebet wurden ihm übernatürliche mystische Gnadenerweise zuteil. Felix starb am 18. Mai 1587 in Rom. Seine Reliquien befinden sich heute im Kloster an der Piazza Barberini in Rom.
Dargestellt im Kapuzinerhabit, mit Jesuskind, mit Bettelsack. – Patron der Mütter und Kinder.

Blandine Merten OSU, Sel., geb. am 10. Juli 1883 in Düppenweiler/Saarland (Taufname Maria Magdalena), war seit 1902 Volksschullehrerin und wurde 1908 Ursuline auf dem Kalvarienberg bei Ahrweiler. Hier zeichnete sie sich durch tiefe Frömmigkeit, Streben nach Wachstum in der Tugend und stets heiterem Gleichmut aus. Sie starb am 18. Mai 1918 in Trier und wurde dort auf dem Friedhof von St.-Paulin bestattet. – Seligsprechung am 1. November 1987.

Alkuin [Ahdt.: der »Tempelfreund«] OSB, Sel., geb. um 730 in York, stammte aus vornehmem angelsächsischen Geschlecht. Ausgebildet an der Domschule York traf er auf einer Romreise 781 in Parma mit Karl d. Gr. zusammen, der den gelehrten Diakon für das Frankenreich gewann. An der Hofschule in Aachen wurde Alkuin der Mittelpunkt des Gelehrtenkreises. Zu seinen Schülern gehörten Einhard und Rhabanus Maurus. Neben anderen Klöstern erhielt Alkuin 796 die Abtei St.-Martin in Tours, wo er den Ordensgeist erneuerte und eine ausgezeichnete Schule einrichtete. Alkuin erwarb sich Verdienst um die Liturgie, das Bildungswesen, die Missionierung der Heiden und die Bekämpfung der Irrlehren. 801 zog er sich in seine Abtei nach Tours zurück, um sich ganz dem Studium zu widmen. Nach seinem Tod am 19. Mai 804 wurde er in Tours bestattet. **19.5.**
Dargestellt im Mönchshabit mit Schriftrolle.

Dunstan OSB, Hl., geb. um 909, wurde Mönch in Glastonbury. Seit 945 hier Abt machte er sein Kloster zu einem Mittelpunkt religiöser und geistiger Reform. Unter König Edred noch von großem Einfluss auf die Staatsverwaltung wurde Dunstan 955 von König Edwin verbannt. Er begab sich in die Abtei St.-Peter in Gent, wo er die Erneuerungsbewegung der Abtei Fleury kennen lernte. 957 von König Edgar zurückberufen, wurde Dunstan sogleich Bischof von Worcester, 958 von London und 960 Erzbischof von Canterbury. Nun wirkte er für die religiöse und sittliche Erneuerung der englischen Kirche und des Mönchtums im Geist von Fleury. Er gründete als vorbildliche Reformklöster 966 Peterborough und 970 Ely. Dunstan starb am 19. Mai 988. Er wurde in seiner Kathedrale bestattet. – Der Schrein mit einem Teil der Reliquien wurde unter Heinrich VIII. vernichtet.
Dargestellt in bischöflicher Gewandung von Engeln, mit Harfe, Zange. – Patron der Schmiede, Schlosser, Goldschmiede, Musiker.

Kuno [Konrad], [Ahdt.: »kühner Ratgeber«] OSB, Sel.; er stammte aus dem Regensburger Dienstmannengeschlecht der Raitenbucher in der Oberpfalz. 1105 wurde er von Erzbischof Friedrich I. von Köln als Abt in das Kloster Siegburg berufen. Unter ihm lebten zeitweise Norbert von Xanten und Rupert von Deutz in Siegburg, auf die Kuno größten Einfluss ausübte. Aus dem blühenden geistigen Leben Siegburgs wurde Kuno 1126 herausgerufen, um die Leitung des Bistums Regensburg zu übernehmen. Auch hier versammelte Kuno Geistesgrößen um sich, wie Gerhoh von Reichersberg und Honorius Augustodunensis, ferner die Verfasser des »Annolieds«, der »Kaiserchronik« und wohl auch des »Pfaffen Konrad«. In Regensburg setzte sich Kuno für die Klosterreform ein und berief Augustiner-Chorherren nach St.-Johann. Kuno starb am 19. Mai 1132.

Ivo [Ahdt.: »Bogenschütze«] Hélory, Hl., geb. am 17. Oktober 1253 in Minihy-Tréguier/Bretagne, studierte Theologie und Rechtswissenschaft. Nachdem er sein Amt als Pfarrer aufgegeben hatte, führte er seit 1297/98 auf seinem väterlichen Erbgut Kermartin ein Leben der Selbstentsagung, des Gebets und der Nächstenliebe. Vor allem trat er vor geistlichen und weltlichen Gerichten unentgeltlich als Anwalt der Armen, Unterdrückten und Hilflosen auf. Ivo starb am 19. Mai 1303. Sein Grab befindet sich auf dem Friedhof von Tréguier.
Dargestellt im Gewand eines Ritters mit Papierrolle, Buch, Schreibfeder. – Patron der Juristen, Rechtsanwälte, Richter, Notare, Pfarrer, Priester, Armen und Waisen, Drechsler; bei Prozessen. – Wallfahrt in Minihy-Tréguier (Bretagne).

Pietro Fioretti OFMCap, Hl., mit Ordensnamen Crispin von Viterbo, geb. am 13. November 1668 in Viterbo als Sohn armer Eltern. Er erlernte das Schuhmacherhandwerk und trat 1693 als Bruder in den Kapuzinerorden ein. Nach Ablegen der Gelübde war er als Helfer in der Küche im Kloster Tolfa tätig. Die letzten Jahre seines Lebens verbrachte der von Prälaten und Adligen als Berater hoch geschätzte Ordensmann im Kapuziner-Kloster an der heutigen Via Veneto in Rom. Dort starb er am 19. Mai 1750. – Seligsprechung am 7. September 1806, Heiligsprechung am 20. Juni 1982. GK

Maria Bernarda Bütler OFMCap, Sel., geb. am 28. Mai 1848 in Auw/Aargau (Taufname Verena), trat 1867 in das Kapuzinerinnenkloster Maria-Hilf in Altstätten/St.-Gallen ein, wo sie 1869 die Profess ablegte. Sie führte in dem Kloster, desssen Oberin sie 1880 wurde, Reformen ein. Seit 1888 war sie in den südamerikanischen Missionen tätig, zuerst in Ecuador, dann in Kolumbien. Hier gründete sie die Genossenschaft der »Franziskaner-Missionsschwestern von Maria-Hilf«, die sich in Schule und Krankenpflege betätigten. Maria Bernarda starb am 19. Mai 1924 in Cartagena/Kolumbien. – Seligsprechung am 29. Oktober 1995.

20.5. Saturnina, Hl., erlitt der Überlieferung nach als jungfräuliche Märtyrin zu einer nicht mehr bekannten Zeit in Rom den Tod. – Unter Bischof Biso von Paderborn (887–909) wurden ihre Reliquien aus Gallien in das Stift Neuenheerse übertragen, wo sie 1025 neben Maria als Mitpatronin, später als alleinige Patronin erscheint.
Dargestellt in römischer Jungfrauentracht mit Salbgefäß. – Patronin in Neuenheerse.

Valeria, Hl., war eine römische Märtyrin unbekannter Zeit, deren Reliquien mit denen Saturninas Ende des 8. Jhs. von Gallien nach Neuenheerse überführt wurden.

Elfriede [Etheldred], [Ahdt.: »vornehm« u. »Friede«], Hl., Tochter König Ossas von Mercien, soll nach der unsicheren Überlieferung Gemahlin des Ostangeln-Königs Ethelbert gewesen sein und nach dessen Ermordung als Reklusin in der Nähe von Croyland gelebt haben. Sie ist um 795 gestorben.
Dargestellt als Einsiedlerin mit abgelegter Krone.

Bernhardin [Ahdt.: »der Bärenharte«] von Siena OFM, Hl., geb. am 8. September 1380 in Massa-Marittima, wurde 1402 Franziskaner, 1404 Priester und wirkte seit 1417 als einflussreicher Volksprediger. Durch seine Predigten bemühte er sich, die Parteigegensätze in Italien zu überwinden und die Verehrung der Muttergottes, des hl. Joseph und des Namens Jesu zu verbreiten. Als Generalvikar des Ordens (1438–1442) wirkte er für die Ausbreitung der »Franziskaner-Observanten« (OFMObs). 1439 setzte er sich auf dem Konzil von Florenz für die Union mit der griechischen Kirche ein. Bernhardin starb am 20. Mai 1444 in Aquila und liegt dort in der Kirche S. Bernardino begraben.
Dargestellt im Franziskanerhabit mit Buch, mit Sonne, in der das Christusmonogramm IHS steht. – Patron der Wollweber; gegen Brust- und Lungenkrankheiten.
GK

Bartholomäus Holzhauser, geb. 1613 in Laugna in Schwaben, 1639 Priester, 1640 Lizenziat der Theologie in Ingolstadt, gründete im gleichen Jahr in Tittmoning die erste Niederlassung einer Weltpriestervereinigung. 1642–1645 organisierte er seine Gründung. 1655 wurde er ins Erzstift Mainz berufen und Pfarrer von Bingen. Hier errichtete er eine Lateinschule, führte die Christenlehre ein, hielt Volksmissionen in der Umgebung und förderte den Sakramentenempfang. Seine aszetischen Schriften boten zahlreichen geistlichen Seminarien eine pädagogische Grundlage. Holzhauser starb am 20. Mai 1658 in Bingen. Von den ehemals in Europa und Übersee zahlreichen Instituten der Bartholomäuer hat sich nur ein einziges in Palermo gehalten.

Johann Michael Sailer, geb. 1751 in Aresing bei Schrobenhausen, empfing 1775 die Priesterweihe, war Professor in Ingolstadt, Dillingen und Landshut, zuletzt für Moral- und Pastoraltheologie. Als Theologe, Erzieher und Seelsorger beeinflusste er wesentlich die innere Erneuerung des katholischen Lebens in Deutschland. Der unkirchlichen Aufklärung setzte er ein innerliches Christentum auf biblischer Grundlage entgegen. Sein »Vollständiges Lese- und Betbuch zum Gebrauch der Katholiken« wurde auch von zahlreichen evangelischen Christen hoch geschätzt. In christlicher Demut ertrug er unbegründete Anfeindungen streng kirchlicher Kreise, die 1819 eine Erhebung auf den Bischofsstuhl von Augsburg verhinderten. 1821 in das Regensburger Domkapitel berufen, wurde er 1822 Weihbischof und Koadjutor, 1825 Generalvikar und Dompropst, 1829 Bischof von Regensburg. Er starb am 20. Mai 1832 und wurde im Dom von Regensburg begraben.

Josefa [Hebr.: »(Gott) möge hinzufügen«] Stenmanns SSpS, am 28. Mai 1852 in Issum/Niederlande geboren und auf den Namen Hendrina getauft, war von Jugend an bemüht, mit Feinfühligkeit Arme und Bedürftige zu unterstützen und deren Integration in die Industriegesellschaft zu erleichtern. Nach dem Tod ihrer Mutter sorgte sie sich zunächst um die Erziehung ihrer jüngeren Geschwister. 1884 entschied sie sich zur Mitarbeit im ersten von Arnold Janssen errichteten Missionshaus in Steyl. Ihre besondere Verehrung für die hlst. Dreifaltigkeit und den Heiligen Geist bestimmte ihr geistliches Leben und war Antriebskraft für ihren apostolischen Einsatz. 1891 schloss sie sich als eine der ersten der neu gegründeten Kongregation der »Steyler Missionsschwestern« an, die sie bis zu ihrem Tod am 20. Mai 1903 in Steyl leitete. – Das Seligsprechungsverfahren ist eingeleitet.

21.5. **Konstantin** der Große, (Hl.), geb. um 285 als Sohn des Konstantius Chlorus und der Helene, wurde nach dem Tod seines Vaters 306 vom Heer zum Augustus ausgerufen, heiratete Kaiser Diokletians Tochter Fausta und beherrschte den Nordwesten des Römerreiches. Er unterschrieb 311 das Toleranzedikt des Oberkaisers Galerius, das den Christen Duldung gewährte, blieb aber selbst Anhänger des Sonnengottes. 312 siegte Konstantin in Rom an der Milvischen Brücke über Maxentius und wurde in der Reichshauptstadt als Befreier begrüßt. Von nun an förderte Konstantin das Christentum, ohne aber das Heidentum zu verbieten. Der Kaiser war vom christlichen Glauben ergriffen und errichtete zahlreiche Kirchen, z. B. in Rom (Lateran- und Peterskirche), Jerusalem (Grabeskirche) und Trier. Doch zeigen seine politischen Kämpfe, dass er von unchristlichen Machttrieben beherrscht wurde. Erst auf dem Sterbebett empfing Konstantin die Taufe. Nach seinem Tod am 22. Mai 337 wurde er in der von ihm erbauten Apostelkirche in Konstantinopel bestattet. – In der Ostkirche wurde Konstantin, »der Apostelgleiche«, am 21. Mai als Heiliger verehrt. Dagegen findet man in der römischen Kirche nur vereinzelte Spuren seines Kultes.

Dargestellt im Ornat eines römischen Kaisers, in der Hand das Labarum mit dem Christusmonogramm, oft auch auf einer Hand eine der von ihm gegründeten Kirchen.

Erenfrid [Ezzo], [Ahdt.: »Adler« u. »Friede«], (Sel.), Pfalzgraf von Lothringen, geb. um 955, war vermählt mit Mathilde, Tochter Kaiser Ottos II. Von ihren Kindern wurden Hermann Erzbischof von Köln, Richeza Königin von Polen, Ida, Theophanu und Sophie Äbtissinnen von St.-Maria im Kapitol/Köln, Essen bzw. Gandersheim. Erenfrid und Mathilde gründeten 1024 die Benediktiner-Abtei Brauweiler bei Köln. Am 21. Mai 1035 starb Erenfrid in Saalfeld/Thüringen. Mit seiner Gemahlin wurde er in Brauweiler beigesetzt.

Hermann Joseph OPraem, Hl., geb. nach 1150 in Köln, Prämonstratenser-Chorherr in Steinfeld/Eifel, wirkte als Seelenführer für mehrere Frauenklöster. Er war mit mystischen Gaben begnadet: Höhepunkt war die mystische Vermählung mit Maria. Wohl deshalb erhielt er den Beinamen »Joseph«. In seinen Hymnen und Gebeten kommt eine zarte Mystik zum Ausdruck. Hermann Joseph starb 1241 oder 1252 im Zisterzienser-Kloster Hoven bei Zülpich. Man bestattete ihn in der Abteikirche von Steinfeld, wo sein Grab heute noch von Pilgern besucht wird. Früher wurde sein Fest am 7. April, dem angeblichen Sterbetag, gefeiert.
Dargestellt als Prämonstratenser-Chorherr mit Maria, dem Jesuskind, Kelch, Rosen, Schlüssel, Schreibzeug. RK, AC, K

Wiltrud OPraem, Gattin des Edlen Voland von Ardei, gründete der Überlieferung nach als Witwe zwischen 1127 und 1139 die Prämonstratenser-Propstei Scheda bei Werl/Westfalen, der bis 1175 auch ein Frauenkloster angegliedert war, in dem Wiltrud den Schleier nahm. Ihr Todesjahr ist nicht bekannt. Ihr Gedächtnis wurde in Scheda am 21. Mai begangen.

Charles Joseph Eugène de Mazenod OMI, Hl., geb. am 1. August 1782 in Aix/Frankreich, lebte viele Jahre mit seiner Familie als Flüchtling in Italien. 1811 zum Priester geweiht, wirkte er als Volksmissionar unter den Armen. 1816 gründete er in seiner Heimatstadt die Ordensgemeinschaft der »Oblaten der Unbefleckten Jungfrau Maria«. Als deren erster Oberer setzte er sich für die Wiederbegründung der Diözese Marseille ein, deren Leitung er 1837 übernahm. Er erbaute die Kathedrale und gründete neue Pfarreien und Sozialeinrichtungen. Auch die Missionen der Oblaten in Kanada, den Vereinigten Staaten, in Ceylon und Südafrika gehen auf seine Initiativen zurück. Der Bischof, der sich energisch für die Rechte der Kirche und des Hl. Stuhles einsetzte, starb am 21. Mai 1861 in Marseille. – Seligsprechung am 19. Oktober 1975, Heiligsprechung am 3. Dezember 1995. GK

Julia [Lat.: »die Heitere«], Hl., eine Sklavin, fand wahrscheinlich in der Verfolgung des Kaisers Decius um 250 mit einigen Gefährten den Martertod in Karthago. Im 5. Jh. wurden ihre Gebeine vor den Vandalen nach Korsika in Sicherheit gebracht, später in ein Kloster auf der Insel Gorgona und von dort im 8. Jh. nach Brescia übergeführt. **22.5.**
Dargestellt als Jungfrau mit Palme und Kreuzstab, bisweilen auch am Kreuz hängend.

22. Mai

Ämilius [Emil], [Lat.: »der Nacheifernde«], Hl., ein Christ in Karthago, verleugnete, wie Cyprian vor 258 berichtet, zuerst aus Furcht vor der Pein der Folterung seinen Glauben, bekannte ihn dann aber furchtlos und erlitt den Martertod durch Feuer. Auch Augustin belegt das Gedächtnis des Ämilius.

Konstantin, (Hl.), Kaiser, gest. 22.5. 337, ↗ 21.5.

Helswind OSB, (Sel.), Tochter des Aachener Schultheißen Arnold von Gymnich, trat als Nonne bei den Zisterzienserinnen auf dem Salvatorberg in Aachen ein. Als diese 1220 die ehemalige Benediktiner-Abtei Burtscheid übernahmen, wurde Helswind dort Äbtissin und leitete die Einrichtung und den Aufbau des Klosters. Helswind starb 1256.

Rita [Kurzform von Margareta; Griech.: »Perle«] OSA, Hl., geb. 1360/80 bei Cascia/Umbrien, wurde entgegen ihrem Wunsch jung zur Ehe mit einem Mann gezwungen, dessen Rohheit sie mit größter Geduld ertrug. Nach der Ermordung ihres Gatten und dem Tod ihrer beiden Söhne trat sie im Alter von 33 Jahren in das Augustinerinnen-Kloster in Cascia ein. Sie zeichnete sich durch strenge Abtötung und tiefe Liebe zum leidenden Erlöser aus. Dafür erfuhr sie mystische Gnadenerweise. Fünfzehn Jahre vor ihrem Tod empfing sie am Haupt die Wundmale der Dornenkrone. Rita starb am 22. Mai 1434/37 in Cascia. Seit 1454 ruhen ihre leiblichen Überreste in einem künstlerisch wertvollen Sarkophag, der 1937 in die neu erbaute Rita-Basilika übertragen wurde. Außer in Italien wird Rita besonders in Südamerika und auf den Philippinen verehrt.

Dargestellt betend vor einem Kruzifix, von dessen Dornenkrone ein Dorn abspringt und ihre Stirn verwundet, oder Christus reicht ihr einen Dorn, Maria einen Rosenkranz, oder auch mit drei Geißeln. – Patronin der Wursthersteller; in aussichtslosen Anliegen, Examensnöten; gegen Blattern.

Renate [Lat.: »die Wiedergeborene«], Sel., geb. am 20. April (oder August) 1544 als Tochter des Herzogs Franz I. von Lothringen, schenkte mit ihrem Gemahl, Herzog Wilhelm V. dem Frommen von Bayern, zehn Kindern das Leben. Renate führte ein vorbildliches Leben als Gattin und Mutter und zeichnete sich durch opferwillige Nächstenliebe aus. Mit eigenen Mitteln gründete sie in München das Elisabethhospital. Als sie am 22./23. Mai 1602 in München verschied, wurde sie in der dortigen Michaelskirche beigesetzt.

Dargestellt in vornehmem Gewand mit Kreuz als Halsschmuck und Gebetbuch.

Romuald Terhaag OFM, Franziskanerpriester aus Süchteln/Niederrhein, war von außerordentlichem Gebetsgeist erfüllt. Er starb im Ruf der Heiligkeit am 22. Mai 1903 im Kloster auf dem Apollinarisberg bei Remagen.

Desiderius, Hl., als Bischof von Langres auf der Synode in Köln 346 bezeugt, soll als Opfer eines Einfalls der Vandalen 407 oder 411 den Tod gefunden haben. – Seine Gebeine wurden 1314 in der St.-Magdalenen-Kirche in Langres erhoben, die dann nach ihm St.-Didier genannt wurde. **23.5.**
Dargestellt in bischöflicher Gewandung mit Palme oder als Enthaupteter, der sein Haupt vor sich her trägt.

Guibert [Wibert] von Darnau OSB, Hl., gründete auf seinem Eigengut Gembloux bei Namur ein Benediktiner-Kloster. Später wurde er Mönch der Abtei Gorze in Lothringen, wo er am 23. Mai 962 starb. Er wurde bestattet in Gembloux. – Im Bistum Metz wird das Gedächtnis Guiberts zugleich mit dem der Äbte Johannes und Vandières und Trudo begangen.
Dargestellt in Ritterrüstung mit Kirchenmodell, auch kniend vor dem hl. Petrus, dem er ein Klostermodell überreicht. – Patron gegen Bräune. ME

Wipert von Blücher wurde 1356 zum Bischof von Ratzeburg erhoben, obschon er nicht wie die übrigen Bischöfe von Ratzeburg dem Prämonstratenserorden angehörte. Mit großer Klugheit leitete er sein Bistum und verstand es, nach dem Kirchengut strebende Nachbarn im Zaum zu halten. Wipert starb am 23. Mai 1376 und wurde in der Domkirche von Ratzeburg bestattet.

Bartholomäus Bauer OFM, Priester des Franziskanerordens aus Amberg/Oberpfalz, starb nach einem heiligmäßigen Leben am 23. Mai 1621 im St.-Laurentius-Kloster in Neapel.
Dargestellt im Ordenshabit, Kreuz an der Schulter, mit Gefangenen.

Ester [Hebr.: »Stern«], eine Verwandte des Juden Mordechai in Susa, wurde vom Perserkönig Assuerus [Xerxes] anstelle der Vasthi zur Gemahlin genommen. Durch ihren mutigen Einsatz beim König rettete sie ihr Volk vor der Vernichtung, die der Großwesir Aman geplant hatte. **24.5.**
Dargestellt in königlichen Gewändern mit Diadem.

Dagmar [Aslw.: »lieb, teuer«], (Sel.), erste Gemahlin König Waldemars II., »des Siegers«, von Dänemark (1202–1241), starb nach einem kurzen, von Liebe zu Gott und den Nächsten erfüllten Leben am 24. Mai 1212. Sie wurde in der von Waldemar d. Gr. 1163–1670 errichteten St.-Bents-Kirche von Ringsted auf Seeland bestattet. Der Verbleib ihrer Gebeine ist unbekannt. In Ihrem Grab fand man das Dagmarkreuz in Kopenhagen.

Auxilia – nachdem die Türken am 7. Oktober 1571 in der Seeschlacht bei Lepanto vernichtend geschlagen worden waren, fügte Papst Pius V. zum Dank für die Hilfe Marias in die Lauretanische Litanei die Anrufung »Hilfe [= auxilium] der Christen« ein. Papst Pius VII., der nach der Besiegung Napoleons am 24. Mai 1814 aus der Verbannung in Savona wieder nach Rom zurückkehrte, setzte auf diesen Tag das Fest »Maria, Hilfe der Christen« ein, das bald in die romanischen Länder Eingang fand.

Magdalena Sophie Barat SC, Hl., geb. am 13. Dezember 1779 in Joigny/Frankreich, weihte 1800 mit zwei Gleichgesinnten ihr Leben der Verherrlichung des Herzens Jesu, der sie durch persönliches Streben nach Heiligkeit und durch apostolisches Wirken in der Erziehung der weiblichen Jugend dienen wollte. Sie gründete die »Gesellschaft der Ordensfrauen vom Heiligen Herzen Jesu« (Sacré Coer), die sie seit 1806 bis zu ihrem Tod am 24. Mai 1865 in Paris leitete. Sie wurde in Conflans bestattet. 1904 wurde ihr Leib nach Jette-Saint-Pierre bei Brüssel übertragen. – Im Bistum Straßburg wird ihr Gedächtnis am 25. Mai begangen. FB (ST)

Franz [Ahdt.: »frei, kühn«] Pfanner OCR, geb. am 21. September 1825 in Langen/Haselstauden, 1863 Trappist in Mariawald/Eifel, gründete 1869 das Trappisten-Kloster Mariastern in Bosnien, 1880 das Trappistenpriorat Dunbrody in Kapland und 1882 Mariannhill in Natal, wo er 1885 Abt wurde. 1885 rief er auch die Kongregation der »Missionsschwestern vom Kostbaren Blut« ins Leben. Abt Pfanner baute Mariannhill zu einem bedeutenden Missionszentrum aus und gründete hier elf weitere Missonsstationen. Da die Missionsarbeit mit der Ordensregel nicht vereinbar schien, wurde Abt Pfanner 1893 abgesetzt. Seit 1894 wirkte er als einfacher Missionar auf der Station Emmaus bis zu seinem Tod am 24. Mai 1909.

25.5. **Urban I.**, [Lat.: »der Städter, der Gebildete«], Hl., Papst seit 222. Die Berichte über sein Leben und Wirken sind unglaubwürdig. Auch die Nachricht über sein Martyrium unter Septimus Severus entspricht kaum den Tatsachen. Urban starb 230 und wurde wahrscheinlich im Coemeterium des Kalixtus beigesetzt.

Dargestellt im päpstlichen Ornat mit Busch, Schwert und Weintraube. – Patron der Weinberge, des Weins, der Winzer; gegen Trunkenheit, Gicht, Gewitter, Blitz.

Beda der Ehrwürdige (Venerabilis) OSB, Hl., geb. um 672/673, wurde Benediktinermönch in Wearmouth, später in Jarrow und um 702 Priester. In seinen zahlreichen Schriften verwandte er das Gedankengut der kirchlichen Schriftsteller und der heidnischen Antike, um die Heilige Schrift und die kirchliche Lehre verständlich darzustellen. Beda war von großem Einfluss auf den Gelehrtenkreis um Karl d. Gr. und darüber hinaus auf die Wissenschaft des Mittelalters. Er starb am 26. Mai 735 im Kloster Jarrow. – Seine Reliquien, schon bald nach seinem Tod verehrt, wurden um 1020/30 nach Durham gebracht und 1150 in einem kostbaren Schrein niedergelegt. Dieser

wurde 1541 zerstört. Das Schicksal der Reliquien ist unsicher. 1899 wurde er zum Kirchenlehrer erhoben.
Dargestellt als Benediktinermönch mit Buch und Schreibfeder. GK

Egilhard [Eilhard] OSB, (Sel.), Abt des Benediktiner-Klosters Kornelimünster, wurde 881 (oder 892?) im Wald bei Bergheim an der Erft von Normannen erschlagen. An der Stelle seines Todes wurde später die St.-Eulardus-Kapelle errichtet.

Gregor VII., [Lat.: »der Wachsame«], Hl., geb. um 1020/25, ursprünglicher Name Hildebrand [Ahdt.: »Kampf« u. »flammendes Schwert«], wurde wahrscheinlich im Marien-Kloster auf dem Aventin in Rom Mönch. 1047 begleitete er Gregor VI. in die Verbannung nach Köln. Unter Leo IX. und seinen Nachfolgern war Hildebrand an der römischen Kurie für die Reform der Kirche tätig. Nach dem Tod Alexanders II. wurde er am 22. April 1073 zum Papst gewählt und nannte sich Gregor VII. Nun setzte Gregor seine Reformtätigkeit in der Kirche fort und bekämpfte vor allem Simonie und Priesterehe. Ein 1074 geplanter Kreuzzug kam nicht zustande. 1075 legte Gregor seine Theorie über die Binde- und Lösegewalt des Papstes auch im staatlichen Bereich in überspitzter Form dar. 1076 kam es über die Frage, ob ein Geistlicher von einem Laien in ein kirchliches Amt eingesetzt werden könne, zum Investiturstreit mit dem deutschen König Heinrich IV. Die Macht des deutschen Königs beruhte zum großen Teil auf der mit Reichsgut seit Otto I. ausgestatteten Reichskirche. Heinrich glaubte, auf den königlichen Einfluss bei der Bischofsernennung nicht verzichten zu können, ohne Reichsrechte und Königsmacht erheblich zu beeinträchtigen. Nachdem Gregor 1076 die Exkommunikation über Heinrich verhängte, unterwarf sich der König in Canossa 1077 der Kirchenbuße, und der Papst löste den Bann. Doch der Kampf ging weiter. 1084 zog Heinrich in Rom ein und ließ sich von einem Gegenpapst zum Kaiser krönen, während Gregor in der Engelsburg belagert wurde. Die Normannen unter Herzog Robert Guiscard befreiten zwar den Papst, plünderten aber Rom. Gregor musste aus der Stadt fliehen und starb am 25. Mai 1085 in der Verbannung in Salerno, wo er auch begraben wurde.
Dargestellt in päpstlichen Gewändern mit Tiara und Papstkreuz. GK

Heinrich [Ahdt.: »der in seinem Besitztum Mächtige«] von Ebrantshausen, (Sel.), stammte angeblich aus dem Geschlecht der Grafen von Abensberg-Riedenburg. Nach einer Pilgerreise ins Heilige Land ließ sich Heinrich in Ebrantshausen als Einsiedler nieder. Dort starb er im 11. Jh. (?). – Seine Reliquien wurden am 25. Mai 1689 erhoben und befinden sich in der Heinrichskapelle in Ebrantshausen, die Ziel von Wallfahrten ist.
Dargestellt in Pilgertracht mit Pilgerausrüstung. – Patron gegen Ohrenleiden, Viehkrankheiten. – Wallfahrt in Ebrantshausen.

Heribert [Ahdt.: »der im Herr Berühmte«] OPraem, Sel., war Stiftsscholaster an St.-Aposteln in Köln, als er sich Norbert von Xanten anschloss. Als der Kölner Domdechant Hugo von Sponheim 1129/30 das Prämonstratenser-Stift Knechtsteden gründete, sandte Norbert Heribert als Propst dorthin. Heribert legte den Grund für die Blüte dieser Niederlassung. Nach seinem Tod am 25. Mai 1150 wurde er in der Maria-Magdalena-Kapelle der Stiftskirche bestattet.

Maria Magdalena von Pazzi OCarm, Hl., geb. am 2. April 1566 in Florenz, wurde 1582 Karmelitin im Kloster S. Maria degli Angeli. Nach schweren körperlichen und seelischen Leiden wurde sie mit mystischer Sehergabe und übernatürlicher Vereinigung mit Gott begnadet. Es wurde ihr prophetische Schau und Zwiesprache mit Jesu zuteil. Am 25. Mai 1607 starb sie in Florenz. *Dargestellt im Karmelitinnenhabit mit Wundmalen des Herrn, Dornenkrone, Kreuz, Leidenswerkzeugen, brennendem Herzen, Lilie.* GK

Ursula Ledóchowska OSU, Sel., geb. am 17. April 1865 in Loorsdorf und auf den Namen Julia Maria getauft, wuchs in einer angesehenen Familie auf, erhielt eine gediegene Ausbildung und trat 1886 in den Konvent der »Ursulinen« in Krakau ein. Als engagierte Erzieherin und Lehrerin wirkte sie für ihren Orden in Russland, Polen und Dänemark. Von apostolischem Eifer beseelt, gründete sie 1920 eine neue Kongregation der »Ursulinen«, die sich besonders der Ausbildung von Benachteiligten annahm. Am 25. Mai 1939 starb sie in Rom. – Seligsprechung am 20. Juni 1983.

Christophorus Magallanes, Hl., wurde am 30. Juli 1869 in San Rafael Totatiche geboren und am 25. Mai 1927 in Colotlán mit 24 Gefährten ermordet. Die Mexikanischen Märtyrer wurden oft nur verfolgt, weil sie Priester waren. In den Jahren von 1915 bis 1929 und besonders nach dem Inkrafttreten der Konstitution am 5. Februar 1917 waren die Bedingungen für die Kirche in Mexiko äußerst schwierig. – Zu den zwei Gruppen von Priestern, die ermordet wurden, gehören: 17 Priester aus der Erzdiözese Guadalajara unter der Leitung von Pfarrer Magallanes, die zwischen 1915 und 1929 ermordet wurden, und 11 aus verschiedenen Diözesen mit Pfarrer Luis Batiz Sainz als ihrem Leiter. – Johannes Paul II. sprach die mexikanischen Märtyrer, von denen 22 Diözesanpriester und 3 Laien waren, am 22. November 1992 selig, am 21. Mai 2000 heilig. GK

26.5. **Augustin** von Canterbury, Hl., gest. 26.5. um 604, ↗27.5.

Beda der Ehrwürdige, Hl., gest. 26.5.735, ↗25.5.

Regintrud, Sel., war bei der Gründung des Benediktinerinnen-Klosters Nonnenberg in Salzburg beteiligt. Möglicherweise war sie Gemahlin des Bayernherzogs Theodor. Vielleicht ist sie auch später die vierte Äbtissin auf dem Nonnenberg geworden. Regintrud starb wohl in der 1. Hälfte des 8. Jhs. Ein Steinsarkophag in der Krypta soll die Gebeine Regintruds enthalten. Ihre Verehrung in der Abtei kann bis ins 14. Jh. zurückverfolgt werden.

Alwin OSB, (Sel.), Benediktinermönch in Ely, wurde 1021 von König Ethelred zum Bischof von Elmham ernannt. Alwin soll in das Kanonikerstift Bury St.-Edmunds Benediktinermönche aus Hulm eingeführt haben. Gegen Ende seines Lebens verzichtete Alwin auf sein Bistum und zog sich wieder nach Ely zurück, wo er vor 1035 gestorben ist.

Philipp [Griech.: »Freund« u. »Pferd«] Neri Or, Hl., geb. am 21. Juli 1515 in Florenz, wurde schon in seiner Jugend durch die Schriften Savonarolas sehr beeinflusst. Als Hauslehrer in Rom führte er sechzehn Jahre lang ein Leben der Abtötung, des Gebets und der Nächstenliebe. 1548 gründete er eine Dreifaltigkeitsbruderschaft zur Betreuung armer und kranker Rompilger. 1551 zum Priester geweiht, schloss er sich einer Priestergemeinschaft bei der Kirche S. Girolamo della Carità an, aus der seit 1552 die Vereinigung der »Oratorianer« entstand. Philipps Anliegen, die religiöse Erneuerung Roms, versuchte er durch seine Seelsorgermethoden zu verwirklichen. Er förderte die Kinderpredigt, geistliche Lieder in der Volkssprache, Wallfahrten und geistliche Übungen. Seine entwaffnende Freundlichkeit und sein liebenswürdiger Humor erwarben ihm in allen Volksschichten Vertrauen. Zu seinem Freundeskreis gehörten Ignatius von Loyola, Karl Borromäus, Kamillus von Lellis, Franz von Sales sowie Cäsar Baronius, der später seine Nachfolge als Leiter des Oratoriums antrat. Die Kardinalswürde lehnte Philipp mehrmals ab. Schon zu Lebzeiten verehrte das römische Volk ihn als Heiligen (»Il Santo«). Er starb in Rom am 26. Mai 1595. Sein Grab befindet sich in der Kirche S. Maria in Vallicella. Philipp Neri gehörte zu den bedeutenden Gestalten der katholischen Reform.

Dargestellt als Oratorianerpriester, mit flammendem Herzen vor der Muttergottes betend, auch mit Stab und Rosenkranz. – Patron der Humoristen; bei Unfruchtbarkeit der Frauen; gegen Gliederkrankheiten, Erdbeben. GK

Maria Anna von Jesus OFS (Geburtsname: Mariana de Paredes y Flores), Hl., geb. am 31. Oktober 1618 in Quito/Ecuador, im Alter von 6 Jahren Vollwaise, legte mit 7 Jahren anlässlich ihrer Erstkommunion das Gelübde vollkommener Keuschheit ab. Seit 1630 lebte sie im Haus ihrer älteren Schwester als »Franziskaner-Terziarin« in größter Zurückgezogenheit und widmete sich Werken der freiwilligen Sühne und tätigen Nächstenliebe. Ihr Streben nach Vollkommenheit wurde mit mystischen Gnadenerweisen belohnt. Als 1645

die Pest Quito heimsuchte, bot Maria Anna ihr Leben für die Errettung ihrer Heimatstadt an. Am 26. Mai nahm der Himmel das freiwillige Sühneopfer der »Lilie von Quito« an. Sie wurde beigesetzt in der St.-Ludwigs-Kirche der Jesuiten in Quito.
Dargestellt in Nonnenkleidung, betend vor einem Kruzifix, mit Bußwerkzeugen.

27.5. Augustin [Lat.: »heilig« und »ehrwürdig«] OSB, Hl., Prior des Andreas-Klosters in Rom, wurde von Papst Gregor d. Gr. mit etwa vierzig Mönchen 596 zur Bekehrung der Angelsachsen nach England gesandt. König Ethelbert von Kent empfing die Glaubensboten sehr freundlich und geleitete sie zu seiner Hauptstadt Canterbury. Das Bekehrungswerk konnte bald großen Erfolg aufweisen. 601 erhielt Augustin von Gregor das Pallium (Insignie der Erzbischöfe; eine weiße Binde mit sechs schwarzen Kreuzen, um die Schulter gelegt) sowie den Auftrag, eine kirchliche Organisation mit zwei Erzbistümern in London und York aufzubauen, zu denen je zwölf Bistümer gehören sollten. Außerdem gab Gregor die Anweisung, keine Götzentempel zu zerstören, sondern sie in christliche Kirchen umzuwandeln. Mit der keltisch-irischen Kirche konnte Augustin in Fragen des Taufritus, der Tonsur und der Osterfeier zu keiner Einigung gelangen. In Canterbury errichtete er die später berühmte Christ-Church. Augustin starb am 26. Mai um 604. Er wurde bestattet in der Peter-und-Paul-Kirche, später St.-Augustin genannt. Seine Reliquien wurden in der Reformation vernichtet.
Dargestellt in bischöflichen Gewändern. GK

Brun [Ahdt.: »der (braune) Bär«], Hl., Sohn Herzog Konrads von Kärnten und seiner Gemahlin Mathilde von Schwaben, seit 1027 Vorsteher der italienischen Kanzlei, warb als Vertrauter Kaiser Heinrichs III. für diesen um Agnes von Poitou und wurde 1034 Bischof von Würzburg. Brun war einer der hervorragendsten Bischöfe seiner Zeit, hochgebildet und kaisertreu, und besaß eine hohe Auffassung von den Aufgaben seines bischöflichen Amtes. Er verfasste auch eine Erklärung zu den Psalmen. Brun starb auf einem Zug gegen Ungarn am 17. Mai in Persenbeug bei Linz an der Donau und wurde in der Krypta des von ihm begonnenen Domes in Würzburg begraben.
Dargestellt in bischöflichem Ornat mit Fahne oder unter Trümmern liegend. WÜ

28.5. Germanus OSB, Hl., geb. um 496 bei Autun/Burgund, lebte zuerst als Einsiedler, wurde 530 Priester und 540 Abt von St.-Symphorian/Autun. Um 555 ernannte ihn König Childerich I. zu seinem Erzkaplan und zum Bischof von Paris. Germanus zeichnete sich durch seine Kenntnisse, seine Predigtgabe, seine Hilfsbereitschaft gegenüber Armen und durch sein einfaches, asketisches Leben aus. Er starb am 28. Mai 576 und wurde in der von ihm gegründeten Abtei St.-Germain-des-Prés begraben. Eligius von Noyon errichtete ihm ein prachtvolles Grabmal. Die Reliquien des Germanus wurden in der Französischen Revolution vernichtet.

Dargestellt in bischöflichen Gewändern mit Schlüssel, Ketten oder brennendem Haus. – Patron der Gefangenen, der Musik; gegen Feuergefahr, Fieber.

Wilhelm [Ahdt.: »der auf Schutz Bedachte«] von Aquitanien OSB, Hl., geb. Mitte des 8. Jh. als Sohn des Grafen Theodard und Enkel Karl Martells, kämpfte als Feldherr Karls d. Gr. gegen die Basken und Sarazenen sowie 801 bei der Eroberung von Barcelona. Bald darauf verließ er den Kriegsdienst und gründete 804 die Abtei Gellone, die er mit Mönchen von Aniane besiedelte. 806 trat Wilhelm selbst als Laienbruder dort ein und verrichtete bis zu seinem Lebensende am 28. Mai 812 in Demut die einfachsten Arbeiten. – Gleich nach seinem Tod begann die Verehrung. Seine Reliquien wurden 1793 zum größten Teil vernichtet. Kleinere Reliquien befinden sich in St.-Sernin/Toulouse und in St.-Guilhelm-du-Désert/Gellone.

Dargestellt in Einsiedlerkutte, zu Füßen ein Herzogshut oder in Ordensgewand mit Helm, auch mit Teufel und Drachen. – Patron der Waffenschmiede.

Thietland [Dietland] OSB, Hl., Dekan des Großmünsters in Zürich, seit 938/945 Mönch der Benediktiner-Abtei Einsiedeln, wurde dort um 958 Abt. 961 erlangte er von Kaiser Otto d. Gr. für seine Abtei Immunität und das Recht der freien Abtswahl. Thietland verfasste eine Erklärung zu den Briefen des hl. Paulus. Wohl 964 verzichtete er auf seine Abtswürde und starb am 28. Mai 964/966.

Rudhard [Rodard] CanA, wurde erster Propst des Augustiner-Chorherren-Stifts Au am Inn, das um 1120 durch die Grafen von Megling neu gegründet wurde, nachdem das dortige Benediktiner-Kloster um 907 von den Ungarn zerstört worden war. Rudhard starb, als er den Aufbau des Stifts vollendet hatte, um 1150.

Maximin [Lat.: »der überaus Große«], Hl., geb. im Bistum Poitiers, folgte Agri- **29.5.**
tius auf dem Bischofsstuhl von Trier. Er erwies sich als kraftvoller Verteidiger der Kirche gegen die Irrlehre des Arius und treuer Freund des von den Arianern verfolgten Athanasius. Die Beschlüsse der auf sein Drängen zustande gekommenen Synode von Sardika 342 gegen die Arianer unterschrieb er und wurde deshalb von ihnen gebannt. Maximin starb am 12. September 346 in Poitiers. – Sein Nachfolger Paulinus brachte die Gebeine Maximins nach Trier in die Johannes-Evangelist-Kirche. Hier entstand später die berühmte Abtei St.-Maximin. Maximins Haupt wird in der Kirche von Pfalzel/bei Trier verehrt.

Dargestellt als Bischof, dem ein Bär das Gepäck trägt. – Patron gegen Gefahren des Meeres, gegen Regen, Meineid. TR

Walram von Baudemont OCist, (Sel.), erster Abt der 1129 gegründeten Zisterzienser-Abtei Ourscamp, besaß nach der Überlieferung die Gabe, Wunder zu wirken. Nach seinem Tod am 29. Mai 1143 in Igny wurde er in Ourscamp bestattet.

Irmtrud, aus dem Geschlecht der Grafen von Millendonk. Sie leitete das Stift Dietkirchen in Bonn als Äbtissin und starb nach einem heiligmäßigen Leben im 13. Jh.

Bona, Hl., geb. um 1156 in Pisa, lebte dort als Klosterfrau. Der Überlieferung nach wirkte sie zahlreiche Wunder und besaß prophetische Schau. Bona starb am 29. Mai (?) 1207.
Dargestellt im Nonnenhabit mit Kreuz in den Händen. – Patronin der Stewardessen (seit 1962).

30.5. **Hubert**, Hl., Bischof von Maastricht-Lüttich, gest. 30.5.727, ↗ 3.11.

Reinhild [Rendel], [Ahdt.: »Rat« u. »Kampf«], Hl., wurde nach der Inschrift eines Grabsteins des 12./13. Jh. in der Kirche von Riesenbeck/Westf. als Erbin ihres Vaters von ihrer Mutter auf Anstiften des Stiefvaters in Westerkappeln/Westf. erwürgt.

Jeanne la Pucelle [die Reine, Unschuldige], [Jeanne d'Arc], Hl., geb. um 1412 in Domrémy an der Maas, wurde von »Stimmen« gedrängt, Orléans zu befreien und den französischen König Karl VIII. nach Reims zur Krönung zu führen. 1429 führte sie ihren Auftrag aus. Infolge der Eifersucht der Politiker fiel sie durch Verrat in die Hände der Burgunder, die sie an die Engländer verkauften. In Rouen wurde Jeanne auf Grund eines gefälschten Schuldbekenntnisses zum Tode verurteilt und am 30. Mai 1431 auf dem Scheiterhaufen verbrannt. Auf Anordnung des Papstes Kalixt III. wurde 1455 der Prozess wieder aufgenommen. Am 7. Juli 1456 wurde nach sorgfältiger Prüfung in Rouen das Urteil gegen Jeanne aufgehoben und sie aller ihr zur Last gelegten Verbrechen für unschuldig erklärt. Die Akten beider Prozesse sind erhalten. – Jeanne wurde 1920 heilig gesprochen und ist die Nationalheilige Frankreichs.
Dargestellt als junge Frau in kriegerischer Rüstung, oft zu Pferd, mit erhobenem Schwert, mit Kranz. – Patronin Frankreichs. ST

Ferdinand III. [Germ.: »Friede« u. »Mut«], Hl., König von León und Kastilien, geb. 1199, 1219 vermählt mit Beatrix von Schwaben, vereinigte 1230 endgültig die beiden Königreiche in Personalunion. Er eroberte die maurischen Königreiche Córdoba, Murcia, Jaén und Sevilla, erbaute die Kathedrale von

Burgos und erweiterte die Universität von Salamanca. Ferdinand starb am 30. Mai 1252 in Sevilla. Sein Grab befindet sich in der dortigen Kathedrale.
Dargestellt mit königlichen Insignien, mit Schwert und Weltkugel, mit Kreuz, Kreuzfahne und Schlüssel.

Otto Neururer, Sel., am 25. März 1882 in Piller/Fließ als zwölftes Kind einer Bauernfamilie geboren, verspürte schon früh den Wunsch, Priester zu werden. Nach der Priesterweihe 1907 wirkte er als Religionslehrer in Innsbruck. Seit 1932 Pfarrer von Götzens, übte er sein Hirtenamt mit Pflichtbewusstsein aus und wurde von den Gläubigen wie ein Vater verehrt, von den Nationalsozialisten aber gefürchtet. Nach dem »Anschluss« Österreichs an das nationalsozialistische Deutschland im Dezember 1932 verklagte ein Mitglied der nationalsozialistischen Partei Pfarrer Neururer bei der Gestapo mit der Behauptung, er hätte eine deutsche Ehe verhindert. Ohne Widerstand zu leisten, ließ sich Pfarrer Neururer am 15. Dezember festnehmen und war bis zum 3. März 1939 im Gefängnis von Innsbruck. Danach brachte man ihn in das KZ Dachau und von dort am 26. Juni 1939 in das Lager Buchenwald bei Weimar.
Alle, die ihn persönlich kannten, bezeugten, dass der Selige das unsagbare Leid und die Demütigungen, die ihm im KZ zugefügt wurden, mit unüberwindlicher Geduld ertrug. Nach einem langen und schmerzhaften Todeskampf starb er 1940, aufgehängt mit dem Kopf nach unten. – Seligsprechung am 24. November 1996.

Petronilla, Hl., starb in altchristlicher Zeit als Märtyrin für ihren Glauben. Ge- **31.5.**
schichtliche Nachrichten über sie sind nicht überliefert. Die Legende machte sie zur Tochter des Apostels Petrus. Ihr Grab in der Katakombe der hl. Domitilla neben dem Grab von Nereus und Achilleus wurde schon im 4. Jh. verehrt. Papst Paul I. übertrug den Sarkophag mit ihren Gebeinen in das Mausoleum an der Peterskirche.
Dargestellt als christliche Beterin mit Märtyrerkrone und Palme, mit Delphin, Besen oder Schlüssel. – Patronin von Rom; der Reisenden; gegen Fieber.

Helmtrud [Hiltrud], [Ahdt.: »Kampf« u. »Stärke«], Hl., lebte als Einsiedlerin in Neuenheerse/bei Paderborn. Sie starb um 950. Ihr Gedächtnistag ist bereits in den Kalender Bischof Meinwerks von Paderborn nachgetragen worden.
Dargestellt als Reklusin oder im Benediktinerinnenhabit.

Sigewin, seit 1076 Domdechant in Köln, 1079 durch Heinrich IV. zum Erzbischof von Köln erhoben, stand im Investiturstreit unentwegt auf der Seite Heinrichs. 1083 führte er als zweiter deutscher Bischof in seinem Gebiet gegen das Fehdeunwesen den »Gottesfrieden« durch. 1085 baute er die abgebrannte Stiftskirche S. Maria ad gradus wieder auf. Sigewin starb am 31. Mai 1089 und wurde im Kölner Dom begraben. Schon bald legte man ihm den Beinamen »der Fromme« bei.

Aldo [Aldebert] OSB, Sel., Graf von Ostrevant, wurde Benediktinermönch und später, 1084/85, zweiter Abt des 1069 wieder besiedelten Klosters Hasnon in Flandern. Aldo starb Ende des 11. Jhs.

Fulko OSB, Abt des Benediktiner-Klosters Dünen/Flandern seit etwa 1120, übergab 1137 seine Abtei dem Zisterzienserorden, der Robert von Brügge als Abt einsetzte. Fulgo starb angeblich in Clairvaux.

Mechthild [Ahdt.: »machtvolle Kämpferin«] OSB, Sel., Tochter des Grafen Berthold II. von Andechs/Bayern, Schwester der Euphemia von Altomünster, trat in früher Jugend in das Kanonissenstift St.-Stephan bei Dießen/Ammersee ein und wurde dort Meisterin. Auf Veranlassung von Papst Anastasius IV. begab sie sich 1153/54 nach Edelstetten bei Krumbach/Schwaben, um als Äbtissin des dortigen Frauenklosters eine Reform durchzuführen. Gegen Ende ihres Lebens kehrte sie nach Dießen zurück. Dort starb sie am 31. Mai 1160. Sie wurde vor dem Johannesaltar der Stiftskirche von Dießen bestattet. – 1468 wurden ihre Gebeine erhoben und 1488 in die dortige Sebastianuskapelle übertragen.
Dargestellt als Äbtissin mit Kelch und Hostien. – Patronin gegen Gewitter.

Juni

Justin, Hl., stammte aus Flavia Neapolis von heidnischen Eltern und fand nach langem Suchen im Christentum die ihn überzeugende Philosophie. Unter Kaiser Antonius Pius kam er nach Rom, wo sich um ihn ein Schülerkreis bildete. Er verfasste eine Verteidigungsschrift des Christentums, die an den Kaiser und den römischen Senat gerichtet war. In dem »Dialog mit dem Juden Tryphon« setzte er sich mit der jüdischen Lehre auseinander. Justin ist der erste christliche Theologe, der die christliche Glaubenslehre mit der griechischen Philosophie des Platonismus zu verbinden sucht. Bei ihm findet sich auch erstmals die parallele Verbindung zwischen Eva und Maria. Justin starb um 165 in Rom als Märtyrer durch Enthauptung. Über den vorangegangenen Prozess sind echte Akten überliefert. **1.6.**
Dargestellt mit Philosophenmantel und Palme. – Patron der Philosophen. GK

Ronan [Renan], Hl., der Überlieferung nach irischer Herkunft, wirkte als Missionsbischof in der Bretagne im 6. Jh. Über seinem Grab in Locronan/Finistère wurde eine Kirche errichtet. 990 kamen Teile der Reliquien nach Tavistock Abbey in Devon.
Dargestellt in bischöflichen Gewändern mit Buch.

Luitgard [Lutgard] OSB, (Hl.), stammte aus sächsischem Adel. Mit Ansgar gründete sie im 9. Jh. das Frauenkloster Bassum, das sie als erste Äbtissin leitete.

Simeon [Hebr.: »Gott hat erhört«], Hl., geb. in Syrakus als Sohn eines Griechen, in Konstantinopel aufgewachsen, lebte als Mönch und Einsiedler im Heiligen Land. 1026 kam er, um Almosen zu sammeln, ins Abendland, begleitete Erzbischof Poppo von Trier auf dessen Pilgerreise ins Heilige Land und ließ sich nach der Rückkehr um 1030 feierlich in den Nordturm der angrenzenden »Porta Nigra« in Trier einschließen. Simeon starb dort als Inkluse am 1. Juni 1035. Erzbischof Poppo richtete seit 1041 die »Porta Nigra« zu einer Doppelkirche ein, an der er das Chorherren-Stift St.-Simeon gründete. – Nach der Aufhebung des Stifts 1802 wurden die Reliquien in die St.-Gervasius-Kirche und 1971 in die neue Simeonskirche in Trier übertragen.
Dargestellt in Diakonenkleidung mit Buch, Palme, zwei Teufeln, auch in Pilgertracht. TR

Marzellinus und **Petrus**, Hl., sind zwei römische Märtyrer aus der Zeit der Verfolgung unter Diokletian um 304. Marzellinus war nach der römischen Überlieferung Priester, Petrus Exorzist. Papst Damasus I. verfasste eine Inschrift für ihre Gräber an der Via Labicana. 827 wurden die Reliquien der **2.6.**

beiden Märtyrer mit List und Bestechung entwendet und von Einhard zuerst nach Steinbach im Odenwald und dann nach Seligenstadt am Main übertragen.
Dargestellt als Märtyrer mit Palme, Kreuz oder Buch, auch mit Schwert. GK, MZ

Armin, Hl., erlitt der Überlieferung nach mit seiner Mutter den Tod als Märtyrer. Ort und Zeit seines Sterbens als Blutzeuge für Christus sind ungewiss. Doch ist die frühe Verehrung Armins in Ägypten und Abessinien bezeugt.
Dargestellt als Märtyrer mit Palme.

Blandina, Hl., eine Sklavin von schwachen körperlichen Kräften, erlitt nach langen und grausamen Folterungen zur Zeit Kaiser Marc Aurels um 177 in Lyon den Martertod.
Dargestellt als jungfräuliche Märtyrin mit Krone, Palme, Stier, Netz oder Rost. – Patronin der Dienstmägde, Jungfrauen.

Erasmus [Griech.: »liebenswürdig«], Hl., nach der Legende Bischof von Antiochien in Syrien, wurde dort unter Kaiser Diokletian gefoltert. Dann begab er sich nach Illyrien, um den Glauben zu verkündigen. Auch hier wurde er um des Glaubens willen unter Maximian grausam gepeinigt. Kurz darauf soll der in Formia/Kampanien im ersten Jahr des 4. Jhs. gestorben sein. 842 wurden seine Gebeine nach Gaëta getragen. – Erasmus ist einer der Vierzehn Nothelfer.
Dargestellt in bischöflicher Gewandung, mit Gedärmwinde, mit Pfriemen in den Fingern. – Patron der Seeleute (Elmsfeuer), Drechsler, Weber, Haustiere; gegen Krämpfe, Kolik, Unterleibsleiden, Viehkrankheiten.

Eugen I. [Griech.: »der Wohlgeborene«], Hl., wurde nach der gewaltsamen Wegführung Martins I. nach Byzanz auf Druck Kaiser Konstantins II. 654 zum Papst gewählt. Eugen versuchte, den Kirchenfrieden mit Konstantinopel wiederherzustellen. Er starb bereits am 2. Juni 657.

Oddar, Hl., Priester und Glaubensbote in Holstein, erlitt mit seinen Gefährten einen grausamen Martertod in Oldenburg/Holstein am Ende des 10. Jhs.

Stephan [eigentlich: Stenphi, genannt: Simon] OSB, Hl., um 1060 Mönch in Corvey; von Erzbischof Adalbert von Bremen-Hamburg zum Bischof geweiht, um den Glauben in Schweden zu verkünden. Seit seiner Bischofsweihe nannte er sich Simon. Stephan begab sich zu den Skridfinnen im nordschwedischen Hälsingland. Nach einer späten Überlieferung starb er nach 1072 als Märtyrer im Wald Ödmorden. Sein Grab in Norrala bei Söderhamm wurde bis zur Reformation verehrt.

Klothilde, Hl., Frankenkönigin, gest. 3.6.544, ↗ 4.6. **3.6.**

Erpho OSB, (Sel.), war der erste Abt des von Erzbischof Anno von Köln gegründeten Klosters auf dem Michaelsberg in Siegburg, nachdem Mönche aus Fruttuaria den ersten Konvent aus St.-Maximin in Trier ersetzt hatten. Erpho starb 1076 und wurde in der Abteikirche bestattet.

Morand OSB, Hl., stammte aus der Umgebung von Worms, wurde hier an der Domschule ausgebildet und anschließend zum Priester geweiht. Auf der Rückkehr von einer Wallfahrt zum Grab des hl. Jakobus in Santiago wurde er Mönch in der Benediktiner-Abtei Cluny. Zuerst als Prior in der Auvergne tätig, sandte ihn Abt Hugo I. um 1106 als Prior in das neu gegründete Kloster Altkirch/Elsass. Hier entfaltete Morand eine ausgedehnte Wirksamkeit als Seelsorger, die ihm den Ehrentitel »Apostel des Sundgaus« eintrug. Er starb wohl am 3. Juni 1115 und wurde in der Klosterkirche bestattet, wo das Hochgrab noch erhalten ist. Ein Teil des Hauptes befindet sich seit dem 15. Jh. im Stephansdom in Wien, da Morand einer der Hausheiligen der Habsburger war.
Dargestellt im Mönchsgewand oder Pilgerkleid, mit Rebmesser und Traube. – Patron der Winzer; gegen Besessenheit. ST

Hildburg, Sel., stammte aus einer adeligen Familie und wurde mit Robert von Ivry vermählt. Schon in jungen Jahren Witwe, bemühte sie sich um die Erziehung ihrer drei Söhne. Nachdem diese versorgt waren, widmete sich Hildburg Werken der Buße und Nächstenliebe. In Pontoise gründete sie ein Hospital. Hier lebte sie auch bei der Martinskirche als Reklusin bis zu ihren Tod nach 1115.

Juan Román Grande OH, Hl., geb. am 6. März 1546 in Carmona/Spanien, stellte sein ganzes Leben in den Dienst der Armen und Kranken. Im Alter von 22 Jahren verschenkte er all sein Vermögen und wurde zunächst Einsiedler. Dann trat er in den Orden der »Barmherzigen Brüder« ein. Er selbst nannte sich Johannes der Sünder und starb am 3. Juni 1600 in Jerez de la Frontera. – Seligsprechung am 3. November 1853, Heiligsprechung am 2. Juni 1996. GK

Karl [Ahdt.: »Mann, freier Mann«] Lwanga, Hl., geb. 1865 in Bulimu/Uganda, Führer der Pagen am Hofe des Königs Mwanga, wurde am 15. November 1885 getauft. Bald darauf wurden Lwanga und andere Pagen ihres christlichen Glaubens wegen in den Kerker geworfen. Fünf seiner Mitgefangenen konnte er noch in der Haft die Taufe spenden. Am 3. Juni 1886 wurde Lwanga mit zwölf Gefährten in Namugongo/Uganda lebendig verbrannt.
Dargestellt mit seinen Gefährten als Märtyrer auf dem Scheiterhaufen. GK

4.6. **Christa** [Lat.: »die Christin«], Hl., gab ihr jungfräuliches Leben für den Glauben an Christus als Märtyrin wahrscheinlich in Kilikien hin. Über Ort, Zeit und Art ihres Todes sind keine genauen Angaben möglich.

Quirin, Hl., Bischof von Siscia/Sissek, wurde nach den im wesentlichen echten Märtyrerakten in der Verfolgung des Kaisers Diokletian um 308/309 nach Sabaria (Steinamanger/Westungarn) verschleppt und dort mit einem Mühlstein um den Hals im Fluss Sibaris ertränkt. Quirin wurde vor der »porta Scarabantensis« [Scarabantia = Ödenburg] bestattet, und bald entwickelte sich eine große Verehrung. Im 5./6. Jh. wurden die Reliquien vor den Einfällen der Barbaren nach Rom in Sicherheit gebracht und in dem Mausoleum an der Via Appia bei S. Sebastiano beigesetzt.
Dargestellt in bischöflichen Gewändern mit Mühlstein. – Patron gegen Gicht, Fußleiden.

Klothilde [Ahdt.: »berühmt« u. »Kampf«], Hl., Tochter König Chilperis II. von Burgund, hatte als Gemahlin des Frankenkönigs Chlodwig I. wesentlichen Anteil an dessen Bekehrung. Nach Chlodwigs Tod 511 lebte Klothilde in Tours und zeichnete sich durch Frömmigkeit und Mildtätigkeit aus. Sie gründete auch mehrere Kirchen. Klothilde starb am 3. Juni 544 in Tours und wurde in der Kirche St.-Peter in Paris bestattet. Die dort befindlichen Reliquien wurden in der Französischen Revolution vernichtet. – Im Bistum Straßburg wird ihr Gedächtnis am 7. Juni begangen.
Dargestellt in königlichen Gewändern mit Krone und Zepter, Buch oder Kirchenmodell, auch Almosen austeilend. – Patron der Frauen, Lahmen, Notare; für Bekehrung des Ehegatten; gegen Fieber, Kinderkrankheiten. FB, (ST)

Werner [Ahdt.: »Verteidiger des Heeres«] von Ellerbach OSB, Sel., Mönch in St.-Blasien/Südschwarzwald, leitete als erster Abt das 1093 gegründete Benediktiner-Kloster Wiblingen bei Ulm. Er starb 1126, wohl am 4. Juni, und wurde in der Abteikirche vor dem Kreuzaltar bestattet. – 1782 wurden die Gebeine erhoben und in einem Vierungspfeiler der jetzigen Kirche eingemauert.

Eva, Sel., geb. Ende des 12. Jhs., war Reklusin an St.-Martin in Lüttich. Sie setzte die Bemühungen ihrer Freundin Juliana von Kornelienberg um die Einführung des Fronleichnamsfestes nach deren Tod fort. Papst Urban IV. würdigte 1264 in einem Schreiben an Eva ihre Verdienste. Sie starb um 1265 und wurde in der Martinskirche von Lüttich beigesetzt, wo sich heute noch ihre Reliquien befinden.

5.6. **Bonifatius** [ursprünglich Winfrid] OSB, Hl., geb. um 672/673 in Wessex, stammte aus angelsächsischem Adel. Er wurde Mönch und Leiter der Klosterschule in Nursling. 716 ging er nach Friesland, um das Evangelium zu verkünden. Papst Gregor II. beauftragte ihn 719 mit der Germanenmission, weihte ihn 722 zum Bischof; Gregor III. ernannte ihn 732 zum Erzbischof und bestellte ihn 738 zum päpstlichen Legaten für Germanien. Bonifatius predigte mit großem Erfolg in Hessen und Thüringen, gründete die Klöster Amöneburg, Ohrdruf, Fritzlar, Tauberbischofsheim, Kitzingen und Ochsenfurt. Seit 738 ordnete er die Kirche Bayerns durch Errichtung der Bistümer Salzburg, Regensburg und Passau. Ab 742 gründete er sodann die Bistümer Würzburg, Büraburg und Erfurt. Die Reform der fränkischen Kirchen konnte er wegen des Widerstandes des Adels nur teilweise durchsetzen. Nachdem hierdurch auch 745 seine Erhebung auf den Bischofssitz von Köln gescheitert war, wurde er 746 Bischof in Mainz. 754 unternahm er nochmals eine Missionsreise nach Friesland. Hier erlitt er am 5. Juni 754 bei Dokkum mit zahlreichen Gefährten den Martertod. Er wurde in seiner Lieblingsgründung Fulda bestattet.

Dargestellt in bischöflichem Ornat, einen Baum umhauend, mit Axt oder Beil, mit Messbuch und Schwert. – Patron des Bistums Fulda; der Bierbrauer, Feilenmacher, Schneider. GK, RK, B, EF, EIH, FD, H, M, MEI, MZ, OS, RT, S

Eoban und **Adalar**, Hl., Gefährten des Bonifatius, gest. 5.6.754, ↗7.6.

Meinwerk, Sel., geb. um 970 aus dem begüterten sächsischen Geschlecht der Immedinger, besuchte die Domschulen von Halberstadt und Hildesheim. Otto III. berief ihn als Pfalzkaplan an den Hof nach Aachen. Heinrich II., sein früherer Mitschüler in Hildesheim, ernannte ihn 1003 zum Bischof von Paderborn. Hier entwickelte Meinwerk eine reiche Bautätigkeit. Den abgebrannten Dom ließ er neu errichten, gründete das Kloster Abdinghof, erbaute die Bartholomäuskapelle sowie nach dem Vorbild der Grabeskirche in Jerusalem die Busdorf-Kirche. Ferner bemühte er sich um Erziehung und Bildung des Klerus und errichtete neue Pfarreien. Meinwerk starb am 5. Juni 1036 und wurde im Kloster Abdinghof beigesetzt.

Dargestellt in bischöflichen Gewändern mit Kirchenmodell.

Fulger OCist, Sel., Zisterziensermönch im Kloster Lieu-St.-Bernard im Bistum Cambrai, war dreißig Jahre lang Beichtvater der Nonnen im Kloster Nazareth im Bistum Lüttich und von großer Pflichttreue und Bescheidenheit. Nach seinem Tod am 5. Juni 1307 wurde sein Grab in Nazareth von Wallfahrern häufig besucht.

Kevin [Coemgen], [Air.: »anmutig«], Hl., stammte aus königlichem Geschlecht, pilgerte nach Rom und gründete im 6. Jh. die Abtei Glendalough bei Wicklow südlich von Dublin, die sich bald zu einem Mittelpunkt des religiösen **6.6.**

Lebens entwickelte. Kevin starb angeblich 120 Jahre alt um 618. Sein Grab in Glendalough war bald Ziel von Wallfahrerscharen.
Patron von Dublin.

Klaudius [Lat.: »der Hinkende«] OSB, Hl., Abt von Condat, war vielleicht zeitweise auch Bischof von Besançon. Er starb am 6. Juni um 700. Sein Grab in Condat, das später Saint-Claude genannt wurde, war Ziel einer berühmten Wallfahrt.
Dargestellt als Benediktinerabt mit Mitra, Stab und Pallium, mit abgelegter Krone. – Patron der Krüppel, Siechen, Drechsler, Pfeifenhersteller, Sattler, Lebkuchenhändler, Spielwarenfabrikanten; gegen Zuckungen, Unglück.

Norbert [Ahdt.: »der Berühmte aus dem Norden«] OPraem, Hl., aus dem Geschlecht der Edelherren von Gennep, geb. um 1082, führte als Stiftsherr in Xanten ein weltliches Leben. 1115 ging er in die Abtei Siegburg. Abt Kuno leitete ihn zu einem innerlichen Wandel an. Nach Empfang der Priesterweihe wirkte er als Wanderprediger in Deutschland, Belgien und Frankreich. 1120 gründete er im Bistum Laon das Kloster Prémontré, das Ausgangspunkt des neuen Ordens der »Prämonstratenser« (OPraem) werden sollte. 1126 wurde er Erzbischof von Magdeburg. Mit seinem Orden bemühte er sich um kirchliche Reformen. Als Kanzler für Italien erstrebte er die Erhaltung des Friedens zwischen Papst und Kaiser. Nach seinem Tod am 6. Juni 1134 in Magdeburg wurde er in der dortigen Marienkirche beigesetzt. – 1627 erfolgte die Überführung der Gebeine in die Prämonstratenser-Abtei Strahov bei Prag.
Dargestellt in Prämonstratenser-Chorherrentracht oder in Pontifikalgewandung, mit Kelch oder Monstranz, mit Teufel zu Füßen. – Patron für glückliche Entbindung.
GK, MA, RK, PB

Falko OSB, Sel., Abt von Cava/südöstlich von Neapel, wurde bereits von den Zeitgenossen wegen seiner Beredsamkeit und vor allem wegen seines heiligen Lebenswandels bewundert. Er starb am 6. Juni 1146.

Bertrand, geb. um 1260, stammte aus dem Adel Südfrankreichs. Nach diplomatischen Tätigkeiten im Dienst Papst Johannes' XXII. wurde er 1334 Patriarch von Aquileja/Norditalien. Nachdem ein Erdbeben Aquileja zerstört hatte, verlegte Bertrand seinen Sitz in das unweit gelegene Udine. Als er seine Rechte gegen die Grafen von Görz verteidigte, wurde er auf deren Anstiften am 6. Juni 1350 bei Spilimbergo/Udine ermordet.
Dargestellt in bischöflichen Gewändern mit Buch.

Marcel Joseph Benoît Champagnat FMS, Hl., geb. am 20. Mai 1789 in Marlhes/Frankreich als jüngster Sohn einer Bauernfamilie. Armut, Demut, Opferbereitschaft und Marienverehrung kennzeichneten seinen Lebensweg. 1816 empfing er die Priesterweihe. Sein Vorbild als Seelsorger war der hl. Johannes B. de La Salle. So verschrieb er sich als Gründer der Kongregation der »Maristen-Schulbrüder« der Verbesserung von Bildung und Erziehung. Champagnat starb am 6. Juni 1840 in Saint-Chamond und wurde in der Kapelle »U. L. Frau von Hermitage« bestattet. – Heiligsprechung am 18. April 1999. GK

Eoban und **Adalar** [Adalher], Hl., waren angelsächsische Glaubensboten aus dem Kreis des Bonifatius. Eoban, ein Priester, brachte 735 Briefe des Bonifatius nach England. Später wurde er Chorbischof, 753 Diözesanbischof von Utrecht. Adalar war ebenfalls Priester. Beide begleiteten Bonifatius auf dessen letzter Missionsreise nach Friesland und erwarben mit ihm am 5. Juni 754 bei Dokkum die Krone des Martyriums. Ihre Gebeine kamen in die Abtei Fulda, später nach Erfurt, wo sie 1154 aufgefunden wurden. **7.6.**

Dargestellt im Priesterornat mit Buch; Adalar bisweilen irrig in bischöflichen Gewändern. FD

Herkumbert [Erkanbert] OSB, Sel., stammte aus Mainfranken, war wahrscheinlich Mönch in Fulda und wurde erster Bischof von Minden. Er starb am 7. Juni nach 805.

Deochar [Dietger] OSB, Hl., Mönch im Kloster Fulda, dann Schüler Alkuins in Aachen, wurde um 795 erster Abt des Klosters Herrieden. Nach 800 war er im königlichen Dienst tätig. Bei der Erhebung der Gebeine des hl. Bonifatius 819 in Fulda trug er mit anderen kirchlichen Würdenträgern den Reliquienschrein. Deochar starb vor 829. – Ein Teil seiner Reliquien kam 1316 nach St.-Lorenz in Nürnberg und 1845 nach Eichstätt.

Dargestellt in Mönchskutte oder Abtskleidung vor einem offenen Grab.

Robert [Ahdt.: »der Hochberühmte«] OCist, Hl., geb. Anfang des 12. Jhs. in Gargrave/Yorkshire, wurde nach dem Studium in Paris Weltpriester, dann Benediktinermönch in Whitby und schließlich Zisterzienser in Fountains. 1138 sandte ihn Abt Richard mit einer Schar von Mönchen nach Northumberland an die schottische Grenze, um dort in der Wildnis ein neues Kloster ins Leben zu rufen. Robert führte als Abt die neue Gründung, die er Newminster nannte, zu großer Blüte. Bald konnte er 1143 Pipewell, 1147 Roche und 1148 Sawley als Tochterklöster mit Mönchen von Newminster besiedeln. Nach einem reich gesegneten Leben starb Robert am 7. Juni 1159 in Newminster.

Dargestellt als Zisterzienserabt mit feuriger Kugel und bellenden Hunden.

8. Juni

8.6. **Médard**, Hl., geb. Anfang des 6. Jhs. in Salency bei Valenciennes, stammte aus gallofränkischem Adel. Remigius von Reims weihte Médard zum Bischof von Noyon. In seinem Bistum sorgte Médard für den Ausbau des Kirchenwesens und die Beseitigung letzter Reste des Heidentums. 555 reichte er der Königin Radegund den Nonnenschleier. Bald nach seinem Tod um 560 wurde der Leib Médards in die später nach ihm St.-Médard genannte Abtei von Soissons überführt, wo sein Kult schon früh bezeugt ist.
Dargestellt in bischöflicher Gewandung mit Buch, auf dem drei Brote liegen, oder mit Adler, Schafen, Ochsen, Tauben, drei feurigen Kugeln. – Patron der Bauern, Winzer, Bierbrauer; für Fruchtbarkeit der Felder und Weinberge, gute Heuernte, Regen, Befreiung von Gefangenen; gegen Zahnschmerzen, Fieber, Geisteskrankheiten.

Ilga [Helga], [Germ.: »einem Gott geweiht«], Sel., Einsiedlerin in Schwarzenberg im Bregenzer Wald, starb um 1115. Nach der Legende war sie die Schwester von Merbod und Diedo. Das Wasser der Ilgaquelle wird gegen Augenkrankheiten benutzt.
Dargestellt in vornehmem Gewand mit Krug, in dem sie an der Quelle Wasser schöpft. – Patronin gegen Augenleiden.

Giselbert OPraem, Diener Gottfrieds von Cappenberg, folgte diesem ins Kloster und wurde Laienbruder in Cappenberg. Gerühmt wurde seine Mildtätigkeit gegenüber Armen. Er starb in der 1. Hälfte des 12. Jhs. Sein Gedächtnis wurde in Cappenberg am 8. Juni begangen.

Engelbert [aus Ahdt.: berühmt wie die Angeln, die ursprünglich an der Bucht von Schleswig wohnten] OPraem, Prämonstratenser in Ursberg, wurde auf Wunsch Bischof Ottos von Freising 1140 im Kanonikerstift Schäftlarn/bei München Propst und richtete den neuen Konvent nach den Vorschriften der Ordensregel ein. Darauf legte er die Propstwürde zu Beginn des Jahres 1153 nieder, um fortan in Ruhe und Demut als einfacher Chorherr zu leben. Doch starb er bereits am 8. Juni 1153.

Maria Gräfin von Droste zu Vischering, Sel., geb. am 8. September 1863 in Münster/Westfalen, trat im Alter von 25 Jahren als Schwester Maria vom Göttlichen Herzen in Münster in das Kloster vom Guten Hirten ein, wo sie 1891 die ewigen Gelübde ablegte. Nach dreijähriger Tätigkeit in der Jugenderziehung wurde sie nach Lissabon berufen; 1894 wurde sie Oberin des Klosters in Porto. Ein schweres Leiden, das mit Lähmungserscheinungen verbunden war, fesselte sie bald ständig ans Bett. Trotzdem gestaltete sie ihr Kloster zu einem Mittelpunkt geistlichen Lebens von weltweiter Bedeutung. Durch mystische Begnadungen erleuchtet, regte sie bei Papst Leo XIII. die Weihe der Menschheit an das Heiligste Herz Jesu an. Sie erlebte noch die Ankün-

digung dieser Weihe durch den Papst. Maria starb am 8. Juni 1899 in Porto. – 1936 wurden ihre Gebeine nach Paranhos übertragen.
Dargestellt in ihrer Ordenstracht. MS

Ephräm der Syrer, Hl., stammte aus einer christlichen Familie im Raum von Nisibis, wurde Diakon und an der dortigen Schule ein berühmter Lehrer. Als Nisibis 363 an die Perser fiel, zog Ephräm nach Edessa, wo er ebenfalls als Lehrer wirkte. Er starb dort am 9. Juni 373. Von seinen zahlreichen Werken sind eine Anzahl von Hymnen, Predigten und exegetischen Schriften überliefert. – 1920 wurde er zum Kirchenlehrer erhoben. **9.6.**
Dargestellt als greiser Diakon mit Buchrolle und Feuersäule. GK

Liborius, Hl., Bischof von Le Mans, gest. 9.6. um 397, ↗23.7.

Gratia – das Fest »Maria, Mater gratiae«, »Maria, Mutter der Gnade«, gedenkt der Gnadenfülle Marias, wie der Erzengel Gabriel sie gegrüßt hatte: »Du bist voll der Gnade.« Als die Gnadenvolle hat Maria dann der Welt das größte Gnadengeschenk Gottes, den Erlöser Jesus Christus, vermittelt. Das Fest wurde in S. Maria Maggiore in Rom sowie in zahlreichen Diözesen der Welt gefeiert.

Primus und **Felizian**, Hl., nach der legendarischen Leidensgeschichte des 5./6. Jh. ein Brüderpaar, sollen in der Verfolgung Kaiser Diokletians in Rom um 304 den Tod für Christus erlitten haben. Ihr Gedächtnis wurde an der Via Nomentana bei Rom begangen, wo schon im 4. Jh. eine Kirche erbaut wurde. Papst Theodor übertrug vor 650 die Gebeine der Märtyrer nach Rom in die Kirche S. Stefano Rotondo. Teile der Reliquien kamen später nach Salzburg und Prüm.
Dargestellt als vornehme Römer mit Schwert, Löwen und Palmen.

Olivia, Hl., wurde nach der Legende im 10. Jh. von Palermo/Sizilien nach Tunis/Nordafrika verschleppt und dort, weil sie den Glauben nicht verleugnen wollte, enthauptet. **10.6.**
Dargestellt als Jungfrau mit Krone, Palme, Ölzweig.

Maurin, Hl., wird in Köln in St.-Pantaleon verehrt. Am 13.10.966 wurden seine Gebeine in einem Sarkophag aufgefunden, dessen Deckelinschrift berichtet, der Abt Maurin habe (am 10. Juni) im Atrium der Kirche das Martyrium erlitten. Vielleicht war er Vorsteher einer Priestergemeinschaft und hat bei einem feindlichen Einfall (der Normannen?) den Tod gefunden. Die Gebeine Maurins ruhen seit etwa 1180 in einem kostbaren Schrein.
Dargestellt im Abtsgewand mit Märtyrerpalme.

Bardo OSB, Hl., geb. um 980 in Oppershofen/Wetterau, stammte aus einer hochadeligen Familie, die mit der Kaiserin Gisela, der Gemahlin Konrads II., verwandt war. Bardo wurde Mönch in Fulda und Leiter der dortigen Klosterschule. Nachdem er 1029 Abt von Werden und 1031 auch von Hersfeld geworden war, erlangte er 1031 die Würde eines Erzbischofs von Mainz. Der Neubau des Domes wurde durch ihn vollendet und 1036 in Gegenwart Kaiser Konrads feierlich eingeweiht. Gerühmt werden Bardos Frömmigkeit, Demut und Mildtätigkeit, die sich auch der verachteten Spielleute und Gaukler annahmen. Er starb am 10./11. Juni 1051 in Dornloh bei Paderborn und wurde im Mainzer Dom bestattet. Vom 11. bis ins 14. Jh. ist seine Verehrung bezeugt. Seitdem ist die Kunde von Grab und Reliquien verloren gegangen.
FD, MZ

Gerlach OPraem, gehörte dem Prämonstratenser-Stift Rot an. Mit Eberhard von Wolfegg ging er 1171 nach Obermarchtal, um die Neugründung aufzubauen. Dort wirkte er zunächst als Prior und wurde nach dem Tod des zweiten Propstes, Ulrich, 1187 einmütig zum Propst erwählt. Doch nach kurzer Zeit wurde er vom Schlag getroffen. Nach langem, mit bewunderungswürdiger Geduld ertragenem Siechtum verschied er am 10. Juni um 1200.

Diana Andalò OP, Sel., erbaute 1223 mit Hilfe des Ordensgenerals der »Dominikaner«, Jordan von Sachsen, in Bologna das Agnes-Kloster, wo sie die Dominikanerinnenregel einführte. Die etwa fünfzig Briefe Jordans an Diana geben Zeugnis von einer idealen Freundschaft. Diana starb am 10. Juni 1236 in Bologna.
Dargestellt im Ordenshabit mit Lilie.

Heinrich [Ahdt.: »der in seinem Besitztum Mächtige«] von Bozen, Sel., geb. um 1250, wirkte als Tagelöhner in Bozen sowie in und bei Treviso. Er lebte in großer Zurückgezogenheit, Frömmigkeit und führte ein Leben des Verzichts. Nach seinem Tod am 10. Juni 1315 ereigneten sich bei der Beisetzung im Dom von Treviso sowie auch später der Überlieferung nach zahlreiche Wunder. Kleinere Teile der Reliquien kamen 1759 nach Bozen, wo ihm zu Ehren 1870 eine Kirche errichtet wurde.
Dargestellt in Arbeiterkleidung mit Beil, Holz hackend. – Patron der Holzfäller.
BB

Eustachius Kugler OH, geb. 1867 in Neuhaus/Oberpfalz, trat 1893 in den Orden der »Barmherzigen Brüder vom hl. Johannes von Gott«. Er führte ein vorbildliches Leben als Ordensmann, war ein großer Beter und geduldig in allen Leiden, von denen er heimgesucht wurde. Am 10. Juni 1946 starb er im Ruf der Heiligkeit.

Edward Johannes Maria Poppe, Sel., geb. am 18. Dezember 1890 in Temse/Belgien, erfuhr in einer kinderreichen Familie eine betont religiöse Erziehung. Nach dem Militärdienst begann er das Philosophiestudium in Löwen, das er mit dem Doktorat abschloss. Er trat in das Priesterseminar seiner Heimatdiözese ein und empfing am 1. Mai 1916 die Priesterweihe. Sein gesamtes Priesterleben widmete er der katholischen Erziehung und Bildung. Mit seinen zahlreichen, viel gelesenen Büchern trug er zur Förderung der maranischen und eucharistischen Frömmigkeit bei, die er selbst vorlebte. Das übernatürliche Gnadenleben wird für ihn durch den häufigen Empfang der Sakramente vermittelt. Der beliebte Volksseelsorger starb am 10. Juni 1924 in Moerzeke. – Seligsprechung am 3. Oktober 1999.

Barnabas [Aram.: »Sohn der Weissagung«], Hl., Beiname des Leviten Joseph von Zypern. Er gehörte vielleicht schon zum Kreis der 72 Jünger Jesu, sicher aber schon frühzeitig zur Urgemeinde in Jerusalem. Er wird Apostel im weiteren Sinne genannt. Barnabas begleitete Paulus auf der ersten Missionsreise und verteidigte um 37 beim so genannten Apostelkonzil die Freiheit der Heidenchristen von den jüdischen Gesetzesvorschriften. Später ging er mit seinem Vetter Markus nach Zypern. Sichere Nachrichten über sein weiteres Leben fehlen. Die spätere Überlieferung lässt Barnabas in Griechenland, Rom und Mailand tätig gewesen sein. In der 2. Hälfte des 1. Jh. soll er in Salamis durch Steinigung den Martertod gefunden haben. Seine Grabstätte auf Zypern wurde angeblich um 485/486 wieder entdeckt. Der ihm zugeschriebene Barnabasbrief ist zwischen 95 und 130 wohl in Alexandrien geschrieben worden. **11.6.**
Dargestellt als Apostel mit Buch, Stein, Ölzweig. – Patron der Küfer, Weber; gegen Betrübnis, Hagel. GK

Rimbert, Hl., geb. um 830 aus einem flandrischen Adelsgeschlecht, wurde Schüler und Begleiter Ansgars, nach dessen Tod er 865 von Klerus und Volk zum Erzbischof von Bremen-Hamburg gewählt wurde. Rimbert unternahm Missionsreisen nach Dänemark und Schweden. Doch die dauernden Einfälle der Normannen vernichteten alle Erfolge und verhinderten die weitere Glaubensverkündigung im Norden. Rimbert bemühte sich sehr, von den Normannen gefangene Christen loszukaufen. Er verfasste auch eine Lebensbeschreibung seines Lehrers Ansgar. Rimbert starb am 11. Juni 888 in Bremen und wurde vor der Ostseite des Domes bestattet.
Dargestellt im Mönchshabit oder Bischofsornat, Kirchengerät zerbrechend und an Arme verteilend, auch betend für den Sieg der Christen über die Normannen.

Aleydis [Adelheid, Alice, Alke] von Schaerbeek OCist, Hl., Zisterzienserin im Kloster Mariä Kammeren bei Brüssel, wurde von Aussatz erfasst, wuchs aber in der Einsamkeit ihrer schweren Leiden zu einer heldenhaften Dulderin heran, die durch hohe mystische Gnadenerweise Tröstung erhielt. Aleydis, deren Leib zuletzt eine einzige Eiterbeule war, wurde am 11. Juni 1249 von ihren Qualen erlöst.

Jolenta OSCl, Hl., geb. 1235, Tochter König Bélas IV. von Ungarn, vermählte sich mit Herzog Boleslaw VI. von Polen-Kalisch und trat nach dem Tod ihres Gatten 1279 in das Klarissen-Kloster Alt-Sanchecz ein. 1292 wurde Jolenta Äbtissin in dem von Boleslaw gegründeten Klarissen-Kloster in Gnesen, wo sie am 11. Juni 1298 starb.
Dargestellt als Fürstin, betend vor einem Kruzifix, oder im Klarissenhabit mit abgelegter Krone, mit Totenschädel, Gebetbuch und Rosenkranz.

Rosa Maria Francisca Molas y Vallvé, Hl., wurde am 24. März 1815 in Reus/ Spanien geboren. Nach dem Tod ihrer Eltern schloss sie sich einer Gemeinschaft wohltätiger und frommer Frauen in ihrer Heimatstadt an. Mit diesen pflegte sie Kranke und richtete 1849 in Tortosa ein Hospital ein, das sie selbst leitete. Konflikte der Gemeinschaft mit der geistlichen Obrigkeit veranlassten sie zum Verlassen der Gemeinschaft. 1857 gründete sie in Tortosa die Kongregation der »Schwestern U. L. Frau vom Trost«, deren Leitung sie gegen ihren ausdrücklichen Wunsch bis zu ihrem Tod am 11. Juni 1876 in Tortosa innehatte. – Seligsprechung am 8. Mai 1977, Heiligsprechung am 11. Dezember 1988. GK

12.6. **Leo III.**, Hl., Kardinalspriester von S. Susanna, wurde 795 am Begräbnistag seines Vorgängers Hadrian zum Papst erhoben. Er zeigte seine Wahl Karl d. Gr. an und übersandte ihm die Schlüssel zum Grab des hl. Petrus und ein Banner der Stadt Rom. Von seinen Gegnern wurde Leo 799 bei einer Prozession überfallen und misshandelt. Um Hilfe zu erlangen, reiste Leo im gleichen Jahr ins Frankenreich, wo er in Paderborn mit Karl zusammentraf. Karl seinerseits begab sich im Herbst 800 nach Rom, um dort Ruhe und Ordnung wiederherzustellen. Am Weihnachtsfest 800 krönte Papst Leo Karl zum Kaiser, der zwar der Kaiserwürde nicht abgeneigt war, aber die Krönung durch den Papst nicht gewünscht hatte. Damit wurde der Grund zur Verbindung des deutschen Königtums mit dem römischen Kaisertum gelegt. Leo blieb auch weiterhin in enger Beziehung zum Frankenreich sowie zum angelsächsischen England. Er starb am 12. Juni 816.
Dargestellt in päpstlichem Ornat mit Kirchenmodell. PB

Odulf OSB, Hl., empfing nach seiner Ausbildung an der Domschule Utrecht die Priesterweihe. Zunächst wirkte er an der Eigenkirche seines Vaters Ludgis in Oorschot/Nordbrabant, Niederlande. Dann nahm er das Mönchsgewand im Kathedral-Kloster St.-Martin in Utrecht. Bischof Friedrich sandte ihn als Seelsorger an die neu errichtete Kirche in Stavoren. Gegen Ende seines Lebens kehrte er in sein Kloster zurück, wo er nach 854 starb. Teile seiner

Reliquien sollen später nach Stavoren und Evesham in Worcestershire überführt worden sein.
Dargestellt in priesterlichem Gewand mit Taufschale.

Eskil, Hl., wurde wohl in England geboren und ging in der 2. Hälfte des 11. Jhs. als Glaubensbote nach Södermanland/südwestlich von Stockholm. Er gilt als der erste Bischof von Strängnäs. Der letzten heidnischen Reaktion Schwedens fiel er zum Opfer; nach der Legende wurde Eskil 1180 in Strängnäs von Heiden gesteinigt. Er fand sein Grab in der später nach ihm benannten Stadt Eskilstuna, wo man 1185 zu seiner Ehre eine Kirche errichtete.
Dargestellt als bartloser Bischof mit drei Steinen.

Gaspare Luigi Dionigi Bertoni, Hl., wurde am 9. Oktober 1777 in Verona/Italien geboren. Nach überdurchschnittlichem Gymnasialabschluss trat er in das Priesterseminar seiner Heimatstadt ein und empfing im Alter von 23 Jahren die Priesterweihe. Nach einigen Jahren der Seelsorgsarbeit ernannte sein Bischof ihn zum Spiritual des Seminars. Der in allen Volksschichten beliebte Seelsorger gründete die »Gemeinschaft der Priester von den heiligen Wundmalen unseres Herrn Jesus Christus« [Stigmatiner]. Der erfolgreiche Volksmissionar und »Apostel des Klerus« starb am 12. Juni 1835 in Verona. – Heiligsprechung am 1. November 1989. GK

Paola Frassinetti SSD, Hl., wurde am 3. März 1809 in Genua geboren. Mit Unterstützung ihres priesterlichen Bruders setzte sie sich in Quinto besonders für die Ausbildung und Erziehung von Kindern aus armen Familien ein. Bald schlossen sich ihr weitere Frauen an und gründeten unter ihrer Leitung die Kongregation der »Dorotheenschwestern«. Gebet und Arbeit für andere bestimmten ihr opferbereites Leben. Die Ordensfrau starb am 11. Juni 1882 in Rom. – Seligsprechung am 8. Juni 1930, Heiligsprechung am 11. März 1984.
GK

Ragnebert [Rambert], Hl., gebürtig aus fränkischem Herzogsgeschlecht, war **13.6.**
Berater König Theuderichs III. Auf Veranlassung des Hausmeiers Ebroin wurde Ragnebert nach Burgund verbannt, um 675 bei Bébron ermordet und in dem später nach ihm benannten Kloster Saint-Rambert-de-Joux im Bistum Belley bestattet. – Seit dem 11. Jh. befinden sich Reliquien in Saint-Rambert bei Montbrison.
Dargestellt in vornehmen Gewändern und Krone, bisweilen als Ritter zu Pferd mit Lanze und Palme.

Bernhard [Ahdt.: »der Bärenharte«], Hl., stammte aus einer vornehmen Familie des Aostatales und wurde Archidiakon in Aosta. Er war wohl nicht Priester. Bernhard gründete nach glaubwürdiger Überlieferung auf der Passhöhe des

Großen St.-Bernhard (Wallis/Aosta) ein Hospiz für Pilger und Wanderer. Vielleicht ist auch die Entstehung des Hospizes auf dem Kleinen St.-Bernhard (südl. vom Mont Blanc) auf ihn zurückzuführen. Bernhard starb wahrscheinlich am 15. Juni 1081 in Novara, wo er im Benediktiner-Kloster beigesetzt wurde. – 1123 wurde sein Leib erhoben und befindet sich seit 1454 in der Kathedrale von Novara. Erst die Legende des 15. Jhs. nennt ihn Bernhard von Menthon.

Dargestellt im Chorherrengewand mit Abtsstab, einen Teufel an der Kette haltend. – Patron der Alpenbewohner, Bergsteiger, Skifahrer. SI

Antonius [Lat.: altröm Geschlechtername] von Padua OFM, Hl., geb. 1195 in Lissabon (Taufname Fernandez), war zuerst Augustiner-Chorherr, trat aber 1220 bei den Minderbrüdern in Coimbra ein und nahm den Namen des Klosterpatrons Antonius an. Er wirkte als gottbegnadeter Prediger in Oberitalien und Südfrankreich. Franz von Assisi bestimmte ihn zum ersten Lehrer der Theologie für die Minderbrüder. Antonius war ein hervorragender Kenner der Heiligen Schrift und folgte in seiner Theologie besonders Augustinus. Antonius starb am 13. Juni 1231 in Arcella/bei Padua. – Seine Gebeine wurden 1263 erhoben und in die neue Basilika von Padua übertragen. Antonius ist einer der beliebtesten Volksheiligen geworden. 1946 wurde er zum Kirchenlehrer ernannt.

Dargestellt als jugendlicher Franziskaner mit Jesuskind, Lilie, Esel, Fischen. – Patron der Armen (Antonius-Brot), Liebenden, Eheleute, Bäcker, Bergleute, Reisenden; für glückliche Entbindung, Wiederfinden verlorener Dinge; gegen Unfruchtbarkeit, Fieber, teuflische Mächte, Viehkrankheiten. GK

14.6. **Elischa**, Elisa, Elisäus [Hebr.: »Gott hilft«], Prophet. Er wurde vom Propheten Elija zu seinem Nachfolger als Prophet berufen (*1 Kön* 19,14–21). Er wirkte um 850–800 v. Chr. viele Zeichen und Wunder (*2 Kön* 2,19–25; 13,21). JE

Burchard [Ahdt.: »feste Burg«] OSB, (Sel.), nach der Überlieferung Bendiktiner in St.-Emmeram/Regensburg, wurde 968 zum ersten Bischof von Meißen. Als sein Todestag wird der 14. Juni 970 angegeben.

Gottschalk [Ahdt.: »Gottesknecht«], Hl., Sohn des Obotritenfürsten Uto, wurde im Michaels-Kloster in Lüneburg erzogen. Nach der Ermordung seines Vaters lebte Gottschalk in der Verbannung in England. Zurückgekehrt, schuf er 1043 ein großes Wendenreich und unterstützte die Glaubensboten bei der Verkündigung der Frohbotschaft. Mit Erzbischof Adalbert I. von Bremen-Hamburg gründete er die Bistümer Mecklenburg und Ratzeburg. Bei einem Aufstand heidnischer Wenden wurde Gottschalk am 14. Juni 1066 bei Lenzen an der Elbe erschlagen.

Dargestellt in fürstlichen Gewändern mit Speer und Palme.

Eppo [Ahdt.: »Eber«], Hl., Priester und Glaubensbote bei den Wenden, erlitt mit Gottschalk am 14. Juni bei Lenzen den Martertod. Eppo wurde wie ein Opfertier am Altar geschlachtet.

Lidwina von Schiedam, Sel., gest. 14.4.1433, ↗14.4.

Meinrad [Ahdt.: »Stärke« u. »Rat«] Eugster OSB, geb. am 23. August 1848 in Gätziberg im Schweizer Kanton St.-Gallen und auf den Namen Josef Gebhard getauft, erlernte das Schneiderhandwerk und trat 1874 als Laienbruder in Kloster Einsiedeln ein. Hier war er ein Vorbild an Demut und Gehorsam. Das Kreuz jahrelanger Krankheit ertrug er in der Liebe zum Gekreuzigten. Bruder Meinrad starb am 14. Juni 1925. – 1941 wurden seine Gebeine in die Abteikirche übertragen. CH

Vitus [Veit], [Lat.: »lebensvoll« od. »lieber Kleiner«], Hl., erlitt in Sizilien wohl in der Verfolgung Kaiser Diokletians um 304 den Martertod. Die Legende berichtet, dass sein Lehrer Modestus und seine Amme Kreszentia Gefährten seines Martyriums gewesen sind. – Die Reliquien des hl. Vitus kamen 756 nach St.-Denis bei Paris, 836 nach Corvey. Sein Haupt ruht im St.-Veits-Dom in Prag. Vitus zählt zu den Vierzehn Nothelfern. **15.6.**
Dargestellt in jugendlicher Gestalt, oft in vornehmer Kleidung, mit Buch, Löwen, Ampel, Kessel, Hahn, Brot und Knüttel, auch mit Adler und Hasen. – Patron von Rügen, Pommern, Niedersachsen, Böhmen; der Jugendlichen, Kupfer- und Kesselschmiede, Bierbrauer, Apotheker, Bergleute, Winzer, Schauspieler, Krüppel, Lahmen, Tauben, Blinden; Haustiere, Geflügel, Hunde, Quellen; gegen Besessenheit, Epilepsie, Hysterie, Tollwut; Krämpfe, Aufregung, Bettnässen, Schlangenbiss, Augenkrankheiten, Gehörlosigkeit, Unwetter, Blitz, Feuergefahr, Unfruchtbarkeit; für Aussaat und Ernte, Bewahrung der Keuschheit. – Veitstanz. RK

Landelin [Lando] OSB, Hl., bekehrte sich nach seiner stürmischen Jugend und gründete die Klöster Lobbes/belg. Hennegau und Crespin/Diözese Tournai. Er starb als Abt von Crespin Ende des 7. Jhs. – Um 836 wurden Reliquien Landelins nach Paderborn übertragen.
Dargestellt in Einsiedlerhabit, vor einer Quelle betend, mit Geißel.

Lothar [Ahdt.: »der im Heer Berühmte«], Hl., stammte aus dem Adel des Moselgaues. Nach dem Tod seiner Gattin zog er sich in ein von ihm gegründetes kleines Kloster im Wald von Argentan/Normandie zurück. Auf den Bischofsstuhl von Sées/Orne berufen, lenkte er 32 Jahre lang seine Diözese. Dann zog er sich wieder in die Einsamkeit seines Klosters zurück, wo er am 15. Juni 756 starb.
Dargestellt in bischöflichen Gewändern mit Stab und Buch.

Eigil OSB, Hl., aus vornehmer bayrischer Familie, wurde 818 Abt von Fulda. Er verfasste eine Lebensbeschreibung seines Lehrers und Oheims Sturm(ius). Zum Leiter der Klosterschule bestimmte er Rhabanus Maurus. Unter Eigil erstarkte das innere Leben der Mönchsgemeinschaft zu neuem Glanz. Eigil starb am 15. Juni oder 6. August 822. Er wurde bestattet in der Krypta der von ihm erbauten Michaelskirche.

Gebhard, Sel., stammte aus dem Geschlecht der Grafen von Helfenstein, war Hofkaplan Heinrichs III., wurde 1058 Kanzler des Königs und 1060 Erzbischof von Salzburg. 1072 gründete Gebhard das salzburgische Eigenbistum Gurk und 1074 das Kloster Admont. In seinem Bistum richtete er die Pfarrorganisation ein. Im Investiturstreit stand er auf der Seite des Papstes und musste deshalb von 1077 bis 1086 aus seinem Bistum weichen. Gebhard starb am 15. Juni 1088 in Hohenwerfen an der Salzach und wurde in Admont bestattet.
Dargestellt in Pontifikalgewandung, einem Stab mit griechischem Kreuz haltend, mit Einhorn.

Isfrid [Ahdt.: »stark« u. »Friede«] OPraem, Hl., Prämonstratenserpriester in Cappenberg, seit 1159 Propst in Jerichow, wurde 1180 Bischof von Ratzeburg. Hier machte er sich verdient um den Dombau und die Errichtung von Pfarreien. Heinrich dem Löwen stand er 1195 in dessen Sterbestunde bei. Isfrid selbst starb am 15. Juni 1204. – Sein Gedächtnis wird im Bistum Osnabrück am 17. Februar zugleich mit Evermod und Ludolf begangen. (OS)

Klara [Lat.: »die Leuchtende«] Fietz, geb. am 6. Januar 1905 in Nieder-Lindewiese im damaligen Österreichisch-Schlesien (Taufname Rosa), wurde 1923 Schulschwester (»Franziskanerin von der Unbefleckten Empfängnis«) in Graz-Eggenberg, legte 1927 die ewigen Gelübde ab, wurde 1932 an der Universität Graz zum Doktor der Philosophie promoviert und bestand 1933 die Staatsprüfung für das höhere Lehramt. Die Liebe zu Gott trieb sie an, nur für ihn und seine Ehre zu leben. So verzehrte sie sich in strengster Askese und opferbereiter Nächstenliebe. Früh vollendet starb sie am 15. Juni 1937 an Herzlähmung.

16.6. **Quirin**, Hl., erlitt nach der ungeschichtlichen Legende den Tod als Märtyrer in Rom unter Kaiser Claudius II. Gothicus (268–270). – Seine Gebeine wurden zur Zeit Papst Pauls I. (757–767) von Rom in das Kloster Tegernsee/Bayern übertragen, wo sie wohl zuerst in der Salvator-, später in der Peter-und-Paul-Kirche beigesetzt wurden. Hier fand Quirin alsbald große Verehrung.
Dargestellt als Königssohn in fürstlichem Ornat mit Krone, Zepter und Reichsapfel, mit Schwert und Palme. – Patron gegen Augen- und Ohrenleiden, Pest. – Wallfahrt und Heilquelle in Tegernsee. M

Benno [Ahdt.: »der Bärenharte«], Hl., entstammte einem sächsischen Grafengeschlecht, war Stiftsherr in Goslar und wurde 1066 Bischof von Meißen. In dem Streit zwischen Heinrich IV. und dem Papsttum nahm Benno eine schwankende Haltung ein. Er machte sich verdient um das geistliche und wirtschaftliche Gedeihen seines Bistums, nach späteren Quellen auch um die Bekehrung der Wenden. Benno starb nach der Überlieferung am 16. Juni 1106. – Seine Gebeine wurden 1576 in die Frauenkirche von München übertragen.
Dargestellt in bischöflichen Gewändern mit einem Fisch, der zwei Schlüssel im Maul hat. – Patron des Bistums Dresden-Meißen; der altbayerischen Landesteile, der Stadt München; der Fischer, Tuchmacher; für Regen; gegen Unwetter. RK

Luitgard OCist, Hl., geb. um 1182 in Tongern, wurde bereits 1203 Priorin des Benediktinerinnen-Klosters St.-Katharina bei Sint-Truiden/westl. von Tongern. Um ein innerliches Leben führen zu können, wurde sie 1206 Zisterzienserin im Kloster Aywières bei Brüssel. Hier führte sie ein Leben der Sühne und Buße für die Bekehrung der Sünder. Gott verherrlichte sie schon zu Lebzeiten und nach ihrem Tod am 16. Juni durch wunderbare Gebetserhörungen. – Ihre Reliquien ruhen seit 1827 in der Pfarrkirche Bas-Ittre/Brabant.
Dargestellt im Zisterzienserhabit, mit Lilien und Blumenkranz, vor einem Kruzifix kniend, mit Erscheinung des Gekreuzigten. – Patronin für glückliche Entbindung. LÜ

Maria Theresia Scherer, Sel., geb. am 31. Oktober 1825 in Meggen/Luzern und auf den Namen Anna Maria Katharina getauft, wuchs in einer armen Bauernfamilie auf und verlor bereits früh ihren Vater. Die Pflege von Kranken und der Einsatz für die Armen wurden ein Teil ihres Lebensinhalts. Auf den Rat des Kapuzinerpaters Theodosius Florentini schloss sie sich mit vier Gefährtinnen zu einer geistlichen Gemeinschaft zusammen. Sie verband Herzensgüte mit erstaunlicher Willensstärke und führte die von ihr gegründete Kongregation der »Ingenbohler Schwestern« trotz vieler Schwierigkeiten zu großer Blüte. Sie starb am 16. Juni 1888 in Ingenbohl. – Seligsprechung am 29. Oktober 1995.

Fulko, (Sel.), Stiftsherr von St.-Bertin, wurde 877 Abt von St.-Bertin, ohne aber Mönch zu werden. 883 wurde er Erzbischof von Reims. Im Auftrag Papst Stephans V. sollte er 892 auf einer Synode in Worms den Vorsitz führen, die über den Metropolitenanspruch Kölns über Bremen entscheiden sollte. Wegen des vorzeitigen Todes des Papstes kam diese Synode aber nicht zustande. Als Fulko die Rechte der Kirche gegen weltliche Große verteidigte, wurde er am 17. Juni 900 getötet. **17.6.**

Ramwold [Ahdt.: »Rabe« und »herrschen«] OSB, Sel., Mönch von St.-Maximin in Trier, wurde im Alter von 70 Jahren von Bischof Wolfgang nach Regensburg berufen, um eine Erneuerung des St.-Emmeram-Klosters durchzuführen. 975 wurde er hier zum Abt ernannt und leitete eine Zeit der klösterlichen und wissenschaftlichen Blüte ein. Gegen Wolfgangs Nachfolger Gebhard verteidigte Ramwold die Unabhängigkeit seiner Abtei. Er starb am 17. Juni 1000 und wurde in der von ihm selbst erbauten Hochkrypta beigesetzt., wo sich heute noch der Steinsarg Ramwolds befindet.
Dargestellt als Benediktinerabt, Mönche aus seinem Kloster entsendend.

Euphemia [Griech.: »guter Ruf«] OSB, Hl., Tochter des Grafen Berthold II. von Andechs und Schwester Mechthilds von Dießen, leitete als Äbtissin das um 1050 von Altdorf/Schwaben nach Altomünster/Oberbayern verlegte Kloster. Sie machte sich verdient um die Vermehrung des Klosterbesitzes. Euphemia wurde nach ihrem Tod um 1180 in der Familiengruft in Dießen/Ammersee bestattet.

Adam Hilarius Albert Chmielowski OSF, Hl., wurde am 20. August 1845 in Igolonija im Distrikt Miechów geboren und als Waise zum Studium nach St.-Petersburg geschickt. Er studierte weiter in Warschau und Pulawy. Überall war der begabte junge Mann beliebt wegen seiner Gesinnung, Herzensgüte, Charakterfestigkeit, vor allem aber wegen seines Mutes. Adam Chmielowski kam nach der polnischen Volkserhebung, bei der er schwer verwundet wurde, 1865 nach Paris; 1885 kehrte er nach Warschau zurück. Nach zweijährigem Aufenthalt in der polnischen Heimat ging er über Paris und Gent schließlich nach München, um dort das Studium der Malerei an der Kunstakademie zum Abschluss zu bringen. Nach langen inneren Kämpfen fühlte er sich schließlich berufen, Apostel für den »Dritten Orden des hl. Franziskus« zu werden. In Krakau lernte er die Not der Ärmsten kennen. Entsetzt über deren Notlage, stellte der Maler und Ordensstifter sich in ihren Dienst. 1888 gründete Bruder Albert die Ordenskongregation der »Brüder im Dritten Orden des hl. Franziskus«, »Albertiner-Brüder« genannt, und die der »Schwestern im Dritten Orden des hl. Franziskus«, »Albertiner-Schwestern« genannt. Bruder Albert lebte bis zu seinem Tod am 25. Dezember 1916 in Krakau arm, innerlich aber reich an Freude und Frieden im Dienst an den Ärmsten nach seinem Wahlspruch: »Gut sein wie das nahrhafte Brot, das auf dem Tisch für alle bereit liegt, wenn sie Hunger haben!« – Seligsprechung am 22. Juni 1983 in Krakau, Heiligsprechung am 12. November 1989. GK

18.6. **Potentin** und seine Söhne **Felicus** und **Simplicius**, Hl., stammten nach der Legende des 9. Jhs aus einem vornehmen Geschlecht Aquitaniens. Auf einer Wallfahrt zu den heiligen Stätten kamen sie nach Trier zu Bischof Maximin,

der sie als Landsleute freundlich aufnahm. Auf Maximins Vorschlag begab sich Potentin mit seinen Söhnen nach Karden an der Mosel zu dem Priester Kastor. Hier lebten sie ganz zurückgezogen bis zu ihrem Tod Ende des 4. Jhs. – Ihre Reliquien wurden an einem 18. Juni vor 930 nach Steinfeld in der Eifel übertragen.
Dargestellt: Potentin als Ritter mit Schwert und Lanze, mit einer Krone zu Füßen; seine Söhne in ritterlicher Kleidung und Rüstung.

Elisabeth von Schönau, Hl., gest. 18.6.1164 ↗19.6.

Gregorio Giovanni Gaspare Barbarigo, Hl., erblickte am 16. September 1625 in Venedig das Licht der Welt. Sein großer Förderer war Fabio Chigi, der als Alexander VII. den Stuhl Petri bestieg. Barbarigo wurde 1657 Bischof von Bergamo, 1660 Kardinal und wechselte 1664 auf den bischöflichen Stuhl von Padua. Karl Borromäus war sein Vorbild als Seelsorger. Der geschätzte Bischof starb am 18. Juni 1697 in Padua. Papst Alexander VII. nannte ihn einen »Engel der Güte«. – Heiligsprechung am 26. Mai 1960. GK

Gervasius und **Protasius**, Hl., waren Märtyrer, deren Gebeine von Ambrosius in Mailand aufgefunden wurden. Über Zeit und Art des Martyriums gibt es keine sicheren Berichte. Teile der Reliquien sollen durch den Kölner Erzbischof Rainald von Dassel nach Breisach gekommen sein, wo sie sich in einem silbernen Schrein im dortigen Münster befinden. – Die 1864 in Mailand wieder entdeckten Reliquien befinden sich unter dem dortigen Hochaltar von S. Ambrogio. **19.6.**
Dargestellt: Gervasius mit Geißel oder Keule; Protasius mit Schwert. – Patrone der Kinder; gegen Diebstahl, Harn- und Blutfluss; um gute Heuernte.

Deodat, Hl., Abt von St.-Dié, gest. 19.6. nach 680 ↗20.6.

Hildegrim, Hl., Bruder Liudgers, war Bischof von Châlons-sur-Marne/Frankreich. Er stand an der Spitze der Glaubensboten, die das Evangelium im Raum von Halberstadt verkündeten. Hildegrim verschied am 19. Juni 827 und wurde in der Abteikirche von Werden an der Ruhr beigesetzt.

Rasso [Ratho] Graf von Dießen-Andechs, Hl., tat sich im Kampf gegen die Ungarn hervor und gründete am Fuß seiner Burg an der Amper das Kloster Werd, das kurz vor seinem Tod von den Ungarn zerstört wurde. Er starb am 19. Juni um 953. Rasso gilt auch als Begründer des »Heiligen Schatzes« von Andechs, für den er Reliquien bei einer Wallfahrt zum Heiligen Land mitgebracht hatte. – Eine Kapelle mit Gebeinen Rassos ist 1132 in Grafrath bezeugt. 1486 wurden seine Gebeine erhoben. →

Dargestellt in Ritterrüstung mit Fahne und Schild, mit Kirchenmodell. – Patron gegen Bruch- und Steinleiden.

Romuald [Ahdt.: »Ruhm« u. »herrschen«] OSBCam, Hl., geb. um 952 bei Ravenna, wurde nach einer stürmischen Jugend um 972 Mönch in S. Apollinare in Classe/Ravenna, das er nach drei Jahren verließ, um als Einsiedler zu leben. 978 begab er sich mit dem Dogen Pietro Orseolo nach Cuxá/Pyrenäen, wo er eine Eremitengemeinschaft ins Leben rief. Nach Pietros Tod 987 kehrte Romuald nach Italien zurück. Hier reformierte er Klöster und verband in seiner Neugründung Camaldoli (um 1012) die Ideale des alten ägyptischen Einsiedlertums mit der Regel Benedikts. Der unstete Mann, den es nie lange an einem Ort hielt, übte durch sein überstrenges Leben großen Einfluss auf die Mitwelt aus, so auf Brun von Querfurt und Kaiser Otto III. Romuald starb am 19. Juni 1027 in der Einsamkeit von Val di Castro und wurde bald nach seinem Tod als Heiliger verehrt. – Am 7. Februar 1481 wurden seine Reliquien nach Fabriano übertragen und 1748 in den jetzigen Marmorschrein gelegt.

Dargestellt im Einsiedlerkleid oder im weißen Kamaldulenserhabit, mit Himmelsleiter, Buch und Totenschädel, neben ihm bisweilen ein Engel, der den Teufel vertreibt. GK

Elisabeth [Hebr.: »Gott hat geschworen« od. »Gott ist vollkommen«] von Schönau OSB, Hl., geb. um 1129, seit 1147 Nonne im Benediktinerdoppelkloster Schönau in Hessen, wurde dort 1157 Meisterin des Frauenkonvents. Von Jugend an kränklich, führte sie ein inniges Gebetsleben und beobachtete treu die Regel. Seit 1152 hatte Elisabeth Offenbarungen, die in mehreren Büchern aufgeschrieben und von ihrem Bruder Ekbert überarbeitet wurden. In Sendschreiben an Klöster und Bischöfe forderte sie zur Reform auf. Ihre politischen Anschauungen wurden ebenfalls von Ekbert nicht immer glücklich beeinflusst. Elisabeths Visionen über Ursula von Köln und ihre Gesellschaft haben zwar die Ausbildung der Ursulalegende sehr beeinflusst, sind aber von der Kirche offiziell nie anerkannt worden. Elisabeth starb am 18. Juni 1164 in Schönau und wurde in der dortigen Florinskirche beigesetzt. – In Schönau wird heute noch ihr Haupt verehrt.

Dargestellt im Benediktinerinnenhabit mit Buch. LM

Modest Andlauer SJ, Hl., geb. am 22. Mai 1847 in Rosheim/Elsass, trat 1872 in die »Gesellschaft Jesu« ein und empfing 1877 die Priesterweihe. Seit 1882 wirkte er als Missionar in China und wurde während des Boxeraufstandes am 19. Juni 1900 an den Altarstufen in der Kirche von Ou-i ermordet. – Seligsprechung am 17. April 1955, Heiligsprechung am 1. Oktober 2000. GK, ST

Deodat [Lat.: »Gottesgabe«], Hl., wahrscheinlich ein Missionsbischof, gilt nach der Lebensbeschreibung des 11. Jhs. als Gründer der Abteien Ebersmünster und Juncturae, letzteres später nach ihm St.-Dié genannt. Vielleicht ist er auch um 665 Bischof von Nevers geworden. Deodat starb am 19. Juni nach 680. – Die 1002 übertragenen Reliquien wurden größtenteils 1636 von den Schweden verbrannt. Das Haupt und einige Gebeine befinden sich heute in der Kathedrale von St.-Dié. **20.6.**
Dargestellt in bischöflichen Gewändern, über sich Gewitterwolken. – Patron gegen Gewitter, Regen, Überschwemmung, Pest, Unglück, böse Geister. ST

Adalbert [Ahdt.: »von glänzender Abstammung«] OSB, Hl., stammte aus Lothringen, wurde 959 Mönch in St.-Maximin in Trier und ging 961 als Missionsbischof nach Russland, von wo er ohne Erfolg bereits 962 zurückkehrte. 966 ernannte ihn Kaiser Otto I. zum Abt von Weißenburg, wo Adalbert eine wertvolle Fortsetzung der Chronik Reginos von Prüm verfasste. 968 erhob ihn der Kaiser zum ersten Oberhirten des neuen Erzbistums Magdeburg. Hier widmete sich Adalbert neben der Ordnung seiner Kirchenprovinz besonders der Glaubensverkündigung unter den Sorben. Er starb am 20. Juni 981 in Zscherben bei Magdeburg und wurde vor dem Kreuzaltar seiner Kathedrale bestattet. MA

Benigna OCist, (Hl.), Zisterzienserin, wohl von Trebnitz, fand bei den Mongoleneinfällen des 13. Jhs. in oder bei Breslau den Tod. In Svata Dobrotiva/ Slowakei besteht ihr zu Ehren eine Wallfahrt.
Dargestellt im Zisterzienserinnenhabit, bisweilen mit Palme.

Menrich [Meinrich], [Ahdt.: »Kraft« u. »mächtig«], Sel., Stiftsherr in Lübeck, machte sich mit seinem Bruder Bertold um die Einrichtung des Zisterzienserinnen-Klosters Fröndenberg an der Ruhr verdient, das um 1230 von Graf Otto von Altena gegründet wurde. Menrich starb am 20. Juni und wurde in Fröndenberg beigesetzt.

Margarete [Griech.: »Perle«] Ebner OP, Sel., geb. um 1291 in Donauwörth, entstammte einem Patriziergeschlecht. Mit 15 Jahren trat sie in das Dominikanerinnen-Kloster Maria-Medingen bei Dillingen ein. Seit 1312 kränklich, wurde sie von Heinrich von Nördlingen zu mystischer Gebetshaltung angeleitet. Ihre Leiden opferte sie auf für die Anliegen ihrer Mitmenschen, besonders für die Armen Seelen. Am 20. Juni 1351 vollendete sie ihr irdisches Leben. – In der Margaretenkapelle der Klosterkirche wird die Dulderin heute noch viel verehrt. Ihr Kult wurde am 24. Februar 1979 approbiert.
Dargestellt im Dominikanerinnenhabit mit Buch, Lilie und Bußwerkzeugen.

21. Juni

21.6. **Alban**, Hl., wird als Priester und Märtyrer in Mainz verehrt. Die Ausgrabungen auf dem spätrömischen Friedhof südlich von Mainz förderte sein Grab zutage, sodass an seiner geschichtlichen Persönlichkeit nicht gezweifelt werden kann. Die Legende brachte Alban mit dem Wanderbischof Theonest in Verbindung. Albans Verehrung verbreitete sich um 800 im ganzen Karolingerreich.
Dargestellt als Diakon oder Priester, oft kopflos, den Kopf auf einem Buch tragend, mit Schwert. – Patron der Bauern; gegen Unwetter, Hals- und Kopfweh, Harnkrankheiten. MZ

Radulf, Hl., Sohn des Grafen Rudolf von Cahors, wurde 840/41 Erzbischof von Bourges. Er förderte das Klosterwesen, nahm an mehreren Synoden teil und verfasste eine Pastoralanweisung für seine Geistlichkeit. Radulf starb am 21. Juni 866 und wurde in der Kirche St.-Ursin beigesetzt.
Dargestellt in bischöflichem Ornat.

Aloisius [Ahdt.: »vollkommen weise«] Gonzaga SJ, Hl., geb. am 9. März 1568, war Page an den Höfen von Florenz, Mantua und Madrid. Schon 1578 legte er das Gelübde der Jungfräulichkeit ab. 1583 entschloss er sich, in die »Gesellschaft Jesu« einzutreten. Nachdem er den Widerstand seines Vaters, des Marchese Ferrante, überwunden hatte, verzichtete er 1585 auf sein Erbe und begann das Noviziat im römischen Kolleg. Hier zeichnete er sich durch tiefe Frömmigkeit und große Bußstrenge aus. Als er bei einer Pestepidemie Kranke pflegte, erlag er selbst der Seuche am 21. Juni 1591 in Rom. Sein Grab befindet sich in der dortigen Kirche S. Ignazio.
Dargestellt in Soutane und Rochett, mit Lilie, Geißel, Totenkopf und Kruzifix, bisweilen in Pagentracht. – Patron der studierenden Jugend; bei Berufswahl; gegen Augenleiden, Pest. GK

22.6. **Achatius** [Griech.: »der Unschuldige«], Hl., war ein Soldatenmärtyrer, der nach der späten Legende im 2. Jh. unter Kaiser Hadrian auf dem Berg Ararat mit Dornen gepeitscht und dann gekreuzigt worden ist. Mit ihm sollen zehntausend Soldaten das Martyrium erlitten haben. Achatius ist einer der Vierzehn Nothelfer.
Dargestellt als Ritter, Herzog oder Edelmann, oft in der Hand Dornenzweig oder auf dem Kopf Dornenkranz, auch mit Kreuz und Palme. – Patron bei Krankheiten, Todesängsten, ausweglosen Lagen; für Stärkung in Zweifeln. GK

Albin, Hl., erlitt den Martertod in Rom zu unbekannter Zeit. Kaiserin Theophanu übertrug um 983/991 seine Reliquien von Rom in die Kölner Abtei St.-Pantaleon, wo sie seit 1186 in einem kostbaren Schrein ruhen.
Dargestellt als Märtyrer in einzelnen Szenen seiner Leidensgeschichte, auch mit Palme und Schwert.

Paulin von Nola, Hl., geb. 353/54 bei Bordeaux aus einer vornehmen christlichen Senatorenfamilie, von großer wissenschaftlicher Bildung, empfing bald nach seiner Heirat 385 in Bordeaux die Taufe. Nach dem frühen Tod seines Sohnes wandte er sich vor 393 einem vollkommenen und enthaltsamen Leben zu, empfing 394 in Barcelona die Priesterweihe und zog nach Nola in Kampanien, wo er am Grab des hl. Felix eine klösterliche Gemeinschaft gründete. Um 411 wurde Paulin zum Bischof von Nola geweiht. Hier übte er eine hoch gerühmte Gastfreundschaft, trug Sorge für die Armen und linderte nach Kräften die durch den Einfall der Goten Alarichs entstandene Not. Mit den bedeutenden Männern seiner Zeit stand er im Briefwechsel. Paulin starb am 22. Juni 431 in Nola und wurde beim Grab des hl. Felix beigesetzt.
Dargestellt in bischöflichem Gewand, Almosen austeilend, mit zerrissener Kette in der Hand, mit Schaufel. – Patron von Regensburg; der Müller. GK

Sighild [Ahdt.: »Sieg« u. »Kampf«] OSB, Hl., lebte als Klosterfrau in der 1. Hälfte des 8. Jhs. in Auchy/Belgien. Ihre Reliquien wurden später ins Kloster Saint-Calais im Bistum Le Mans übertragen. Sighild wird heute noch verehrt in Saint-Séraute/Sarthe, wo sie auch Kirchenpatronin ist.
Dargestellt im Benediktinerinnenhabit mit Buch, oft betend vor Kruzifix.

Eberhard [Ahdt.: »Eber« u. »hart«] OSB, Hl., geb. um 1085 aus dem Geschlecht der Edelherren von Biburg und Hilpoltstein, war Stiftsherr in Bamberg, wurde nach dem Studium in Paris 1125 Benediktinermönch in Prüfening, 1133 erster Abt der Familiengründung Biburg und 1147 Erzbischof von Salzburg. Er stand auf Seiten des rechtmäßigen Papstes Alexander III. gegen Viktor IV. und Kaiser Friedrich Barbarossa, suchte aber zwischen den Parteien zu vermitteln. Eberhard förderte die Reformen seiner Freunde Gerhoh von Reichsberg und Gottfried von Admont. Auch als großer Marienverehrer wurde er gerühmt. Er starb am 21./22. Juni 1164 in der Zisterzienser-Abtei Rein/Steiermark und wurde im Salzburger Dom bestattet. – Beim Dombrand 1598 wurden die Gebeine zwar gerettet, sind aber seitdem verschollen.
Dargestellt im bischöflichen Ornat, Arme bei Tisch bedienend.

John Fisher, Hl., geb. um 1469 in Beverley/Yorkshire, wurde nach dem Studium in Cambridge vor 1495 Priester und 1504 Bischof von Rochester, wo er in hervorragender Weise als Prediger, Seelsorger und Helfer der Armen wirkte. Die scholastische Theologie verband er mit dem Schrift- und Väterstudium des Humanismus. Zur Reform der Universität Cambridge ließ er Erasmus von Rotterdam nach England berufen. Gegen Luther verfasste er mehrere in Inhalt und Form hervorragende Schriften. Wegen seiner Treue zur katholischen Kirche ließ Heinrich VIII. Fisher 1534 einkerkern und ihn kurz nach der Erhebung zum Kardinal am 22. Juni 1535 in London enthaupten.
Dargestellt als Bischof mit Kardinalshut und Märtyrerpalme. GK

Thomas [Hebr.: »Zwilling«] More [Morus], Hl., geb. am 7. Februar 1478 in London, studierte in Oxford Rechtswissenschaft. Auch humanistischen Studien widmete er sich und war in Freundschaft Erasmus von Rotterdam verbunden. Nach weiteren Studien in Löwen und Paris trat er in den Dienst Heinrichs VIII., dessen enger Vertrauter er wurde. More beriet auch den König bei der Abfassung des Buches gegen Luther. Die zahlreichen Schriften Mores zeigen Geistesschärfe, Mut, Frömmigkeit und Humor. Seine große Liebe zur Kirche verschloss ihm aber nicht die Augen vor Missbräuchen und Aberglauben. Mit seiner Frau und seinen Kindern führte er ein glückliches Familienleben. 1529 ernannte der König Thomas More zum Lordkanzler. 1532 legte dieser jedoch sein Amt nieder, da er die kirchlichen Pläne des Königs nicht gutheißen konnte. Als More 1534 den Eid nicht leisten wollte, der die Oberherrschaft des Königs über die englische Kirche anerkannte, wurde er im Londoner Tower eingekerkert. Trotz glänzender Verteidigung wurde er wegen Hochverrats zum Tode verurteilt und am 6. Juli 1535 enthauptet.
Dargestellt in der vornehmen Kleidung eines Lordkanzlers, mit Halskette, mit Kelch und Papstkreuz. GK

Christine [Griech./Lat.: »die Christin«], (Sel.), lebte als Konverse seit etwa 1464 in Hamm/Westfalen und trug, wie Werner Rolevinck 1484 berichtete, die fünf Wundmale Jesu, was von zwölf Zeugen bestätigt worden war.

23.6. **Edeltraud** [Etheldred], [Ahdt.: »vornehm« u. »zuverlässig, treu«] OSB, Hl., Gemahlin König Egfrids von Northumberland, nahm unter Einfluss Wilfrids den Nonnenschleier in Coldingham. 673 gründete sie das Kloster Ely/Essex, das sie bis zu ihrem Tod am 23. Juni 679 als Äbtissin leitete. Ihre Gebeine wurden 695 in einen antiken Steinsarkophag übertragen. – Ein prachtvoller Marmorschrein von 1252 wurde in der Reformation 1541 mit den Reliquien vernichtet.
Dargestellt als Äbtissin mit Jesuskind, Quelle, Teufel, Buch oder blühendem Zweig. – Patronin Augenleidender.

Hildulf OSB, Hl., gehörte zum Kreis der fränkischen Adeligen um den Hausmeier Pippin den Mittleren und war ein freigebiger Gönner von Klöstern. Im Alter wurde er Mönch in Lobbes/Hennegau in Belgien, wo er am 23. Juni um 707 verschied. – Seine Reliquien wurden am 4. April 1409 von Lobbes nach Binche übertragen.

Peter Friedhofen, Sel., gest. 21.12. 1860 ↗21.12.

24.6. **Johannes** der Täufer [Hebr.: »Der Herr ist gnädig«], Hl., Sohn der schon betagten Eltern Zacharias und Elisabeth, erblickte etwa ein halbes Jahr vor Jesus das Licht der Welt. Die außergewöhnlichen Ereignisse vor und bei seiner

Geburt lassen ihn als ein besonderes Geschenk Gottes, vom Heiligen Geist erfüllt, erkennen. Um das Jahr 28/29 folgte Johannes, damals etwa 30 Jahre alt, einem Ruf Gottes, um dem Volk Israel eine Taufe zur Vergebung der Sünden und das Herannahen des messianischen Reiches zu verkünden. Er predigte in der Wüste, am Jordan und bei Jerusalem. Das Volk hing ihm an wegen seiner überzeugenden Wortgewalt und asketischen Lebensweise. Johannes hat Qumran und die Essener gekannt, aber nicht zu diesen Gemeinschaften gehört. Jesus ließ sich von Johannes taufen; dieser aber wies das Volk auf Jesus hin als den, der kommen soll und würdiger sei als er. Aus dem Kreis der Johannes-Jünger gewann Jesus seine ersten Anhänger. Als Johannes den Ehebruch des Königs Herodes Antipas öffentlich anprangerte, ließ dieser ihn gefangen nehmen. Auf Betreiben der Tochter der Herodias, der Königinmutter, ließ der König dann Johannes enthaupten. – Die Verehrung des Täufers, den Jesus den »Größten der von einer Frau Geborenen« genannt hat, geht bis in die Frühzeit der Kirche zurück. Mit seinem Festtag ist vielfältiges Brauchtum verbunden.

Dargestellt in Fellbekleidung, mit Kreuzstab, Lamm, Taufschale. – Patron der Lämmer, Schafe, Haustiere, Hirten, Färber, Gerber, Kürschner, Schneider, Sattler, Bauern, Winzer, Gastwirte, Fassbinder, Musiker, Sänger, Tänzer, Kinobesitzer, Architekten, Steinmetze, der Maurer, Zimmerleute, Kaminfeger, Schmiede; der Weinstöcke; der Abstinenten, der Trinkfürsorge; gegen Fallsucht, Krämpfe, Schwindel, Kinderkrankheiten, Tanzwut, Furcht, Hagel. – Die Volksbräuche (Johannis-Feuer, -Kraut, -Bad, Tanz um und über das Feuer) sind meist aus der heidnischen Sonnenwendfeier entstanden. GK

Theodulf OSB, Hl., seit etwa 750 nach Amalwin Abtbischof von Lobbes/Hennegau in Belgien, mehrte den Besitz des Klosters und ließ Lebensbeschreibungen mehrerer Vorgänger verfassen. Er starb am 24. Juni 776 und fand zunächst sein Grab in Lobbes. – Später wurden seine Gebeine nach Herly übertragen, 1104 aber nach Lobbes zurückgebracht. 1409 wurden die Reliquien nach Binghen überführt.

Dargestellt als Mönch mit Abtsstab, bisweilen von Armen umgeben.

Rumold [Ahdt.: »Ruhm« und »herrschen«], Hl., wahrscheinlich ein Glaubensbote und Einsiedler bei Mecheln, starb durch Mord von Räuberhand Ende des 8. Jhs. und wird daher als Märtyrer verehrt. Ein Leben ist von einem Kranz vieler Legenden umwoben.

Patron von Kathedrale, Stadt und Bistum Mecheln.

Erembert OSB, Sel., seit 1050 Abt von Kremsmünster, starb in der 2. Hälfte des 11. Jhs. Seine Verehrung hat schon früh begonnen, wenn auch Anfang des 14. Jhs. sein Grab nicht mehr bekannt war.

Thöger [Theodgar, Dietger], Hl., Glaubensbote in Norwegen und Jütland, gest. 24.6. um 1056, ↗30.10.

25.6. **Prosper** von Aquitanien, Hl., geb. um 390 vielleicht in Limoges, wurde wohl durch die Germaneneinfälle veranlasst, nach Marseille überzusiedeln, wo er Laienmönch wurde. Theologisch hervorragend ausgebildet, vertrat er entschieden die Gnadenlehre des Augustins und zeichnete sich als unermüdlicher Streiter gegen die Irrlehre des Semipelagianismus aus. Nach 440 kam Prosper nach Rom, wo er Leo I. bei der Abfassung seiner Briefe behilflich war. Prosper starb angeblich am 25. Juni nach 455.
Dargestellt als jugendlicher Kleriker mit Buch. – Patron der Dichter.

Gohard [Wighard], Hl., leitete als Bischof die Kirche von Nantes. Die Normannen eroberten am 24./25. Juni 843 Nantes, und Gohard wurde mit vielen Gläubigen aus Nantes und zahlreichen anderen Christen aus der Umgebung, die in Nantes vergebens Schutz gesucht hatten, hingemetzelt.

Burchard OSB, Sel., Mönch im Michael-Kloster/Bamberg, wurde 1109 zum ersten Abt des neu gegründeten Klosters Mallersdorf in Bayern berufen. Durch Wort und Beispiel formte er den kleinen Konvent von sechs Mönchen zu einer vorbildlichen Gemeinschaft. Burchard starb am 25. Juni 1122. – Sein Leib wurde 1695 erhoben.

Wilhelm [Ahdt.: »der auf Schutz Bedachte«] von Vercelli, Hl., geb. um 1085 aus vornehmer Familie, verzichtete auf sein Erbteil, pilgerte nach Santiago de Compostela, dann ins Heilige Land und ließ sich etwa 1115 auf dem Monte Vergine östlich von Neapel in der Einsamkeit nieder. Dort errichtete er das berühmte Marienheiligtum. Dabei gründete er eine benediktinisch ausgerichtete Männerkongregation von Montevergine (auch »Wilhelmiten« genannt) sowie in Goleto eine Frauenkongregation, deren Mitglieder in Einsamkeit und strengster Armut lebten und besonders die Verehrung der Gottesmutter pflegten. Wilhelm starb am 25. Juni 1142 im Kloster von Goleto, wo er bestattet wurde. 1807 wurden seine Reliquien in das Kloster auf dem Montevergine übertragen.
Dargestellt im Mönchshabit oder Abtsgewand, vor Madonnenstatue betend, mit Wolf, Bettlern und Krüppeln.

Eleonore [Arab.: »Gott ist mein Licht«] OSB, (Hl.), geb. 1222 als Tochter des Grafen Raimund aus der Provence, heiratete 1236 in Cantorbéry Heinrich III., König von England. Sie war fromm und in den Wissenschaften bewandert. Durch allzu große Begünstigungen ihrer Landsleute entstand 1261 ein Aufstand. Heinrich wurde gefangen genommen. Eleonore konnte sich in den Londoner Tower retten und befreite mit einem Heer den König. Nach dessen Tod 1272 führte sie für ihren Sohn Eduard I. kraftvoll die Regierung, bis dieser vom Kreuzzug zurückkehrte. 1276 zog sie sich als Nonne in die Benediktinerinnen-Abtei Amresbury zurück, wo sie am 25. Juni 1291 starb und auch bestattet wurde. Ihr Herz wurde bei den Franziskanern in London beigesetzt.

Dorothea von Montau, Sel., geb. am 6. Februar 1347 in Groß-Montau/an der Weichsel als Kind wohlhabender Bauern, heiratete nach Danzig, wo sie mit ihrem Gatten neun Kindern das Leben schenkte. Auf Pilgerreisen besuchte sie Aachen, Einsiedeln und Rom. Als Witwe lebte sie in Marienwerder, wo der Domdekan Johannes von Marienwerder seit 1391 ihr Seelenführer wurde. Dorothea zog sich als Reklusin in eine Zelle am Dom zurück, gelangte bei strengster Askese zu höchster mystischer Vereinigung mit Jesus und empfing seine Wundmale. Dorotheas Mitteilungen über ihr mystisches Erleben schrieb Johannes nieder. Sie starb in Marienwerder am 25. Juni 1394.
Dargestellt als Mutter mit neun Kindern, mit Pfeilen, Laterne, Rosenkranz. – Patronin Preußens, des Deutschen Ordens.

Vigilius, Hl., kurz vor 385 zum Bischof von Trient gewählt, erhielt 385 von Am- **26.6.**
brosius ein Schreiben, in dem dieser ihm Ratschläge zur guten Verwaltung seines Bistums gab. Nach der Lebensbeschreibung des 6. Jhs. verkündete Vigilius eifrig den Glauben im Etschtal, erbaute etwa dreißig Kirchen und wurde um 405 im Rendena-Tal von Heiden zu Tode gesteinigt. Sein Leib ruht in den von ihm erbauten Dom in Trient. – Im Bistum Bozen-Brixen wird das Hochfest der Bistumspatrone Kassian und Vigilius am Samstag nach dem zweiten Ostersonntag gefeiert.
Dargestellt in Pontifikalkleidung mit Bischofsstab und Holzschuh. – Patron der Bistümer Trient und Bozen-Brixen. BB

Johannes [Hebr.: »Jahwe ist gnädig«], Hl., und **Paulus**, Hl., werden seit dem 6. Jh. in Rom als Märtyrer verehrt. Ihnen wurde damals in Rom auf dem Caelius eine Kirche geweiht, wo sie im 4. Jh. Pammachius eine Basilika errichtet hatten, der wiederum ein christlicher Kultraum vorangegangen war. Bei alten, verborgen angelegten Gräbern sind Spuren eines Totenkults aus dem 4. Jh. nachweisbar. Wenn auch über Art, Ort und Zeit des Martyriums nichts Sicheres auszumachen ist, so weiß die Legende, dass Johannes und Paulus Brüder und hohe Beamte am Hof Kaiser Konstantins waren, aber ihres Glaubens wegen unter Julian Apostata (361/63) in ihrem Haus auf dem Caelius enthauptet und begraben wurden.
Dargestellt als römische Palastbeamte oder Ritter mit Schwert und Palme, mit Schlüsselbund und Hagelkörnern. – Patrone gegen Gewitter, Blitz, Hagel, Regen, Pest.

Anthelm von Chignin OCart, Hl., geb. 1107 wurde Propst der Kathedrale von Genf, 1136 Kartäusermönch und 1139 Prior der Großen Kartause bei Grenoble. 1142–1151 leitete er als erster Generaloberer den Orden. Papst Alexander III. weihte ihn 1163 zum Bischof von Belley. Kaiser Friedrich Barbarossa erhob 1175 das Bistum zum Reichsfürstentum. In seinem Bistum sorgte Anthelm für die Erneuerung religiösen Lebens. Er starb am 26. Juni 1178 in der Großen Kartause.
Dargestellt im Kartäuserhabit oder in Bischofsgewand mit brennender Lampe. FB

Josemaria Escrivá de Balaguer y Albás, Sel., geb. am 9. Januar 1902 in Barbastro/Spanien, empfing 1925 die Priesterweihe und gründete 1928 das »Opus Dei«. Nach seinen Vorgaben setzt sich dieses Institut – seit 1982 Personalprälatur – die Heiligung der Arbeit und die Christianisierung der Gesellschaft zum Ziel. Er starb am 26. 6. 1975 in Rom. – Seligsprechung am 17. 5. 1992, Heiligsprechung am 6. 10. 2002.

27.6. **Samson**, Simson [Hebr.: »Sonnenkind«], volkstümlicher Held (vgl. *Ri* 13–16), der in der Frühzeit Israels für sein Volk gegen die Philister kämpfte, stark an Körperkräften, schwach gegenüber Frauen. RO

Crescens, Hl., erlitt beim Germaneneinfall um 406 in Mainz den Martertod. Die Legende hat ihn mit dem Apostelschüler Crescens (*2 Tim* 4,10) gleichgesetzt. MZ

Cyrill, Hl., wurde nach guter Ausbildung 412 als Nachfolger seines Onkels Theophil Bischof von Alexandrien. In zahlreichen Schriften wandte sich Cyrill zunächst gegen den Arianismus, dann besonders gegen die Irrlehre des Nestorius, dessen Verurteilung er auf dem Konzil in Ephesus 431 durchsetzte. Cyrill verteidigte die Einheit der göttlichen und menschlichen Natur in Christus, weshalb Maria mit Recht der Titel »Gottesgebärerin« zukomme. Der gelehrte und kämpferische Patriarch von Alexandrien starb am 27. Juni 444. – 1882 wurde er zum Kirchenlehrer erhoben.
Dargestellt in bischöflichen Gewändern mit Taube auf der Schulter, mit der Muttergottes. GK

Aureus, Hl., Bischof von Mainz, hat wohl bei dem Germaneneinfall 406 das Martyrium erlitten. Seit Rhabanus Maurus wurde sein Tod irrig mit einem Hunneneinfall in Verbindung gebracht. Reliquien des Aureus befinden sich in Heiligenstadt. MZ

Maximus [Lat.: »der überaus Große«], Hl., Bischof von Mainz nach 406, soll den Überlebenden des Germaneneinfalls Trost und Hilfe gespendet haben. MZ

Theonest, Hl., ein Mainzer Bischof, soll nach der Legende des 8. Jhs. um 425 in Altino/Oberitalien als Märtyrer gestorben sein.
Dargestellt in Pontifikalkleidung, in durchlöcherter Weinkufe auf dem Rhein schwimmend. MZ

Heimerad [Heimo], Hl., geb. als Unfreier in Messkirchen/Baden, kam nach weiten Pilgerfahrten durch Deutschland, Italien und Palästina zum Hasunger Berg bei Kassel, wo er als Einsiedler lebte. Er war bekannt mit dem Erzbischof Aribo von Mainz, Bischof Meinwerk von Paderborn und Kaiserin Kunigunde. Das Volk verehrte Heimerad als »heiligen Narr«. Er starb am 28. Juni 1019. Über seinem Grab errichtete Erzbischof Aribo eine Kirche, bei der Erzbischof Siegfried I. von Mainz 1074 ein Chorherren-Stift gründete, das schon 1081 in ein Benediktiner-Kloster umgewandelt wurde. FD, FR

Hemma von Gurk, Hl., geb. um 980, stammte aus dem Geschlecht der Grafen von Friesach-Zeltschach und war verheiratet mit Graf Wilhelm von der Sann, der vor 1016 starb. Als 1036 ihr Sohn ermordet wurde, gründete sie mit ihrem Besitz das Benediktinerinnen-Kloster Gurk/Kärnten und schuf die Grundlage für die Errichtung des Benediktiner-Klosters Admont/Steiermark, das allerdings erst 1074 ins Leben trat. Die Marienkirche in Gurk wurde 1043 geweiht, und gleichzeitig wurde als erste Äbtissin Ida aus dem Kloster Nonnenberg in Salzburg eingeführt. Nach der Überlieferung ist Hemma selbst als Klosterfrau in Gurk eingetreten. Sie starb am 29. Juni nach 1045. Nach der Errichtung des Bistums Gurk 1072 wurde 1074 Hemmas Leib in die Krypta des Domes übertragen. – 1287 erfolgte die feierliche Erhebung ihrer Reliquie. Ihr Grab wird heute noch von zahlreichen Pilgern besucht.

Die Legende berichtet von ihrem Mann **Wilhelm**, Graf von der Sann, er habe nach der Ermordnung seiner Söhne grausame Rache an den Übeltätern genommen. Zur Sühne sei er nach Rom gepilgert und sei auf der Rückreise im Lavanttal gestorben. Seine letzte Ruhestätte befindet sich in »St.-Jakob zu den Gräbern« in der Pfarrei Schiefling im Lvanttal.
Hemma wird dargestellt als vornehme Frau mit Kirchenmodell, Urkunde und Rose. – Patronin des Bistums Gurk-Klagenfurt; für glückliche Entbindung; gegen Augenkrankheiten.
Ihr Mann ist dargestellt in fürstlicher Kleidung mit Schwert, Kirchenmodell, Gründungsurkunde, bisweilen mit den Leichen seiner Söhne. RK, G, KG, S

Ariald, Hl., entstammte dem niederen Adel aus der Umgebung von Como und besaß eine ausgezeichnete Bildung, die er sich auf weiten Reisen erworben hatte. Als Diakon trat er energisch für Ehelosigkeit, gemeinschaftliches Leben und Armut der Priester ein. In Mailand war er beteiligt bei der Gründung der Pataria, einer Volkspartei, die soziale und kirchliche Reformen

anstrebte, aber antikaiserlich war. Bei Unruhen wurde er am 27. Juni 1066 von seinen Gegnern am Lago Maggiore ermordet.
Dargestellt im Gewand eines Diakons mit Palme, Schwert und Buch.

Eppo OSB, Sel., seit 1122 zweiter Abt von Mallersdorf/Bayern, verteidigte auf der Synode in Piacenza 1132 die strenge Befolgung der Regel Benedikts. Am 27. Juni 1143 schied er aus dem Leben. – Seine Gebeine wurden zugleich mit denen seines Vorgängers Burchard 1695 erhoben.

Gerhoh CanA, Sel., geb. 1093/94 in Polling/Oberbayern, seit 1118 Domherr in Augsburg, trat in Wort und Schritt für die Reform der Kirche ein. Hierfür musste er zahlreiche Verfolgungen erleiden. In Bischof Konrad von Regensburg und Erzbischof Konrad I. von Salzburg fand er hilfreiche Gönner. Letzterer ernannte ihn 1132 zum Propst des Chorherren-Stifts Reichersberg/Oberösterreich. 1167 aus Reichersberg verbannt, konnte er kurz vor seinem Tod am 27. Juni 1169 dorthin zurückkehren. Sein reiches Schrifttum erweist ihn als unermüdlichen Kämpfer für die Erneuerung der Kirche, wenn er auch bisweilen über sein Ziel hinausschoss.

Daniel [Hebr.: »(auf)gerichtet hat Gott«] OCist, Domherr in Köln, trat als Mönch in die Zisterzienser-Abtei Himmerod/Eifel ein, wo er Prior wurde. Später erlangte er die Würde eines Abtes im Kloster Schönau bei Heidelberg. Dort starb er 1218 im Ruf der Heiligkeit.

Marguerite Bays, Sel., geb. am 8. September 1815 in Siviriez/Schweiz, wurde 1854 wunderbar von Krebs geheilt und war seitdem stigmatisiert. Sie starb am 27. Juni 1879 in ihrem Heimatort. – Seligsprechung am 29. Oktober 1995.

28.6. **Irenäus** [Griech.: »der Friedfertige«], Hl., Schüler Polykarps in Kleinasien, wurde Priester in Lyon und 177/78 dort Bischof. Er war ein bedeutender Kirchenschriftsteller, der besonders den Gnostizismus bekämpfte. Irenäus wirkte wohl auch bei der Verkündigung des Glaubens in Ost- und Südgallien mit. Um 202 ereilte ihn der Tod. Der Überlieferung nach starb er als Märtyrer.
Dargestellt in bischöflichem Gewand mit Busch und Schwert. GK

Theudechild [Diethild], Hl., Tochter König Theuderichs I. von Austrasien (heute Westdeutschland, mit Lothringen, Hauptstadt Metz) und Enkelin Chlodwigs, erwies sich sehr freigiebig gegenüber Kirchen und Klöster. Die Gründung des Klosters St.-Pierre-le-Vif in Sens wird auf sie zurückgeführt. Hier fand Theudechild nach ihrem Tod um 563 auch ihr Grab.

Heimerad, Hl., Pilger und Einsiedler, gest. 28.6.1019, ↗ 27.6.

Ekkehard OSB, Sel., Domherr in Halberstadt, wollte ein Leben der Vollkommenheit führen. Bischof Burchard von Halberstadt wies ihn um 1070 an, Seelenführer der Klausnerin Pia zu werden, die an der Marienkapelle in Huysburg als Inklusin lebte. Bald sammelte sich hier ein Kreis von Männern und Frauen, die alle nach größerer Vollkommenheit strebten. So gründete Ekkehard 1080 das Doppelkloster Huysburg, dessen erster Abt er wurde. Nach drei Jahren verzichtete er auf die Abtswürde, um sich ganz der Seelsorge der zuströmenden Leute zu widmen. Schon am 28. Juni 1084 starb er. Seine Gebeine wurden 1121 erhoben und vor dem Altar des hl. Servatius beigesetzt.

Peter und Paul **29.6.**

Petrus, Hl., ursprünglich aus Betsaida, lebte als Fischer mit seiner Familie in Kafarnaum, als Jesus, der ihm den Beinamen Kephas [Griech.: Petrus = Fels] verlieh, ihn und seinen Bruder Andreas als Jünger berief. Petrus war mit Johannes und Jakobus Zeuge der Auferweckung der Tochter Jairus, der Verklärung auf dem Berg und der Todesangst Jesu. Im Apostelkreis war Petrus der anerkannte Wortführer, der auch das Messiasbekenntnis ablegte. Zwar verleugnete er Jesus nach dessen Gefangennahme, doch war er einer der ersten Zeugen der Auferstehung. In der Gemeinde von Jerusalem nahm Petrus eine führende Stellung ein, die Jakobus übernahm, als Petrus sich auf Missionsreise begab. Zum Apostelkonzil um 48/50 war Petrus wieder in Jerusalem. Später wirkte er in Antiochien, Kleinasien und schließlich Rom. Hier erlitt er nach der Überlieferung unter Nero (64/67) den Tod durch Kreuzigung. Die jüngsten Ausgrabungen unter der Peterskirche in Rom haben die ursprüngliche Lage des Petrusgrabes, bei dem Zeichen einer frühen Petrusverehrung nachgewiesen sind, gesichert.

Dargestellt als Apostel oder Papst mit Schlüssel, Buch, Hahn, Fisch, Kreuz oder gekreuzigt am umgekehrten Kreuz hängend. – Patron des Bistums Osnabrück; der Päpste, Fischer, Fischhändler, Schiffer, Schiffbrüchigen, Netzmacher, Walker, Tuchweber, Steinhauer, Ziegelbrenner, Brückenbauer, Töpfer, Schmiede, Schlosser, Bleigießer, Uhrmacher, Schreiner, Glaser, Papierhändler, Metzger, Büßer, Beichtenden, Jungfrauen; gegen Besessenheit, Fallsucht, Tollwut, Fieber, Schlangenbiss, Fußleiden, Diebstahl. GK

Paulus, Hl., Apostel, mit seinem jüdischen Namen Saul, um 10 v. Chr. in Tarsos von jüdischen Eltern geboren, hatte von seinem Vater das römische Bürgerrecht geerbt. Auf Grund seiner Erziehung und seines Studiums in Jerusalem war Paulus ein treuer Anhänger des Glaubens seiner Väter. So musste er in einem gekreuzigten Messias ein Ärgernis erblicken, das ihn zu einem hartnäckigen Christenverfolger werden ließ. Auf der Reise nach Damaskus, wo er die Christengemeinde ausrotten wollte, erlebte er vor den Toren der Stadt eine Erscheinung des Gekreuzigten, die in Paulus eine vollständige Umkehr bewirkte. In Damaskus wurde er getauft und ging dann nach Arabien. Fortan wirkte Paulus vor allem unter den Heiden. Auf drei großen Missionsreisen gründete er christliche Gemeinden in Kleinasien, Mazedonien und Griechenland. Beim Apostelkonzil in Jerusalem erkämpfte Paulus für die Heidenchristen die Freiheit vom mosaischen Gesetz. Einer Gefangenschaft in Cäsarea folgte eine Haft in Rom. Mit dem von ihm gegründeten Gemeinden blieb Paulus durch Briefe in Verbindung. Ob er eine geplante Spanienreise ausführen konnte, ist unsicher. Die altkirchliche Überlieferung berichtet von einer zweiten Gefangenschaft des »Völkerapostels« in Rom und seinem Tod durch das Schwert in der Zeit Neros (64/67).

Dargestellt als Apostel mit Buch und Schwert. – Patron der Weber, Teppichweber, Zeltwirker, Korbmacher, Sattler, Seiler, Arbeiterinnen, Theologen, Seelsorger; der katholischen Presse; gegen Ohrenleiden, Krämpfe, Blitz, Hagel; für Regen, Fruchtbarkeit der Felder. GK, B

Beata [Lat.: »die Selige«], Hl., stammte wohl aus Spanien und erlitt der Überlieferung nach am 29. Juni 277 in Sens den Martertod. Über ihrem Grab nördlich der Stadt wurde später eine Kirche errichtet. Erzbischof Ansegis übertrug 877 ihre Reliquien in die Stadt. Damals entstand auch ihre Lebensbeschreibung, die viele legendarische Züge aufweist. Der Kult Beatas blühte in Sens seit dem Mittelalter.

Gero, Hl., Sohn des thüringischen Markgrafen Christian und Neffe des Wendenbezwingers Markgraf Gero, war Kaplan Kaiser Ottos I. und wurde 969 Erzbischof von Köln. 971 begleitete er Theophanu, die Braut Ottos II., auf ihrer Reise von Konstantinopel nach Deutschland und brachte Reliquien des hl. Pantaleon für die Kölner Abtei mit. Er gründete die Abteien Mönchengladbach 974 und mit seinem Bruder Dietmar 970 Dammersfeld/Harz. Für den Kölner Dom ließ er das monumentale Gero-Kreuz anfertigen. Gero starb am 29. Juni 976 in Köln. Sein Sarkophag befindet sich in der Stephanskapelle des Domes.

Dargestellt in bischöflichen Gewändern mit Kirchenmodell.

Hemma, Hl., Gründerin von Gurk und Admont, gest. 29.6. nach 1045, ↗27.6.

Judit [Hebr.: »die Judäerin«], Sel., lebte mit ihrer Nichte **Salome** als Reklusin in einer Zelle bei Niederaltaich in der 2. Hälfte des 11. Jhs. Die Legende berichtet, dass Judit, die Witwe, die aus England stammte, auf der Rückreise von einer Pilgerfahrt zum Heiligen Land bei Niederaltaich ihre vom Aussatz befallene Nichte Salome gefunden und sie einige Jahre bis zu ihrem Tod gepflegt habe. Die in einem gemeinsamen Schrein vor dem Ägidiusaltar beigesetzten Gebeine waren Ende des 18. Jhs. verschollen.

Dargestellt: Judit in bürgerlicher Kleidung mit Geldbeutel; Salome in bürgerlicher Kleidung mit Lilienzweig oder als Klosterfrau in Gebetshaltung, mit abgelegter Krone.

Donatus [Lat.: »der Geschenkte«], Hl., ein Katakombenheiliger, dem dieser Name beigelegt wurde, genießt große Verehrung im Raum von Köln und in der Eifel. Die Gebeine wurden 1652 dem Jesuitenkolleg in Münstereifel geschenkt. **30.6.**

Bertechram [Bertram], [Ahdt.: »Glänzend« und »Rabe«], Hl., Schüler des Germanus von Paris, wurde 586 Bischof von Le Mans. Seinen großen Besitz verwandte er zur Errichtung von Kirchen, Klöstern und Hospizen. 614 nahm er an der Synode von Paris teil. 616 errichtete er sein noch erhaltenes Testament. Er starb am 30. Juni vor 626/627.

Erentrud [Ahdt.: »Adler« u. »Stärke«] OSB, Hl., begleitete bereits als gottgeweihte Jungfrau 696 ihren Verwandten Rupert von Worms nach Salzburg, wo Rupert als Abtbischof wirkte und Erentrud mit der Leitung des von ihm gegründeten Klosters auf dem Nonnenberg beauftragte. Erentrud starb im Alter von etwa 55 Jahren angeblich am 30. Juni 718. Sie wurde in der Krypta der Klosterkirche beigesetzt, wo noch der leere steinerne Sarkophag steht. Der größte Teil ihrer Reliquien befinden sich jetzt in einem kostbaren Büstenreliquiar von 1318 und in einem silbernen Schrein von 1624.
Dargestellt als Äbtissin mit Kirchenmodell, mir flammendem Herz und Kreuz.

G, S

Otto, Hl., geb. 1060/62 aus schwäbischem Adel, stand in königlichem Dienst und wurde 1102 zum Bischof von Bamberg ernannt. Im Streit zwischen Kaiser und Papst sowie zwischen Heinrich IV. und seinem Sohn Heinrich V. suchte er zu vermitteln. Otto wirkte reformeifrig in seinem Bistum, das seiner Vermittlung große Zuwendungen verdankte. Zahlreiche Klöster und Stifte errichtete er oder formte sie um und berief hierfür Benediktinermönche aus Hirsau und Prämonstratenser. Auf zwei Missionsreisen (1124/25 und 1128) begründete er die Kirche in Pommern, wo er 22 000 Menschen getauft haben soll. Otto starb am 30. Juni 1139 in Bamberg und wurde auf dem Michaelsberg begraben, wo sein Hochgrab von etwa 1400 erhalten ist.
Dargestellt in Pontifikalgewändern mit Kirchenmodell, mit Pfeilen und Nägeln. – Patron des Bistums Berlin und des Erzbistums Bambergs; gegen Fieber, Tollwut.

RK, EIH, GÖ, SP, (BA)

Theobald [Dietbald] OSBCam, Hl., geb. um 1017 in Provins/südl. von Paris, entstammte dem Geschlecht der Grafen von Brie und Champagne. Er verließ Reichtum und Heimat, lebte bei Pettingen in Luxemburg als Einsiedler und

verdiente sich mit seiner Hände Arbeit sein Brot. Er wallfahrte dann nach Santiago und Rom. In Salanigo erkrankte er. Der Bischof von Vicenza weihte ihn zum Priester. Theobald wurde in den Orden der »Kamaldulenser« aufgenommen und führte in einer Klause ein äußerst strenges Leben. Seine Mutter Willa ließ sich als Witwe in seiner Nähe als Einsiedlerin nieder. Theobald starb am 30. Juni 1066 in Salanigo und wurde zuerst im Dom von Vicenza, später in der Abtei Vangadizza beigesetzt.
Dargestellt im Priesterornat, bisweilen irrig als Bischof, mit Buch, häufig von Pilgern begleitet. – Patron der Bauern, Winzer, Köhler, Gerber, Schuhmacher; gegen Fieber.

Otto OCist, Sel., Graf von Riedenburg, bedachte das Zisterzienser-Kloster Walderbach in der Oberpfalz mit großen Zuwendungen. Später nahm er hier das Mönchsgewand. Er starb um 1150.

Adolf von Tecklenburg, Hl., Bischof von Osnabrück, gest. 30.6.1224, ↗13.2.

Ernst von Pardubitz, (Sel.), geb. um 1300, studierte in Bologna und Padua, wo er mit dem späteren Kaiser Karl IV. Freundschaft schloss. 1443 wurde er Bischof von Prag, im folgenden Jahr zum ersten Erzbischof der neuen Erzdiözese ernannt. Hier bemühte er sich um Bildung des Klerus, reformierte Recht und Verwaltung, legte 1344 den Grundstein zum Prager Veitsdom, war an der Gründung der Universität 1348 beteiligt und bewährte sich als vertrauter Ratgeber des Kaisers in theologischen, künstlerischen und diplomatischen Angelegenheiten. Ernst starb am 30. Juni 1364 und wurde in der Kirche des von ihm gegründeten Chorherren-Stiftes von Glatz (heute Stadtpfarrkirche) beigesetzt, wo sein Grabmal noch erhalten ist.
Dargestellt in Pontifikalgewändern.

Wilhelm [Ahdt.: »der auf Schutz Bedachte«] Janauschek CSsR, geb. am 19. Oktober 1859 in Wien, 1882 Priester in der Kongregation der »Redemptoristen«, erfüllte vorbildlich seine Aufgaben in den ihm übertragenen höheren Ordensämtern. Er war ein begeisternder Jugenderzieher, begnadeter Seelsorger und gesuchter Beichtvater. Nach langer Krankheit, die er in Geduld und Gottergebenheit ertrug, wurde er am 30. Juni 1926 in Wien von seinen Leiden erlöst. 1934 übertrug man seinen Leib in die Kirche Maria Stiegen.

Juli

Theoderich [Dietrich] OSB, Hl., erster Abt des von Remigius auf dem Mont d'Dor nördlich von Reims gegründeten Klosters, starb 533. Die Abtei wurde später nach Theoderich St.-Thierry genannt. **1.7.**

Dargestellt in Abtskleidung mit Adler. – Patron gegen Fieber, Rheumatismus.

Hechard [Eckart] OPraem, Sel., der jüngste Sohn Wiltruds von Ardei, war Priester und gehörte zu der Gruppe, die von Cappenberg nach Scheda zog, um ein Prämonstratenser-Stift aufzubauen. Nach einem vorbildlichen Leben der Frömmigkeit sowie der Gottes- und Nächstenliebe starb er wohl zwischen 1150 und 1170. In Scheda wurde sein Gedächtnis am 1. Juli begangen. – 1628 wurden seine Gebeine feierlich aus dem Sarkophag, in dem er beigesetzt worden war, erhoben. Reliquien befanden sich auch in der Margaretenkapelle in Köln.

Ruzo [Rugo], Sel., lebte im 10. Jh. in einer Zelle auf dem Klosterfriedhof in Kempten/Allgäu. Er war an beiden Beinen völlig gelähmt und musste viele Schmerzen erleiden. Er trug sein Gebrechen mit größter Geduld und ermüdete nie im Lobpreis Gottes. Ulrich von Augsburg, der ihn sehr schätzte, hat ihn mehrmals besucht. **2.7.**

Wiltrud [Ahdt.: »Wille« u. »Treue«] OSB, Sel., gründete mit ihrem Bruder Ortlof um 1074 (?) das Benediktinerinnen-Kloster Hohenwart in Oberbayern. Sie soll dort als Äbtissin 1081 gestorben sein. Der 2. Juli ist als Tag der Beisetzung überliefert.

Dargestellt in vornehmer Kleidung, in den Händen ein Kruzifix und ein Kranz von Rosen.

Petrus, Sel., geb. am 20. Juli 1369 in Ligny-en-Barrois als Sohn des Guido von Luxemburg, erhielt seine Erziehung in Paris, wo er durch seine vorbildhafte Lebensführung auffiel. Der Avignoneser Gegenpapst Klemens VII. ernannte ihn zum Stiftsherrn in Paris und Cambrai, zum Archidiakon von Dreux und Brüssel, 1384 dann zum Bischof von Metz und zum Kardinal. 1385 verzichtete Petrus wegen politischer Schwierigkeiten auf sein Bistum. Seit 1386 lebte er in Avignon, wo er am verweltlichten Hof ein Beispiel größter Bußstrenge und Liebe zu den Armen gab. Noch nicht ganz 18 Jahre alt starb Petrus am 2. Juli 1387 in Villeneuve-lès-Avignon. Seit 1395 befand sich sein Grab in der Cölestinerkirche von Avignon. Die Reliquien werden heute in der Kirche St.-Didier/Avignon aufbewahrt. ME

Jakob Friedrich Bussereau, geb. am 2. Februar 1863 in Hambach/Pfalz, war ein erfolgreicher Seelsorger, dessen Wirken von der Liebe zum Nächsten geprägt war. 1896 gründete er das Paulusstift in Herxheim/Pfalz, 1913 rief er für seine Heimgründung die »Brüder und Schwestern vom hl. Paulus« ins Leben. Bussereau starb am 2. Juli 1919 auf dem Liebfrauenberg bei Bergzabern; er wurde in Herxheim bestattet.

3.7. **Thomas** [Hebr.: »der Zwilling«], Hl., in allen Apostelkatalogen erwähnt, erklärt seine Bereitschaft, mit Jesus in den Tod zu gehen (*Joh* 11,16). Bei der Erscheinung des Auferstandenen war Thomas im Jüngerkreis nicht anwesend. Daher zweifelte er zunächst an dessen Auferstehung. Acht Tage später bekennt Thomas bei einer weiteren Erscheinung des Auferstandenen seinen Glauben mit dem Ruf: »Mein Herr und mein Gott« (*Joh* 20,25–28). Nach der Überlieferung verkündete Thomas später das Evangelium bei den Parthern und in Indien. Hier soll er durch Schwert oder Lanze den Tod als Märtyrer gefunden haben. – An dem angeblichen Ort des Martyriums, dem Thomasberg bei Mailapur/Madras, wurde 1547 eine Kirche errichtet, in der das 1574 entdeckte Thomaskreuz aus dem 6./8. Jh. aufbewahrt wird. Teile der Reliquien wurden im 3. Jh. nach Edessa, von dort 1258 nach Chios und später weiter nach Ortona an der Adria gebracht. Als der Tag der Übertragung der Reliquien nach Edessa wurde seit alters her der 3. Juli gefeiert.
Dargestellt als Apostel mit Buch, Schwert, Lanze, Winkelmaß, Steinen, mit dem auferstandenen Christus. – Patron der Architekten, Maurer, Zimmerleute, Bauarbeiter, Steinhauer, Feldmesser, Theologen. GK

Joseph Lenzel, geb. am 21. April 1890 in Breslau, 13. Juni 1915 Priesterweihe, wirkte seit 1929 als Pfarrkurat in Berlin-Niederschönhausen. Ihm waren tiefe Frömmigkeit sowie opferbereite Liebe und gewinnende Menschenfreundlichkeit eigen. Im Krieg half er, so viel er nur konnte, den polnischen Zwangsarbeitern. Weil er die Vorschriften für deren Gottesdienst nicht genau eingehalten hatte, wurde er Anfang Januar 1942 verhaftet und in das KZ Dachau überführt, wo die brutalen Methoden der Lagerleitung seine kernige Gesundheit so zerstörten, dass er bereits am 3. Juli 1942 starb.

4.7. **Hosea**, Osee [Hebr.: »Der Herr hat geholfen«]. Als einer der Kleinen Propheten wirkte er um die Mitte des 8. Jhs. v. Chr. im Nordreich Israels. Er vergleicht den Bund Gottes mit seinem Volk mit einem Ehebund, vermutlich im Anschluss an seine eigene unglückliche Ehe. MR, RO

Berta OSB, Hl., Tochter des Grafen Rigobert, gründete als Witwe nach 686 das Kloster Blangy bei Arras, das sie als erste Äbtissin leitete. Sie starb um 725 und wurde in Blangy begraben. – Um 895 wurden die Reliquien vor den

Normannen nach Erstein/Elsass in Sicherheit gebracht und entgingen während der Französischen Revolution der Vernichtung.
Dargestellt als Äbtissin mit einem Altar.

Ulrich [Ahdt.: »der an Besitz Reiche«], Hl., geb. 890 in Augsburg aus einem alemannischen Grafengeschlecht, erhielt seine Ausbildung in St.-Gallen und im Dienst des Augsburger Bischofs. 923 wurde er von König Heinrich I. zum Bischof von Augsburg bestellt. In unerschütterlicher Treue stand er zum Königshaus und verteidigte 955 seine Bischofsstadt, die er nach 926 mit einer Mauer umgeben hatte, erfolgreich gegen die Ungarn. Seine bischöflichen Aufgaben erfüllte er mit Eifer und Sorgfalt. Zur Bildung des Klerus förderte er die Domschule, hielt regelmäßig Visitationen und Diözesansynoden, unterstützte Klöster und Stifte, erbaute und verschönerte Kirchen, sorgte für eine auskömmliche Seelsorge auch in abgelegenen Gebieten, half den Armen und Kranken. Ulrich starb am 4. Juli 973 in Augsburg und wurde von seinem Freund Wolfgang von Regensburg bei St.-Afra bestattet. Das Kloster St.-Afra nannte sich seit dem Neubau 1071 St.-Ulrich und Afra. Ulrich wurde Patron von Stadt und Bistum Augsburg sowie Mitpatron des Bistums Paderborn. Seine Verehrung war im Mittelalter im ganzen deutschen Sprachraum verbreitet.
Dargestellt in bischöflichen Gewändern mit Buch und Fisch. – Patron von Stadt und Bistum Augsburg; früher Nebenpatron des Erzbistums Paderborn; Patron der Reisenden, Weber, Sterbenden; bei schwerer Geburt; gegen Widerwärtigkeiten, Tobsucht, Tollwut (Ulrichs-Schlüssel), Krankheit, Fieber, Körperschwäche, Ratten- und Mäuseplage (Ulrichs-Kreuze). RK, A, CH, EIH, FR, PA, PB, R, RT, SG

Hatto, Sel., **Bernhold** OSB, Sel., und **Brun[o]** OSB, Sel., Mönche und Reklusen in Ottobeuren. Hatto wurde durch seinen Freund, Bischof Ulrich von Augsburg, zum Reklusen eingesegnet. Er starb der Überlieferung nach am 4. Juli um 985. Bernhold, Priestermönch, und Brun, Laienbruder, lebten im 11. Jh. Der Augsburger Bischof Udalschalk erhob am 25. Dezember 1189 die Gebeine der drei Seligen und übertrug sie in den Chor der Michaelskapelle. – 1553 wurden die Reliquien in den Kapitelsaal und 1772 in das Mausoleum am Nepomukaltar übertragen.

Wilhelm [Ahdt.: »der auf Schutz Bedachte«] OSB, Sel., erhielt in St.-Emmeram/Regensburg seine wissenschaftliche Ausbildung. 1071 übernahm er als Abt die Leitung des Klosters Hirsau, wo er eine Reform einführte, die sich zum Teil auf cluniazensische Gewohnheiten stützte. Außer den Chormönchen, die Kleriker waren, gab es Laienbrüder, die einen Bart trugen, sowie Oblaten, die ihren Besitz dem Kloster schenkten und sich der Leitung des Abtes unterstellten. Die Hirsauer Reform erfasste bald zahlreiche Klöster. In Hirsau selbst wurde der Zustrom der Mönche so groß, dass Wilhelm ein neues

Kloster jenseits der Nagold errichten musste. Im Investiturstreit war Hirsau ein Mittelpunkt der Gegner Kaiser Heinrichs IV. Wilhelm starb am 4. Juli 1091 und wurde in der Peter-und-Paul-Kirche von Hirsau beigesetzt. – Als 1500 das Grab geöffnet wurde, fand man den mit seidenen Pontifikalgewändern bekleideten Leib wohl erhalten vor.
Dargestellt als Benediktinermönch, oft mit den Abzeichen des Abtes, mit Bauplan und Sonnenuhr, Almosen verteilend.

Elisabeth [Hebr.: »Gott hat geschworen« od. »Gott ist vollkommen«], Hl., geb. um 1270, Tochter König Pedros III. von Aragón/Nordostspanien, benannt nach ihrer Großtante Elisabeth von Thüringen, wurde 1282 mit König Dionysius von Portugal verheiratet, mit dem sie zwei Kindern das Leben schenkte. Seit 1325 Witwe, förderte sie aus den Einkünften ihres Besitzes Kirchen und Klöster und gründete Hospitäler für Kinder und Arme. Sie lebte fortan in der Nähe des Franziskanerinnenkonvents S. Clara in Coimbra nach der Drittordensregel. Um zwischen ihrem Sohn, König Alfons, und dem König von Kastilien Frieden zu stiften, reiste sie nach Estremoz, wo sie am 4. Juli 1336 starb. Ihr Grab fand sie in der Kirche S. Clara von Coimbra.
Dargestellt als Klosterfrau mit abgelegter Krone, mit Rosen. – Patronin in Kriegsnot. GK

5.7. Kyrilla [Griech.: »die rechte Herrin«], Hl., erlitt nach der Überlieferung als jungfräuliche Märtyrin in der Verfolgung Kaiser Diokletians um 304 in Cyrene/Libyen den Tod.

Antonio Maria Zaccaria CRSP, Hl., geb. 1502 in Cremona, wurde zuerst Arzt, dann 1528 Priester. 1530 rief er die Kongregation der »Regularkleriker vom Paulus«, »Barnabiten« genannt, ins Leben, die sich der Volksmission widmeten. Seine Schriften gründen auf paulinischem Gedankengut. Seine Verehrung des Kreuzes und des Altarsakramentes regte ihn zur Einführung des vierzigstündigen Gebetes an, vielleicht im Andenken an die vierzigstündige Grabesruhe Jesu. Ebenso geht das Freitagsläuten zur Erinnerung an den Kreuztod Jesu auf ihn zurück. Zaccaria starb am 5. Juli 1539 in Cremona und wurde in Mailand beigesetzt.
Dargestellt im Ordenskleid mit Lilie, Kelch mit Hostie, Kreuz. GK

Maria [Marietta] Goretti, gest. 5.7.1902, ↗ 6.7.

Lätizia – das Gedächtnis der sieben Freuden Marias [Lat.: »laetitia«, Freude] reicht weit ins Mittelalter zurück. Papst Pius X. gestattete 1906 die Feier eines besonderen Festes zu Ehren der sieben Freuden Marias. Zumeist werden bei der Aufzählung der Freuden Marias genannt: Verkündigung, Heimsuchung, Geburt Jesu, Anbetung der Weisen, Wiederauffindung Jesu im Tempel, Auferstehung Jesu, Aufnahme Marias in den Himmel.

Maria [Marietta] Goretti, Hl., geb. am 16. Oktober 1890 in Corinaldo westlich von Ancona, Tochter einer kinderreichen, armen Landarbeiterfamilie, lebte mit ihren Angehörigen seit 1899 in dem Dorf Ferriere di Conca bei Nettuno. Mit 10 Jahren verlor sie den Vater. Nun versorgte sie ihre jüngeren Geschwister, damit die Mutter durch Feldarbeit Geld verdienen konnte. Der Sohn einer im selben Haus wohnenden Familie stellte Maria nach. Da diese sich energisch gegen seine Zumutungen wehrte, tötete er sie am 5. Juli 1902 durch vierzehn Messerstiche. Sterbend verzieh sie ihrem Mörder. – Heiligsprechung am 24. Juni 1950 in Gegenwart der Mutter. **6.7.**
Dargestellt als junges Mädchen mit Lilie und Märtyrerpalme. GK

Goar, Hl., stammte aus Aquitanien und kam um 500 an den Rhein, wo er sich als Einsiedler niederließ und mit Erlaubnis des Trierer Bischofs den Glauben verkündete. Aus seiner Zelle entwickelte sich Stift und Stadt St.-Goar.
Dargestellt im Mönchshabit mit zwei Schlangen oder als Priester mit Kirchenmodell, Teufel, Hirschkühen. – Patron von St.-Goar; der Töpfer, Ziegelarbeiter, Winzer, Gastwirte, Schiffer; für einen ehrlichen Namen. LM, TR

Thomas More, Hl., Lordkanzler und Märtyrer, gest. 6.7.1535, ↗22.6.

Maria Theresia Gräfin Ledóchowska, Sel., geb. am 29. April 1863 in Loosdorf/Niederösterreich, gründete auf Anregung von Kardinal Lavigerie seit 1888 Vereine gegen die Sklaverei und 1894 die »Petrus-Claver-Sodalität für die afrikanischen Missionen«. Sie war zeitlebens nicht sehr gesund, aber förderte unermüdlich die Idee der Verbreitung des Glaubens durch Wort und Schrift. Am 6. Juli 1922 verschied sie in Rom. – Seligsprechung am 19.10.1975.
N, S

Edelburg [Ethelburg] OSB, Hl., Tochter des Königs von Essex, wurde Klosterfrau in Faremoutiers/Seine et Marne, das sie später als Äbtissin leitete. Sie starb Ende des 7. Jhs. Bereits Beda (gest. 735) berichtete von der Übertragung der Reliquien in Faremoutiers und der Feier ihres Festes am heutigen Tag. **7.7.**
Dargestellt als Äbtissin mit Stab, mit den Leidenswerkzeugen Jesu. – Patronin bei Schwangerschaft; gegen Rheumatismus.

Bodard, Hl., lebte um 700 als Einsiedler in der Nähe von Poitiers. Seine Reliquien wurden wohl im 9. Jh. in die Abtei Hornbach bei Zweibrücken übertragen, wo sie an einem 7. Juli ankamen. Von Hornbach breitete sich der Kult bis nach Mainz aus.

Willibald [Ahdt.: »Wille« u. »kühn«] OSB, Hl., geb. um 700, Bruder Wunibalds und Walburgs, erhielt im Kloster Waltham Erziehung und Ausbildung. 720–729 machte er eine Reise nach Rom, ins Heilige Land und nach Byzanz, um die dortige christliche Kultur kennen zu lernen. Seit 730 weilte er als Mönch in Montecassino. 739 sandte Papst Gregor III. ihn zur Unterstützung des Bonifatius nach Deutschland. Dieser weihte den mit ihm verwandten Willibald 740 zum Priester und 741 zum Bischof. Von Eichstätt aus verkündete Willibald in dem angrenzenden Gebiet den christlichen Glauben. Als Stützpunkte für die Mission dienten das 752 gegründete Kloster Heidenheim, dessen Leitung Wunibald und Walburg erhielten, sowie die vor 754 errichtete Zelle Solas in Solnhofen. Willibald starb am 7. Juli, wahrscheinlich 787. Seine Reliquien befinden sich in einem Marmorschrein auf dem Willibaldsaltar im Westchor des Eichstätter Domes.
Dargestellt in Pontifikalkleidung mit Bischofsstab, Buch, zwei Pfeilen. – Patron des Bistums Eichstätt; der Gittermacher. RK, EIH, FD

Waltfrid [Walfrid], [Ahdt.: »Herrscher« u. »Friede«] OSB, Hl., ist wahrscheinlich ein angelsächsischer Mönch gewesen, der als Glaubensbote zur Zeit Willibrords Anfang des 8. Jh. wirkte. Er wird als Patron der Pfarrkirche von Welferdingen/Luxemburg verehrt.

8.7. **Disibod**, Hl., lebte wahrscheinlich um und nach 600 als Einsiedler auf dem nach ihm genannten Disibodenberg an der Mündung des Glan in die Nahe. Bald entstand bei der Zelle eine klösterliche Gemeinschaft. Sein Gedächtnis am heutigen Tag wird bereits von Hildegard von Bingen erwähnt.
Dargestellt im Einsiedlerkleid im Gebet versunken. SP, TR

Kilian [Kelt.: »der Mann der Kirche«], Hl., Mönch irischer Herkunft, wirkte als Bischof in und um Würzburg. Die um 840 verfasste Lebensgeschichte berichtet, Kilian habe von dem in Würzburg lebenden thüringischen Herzog Gozbert verlangt, sich von seiner Gattin zu trennen, da diese vorher mit des Herzogs Bruder vermählt gewesen sei. Daraufhin habe dieser Kilian mit seinen Gefährten Kolonat und Totnan ermorden lassen. Der Tod Kilians wird um 689 angesetzt. Seine Reliquien befinden sich im Würzburger Dom und in der Neumünsterkirche. Das Grab des Würzburger Bistumspatrons ist noch alljährlich am Kilianifest Ziel zahlreicher Pilger.
Dargestellt in bischöflichem Ornat mit Kreuz, Buch, Dolch oder Schwert, Palme. – Patron des Bistums Würzburg, des Frankenlandes; gegen Gicht, Rheumatismus.
RK, FD, FR, PB, RT, WÜ

Landrad[a] OSB, Hl., lebte zuerst als Einsiedlerin. Dann gründete sie Kloster und Kirche Münsterbilsen/Belgisch-Limburg, das sie als Äbtissin leitete.

Nach ihrem Tod gegen Ende des 7. Jhs. kamen ihre Reliquien nach Wintershoven, von dort nach 980 nach St.-Bavo in Gent.
Dargestellt als Klosterfrau mit Bären. LÜ

Amalberg, Hl., erhielt ihre Erziehung durch ihre Tante Landrad im Kloster Münsterbilsen. Später wohnte sie auf ihrem Erbbesitz im benachbarten Tamise, wo sie nach einem heiligmäßigen Leben im 8. Jh. starb. Zunächst in Münsterbilsen bestattet, kamen ihre Reliquien über Wintershoven 870 auf den Blandinienberg in Gent.
Dargestellt als Jungfrau mit Buch und Palmzweig, Fischen, Sieb und Wildgänsen. – Patronin der Bauern; gegen Arm- und Schulterschmerzen, Fieber, Quetschungen, Ernteschäden, Hagel. LÜ

Edgar [Ags.: »Erbgut, Besitz« u. »Speer«], (Hl.), geb. um 944 als Sohn König Edmunds, wurde 959 König der Angelsachsen. Unter ihm erreichte das englische Königtum seine größte Stärke vor dem Normanneneinfall. Er sicherte die Grenzen und war auf die Erneuerung des kirchlichen Lebens bedacht. Das Volk gab ihm den Beinamen »der Friedfertige«. Edgar starb am 8. Juli 975 und wurde in Glastonbury beigesetzt.
Dargestellt in vornehmer Kleidung oder Ritterrüstung mit königlichen Insignien.

Amo [Amano] OSB, Sel., lebte als Priestermönch im 1015 gegründeten Kloster Abdinghof in Paderborn, wo er wohl noch im 11. Jh. nach einem vorbildlichen Leben verstarb.

Adolf IV. [Ahdt.: »edler Wolf«] Graf von Schauenburg in Holstein OFM, eroberte 1225 Holstein von den Dänen zurück, die er 1227 nochmals bei Bornhöved besiegte. 1128 nahm er am Kreuzzug gegen die Liven teil. Er gründete die Franziskanerklöster St.-Magdalena in Hamburg (vor 1239) und Zum Heiligen Geist in Kiel (um 1240). Adolf trat 1239 in Hamburg in den Franziskanerorden ein, wurde 1245 Priester und nach seinem Tod am 8. Juli 1261 in Kiel in der dortigen Klosterkirche bestattet, wo seine Gebeine heute noch ruhen.

Hermann OSA, Sel., geb. um 1290 in Schildesche bei Bielefeld, Augustiner-Eremit, bedeutender theologischer Schriftsteller, war Vermittler im Streit zwischen Kaiser Ludwig dem Bayern und Papst Klemens VI., bekleidete mehrere höhere Ordensämter und starb im Ruf der Heiligkeit am 8. Juli 1357 in Würzburg.

Maria Lichtenegger, geb. am 4. August 1906 in St.-Marein bei Graz, führte von Kind an ein Leben vorbildlicher Reinheit und Frömmigkeit. Früh erkrankt, ertrug sie alle Schmerzen und Leiden mit Geduld und gab sich ganz dem

Willen Gottes anheim. Am 8. Juli 1923 ging ihr Leben zu Ende. Schon bald nach ihrem Tod erflehte man an ihrem Grab in St.-Marein ihre Fürbitte.

9.7. **Agilolf** [Ahdt.: »Sitze« und »Wolf«] OSB, Hl., wurde nach dem Tod Reginfrids 745 an Stelle des vorgesehenen Bonifatius auf Betreiben des hohen fränkischen Adels zum Bischof von Köln erhoben. Agilolf wirkte im Geist der Reform des Bonifatius und nahm 747 an der Reichssynode teil. Schon 752 ereilte ihn der Tod. – Der 9. Juli ist der Tag der Übertragung der Gebeine eines Märtyrers Agilolf, der mit dem Kölner Bischof für personengleich gehalten wurde, von Malmedy in die Mariengradenkirche nach Köln durch Erzbischof Anno.

Dargestellt in bischöflicher Gewandung, oft irrig mit Märtyrerpalme. K

Wigfrid [Ahdt.: »bewahren« u. »Friede«] bestieg nach dem Tod Hermanns I. den erzbischöflichen Stuhl in Köln. Er förderte Kirchen und Klöster und wachte über das religiöse Leben der Frauengemeinschaften. Nach längerer Krankheit starb Wigfrid am 9. Juli 953.

Johannes [Hebr.: »Jahwe ist gnädig«] von Köln OP, Hl., Dominikaner, Seelsorger in Hornik, wurde bei einem Überfall der Geusen nach schweren Misshandlungen durch diese am 9. Juli 1572 erhängt und empfing so die Krone des Martyriums.

Dargestellt im Dominikanerhabit, mit Galgen, Nägeln und Blütenstrauch.

Andreas [Griech.: »mannhaft, mutig«] Bauer OFM, Hl., erlitt als Franziskaner-Laienbruder am 9. Juli 1900 in Nord-Schansi im Boxeraufstand in China das Martyrium. Er wurde am 26. November 1866 in Gebweiler/Elsass geboren. Mit ihm starben zahlreiche Gefährten und Gefährtinnen im Gefängnis von Tae-yuen-fu. Unter ihnen waren **Anna** Diercks OFM, Hl., mit Ordensnamen Maria Adolfina (geb. 1866 in Assendrecht/Niederlande), und **Paulina** Jeuris OFM, Hl., mit Ordensnamen Maria Amandina (geb. 1872 in Herkla-Ville/Belgien). Von Paulina wird berichtet, sie habe die Kranken »mit dem Lächeln« gepflegt. – Seligsprechungen am 24. November 1946, Heiligsprechungen am 1. Oktober 2000. GK

10.7. **Alexander**, Hl., ein römischer Märtyrer wahrscheinlich um 167 zur Zeit des Kaisers Mark Aurel, wurde von dem Verfasser der Legende, die man schon in der 1. Hälfte des 5. Jhs. kannte, zu einem der sieben Söhne der römischen Märtyrin Felizitas gemacht. – Die Reliquien Alexanders wurden 851 von Rom nach Wildeshausen in Oldenburg und von dort 1124 nach Neuwerk bei Halle übertragen.

Lantfrid [Ahdt.: »Boden« u. »Friede«] OSB, Sel., ist nach der (legendarischen?) Überlieferung einer der Gründer des Klosters Benediktbeuern gewesen, das um 739 auf Veranlassung des Bonifatius errichtet wurde. Lantfrid, ein gebildeter Mann, der mit angesehenen Gelehrten seiner Zeit in Verbindung stand, hat als Abt das Kloster geleitet und ist am 10. Juli nach 770/772 gestorben. – Die Reliquien, 1288 erhoben, wurden 1681 in die Sakristei übertragen, wo sie sich, zusammen mit anderen Gebeinen, heute noch befinden.

Knud [Nord./Ahdt.: »freimütig«] der Heilige, Hl., geb. um 1040, wurde 1080 König von Dänemark und war ein fähiger Herrscher. Er hob das Ansehen der Geistlichkeit, förderte den Kirchenbau und drang auf Erhaltung der kirchlichen Vorschriften. Gegen seine Bestrebung, die Königsmacht zu stärken, erhoben sich zahlreiche Große des Landes. Im Verlauf dieses Aufstandes wurde Knud am 10. Juli 1086 in der St.-Alban-Kirche in Odense ermordet. – Über dem Grab des Königs wurde im 13./14. Jh. die St.-Knud-Kathedrale errichtet, in deren Krypta heute noch der Reliquienschrein Knuds aufbewahrt wird. Im deutschen Regionalkalender wird am heutigen Tag mit Knud das Gedächtnis der Könige **Erich** von Schweden (gest. 18.5.1160) und **Olaf** von Norwegen (gest. 29.7.1030) begangen.

Dargestellt als Herrscher mit königlichen Insignien, mit Pfeilen und Lanze.

RK, H, OS

Michael Kolland OFM, Sel., mit Ordensnamen Engelbert, geb. am 21. September 1827 in Ramsau/Zillertal, wurde 1847 Franziskaner, 1851 Priester, wirkte seit 1855 im Heiligen Land, wo er zuletzt in der Pfarrseelsorge unter den Arabern und Armeniern des lateinischen Ritus in Damaskus tätig war. Kolland war ein frommer Mann, der mit großer Güte und Geduld seinen Mitmenschen begegnete. Mit sieben anderen Franziskanern wurde er in der Nacht vom 9. auf den 10. Juli 1860 bei einem Überfall moslemischer Drusen auf das Kloster in Damaskus durch Säbelhiebe ermordet. – Seligsprechung am 10. Oktober 1926.

G, S. T

Rachel, Rahel [Hebr.: »Schlaf«], jüngere Tochter Labans, wurde die zweite Frau Jakobs. Sie war die Mutter von Joseph und Benjamin, bei dessen Geburt sie starb. Jakob begrub Rachel am Weg nach Ephrata. Die heute »Grab der Rachel« genannte Stelle, 1 km nördlich von Betlehem, hat mit dem Grab der Rachel nichts zu tun. **11.7.**

Dargestellt in antikem Frauengewand, an der Säule lehnend.

Benedikt [Lat.: »der Gesegnete«] OSB, Hl., geb. um 480 in Nursia/Umbrien, lebte nach seinem Studium in Rom einige Zeit in einer Asketengemeinschaft, dann drei Jahre lang als Einsiedler bei Subiaco. Später sammelte er Mönche um sich, die unter seiner Leitung in zwölf kleinen Klöstern lebten. Um 529 siedelte er mit seinen Mönchen nach Montecassino über. Hier vollendete er seine Klosterregel, die nicht nur zur Grundlage des »Bendiktinerordens«, sondern für das ganze abendländische Mönchtum wurde. Benedikt starb am 21. März wohl 547 auf Montacassino, wo er auch bestattet wurde. – Sein Leben schildert Papst Gregor d. Gr. im 2. Buch seiner Dialoge. Nachdem 580 die Langobarden Montecassino zerstört hatten, wurde wohl um 673 der Leichnam Benedikts nach Fleury überführt, wo die Gebeine am 4. Dezember 673 ankamen und am 11. Juli 674 (?) in die Marienkirche gebracht wurden. Trotz Zerstörung der Schreine durch die Hugenotten und in der französischen Revolution blieben die Reliquien Benedikts erhalten. Nach der Zerstörung Montecassinos im Zweiten Weltkrieg soll bei den Aufbauarbeiten dort Benedikts Grab mit Gebeinen aufgefunden worden sein. – Paul VI. erhob ihn am 24.10.1964 zum Patron Europas.

Dargestellt in Abtsornat mit Becher, Rabe, Dornen, Kugel. – Patron Europas (seit 1964); der Schulkinder, Lehrer, Höhlenforscher (seit 1957), Sterbenden; gegen Fieber, Nierensteine, Vergiftung, Zauberei. GK

Hildulf, Hl., entweder Chorbischof in Trier oder Klosterbischof in der Abtei St.-Maximin/Trier. Um 671 gründete er in den Vogesen das Kloster Mittelmünster (Moyenmoutier), das er als erster Abt bis zu seinem Tod an einem 11. Juli gegen Ende des 7. Jhs. leitete. – In der Französischen Revolution wurde der Schrein von 1445 geraubt. Die geretteten Reliquien befinden sich seit 1854 auf einem Seitenaltar der ehemaligen Klosterkirche.

Olga [Helga], Hl., Gemahlin des Großfürsten Igor von Kiew, empfing um 957 in Konstantinopel die Taufe. Mit Unterstützung des Erzbischofs Adalbert von Magdeburg bemühte sie sich um die Ausbreitung des christlichen Glaubens in Russland, ohne nachhaltigen Erfolg zu erzielen. Olga starb um 970 in Kiew.

Dargestellt als Großfürstin mit Kreuz und Kirchenmodell.

Oliver Plunket, Hl., geb. 1629 in Loughcrew in der Grafschaft Meath aus einer adeligen Familie, studierte am irischen Kolleg in Rom und wurde 1669 Erzbischof von Armagh und Primas von Irland. Trotz größter Schwierigkeiten war er unermüdlich tätig für ausreichende Seelsorge, für die Bildung des Klerus, für Reform der Orden und für den Erhalt einer gesunden Volksfrömmigkeit. Seit 1674 konnte er nur noch im Verborgenen wirken. 1679 wurde er wegen angeblicher Verschwörung in Dublin verhaftet und nach einem Scheinprozess mit falschen Zeugen am 11. Juli 1681 in Tyburn nach grässlichen Martern gehängt und gevierteilt. – Sein Haupt befindet sich seit 1920 in der Pfarrkirche von Drogheda, sein Leib seit 1883 in Downside. Seligsprechung am 23.5.1920, Heiligsprechung am 12.10.1975.

Dargestellt in vornehmer Kleidung oder als Bischof, bisweilen mit Märtyrerpalme.
HI

Nabor [Hebr.: »Prophet des Lichtes«], Hl., und **Felix** [Lat.: »der Glückliche«], Hl., zwei christliche Soldaten aus Afrika, erlitten nach der Leidensgeschichte aus der Mitte des 5. Jh. um 300/304 in Lodi den Martertod durch Enthauptung. Ihre Leiber wurden wohl erst nach 313 nach Mailand überführt, wo im 4. Jh. ihr Kult blühte und ihnen eine Kirche errichtet wurde. – Bischof Chrodegang von Metz brachte im 8. Jh. Teile der Reliquien nach St.-Avold. Andere Reliquien befinden sich im Dreikönigsschrein im Kölner Dom. Die Häupter wurden 1959 in Namur wieder aufgefunden und nach Mailand zurückgebracht. **12.7.**
Dargestellt als Soldat mit Märtyrerpalme. – Patrone für Kinder, die schwer gehen lernen.

Hermagoras, Hl., und **Fortunat**, Hl., erlitten den Tod als Märtyrer zur Zeit der Christenverfolgung durch Kaiser Diokletian Anfang des 4. Jhs. in Singidunum/Belgrad. Hermagoras war dort Lektor, Fortunat Diakon. – Etwa 100 Jahre später wurden ihre Gebeine nach Aquileja/Norditalien überführt. Die Legende aus der 2. Hälfte des 4. Jhs. ließ dann Hermagoras zum Apostelschüler werden, der als erster Bischof die christliche Gemeinde in Aquileja geleitet und um 70 den Martertod erlitten habe.
Dargestellt: Hermagoras meist in Pontifikalgewändern; Fortunat als Diakon; beide mit Märtyrerpalme.
KG

Sigisbert OSB, Hl., von Geburt wohl ein Franke aus dem Einflussgebiet des Klosters Luxeuil, kam auf seiner Wanderung rheinaufwärts in die Gegend von Disentis, wo er eine Zelle einrichtete. Hierbei wurde er von dem Churrätier **Placidus**, Hl., unterstützt. Viktor, Herr in Chur, wollte den fremden Einfluss nicht dulden, da er für die Selbstständigkeit Churrätiens fürchtete. Er ließ daher Placidus ermorden, der von Sigisbert bestattet wurde. Als Sigisbert dann ebenfalls Anfang des 8. Jhs. gestorben war, setzte man ihn neben Placidus bei. An ihrem Grab entstand Mitte des 8. Jhs. das Benediktiner-Kloster Disentis. – Die Gebeine beider Heiligen wurden in einem karolingischen Sarkophag aufbewahrt, der 1799 bei der Einäscherung der Abtei durch die Franzosen mit den Reliquien verbrannte. Ihr Kult wurde am 6.12.1905 approbiert.
Dargestellt: Sigisbert als Benediktinermönch mit Wanderstab und Pilgertasche, bisweilen auch als Abt mit Buch; Placidus als vornehmer Laie mit Kirchenmodell, Schwert und Palme, mit Blutring um den Hals, seinen Kopf in den Händen tragend.
CH

Johannes Gualbertus OSB, Hl., geb. um 995 bei Florenz, zuerst Mönch in St.-Miniato bei Florenz, dann kurze Zeit in Camaldoli, gründete 1030 in der Einöde von Vallombrosa eine Einsiedelei, aus der 1039 eine Abtei entstand, wo er die Regel Benedikts mit dem Einsiedlerleben verband. Johannes gründete und reformierte weitere Klöster, die er in einem Verband zusammenfasste und als Abt des Mutterklosters leitete. Hieraus entstand der Orden der »Vallombrosaner« (OSBVal). Johannes führte zeitlebens einen sehr heftigen Kampf gegen die Simonie. Er starb am 12. Juli 1073 im Kloster St.-Michele-Arcangelo in Passignano bei Siena, wo er auch bestattet wurde. Schon im 11. Jh. setzte an seinem Grab die Verehrung ein.
Dargestellt mit Kruzifix in der Hand, mit Kreuzstab und Buch. – Patron der Forstleute und Waldarbeiter; gegen Besessenheit.

13.7. Joel [Hebr.: »Jahwe ist Gott«], Sohn des Pathuel, war einer der Kleinen Propheten. Die Zeit seines Wirkens ist ungewiss. Man nimmt als Entstehungszeit des Buches Joel das 8./9. Jh. v. Chr., vielleicht die Zeit des Königs Ozias (789–738) oder die nachexilische Zeit an. Er weissagte bei einer großen Heuschreckenplage den bevorstehenden Tag des Herrn, der Anlass zur Umkehr sei, und verhieß neben dem materiellen Ausgleich vor allem einen künftigen geistlichen Segen, die Ausgießung des Geistes Gottes über das ganze Volk Israel. Auf dieses Wort bezieht sich Petrus in seiner Pfingstpredigt (vgl. *Apg* 2,17–18). – In der Ostkirche ist der Gedenktag am 19. Oktober.
Dargestellt mit schwarzem, gespaltenem Bart und Nimbus. RO

Silas [Silvan], Hl., war ein angesehenes Mitglied der christlichen Urgemeinde und mit der Prophetengabe ausgestattet. Er begleitete Paulus auf dessen zweiter Reise und wird mehrmals in Paulusbriefen erwähnt. Der erste Petrusbrief nennt ihn als den Überbringer des Briefes.
Dargestellt in bischöflichem Ornat.

Sara, (Hl.), lebte im 4./5. Jh. sechzig Jahre lang als jungfräuliche Einsiedlerin bei Skete in der Libyschen Wüste. Wegen ihrer Weisheit wurde oft ihr kluger Rat erbeten, wegen ihrer Bescheidenheit und Demut war sie hoch geehrt.
Dargestellt als Einsiedlerin im Gebet.

Mildred OSB, Hl., Tochter Merowalds und Ermenburgs. Diese hatte als Witwe das Kloster Minster auf der Insel Thanet in Kent gegründet und war dort Äbtissin. Mildred wurde in Chelles erzogen und nach ihrer Rückkehr nach England Klosterfrau in Minster. 695 übertrug Ermenburg ihrer Tochter die Leitung des Klosters. Am 13. Juli um 734 starb Mildred. Ihr Leib wurde unter ihrer Nachfolgerin aus dem Marienmünster in das Petersmünster übertragen. – Nach der Zerstörung Minsters durch die Dänen 1011 wurden die Re-

liquien 1030 nach St.-Augustin/Canterbury gebracht. Während der Reformation wurden sie vernichtet.
Dargestellt als Äbtissin mit Stab und Buch.

Arn, Hl., seit 855 Bischof von Würzburg, war Schüler seines Vorgängers Gozbald. Arn errichtete in seinem Bistum neun Kirchen und baute den 855 abgebrannten Kiliansdom wieder auf. Bei einem Feldzug gegen die Sorben wurde er 892 getötet, angeblich während der Feier der hl. Messe.

Heinrich II. [Ahdt.: »der in seinem Besitztum Mächtige«], Hl., geb. am 6. Mai 973 in Hildesheim, erhielt seine Erziehung durch Bischof Wolfgang von Regensburg und Abt Ramwold von St.-Emmeram. 995 folgte er seinem Vater Heinrich dem Zänker als Herzog von Bayern. Nach dem Tod Ottos III. 1003 erlangte er auch die deutsche Königswürde. Durch kluge Politik und energisches Handeln sicherte er dem Reich im Inneren und an den Grenzen den Frieden. 1014 wurde er mit seiner Gemahlin Kunigunde in Rom zum Kaiser gekrönt. Die Bistümer besetzte er mit seinen Anhängern und schuf sich so in der Reichskirche eine sichere Grundlage seiner königlichen Macht. Die von Gorze und von St.-Maximin/Trier ausgehende Reformbewegung der Klöster förderte er. 1007 gründete er vorwiegend für die Slawenmission das Bistum Bamberg, nachdem er schon 1004 das Bistum Merseburg wiederhergestellt hatte. Heinrich starb am 13. Juli 1024 in der Pfalz Grona bei Göttingen und wurde im Bamberger Dom bestattet. – Im deutschen Regionalkalender wird am heutigen Tag auch das Gedächtnis der Kaiserin Kunigunde begangen.
Dargestellt im Harnisch mit den Insignien seiner kaiserlichen Würde, mit Kirchenmodell. – Patron des Erzbistums Bamberg; zweiter Patron des Bistums Basel.
GK, RK, BA, BS. FD, LUX, R, S

Bertold [Ahdt.: »berühmter Herrscher«] OPraem, Sel., Prämonstratenser in Scheda, bereitete mit seinem Bruder Menrich die Errichtung des Zisterzienserinnen-Klosters Fröndenberg an der Ruhr vor. Doch starb er bereits an einem 13. Juli, bevor Graf Otto von Altena um 1230 die Gründung vollzog. Bertold fand sein Grab in Scheda.

Johannes [Hebr.: »Jahwe ist gnädig«] Höver, geb. am 10. November 1816 als Sohn einfacher Bauern in Oberste Höhe bei Neuhonrath/Siegkreis, lernte als Lehrer das Elend und die Not verwahrloster Jugendlicher kennen. 1857 gründete er in Aachen mit Hilfe von Franziska Schervier die »Genossenschaft der Armen Brüder vom hl. Franziskus«, die sich der männlichen Armen und Verwahrlosten, besonders der Kinder und Jugendlichen annimmt. Nach einem opfervollen und heiligmäßigen Leben starb Höver in Aachen am 13. Juli 1864. Sein Grab befindet sich im Kloster am Fuß des Lousberges.

Clelia Barbieri, Hl., wurde am 13. Februar 1847 in Budrio bei Bologna/Italien geboren. Gemeinsam mit einer Freundin gründete sie im Alter von 21 Jahren die Ordenskongregation der »Kleinsten Schwestern der Schmerzensmutter«. Sie setzte sich besonders als Katechetin in der religiösen Bildungsarbeit ein. Ihre Frömmigkeit war von tiefer Liebe zu Jesus und seiner Wahrheit geprägt. Nach einem heiligmäßigen Leben starb sie am 13. Juli 1870 in ihrer Heimat Budrio. – Heiligsprechung am 9. April 1989. GK

14.7. **Wandregisil** [Wando], [Germ.: »Wende« u. »Geisel«] OSB, Hl., geb. um 600 bei Verdun, entstammte dem fränkischen Hochadel und war Hausmeier König Dagoberts I. 629 wurde er Mönch in Montfaucon und lebte zeitweise als Einsiedler im Jura. Audomar erteilte ihm die Priesterweihe. Wandregisil gründete dann um 649/650 das Kloster Fontenelle in der Diözese Rouen, das er als Abt im Geist des irischen Mönchtums leitete. Hier starb er am 22. Juli 668. Fontenelle/Diözese Rueon wurde später nach ihm St.-Wandrille genannt. – Um 704 wurden seine Gebeine erstmals erhoben.
Dargestellt als Mönch oder Abt mit einem Krüppel auf einer Karre. FB

Markhelm, Hl., von Geburt Angelsachse, war Schüler Willibrords und Gregors von Utrecht und verkündigte den Glauben in der Nähe von Deventer. Nach einem entbehrungsreichen Leben starb Markhelm Ende des 8. Jhs. in Oldenzaal, von wo seine Gebeine später nach Denver übertragen wurden.

Goswin OSB, Hl., ein Mönch, wurde der Überlieferung nach mit Gefährten von normannischen Kriegern 835 in Sint-Truiden getötet.

Ulrich [Ahdt.: »der an Besitz Reiche«] von Zell OSB, Hl., geb. 1029 in einer angesehenen Patrizierfamilie in Regensburg, erhielt in dortigen Benediktiner-Abtei St.-Emmeram zusammen mit Wilhelm von Hirsau seine Ausbildung, wurde Archidiakon und Dompropst in Freising, verzichtete auf seine Würden, machte 1051/52 eine Wallfahrt ins Heilige Land und wurde 1061 Mönch in Cluny. Seit 1072 wirkte er für die Verbreitung der Reform von Cluny im Südwesten des deutschen Reichs und wurde 1078 Prior der Neugründung Grüningen bei Breisach, die er 1087 nach Zell (heute St.-Ulrich/südl. v. Freiburg i. Br.) verlegte. Seine Freundschaft mit Wilhelm von Hirsau brachte cluniazensisches Gedankengut auch in die Hirsauer Reformidee. Ulrich starb, zuletzt erblindet, am 14. Juli 1093 in Zell. – Wahrscheinlich um 1109 wurden seine Gebeine in die Klosterkirche übertragen, wo sie seit 1744 an der linken Seite ruhen. Sein Grab wird noch jetzt von Pilgern besucht.
Dargestellt als Benediktinerabt mit Knaben. FB, FR

Roland [Germ.: »berühmt und wagemutig«] OCist, Hl., Abt des Zisterzienser-Klosters Chézery im Bistum Genf, hat nach der Volksüberlieferung die heutige Siebenschmerzenkapelle im Dorf Confort errichtet. Roland starb wohl am 14. Juli um 1200. – Die Reliquien kamen 1793 in die Pfarrkirche von Chézery und befinden sich seit 1835 dort auf dem Hochaltar.
Patron gegen Augen-, Kopf- und Magenleiden, bei Dürre.

Kamillus [Lat.: »ehrbarer Jüngling«] de Lellis MI, Hl., geb. am 25. Mai 1550 in Bucchianico/Abruzzen, war früh verwaist, ohne gute Erziehung, nahm als Soldat an den Türkenkriegen teil, wurde Krankenwärter, dann Spitalmeister im Jakobusspital in Rom, reifte unter der Leitung von Philipp Neri und erhielt 1584 die Priesterweihe. Schon 1582 hatte er eine religiöse Gemeinschaft für Krankenpfleger gegründet, aus der sich der Orden der »Kamillianer« entwickelte, der 1591 endgültig bestätigt wurde und den er bis 1607 leitete. In der leiblichen Pflege und seelischen Betreuung der Kranken führte er Neuerungen ein, die in ganz Italien eine Reform der Krankenfürsorge verursachten. Seit 1607 widmete er sich ganz den Kranken. Er starb in Rom am 14. Juli 1614.
Dargestellt in priesterlicher Kleidung, im Habit mit lohfarbenem Kreuz, mit Kruzifix, Engeln und Kranken. – Patron der Kranken, Krankenpfleger und Krankenhäuser, der Sterbenden. GK

Wiro, Hl., **Plechelm**, Hl., und **Otger**, Hl., wahrscheinlich angelsächsische Glaubensboten, wirkten am Niederrhein und an der Maas. Vielleicht gehörten sie zu dem Kreis um Willibrord. Sie gründeten um 700 das Peters-Kloster in Berg (heute Odilienberg) bei Roermond. Die Lebensbeschreibung des 9. Jhs. berichtet, dass Wiro Bischof, Plechelm Priester und Otger Diakon gewesen seien. – 1881 wurde das ehemalige Grab Wiros in Odilienberg aufgefunden. Reliquien befinden sich in Roermond, Utrecht und Oldenzaal. **15.7.**
Dargestellt als Glaubensbote, Wiro im Bischofsgewand, Otger in der Dalmatik eines Diakons.

Donewald [Donald], Hl., lebte im 8. Jh. als Einsiedler in dem wüsten Landstrich Ogiluy in Forfashire/Schottland. Nach seinem Tod traten seine neun Töchter, die sein Einsiedlerleben geteilt hatten, als Nonnen in das Kloster Abernathi ein.

Gumbert [Guntpert] OSB, Hl., stammte aus edelfreiem Geschlecht und gründete aus seinem Eigengut ein Kloster in Ansbach (westl. v. Nürnberg), das er 786 Karl d. Gr. übergab, der es später dem Bistum Würzburg übereignete. Gumbert leitete seine Stiftung als Abtbischof bis zu seinem Tod wahrscheinlich an einem 11. März Ende des 8. Jhs. – Sein Kult ist bereits im 9. Jh. nachweisbar. 1196 wurden die Gebeine auf den Hochaltar übertragen. 1501 baute

man im Chor der Stiftskirche einen eigenen Erker zur Aufnahme des Schreins. Doch 1522 wurden die Reliquien in einer Eichentruhe auf Befehl des Markgrafen Kasimir in einem Gewölbe eingemauert. 1612 erhielt Kurfürst Ferdinand von Köln größere Teile der Reliquien; eine Kopfreliquie kam 1641 nach Brüssel.
Dargestellt in bischöflichen Gewändern mit Kirchenmodell. BA

Regiswind [Reginswind], Hl., Tochter des Markgrafen Ernst in Laufen am Neckar, wurde nach der Lebensgeschichte des 11./12. Jhs. im Alter von 7 Jahren von ihrer Amme aus Rachsucht erwürgt, die das tote Kind in den Neckar warf. Nachdem der Leichnam aufgefunden war, wurden die Gebeine wohl bald darauf von Bischof Humbert von Würzburg (833–842) feierlich erhoben. – 1227 kamen die Reliquien der als Märtyrin Verehrten in die Pfarrkirche in Laufen links des Neckars.

Wladimir [Waldemar], Hl., Großfürst von Kiew, setzte sich mit Gewalt um 980 als Alleinherrscher des Rus-Reiches durch. Nach seiner Heirat mit der byzantinischen Prinzessin Anna ließ er sich 989 taufen. Nun unterdrückte er das Heidentum und erhob das Christentum zur Staatsreligion. Wladimir unterstützte Brun von Querfurt bei der Glaubensverkündigung, erhielt von Rom Reliquien, aber hauptsächlich wurde das junge Christentum im Rus-Reich von Byzanz geprägt. Wladimir starb am 15. Juli 1015 und wurde schon im 11. Jh. als der »Apostelgleiche« verehrt.
Dargestellt in fürstlicher Gewandung mit Krone und Kreuz.

Answer, Hl., Glaubensbote und Märtyrer, gest. 15.7.1066, ↗18.7.

David [Hebr.: »Liebling«] OSB, Hl., Bendiktiner aus England, der als Glaubensbote nach Schweden kam und dort in Västmanland das Kloster Munktorp als Mittelpunkt seiner Tätigkeit gründete. Er starb Ende des 11. Jhs. und soll bei der Kirche von Munktorp begraben worden sein.

Egino [Ahdt.: »Schwert« u. »Kämpfer«] OSB, (Sel.), Mönch in St.-Ulrich und Afra/Augsburg, musste 1098 im Investiturstreit als Gegner des Kaisers nach St.-Blasien flüchten, kehrte 1106 nach Augsburg zurück und wurde 1109 zum Abt gewählt. Egino sorgte für Wiederherstellung der Klosterzucht in St.-Ulrich und Afra, musste aber 1120 wiederum weichen, begab sich nach Rom zu Papst Kalixt II. und starb am 15. Juli 1120 auf der Heimreise in Pisa im Kamaldulenser-Kloster St.-Michele, wo sein Grab noch erhalten ist.
Dargestellt in Mönchskleidung, wie er den Teufel in die Flucht jagt.

Heinrich [der Ältere], [Ahdt.: »der in seinem Besitztum Mächtige«] OP, Sel., aus Marsberg/Westfalen, trat um 1217 als erster Deutscher (?) dem Predigerorden bei. Der Dominikanerpriester kam dann nach Köln und ging später nach Frankreich, wo er als Berater Ludwigs des Heiligen in hohem Ansehen stand. Heinrich soll den König auf seinem Kreuzzug begleitet haben und um 1253 im Orient gestorben sein.

Ceslaus OP, Sel., ein Schlesier polnischer Nation, wurde 1218 von Dominikus in den Predigerorden aufgenommen. Nach seiner Rückkehr gründete Ceslaus 1224 in Breslau das Dominikaner-Kloster, das er als Prior leitete. Im Mongolensturm rettete er die Dominsel vor den feindlichen Horden. Ceslaus war auch Seelenführer der hl. Hedwig von Schlesien. Er starb am 15. Juli 1242.
Dargestellt im Dominikanerhabit, mit Buch, Kruzifix, Kugel, Lilie. GÖ

Bonaventura [Lat.: »gut« u. »Zukunft«] OFM, Hl., geb. vor 1221 in Bagnoreggio bei Viterbo (Taufname Johannes), trat 1243 in Paris, wo er studierte, in den Franziskanerorden ein. 1257 wurde er zum Ordensgeneral gewählt, ein Amt, das er bis 1274 ausübte. Als Ordensgeneral hatte sich Bonaventura mit der strengeren Richtung der Spiritualen und der laxeren Auffassung anderer Ordensgenossen auseinander zu setzen. Das Wort »Nur die Regel, aber die ganze Regel verpflichtet« kennzeichnet sein Bestreben, mit Milde und Festigkeit das franziskanische Erbe zu bewahren und die Einheit im Orden zu erhalten. Er kann fast als zweiter Gründer des Ordens gelten. Bonaventuras Schriften fußten auf den Anschauungen des Augustinus, mit denen er Gedankengut des Aristoteles geschickt verbindet. Im Mittelpunkt seiner Theologie steht Christus. Als Erster trennt Bonaventura die Erklärung der Heiligen Schrift von theologischer Spekulation. Papst Gregor X. berief 1273 Bonaventura als Kardinalbischof von Albano nach Rom, wo er sich der Vorbereitung des Zweiten Konzils von Lyon, besonders der Wiedervereinigung mit der griechischen Kirche widmen sollte. Auf dem Konzil erlebte Bonaventura noch die Wiedervereinigung, starb aber kurz darauf in Lyon am 15. Juli 1274. Neben Thomas von Aquin ist Bonaventura, der später »Doctor Seraphicus« genannt wurde, einer der großen Lehrer der Scholastik. – 1588 wurde er zum Kirchenlehrer erhoben.
Dargestellt im Franziskanerhabit mit Kardinalshut, mit Buch, vor Schreibpult mit Kruzifix. – Patron der Theologen, Kinder, Arbeiter, Lastträger, Seifenfabrikanten.
GK, BA, FR

Bernhard [Ahdt.: »der Bärenharte«], Sel., Markgraf von Baden, geb. um 1428 in Hohenbaden, war Söldnerführer und Diplomat im Dienst Kaiser Friedrichs III. Bernhard strebte immer nach Ausgleich und Frieden und führte ein sittenreines Leben. Seinen Landesanteil Baden-Durlach überließ er nach einjähriger Regierung seinem Bruder Karl. Nachdem die Türken 1453 Konstantinopel erobert hatten, ging er im Auftrag des Kaisers nach Italien, um einen Kreuzzug zur Türkenabwehr in die Wege zu leiten. Hier ergriff ihn

die Pest, der er am 15. Juli 1458 in Moncalieri bei Turin erlag. Sein Grab fand er in der dortigen Stiftskirche S. Maria della Scala.
Dargestellt in Ritterrüstung mit Schild und Fahne. – Patron von Baden; der Jugend, der Männer. FR, SP

16.7. **Carmel** – die im Karmeliterorden (OCarm) gepflegte Marienverehrung führte zur Einsetzung eines eigenen Festes: »Gedächtnis U. L. Frau vom Berge Karmel«, das zuerst 1386 in England bezeugt ist. Ende des 16. Jhs. war das Fest im ganzen Karmeliterorden eingeführt. GK

Monulf, Hl., Bischof von Maastricht, erbaute über dem Grab des hl. Servatius eine steinerne Kirche. Außer anderen Gotteshäusern errichtete er auch eine Kapelle zu Ehren der Heiligen Kosmas und Damian in Lüttich. Ebenfalls soll er das Ägidius-Spital in Maastricht gegründet haben. Monulf starb Ende des 6. Jhs. und wurde in der Servatiuskirche in Maastricht beigesetzt. – Seine Gebeine wurden 1039 in Gegenwart Kaiser Heinrichs III. erhoben. Mit Monulf wird auch Bischof Gondulf verehrt, einer seiner Nachfolger auf dem Bischofsstuhl von Maastricht.
Dargestellt im bischöflichen Ornat mit Modell der Servatiuskirche. LÜ

Reineldis [Reinhild], [Ahdt.: »Beschluss« u. »Kampf«], Hl., führte als gottgeweihte Jungfrau in Saintes/Brabant ein Leben der Zurückgezogenheit, des Gebets und des Dienstes am Nächsten. Um 700 wurde sie angeblich in der Kirche von Saintes von Räubern ermordet. – 866 wurden ihre Gebeine erhoben. Die Reliquien befinden sich in einem romanischen Schrein in Saintes. Die Lebensbeschreibung hat einen phantasievollen Legendenkranz um Reineldis erdichtet.
Dargestellt im Pilgerkleid, im Nonnenhabit oder in vornehmer Tracht, bisweilen mit abgeschlagenem Haupt. – Patronin bei eiternden und aufbrechenden Wunden.

Irmengard [Germ.: »in Haus und Familie groß«] OSB, Sel., Tochter König Ludwigs des Deutschen, war bereits Leiterin des Klosters Buchau am Federsee/Oberschwaben, als sie 857 Äbtissin von Frauenchiemsee/Südbayern wurde. Sie starb dort am 16. Juli um 866. – Bereits durch Abt Gerhard von Seeon (1004–1019) wurde Irmengard auf einer in ihr Grab gelegten Bleiplatte als Selige gepriesen. Seit 1922 ruhen die Reliquien in der Irmengardiskapelle hinter dem Hochaltar.
Dargestellt als Äbtissin mit Krone, flammendem Herzen, Glocke. M, RT, S

Elvira [Erlvira], [Westg.: »Hüterin des Heiligtums«] OSB leitete im 11./12. Jh. als Äbtissin das Kloster Oeren (St.-Irminen) in Trier.

Donata [Lat.: »die Geschenkte«], Hl., gehörte zu den ersten Märtyrern aus Afrika. Sie stammte aus der Stadt Scillium, bekannte im Prozess vor dem Prokonsul in Karthago unerschrocken ihren Glauben an Christus, wurde zum Tode verurteilt und noch am selben Tage, dem 17. Juli 180, enthauptet. – Die Prozessakten sind erhalten. Das Gedächtnis der scillitanischen Märtyrer wurde noch zur Zeit Augustins in der afrikanischen Kirche begangen. **17.7.**

Livarius [Livier], Hl., war nach der Legende des 12. Jhs. ein Ritter, der 451 von den Hunnen bei Marsal/Metz seines Glaubens wegen enthauptet wurde. Wahrscheinlich liegt der Legende ein echtes Martyrium aus der Zeit der Ungarneinfälle zugrunde. – Der Leib des Märtyrers, zuerst auf dem Mont-Saint-Jean bei Moyenvic bestattet, wurde von Bischof Theoderich von Metz in das von ihm gegründete St.-Vinzenz-Kloster nach Metz übertragen. Im 11. Jh. befanden sich die Gebeine in der Metzer Kirche St.-Polyeucte, die fortan St.-Livier genannt wurde. Nach der Aufhebung dieser Kirche wurden die Reliquien wieder nach St.-Vincent übertragen. Am 17. Juli wird das Gedächtnis der Übertragung der Gebeine begangen.

Dargestellt mit einem Schurz bekleidet, mit Händen und Kopf an einen Holzblock gefesselt. ME

Marina [Lat.: »die am Meer Wohnende«] von Bithynien, Hl. lebte nach den romanhaften Zügen der verschiedenen, voneinander abweichenden Fassungen der Legende im 5. Jh. Als ihr Vater Mönch geworden sei, habe er seine Tochter in ein Knabengewand gekleidet und unter dem Namen Marinus mit ins Kloster genommen. Hier ertrug sie in Demut Verleumdung und ungerechte Bestrafung. Erst ihr Tod enthüllte ihr wahres Geschlecht und damit ihre Unschuld. Die in Venedig aufbewahrten Reliquien stammten von einer anderen Marina.

Dargestellt in Nonnenhabit oder Einsiedlerinnenkleid mit Kind. – Patronin gegen Schmerzen.

Alexius [Griech.: »der Verteidiger, Helfer«], Hl., ein junger römischer Patrizier, entfloh gemäß der syrischen Legende des 5. Jhs. am Hochzeitstag nach Edessa/Mesopotamien, wo er nach einem entbehrungsreichen Leben in der Verborgenheit von dieser Welt dahinschied. – Im 12. Jh. wurde seine Verehrung auch im Abendland bekannt.

Dargestellt in Pilgerkleidung, unter einem Teppich liegend. – Patron der Pilger, Bettler, Gürtler.

Koloman, Hl., irischer Pilger, gest. 17.7.1012., ↗13.10.

Hedwig [Ahdt.: »Kampf« u. »Krieg«] von Anjou/Polen, Hl., die spätere Königin Jadwiga von Polen, wurde am 18. Februar 1374 in Buda/Ungarn als jüngste

Tochter des Königs von Ungarn, Polen und Kroatien, Ludwig von Anjou, geboren. Nach dem Tod ihres Vater wurde sie 1384 zur Königin von Polen gekrönt. Im folgenden Jahr stimmte sie der Eheschließung mit dem litauischen Großfürsten Jagiello unter der Bedingung zu, dass er sich taufen ließ und sein Volk zum christlichen Glauben führe. 1388 gründeten die Eheleute das Bistum Wilna. 1397 richtete die Königin an der Krakauer Universität eine theologische Fakultät ein. Besonders beim Volk genoss sie wegen ihrer Liebe zu den Armen und Schwachen hohes Ansehen. Die Königin starb am 17. Juli 1399 in Krakau und ist im dortigen Dom bestattet. – Kultbestätigung am 22. Februar 1974, Heiligsprechung am 8. Juni 1997 in Krakau.
GK

Gabriele [Hebr.: »starker Gott«] Croissy OCarm, Sel., und **Charlotte** [weibl. von Karl; Ahdt.: »Mann, freier Mann« bzw. Frau] Thouret OCarm, Sel., Karmelitinnen in Compiègne, wurden mit 14 anderen Schwestern 1792 aus ihrem Kloster vertrieben. Alle hatten sich Gott als Sühneopfer für die Greuel der Revolution angeboten. 1794 wurden die Schwestern eingekerkert, weil sie den Eid auf die Zivilkonstitution des Klerus widerrufen hatten, und wegen ihrer Glaubenstreue als »Fanatikerinnen« zum Tode verurteilt. Am 17. Juli 1794 bestiegen sie unter dem Gesang des »Salve Regina« in Paris das Schafott.
Dargestellt in Karmelitinnenhabit mit Palme und Schafott.

18.7. **Odilia**, Hl., gehört zu den legendarischen Gefährtinnen Ursulas von Köln. Ihre Gebeine wurden vor 1292 in das Kreuzherren-Kloster von Huy übertragen. Sie wird dort und in Raeren als Helferin gegen Augenleiden verehrt.
Dargestellt als vornehme Jungfrau mit Palme und Buch.

Arnulf [Ahdt.: »Adler« und »Wolf«], Hl., entstammte dem fränkischen Hochadel, wurde am Königshof in Metz erzogen, schloss hier Freundschaft mit Romarich und Pippin von Landen. Mit Pippin stürzte Arnulf 613 Königin Brunhilde. Arnulfs Sohn Ansegisel heiratete Pippins Tochter Begga und wurde so Stammhalter der Karolinger. Kurz darauf wurde Arnulf Priester, seine Gemahlin Doda trat in ein Trierer Kloster ein. Um 614 bestieg Arnulf den Bischofssitz von Metz. Am Hof Chlotars II. war Arnulf ein einflussreicher Ratgeber, für den jungen König Dagobert I. führte er mit Pippin die Regentschaft. Nach Chlotars II. Tod 629 legte Arnulf den Bischofsstab nieder und zog sich in Romarich in das Vogesen-Kloster Remiremont zurück, wo er bis zu seinem Tod am 18. Juli 640/655 Aussätzige pflegte. – Seine Gebeine wurden nach Metz in die Abtei St.-Arnulf übertragen. Nach deren Zerstörung 1552 kamen die Reliquien in die Dominikanerkirche, die seitdem nach ihm benannt wurde.

Dargestellt in bischöflichem Ornat oder Mönchshabit oder im Reisemantel, mit Fisch, Harpune, Wolf. – Patron der Bierbrauer, Müller; zum Wiederfinden verlorener Sachen. ME

Arnold [Ahdt.: »Adler« und »herrschen«], Hl., nach der Überlieferung um 800 Lautenspieler am Hof Karls d. Gr., war ein Freund der Armen und Waisen. Er erwirkte vom Kaiser die Schenkung des Bürge-Waldes an zwanzig Dörfer zwischen Düren und Jülich. – Die Reliquien befinden sich in der Arnoldskapelle von Arnoldsweiler, wo die Verehrung schon 1168 nachgewiesen werden kann.
Dargestellt als Musikant mit Harfe oder Zither. – Patron der Musiker, Organisten, Musikinstrumentenbauer; um guten Tod.

Friedrich [Ahdt.: »schützender Herrscher«], Hl., seit etwa 820 Bischof von Utrecht, war von seinem Vorgänger Ricfrid ausgebildet worden. Gegen Irrlehrer in Friesland trat Friedrich selbst als Prediger der wahren Lehre auf. Mit Rhabanus Maurus verband ihn Freundschaft. Friedrich starb vielleicht eines gewaltsamen Todes am 18. Juli um 835. Der Bericht der Leidensgeschichte um 1025, er sei auf Anstiften der Kaiserin Judith ermordet worden, ist unglaubwürdig.
Dargestellt in Pontifikalgewändern mit Schwert und Palme.

Thietmar erhielt als Kanoniker am Moritzstift in Magdeburg von Erzbischof Gisilher die Priesterweihe und trat dann in den Dienst des Erzbischofs Willigis von Mainz. Kaiser Heinrich II. ernannte Thietmar zum Propst des Krönungsstiftes in Aachen und 1003 zum Bischof von Osnabrück. Der fromme und kenntnisreiche Bischof schrieb mit eigener Hand etwa fünfzig Bücher ab, die er später der Bibliothek seines Domes vermachte. In der Osnabrücker Neustadt gründete er 1010 das Kanonikerstift St.-Johann. Gegen Ende seines Lebens erblindete Thietmar. Doch trug er mit Geduld sein schweres Los, bis ihn der Tod 1023 von seinem Leiden erlöste.

Answer [Ahdt.: »Gottes Wehrmann«] OSB, Hl., Benediktinerabt des Georgi-Klosters in Ratzeburg, verkündete den Glauben unter den dort ansässigen Wenden. Beim Aufstand der heidnischen Wenden gegen den christlichen Fürsten Gottschalk wurde Answer mit einer Zahl von Mönchen und Laien am 15. Juli 1066 zu Tode gesteinigt. Die Reliquien im Dom von Ratzeburg wurden in der Reformation beseitigt. Doch erinnert noch heute das Answeruskreuz am Gestade des Ratzeburger Sees an den Märtyrer.
Dargestellt in Abtskleidung mit Stab und drei Steinen. H

Rapoto [Rainboto, Ratbold] OSB, (Sel.), führte im 11./12. Jh. als Priestermönch der Abtei Kremsmünster einen heiligmäßigen Lebenswandel. Sein Leib wurde Anfang des 13. Jhs. aus der Abteikirche in die Marienkapelle übertragen, wo er vor dem Michaelsaltar beigesetzt wurde. Beim Umbau um 1675 gingen sein Grab und seine Gebeine verloren.

Radegund, Hl., lebte als Dienstmagd auf Schloss Wellenburg bei Augsburg. Ihre Pflichten erfüllte sie mit großer Sorgfalt und Treue. Aus Liebe zu ihren Nächsten pflegte sie im nahen Siechenhaus Arme und Kranke. Auf dem Weg dorthin wurde sie um 1290 von Wölfen zerrissen. – An ihrem Sterbeort wurde eine Kapelle errichtet, die bald von Wallfahrern viel besucht wurde. 1812 wurden die Reliquien in die Kirche von Waldberg/bei Augsburg überführt.
Dargestellt in schlichtem Kleid, angefallen von Wölfen, zu ihren Füßen Kanne, Schüssel, Kamm und Bürste.

19.7. **Poppo**, Sel., war um 995 Bischof in Schleswig. Er wirkte als Glaubensbote unter den Dänen, wo er mit klugem Eifer das Evangelium verbreitete. Möglicherweise verlegte er später sein Wirkungsfeld nach Jütland. Er starb am 19. Juli unbekannten Jahres und wurde in der Paulskirche in Bremen bestattet.

Bernulf [Bernold], Hl., wurde 1027 von Kaiser Konrad II. zum Bischof von Utrecht erhoben. Bernulf setzte sich sehr für eine Reform innerhalb der Kirche ein. In Utrecht erbaute er die Peterskirche. Hier fand er nach seinem Tod am 19. Juli 1054 auch seine letzte Ruhestätte.
Patron der niederländischen »Bernulf-Gilde für christliche Kunst«; der unfruchtbaren Ehefrauen und kranken Kinder.

20.7. **Elija**, Elia, Elias [Hebr.: »Mein Gott ist Jahwe«], Prophet aus Tischbe in Gilead, Retter des reinen Glaubens an Gott im Nordreich Israels im 9. Jh. v. Chr. Er wirkte viele Wunder (*1 Kön* 17,1 – *2 Kön* 2,12). Am Ende seines Lebens Entrückung in den Himmel und Weissagung seiner Wiederkunft als Vorläufer des Messias. JE, RO

Margareta [Griech.: »Perle«], Hl., in der griechischen Kirche Marina genannt, hat als jungfräuliche Märtyrin in Antiochien/Pisidien ihr Leben für Christus hingegeben. Die romanhafte Legende berichtet, Margareta sei von ihrem Vater, einem heidnischen Priester, verstoßen worden und habe nach erbittertem Kampf mit dem Teufel und furchtbaren Martern in der Christenverfolgung Kaiser Diokletians (nach 300) den Tod erlitten. – Im Abendland war ihr Kult schon im 7. Jh. bekannt, kam aber erst im späteren Mittelalter zur Blüte. Ihre Reliquien werden seit 1185 in Montefiascone/Toscana verehrt. Margareta wird zu den Vierzehn Nothelfern gerechnet und bildet mit Katharina und Barbara die Gruppe der »drei heiligen Madl«.

Dargestellt als Jungfrau mit Märtyrerkrone und Palme, Kreuz und Drachen. – Patronin der Bauern, Jungfrauen, Ammen, unfruchtbaren Ehefrauen; bei Schwergeburten, Gesichtskrankheiten, Wunden; der Menschen, die um Verzeihung ihrer Sünden bitten. RK

Wulmar [Wilmar] OSB, Hl., stammte aus der Umgebung von Boulogne-sur-Mer/Nordfrankreich und trat nach kurzer Ehe in das Kloster Hautmont/bei Maubeuge ein. Hier diente er zuerst als Viehhüter, wurde dann aber zum Studium und zur Priesterweihe zugelassen. Nun zog er sich als Einsiedler zurück und gründete dann auf seinem Eigentum das Mönchskloster Samer/bei Boulogne und das Nonnenkloster Wierre-aux-bois, die er als Abt bis zu seinem Tod leitete. Er starb am 20.7. um 710. – Seine Gebeine wurden später von Samer nach Boulogne, von dort 944 teilweise nach Blandinienberg in Gent übertragen. Fast alle Reliquien wurden in der Reformationszeit vernichtet.
Dargestellt im Mönchshabit, Holz hackend oder in Abtskleidung.

Bernhard [Ahdt.: »der Bärenharte«], Sel., von Geburt Sachse, Domscholaster und Dompropst in Hildesheim. 1130 wurde er dort Bischof. 1131 erwirkte er die Heiligsprechung Godehards und 1150 die liturgische Verehrung Bernwards. Er sicherte das Bistumsgebiet durch die Burgen Winzenburg und Homburg, erwarb die Abtei Ringelheim (im heutigen Salzgitter), gründete das Kloster Holle-Dernburg und förderte die Abtei Amelungborn. Bernhard starb am 20. Juli 1153/54 und wurde in der Kirche der von ihm gegründeten Godehard-Abtei begraben.

Gepa [Ahdt.: »Speer« u. »schützen«] OPraem, war die zweite Meisterin des 1147 begründeten Prämonstratenserinnenkonvents in Füssenich bei Zülpich. Nach einem vorbildlichen Leben als fromme und demütige Ordensfrau sowie als kluge und gute Leiterin der ihr Untergebenen starb sie an einem 20. Juli in der 2. Hälfte des 12. Jhs.

Léon-Ignace Mangin SJ, Sel., geb. als Sohn eines Friedensrichters am 30. Juli 1857 in Verny bei Metz, studierte in Beauregard, Diedenhofen und Metz, dann seit 1872 im Jesuitenkolleg in Amiens. 1875 trat er in die »Gesellschaft Jesu« ein, wurde 1882 in die Chinamission gesandt und dort 1886 zum Priester geweiht. Seit 1890 leitete er den Missionsbezirk von Ho-kien-fu, seit 1897 den von King-tchéou. Während des Boxeraufstandes wurde Léon-Ignace mit einer Anzahl chinesischer Christen in der Kirche von Tshu-kia-ho am 20. Juli 1900 ermordet. GK, ME

Jeremia, Jeremias [Hebr.: »Der Herr richtet auf«]. Der Schriftprophet wurde um 650 v. Chr. in Anathoth geboren und schon als junger Mann zum Prophetendienst berufen (*Jer* 1,4–10). Er ging ganz darin auf und kämpfte mutig **21.7.**

gegen die herrschende Volksmeinung und die Politik des Königs. Nach der Überlieferung wurde er nach Ägypten verbannt und dort gesteinigt.

JE, RO

Daniel [Hebr.: »(auf)gerichtet hat Gott«], einer der Großen Propheten des Alten Bundes, stammte aus einer vornehmen Familie im Reich Juda, wurde im jugendlichen Alter 605 v. Chr. nach Babylon weggeführt und dort am Hof des Königs Nebukadnezar erzogen. Seine Weissagungen und Visionen sind im alttestamentlichen Buch Daniel niedergelegt. Für seine strenge Beobachtung des Gesetzes beschenkte Gott ihn mit außergewöhnlicher Weisheit, die ihn am Königshof Zeugnis für die Stärke Gottes geben ließ. Daniel starb nach 563 und wurde in Babylon oder Susa begraben. – In der Ostkirche ist der Gedenktag am 30. Dezember.

Dargestellt als Jüngling in der Löwengrube, mit einem vierhörnigen Widder, mit anderen wilden Tieren. – Patron der Bergleute. RO, JE

Ezechiel, Hesekiel [Hebr.: »Gott gibt Kraft«] war einer der Großen Schriftpropheten und gehörte zu den vom König von Babel 597 v. Chr. nach Babylon deportierten Gefangenen. Dort soll er auch gestorben sein. Er verkündigte, dass die Verbannung als Strafe Gottes Anlass werde für das Volk zur Umkehr zu seinem Gott. RO

Praxedis [Griech.: »die Handelnde«], Hl., soll eine der ersten Jungfrauen Roms gewesen sein, die den Schleier empfingen und sich der gemarterten Christen annahmen. Die Zeit ihres Lebens ist ungewiss. Vielleicht ist sie die Erbauerin der seit dem 5. Jh. bezeugten römischen Titelkirche St. Prassede. Die im 6. Jh. entstandene Legende setzt eine kultische Verehrung voraus.

Dargestellt in römischer Jungfrauentracht mit Schwamm und Becken, auch Almosen verteilend.

Arbogast [Ahdt.: »Erbe« u. »Fremdling«], Hl., wohl aus fränkischem Adel, wurde von den Merowingern um 550 als Bischof nach Straßburg gesandt, um das alemannische Elsass fester mit dem Frankenreich zu verbinden. Er bemühte sich, das Christentum in seiner Diözese zu vertiefen. In Straßburg erbaute er die erste Kathedrale an der heutigen Stelle, ferner das Kloster Surburg und den Vorgängerbau des späteren St.-Arbogast-Stiftes in Straßburg. Seine Reliquien sind verschollen.

Dargestellt in bischöflichen Gewändern. – Patron des Bistums Straßburg; gegen Fußleiden, Müdigkeit, Niedergeschlagenheit. FR, ST

Florentius, Hl., stammte aus einem elsässischen Geschlecht und war im letzten Drittel des 6. Jhs. als Nachfolger Arbogasts Bischof von Straßburg. Ihm wird die Gründung der Klöster St.-Thomas in Straßburg und Niederhaslach zugeschrieben. 810 wurden seine Reliquien nach Niederhaslach überführt. Im Bistum Straßburg wird sein Gedenken am 7. November als Eigenfest begangen.

Dargestellt im Einsiedlergewand mit Tieren oder als Bischof mit Sonnenstrahl. – Patron gegen Bruch- und Steinleiden. ST

Stilla, Sel., der Überlieferung nach aus dem Geschlecht der Grafen von Abenberg/südl. von Nürnberg. Sie legte in die Hände Ottos von Bamberg das Gelübde der Jungfräulichkeit ab und führte mit drei Gefährtinnen ein Leben des Gebets und des Dienstes an Armen und Kranken. Nach ihrem Tod in der 1. Hälfte des 12. Jhs. wurde sie in dem von ihr erbauten Peterskirchlein bei Abenberg beigesetzt, wo ihr Steinsarg des 12. und ihr Grabstein des 13. Jhs. noch vorhanden sind. – Der Kult Stillas ist seit 1480 bezeugt. Die Wallfahrt besteht heute noch.

Dargestellt in fürstlichen Gewändern oder in Kleidung einer Klosterfrau, mit Lilie und Kirchenmodell. EIH

Laurentius [Lat.: »der Lorbeer-Gegränzte«] von Brindisi OFMCap, Hl., geb. am 22. Juli 1559 in Brindisi/Süditalien, wurde Priester im Kapuzinerorden und zeichnete sich durch vorbildliches Leben, wissenschaftliche Kenntnisse und eifrige Predigttätigkeit aus. 1602–1605 war er Ordensgeneral. Er führte die ersten Kapuziner nach Österreich, Böhmen, Tirol und Bayern. Seiner Entschlossenheit ist der Sieg bei Stuhlweißenburg über die Türken zu verdanken. Seines Rates bediente sich Maximilian I. von Bayern. Laurentius starb am 22. Juli 1619 in Lissabon und wurde begraben in Villafranca del Bierzo zwischen León und Santiago. – 1567 wurde er zum Kirchenlehrer erhoben.

Dargestellt im Kapuzinerhabit mit Buch und Schreibfeder, Engeln und Jesuskind. GK, G

Maria Magdalena wurde durch Jesus von starker Besessenheit geheilt, begleitete **22.7.**
ihn dann durch Galiläa und diente ihm. Sie war beim Tod Jesu und bei seinem Begräbnis zugegen. Am Ostermorgen vernahm sie mit anderen Frauen die Botschaft von der Auferstehung und wurde der Erscheinung des Auferstandenen gewürdigt. – Die spätere Überlieferung verwob Maria Magdalena, Maria von Betanien und die reumütige Sünderin zu einer Person. Die Legende des 11./13. Jhs. lässt Maria Magdalena ihr Leben in der Provence beschließen und auch dort begraben sein. Nach einer griechischen Überlieferung befand sich ihr Grab in Ephesus, von wo Kaiser Leon VI. 899 die Reliquien nach Konstantinopel überführte. Auch die Mönche von Vézelay behaupteten seit dem 11. Jh., die Gebeine Maria Magdalena zu besitzen.

Dargestellt als vornehme Dame oder als Büßerin vor einer Höhle mit Totenkopf, Geißel, Salbengefäß. – Patronin der Frauen, reuigen Sünderinnen, Verführten, der

Kinder, die schwer gehen lernen; der Handschuhmacher, Kammmacher, Friseure, Salbenmischer, Parfüm- und Puderhersteller, Bleigießer, Böttcher, Weißengerber, Wollweber, Gärtner, Winzer, Weinhändler, Schüler, Studenten; bei Augenleiden.

GK

Verena [Elvira], [Griech.: »bringen« u. »Sieg«], Hl., war nach der Legende eine Gefährtin Ursulas von Köln. Ihre Reliquien wurden in Schönau verehrt.

Wandregisil, Hl., Abt von Fontenelle, gest. 22.7.668, ↗14.7.

Eberhard [Ahdt.: »Eber« u. »stark«] OCist, Sel., Graf von Berg, wurde nach 1129 Zisterziensermönch in Morimond. Auf seine Veranlassung hin übertrug sein Bruder Adolfs die Familiengründung Altenberg dem Zisterzienserorden. Eberhard wurde 1143 Abt des von seinem Schwager Sizzo von Käfernburg gegründeten Klosters Georgenthal bei Gotha. Er starb zwischen 1152 und 1154. Die Beisetzung seines Leibes in Altenberg ist eine fromme Legende.

Laurentius von Brindisi, Hl., Kapuziner, gest. 22.7.1619, ↗21.7.

23.7. **Apollinaris**, Hl., lebte um 200 als Bischof in Ravenna, wo er nach qualvollen Peinigungen die Drangsale der Verfolgung überlebte. Nach der späteren Legende soll er nachher mit einer Keule erschlagen worden sein. – Über seinem Grab in der Nähe des Hafens wurde 549 die prächtige Basilika S. Apollinaris in Classe geweiht. Als dann die arianische Hofkirche katholisch wurde, ist auch diese Apollinaris geweiht worden (S. Apollinare Nuovo). Die Reliquien in Remagen (angeblich Übertragung 1164) und Siegburg (Schrein des 15. Jhs.) stammten sicher nicht von dem Bischof von Ravenna.
Dargestellt in bischöflichen Gewändern mit Märtyrerkrone. – Patron gegen Stein- und Kopfleiden.

K

Liborius, Hl., war seit 348 Bischof von Le Mans. Vor seinem Tod an einem 9. Juni um 397 besuchte ihn Martin von Tours, der ihn auch bestattete. – Bischof Aldrich übergab 836 die Gebeine des Liborius den Boten Bischof Badurads von Paderborn und schloss eine ewige Gebetsverbrüderung der beiden Bistümer, die heute noch besteht. Nach dem Jahr 1000 wurde Liborius Patron von Dom und Bistum Paderborn. Die Reliquien wurden 1622 von Christian von Braunschweig geraubt und 1627 nach Paderborn zurückgeführt. Seit dem 11. Jh. wird das Liborifest am 23. Juli gefeiert.
Dargestellt im Pontifikalornat, mit Buch und darauf liegenden Steinen, mit Pfau. – Patron des Erzbistums Paderborn; gegen Steinleiden, Kolik, Wassersucht, Fieber.

E, PB

Birgitta [Kelt.: »die Erhabene«] von Schweden, Hl., um 1302/1303 geboren, wurde 1316 mit dem Adeligen Ulf Gudmarsson vermählt. Ihre Ehe wurde mit acht Kindern gesegnet. Wegen ihres frommen und gütigen Sinnes genoss Birgitta großes Ansehen. 1341/43 unternahm das Ehepaar eine Reise zum Grab des hl. Jakobus nach Santiago de Compostela/Spanien. Nach der Heimkehr zog sich Ulf Gudmarsson in ein Zisterzienser-Kloster zurück, wo er bereits am 12. Februar 1344 einer Krankheit erlag. Birgitta ließ sich nun in Alvastra nieder. Schon von Kindheit an war sie durch Offenbarungen begnadet worden. Jetzt vernahm sie Gottes Ruf, seine Braut und Mittlerin zu sein. Die von ihren Beichtvätern aufgeschriebenen Offenbarungen erhielt Birgitta als Antworten Gottes auf ihre Gebete, aber selten in Ekstasen. 1346 schenkte ihr König Magnus Eriksson das Königsgut Vadstena, wo sie dann das erste Kloster des von ihr ins Leben gerufenen »Erlöserordens«, auch »Birgittenorden« genannt, gründete. Um für die Anerkennung und Ausbreitung ihres Ordens besser wirken zu können, ging Birgitta 1349 nach Rom. Seit 1350 lebte ihre Tochter Katharina als ihre treueste Jüngerin und Begleiterin bei ihr. Birgitta bemühte sich, allerdings vorerst vergebens, die Päpste zur Rückkehr von Avignon nach Rom zu bewegen. 1372/73 machte sie eine Wallfahrt ins Heilige Land, kurz darauf starb sie in Rom am 23. Juli 1373. Ihre Tochter Katharina überführte den Leib im folgenden Jahr 1374 nach Schweden, wo sie in ihrer Gründung Vadstena bestattet wurde. – Johannes Paul II. erhob sie am 1. Oktober 1999 zur Mitpatronin Europas.

Dargestellt im Gewand einer Pilgerin oder im Nonnenhabit mit Birgittenhaube (Bügelkrone mit fünf roten Flecken, die die fünf Wunden Christi bedeuten), mit Schreibfeder und Buch. – Patronin der Pilger; um guten Tod. GK

Christophorus [Griech.: »Christus-Träger«], Hl., Märtyrer, über dessen Leben sowie über die Zeit und Art seines Todes keine Nachrichten mehr überliefert sind. Doch war ihm bereits 452 in Chalkedon (gegenüber Istanbul) eine Kirche geweiht. Möglicherweise hat er um 250 in Lykien/ Südwest-Kleinasien die Krone des Martyriums erlangt. – Die Legende aber weiß, das Christophorus zuerst einem mächtigen König, dann dem Teufel gedient habe. Als Fährmann habe er arme Wanderer über einen Fluss getragen, darunter auch das Jesuskind, das mitten im Fluss zu einer so schweren Last wurde, dass Christophorus nicht weitergehen konnte. So habe er Gott als den Mächtigsten erkannt, dem er fortan sein Leben weihte. – Nach dem Volksglauben des Spätmittelalters war das Anschauen des Jesuskinds auf den Schultern des Christophorus ebenso wirksam wie der Anblick der Eucharistie: Wer dieses Schauen erlangte, starb am gleichen Tag keines unversehenen Todes. Daher waren die Christophorusdarstellungen in und an Kirchen so riesengroß, damit alle dieser Schau teilhaftig werden konnten. Christophorus, der im Morgen- und Abendland verehrt wurde, zählt zu den Vierzehn Nothelfern und gilt als Patron gegen einen jähen Tod. 24.7.

→

Dargestellt als Riese mit dem Jesuskind auf der Schulter, durch die Gewässer watend. – Patron des Verkehrs; der Furten, Bergstraßen, Schiffer, Flößer, Fährleute, Seeleute, Pilger, Reisenden, Kraftfahrer, Luftschiffer; Zimmerleute, Buchbinder, Hutmacher, Färber, Lastenträger, Bergleute, Gärtner, Obsthändler, hoffenden Frauen, Kinder; für gute Apfelernte; gegen jähen und unbußfertigen Tod, Pest, Seuchen, Gefahren durch Wasser und Feuer, Unwetter, Hagel, Widerwärtigkeiten, Wunden, Zahnweh. RK

Christine [Griech./Lat.: »die Christin«], Hl., wird als Märtyerin in Bolsena/Latium verehrt. Bei ihrem Grab wurde bereits im 4./5. Jh. eine christliche Begräbnisstätte angelegt. In S. Apollinare Nuovo in Ravenna ist sie auf einem Mosaik aus dem Ende des 6. Jhs. dargestellt. In der legendarischen Lebensbeschreibung wird sie vielfach gleichgesetzt mit der Märtyrin Christina von Tyrus in Phönikien.

Dargestellt als junges Mädchen mit Märtyrerkrone und Palme, mit Armbrust, Pfeilen, Mühlstein, Schlangen, Zange. – Patronin der Müller, Bogenschützen, Seeleute.

Ursicin, Hl., lebte als Einsiedler Ende des 6. Jhs. im Berner Jura. Nach der unzuverlässigen Lebensbeschreibung des 12. Jhs. soll er vorher unter Kolumban Mönch in Luxeuil gewesen sein. Bei seinem Grab errichtete Wandregisil eine Eremitenniederlassung, die später in ein Kloster, dann in ein Chorherren-Stift umgewandelt und nach Ursicin St.-Ursitz (St.-Ursanne) genannt wurde. Der Kult Ursicins ist im 8. Jh. nachweisbar.

Dargestellt als Mönch mit Buch in Predigergestus, mit Lilie. BS

Siglind [Ahdt.: »siegreiche Schüzerin«] OSB, Hl., stammte aus einem adeligen Geschlecht in Aquitanien/Südwest-Frankreich. Nach dem Tod ihres Gatten Gislef wurde sie Äbtissin in dem von ihrem Vater gegründeten Kloster Troclar am Tarn in der Diözese Albi/Südfrankreich. Sie lebte wohl im 7. Jh. Im 8. Jh. war sie bereits Patronin einer Pfarrkirche in Metz.

Dargestellt im Benediktinerinnenhabit, umgeben von Kranken.

Gerburg [Gerberg] von Gandersheim OSB, Hl., Tochter des Sachsenherzogs Luidolf, folgte ihrer Schwester Hadumod 874 als Äbtissin des von ihrem Vater gegründeten Benediktinerinnen-Klosters Gandersheim. Sie starb der Überlieferung nach am 24. Juli 896.

Dargestellt im Äbtissinengewand mit Buch.

Christine [Griech./Lat.: »die Christin«] Mirabilis, »die Wunderbare«, Hl., geb. um 1150 in Brusthelm/Belgien, war mit 15 Jahren Waise und verdiente ihren Unterhalt als Hirtin. Um 1182 begann sie ein strenges Leben der Buße, um den Armen Seelen zu helfen und die Sünder zu bekehren. Ihr Leben war angefüllt mit außergewöhnlichen Vorgängen und mystischen Gnadenerweisen, die aber nur teilweise beglaubigt sind. Um 1224 starb sie bei den Benediktinerinnen von St.-Katharina in Sint-Truiden. – Ihre Gebeine wurden 1249 erhoben. Seitdem begeht man ihr Gedächtnis am Tag der Christine von Bolsena. Heute befinden sich die Reliquien der Christine Mirabilis in der Redemptoristenkirche in Sint-Truiden.

Patronin der Sünder; gegen Infektionskrankheiten, Viehseuchen; in verzweifelten Lagen; für einen guten Tod. LÜ

Kinga [Kunigunde] von Polen OSCl, Hl., geb. um 1224 als Tochter des Königs Bela IV. von Ungarn und die Schwester der sel. Jolenta u. der hl. Margareta von Ungarn. 1239 wurde sie mit Herzog Boleslaw V. von Polen vermählt. Sie war sehr mildtätig gegenüber Armen, suchte die Kranken in den Spitälern auf und pflegte sie. Sie stiftete das Klarissen-Kloster in Alt-Sandecz. Als ihr Gatte 1279 starb, trat sie ein Jahr darauf selbst in das von ihr gestiftete Kloster ein und wurde dort Oberin. Sie betrieb die Heiligsprechung des Bischofs Stanislaus von Krakau, starb am 1292 in Alt-Sandecz. – Ihre Gebeine wurden 1591 erhoben. Selig gesprochen 1690, 1715 zur Patronin Polens und Litauens ernannt, Heiligsprechung am 16. Juni 1999 in Stary Sacz.

Dargestellt im fürstlichen Gewand oder im Klarissenhabit mit abgelegter Krone. – Patronin von Polen und Litauen. GK

Luise OSCl, Sel., geb. am 28. Dezember 1462 als Tochter des Herzogs Amadeus IX. von Savoyen, heiratete 1479 Hugo von Châlon, mit dem sie in Nozeroy/Jura ein der Nächstenliebe geweihtes Leben führte. Als dieser 1490 starb, wurde sie zuerst Terziarin und trat dann in das Klarissen-Kloster Orbe/Waadt ein, wo sie sich durch Demut, Gehorsam und Bußeifer auszeichnete. Luise starb am 24. Juli 1503 in Orbe. – Ihre Reliquien wurden 1531 nach Nozeroy, 1842 nach Turin übertragen.

Dargestellt im Klarissenhabit in Gebetshaltung mit Kreuz. – Patronin für Kindersegen.

Jakobus [Hebr.: »Gott möge schützen«] der Ältere, Hl., Sohn des Fischers Zebedäus und der Salome, war wie sein jüngerer Bruder Johannes (der Evangelist) ebenfalls Fischer am See Gennesaret. Jesus berief gleichzeitig beide Brüder, die wegen ihres stürmischen Temperament »Donnersöhne« genannt wurden, zu seinen Jüngern. Mit Petrus gehörten Jakobus und Johannes zu den bevorzugten Jüngern, die bei der Erweckung der Tochter des Jairus, bei der Verklärung Jesu auf dem Berg Tabor und bei seinem Leidensbeginn im Garten Getsemani zugegen waren. Jakobus war der erste aus dem Kreis der Apostel, der um Ostern 44 durch König Herodes Agrippa den Martertod erlitt. – Nach alter spanischer Überlieferung wurde der Leib des Apostels nach Santiago de Compostela gebracht und dort im 9. Jh. von Bischof Theodomir von Iria aufgefunden. Seitdem entwickelt sich dort am Grab des **25.7.**

Apostels die Wallfahrt, die vom 10. bis zum 15. Jh. in der ganzen Christenheit berühmt war. Aus allen christlichen Ländern führten Pilgerstraßen nach Compostela, die mit Jakobuskirchen und Hospizen gesäumt waren. Zeitweise wurde Jakobus von allen Aposteln die größte Verehrung beim Volk zuteil.

Dargestellt als Apostel mit Buch oder als Pilger mit Stab, Beutel und Pilgermuschel, oder als »Matamoros« (Maurentöter) in Kriegsrüstung zu Pferd mit Schwert, unter sich besiegte Mauren. – Patron Spaniens; der Krieger, Pilger, Arbeiter, Lastenträger, Hutmacher, Wachszieher, Kettenschmiede, Apotheker, Drogisten; für das Gedeihen der Äpfel (Jakobi-Äpfel) und Feldfrüchte; des Wetters; gegen Rheumatismus.

GK

Thea, Hl., lebte in Gaza, wo sie mit anderen Christen beim Studium der Heilgen Schrift überrascht und vor den Richter nach Cäsarea verschleppt wurde. Nach grausamen Martern wurde sie der Überlieferung nach am 15. Juli um 308 enthauptet. Ihre Reliquien sollen in der Timotheus-Kirche von Gaza verehrt worden sein.

Magnerich, Hl., Bischof von Trier, gest. 25.7. nach 578, ↗ 27.7.

Godhalm [Gotthalm], Sel., Diener Kolomans, kam auf der Suche nach seinem verschollenen Herrn nach Mauer bei Melk, wo er vom Tod Kolomans erfuhr. Godhalm ließ sich in Mauer nieder, wo er um 1020 starb. Seine Bestattung erfolgte in Melk.

Thomas [Hebr.: »Zwilling«] Hemerken von Kempen CanA, (Sel.), geb. 1379/80, seit 1392 in der Schule von Deventer unter der geistlichen Leitung des Florenz Radewijns, trat 1399 in das Stift St.-Agnetenberg der »Regulierten Chorherren« (Augustiner Chorherren) ein und wurde 1414 Priester. In seinen zahlreichen Schriften zeigte sich seine tiefe Frömmigkeit und reiche Lebenserfahrung. Höchstwahrscheinlich ist Thomas auch der Verfasser der »Nachfolge Christi«. Er ist einer der einflussreichsten Vertreter der neuen Frömmigkeitsrichtung, der »devotio moderna«, die die persönliche, innere Frömmigkeit des Einzelnen erstrebte. Thomas starb am 25. Juli 1471 in St.-Agnetenberg. Seine Gebeine ruhen in der Michaelskirche von Zwolle.

26.7. **Joachim** [Hebr.: »Gott richtet auf«], Hl., und **Anna** [Hebr.: »Erbarmung, Gnade«], Hl., sind nach dem Protoevangelium des Jakobus (2. Hälfte des 2. Jhs.) die Namen der Eltern Marias. Im 5. und 6. Jh. werden sie in Marienlegenden weiter verbreitet. Eine Hochblüte des Kultes setzt im Zusammenhang mit der wachsenden Marienverehrung im Spätmittelalter ein. Besonders die Orden der Karmeliten und Kapuziner förderten die Verehrung von Joachim und Anna. In der christlichen Kunst des Spätmittelalters erscheinen sie auf

Darstellungen des Marienlebens und der »heiligen Sippe«. Zahlreich sind auch Plastiken und Gemälde der »Annaselbdritt« (Anna, Maria, Jesuskind). Das Haupt Annas wird seit 1501 in Düren/Rheinland verehrt.
Dargestellt: Joachim als alter Mann mit Buch oder Schriftrolle, mit Tauben; Anna im Matronengewand mit Buch, mit der jungen Maria, als Annaselbdritt mit Maria und dem Jesuskind. – Anna: Patronin für glückliche Heirat, der Ehe; um Kindersegen, glückliche Geburt; der Mütter, Witwen, Armen, Arbeiterinnen, Hausfrauen, Hausangestellten, Müller, Krämer, Kunsttischler, Drechsler, Weber, Schiffer, Bergleute; der Feuerwehr; gegen Gewitter; Anna-Wasser gegen Fieber, Kopf-, Brust- und Bauchweh. – Joachim: Patron der Eheleute, Schreiner, Leinenhändler. GK

Gloriosa [Lat.: »die Ruhmreiche«], Hl., soll nach der Überlieferung mit mehreren Gefährten in der Verfolgung Kaiser Diokletians um 303 in Laodicea den Martertod erlitten haben.

Christiane [Griech./Lat.: »die Christin«], Hl., angeblich einzige Tochter eines englischen Königs, lebte im 8.(?) Jh. in Dickelvenne/Flandern. Ihre Reliquien wurden Ende des 9. Jhs. nach Termonde übertragen.

Ratpero, Sel., stammte aus thüringischem Adel. Er ließ sich als Einsiedler in Rötsee im Allgäu nieder. Dort starb er hochbetagt am 26. Juli nach 1034. Bei seinem Hochgrab in Rötsee entstand eine Wallfahrt.

Titus Brandsma, Sel., geb. am 23. Februar 1881 in Bolsward/Niederlande, wurde Karmelit und wirkte als Professor für Philosophie und Mystische Theologie an der Universität Nijmwegen. Er organisierte den Widerstand der katholischen Presse gegen den Nationalsozialismus und wurde darum im Januar 1942 verhaftet. Nach schwerem Leiden starb er am 26. Juli 1942 im KZ Dachau. – Seligsprechung am 3. November 1985.

Pantaleon, Hl., starb als Märtyrer in der Verfolgung des Kaisers Maximian um **27.7.**
305 in Nikomedien/Kleinasien. Nach der Legende des 5./6. Jhs. war Pantaleon Leibarzt von Kaiser Maximian. Er wurde nach vielen Peinigungen an einen Ölbaum gebunden und enthauptet, nachdem er vor seinem Tod noch Barmherzigkeit für seine Henker von Gott erfleht hatte. – Sein Kult ist schon im 4./5. Jh. bezeugt. Kaiser Justinian I. erbaute um 550 eine Pantaleon geweihte Kirche in Konstantinopel. Reliquien kamen nach St.-Denis, das Haupt 972 in die St.-Pantaleon-Kirche nach Köln. Pantaleon gehört zum Kreis der Vierzehn Nothelfer.
Dargestellt in vornehmer Kleidung, mit beiden Händen über dem Kopf an einem Ölbaum angenagelt oder an eine Palme gebunden, mit Arzneifläschchen, Schwert oder Löwen. – Patron der Ärzte, Ammen, Hebammen, Haustiere; gegen Kopfleiden, Auszehrung, Heuschreckenplage, Viehkrankheiten.

27. Juli

Lukan, Hl., wird als Bischof von Säben/Brixen im 5. Jh. genannt. Seine Reliquien befinden sich in der Kathedrale von Belluno.
Dargestellt in bischöflichen Gewändern mit Mitra und einem Regenmantel, den er zum Trocknen an einen Sonnenstrahl hängt.

Magnerich, Hl., stammte wohl aus einer romanisch-moselländischen Familie und wurde um 561/565 Bischof von Trier. Er war hoch angesehen und wurde von Venantius Fortunatus als Zierde der Bischöfe gepriesen. Zum Königshaus stand er in enger Verbindung und wurde Taufpate Theudeberts II. Magnerich errichtete neu das Kloster St.-Martin in Trier und gründete die Kirche von Karden. Armen gegenüber zeigte er sich sehr mildtätig. Der Überlieferung nach starb er am 25. Juli 587 und wurde in St.-Martin/Tier begraben.
Dargestellt in bischöflichem Ornat. TR

Glodesind, Hl., Tochter des fränkischen Herzogs Wintrio von der Champagne, der von Königin Brunhilde ermordet wurde, gründete in Metz später ein nach ihr genanntes Kloster, dem sie als Äbtissin vorstand. Glodesind starb Anfang des 7. Jhs. Ihre Reliquien befinden sich noch heute in der Kirche St.-Glossinde.
Dargestellt in Äbtissinentracht mit Buch. ME

Waldrada, Hl., erste Äbtissin des von Herzog Eleutherius, ihrem Vater, gegründeten Nonnenklosters St.-Peter (Saint-Pierre-aux-Nonnains) in Metz. Sie starb wohl Anfang des 7. Jhs. – Ihr Haupt wird am 5. Mai in der Kathedrale von Metz verehrt. ME

Natalie [Lat.: die an Weihnachten Geborene], Hl., erlitt zusammen mit ihrem Gatten **Aurelius**, Hl., in Córdoba durch die Sarazenen den Martertod, der Überlieferung nach am 27. Juli 852.

Bertold [Ahdt.: »berühmter Herrscher«] OSB, Hl., Mönch in St.-Blasien/Südschwarzwald, wo er erfüllt vom Geist des Hirsauer Reformmönchtums lebte. Nachdem er dann in Göttweig als Prior gewirkt hatte, wurde er wohl 1111 Abt in Garsten bei Steyr an der Enns/Oberösterreich. Seine Abtei machte er zum Mittelpunkt eines strengen monastischen Lebens und duldete bei seinen Mönchen keine Verletzungen der Regel. Gegenüber Armen war er sehr freigiebig. Den Schuldbeladenen zeigte er sich als gerechter, aber gütiger Seelsorger. Bertold starb am 27. Juli 1141. – Bald nach seinem Tod setzte die Verehrung ein. 1686 wurden seine Reliquien in eine eigene Kapelle der Kirche von Garsten übertragen. Die Kultanerkennung erfolgte am 8. Januar 1970.
Dargestellt im Mönchshabit mit Fischen. L, N, S

Innozenz I. [Lat.: »der Unschuldige«], Hl., wohl der Sohn seines Vorgängers Anastasius I., wurde 402 zum Papst erhoben. Während seiner Regierung eroberte Alarich 410 Rom. Doch arbeitete Innozenz trotz der politischen Wirren zielbewusst am Ausbau des römischen Primats in der Gesamtkirche. In Glaubenssachen beanspruchte er die oberste Lehrentscheidung. Innozenz starb am 12. März 417. **28.7.**

Dargestellt in bischöflicher Gewandung mit Papstkreuz und mit einem Engel, der ihm die Krone bringt.

Samson [Hebr.: »Sonnenkind«], Hl., um 490 in Wales geboren, wurde nach seiner Ausbildung in Irland Abt und Klosterbischof in Llantwit. Um 525 wanderte er vor den anrückenden Angelsachsen in die Bretagne aus, wo er die Kirchen von Dol und Pental errichtete. Die Synode von Paris um 563 bezeugt ihn als Bischof von Dol am 28. Juli 565. – Der größte Teil seiner Reliquien ging während der Hugenottenkriege und der Französischen Revolution verloren.

Dargestellt in Abtskleidung oder in bischöflichen Gewändern, mit seinem Stab eine Quelle hervorbringend.

Beatus [Lat.: »der Selige«], Hl., und **Bantus**, Hl., der Überlieferung nach Brüder, lebten im 7. Jh. als Priester und Einsiedler in Tier. Über dem Grab des Beatus wurde die Benediktiner-Abtei St.-Marien errichtet. Seine Reliquien wurden später in die Kartause nach Koblenz überführt. Bantus wird 634 im Testament des Adalgisel-Grimo erwähnt. Seine Reliquien ruhen in der Bantuskapelle beim Trierer Dom. – Bantus war um 1592 Patron des dort errichteten Priesterseminars. TR

Benno [Kurzform von Bernhard; Ahdt.: »Bär« u. »kräftig, ausdauernd«], Sel., geb. um 1020 in Schwaben, besuchte die Schule auf der Reichenau. Heinrich III. berief ihn an das Stift Goslar. Später wurde er Dompropst in Hildesheim und Köln. 1068 ernannte Heinrich IV. Benno zum Bischof von Osnabrück. Im Investiturstreit vermittelte Benno, der sowohl des Kaisers wie des Papstes Vertrauen besaß, mehrmals zwischen den Parteien. Er besaß gute Kenntnisse im Bauwesen und gründete die Klöster Iburg und Gertrudenburg in Osnabrück. Benno starb am 28. Juli 1088 in Iburg.

Marta und **Maria** und ihr Bruder **Lazarus** von Betanien waren nach dem *Johannesevangelium* (11,1–44) Gastgeber Jesu und ihm freundschaftlich verbunden. Marta von Betanien bemühte sich als sorgende Hausfrau um das Wohl ihres Gastes Jesus. Nach dem Tod des Lazarus setzte sie ihre ganze Hoffnung auf Jesus und bekannte ihren Glauben an ihn als den Messias und Sohn Gottes. Die ungeschichtliche Legende lässt Marta mit ihren Geschwistern später in die Provence fahren, wo ihr Grab in Tarascon gezeigt wird. **29.7.**

Dargestellt als Hausfrau mit Kochgerät und Schlüsselbund oder mit Weihwasserkessel und Weihwedel. – Patronin der Häuslichkeit; der Hausfrauen, Hausangestellten, Wäscherinnen, Arbeiterinnen, Hospitalverwalter, Gastwirte, Hotelbesitzer, Maler, Bildhauer, Sterbenden; gegen Blutfluss. GK/JE

Luzilla, Hl., und **Flora**, Hl., waren nach der späten Legende des 9. Jhs. Sklavinnen, die mit anderen Gefährten unter Kaiser Gallienus in Rom um ihres christlichen Glaubens willen im 3. Jh. den Martertod erlitten.
Dargestellt in dunkler Nonnentracht, mit Palme und Märtyrerkreuz, mit Lampen in den Händen.

Olaf II. Haraldssón, Hl., König von Norwegen, geb. 955, zog mit 12 Jahren auf Wikingerfahrt, wurde 1014 in Rouen getauft und einte seit 1015 als König im Kampf gegen die Dänen wieder das ganze norwegische Reich. Olaf vollendete die Christianisierung Norwegens mit Hilfe englischer und deutscher Glaubensboten, erbaute in den einzelnen Bezirken Kirchen und schuf ein christliches Recht. Die heidnische Partei vertrieb Olaf 1028 mit Hilfe des Dänenkönigs Knud d. Gr. Beim Versuch, sein Reich wieder zu gewinnen, fiel Olaf am 29. Juli 1030 im Kampf bei Sticklestad. – Im folgenden Jahr wurden seine Gebeine in der Klemenskirche von Nidaros/Drontheim beigesetzt. Erzbischof Eystein erbaute über dem Grab Olafs um 1188 den neuen Dom. Im deutschen Regionalkalender wird sein Gedächtnis am 10. Juli begangen.
Dargestellt in Kriegerrüstung mit königlichen Insignien, auf einem Drachen stehend, mit Streitaxt und Dolch, mit einem Humpen. – Patron Norwegens. RK

Ladislaus I., Hl., geb. um 1040 als Sohn Belas I., folgte 1077 seinem Bruder Geza I. als König von Ungarn. Durch strenge Gesetze festigte er das Christentum in Ungarn und erwirkte 1083 die Heiligsprechung Stephans I., Emmerichs und Gerhard Sagredos. Nach der Eroberung von Kroatien und Slawonien gründete Ladislaus 1090 das Bistum Agram (Zagreb). Er starb am 29. Juli 1095 bei Neutra und wurde in der von ihm errichteten Kathedrale von Großwardein begraben.
Dargestellt als Ritter mit königlichen Insignien, oft zu Pferd, mit Fahne und Streitaxt.

30.7. **Simplicius**, Hl., **Faustinus**, Hl., und **Beatrix** [Lat.: »die Glückselige«], Hl., waren Geschwister, die in Rom in der Verfolgung Diokletians um 304 für ihren Glauben an Christus den Tod erlitten. Nach der legendarischen Leidensgeschichte wurden Simplicius und Faustinus nach ihrer Hinrichtung vor der Stadt begraben. Kurze Zeit darauf soll Beatrix im Kerker erdrosselt und dann bei ihren Brüdern beigesetzt worden sein. – Eine kleine Basilika des 4. und 6. Jhs. wurde im 7. Jh. von Pilgern besucht. Sie stand mit der Gruft in Verbindung, die im 6. Jh. mit Fresken ausgeschmückt wurde. Papst Leo II.

ließ die Reliquien nach Rom bringen und in einer heute zerstörten Pauluskirche bei S. Bibiana beisetzen.
Dargestellt: Simplicius und Faustinus in Soldatentracht, bisweilen mit Schwert und Lanze; Simplicius auch mit Fahne, auf der drei Lilien abgebildet sind; Beatrix in Tracht einer römischen Jungfrau mit einem Strick. FD

Petrus Chrysologus, Hl., geb. um 380 bei Imola, dort erzogen und in den Klerus aufgenommen, wahrscheinlich vor 431 Bischof von Ravenna, das Erzbistum wurde. Er übte eine fruchtbare Tätigkeit als Kanzelredner aus. Zahlreiche Predigten sind erhalten. Petrus starb am 31. Juli nach 451. – 1729 wurde er zum Kirchenlehrer erhoben. Sein Grab wird heute noch in Imola verehrt.
Dargestellt in bischöflichen Gewändern mit Kelch oder Patene. – Patron gegen Fieber, Tollwut. GK

Batho [Bado] OSB, Hl., soll als Mönch des Klosters Innichen im Pustertal/Südtirol, das der Kirche von Freising/Bayern unterstand, als Missionar bei den Slawen segensreich gewirkt haben. Später wurde er Kaplan des Bischofs Ellenard von Freising (1052–1078) und Kanoniker am dortigen Andreasstift. Sein Todesjahr ist nicht bekannt. – Sein Grab befand sich in der Andreaskirche. Als diese in der Säkularisation abgebrochen wurde, überführte man die Reliquien nach Nandlstadt. M

Hadebrand OSB, Hl., geb. in Antwerpen, gründete um 1183 von St.-Paul in Utrecht aus im Norden von Groningen in Holwierde das Benediktiner-Kloster Feldwerd, später auch Oldeklooster genannt, das er als erster Abt leitete. 1192 stiftete Hadebrand auch ein Benediktinerinnen-Kloster in Thesinge. Er starb am 30. Juli 1198. – Seine Reliquien wurden 1620 in das Zisterzienser-Kloster St.-Salvator nach Antwerpen überführt.

Ingeborg [Germ.: »die von Gott Geschützte«], Hl., dänische Prinzessin, zweite Gemahlin König Philipps von Frankreich, der sie 1193 gleich nach der Eheschließung verstieß, um sich 1196 mit Agnes von Meran zu verbinden. Zeitweise wurde Ingeborg in strenger Haft gehalten. Erst das 1198 von Papst Innozenz III. über Frankreich verhängte Interdikt konnte Ingeborg zu ihrem Recht verhelfen. Die heldenmütige Dulderin starb am 30. Juli 1237.
Dargestellt in fürstlichen Gewändern mit Insignien einer Königin.

Maria de Jesu Scramendado Venegas de la Tore, Hl., geb. am 8. September 1868 in Zapotlanejo Jalisco/Mexiko, stammte aus gutsituierter Familie. Mit gleichgesinnten Frauen gründete sie das »Inistitut der Töchter vom Herzen Jesu«, das sich überwiegend der Krankenpflege widmete. Gottverbundenheit und Liebe zur Kirche waren Grundlagen ihrer Spiritualität. Ihr Motto lautete: »Glaube nur und alles wird gut.« Maria de Jesu starb am 30. Juli 1959 und wurde als erste Mexikanerin zur Ehre der Altäre erhoben. – Seligsprechung am 22. November 1992, Heiligsprechung am 21. Mai 2000.

31.7. **Petrus** Chrysologus, Hl., Bischof von Ravenna, gest. 31.7. nach 451, ↗30.7.

Germanus, Hl., geb. um 378 in Auxerre/Burgund aus vornehmer Familie, wurde 418 Bischof seiner Vaterstadt. Sein Vermögen verwandte er zur Gründung von Kirchen und Klöstern. Neben Martin von Tours begünstigte er die Einführung des Mönchtums in Gallien. Zweimal reiste er nach England, um dort die Irrlehre des Pelagius zu bekämpfen. Sein Schüler war Patrick von Irland. Germanus starb am 31. Juli 448 in Ravenna. An seinem Grab in Auxerre/Burgdund entstand eine berühmte Benediktiner-Abtei.
Dargestellt im Jägerkleid oder in bischöflichem Gewand mit Wild und Drachen. – Patron gegen Durchfall, Leibschmerzen, Tollwut, Irrsinn, Meineid.

Hermann OSB, Sel., geb. um 1200 in Altbayern, wurde zuerst Schüler, dann Mönch in Niederaltaich. Seit 1242 Abt, hob er das geistige und geistliche Leben des Klosters und leistete wertvolle wirtschaftliche Aufbauarbeit in einer Zeit des allgemeinen Niedergangs der Klöster. 1273 legte er wegen schwerer Krankheit seine Abtswürde nieder. Er trug sein Leiden im Geist der Buße und des Gebets und starb am 31. Juli 1275. Begraben wurde er im Presbyterium der von ihm begonnenen Abteikirche.

Ignatius von Loyola SJ, Hl., geb. 1491, wurde Offizier und erlebte 1521 nach einer Verwundung durch das Lesen des Lebens Jesu und der Heiligen eine geistige Umwandlung. Nachdem er in der Zurückgezogenheit des Monteserrat und in Manresa den Entschluss zur Gründung eines Ordens gefasst hatte, sammelte er während seines Studiums in Paris die ersten Gefährten. 1537 entwarf er die Satzungen der »Gesellschaft Jesu«, die er seit 1541 leitete. Ein umfangreicher Briefwechsel zeigt seine Sorge um seinen schnell wachsenden Orden, dessen Satzungen er 1550 in die endgültige Form brachte. Ignatius starb unerwartet am 31. Juli 1556 in Rom, wo er in der Kirche Il Gesù bestattet wurde.
Dargestellt im Jesuitengewand oder Messornat, mit JHS-Zeichen, Kreuz oder Buch, Fackel oder flammendem Herz. – Patron der Exerzitien und Exerzitienhäuser; der Kinder, Soldaten; gegen Fieber, Gewissensbisse, Skrupel, Pest, Schwergeburt, Viehkrankheiten. – Igantius-Wasser gegen Cholera und Pest. GK

Goswin Nickel SJ, geb. am 1. Mai 1582 in Koslar bei Jülich, trat 1604 in die »Gesellschaft Jesu« ein und wirkte segensreich als Professor in Köln und Leiter der Kollegien in Aachen, Düsseldorf und Köln. Zweimal war er Provinzial der niederrheinischen Jesuitenprovinz. 1652 wurde er als erster Deutscher Generaloberer der »Gesellschaft Jesu«. In schwierigen Zeiten leitete er den Orden bis 1661 und war wegen seines Gottvertrauens und seines tugendhaften Lebens seinen Mitbrüdern ein Vorbild. Er starb am 31. Juli 1664 in Rom.

Justinus de Jacobis CM, Hl., geb. am 9. Oktober 1800 in S. Fele bei Neapel. Im Alter von 18 Jahren trat er in die Kongregation der »Lazaristen« ein und empfing 1824 die Priesterweihe. Nach einigen Jahren der Seelsorgearbeit reiste er 1839 als Apostolischer Präfekt nach Abessinien und wurde zum Gründer der katholischen Mission in Äthiopien. 1849 heimlich zum Bischof geweiht, wurde er zweimal zu Gefängnis verurteilt und schließlich des Landes verwiesen. Er starb am 31. Juli 1860 in Valle di Alighedé/Abessinien. Sein Grab befindet sich in Hebo. – Seligsprechung am 25. September 1939, Heiligsprechung am 26. Oktober 1975. GK

August

1.8.

Fides, Spes, Caritas, Hll., gest. vor 138, ↗ 30.9.

Eusebius von Vercelli, Hl., gest. 1.8.371, ↗ 2.8.

Kined [Kenned], Sel., stammte aus einer vornehmen Familie in Wales und ließ sich im 6. Jh. in den Bergen von Clamorgan als Einsiedler nieder. Seine Reliquien werden auf der Halbinsel von Gower verehrt.

Ulrich [Ahdt.: »der an Besitz Reiche«] OPraem, (Sel.), schloss sich Norbert von Xanten in Prémontré an. Als Graf Werner von Schwabegg in Ursberg in Schwaben ein Stift gründen wollte, sandte Norbert Ulrich mit einigen Gefährten um 1126/28 dorthin. Als erster Propst von Ursberg legte Ulrich den Grund des dortigen Prämonstratenser-Stiftes. Er starb am 1. August 1136.

Petrus Faber SJ, Sel., geb. am 13. April 1506 in Villaret/Savoyen, schloss sich während seines Studiums in Paris 1531 als erster Gefährte Ignatius von Loyola an. Nach Tätigkeiten in Rom und Parma weilte er 1540 als Begleiter päpstlicher Legaten in Deutschland, in den Niederlanden, in Spanien und Portugal. 1543 gewann er Petrus Kanisius für die »Gesellschaft Jesu«. Faber erwies sich als kluger Seelenführer von gütiger Milde und trat in Exerzitien und Gesprächen für die Notwendigkeit der innerkirchlichen Reform ein. Er starb am 1. August 1546 in Rom. MZ, SP

Alfons Maria [Ahdt.: »edel« u. »eifrig« und Maria] von Liguori CSsR, Hl., geb. am 27. September 1696 in Marianella bei Neapel aus altem Adel, studierte zuerst Rechtswissenschaft, wurde 1726 Priester, wirkte dann besonders unter den Armen von Neapel. 1731 gründete er den beschaulichen Orden der »Redemptoristinnen«, 1732 die »Kongregation des allerheiligsten Erlösers« (Redemptoristen). Die neuen Gemeinschaften verbreiteten sich zunächst im Kirchenstaat und im Königreich Neapel. Alfons Maria zog mit seinen Schülern als gesuchter Volksmissionar, Prediger und Beichtvater durch Italien. 1762 wurde er Bischof von Sant' Agata de' Goti und bemühte sich hier mit Erfolg um die religiöse Erneuerung von Klerus und Volk. 1775 verzichtete er auf sein Bistum und zog sich in das Kloster Pagani bei Neapel zurück. Gegenüber dem rigorosen Jansenismus vertrat er die barmherzige Erlöserliebe Gottes und lehrte die Gleichstellung des menschlichen Willens mit dem Liebeswillen Gottes. In diesem Geist erstrebte er die Schulung der Beichtväter, Seelenführer und Prediger, damit sie den durch die Hartherzigkeit des Jansenismus abgeschreckten Menschen neuen Mut zu einem Streben

nach Vollkommenheit geben sollten. Alfons Maria starb am 1. August 1787 in Pagani. – Seine Gebeine ruhen in der dortigen Redemptoristen-Klosterkirche. 1871 wurde er zum Kirchenlehrer erhoben.
Dargestellt im Priestergewand mit Kreuz und Rosenkranz oder Marienbild. – Patron der Beichtväter und Seelenführer. GK

Pierre Julien Eymard SSS. Hl., geb. am 4. Februar 1811 in Le Mure/Frankreich, empfing 1834 die Priesterweihe und trat 1839 in die »Kongregation der Maristen« (Gesellschaft Mariens) ein. Er verließ die Kongregation aber wieder und gründete 1856 in Paris die »Kongregation der Priester vom hl. Sakrament« (Eucharistiner). 1856 kamen die »Dienerinnen des allerheiligsten Altarsakramentes« als weiblicher Zweig des Ordens hinzu. Später gründete der fromme Priester auch eine Priestervereinigung und eine Laienbewegung zur Förderung der Verehrung der Eucharistie. Er starb am 1. August 1868 in La Mure und ist in der Corpus-Christi-Kirche in Paris bestattet. – Seligsprechung am 12. Juli 1925, Heiligsprechung am 9. Dezember 1962. GK

Eusebius, Hl., geb. 283 auf Sardinien, war Lektor in Rom und wurde 345 erster Bischof von Vercelli. Hier führte er erstmalig im Abendland für die Geistlichen der Kathedralkirche ein gemeinsames Leben ein. 355 wurde er wegen seines Eintretens für den rechten Glauben gegen den Arianismus verbannt, kehrte aber 363 in seine Diözese zurück, wo er mit Hilarius von Poitiers weiterhin eifrig gegen den Arianismus kämpfte. Eusebius starb am 1. August 371. Nach der späteren Legende wurde er von Arianern gesteinigt. **2.8.**
Dargestellt im bischöflichen Ornat mit Buch. GK

Gundekar II. [Gunzo], Sel., geb. 1019, um 1045 Domherr in Eichstätt, Hofkaplan der Kaiserin Agnes, wurde 1057 Bischof von Eichstätt als Nachfolger Gebhards, der als Viktor II. den päpstlichen Stuhl bestieg. Gundekar weihte in seinem Bistum über hundert neue Gotteshäuser und 1060 den von ihm erbauten Ostchor des Eichstätter Domes. Das 1171/72 geschriebene, nach ihm Gundecarianum genannte Ponificale und Rituale ist eine einzigartige Quelle zur Eichstätter Bistumsgeschichte und Liturgie. Gundekar starb am 2. August 1075 in Eichstätt. 1309 wurden seine Gebeine erhoben.

Die sieben **Makkabäischen Brüder** mit ihrer Mutter Salome wurden um das Jahr 168 v. Chr. wegen ihrer Treue zu Gott vom König Antiochus IV. grausam getötet (vgl. 2 *Makk* 7,1–42). Ihre Reliquien werden in Rom in der Kirche San Pietro in Vincoli verehrt. MR, JE, RO

Lydia, Hl., stammte aus Thyatira in Lydien und war Purpurhändlerin. In Philippi nahm sie den Apostel Paulus gastfreundlich auf, der sie mit ihrem ganzen Haus zum Glauben an Christus bekehrte. →

Dargestellt in der Tracht einer wohlhabenden Frau, unter ihrem Mantel Schutz suchende Kinder. – Patronin der Färber.

Benno [Kurzform von Bernhard; Ahdt.: »der Bärenharte«] OSB, Sel., stammte aus schwäbischem Adel, wurde Domherr in Straßburg, ließ sich aber 906 als Einsiedler am Grab Meinrads »im finsteren Walde« nieder, wo er mit einigen Gefährten ein Leben des Gebets und der Arbeit führte. König Heinrich I. berief ihn 927 zum Bischof von Metz, doch wurde Benno kurz darauf von Feinden des Königs geblendet und vertrieben. Er kehrte zur Meinradszelle zurück und wurde mit seinem Gefährten Eberhard Gründer der Abtei Einsiedeln/Schweiz. Benno starb am 3. August 910. Seine Reliquien befinden sich in Einsiedeln.
Dargestellt in der Kleidung eines Domherrn oder im Benediktinerhabit mit Abtsstab und Messer, zu seinen Füßen eine Mitra.

Burchard OPraem, (Sel.), erster Propst des Prämonstratenser-Stiftes Rot an der Rot, das 1126 von Hemma von Wildenburg gegründet worden war. Unter der Leitung Burchards gelangte Rot bald zu großer Blüte. Der Ruf der Frömmigkeit und der Kenntnisse der Norbertiner in Rot verbreitete sich schnell. Schon vor 1138 konnte Burchard auf Bitten des Bischofs Reginbert die Neugründung Wilten bei Innsbruck besiedeln. Burchard starb am 3. August 1140.

4.8. Johannes B. Maria Vianney, Hl., geb. am 8. Mai 1786 in Dardilly bei Lyon, entstammte einer streng katholischen Bauernfamilie. Mit 19 Jahren begann er ein Studium, das ihm wegen mangelnder Schulbildung sehr schwer fiel. 1809 irrtümlich zum Militärdienst eingezogen, wurde er infolge einer Kette von Missgeschicken zum Kriegsdienstverweigerer und Deserteur. Erst 1811 konnte er sein Studium wieder aufnehmen. 1815 wurde er zum Priester geweiht und 1818 als Seelsorger nach Ars gesandt. Hier erreichte Vianney durch seine vorbildliche Frömmigkeit und seinen unermüdlichen Eifer, dass die religiös laue Gemeinde zu einem wahrhaft christlichen Leben zurückfand. Als Beichtvater, Seelenführer und Helfer in religiösen Fragen übte der Pfarrer von Ars eine so große Anziehungskraft aus, dass er dem Ansturm der Volksmassen kaum gewachsen war. Dazu hatte er mit inneren Versuchungen und Zweifeln an seiner Berufung zu kämpfen. Doch nun fand er eine Stütze an seiner Gemeinde, die viermal sein Weggehen verhinderte. 1850 wurde Vianney Ehrendomherr, 1855 Ritter der Ehrenlegion. Nach einem Leben des Gebets und des Wirkens im Weinberg des Herrn starb Vianney am 4. August 1859 in Ars. – Sein Grab in der Basilika von Ars ist bis heute Ziel zahlreicher Wallfahrer.
Dargestellt im Priestergewand mit Chorrock und Stola, in Gebetshaltung. – Patron der Pfarrer (seit 1929). GK

Sixtus II., Papst, Hl., gest. 6.8.258, ↗7.8. **5.8.**

Schnee – nach einer allerdings erst im Mittelalter nachweisbaren Legende wurde durch ein Schneewunder der Platz bestimmt, an dem unter Papst Liberius (352–366) eine Marienkirche auf dem Esquilin in Rom errichtet wurde. Papst Sixtus III. (432–440) ließ anlässlich der Verkündigung des Glaubenssatzes von der Gottesmutterschaft Marias durch das Konzil von Ephesus (431) den Bau des Liberius abbrechen und durch eine größere und schönere Kirche ersetzen. Zum Gedächtnis an den Weihetag dieser Kirche, S. Maria Maggiore, 432 wird das heutige Fest gefeiert.
An diesem Tag wird Maria angerufen als Patronin der Färber, Spitzenmacher, Stickerinnen. GK

Oswald, Hl., geb. um 604, Sohn des Königs Ethelfrith von Northumberland/Nordengland, musste wegen eines Aufstands der Briten, bei dem sein Vater getötet wurde, flüchten. Im Kolumban-Kloster in Hy empfing er die Taufe. 634 eroberte er sein Land zurück und bemühte sich, mit Hilfe von Mönchen der Insel Hy das Christentum einzuführen und zu festigen. 635 wurde als Missionszentrum mit seiner Unterstützung das Benediktinerkloster Lindisfarne auf der Insel Holy Island/Ostküste von Nordengland gegründet. Im Kampf mit dem heidnischen König Penda von Mercia fiel Oswald am 5. August 642 in der Schlacht bei Matherfelth. – Einer der Vierzehn Nothelfer.
Dargestellt in königlichem Ornat oder als Krieger mit königlichen Insignien, Reichsapfel, Pokal, Raben, Ähren, Märtyrerpalme. – Patron der Stadt und des Schweizer Kantons Zug; des Viehs, der Schnitter. BS. G

Dominika, Sel., geb. am 8. September 1473 in Paradiso bei Florenz, führte ein inniges Gebetsleben und erhielt mystische Begnadungen. 1496 empfing sie die Wundmale Jesu. Das Dominikanerinnen-Kloster S. Croce in Florenz verdankt Dominika zum großen Teil seine Errichtung. Dominika starb in Florenz am 5. August 1553 und wurde in S. Croce bestattet.

Stanislaus [Poln.: »durch Standhaftigkeit berühmt«] Hosius, geb. am 5. Mai 1504 in Krakau als Sohn des Ulrich Hos aus Pforzheim, erlernte die deutsche und polnische Sprache von Kind an, studierte in Krakau, Bologna und Padua, wurde 1543 Priester, 1549 Bischof von Kulm, 1551 von Ermland, 1561 Kardinal und päpstlicher Legat beim Konzil von Trient. Er setzte sich für die Erhaltung des katholischen Glaubens in Polen ein, bemühte sich um die Durchführung der Reformbeschlüsse des Konzils von Trient und war für die Wiederherstellung des Katholizismus in Sachsen tätig. Hosius starb ab 5. August 1579 in Capranica/bei Rom.

6.8. **Felizissimus**, Hl., und **Agapitus**, Hl., Diakone des Papstes Sixtus II., erlitten 258 in Rom den Martertod. Sie wurden bestattet in der Prätextatus-Katakombe an der Via Appia/Rom. – Papst Damasus ehrte sie durch eine Grabinschrift, die 1927 aufgefunden wurde. Das Gedächtnis der Märtyrer ist in Rom bereits im 4. Jh. bezeugt. Ihre Gebeine wurden 842 von Abt Gozbald von Niederaltaich in die Kirche von Isarhofen, später in die Abteikirche von Niederaltaich übertragen.

Dargestellt in Diakonatsgewändern mit eingeschnittenen Hälsen; Agapitus auch als Jüngling mit Scheiterhaufen und Löwe.

Eigil, Hl., Abt von Fulda, gest. 15.6 oder 6.8. 822, ↗15.6.

Praxedis [Adelheid], (Sel.), stammte aus russischem Adel und wurde vermählt mit Markgraf Heinrich von der Nordmark. Nach dessen Tod 1089 wurde sie die zweite Gemahlin Kaiser Heinrichs IV. 1094 zog sie sich in ein ruthenisches Kloster zurück, wo sie 1109 starb.

Gilbert OSB, (Sel.), seit etwa 1127 erster selbstständiger Abt des 1093 gegründeten Klosters Maria Laach in der Eifel, bemühte sich, dem neuen Konvent Treue zur Regel Benedikts einzupflanzen. Er starb wohl am 6. August (oder 17. Oktober) 1152.

Schetzel [Gezelin], Hl., Einsiedler bei Luxemburg, gest. 6.8. um 1138, ↗11.8.

Hermann von Cappenberg OPraem, Sel., als Jude geb. um 1110 in Köln. Nach langem Schwanken nahm er unter Einfluss Ruperts von Deutz und Bischof Egberts von Münster den katholischen Glauben an und wurde um 1131 im Kölner Dom getauft. Hermann wurde Prämonstratenser in Cappenberg und später Propst in Scheda, wo er am 6. August 1173 (?) starb. – Seine Gebeine wurden 1628 erhoben.

Hermann OPraem, Sel., Sohn des Grafen Ludwig von Are und der Gräfin Hildegund von Meer, wurde Prämonstratenser in Cappenberg und 1171 dort Propst. Er leitete das Stift streng nach der Vorschrift seines Ordens, aber voll Liebe und Güte gegenüber seinen Mitbrüdern. Hermann starb am 6. August 1210 und wurde in der Stiftskirche beigesetzt.

Gezelin, Hl., lebte nach der legendarischen Überlieferung zu einer nicht mehr bestimmbaren Zeit als Schafhirte und Einsiedler in der Nähe von Schlebusch bei Köln-Mülheim. Dass er Laienbruder der Zisterzienser-Abtei Altenberg gewesen sei, ist eine Verwechslung mit Schetzel von Luxemburg, von dessen Leben die Gezelin-Überlieferung beeinflusst wurde. Die Gebeine Ge-

zelins wurden 1814 in die Kirche von Schlebusch überführt. Eine Kapelle hält das Andenken an Gezelin in Ehren.
Dargestellt in Einsiedlerkleidung mit Schafen und Brunnen. – Patron gegen Kopf- und Augenleiden, Epilepsie von Kindern, um Kindersegen.

Dominikus, Hl., Ordensgründer, gest. 6.8.1221, ↗8.8.

Sixtus II., Hl., als Nachfolger Stephans I. Papst seit 257, wurde in der Verfolgung Valerians mit anderen Christen beim Gottesdienst auf dem Coemeterium des Kalixtus am 6. August 258 überfallen und sogleich enthauptet. Seine Beisetzung fand in der Kalixtus-Katakombe statt. **7.8.**
Dargestellt in päpstlicher Gewandung mit Buch, Schwert oder Geldbeutel. – Patron der hoffenden Frauen; gegen Hals- und Lendenschmerzen; um gutes Gedeihen der Trauben (Traubensegnung am 6.8.). GK

Afra [Lat.: »die Afrikanerin«], Hl., eine wahrscheinlich jungfräuliche Märtyrin während der Verfolgung Diokletians um 304 in Augsburg, wird bereits im 5. Jh. in einem Mailänder Kalendarium erwähnt. Der Dichter Venantius Fortunatus besuchte 565 ihr Grab. – Die Legende machte Afra zu einer Dirne, die sich zum Christentum bekehrte und den Tod auf dem Scheiterhaufen erlitt. In der Weiterbildung der Legende werden als Martyriumsgefährtinnen Afras noch genannt: Hilaria, Digna, Eumenia, Euprepia. Ende des 8. Jhs. befand sich ihr Grab in der Afra-Kirche in Augsburg. 1064 wurde dort ein römischer Sarkophag aufgefunden, der die Leiche einer Frau mit Spuren von Verbrennung barg. Der Sarkophag mit Reliquien befindet sich heute unter dem Afra-Altar der Kirche St.-Ulrich und Afra in Augsburg.
Dargestellt in vornehmer Kleidung, oft mit Krone oder mit einem Kranz, der an einem Baum hängt. – Patronin des Bistums Augsburg, der Büßerinnen.

Donatus OSB, Hl., Sohn eines fränkischen Edlen, trat in Luxeuil als Mönch ein. 624 wurde er Bischof von Besançon und gründete dort das St.-Paul-Kloster, dem er eine Regel gab, die sich aus Vorschriften Benedikts und Kolumbans zusammensetzte. Für das von seiner Mutter gestiftete Kloster Jussa-Moutier verfasste er eine Regel nach Benedikt, Kolumban und Cäsarius von Arles. Donatus starb vor 660.

Juliana CBMV, Hl., geb. um 1192 in Rétinne bei Lüttich, wurde seit ihrem 5. Lebensjahr im Kloster Kornelienberg erzogen. Seit 1297 war sie »Augustiner-Chorfrau«. Durch Visionen wurde sie veranlasst, sich mit ihrer Freundin Eva von Lüttich für die Einführung des Fronleichnamsfestes einzusetzen. Den ersten Erfolg ihrer Bemühungen erlebte sie, als das Fest 1246 für die Diözese Lüttich angeordnet wurde und seit 1252 auch in Westdeutschland Fuß fasste. Juliana, die 1222 Priorin geworden war, wurde wegen ihrer Strenge in der

Befolgung der Regel zweimal von ihren Mitschwestern vertrieben. Sie starb am 5. April 1258 während ihrer Verbannung in Fosses. In der Abtei Villers bestattet, wurden ihre Reliquien während der Französischen Revolution vernichtet.

Dargestellt in Nonnentracht mit Buch und Teufel, mit Kelch oder Monstranz, auch während der Visionen des Heiligsten Altarsakramentes. LÜ

Kajetan von Tiene CR/OTheat, Hl., geb. 1489 in Vicenza, trat nach juristischen Studien in Padua in den Dienst der römischen Kurie und wurde 1516 Priester. Zuerst Mitglied des »Oratoriums der göttlichen Liebe« wurde er dann Mitbegründer der Kongregation der »Theatiner«, die 1524 von Papst Klemens VII. bestätigt wurde. Kajetan war unermüdlich für die Reform des Klerus tätig, dabei von großer Demut und vorbildlichem Gebetsgeist. Am 7. August 1547 starb er in Neapel, wo er in der Kirche S. Paolo Maggiore beigesetzt wurde.

Dargestellt als Theatiner-Chorherr mit Kreuz, geflügeltem brennenden Herzen, Buch, Lilie, Ölzweig, Jesuskind. – Patron Bayerns (seit 1672). GK

Edmund [Aengl.: »der durch Besitz Mächtige«] von Bojanowski, Sel., geb. am 14. November 1814 in Grabonog/Posen. Sein besonderes Interesse galt der Literatur. Am 3. Mai 1850 gründete er mit drei Dorfmädchen das erste Haus als Kinderbetreuungsstätte, das zur Keimzelle von vier Kongregationen der »Mägde Mariens von der unbefleckten Empfängnis« wurde. Als Laie bildete Edmund Dorfmädchen zu Ordensfrauen heran. Seine Frömmigkeit und Geistesgaben befähigten ihn dazu, selbst für sie eine Ordensregel zu schreiben. 1869 trat Edmund 55-jährig in das Priesterseminar ein, doch ging sein Wunsch, als Priester der Kongregation zu dienen, nicht in Erfüllung. Am 7. August 1871 starb er im Ruf der Heiligkeit. Leitprinzip seiner Initiativen war der Wunsch, dass alle der Erlösung teilhaftig werden sollten. – Seligsprechung am 13. Juni 1999 in Warschau.

Alfons Ariens, geb. am 26. April 1860 in Utrecht, empfing 1882 nach Studien in der Heimat und in Rom die Priesterweihe und setzte in der Seelsorge besonders soziale und pädagogische Akzente. Er starb am 7. August 1928 in Amersfoort. – Das Seligsprechungsverfahren ist eingeleitet.

8.8. **Cyriakus** [Griech.: »zum Herrn gehörend«], Hl., hat mit mehreren Gefährten wahrscheinlich in der Verfolgung Kaiser Diokletians um 304 in Rom das Martyrium erlitten. 354 wird bereits sein Gedächtnis erwähnt. 874 wurden Reliquien in das Stift Neuhausen bei Worms gebracht, zur Zeit Kaiser Ottos I. kam eine Armreliquie nach Bamberg. Andere Reliquien wurden nach Altdorf/Elsass übertragen. Cyriakus wird als einer der Vierzehn Nothelfer verehrt.

Dargestellt im Gewand eines Diakons, Almosen spendend, mit Palme, Schwert, Drachen, auch in der Tracht eines Gärtners mit Teufel an der Kette. – Patron der Zwangsarbeiter; bei schwerer körperlicher Arbeit; gegen Versuchungen, böse Geister, in der Sterbestunde.

Dominikus [Lat.: »dem Herrn gehörend«] OP, Hl., geb. um 1170 in Caleruega/Kastilien aus der angesehenen Familie der Guzmán, besuchte die Domschule in Palencia, wurde 1195 Mitglied des regulierten Domstiftes von Osma und 1201 dessen Subprior. Auf einer Reise durch Südafrika lernte er die Gefahr der Irrlehren der Albigenser und Waldenser kennen. 1215 gründete Dominikus eine Gemeinschaft von Predigern, die sich der religiösen Unterweisung des Volkes und der Bekehrung der Irrlehrer widmen sollte. Die Befähigung hierzu sollten die Brüder durch ein gründliches Studium erwerben. Papst Honorius III. bestätigte 1216 den neuen Orden, der auf der Augustinusregel aufgebaut war, und verlieh ihm 1217 zugleich mit besonderen Vorrechten für Predigt und Beichthören den Namen »Predigerbrüder« (Dominikaner). Dominikus, der große Organisationsfähigkeit mit unbeugsamer Willenskraft vereinte, war von großer Liebe zu den Seelen und von tiefer Frömmigkeit erfüllt. Er starb am 6. August 1221 in Bologna und wurde in der dortigen Kirche seines Ordens bestattet.
Dargestellt im Dominikanerhabit mit Hund, Fackel, Lilie, Taube, Stein, Rosenkranz. – Patron der Schneider; gegen Fieber. GK

Ehrwürdiger **Gregori**, Ikonenemaler vom Kiewer Höhlenkloster (12. Jh.). RO

Hildiger [Hilger], (Sel.), wurde nach Agilolf Bischof von Köln. Er begleitete König Pippin auf seinem Zug gegen die Sachsen und fiel am 8. August 753 im Kampf bei der Iburg.

Rathard, Sel., stammte der Überlieferung nach aus dem Geschlecht des Grafen von Dießen-Andechs, war Priester und gründete um 815 bei Dießen das Augustiner- Chorherrenstift St.-Georg, wo er auch bestattet wurde. – Rathards Gebeine wurden 1114 erhoben und befinden sich seit 1739 am St.-Augustinus-Altar der ehemaligen Stifts-, jetzt Pfarrkirche in Dießen/Bayern.
Dargestellt im Priesterkleid, wie er dem hl. Georg seine Stiftung anbietet.

Altmann, Hl., Bischof von Passau, gest. 8.8.1091, ↗9.8.

Famian OCist, Hl., eigentlich Gerhard [Quardo], geb. um 1090 in Köln, verschenkte sein Erbe den Armen und pilgerte um 1112 durch Italien und Spanien. Hier lebte er in S. Placido etwa 25 Jahre als Einsiedler. Um 1144 wurde er Zisterziensermönch in Osera. Eine weitere Pilgerfahrt führte ihn ins Heilige Land. Auf der Rückreise ereilte ihn am 8. August 1150 in Gallese am

Tiber der Tod. – Über seinem heute noch unversehrten Leib wurde eine Kirche errichtet. Wegen der vielen Wunder an seinem Grab nannte man ihn Famian, den Weltberühmten.
Dargestellt im Pilgerkleid, mit einem Stab Wasser aus einem Stein schlagend, auch mit Erscheinung von Petrus und Paulus.

9.8. **Hathumar**, Sel., entstammte dem sächsischen Adel, wurde in Würzburg ausgebildet und auf Geheiß Karls d. Gr. 806/807 erster Bischof sächsischer Abstammung in Paderborn. Durch ihn wurde der 799 begonnene Dom vollendet. 816 stimmte er der Errichtung des Klosters Hethi zu, das 822 nach Corvey verlegt wurde. Hathumar starb der Überlieferung nach am 9. August 815.

Altmann, Hl., geb. um 1015 in Westfalen, Stiftsherr und Lehrer in Paderborn, wurde 1051 Propst am Marienstift in Aachen. Durch seine Gönnerin, die Kaiserwitwe Agnes, erhielt er 1065 das Bistum Passau. Die Reformbestrebungen Papst Gregors VII. unterstütze er eifrig. Um seinen »hölzernen« Klerus zu bessern, gründete er die Augustiner-Chorherren-Stifte St.-Nikola in Passau um 1170 und in Göttweig 1183. Bei anderen Stiften war er auf Reform bedacht. Im Investiturstreit stand er auf Seiten Gregors und betrieb die Absetzung Heinrichs. Altmann musste seine Bischofsstadt verlassen und konnte nur im östlichen Teil seiner Diözese unter dem Schutz des Markgrafen Leopold II. von Österreich fortan tätig sein. Er starb am 8. August 1091 in Zeiselmauer bei Wien und wurde in der Krypta von Göttweig begraben. – Die kultische Verehrung begann bald nach seinem Tod.
Dargestellt in bischöflichem Ornat mit Kirchenmodell. L, N, PA, W

Maria Anna Barbara Cope, geb. am 23. Januar 1838 in Heppenheim, widmete ihr Leben den Leprakranken. Sie starb hoch verehrt als »Marianna von Molokai« am 9. August 1918 auf dieser Insel der Aussätzigen. – Das Seligsprechungsverfahren ist eingeleitet.

Edith [Aengl.: »Besitz« u. »Kampf«] Stein OCarm, Hl., mit Ordensnamen Teresa Benedicta a Cruce, geb. am 12. Oktober 1891, wuchs in einer geistig regen, streng jüdischen Familie auf. Seit 1906 wandte sie sich mehr und mehr von ihrem jüdisch-traditionellen Glauben ab und bezeichnete sich selbst als Atheistin. Nach dem Studium der Philosophie in Breslau und Göttingen (bei den Phänomenologen Adolf Reinach, Max Scheler, Edmund Husserl), das sie mit dem Doktorgrad abschloss, war sie seit 1916 einige Jahre Assistentin bei dem Phänomenologen Edmund Husserl. 1922 trat sie zur katholischen Kirche über. Nach ihrer Taufe am 1. Januar 1922 und nach weiteren Studien unterrichtete sie 1923–1931 als Lehrerin an St.-Magdalena in Speyer. 1932–1933 war sie Dozentin am Deutschen Institut für wissenschaftliche Pädagogik in Münster. Am 14. Oktober 1933 nahm sie im Kölner Karmel den Schleier und erhielt den Ordensnamen Teresa Benedicta a Cruce, legte 1938 die Ewigen Gelübde ab und ging wegen der Judenverfolgung im Dritten Reich im gleichen Jahr nach Holland. Ihr wissenschaftliches Werk, das der Verbindung von scholastischer Philosophie und Phänomenologie sowie der Deutung der Mystik des Johannes vom Kreuz galt, verband sie mit einem nach Heiligkeit strebendem Leben und heldenhafter Opferbereitschaft. In der Nachfolge Christi entwickelte sie ein neues Bewusstsein für ihre jüdischen Wurzeln. Ende 1938 wechselte sie in den Karmel nach Echt/Niederlande. Ein Jahr später schrieb sie ihr Testament über ihre Hingabe an das Kreuz Christi. Sie war bereit, es in Form jeglicher Todesart zu tragen für die Kirche, den Karmel, das jüdische Volk, Deutschland »und alle, die Gott mir gegeben«. Am 2. August 1942 wurde in sie in Echt von der Geheimen Staatspolizei verhaftet. Sie starb zusammen mit ihrer Schwester Rosa am 9. August 1942 in der Gaskammer des KZ Auschwitz. – Seligsprechung am 1. Mai 1987 in Köln, Heiligsprechung am 11. Oktober 1998; am 1. Oktober 1999 zur Mitpatronin Europas erhoben. GK

Laurentius [Lat. Umdeutung: »der mit Lorbeer-Gekränzte«], Hl., Erzdiakon des **10.8.**
Papstes Sixtus II., starb nach der frühen Überlieferung an einem 10. August zusammen mit vier Klerikern den Martertod. Nach der legendarischen dramatischen Leidensgeschichte, die bereits Ambrosius im 4. Jh. bekannt war, wurde Laurentius auf einem Rost zu Tode gebraten. – Unter Konstantin wurde bei seinem Grab im Coemeterium an der Tiburtinischen Straße eine Basilika errichtet. Ebenso fand dort bereits in der 1. Hälfte des 4. Jhs. am 4. August die Festfeier statt. Das Grab des Märtyrers erfreute sich zunehmender Pilgerbesuche. Die Basilika S. Lorenzo fuori le mura gehört zu den sieben Hauptkirchen Roms. Nach dem Sieg über die Ungarn auf dem Lechfeld am 10. August 955 erlebte der Kult in Deutschland eine Hochblüte.
Dargestellt im Gewand eines Diakons mit Geldbeutel, Broten, Rost. – Patron von Nürnberg, Merseburg, Havelberg, Kulm; der Armen, Bibliothekare, Archivare, Schüler, Studenten, Köche, Kuchenbäcker, Wäscherinnen, Büglerinnen, Kohlenbrenner, Glasbläser, Glaser, Bierbrauer, Wirte, Feuerwehr; gegen Feuersbrunst (Laurentius-Segen), Qualen des Fegfeuers, Fieber, Hautjucken, Ischias, Hexenschuss, Augenleiden; für Gedeihen der Weintrauben. – Laurenzi-Brot für Mensch und Tier. GK

Philomena [Griech.: »die ewig Geliebte«], Hl., wird als jungfräuliche Märtyrin der ersten christlichen Jahrhunderte verehrt. Das 1802 in der Priscilla-Katakombe in Rom entdeckte Grab gibt aber nach unvoreingenommenen Prüfungen keine Sicherheit, dass die darin aufgefundenen Gebeine die einer Märtyrin namens Philomena gewesen sind. Die romanhafte Leidensgeschichte ist wahrscheinlich eine Erfindung des 19. Jhs.
Dargestellt als jungfräuliche Märtyrin mit Lilie, Palme, Anker, drei Pfeilen, Geißel.

Asteria [Asta, Astrid], Hl., erlitt als jungfräuliche Märtyrin zur Zeit der Verfolgung Kaiser Diokletians in Bergamo/Oberitalien um 304 den Tod für ihren christlichen Glauben.
Dargestellt in der Kleidung einer römischen Jungfrau mit Palme, Krone und Buch.

Plektrud [Ahdt.: »glänzend« u. »Kraft«], Hl., wahrscheinlich Tochter Irminas von Oeren/Trier und Schwester Adelas, wurde Gemahlin Pippins des Mittleren, mit dem sie zahlreiche Schenkungen an Kirchen und Klöster machte. Nachdem ihr Gatte 714 gestorben war, musste sie 717 dem unehelichen Sohn Pippins, Karl Martell, ihre Kölner Residenz abtreten. Wahrscheinlich zog sich Plektrud dann mit ihrer Nichte Noitburg in das von ihr gegründete Kölner Kloster S. Maria im Kapitol zurück, wo sie nach der Überlieferung am 10. August 725 starb. Dort befindet sich noch eine um 1200 angefertigte Grabplatte.
Dargestellt als vornehme Frau mit königlichen Insignien oder in Nonnentracht mit Kirchenmodell.

11.8. **Susanna** [Hebr.: »die Lilie«], Hl., nach der Legende des 6. Jhs. eine römische Märtyrin zur Zeit Kaiser Diokletians um 304. Sie wurde bereits um 400 in Rom verehrt. Ihr Kult ist mit einer Kirche bei den Thermen des Diokletian verknüpft, die seit dem 6. Jh. ihren Namen trägt.
Dargestellt in der Kleidung einer römischen Jungfrau mit Krone, Palme und Schwert. – Patronin gegen Regen, Unglück, Verleumdungen.

Donoald [Donald], [Kelt.: »Weltherrscher«], (Hl.), erlitt nach nicht sicherer Überlieferung im 5. Jh. den Martertod im Raum von Beauvais.

Klara [Lat.: »die Leuchtende«] OSCl, Hl., geb. 1194 in Assisi, von adeliger Herkunft, wurde von Franz von Assisi für das Armutsideal gewonnen und nach ihrer Flucht aus dem Elternhaus 1212 in dem Portiunkulakirchlein mit dem Ordensgewand bekleidet. Mit ihrer Schwester Agnes bewohnte sie ein kleines Haus bei S. Damiano, wo sich bald eine klösterliche Familie bildete, in die auch ihre Mutter Hortulana und ihre Schwester Beatrix eintraten. 1215/16 verlieh Papst Innozenz III. Klara und der von ihr geleiteten Gemeinschaft das Privileg vollkommener Armut. Um 1240 rettete sie durch ihr flehentliches Gebet zum eucharistischen Heiland Assisi vor den Sarazenen. Seit 1224/25 fesselten Krankheiten Klara fast dauernd ans Bett. Aber trotz ihrer Leiden war sie ihren Gefährtinnen ein Vorbild an Demut, Gebets- und Bußeifer. Klara starb am 11. August 1253 in S. Damiano und wurde in der Kirche S. Giorgio beigesetzt. – 1260 wurden ihre Gebeine in die neue Kirche S. Chiara/Assisi übertragen.
Dargestellt im Klarissenhabit mit Ziborium oder Monstranz. – Patronin der Wäscherinnen, Stickerinnen, Vergolder; gegen Fieber, Augenleiden (Klara-Wasser).

GK

Schetzel, Hl., lebte als Einsiedler im Grünenwald bei Luxemburg und zeichnete sich durch ein entsagungsvolles Leben aus. Bernhard von Clairvaux (1090–1153) sandte ihm eine Mönchskutte, die Schetzel aber nicht annahm. Seine Bestattung erfolgte in der Marienkirche des Altmünsters außerhalb der Stadt. – Seit der Zerstörung von 1544 sind die Reliquien verschollen. LUX

Nikolaus [Griech.: »Sieger im Volk«], geb. 1401 als Sohn einer Schifferfamilie in Kues an der Mosel, studierte bei den Fraterherren und an den Universitäten Heidelberg, Padua und Köln, ging 1432 nach Basel zum Konzil, trat dann aber in päpstliche Dienste und wirkte für die Einheit und Reform der Kirche. 1448 wurde er Kardinal, 1450 Bischof von Brixen. Als päpstlicher Legat durchreiste er ganz Deutschland, um auf Synoden und durch Visitationen und Predigten eine religiös-kirchliche Erneuerung in die Wege zu leiten. Die Reformversuche in seinem Bistum Brixen scheiterten am Widerstand des Grafen Sigismund von Tirol. Seit 1458 widmete er sich wieder wichtigen Aufgaben im Dienst der Kurie.

In seinem bewegten Leben fand Nikolaus noch Zeit, zahlreiche Schriften zu verfassen, die ihn als einen hoch gebildeten Humanisten und spekulativen Theologen erweisen und schließen lassen, dass er eine umfangreiche Kenntnis der mittelalterlichen Denker besaß. Er starb am 11. August 1464 in Todi. – Sein Grab befindet sich in Rom in seiner Titelkirche S. Pietro in Vincoli. Sein Herz wurde auf seinen Wunsch in der Kapelle des von ihm gestifeten St.-Nikolaus-Hospitals in Kues beigesetzt. Hier befindet sich auch die wertvolle Bibliothek des Kardinals.

Radegund, Hl., geb. 518, Tochter des Thüringerkönigs Berthachar, wurde nach **12.8.**
der Vernichtung des Thüringerreichs 531 von König Chlotar I. als Geisel ins Frankenreich gebracht und von diesem nach dem Tod seiner Gattin Ingund 536 zur Heirat mit ihm gezwungen. Nachdem Chlotar Radegunds Bruder Chlotachar hatte ermorden lassen, floh sie 555 zu Bischof Medard von Noyon, der ihr den Nonnenschleier verlieh. Später gründete sie in Poitiers ein Kloster, nachher St.-Croix genannt, das ihre Pflegetochter Agnes als Äbtissin leitete und das die Regel des Cäsarius von Arles befolgte. Radegund führte dort ein Leben des Gebets und des Dienstes am Nächsten bis zu ihrem Tod am 13. August 587. Ihr Grab in der Krypta von St.-Radegonde in Poitiers ist eine viel besuchte Wallfahrtsstätte.

Dargestellt als Klosterfrau mit Krone zu Füßen, mit Buch, Geißel, Kreuzreliquie, Klostermodell. – Patronin der Weber, Töpfer; gegen Aussatz, Geschwüre, Krätze, Grind, Fieber der Kinder. FD

Noting OSB, (Sel.), soll zuerst Mönch in St.-Gallen und dort Lehrer seines späteren Nachfolgers Konrad gewesen sein. 919 bestieg Noting den Bischofsstuhl von Konstanz. Er starb am 12. August (oder 21. November) 934.

Johannes [Hebr.: »Jahwe ist gnädig«] Arnolds, geb. 1904 in Baelen bei Eupen, wurde 1928 zum Priester geweiht. Er wirkte als hervorragender Seelsorger und Jugendführer zuerst in Eupen, seit 1940 in Montzen. Besonders nahm er sich der von den Nationalsozialisten Verfolgten an. Deshalb wurde er verhaftet, vom Volksgerichtshof zum Tode verurteilt und am 12. August 1944 in Brandenburg hingerichtet.

Karl [Ahdt.: »Mann, freier Mann«] Leisner, Sel., geb. am 28. Februar 1915 in Rees am Niederrhein, war ein begnadeter Jugendführer und als Diakon Leiter der Jungschar im Bistum Münster. 1939 wurde er verhaftet und in das KZ Dachau verschleppt. Auch in allen Peinigungen und während schwerer Krankheit behielt er sein unerschütterliches Gottvertrauen. In Dachau wurde Leisner heimlich von dem ebenfalls dort eingewiesenen Bischof Piquet von Clermont-Ferrand geweiht und feierte dort am 26. Dezember seine erste und einzige heilige Messe. Nach seiner Befreiung aus Dachau starb Leisner trotz aufopfernder Pflege am 12. August 1945. Er wurde beigesetzt in der Krypta des Domes von Xanten. – Seligsprechung am 23. Juni 1996 in Berlin.

13.8. **Pontianus**, Hl., wurde 230 zum Papst erwählt. Hippolyt wirkte auch unter ihm weiter als Gegenpapst. Kaiser Maximinus Thrax verbannte die beiden Gegner nach Sardinien. Hier verzichtete Pontianus am 28. September 235 auf die päpstliche Würde. Hippolyt schloss sich diesem Verzicht an. Pontianus starb bald darauf. Sein Leib wurde unter Papst Fabian (236–250) an einem 1. August in der Kalixtus-Katakombe in Rom beigesetzt. Die Grabschrift wurde 1909 aufgefunden.

Dargestellt im priesterlichen Ornat mit Pallium. GK

Hippolyt [Griech.: »der die Pferde loslässt«], Hl., Schüler des Irenäus, war der fruchtbarste griechische Kirchenschriftsteller in der westlichen Kirche. Unter Papst Viktor I. (189–199) nahm Hippolyt eine einflussreiche Stellung im römischen Klerus ein. Als der ehemalige Sklave Kalixtus Papst wurde, brach Hippolyt mit diesem die kirchliche Gemeinschaft und ließ sich zum Gegenpapst wählen. Beide beschuldigten sich gegenseitig der Irrlehre. Das Papstschisma dauerte auch unter den Nachfolgern des Kalixtus fort. Kaiser Maximinus Thrax verbannte Pontianus und Hippolyt nach Sardinien. Hier verzichteten beide auf ihre Würde. Hippolyt forderte seine Anhänger auf, die Einheit wiederherzustellen und starb ebenso wie Pontianus in der Verbannung. Unter Papst Fabian (236–250) wurde der Leib Hippolyts an einem 13. August in dem nach ihm benannten Coemeterium beigesetzt. – Die Legende erfand einen anderen Hippolyt, der 258 unter Kaiser Valerian den Tod als Märtyrer erlitten haben soll. 756 wurden die Gebeine Hippolyts nach St.-Pilt/Elsass übertragen. Auch Stadt und Bistum St.-Pölten in Niederösterreich verehren Hippolyt von Rom als Schutzherrn.

Dargestellt im Philosophengewand auf dem Lehrstuhl oder auch in Kriegskleidung mit Fahne, wilden Pferden, Knüttel, Strick. – Patron von Stadt und Bistum St.-Pölten, von St.-Pilt (Elsass); der Gefängniswärter, der Pferde; gegen Körperschwäche.
GK, N

Kassian [altröm. Geschlechtername], Hl., Märtyrer in Imola/bei Bologna zur Zeit Kaiser Diokletians um 304, wurde schon früh verehrt. Um 402 befand sich bei seinem Grab ein Gemälde, auf dem dargestellt war, wie Kassian von seinen heidnischen Schülern mit Griffeln zu Tode gequält wurde. Die mittelalterliche Legende kennt Kassian als ersten Bischof von Säben. 845 war Kassian Patron der Kathedrale von Säben. – Im Bistum Bozen-Brixen wird das Hochfest der Diözesanpatrone Kassian und Vigilius am Samstag nach dem zweiten Ostersonntag gefeiert.
Dargestellt in bischöflichem Gewand mit Buch und Palme oder entkleidet am Pfahl, von Schülern mit Griffeln erstochen. – Patron des Bistums Bozen-Brixen; der Lehrer, Erzieher, Stenografen.
BB

Radegund, Hl., Frankenkönigin, gest. 13.8.587, ↗12.8.

Wigbert OSB, Hl., stammte aus dem angelsächsischen Wessex und folgte 730 einem Ruf des Bonifatius in die hessisch-thüringische Mission. Hier wirkte er zuerst als Lehrer, dann als Abt des 732 gegründeten Klosters Fritzlar. In Kloster Ohrdruf richtete er die erste Schule für Glaubensboten im thüringischen Land ein. Bis zu seinem Lebensende widmete er sich der Seelsorge. Auch in den Tagen der Krankheit hielt er streng das vorgeschriebene Fasten. Wigbert starb 737/738 in Fritzlar, wo er zunächst auch bestattet wurde. – Der größere Teil seiner Reliquien wurde am 13. August 780 von Erzbischof Lul nach Hersfeld übertragen, wo sie seit dem Brand der Kirche 1761 verschollen sind. Für die in Fritzlar verbliebenen Reliquien wurde 1340 in der Krypta des Domes ein gotisches Hochgrab errichtet. Der Kult ist seit dem 9. Jh. bezeugt.
Dargestellt als Benediktinerabt mit Mitra, Stab und Kirchenmodell, mit Buch, Rebmesser, Kelch und Taube. – Patron des ehemaligen Hersfelder Stiftlandes.
FD

Hariolf, Sel., ist nach der legendarischen Lebensbeschreibung Gründer der Benediktiner-Abtei Ellwangen, die wohl um 750 ins Leben gerufen wurde. Hariolf wird als Bischof von Langres bezeichnet, ist aber in den Bischofslisten nicht aufgeführt, vielleicht war er in Langres Chorbischof. Er starb um 800.

Ludolf OSB, Hl., von sächsischer Herkunft, seit 965 Abt von Corvey. Unter ihm begann eine Blüte der Abtei und der Klosterschule. Ludolf war von tiefer, innerlicher Frömmigkeit erfüllt und mit mystischer Schau begnadet. Er starb am 13. August 983. – Seine Gebeine wurden 1100 erhoben und 1662 in einem Schrein in die Gruftkapelle der Abtei übertragen.

Gerold, (Sel.), wurde Nachfolger Vizelins als Bischof von Oldenburg/Holstein. 1160 verlegte Gerold den Bischofssitz nach Lübeck und war somit erster Bischof der Stadt. Er starb 1163.

Gertrud [Ahdt.: »Speer« u. »Stärke«] OPraem, Sel., geb. am 29. September 1227 als jüngste Tochter der hl. Elisabeth von Thüringen, wurde schon im Alter von 2 Jahren dem Prämonstratenserinnen-Kloster Altenberg bei Wetzlar zur Erziehung anvertraut. Hier nahm sie auch den Schleier und wurde 1248 im Alter von 21 Jahren Meisterin. Aus ihrem Erbteil errichtete sie die Stiftskirche sowie Häuser für Arme und Kranke. 1270 führte sie in ihrem Stift die Feier des Fronleichnamsfestes ein. Ihren strengen Bußgeist und ihre Liebe zum eucharistischen Christus belohnte Gott durch außergewöhnliche Gnadenerweise. Nach ihrem Tod am 13. August 1297 wurde sie in der Stiftskirche beigesetzt. – Ihre kultische Verehrung wurde bereits 1311 gestattet. Bis heute wird das Andenken an Gertrud von den evangelischen Diakonissen in Altenberg hoch in Ehren gehalten.
Dargestellt im Prämonstratenserinnenhabit mit Löwe. LM, TR

Johannes Berchmans SJ, Hl., Ordensmann, gest. 13.8.1621, ↗26.11.

Markus [Griech.: »dem (Kriegsgott) Mars geweiht«] von Aviano OFMCap, geb. am 17. November 1631 in Aviano/Friaul, erzogen im Jesuitenkolleg in Görz wurde 1648 Kapuziner, 1655 Priester, wirkte seit 1665 als hinreißender Prediger in Venetien und wurde seit 1676 als Wundertäter gefeiert. Später betätigte er sich als Bußprediger in Deutschland, war Berater Kaiser Leopolds I., erreichte durch Predigten, feurige Aufrufe und diplomatische Verhandlungen 1683 die Befreiung Wiens von der Belagerung durch die Türken sowie 1688 die Eroberung Belgrads. Markus starb am 13. August 1699 in Wien in Gegenwart der kaiserlichen Familie und wurde in der Kapuzinergruft beigesetzt.
Dargestellt im Kapuzinerhabit, mit erhobenem Kreuz predigend.

Ludwig Bley SC, 1865 in Haltern/Westfalen geboren, widmete sein Leben der Mission. Er wurde Ordensbruder der »Herz-Jesu-Missionare« und starb mit neun Gefährten für seinen Glauben am 13. August 1904 in St.-Paul/Neu-Britanien. – Das Seligsprechungsverfahren ist eingeleitet.

Jakob [Hebr.: »Gott möge schützen«] Gapp SM, Sel., geb. am 26. Juli 1897 in Wattens/Tirol, trat nach der Kriegsgefangenschaft 1920 bei den »Maristen« ein und empfing nach dem Studium 1939 in Fribourg/Schweiz die Priesterweihe. Seine Lebensaufgabe wurde die Erziehung der Jugend. In diesem Arbeitsbereich durchschaute er bald den Nationalsozialismus und lehnte ihn entschieden ab. Es wurde ihm zum Verhängnis, dass er aus seiner Anschauung keinen Hehl machte. Von einem Spitzel in Spanien an die Gestapo ausgeliefert, wurde er am 13. August 1943 in Berlin-Plötzensee hingerichtet. – Seligsprechung am 24. November 1996.

Werenfrid [Ags.: »wehren« u. »Friede«], Hl., Priestermönch aus Angelsachsen, Mitarbeiter Willibrords, verkündete den Glauben in Friesland und im unteren Rheingebiet. Nach seinem Tod um 760 wurde er in Elst in der Betuwe begraben. – Die Geusen verbrannten 1588 den größten Teil seiner Gebeine. Die Überreste wurden 1664 in die Jesuitenkirche nach Emmerich übertragen. Schon im 10. Jh. wurde sein Fest im Bistum Utrecht gefeiert. **14.8.**
Dargestellt im Priestergewand, das Evangelium verkündend, mit Schiff in der Hand. – Patron der Gemüsegärtner; gegen Gicht, Rheumatismus, Gelenkkrankheiten.

Eberhard OSB, Sel., aus edlem Geschlecht, Domherr in Straßburg, fasste die »im finsteren Walde« beim Grab Meinrichs lebenden Einsiedler zu einer Mönchsgemeinde zusammen und gründete 934 das Benediktinerkloster Einsiedeln/Schweiz, das er als erster Abt leitete. Otto I. bestätigte 947 den Grundbesitz und die Rechte des Klosters. Eberhard starb am 14. August 958. – Die 1522 von den Neugläubigen vergrabenen Gebeine wurden 1617 wieder aufgefunden und in einem Mausoleum beigesetzt. Dieses wurde 1798 von Franzosen aufgebrochen. Heute befinden sich die Reliquien in der Sakristei der Abteikirche.
Dargestellt in der Kleidung eines Benediktinerabtes.

Meinhard CanA, Hl., Augustiner-Chorherr in Segeberg/Holstein, wirkte in schon vorgerücktem Alter als Glaubensbote in Livland und erbaute 1184 in Üxküll am rechten Dünaufer eine Kirche. Erzbischof Hartwig II. von Bremen weihte Meinhard 1186 zum Bischof der Liven. Nach anfänglichen Erfolgen trat bald ein Rückschlag in der Missionsarbeit ein. Das Eintreffen weiterer Hilfskräfte für die Glaubensverkündigung erlebte Meinhard nicht mehr. Er starb am 14. August oder 11. Oktober 1196. – Im 14. Jh. wurden seine Gebeine in den Dom von Riga übertragen. Die Kultbestätigung erfolgte am 8. September 1993.

Maximilian [Lat.: »der überaus Große«] Kolbe OFMConv, Hl., mit bürgerlichem Namen Raimund, geb. am 7. Januar 1894 in Zdunska-Wola in Polen, wurde »Minorit« und 1918 Priester. Er rief eine marianische Apostolatsvereinigung ins Leben und baute seit 1922 in Polen und seit 1930 in Japan die katholische Presse aus. 1936 nach Polen zurückgekehrt, wurde er 1940 ins KZ Oranien-

burg, dann nach Auschwitz verschleppt. Hier opferte er am 14. August 1941 freiwillig sein Leben in Stellvertretung für einen jungen polnischen Familienvater, der als Geisel hingerichtet werden sollte. – Seligsprechung am 17. Oktober 1971, Heiligsprechung am 10. Oktober 1982.
Dargestellt im Minoritenhabit. RK, FD

15.8. **Assunta** – in den ältesten Zeiten wurde das Gedächtnis des Heimgangs Marias am 18. Januar gefeiert. Der oströmische Kaiser Mauritius (gest. 602) legte das Fest auf den 15. August. Durch Papst Sergius I. wurde es in den römischen Festkalender aufgenommen. 1950 verkündigte Papst Pius XII. das Dogma von der leiblichen Aufnahme [= assumptio] Marias in den Himmel.
An diesem Tag wird Maria angerufen als Patronin der Färber, Gerber, Sattler, Kinder; in jeglicher Not. GK

Tarsitius [Tarzisius], Hl., ist wohl ein niederer Kleriker oder Diakon gewesen. Er wurde wahrscheinlich in der 2. Hälfte des 3. Jhs. von Heiden ermordet, als er Kranken die heilige Eucharistie bringen wollte. Sein Grab befindet sich in der Kalixtus-Katakombe an der Via Appia. Papst Damasus I. ehrte ihn durch ein Gedicht.
Dargestellt in römischer Knabentracht oder als Diakon mit Palme, Steinen und Hostie. – Patron der Arbeiter, Ministranten.

Altfrid, Hl., Bischof von Hildesheim, gest. 15.8.874, ↗16.8.

Stephan I., Hl., König von Ungarn, gest. 15.8.1038, ↗16.8.

Rupert [Ahdt.: »der Hochberühmte«] OSB, Sel., Mönch und Prior im Schwarzwaldkloster St.-Georgen, erhielt 1102 einen Ruf als Abt nach Ottobeuren. Hier führte er die Hirsauer Reform ein und begründete eine Blütezeit der Abtei. Am 15. August 1145 endete sein irdisches Leben. – Schon bald nach seinem Tod begann die Verehrung. 1270 wurden seine Gebeine in die Klosterkirche übertragen. Seit 1964 sind die Reliquien in der dortigen Rupertikapelle beigesetzt.
Dargestellt in Abtskleidung mit Stab.

Hyazinth, Hl., Ordenspriester, gest. 15.8.1257, ↗17.8.

Mechthild [Ahdt.: »machtvolle Kämpferin«] OCist, Sel., geb. um 1208/10 im Raum von Magdeburg, erhielt von ihren wahrscheinlich adeligen Eltern eine hervorragende Ausbildung. Mit 12 Jahren erfuhr sie ihre erste Begnadung. Seit 1230 führte sie in Magdeburg ein strenges Leben als Begine nach der Regel des hl. Dominikus. Ab 1250 zeichnete sie ihre mystischen Gnadenerweise auf in dem Buch »Das fließende Licht der Gottheit«. Es ist das erste

Werk der Deutschen Mystik in deutscher Sprache. Infolge vieler Leiden und Verfolgungen begab sich Mechthild dann in das Zisterzienserinnen-Kloster Helfta, wo sie in der Äbtissin Gertrud von Hackeborn und in Gertrud d. Gr. von Helfta verwandte Seelen fand. Hier lebte Mechthild noch zwölf Jahre. Sie starb 1282 oder 1294.

Dargestellt im Nonnengewand, an einem Buch schreibend, während ein Gnadenstrahl ihr Herz trifft.

Stanislaus Kostka, Hl., Novize, gest. 15.8.1568, ↗13.11.

Johann Adam Schall von Bell SJ, geb. am 1. Mai 1592 in Köln, trat in die »Gesellschaft Jesu« ein, reiste 1611 über Macao nach China, wo er seit 1630 als Mathematiker und Astronom am Hof von Peking tätig war und die Würde eines Mandarins erlangte. Durch seinen großen Einfluss fasste der katholische Glaube auch in der kaiserlichen Familie Fuß. Der junge Kaiser Shuh Chi machte ihn 1651 zu seinem Berater. Nach dem Tod des Kaisers wurde Schall auf Betreiben muslimischer Chinesen eingekerkert, zum Tode verurteilt, aber 1665 freigelassen. Doch bereits am 15. August 1666 starb er in Peking.

Bernhard [Ahdt.: »der Bärenharte«] Wensch, geb. am 7. Juli 1908 in Dresden, Priester und Doktor der Theologie, erster Jugendseelsorger des Bistums Meißen, starb am 15. August 1942 im KZ Dachau.

Theodor [Theodul], [Griech.: »Gottesgeschenk«], Hl., der erste bekannte Bischof **16.8.**
im Wallis, hatte seinen Sitz in Octodurum/Martigny. Er nahm 381 an der Synode von Aquileja teil, wahrscheinlich 369 auch an der Synode von Mailand. Nach dem Bericht des Eucherius von Lyon hat Theodor die Gebeine des Mauritius und seiner Gefährten aufgefunden und in der von ihm errichteten Basilika St.-Maurice in Agaunum (heute St.-Maurice/Schweiz) beigesetzt. – Theodors Leichnam wurde wahrscheinlich im 6. Jh. bei der Verlegung des Bischofssitzes von Martigny nach Sitten dorthin übertragen. Seit der Besetzung Sittens 1798 durch die Franzosen sind die Reliquien Theodors verschollen.

Dargestellt in bischöflicher Gewandung mit Schwert, Traube, Glocke oder Teufel mit Glocke, auch mit Steinhammer und Erzstufe. – Patron des Schweizer Kantons Wallis; des Bistums Sitten; der Winzer, Glocken, des Viehs (in Vorarlberg); des Wetters.

BS. CH, SG, SI

Altfrid [Ahdt.: »erhaben« u. »Friede«], Hl., geb. vor 800 in einer mit dem westfälischen Herzogshaus verwandten Adelsfamilie, leitete nach Studien in Fulda, St.-Requir und St.-Quentin seit 829 die Klosterschule in Corvey. 851 wurde er auf den Bischofsstuhl von Hildesheim berufen. Hier legte er 852 den

Grundstein zum Dom, gründete vor 860 auf seinem Eigengut das Frauenstift Essen und war an der Gründung der Frauenstifte Gandersheim und Lamspringe beteiligt. Altfrid war ein Vertrauter des Königs Ludwig des Deutschen, ein Freund Hinkmars von Reims und wurde von Regino von Prüm hoch geschätzt. Altfrid starb am 15. August 874 und wurde in seiner Gründung Essen bestattet, wo bald seine Verehrung einsetzte.
Dargestellt in bischöflichem Ornat mit Kirchenmodell. E, HI

Stephan I. [ursprünglicher Name: Vajk], Hl., geb. um 969, Sohn des Arpadenfürsten Géza, wurde 973/974 von einem Passauer Glaubensboten getauft. 995 vermählte er sich mit der Schwester des späteren Kaisers Heinrich II., Gisela, und folgte 997 seinem Vater in der Regierung. Seiner Herrschaft widerstrebende Stammesfürsten besiegte er, gründete Kirchen und Klöster, errichtete Bistümer und Pfarreien und sicherte den Anschluss des christlichen Ungarn an die lateinische Kirche. Papst Silvester II. übersandte ihm im Einverständnis mit Kaiser Otto III. die Königskrone, mit der er am Weihnachtsfest des Jahres 1000 feierlich in Gran zum ersten König von Ungarn gekrönt wurde. Stephan starb am 15. August 1038 und wurde in der von ihm erbauten Kirche von Stuhlweißenburg beigesetzt. – Am 20. August 1083 wurden auf Betreiben des Königs Ladislaus I. von Ungarn seine Gebeine feierlich erhoben.
Dargestellt in königlichem Ornat mit Krone, Reichsapfel, Zepter und bisweilen Kreuz. – Patron von Ungarn. GK, BR

Christian [Griech./Lat.: »der Christ«] OPraem, (Sel.), wurde 1186 Abt des Prämonstratenser-Stiftes Wedinghausen bei Arnsberg. Durch Wort und Beispiel war er seinen Mitbrüdern ein Wegweiser zur Vollkommenheit. Unter ihm nahm der Gründer des Stifts, Graf Heinrich von Arnsberg, in Wedinghausen das weiße Gewand der »Norbertiner«. Christian starb der Überlieferung nach am 16. August um 1200.

Rochus, Hl., wird verehrt als Patron gegen Pest und Seuchen. Zuverlässige Nachrichten über sein Leben fehlen. Nach der Legende des 15. Jhs. wurde er um 1295 in Montpellier geboren, verschenkte sein Vermögen an Arme, pilgerte nach Rom, pflegte dort Pestkranke, wurde 1320 auf der Rückreise in Piacenza selbst von der Pest befallen, kehrte nach wunderbarer Heilung 1322 unerkannt nach Montpellier zurück, wurde dort als Spion eingekerkert und starb im Gefängnis 1327. – Nach Übertragung der Reliquien 1485 von Montpellier nach Venedig verbreitete sich schnell seine Verehrung. Eine bekannte Kultstätte ist die Kapelle bei Bingen, deren Wallfahrtsfest Goethe beschrieben hat.
Dargestellt in Pilgerausrüstung, seine Pestbeule über dem Knie zeigend, mit Hund, der zuweilen ein Brot im Maul trägt, oder Engel, der die Wunde pflegt. – Patron der Gefangenen, Kranken, Siechenhäuser, Spitäler, Ärzte, Chirurgen, Apotheker, Toten-

gräber, Kunsthändler, Bauern, Gärtner, Bürstenbinder, Pflasterer, Raketenbauer; gegen Pest, Seuchen, Cholera, Fuß-, Bein- und Knieleiden, Tollwut, Unglücksfälle.
FD, MZ

Beatrix [Lat.: »die Selige«] de Silva Meneses, Hl., geb. um 1424 in Ceuta/Panisch Marokko, wurde im Alter von 21 Jahren Hofdame der Königin Isabella von Kastilien. Des Hoflebens überdrüssig, zog sie sich in das Zisterzienserinnen-Kloster in Toledo/Spanien zurück. Dort lebte sie über dreißig Jahre wie eine Ordensfrau und setzte ihr Vermögen für die Armen ein. 1484 gründete sie den »Orden von der Unbefleckten Empfängnis« (CFIC). Dessen Mitglieder widmen sich dem beschaulichen Leben. Die Gründerin starb am 1. September 1490 in Toledo. – Kultbestätigung am 28. Juli 1926, Heiligsprechung am 3. Oktober 1976.
GK

Karlmann [Ahdt.: »Mann, freier Mann«; Begriffsverdoppelung] OSB, (Sel.), geb. vor 714 als ältester Sohn Karl Martells, leitete mit seinem Bruder Pippin dem Jüngeren als Hausmeier das Merowingerreich. Die Sendung des Bonifatius unterstützte Karlmann großzügig und förderte Bistums- und Klostergründungen sowie Reformsynoden. 747 entsagte Karlmann der Herrschaft, wurde Mönch, erbaute mehrere Klöster am Soracte (nördlich von Rom) und zog sich dann nach Montecassino zurück. 754 reiste er auf Bitten des Langobardenkönigs Aistulf ins Frankenreich, wurde aber von Pippin in ein Kloster zu Vienne verwiesen. Dort starb Karlmann am 17. August 754. Sein Leib wurde in Montecassino bestattet. **17.8.**
Dargestellt im Benediktinerhabit mit Löffel, Keule, Buch, mit Lamm auf der Schulter.

Jeron, Hl., kam vielleicht von den britischen Inseln, war als Glaubensbote in Holland und Friesland tätig und wurde bei einem Einfall der Normannen um 856 bei Noordwijk enthauptet. – Seine Gebeine kamen 955 nach Egmont, wurden aber 1892 nach Noordwijk zurückgebracht. Das in Noordwijk verbliebene Haupt ging in der Reformation verloren. Andere Reliquien gelangten nach Blandinienberg in Gent.
Dargestellt im Messgewand mit Schwert und Falken. – Patron zur Wiedererlangung verlorener Dinge.

Hyazinth OP, Hl., geb. vor 1200 in Großstein im Herzogtum Oppeln/Schlesien aus adeligem Geschlecht, studierte in Krakau und ging dann nach Rom, wo er 1218 dem Dominikanerorden beitrat. Auf der Reise in seine Heimat gründete er wahrscheinlich 1221 den Konvent in Friesach/Kärnten, den ersten im deutschen Sprachraum. In seiner Heimat rief er weitere Konvente ins Leben, schuf die Ordensprovinz Polonia und wirkte als Glaubensbote in Südrussland und Preußen. Hyazinth starb am 15. August 1257 in Krakau. →

Dargestellt im Dominikanerhabit mit Marienstatue, Hostienkelch, bisweilen über Wasser schreitend. – Patron von Pommern, Preußen, Polen, Litauen, Russland, des Bistums Oppeln; bei Gefahr des Ertrinkens; für leichte Entbindung; gegen eheliche Unfruchtbarkeit.

Guda [Jutta] OPraem, (Sel.), die Gemahlin des Grafen Ludwig von Arnstein. Als diese 1139 in seiner Stammburg ein Doppelstift des Prämonstratenserordens gründete, traten beide in den Orden ein. Doch Guda wollte sich ganz Gott hingeben. Sie ließ sich neben der Kirche in eine Zelle einschließen, um fortan ein Leben der Askese und des Gebets zu führen. Nach ihrem Tod an einem 17. August um die Mitte des 12. Jhs. wurde sie vor dem Nikolausaltar der Stiftskirche beigesetzt.

Jeanne Delanoue, Hl., mit Ordensnamen Jeanne de la Croix, wurde am 10. Juni 1666 in Saumur/Frankreich geboren. Die Gründerin der Kongregation der »Schwestern der hl. Anna von der Vorsehung« (Soeurs de Jeanne Delanoue) starb am 17. August 1736 in ihrer Heimatstadt Saumur. – Seligsprechung am 9. November 1947, Heiligsprechung am 31. Oktober 1982. GK

18.8. **Agapitus** [Griech.: »der Geliebte«], Hl., hat nach der Überlieferung im Alter von 15 Jahren unter Kaiser Aurelian (270–275) in Präneste den Martertod erlitten. – Im 4. Jh. errichtete man über seinem Grab eine Kapelle, die um 800 erneuert wurde. 1864 wurde sie wieder entdeckt und 1898–1914 ausgegraben. Die legendarische Leidensgeschichte wurde im 6. bis 8. Jh. verfasst. Reliquien befinden sich auch in Kremsmünster.
Dargestellt als Jüngling mit zwei Löwen; Liktorenbündel, Märtyrerkrone und Palme. – Patron der schwangeren Frauen, Kinder; gegen Leibschmerzen, Koliken.

Helene [Helena], [Griech.: »die Leuchtende«], Hl., geb. um 255, war Gastwirtin und wurde Geliebte des Cäsar Konstantius Chlorus, der sie vor seiner Heirat entließ. Als ihr Sohn Konstantin 306 zur Herrschaft kam, erhob er sie zur Augusta (Kaiserin). Nachdem sie den christlichen Glauben angenommen hatte, reiste sie als eine der ersten Frauen ins Heilige Land. Helene erwies sich gegenüber Kirche und Notleidenden sehr wohltätig. Mit Konstantin erbaute sie die Heilig-Kreuz-Kirche in Rom, die Apostelkirche in Konstantinopel, die Geburtskirche in Betlehem und die Kirche auf dem Ölberg. Die Legende schreibt ihr wohl zu Unrecht den Bau der Gereonskirche in Köln sowie von Kirchen in Bonn und Xanten zu. Doch steckt möglicherweise ein echter Kern in der Überlieferung, dass Helene an der Auffindung des Heiligen Kreuzes in Jerusalem sowie bei der Überführung des Heiligen Rocks und der Gebeine des Apostels Matthias nach Trier beteiligt gewesen sei. Helene starb 330 in Nikomedien. – Ihr Leib, zunächst in einem prachtvollen

Mausoleum in Rom beigesetzt, wurde später von ihrem Sohn nach Konstantinopel und im 9. Jh. in die Abtei Hautevillers übertragen.
Dargestellt in fürstlicher Gewandung mit Kaiserkrone, Kirchenmodell, Kreuz und Nägeln. – Patronin der Färber, Bergwerke; gegen Blitz- und Feuergefahr; zur Entdeckung von Diebstählen. LM, TR

Klaudia [Claudius: altröm. Geschlechtername; der Ahnherr scheint lahm oder hinkend, claudus, gewesen zu sein] OSCl, (Sel.), leitete als erste Äbtissin das neu gegründete Klarissen-Kloster in Genf. Sie starb nach einem vorbildlichen Ordensleben Ende des 15. Jhs.

Perfektus Huber OFM, Franziskanerpriester, verfügte über reiches Wissen und wurde wegen seiner großen Frömmigkeit von weit her als Beichtvater und Seelenführer aufgesucht. Besonders pflegte er das Gebet für die Armen Seelen. Er starb am 18. August 1754 in Stadtamhof bei Regensburg.

Bertulf OSB, Hl., stammte aus fränkischem Adel und war mit Bischof Arnulf **19.8.**
von Metz verwandt. Er wurde unter Abt Eusebius Mönch von Luxeuil/nordöstl von Besançon, ging von dort mit Abt Attala nach Bobbio/nordöstl. von Genua, wo er 627 dessen Nachfolger wurde. Am 19. August 640 verschied Bertulf. – Seine Reliquien wurden 1482 in die Krypta der Klosterkirche von Bobbio übertragen, wo sie seit 1910 auf einem ihm geweihten Altar ruhen.

Sigbert [auch Cäcilia genannt], Hl., Äbtissin von Remiremont, soll nach der örtlichen Überlieferung Tochter Romarichs gewesen sein und im 7. Jh. gelebt haben.

Reginlind, Sel., Witwe Herzog Burkhards von Schwaben, danach Gemahlin von dessen Nachfolger Hermann, der 949 starb, erscheint in Urkunden der Züricher Stifte zwischen 929 und 955. Sie soll Wohltäterin der Abtei Einsiedeln/Schweiz und des Koblenzer Stiftes St.-Florin gewesen sein und hat vielleicht auch das Nonnenkloster Waldkirch/Südschwarzwald gegründet. Sie starb nach dem 29. April 958. Nach der Legende wurde sie von Aussatz befallen und starb nach 975 auf der Insel Ufenau/Züricher See. Ihre Reliquien befinden sich in Einsiedeln.
Dargestellt als Matrone, Fürstin oder Äbtissin mit ein oder zwei Kirchenmodellen.

Sebald, Hl., kam als Einsiedler und Glaubensbote in die Nähe des heutigen Nürnberg. Die legendarische Überlieferung des 14./15. Jhs. setzt ihn in Beziehung zu den Angelsachsen Willibald und Wunibald im 8. Jh.; andere vermuten, dass er erst im 10./11. Jh. nach Nürnberg gekommen ist. – Seit 1072 erlebte sein Kult eine Blüte: Sebald wird Patron von Nürnberg, über seinem Grab entsteht nach 1300 die heutige Sebalduskirche, 1508–1519 schuf Peter

Vischer der Ältere mit seinen Söhnen das herrliche Grabmal. Obgleich mehrfach Eingriffe an dem Grab vorgenommen wurden, sind die Reliquien Sebalds fast vollständig erhalten.
Dargestellt in Pilgerkleidung mit Kirchenmodell und Ochsen; in der Hand eine kleine Scheibe, die den von den Engeln gebrachten Aschenkuchen darstellt. – Patron von Nürnberg; gegen Kälte. BA, EIH

Johannes [Jean], [Hebr.: »Jahwe ist gnädig«] Eudes, Hl., geb. am 14. November 1601 in Ri bei Argentan/Normandie, war zuerst Oratorianer, wurde 1625 Priester, gründete 1643 die »Kongregation von Jesus und Maria« (Eudisten CJM) und 1644 eine Schwesternkongregation, »Schwestern U. L. Frau von der Liebe und Zuflucht«. Eudes war einer der Erneuerer des religiösen Lebens in Frankreich. Hierzu hielt er Volksmissionen und errichtete Priesterseminare. Er war ein volkstümlicher Prediger mit gesunden Ansichten. Den Kult der Herzen Jesu und Mariens begründete er theologisch und wirkte für seine Verbreitung. Eudes starb am 19. August 1680 in Caen, wo er auch beigesetzt wurde.
Dargestellt in Priesterkleidung mit Buch und dem Herzen Jesu. GK

Charitas Pirkheimer OSCl, geb. am 21. März 1467 in Eichstätt, leitete seit 1503 als Äbtissin das Klarissen-Kloster St.-Klara in Nürnberg. Die gebildete und fromme Frau stand mit zahlreichen Humanisten im Briefwechsel. Nach der Glaubensspaltung verteidigte sie mit Klugheit und Energie ihr Kloster gegen den Stadtrat, der St.-Klara aufheben wollte. Sie konnte aber nicht verhindern, dass das Kloster zum Aussterben verurteilt war. Charitas starb am 19. August 1532 in Nürnberg. – Ihr Grab in St.-Klara wurde 1959 wieder aufgefunden.
Dargestellt im Klarissenhabit mit dem Abzeichen einer Äbtissin.

Ezequiel Moreno y Diaz OAR/seit 1969 OSA, Hl., geb. am 9. April 1848 in Alfaro. Er folgte dem Beispiel seines ältesten Bruders Eustachio und trat mit 15 Jahren in den Orden der »Augustiner-Eremiten« ein. Als Ordensnamen wählte er Ezequiel von der Jungfrau vom Rosenkranz und legte am 22. September 1865 die Profess ab. Am 3. Juni 1871 empfing er die Priesterweihe. Fünf Jahre später, im Juni 1876, ging er als Pfarrer in die Bucht von Manila nach Lespiñase. Bald übernahm er die Leitung des großen Gutsbesitzes seines Ordens auf den Philippinen, wobei er sich durch Kompetenz, Redlichkeit sowie Barmherzigkeit gegenüber Armen auszeichnete. 1888 folgte die Entsendung als Provinzoberer nach Kolumbien. Während der Amtszeit in Lateinamerika wurde er Titularbischof von Pinara und erster Apostolischer Vikar von Cesanare. Die Bischofsweihe fand am 1. Mai 1894 in der Kathedrale von Santafé statt. »Gott und Kolumbien« – so lautete sein Leitsatz. Nächstenliebe und Mitgefühl zeichneten ihn aus. Nach der Rückkehr in seine Heimat starb er am 19. August 1906 in Monteagudo. – Seligsprechung am 1. November 1975, Heiligsprechung in Santo Domingo am 11. Oktober 1992. GK

Samuel [Hebr.: »Gott ist sein Name«], Prophet (11. Jh. v. Chr.), wurde von seinen Eltern Elkana und Hanna in jungen Jahren nach Rama ins Heiligtum gebracht, um für den heiligen Dienst erzogen zu werden. Dort erfuhr er seine Berufung, als Prophet dem Volk den Willen Gottes zu verkünden, dass Gott Gehorsam will und nicht Opfer (vgl. *Sam* 1–3). Als Richter führte Samuel das Volk Israel zum Sieg über die Philister. Er salbte Saul zum König und später David zu dessen Nachfolger. Samuel begründete die bis zum Ende des Königtums währende Gegenüberstellung: Prophet – König. Samuel starb in seiner Heimatstadt Rama vor dem Jahr 1000 v. Chr. **20.8.**
Dargestellt im Ornat eines jüdischen Priesters mit Ölkännchen. RO

Oswin, Hl., seit 644 König eines angelsächsischen Teilreiches, war bemüht, das junge Christentum in England zu festigen. Er war ein gütiger und wohltätiger Herrscher. Auf Anstiften seiner Feinde wurde Oswin (am 20. August?) 651 in Gilling in der Grafschaft York ermordet.
Dargestellt in Kriegerrüstung mit königlichen Insignien und Lanze.

Burchard [Buggo], Hl., ausgebildet in der Abtei Lobbes und im Dienst des Erzbischofs Williges von Mainz, wurde 1000 von Kaiser Otto III. zum Bischof von Worms ernannt. In seinem verwüsteten Sprengel baute er das kirchliche Leben wieder auf. Er ließ eine Sammlung kirchlicher und weltlicher Rechtsvorschriften anfertigen und die Rechte der Höfe der Wormser Kirche aufschreiben. Burchard starb am 20. August 1025.

Bernhard [Ahdt.: »der Bärenharte«] OCist, Hl., geb. um 1090 in Fontaines-lès-Dijon aus burgundischem Adel, trat 1112 mit dreißig Gefährten, darunter vier Brüdern, in das Reformkloster Cîteaux/südl. von Dijon ein. 1115 wurde er mit zwölf Mönchen nach Clairvaux gesandt, um dort ein Kloster zu gründen, das er fortan als Abt leitete. Von hier aus rief Bernhard noch 69 Klöster ins Leben, so dass er mir Recht der zweite Gründer des Zisterzienserordens genannt werden kann. Durch seine freundschaftlichen Beziehungen zu bedeutenden Persönlichkeiten sowie durch seine tiefe Frömmigkeit und seine Predigtgabe übte er auf seine Zeitgenossen größten Einfluss aus. 1146 gewann er König Ludwig VII. von Frankreich in Vézelay zur Teilnahme am Kreuzzug. Bernhard begründete die Christusmystik und die Lehre vom Brautverhältnis der Seele zu Christus und wirkte hierdurch nachhaltig besonders auf die Deutsche Mystik. Bernhard starb am 20. August 1153 in Clairvaux, wo er auch bestattet wurde. – 1790 wurden seine Reliquien in die benachbarte Kirche von Ville-sous-la-Ferté überführt. Sein Haupt ruht seit

1813 in der Kathedrale von Troyes. 1830 wurde er zum Kirchenlehrer erhoben.
Dargestellt im Gewand eines Zisterzienserabts mit Bienenkorb, Teufel an der Kette, mit bellendem Hund, mit Muttergottes, Leidenswerkzeugen. – Patron der Imker, Wachszieher; gegen Besessenheit, Dämonie, Tierplagen, Unwetter. GK, FR

Ronald, (Sel.), Herzog auf den Orkneyinseln vor der nördlichen Spitze Schottlands, hat 1137 der Überlieferung nach den Bau der Kathedrale von Kirkwall begonnen und soll später als Märtyrer gestorben sein.

Hugo [Ahdt.: »berühmter Denker«] OCist, Sel., nach einem sehr weltlichen Leben erkrankte er wohl 1215 schwer. Er verlangte, ins Kloster Tennenbach (bei Freiburg i. Br.) gebracht zu werden, wo er wider Erwarten gesund wurde. Hugo wurde Zisterziensermönch und starb nach einem vorbildlichen Priester- und Ordensleben am 20. August 1270. Schon bald nach seinem Tod setzte die Verehrung ein.

Pius X., Papst, Hl., gest. 20.8.1914, ↗21.8.

21.8. Balduin [Ahdt.: »kühn« und »Freund«] OCist, Sel., Schüler Bernhards von Clairvaux, der in einem noch erhaltenen Brief seinen Eifer lobte. Balduin wurde Zisterziensermönch und Abt des Klosters S. Matteo sul Lago bei Rieti/Umbrien, das im 13. Jh. nach S. Pastore bei Rieti verlegt wurde. 1140 wurde Balduin aus diesem Leben abberufen. Seine Reliquien befinden sich in der Cappella della Grazia der Kathedrale von Rieti.

Gratia OCist, Hl., Klosterfrau in Alcira/Spanien, fiel in die Hände der Mauren und erlitt, da sie ihren Glauben nicht verleugnen wollte, um 1180 den Martertod.

Pius X., Guiseppe Sarto, Hl., geb. am 2. Juni 1835 in Riese/Treviso aus einer Bauernfamilie, wurde 1858 Priester, 1884 Bischof von Mantua, 1893 Patriarch von Venedig und Kardinal. Nach dem Tod Leos XIII. wurde er am 4. August 1903 zum Papst gewählt. Persönlich anspruchslos und fromm blieb er stets Seelsorger. Durch seine Dekrete über die häufige Kommunion und Frühkommunion der Kinder wirkte er bahnbrechend. Er bemühte sich um die Reform der Kurie, des kirchlichen Rechts, der Liturgie und des Theologiestudiums. Dagegen zeigte er eine unnachgiebige Haltung auf politischem, sozialem und wirtschaftlichem Gebiet. Vor allem schritt er ohne Rücksichtnahme gegen den Modernismus ein. Pius starb am 20. August 1914 und fand seine letzte Ruhestätte in St.-Peter/Rom.
Dargestellt in bischöflichen Gewändern, in Kardinalstracht oder in Papstkleidung. – Patron der Esperantisten; des Päpstlichen Werkes der Hl. Kindheit. GK

Regina [Lat.: »die Königin«] – die Kunst des Mittelalters verherrlichte die Krönung Marias zur Himmelskönigin durch Christus in zahlreichen Darstellungen. Im Laufe der Zeit entstand eine Anzahl von Festen, die Maria als Königin des Himmels, der Engel, der Apostel usw. feierten. Papst Pius XII. setzte 1954 das Fest »Maria Königin« [= regina] ein und legte es auf den 31. Mai. Bei der Kalenderreform wurde der 22. August, der Oktavtag des Festes der Aufnahme Marias in den Himmel, als neuer Festtag bestimmt. **22.8.**

GK

Sigfrid [Ahdt.: »Sieg« u. »Friede«] OSB, Hl., Mönch und Diakon in Wearmouth/Nordengland, leitete während einer Romreise des Abtes Benedikt Biscop das Kloster seit etwa 686 als Abtstellvertreter. Benedikt behielt ihn nach seiner Rückkehr als Mitabt. Sigfrid erlag einem schweren Lungenleiden bereits 689/690. 754 sollen die Reliquien nach Gladstonbury überführt worden sein.
Dargestellt als Benediktinerabt, vor einem Kruzifix betend.

Richild [Ahdt.: »mächtig« u. »Kampf«] OSB, Sel., lebte als Reklusin bei dem 1074 gegründeten Benediktinerinnen-Kloster Hohenwart/südl. von Ingolstadt. Als ihr Sterbetag wird der 23. August 1100 genannt. Sie wurde bestattet in ihrer ehemaligen Zelle, die man in eine Kapelle umwandelte. Die seit Ende des 15. Jhs. nachweisbare Wallfahrt ist heute noch lebendig. Die Reliquien Richilds wurden 1869 in einen Glasschrein übertragen. **23.8.**
Dargestellt im Benediktinerinnenhabit. – Patronin gegen Unwetter, Blitz, Steinleiden.

Rosa [Lat.: »Rose«] OSD, Hl., geb. am 20. April 1586 in Lima/Peru (Taufname Isabella), wurde 1606 Terziarin des Dominikanerordens. Durch seelische und körperliche Leiden geläutert, wuchs sie zu einem eindrücklichen Tugendleben heran, das durch mystische Gnadenerweise verklärt wurde. Am 24. August 1617 wurde sie durch den Tod von ihrem Leiden erlöst und in der Dominikanerkirche von Lima bestattet.
Dargestellt im Dominikanerinnenhabit, auf dem Kopf einen Kranz aus stacheligen Rosen, mit Jesuskind, Nachtigall, Hasen, Anker. – Patronin von Amerika, Peru, Lima, Indien; bei Verletzungen, Ausschlag, Entbindungen, Familienstreitigkeiten.

GK

Bartholomäus [Hebr.: »Sohn des Furchenziehers«], Hl., erscheint unter diesem Namen nur in den Apostelkatalogen der Heiligen Schrift. Wahrscheinlich war Bartholomäus ein Beiname des Natanael aus Kana in Galiläa. Nach der Überlieferung, die bis ins 2. Jh. zurückreicht, hat Bartholomäus in Mesopotamien, Armenien und Indien die Frohbotschaft verkündet. Er soll den Tod durch Abziehen der Haut gefunden haben, was auf den von den Persern **24.8.**

beherrschten Teil Syriens hinweist. – Reliquien kamen 983 durch Kaiser Otto III. nach Rom, die Hirnschale 1238 nach Frankfurt am Main.
Dargestellt als Apostel mit Buch, Schindmesser und Fahne, mit abgezogener Haut, mit bezwungenem Teufel. – Patron der Bergleute, Hirten, Bauern, Winzer, Lederarbeiter, Gerber, Sattler, Schuhmacher, Schneider, Metzger, Buchbinder; gegen Zuckungen, Haut- und Nervenkrankheiten. GK

Sandrad OSB, Hl., Benediktinermönch von St.-Maximin in Tier, war einer der führenden Vertreter der trierisch-lothringischen Klosterreform. Kaiser Otto I., dessen Vertrauen Sandrad genoss, sandte ihn 972/973 nach St.-Gallen, um dort eine Erneuerung des klösterlichen Lebens durchzuführen. Doch dieser Auftrag scheiterte am Widerstand der dortigen Mönche. Erzbischof Gero von Köln übergab Sandrad 974 die Leitung der neu gegründeten Abtei Gladbach. Um 981 wurde Sandrad dazu noch Abt von Weißenburg/Elsass, später vielleicht auch noch von Ellwangen. Er starb in Gladbach am 24. August um 986. – Sein Gedächtnis wurde bis zur Aufhebung der Abtei 1802 in Gladbach festlich begangen.

Ansoalda [Isolde], [Ahdt.: »eisern« u. »walten«] OSB, (Sel.), Klosterfrau in Maubeuge, erneuerte durch ihr Wort und ihr vorbildliches Leben den Geist im Kloster. Sieben Jahre litt sie an einer schweren Krankheit, deren Schmerzen sie mit heldenmütiger Geduld ertrug, bis sie 1040 von ihrem Leiden durch den Tod erlöst wurde.

Amadeus, Hl., Bischof von Lausanne, gest. 24.8.1159, ↗30.8.

Rosa von Lima, Hl., Dominikaner-Terziarin, gest. 24.8.1617, ↗23.8.

Karl [Ahdt.: »Mann, freier Mann«] von Borango SJ, Priester der »Gesellschaft Jesu«, stammte aus Wien. Als Glaubensbote verkündete er auf den Marianen (nördlichste Inselgruppe Mikronesiens; damals spanisch) das Evangelium. Hier wurde er 1684 auf der Insel Zarpane von Eingeborenen getötet.

Jeanne-Antide Thouret, Hl., Ordensgründerin der »Vinzentinerinnen«, gest. 24.8.1826, ↗4.9.

25.8. **Patricia** [Lat.: »die zum Adel Gehörende«], Hl., lebte nach legendarischer Überlieferung als Verwandte Kaiser Konstans II. (641–668) an dessen Hof. Um einer Heirat zu entgehen, floh sie nach Rom, wo sie die Jungfrauenweihe erhielt. Ihren Besitz verschenkte sie an Arme und begab sich auf eine Pilgerfahrt nach Jerusalem. Das Schiff wurde schon bald vom Sturm verschlagen und landete in Neapel. Hier starb sie nach der Legende noch am 25. August 660/670 und wurde im Basilianer-Kloster SS. Nicandro e Marciano bei-

gesetzt. Später entstand hier ein Benediktinerinnen-Kloster, das Patricia geweiht war. – 1549 wurden ihre Gebeine aufgefunden und erhoben.
Dargestellt in Tracht und Ausrüstung einer Pilgerin. – Patronin von Neapel.

Elvira [Germ.: »Heiligtum« u. »Hüterin«], Hl., lebte nach ungesicherter Überlieferung in der französischen Landschaft Périgord zu einer nicht mehr bestimmbaren Zeit. Sie hatte sich Gott geweiht und starb als Märtyrin.

Ebba d. Ä. OSB, Hl., stammte aus dem Königsgeschlecht von Northumberland/Nordengland und wurde Äbtissin des Doppelklosters Coldingham. Sie war mit Wilfrid von York bekannt, dem sie vielfältige Unterstützung bot. Ebba starb am 25. August um 681. – Ihre Reliquien wurden um 1025 nach Durham übertragen.

Gregor von Pfalzel, Hl., gest. 25.8. um 777, ↗26.8.

Wichmann Graf von Seeburg, (Sel.), geb. um 1100, wurde nach seinem Studium in Halberstadt und Paris 1146 Dompropst in Halberstadt, 1149 Bischof von Naumburg-Zeitz und 1152/54 Erzbischof von Magdeburg. Im Streit zwischen Friedrich Barbarossa und dem Papsttum stand Wichmann fest auf der Seite des Kaisers, trug aber wesentlich zum Abschluss des Friedens von Venedig 1177 bei. Wichmann erweiterte den Besitz des Erzstiftes und unterstützte die Kolonisation und Glaubensverkündigung im Osten. 1171 gründete er Zinna, 1180 das Moritz-Kloster in Halle. 1185 schenkte er der Abtei Seitenstetten Güter in Ybbsitz. Er starb am 25. August 1192 in Cönnern bei Köthen und wurde im Magdeburger Dom bestattet. – Die »Carmina Burana« feiert ihn als »Meister des Friedens«.

Ludwig IX. »der Heilige«, Hl., geb. am 25. April 1214, wurde bereits mit 11 Jahren (1226) zum König gekrönt. Seine Mutter Blanka übernahm die Vormundschaftsregierung. Ludwig führte durch kluge Reformen das französische Königtum zu höchstem Ansehen. Er ordnete das Gerichts-, Münz- und Gewerbewesen neu, bändigte die streitbaren Vasallen, war ein Freund der Städte, begünstigte die Wissenschaft, sorgte durch mildtätige Stiftungen für Arme und Kranke. Erfüllt von persönlicher Frömmigkeit, schritt er gegen Missbräuche der Kirche ein, wahrte aber gegenüber der Geistlichkeit die Rechte der Krone. Für die von ihm erworbene Dornenkrone Christi und andere Reliquien aus dem Heiligen Land erbaute er in Paris die St.-Chapelle. Bei einem 1248 unternommenen Kreuzzug geriet er 1250 in Gefangenschaft, aus der er sich loskaufen musste. Auf einem weiteren Kreuzzug gegen Tunis starb er nach der Eroberung von Karthago am 25. August 1270 an einer Seuche. Sein Leib wurde in die Abtei St.-Denis bei Paris übertragen.

Dargestellt im Königsornat mit Lilienzepter, mit Dornenkrone und Nägeln. – Patron der Wissenschaft; der Blinden, Pilger, Reisenden, Kaufleute, Bauarbeiter, Steinhauer, Anstreicher, Tapezierer, Stuckateure, Buchdrucker, Buchbinder, Weber, Bürstenbinder, Friseure, Bäcker, Fischer, Juweliere, Gerichtsdiener; gegen Pest. GK

Josef [Hebr.: »(Gott) möge hinzufügen«] von Calasanza SP, Hl., geb. um 1556/57 in Peralta de la Sal/Spanien, wurde 1583 Priester und trat 1592 in Rom in den Dienst des Kardinals Colonna. Im Herbst 1597 eröffnete er im Pfarrhaus von S. Dorotea in Trastevere die erste unentgeltliche Volksschule Europas. Für seine Mitarbeiter gründete er die »Genossenschaft der regulierten Kleriker der frommen Schulen« (Piaristen). Josef erlebte viele Enttäuschungen, Verleumdungen, ungerechte Anschuldigungen und Verfolgungen. Erst kurz vor seinem Tod wurde er 1646 wieder in seine Ämter eingesetzt. Er starb am 15. August 1648 in Rom und fand seine letzte Ruhestätte in der Kirche S. Pantaleone/Rom.
Dargestellt im Piaristengewand mit Kindern, oft vor dem Marienaltar. – Patron der christlichen Volksschulen, der Kinder. GK

Christoph Hackethal, geb. am 28. März 1899 in Hannover, wurde am 24. Februar 1923 zum Priester geweiht. Wegen seiner aufrechten Haltung gegen den Nationalsozialismus wurde er in das KZ Dachau verschleppt. Seine auf Gott vertrauende, vorbildliche Haltung trug ihm unmenschliche Misshandlungen ein, an deren Folgen er am 25. August 1942 starb.

26.8. **Gregor** [Lat.: »der Wachsame«] OSB, Hl., stammte aus dem fränkischen Großgrundherrengeschlecht der Theodarde, einem begüterten Adelsgeschlecht, dem auch Irmina angehört hatte. Bei seiner Großmutter Adula, Äbtissin von Pfalzel, lernte der junge Gregor Bonifatius kennen, der ihn als Schüler annahm. Gregor wurde später Abt des Martins-Klosters in Utrecht. Nach dem Tod des Bonifatius wurde er Leiter der Friedensmission. Die Bischofsweihe lehnte er ab, weil er nur Mönch sein wollte. Die Domschule von Utrecht führte Gregor zu großer Blüte. Er starb am 25. August um 777. – Sein Haupt ruht heute in Susteren/niederl. Limburg.
Patron gegen Lähmung. TR

Teresa Jornet y Ibars OSCl, Hl., mit Ordensnamen Theresia von Jesus, wurde am 9. Januar 1843 in Aytona/Spanien geboren. 1872 trat sie in das Klarissen-Kloster in Saragossa ein und gründete noch im gleichen Jahr das »Institut der kleinen Schwestern für die verlassenen Greise«, das sie bis zu ihrem Tod am 26. August 1897 in Liria leitete. – Seligsprechung am 27. April 1958, Heiligsprechung am 27. Januar 1974. GK

Monika, Hl., geb. um 332 in Tagaste/Numidien von christlichen Eltern, heiratete in jungen Jahren den heidnischen Beamten Patricius. Den erfolgreichen Studienverlauf ihres jüngsten Sohnes Augustinus verfolgte sie mit mütterlichem Stolz. Doch seine religiöse Entwicklung, die ihn immer mehr vom wahren Glauben wegführte, erfüllte sie mit Sorge. In flehentlichen Gebeten bestürmte sie immer wieder aufs neue Gott, ihrem Sohn die Gnade des Glaubens zu schenken. Sie erlebte noch die Freude, dass sich Augustin in Mailand taufen ließ. Als Monika von dort nach Afrika zurückkehren wollte, starb sie im Herbst 387 in Ostia. – Ihre Gebeine ruhen in der Kirche S. Agostino/Rom. **27.8.**

Dargestellt als Matrone mit Buch, Kruzifix oder Rosenkranz. – Patronin der christlichen Frauen und Mütter; für die Seelenrettung der Kinder. GK

Cäsarius, Hl., geb. um 470/471 bei Chalon-sur-Saône, war zuerst Mönch in Lérins und wurde 503 Bischof von Arles. Er widmete sich besonders der Landseelsorge, predigte fast täglich und verfasste für seine Priester Predigtsammlungen, die noch weit in das Mittelalter hinein benutzt wurden. Cäsarius starb am 27. August 542.

Dargestellt in bischöflichem Ornat mit Pallium und Buch, vor einer brennenden Stadt. – Patron gegen Feuergefahr.

Gebhard [Ahdt.: »Gabe« u. »hart«], Hl., entstammte dem Geschlecht der Grafen von Bregenz, geb. 949. Er erhielt seine Ausbildung unter Bischof Konrad an der Domschule von Konstanz. Kaiser Otto II. erhob ihn 979 zum Bischof von Konstanz. Bei der Taufe Ottos III. wurde Gebhard dessen Pate. Er war sehr bemüht um die armen Bewohner des Schwarzwalds. 983 stiftete er dort die Abtei Petershausen, die er reichlich mit Gütern ausstattete. Nach seinem Tod am 27. August 995 wurde er in der Abteikirche beigesetzt. – 1134 und 1259 wurden seine Gebeine feierlich erhoben. Der deutsche Regionalkalender sowie die Bistümer Rottenburg-Stuttgart und St.-Gallen begehen das Gedächtnis Gebhards am 26. November zusammen mit dem Gedächtnis Bischof Konrads von Konstanz.

Dargestellt in Pontifikalgewändern mit Kirchenmodell, mit Totenkopf. – Patron gegen Halsleiden (Gebhards-Brot); für glückliche Entbindung.

FR, V, (RK), (RT), (SG)

Guarin [Warin], Hl., Bischof von Sitten, gest. 27.8.1150, ↗30.8.

Augustinus [Aurelius Augustinus], Hl., geb. am 13. November 354 in Tagaste/Numidien (nördl. des heutigen Tunis), Sohn des Heiden Patricius und der frommen Christin Monika. Seine Mutter erzog ihn in christlichem Sinn, doch empfing Augustinus zunächst nicht die Taufe. Seine Studienjahre entfremdeten ihn dem katholischen Glauben. Er wandte sich dem Manichäis- **28.8.**

mus und später dem Skeptizismus zu. Als Professor für Rhetorik in Mailand lernte er durch die Predigten des hl. Ambrosius das Christentum von einer neuen Sicht her kennen. In der Osternacht 387 empfing er durch Ambrosius die Taufe. 388 kehrte Augustin nach Tagaste zurück, wo er nach klösterlicher Weise lebte. 391 wurde er in Hippo zum Priester, 395 zum Bischof geweiht. Das Bistum Hippo leitete er als Seelsorger und Anwalt der wahren Lehre. Durch seine zahlreichen Schriften entwickelte er sich zum geistigen Führer der abendländischen Kirche, der, zeitweise von der Scholastik zurückgedrängt, bis heute großen Einfluss hat. Augustinus starb während der Belagerung Hippos durch den Vandalenkönig Geiserich am 28. August 430. – Er ist einer der vier großen lateinischen Kirchenlehrer. Seit dem 8. Jh. befinden sich seine Reliquien in Pavia.
Dargestellt in bischöflichen Gewändern, in der Hand ein flammendes oder von Pfeilen durchbohrtes Herz, zu Füßen ein Wasser schöpfendes Kind. – Patron der Theologen, Buchdrucker, Bierbrauer; für gute Augen. GK

Elmar [Elmer], [Adht.: »edel« u. »berühmt«], Hl., soll im 7./8. Jh. als Bischof und Glaubensbote in der Gegend von Lüttich gewirkt haben. Die legendarische Überlieferung lässt seinen wirklichen Lebensweg nicht mehr erkennen. Seine Reliquien wurden in der Stiftskirche in Molhain bei Vireux-Wallerand (heute Bistum Reims) verehrt. In der Französischen Revolution wurde das Grab zerstört. Doch erinnert heute noch ein Altar und eine Darstellung im Gewölbe des Altarraums an den Heiligen.
Dargestellt in bischöflichem Ornat.

Adelind, Sel., stammte aus gräflichem Geschlecht und zeigte sich als Wohltäterin des Klosters Buchau in Federsee/Württemberg, wo sie auch ihr Lebensende verbrachte. Sie starb um 926. – Ihr Grab wurde 1939 wieder aufgefunden.
Dargestellt in fürstlichen Gewändern mit Markgrafenhut, auch als Klosterfrau oder als Witwe mit ihren drei erschlagenen Söhnen.

Adeline OCist, Sel., Nichte Bernhards von Clairvaux, wurde Zisterzienserin wahrscheinlich in Tart, später Äbtissin in Poulangy. Sie starb um 1170.

Joachima [Hebr.: »Jahwe wird aufrichten«] de Vedruna de Mas, Hl., geb. am 16. April 1783 in Barcelona, führte nach dem Tod ihres Mannes und der Versorgung der Kinder ein heiligmäßges Leben, bestimmt von Werken der Nächstenliebe. 1826 gründete sie zur Betreuung armer Mädchen und allein stehender Kranker die Kongregation der »Karmelitinnen der Liebe«. Die selbstlose Ordensfrau starb am 28. August 1854 in Vich. – Seligsprechung am 19. September 1940, Heiligsprechung am 12. April 1959. GK

Sabina, Hl., wurde der Legende nach um 126 in Rom enthauptet. Sie wird verehrt in der Kirche Santa Sabina/Rom auf dem Aventin. Doch ist die Kirche **29.8.**
wohl nach der ursprünglichen Besitzerin benannt.
Dargestellt als jugendliche Märtyrin mit Krone, Palme und Buch. – Patronin der Hausfrauen, Kinder; gegen Regen, Blutfluss.

Theodora [Griech.: »Gottesgeschenk«] von Thessalonike, (Sel.), geb. Anfang des 9. Jhs. auf der griechischen Insel Ägina/südwestl von Athen, floh 824 während des Arabersturms nach Thessalonike/Nordgriechenland. 837 trat sie als Witwe in das dortige Stephans-Kloster ein, wo sie nach einem Leben vorbildlicher Frömmigkeit, Bedürfnislosigkeit und Dienstbereitschaft am 29. August 892 starb.

Beatrix [Lat.: »die Selige«] von Aa OCist, Sel., Tochter des wohlhabenden Bürgers Bartholomäus von Tienen, wurde Zisterzienserin in Bloemendaal, dann in Magdendaal. Ab 1236 leitete sie als Priorin das von ihrem Vater gegründete Kloster Nazareth bei Lier. Beatrix war mystisch begnadet, verfasste mehrere Schriften, von denen »Von sieben Weisen der Liebe« erhalten ist. Mit Ida von Nivelles befreundet, erwies sie sich als Vorläuferin der Herz-Jesu-Verehrung. Beatrix starb am 29. August 1268.

Bronislawa OPraem, Sel., Ordensfrau, gest. 29.8.1259, ↗1.9.

Rebekka [Hebr.: rib^{e}kāh, »Kuh«?], Tochter Bathuels, Schwester Labans, wurde **30.8.**
durch Eliezer, den Knecht Abrahams, für dessen Sohn Isaak als Gattin geworben. Der Bericht über die Brautwerbung schildert ihr anmutig höfliches, zugleich aber bescheiden zurückhaltendes Wesen. Nach zehnjähriger Unfruchtbarkeit gebar sie die Zwillinge Esau und Jakob. Durch List verschaffte sie ihrem Liebling Jakob den väterlichen Segen Isaaks. Jakob musste sich dann aber vor der Rache Esaus in die Heimat seiner Mutter in Sicherheit begeben. Nach ihrem Tod wurde Rebekka im Erbbegräbnis in Machpela beigesetzt.

Felix [Lat.: »der Glückliche«], Hl., und **Adauktus**, Hl., erlitten wahrscheinlich während der Christenverfolgung Kaiser Diokletians um 303 in Rom den Märtyrertod. – Ihre Grabstätte wurde 1905 im Coemeterium der Commodilla wieder aufgefunden. Ihr Fest feierte man bereits im 4. Jh. in Rom. Ein Schrein mit Reliquien befand sich bis Ende des 18. Jhs. in der Apostelkirche in Köln.
Dargestellt als Fürsprecher neben der Gottesmutter, mit zertrümmerten Götzenbildern, Schwert und Palme.

Adelphus, Hl., Bischof von Metz, gest. 4./5. Jh., ↗16.5.

Ingoberg [Ingeberg], (Sel.), Gemahlin des Frankenkönigs Charibert, der sie verstieß, um eine Magd zur Frau zu nehmen. Ingoberg starb nach einem Leben des Gebets und der Wohltätigkeit um 594 in Tours.

Amaltrud [Ahdt.: »eifrig« u. »treu«], Hl., im Kloster Jumièges bei Rouen verehrt, wo ihre Gebeine angeblich seit etwa 875 ruhen. Sie soll als Jungfrau (und Nonne?) vor dem 9. Jh. gelebt haben.

Heribert [Ahdt.: »der im Herr Berühmte«], Hl., geb. um 970 als Sohn des Grafen Hugo von Worms, erhielt seine Ausbildung an der Domschule Worms und in der Abtei Gorze. Als Dompropst in Worms wurde Heribert um 994 Kanzler Ottos III. für Italien, 998 auch für Deutschland. An den politischen Vorstellungen Ottos für die Erneuerung des Reiches war Heribert maßgeblich beteiligt. 999 wurde Heribert Erzbischof von Köln. 1002 führte er den Leichnam Ottos und die Reichsinsignien unter schweren Kämpfen von Italien nach Aachen. Das Verhältnis Heriberts zu Ottos Nachfolger, Heinrich II., blieb sehr kühl. Heribert widmete sich der Verwaltung seiner Diözese, gründete gemäß seiner Vereinbarung mit Otto 1002 die Abtei Deutz, die er reich ausstattete, und starb am 16. März 1021. Er wurde in der Abtei Deutz bestattet. – Am 30. August 1147 wurden die Gebeine Heriberts feierlich erhoben und um 1170 in dem heute noch erhaltenen kostbaren Schrein beigesetzt.
Dargestellt in bischöflicher Pontifikalgewandung, durch sein Gebet um Regen flehend. – Patron für Regen. K

Guarin [Warin] OCist, Hl., geb. um 1065 in Pont-à-Mousson/südl. von Metz, trat zunächst in die Benediktiner-Abtei Molesmes/Burgund ein, ging 1190 in das von ihm gegründete Priorat Aulps/Savoyen, wo er 1113 Abt wurde. 1136 trat er mit dem ganzen Konvent zum Zisterzienserorden über, um nach der strengeren Lebensweise von Clairvaux zu leben. 1138 wurde Guarin Bischof von Sitten/Wallis. Er starb am 27. August 1150 in Aulps. – Seine Gebeine, seit 1804 in der Pfarrkirche von Saint-Jean-d'Adulps, wurden 1886 in die neue Wallfahrtskirche von Plan-d'Avan übertragen.
Patron des Viehs; gegen Viehseuchen. SI

Riza, Sel., nach der Legende Tochter eines Gaugrafen, lebte angeblich im 11. oder 12. Jh. Ihre Reliquien werden in der St.-Kastor-Kirche in Koblenz verehrt.
Dargestellt in vornehmer Kleidung mit Krone und Schleier, mit Buch und Kirchenmodell.

Amadeus [Lat.: »liebe!« u. »Gott«] OCist, Hl., aus savoyischem Adelsgeschlecht, 1125 Mönch in Clairvaux, 1139 Abt von Hautecombe und 1144 Bischof von Lausanne sowie Kanzler Friedrich Barbarossas für Burgund. Die Rechtsbräuche seines Bistums ließ er aufzeichnen und verteidigte die Rechte der Kirche

gegen die Grafen von Genf. Einige erhaltene Predigten zeugen von seiner Verehrung der Gottesmutter. Amadeus starb am 24. August 1159 und fand sein Grab in der Kathedrale von Lausanne.
Dargestellt in bischöflichem Ornat mit Handschuh, den ihm die Großmutter überreicht. FB

Ildefons Schuster OSB, Sel., am 18. Januar 1880 in Rom geboren, entstammte einer bayrisch-tiroler Familie und wurde auf den Namen Alfred Alois getauft. Als 18-Jähriger trat er in die Benediktiner-Abtei St. Paul vor den Mauern/Rom ein und empfing 1904 die Priesterweihe. Als bekannter Liturgiker wurde er 1918 zum Abt seiner Heimatabtei gewählt. Elf Jahre später berief ihn Papst Pius XI. auf den erzbischöflichen Stuhl von Mailand. 1929 erhielt er – erst 49-jährig – das Kardinalsbirett. Auch als Erzbischof führte er das monastische Leben weiter. Dazu setzte er neue Akzente in der Großstadtseelsorge. Besondere Verdienste erwarb sich der Kardinal beim moralischen und materiellen Wiederaufbau seines Erzbistums nach dem Zweiten Weltkrieg. Am 30. August 1954 starb er in Rho bei Mailand. – Seligsprechung am 12. Mai 1996.

Joseph von Arimatäa und **Nikodemus** waren Jünger Jesu. Joseph erbat sich von Pilatus den Leichnam Jesu und legte ihn in ein neues Grab, das er für sich aus einem Felsen hatte aushauen lassen (vgl. *Mt* 27,57–60). – Nikodemus war ein Mitglied des Hohen Rates der Juden, hatte nach dem *Johannesevangelium* (vgl. *Joh* 3,1–21) ein Gespräch mit Jesus und stiftete für das Begräbnis Jesu eine Mischung von Myrrhe und Aloe (vgl. *Joh* 19, 39). JE **31.8.**

Paulin, Hl., wohl wie sein bischöflicher Vorgänger Maximin Aquitanier, wurde um 346 Bischof von Trier. Er stand unentwegt auf Seiten des hl. Athanasius d. Gr. bei der Verteidigung des katholischen Glaubens gegen die Arianer. Auf der Synode von Arles 353 weigerte er sich als einziger der anwesenden Bischöfe, Athanasius zu verurteilen. Daher wurde er von Kaiser Konstantius II. nach Phrygien verbannt, wo er nach großen Entbehrungen 358 starb. – Später wurde seine Gebeine nach Trier überführt und an einem 31. August in der Krypta der nach ihm benannten Kirche beigesetzt.
Dargestellt in bischöflichen Gewändern, mit Taube. RK, TR

Wala OSB, Sel., geb. um 755, Vetter Karls d. Gr., war von großem Einfluss an dessen Hof, während sein Verhältnis zu Ludwig dem Frommen stets getrübt blieb. 816 wurde er Mönch in Corbie/Diözese Amiens. Mit Abt Adalhard, seinem Bruder, gründete er 822 Corvey/bei Höxter an der Weser und besiedelte es mit Mönchen aus Corbie. Gemeinsam formten beide Brüder das Damenstift Herford zu einer Ausbildungsstätte des sächsischen Adels. 826 wurde Wala nach dem Tod seines Bruders Abt von Corbie. Im Streit zwischen Ludwig und seinen Söhnen vertrat er den Gedanken der Reichseinheit und konnte die streitenden Parteien schließlich versöhnen. Seit 833 Abt von Bobbio, starb er dort am 31. August 836.

Raimund Nonnatus OdeM, Hl., geb. um 1202 in Portello, soll seinen Beinamen [= der Ungeborene] erhalten haben, weil er dem Schoß seiner verstorbenen Mutter entnommen worden sei. Als »Mercedarierpriester« bemühte er sich mit Eifer um den Loskauf christlicher Gefangener in Afrika. Er gab sich selbst als Lösepreis hin und erduldete acht Monate lang Kerkerqualen. Raimund starb am 31. August 1240 in Cardona/Katalonien.
Dargestellt im Mercedarierordensgewand mit Schloss vor dem Mund, umgeben von losgekauften Sklaven. – Patron der Ammen, Kinder, unschuldig Angeklagten; für glückliche Entbindung (Raimund-Wasser gegen Wochenbettfieber); gegen Fieber.

September

Gideon und **Josua** – Gideon, Gedeon [Hebr: »Haudegen«?; »Verletzter«?] war einer der großen Richter Israels (vgl. *Ri* 6–8), lehnte die Königswürde ab, befreite das Volk von Feinden mit wenig Kämpfern, damit Gott die Ehre bleibt. – Josua, Josue, Sohn des Nun; später wird sein Name erweitert zu Jehosua [Hebr.: »Der Herr schenkt Heil«]. Der Diener des Mose, später sein Nachfolger, führte das Volk bei der Landnahme Israels in Kanaan und bei den Eroberungen von Jericho (vgl. *Ex* 17,9 ff. und *Jos* 1–17). MR **1.9.**

Rut [Hebr.: »die Gefährtin«?] ist die Hauptperson des gleichnamigen alttestamentlichen Buches. Die Moabiterin Rut, die Witwe war, kehrte mit ihrer Schwiegermutter Noëmi in deren Heimat Betlehem zurück und heiratete dort ihren Verwandten Boas. Durch ihren Sohn Obed, den Großvater Davids, wurde Rut Ahnfrau von David und Jesus. – Das Buch Rut betont das Gottvertrauen und das Verdienst dienender Liebe.
Dargestellt, auf dem Feld Ähren lesend, oder mit Ähren in der Hand.

Pelagius [Griech.: »Meeresflut«], Hl., wurde nach legendarischen Berichten in Aemona (heute Cittanova) in Istrien unter Kaiser Numerian 283 enthauptet. – Bischof Salomon III. brachte 904 die Gebeine nach Konstanz, wo der Märtyrer Mitpatron des Münsters und des Bistums wurde. Noch im 10. Jh. verbreitete sich sein Kult im ganzen alemannischen Raum.
Dargestellt als vornehmer Laie mit Buch, Palme oder Schwert. – Mitpatron vom Dom und ehemaligen Bistum Konstanz. FR

Verena [Veronika], Hl., eine fromme Jungfrau, lebte im 4. Jh. bei Zurzach im schweizerischen Aargau als Einsiedlerin und trug durch Gebet und werktätige Nächstenliebe zur Verbreitung des Christentums bei. Möglicherweise berichtet die Legende mit Recht, dass Verena aus Ägypten über Mailand und Solothurn nach Zurzach gekommen ist. Über ihrem Grab entstand bald eine Kirche mit ausgedehnter Wallfahrt. Verena ist eine der meist verehrten Heiligen der Schweiz.
Dargestellt als Jungfrau oder Matrone, auch als Klosterfrau, mit Brot und Henkelkrug, mit Fisch, Schlüssel und Kamm. – Patronin der Armen und Notleidenden, Pfarrhaushälterinnen, Müller, Fischer, Schiffer. – Wallfahrt in Zurzach. FR, BS

Ägidius [Egid], Hl., lebte als Einsiedler in der Provence. Er gründete um 680 möglicherweise mit Unterstützung des Westgotenkönigs Wamba vor der Rhonemündung ein Kloster, das er als erster Abt leitete und das später nach ihm Saint-Gilles benannt wurde. Ägidius starb um 720. – Sein Grab, an der

Pilgerstraße nach Compostela gelegen, war im Mittelalter ein berühmter Wallfahrtsort. Der Hauptteil seiner Reliquien kam schon im Mittelalter in die Kirche Saint-Sernin in Toulouse. Ägidius ist einer der Vierzehn Nothelfer.

Dargestellt in der Gewandung eines Abtes mit Pfeil und Hunden. – Patron der stillenden Mütter; gegen Fallsucht, Geisteskrankheiten, Unfruchtbarkeit bei Mensch und Vieh, Trockenheit, Sturm, Feuergefahr; in geistiger Not und Verlassenheit; um Beistand für eine gute und reumütige Beichte. G

Bronislawa OPraem, Sel., geb. um 1200 in Kamien/Oberschlesien, wurde Prämonstratenserin in Zwierzyniec bei Krakau. Sie starb der Überlieferung nach am 29. August 1259.

Patronin gegen Pest und Cholera. GÖ

Alois Scholze, Priester des Bistums Meißen, wirkte als Pfarrer in Leutersdorf/Oberlausitz. Als Gegner des Nationalsozialismus verhaftet, starb er am 1. September 1942 im KZ Dachau.

2.9. **Nonnosus** OSB, Hl., Mönch, später Abt des Klosters von S. Silvestre auf dem Soracte (heute Soratte; nördlich von Rom). Gregor d. Gr. rühmte ihn wegen seiner Geduld und Demut gegenüber einem herrschsüchtigen Abt. Nonnosus starb um die Mitte des 6. Jhs. – Ein großer Teil seiner Reliquien kam unter Bischof Nitker (1039–1052) nach Freising. Kleinere Partikel wurden 1661 und 1679 auf den Soracte zurückgebracht. Das Hochgrab in der Freisinger Domkrypta wurde ehemals viel besucht.

Dargestellt im Abtsgewand mit Ölzweig und Lampe, vor sich Berge und Felsen. – Mitpatron von Freising. M

Wotsind, Hl., wurde nach der Legende als Christin von ihrem heidnischen Vater oder bei der Verteidigung ihrer Jungfräulichkeit von einem Freier zu Tode geschleift. Ihre Lebensdaten sind unbekannt. Doch dürfte ihre geschichtliche Existenz sicher sein. Wolsind gehört zu den ältesten bayrischen Glaubenszeugen. Ihre Reliquien werden seit dem 6./7. Jh. in Reisbach/Regensburg verehrt.

Dargestellt als vornehmes Mädchen mit Palme und Wasserfläschchen. – Patronin gegen Augenleiden.

Emmerich, Hl., Königssohn in Ungarn, gest. 2.9.1031, ↗ 5.11.

Ingrid [Germ.: »Streiterin Gottes«] Elovsdotter OP, (Hl.), als heilige verehrt, half nach dem Tod ihres Gatten mit ihren Geschwistern Petrus von Dacien, das erste Dominikanerinnen-Kloster in Skenninge/Südschweden zu gründen. Von einer Pilgerreise nach Rom und Jerusalem zurückgekehrt, wurde Ingrid

dort Priorin. Sie starb (am 2. September?) 1282 und wurde bis ins 16. Jh. hoch verehrt.
Dargestellt im Dominikanerinnenhabit mit Kreuz.

Apollinaris Morel OFMCap, Sel., geb. am 12. Juni 1739 in Prez-vers-Novéaz/Schweiz, trat 1762 in den Kapuzinerorden ein und empfing 1764 die Priesterweihe. Nach mehrjähriger Tätigkeit als Lehrer übernahm er 1788 in Paris die Seelsorge für etwa 5000 Deutsche. Als er den Eid auf die Zivilkonstitution des Klerus verweigerte, wurde er eingekerkert und am 2. September 1792 hingerichtet.
Dargestellt im Priesterkleid mit Kreuz, Palme und Schafott. BS. CH, FB, SG

Franz Urban Salins de Niart, Sel., geb. 1760 in Neubreisach in der Diözese Straßburg, war Kanoniker in Saint-Lizier/Südfrankreich. Bei den Septembermorden erlitt er am 2. September 1792 im Karmeliter-Kloster in Paris den Martertod.
Dargestellt im Priesterkleid oder in Kanonikertracht mit Palme und Schafott. ST

Gregor [Lat.: »der Wachsame«] d. Gr., Hl., geb. um 540 in Rom, aus senatorischem Adel, zog sich nach dem Tod seines Vaters in ein Kloster zurück, das er im elterlichen Palast gegründet hatte. Später war er Berater des Papstes Pelagius II., nach dessen Tod er einmütig (trotz seines Widerstrebens) 590 zum Papst gewählt und am 3. September 590 zum Bischof geweiht wurde. Gregor lenkte kraftvoll und zielbewusst die Kirche. Er leitete die Christianisierung Englands in die Wege, stellte mit Westgoten und Langobarden ein gutes Einvernehmen her, baute die kirchliche Armenpflege auf, erneuerte die Liturgie und bemühte sich um die römische Sängerschule. Durch seine zahlreichen Schriften beeinflusste er die Theologie bis zur Aufklärungszeit. Gregor starb am 12. März 604. Er ist einer der vier großen lateinischen Kirchenlehrer. **3.9.**
Dargestellt in päpstlichem Ornat mit Tiara, Papstkreuz, Buch, Schreibfeder, Taube, Fegfeuer (Gregoriusmesse). – Patron des kirchlichen Schulwesens; der Gelehrten, Lehrer, Schüler, Studenten; des Chor- und Choralgesangs; der Maurer, gegen Gicht und Pest. GK

Sophia, Hl., wird als Märtyrin in Minden/Westfalen verehrt. Art und Zeit ihres Sterbens für Christus sind nicht mehr festzustellen. Ihre Reliquien wurden zur Zeit Karls d. Gr. nach Minden übertragen, wo ihnen früher eine große Verehrung zuteil wurden.

Mose, Moses, Moyses, Mosche [Ägypt.: »Ich habe ihn aus dem Wasser gezogen«], Prophet, Führer zur Befreiung seines Volkes, Gesetzgeber. Die Bücher *Exodus* und *Josua* berichten über seine Berufung am Dornbusch, die Befreiung **4.9.**

des Volkes aus Ägypten (etwa 1250 v. Chr.), den Bundesschluss am Sinai und den Zug durch die Wüste bis an die Grenze des gelobten Landes.

Mirjam, Marjam, Maria [Hebr.: »die Geliebte«], Schwester des Mose und des Aaron, Prophetin. Sie sang nach dem Durchzug durch das Schilfmeer den israelitischen Frauen ein Siegeslied vor. Sie starb in Kades und wurde dort begraben.

Aaron [Hebr.: »Erleuchteter«], Bruder des Mose, »Sprecher« des Mose bei der Befreiung des Volkes aus Ägypten, Prophet und erster Hoherpriester; die Söhne Aarons bilden die Priesterklasse Israels. Der *Hebräerbrief* vergleicht sein Priestertum mit dem Priestertum Jesu Christi (*Hebr* 5,1–10).

Iris [Griech.: Regenbogen], (Hl.), nach der Legende eine Tochter des Apostels Philippus, wurde nach ihrem Tod Anfang des 2. Jhs. in Gerapolis/Kleinasien begraben.

Remaclus OSB, Hl., geb. um 600, nach 624 Mönch in Luxeuil/Burgund, gründete mit Eligius das Kloster Solignac und wurde dort 632 erster Abt. Um 647 zog er sich in die Ardennen nach Cugnon zurück, wo er wohl als Glaubensbote tätig war. Um 650 gründete er auf einer Stiftung König Sigeberts III. das Doppelkloster Stablo und Malmedy, das er fortan als Abtbischof leitete. Remaclus starb zwischen 670 und 676. – Seine Gebeine befinden sich in einem kostbaren Schrein heute in der Pfarrkirche von Stablo.
Dargestellt in Abtskleidung oder Bischofsgewändern mit Buch, Kirchenmodell und Wolf. – Patron gegen Unfruchtbarkeit der Frauen. LÜ

Swidbert [Suitbert], Hl., Angelsachse, 690 mit Willibrord in das von Pippin dem Mittleren eroberte südliche Friesland geschickt. 692/693 wurde er wohl während der Romreise Willibrords von Wilfrid von York zum Bischof geweiht. Dann wandte sich Swidbert der Glaubenspredigt bei den Brukterern zwischen Lippe und Ruhr zu. Anfänglicher Erfolg wurde durch Einfälle der Sachsen vernichtet. Mit Hilfe Pippins und seiner Gemahlin Plektrud gründete er dann ein Kloster auf einer Rheininsel, die nach ihm Swidbertswerth, später Kaiserswerth genannt wurde. Hier starb er im März 713. – Seine Gebeine ruhen in einem kostbaren Schrein von 1264 in der jetzigen Pfarrkirche von Kaiserswerth.
Dargestellt in bischöflichem Ornat mit Stern. – Patron gegen Bräune, Halsweh. E, K

Ida [Germ./Ahdt.: »schützende Frau«] von Herzfeld, Hl., Schwester der Äbte Adalhard und Wala, der beiden Gründer von Corvey, war vermählt mit dem Sachsenherzog Egbert. Nach dem Tod des Gatten führte sie an der

von ihr und Egbert gegründeten Kirche in Herzfeld ein Leben der Frömmigkeit und Wohltätigkeit. Sie starb am 4. September 825 (813?). – Ihre Reliquien, am 26. November 980 von Bischof Dodo erhoben, sind bis heute Ziel von Wallfahrten.
Dargestellt im Matronenkleidung mit Kirchenmodell und Hirschkuh. – Patronin der hoffenden Frauen (Ida-Gürtel). – Wallfahrt in Herzfeld. MS. PB

Irmgard [Germ.: im Sinne von »gute Hausfrau«] von Süchteln, Hl., Nichte Irmgards von Aspel, lebte zeitweilig als Einsiedlerin in Süchteln. Von mehreren Pilgerfahrten nach Rom brachte sie zahlreiche Reliquien mit nach Köln. Sie war eine Wohltäterin der Abtei St.-Pantaleon sowie der Armen und Notleidenden in Köln. Irmgard starb am 4. September zwischen 1082 und 1089. Ihre Gebeine ruhen im Kölner Dom.
Dargestellt im Kleid einer Pilgerin oder als Jungfrau mit Stirnreif, mit blutig gefärbtem Handschuh.

Rosalia, Hl., war möglicherweise zuerst Basilianernonne. Dann zog sie sich als Einsiedlerin auf den Monte Pellegrino/nördl v. Palermo zurück. Sie starb an einem 4. September um 1160. Ihre Gebeine ruhen im Dom von Palermo.
Dargestellt in langem Einsiedlerinnengewand mit Kranz von Rosen, Kreuz, Totenkopf, Kette. – Patronin gegen Pest. – Wallfahrt auf dem Monte Pellegrino.

Rosa OFS. Hl., geb. um 1233 in Viterbo (nordwestl. v. Rom), wurde 1250, von einer schweren Krankheit wunderbar genesen, Franziskaner-Terziarin. Mit einem Kreuz und unter geistlichen Gesängen zog sie durch die Stadt und rief zum Gebet für die Nöte der Christenheit sowie zur Treue gegenüber der Kirche auf. Zeitweise verbannt, bat Rosa vergeblich nach ihrer Rückkehr um Aufnahme in das Klarissen-Kloster von Viterbo. Nach ihrem Tod vor dem 25. November 1252 wurde ihr Leib 1258 in die Klarissenkirche übertragen. Der 4. September ist der Translationstag.
Dargestellt im Franziskaner-Terziarinnenhabit mit Körbchen, Brot und Rosen. – Wallfahrt in Viterbo.

Jeanne-Antide Thouret, Hl., geb. am 27. November 1765 in Sancy-le-Long/Burgund, wurde 1788 Vinzentinerin in Paris, musste während der Revolution fliehen; versuchte vergebens, in Deutschland ein Kloster ins Leben zu rufen, wurde 1797 Leiterin in Landeron am Bieler See, konnte dann aber 1799 in Besançon ein Haus der »Töchter der Liebe von Besançon«, auch »Graue Nonnen« genannt, gründen, das sich karitativen Werken und der Erziehung von Mädchen widmete. Sie fand dabei die Unterstützung von Kardinal Fesch und Napoleons Mutter Lätizia. 1810 errichtete sie auch in Neapel ein Haus und erlangte 1819 für ihre Gründung die päpstliche Bestätigung. In Neapel

starb Mutter Thouret nach einem heiligen, vom Dienst am Nächsten erfüllten Leben am 24. August 1826.
Dargestellt in Nonnentracht als Barmherzige Schwester. FB

Antonius [Lat.: altröm Geschlechtername] Puntigam SJ, geb. 1859 aus kinderreicher Bauernfamilie in Palzach/Steiermark, trat 1879 in die »Gesellschaft Jesu« ein. Nach seiner Priesterweihe war er Lehrer am Gymnasium in Travnik, dann Jugendseelsorger in Sarajewo. 1920 gründete er in Wien die Gebetsgemeinschaft »Eucharistischer Völkerbund«. Stets heiter und hoffnungsfroh, von kindlicher Frömmigkeit und selbstloser Dienstbereitschaft starb er nach heiligmäßig ertragenem Leiden am 4. September 1926 in Wien.

5.9. **Roswitha** [Hrotsvith], [Germ.: »Ruhm« u. Asächs.: »schnell«], geb. um 935 aus edlem sächsischem Geschlecht, wurde Chorfrau im adeligen Reichsstift Gandersheim. Sie ist die erste deutsche Frau, von der eine Anzahl Dichtungen in lateinischer Sprache überliefert sind. Roswitha starb Anfang des 11. Jhs.
Dargestellt im Gewand einer Kanonissin mit Kreuz, Buch und Schreibfeder.

Maria Theresia von Wüllenweber SDS. Sel., mit Ordensnamen Maria von den Aposteln, geb. am 19. Februar 1833 auf Schloss Myllendonk bei Mönchengladbach. Sie gründete nach mehreren Fehlschlägen, die sie in Geduld ertrug, 1888 mit P. Jordan in Tivoli bei Rom die Kongregation der »Schwestern vom Göttlichen Heiland« (Salvatorianerinnen), deren erste Generaloberin sie wurde. Auch jetzt musste sie noch große Schwierigkeiten überwinden. Aber der Glaube an ihre Sendung wankte nicht. Sie erlebte die Ausbreitung ihrer Gründung in der alten und neuen Welt. Fast erblindet, starb sie am 25. Dezember 1907.
Dargestellt in Ordenstracht, betend vor einem Kruzifix. AC

6.9. **Magnus** [Lat.: »der Große«] OSB, Hl. geb. um 699, wohl rätoromanischer Herkunft, war zuerst Mönch in St.-Gallen. Seit etwa 746 verkündete er mit seinem Gefährten Theodor den Glauben im östlichen Allgäu, dann im Auftrag des Augsburger Bischofs Wikterp am oberen Lech. Hier erbaute Magnus in Füssen eine Zelle, die sich zum Kloster entwickelte und von Pippin dem Jüngeren mit Gütern ausgestattet wurde. Der »Apostel des Allgäus« starb am 6. September wahrscheinlich 772. – Seine Gebeine, im 9. Jh. erhoben, sind seit dem 11. Jh. verschollen.
Dargestellt als Benediktinerabt, der mit dem Kreuz in der Hand Drachen und wilde Tiere unschädlich macht. – Patron von Füssen und Kempten; für das Vieh; gegen Augenleiden, Schlangenbiss, Würmer, Raupen, Mäuse, Feldungeziefer.
A, M, RT, SG, T, V

Gundolf [Ahdt.: »Kampf« u. »Wolf«], Hl., seit etwa 816 Bischof von Metz. Unter ihm wurde 821 die Synode von Diedenhofen gehalten, die gegen die Bedrücker der Kirche Maßregeln beschloss. Gundolf starb um 822.

Eskil, Sel., geb. um 1100, wurde nach seinem Studium in Hildesheim 1131 Dompropst in Lund/Südschweden, 1134 Bischof von Roskilde/Dänemark, 1138 Erzbischof von Lund. Er war ein Vorkämpfer für kirchliche Reform. Mit Bernhard von Clairvaux verband ihn Freundschaft. Eskil sicherte die Unabhängigkeit der nordischen Kirche von Bremen-Hamburg und wurde 1156 als Primas von Schweden vom Papst anerkannt. 1177 verzichtete Eskil wegen seines hohen Alters auf sein Bistum und zog sich nach Clairvaux zurück, wo er am 6. oder 7. September 1181 starb.

Theobald OFM von Wiener Neustadt, Priester, **Alexius** OFM von Tamsweg, **Bernhardin** OFM von Töllersheim, **Zachäus** OFM von Zwettl, Laienbrüder des Franziskanerordens, wurden wahrscheinlich während der Belagerung Wiens durch Soliman 1529 von den Türken im Wiener Wald gefangen genommen und getötet.

Judit [Hebr.: »die Judäerin« u. »Jüdin«], eine junge Witwe aus der Stadt Betulia, **7.9.**
tötete durch eine Kriegslist den assyrischen Feldherrn Holofernes, der ihre Heimatstadt belagerte. Das führerlose feindliche Heer wurde in die Flucht geschlagen. Judit pries darauf in einem Lobgesang Gott, der den Sieg verliehen hat und sein Volk nicht verlassen wird, wenn es ihm treu bleibt. Nach ihr ist ein alttestamentliches Buch benannt, verfasst an der Wende vom 2. zum 1. Jh v. Chr. in Palästina.
Dargestellt als Frau mit Schwert, oft mit abgeschlagenem Haupt des Holofernes.

Regina [Ahdt.: »Rat« od. »Beratung«; Lat.: »Königin], Hl., Jungfrau und Märtyrin, wurde nach historisch nicht zuverlässiger Legende unter Kaiser Maximianus Herkulius um 300 in Alise-Ste-Reine/Côte-d'Or enthauptet. Dort ist seit Anfang des 7. Jhs. ihr Kult nachweisbar. Ihre Gebeine wurden 864 in die Abtei Flavigny-sur-Ozerain/Burgund übertragen.
Dargestellt als jungfräuliche Märtyrin mit Märtyrerkrone, mit Kreuz, auf dem eine Taube sitzt, mit Schwert, in einem Kessel oder in Feuerflammen, mit weidenden Schafen. – Patronin der Zimmerleute; gegen Krätze, Räude, Krankheiten. – Wallfahrt in Flavigny.

Madelberta OSB, Hl., Tochter Waltruds, folgte um 696 ihrer Schwester Adeltrud als Äbtissin des von ihrer Tante Adelgund gegründeten Benediktinerinnenklosters Maubeuge in Nordfrankreich. Madelberta starb um 705. Ihre Reliquien wurden 722 nach Lüttich übertragen und im Schrein des hl. Theodard beigesetzt. →

Dargestellt in Nonnentracht, im Gebet vom Teufel versucht. – Patronin für schwangere Frauen und glückliche Entbindung.

Dietrich I. [Theoderich], [Ahdt.: »der Mächtige im Volk«], Sel., Neffe der Königin Mathilde und Vetter Bruns I. von Köln, bestieg 964 den Bischofsstuhl von Metz. Den Kaisern Otto I. und Otto II. war er ein einflussreicher Berater. Dietrich führte in den lothringischen Klöstern eine Reform durch. Er gründete und erbaute Kloster und Kirche St.-Vincent in Metz, die er durch die Reliquien des hl. Vinzenz von Saragossa und der hl. Luzia von Syrakus bereicherte. Den von ihm begonnenen Bau der Kathedrale konnte er nicht mehr vollenden. Dietrich starb am 7. September 984.

Adula, (Sel.), bayrische Pfalzgräfin, errichtete mit ihrem Sohn Aribo, dem späteren Erzbischof von Mainz, nach 999 das Stift Göß/Steiermark. Sie starb am 7. September vor 1020.

Otto OCist, Sel., geb. 1112 als Sohn des Markgrafen Leopold III. von Österreich und der Kaisertochter Agnes wohl in Neuburg bei Wien, studierte in Paris und Chartres, trat 1132 in die Zisterzienser-Abtei Morimond ein, wo er 1138 zum Abt gewählt wurde. Im selben Jahr wurde er bereits Bischof von Freising. Otto, der das Mönchsgewand nicht ablegte, wurde der Wiederbegründer des Bistums. Er erneuerte die Domschule, sorgte für bessere Bildung des Klerus und reformierte das religiös-sittliche Leben im Bistum. Die Klöster hob er durch Wiederherstellung der Zucht. Dabei war der Grundgedanke seines Wirkens Maßhalten, auch im religiösen Leben. In seinem Schrifttum vertrat Otto im Anschluss an Augustinus die Harmonie von weltlicher und geistlicher Gewalt. Otto starb auf der Reise zum Generalkapitel in Morimond am 22. September 1158 und wurde dort neben dem Hochaltar beigesetzt.
Dargestellt in bischöflichen Gewändern, selten im Zisterzienserhabit, mit Buch und Schreibfeder. M, W

Markus Stephan Crisinus, Hl., geb. 1589 in Krizevci im Bistum Agram, studierte im Jesuitenkolleg in Graz und im Germanikum in Rom. Nach der Priesterweihe wirkte er zunächst als Seelsorger in Kroatien. 1616 wurde er Professor und Domherr in Tyrnau; drei Jahre später ging er als Volksseelsorger in das protstantische Kaschau/Kosice/Ungarn.

Melchior Grodecz SJ, Hl., geb. 1584 in Teschen aus polnischer Familie, studierte im Jesuitenkolleg in Graz, trat 1603 in die »Gesellschaft Jesu« ein, wurde 1614 Direktor des Wenzel-Kollegs in Prag und 1618 zum Seelsorger der Deutschen und Slawen in Kaschau bestimmt.

Stephan Pongrácz SJ, Hl., geb. 1582 in Alvinc/Siebenbürgen, studierte im Jesuitenkolleg in Graz, trat 1602 der »Gesellschaft Jesu« bei und wurde 1618 zur Unterstützung von Grodecz nach Kaschau berufen. Nach der Eroberung der Stadt durch Rákóczi, einen Heerführer des Fürsten Bethlen Gabor von Siebenbürgen, wurden alle drei zu Tode gefoltert, da sie sich weigerten, ihren Glauben zu verleugnen und zum Calvinismus überzutreten. Crisinus und Grodecz starben am 7., Pongrácz am 8. September 1619. Ihre Reliquien befinden sich in der ehemaligen Jesuitenkirche in Tyrnau. – Seligsprechung am 15. Januar 1905, Heiligsprechung am 2. Juli 1995 in Kaschau/Kosice.

GK, G

Maria [Hebr.: »die Geliebte«], Hl., Mutter Gottes. Die Evangelien berichten über die Jugend Marias nichts. Dagegen erzählt das apokryphe Jakobusevangelium (2. Jh.) wie eine Legende von den Eltern Marias Joachim und Anna sowie über das Heranwachsen Marias. Die Evangelien nennen Maria die Verlobte Josephs. Nach israelitischem Recht bedeutete die Verlobung schon das Zustandekommen einer wirklichen Ehe. Durch den Erzengel Gabriel wurde Maria der Ratschluss Gottes verkündet, dass sie durch ein Wunder Gottes die Mutter des Messias werden solle. Maria erklärte sich freiwillig bereit, Werkzeug des göttlichen Willens zu sein. Als Maria und Joseph in Betlehem weilten, gebar sie das Kind, das sie, wie es der Engel gesagt hatte, Jesus nannte. Um den Nachstellungen des Königs Herodes zu entgehen, zogen Maria, Joseph und das Kind nach Ägypten. Nach dem Tod des Königs kehrten sie zurück und wohnten fortan in Nazaret. Bei der Darstellung des Kindes im Tempel sagte der greise Simeon Maria voraus, dass sie am Leiden des Sohnes schmerzhaften Anteil haben werde. Während der öffentlichen Wirksamkeit Jesu trat Maria kaum hervor. Aber sie stand unter dem Kreuz und der sterbende Jesus empfahl sie seinem Lieblingsjünger Johannes. Nach der Himmelfahrt Jesu erwartete sie im Kreis der Jünger die Herabkunft des Heiligen Geistes. Über das spätere Leben Marias gibt es keine gesicherten Quellen. Als Ort ihres Todes werden in der Überlieferung Jerusalem sowie Ephesus genannt. – Das heutige Fest der Geburt Marias scheint schon im 6. Jh. in der Ostkirche begangen worden zu sein und ist sicher in der 1. Hälfte des 7. Jhs. bezeugt. Papst Sergius I. ordnete um 700 die Feier des Festes für Rom an. Im 10. und 11. Jh. verbreitete es sich in der ganzen Kirche. **8.9.**

Patronin der Bistümer Aachen und Speyer; der Christenheit; der Kürschner, Tuchmacher, Bandwirker, Fransemacher, Seidenarbeiter, Hersteller von Gold- und Silberstoff, Lebkuchenbäcker, Lichterzieher, Töpfer, Schiffer, Essigbrauer, Destillateure, Köche, Gastwirte, Limonadenverkäufer, Seefischhändler; gegen Blitz, Gewitter; in allgemeinen Nöten und Anliegen. GK

Hadrian [Adrian], [Lat.: der aus Adria Stammende/Stadt an der Mündung des Po], Hl., war nach der Legende Offizier im kaiserlichen Heer und erlitt während der Christenverfolgung Kaiser Maximians in Nikomedien um 305 den Tod.

Dargestellt in ritterlichem Gewand mit Amboss, Blei und Hand. – Patron der Boten, Bierbrauer, Schmiede, Gefängniswärter, Soldaten; gegen eheliche Unfruchtbarkeit, Pest.

Sergius I., Papst (687–701), Hl., stammte aus Palermo und war syrischer Abstammung. Gegenüber dem oströmischen Kaiser Justinian II. verteidigte er standhaft den wahren Glauben. Den hl. Willibrord weihte er zum Bischof der Friesen. In die Messliturgie fügte Sergius das »Agnus Dei« ein. Das Kirchenjahr bereicherte er mit den Festen der Geburt und des Heimgangs Marias, der Verkündigung der Geburt des Herrn, der Begegnung des Herrn mit Simeon und Anna sowie der Erhöhung des hl. Kreuzes. Sergius starb am 8. September 701.

Dargestellt in päpstlichem Ornat schlafend, wie ihm ein Engel die bischöflichen Insignien für den hl. Hubert bringt, oder mit Erscheinung der Muttergottes.

Korbinian, Hl., Bischof von Freising, gest. 8.9. um 720/30, ↗20.11.

Franz [Ahdt.: »frei, kühn«] OP, geb. um 1343 in Retz/Niederösterreich, wurde Priester des Dominikanerordens. Er lehrte von 1388 bis 1424 an der Universität Wien. Durch seine Predigten und Ansprachen wurde er weit bekannt. Er gehörte zu den Begründern der Reform in seinem Orden in Deutschland. Franz von Retz starb am 8. September 1427 in Wien im Ruf der Heiligkeit.

Alan de la Roche OP, Sel., geb. um 1428 in der Bretagne, war Dominikanerpriester, lehrte an den Universitäten Paris und Rostock, gründete 1470 in Douai die »Rosenkranzbruderschaft«. Alan starb am 8. September 1475 in Zwolle.

Dargestellt im Dominikanerhabit mit Rosenkranz.

Petrus Claver SJ, Hl., wurde 1580 in Verdúbei Cervera/Spanien geboren. Im Alter von 22 Jahren trat er in die »Gesellschaft Jesu« ein. 1610 ging er auf eigenen Wunsch in die Mission nach Lateinamerika und empfing 1616 in Kolumbien die Priesterweihe. Sein ganzer Einsatz galt den schwarzen Sklaven. Am 8. September 1654 starb er in Cartagena. – Heiligsprechung 1888.

Dargestellt im Jesuitentalar mit Kreuzstock und schwarzen Sklaven, die er unterrichtet.

GK

Stephan Pongrácz SJ, Sel., Ordenspriester, Märtyrer, gest. 8.9.1618, ↗7.9.

Franziskus Maria vom Kreuz Jordan SDS, geb. am 16. Juni 1848 in Gurtweil und auf den Namen Johann Baptist getauft, erlernte zunächst ein Handwerk. Als Spätberufener empfing er 1878 die Priesterweihe und ging zur weiteren

Ausbildung nach Rom. Er war ein Mann des Gebets und zeichnete sich durch großes Gottvertrauen aus. 1881 gründete er die Kongregation der »Salvatorianer«. Pater Jordan starb am 8. September 1918 in Tofers. – Das Seligsprechungsverfahren ist eingeleitet.

Gorgonius, Hl., erlitt wahrscheinlich in der Verfolgung Kaiser Diokletians um 304 in Rom das Martyrium. – Im 8. Jh. kamen Reliquien von ihm nach Gorze/Lothringen und später nach Minden, wo der Märtyrer Patron des Bistums wurde. **9.9.**
Dargestellt in Ritterrüstung mit Schwert.

Audomar [Otmar] OSB, Hl., geb. in der Gegend von Coutances an der Westküste der französischen Halbinsel Cotentin/Normandie; er war Mönch in Luxeuil. Später wurde er Missionsbischof in der Landschaft Artois, wo er das Bistum Thérouanne erneuerte. Audomar war Mitbegründer der Abtei Sithiu. Er starb am 1. November nach 667 und fand seine letzte Ruhestätte in Sithiu, das später nach ihm Saint-Omer benannt wurde.
Dargestellt in bischöflichen Gewändern mit Weintrauben, Stab und Buch.

Orthold [Ahdt.: »Spitze« und »herrschen«] OPraem, Prior im Prämonstratenser-Stift Osterhofen/Niederbayern, wurde um 1236 Propst des Stifts Schlägl im Mühlviertel/Oberösterreich, das damals dem Abt von Osterhofen unterstellt wurde. Orthold, der Frömmigkeit, Klugheit und großes Wissen besaß, führte das Stift Schlägl zur Blüte. Er starb wohl am 9. September nach 1242.

Pulcheria [Lat.: »die Schöne«] Aelia, Hl., geb. am 19. Januar 399, Tochter des oströmischen Kaisers Arkadius, führte von 414 bis 416 die Regierung für ihren unmündigen Bruder Theodosius II. Sie erbaute Kirchen und verteidigte den katholischen Glauben gegen die Irrlehre des Nestorius. Nach dem Tod Theodosius' 450 heiratete Pulcheria den Feldherrn Markian, der zum Kaiser erhoben wurde. Sie setzte trotz Widerstands auch des Papstes die Berufung des Konzils von Chalkedon 451 durch. Pulcheria starb im Juli 453. – Ihre Verehrung ist seit dem Mittelalter nachweisbar. **10.9.**
Dargestellt in kaiserlichem Ornat mit Zepter und Lilie.

Theodard, Hl., geb. um 613/622, ist 660 als Bischof von Maastricht bezeugt. Als er sich bei König Childerich gegen die Bedrückung und Beraubung seines Bistums durch fränkische Adelige beschweren wollte, wurde er auf der Reise dorthin nach dem 6. September 669/670 bei Speyer erschlagen. – Sein Nachfolger Lambert überführte den Leichnam nach Lüttich.
Dargestellt in bischöflichen Gewändern, in der Hand ein Schwert, das nach oben gerichtet ist. – Patron der Viehhändler. LÜ, SP

Nikolaus [Griech.: »Sieger im Volk«] von Tolentino OSA, Hl., geb. 1245 in der Mark Ancona/Mittelitalien, trat 1255/56 in den Orden der »Augustiner-Eremiten« ein, wo er als Prediger, Beichtvater und Krankenseelsorger tätig war. Er übte strenge Askese und war von aufopfernder Liebe zum Nächsten erfüllt. Eine besondere Liebe hegte er zu den Armen Seelen. Nikolaus starb am 10. September 1305 in Tolentino. – Wie er schon zu Lebzeiten amtlich festgestellte Wunder gewirkt hatte, ereigneten sich auch bei seinen Reliquien übernatürliche Geschehnisse. Seine zeitweise verschollenen Gebeine wurden 1926 bei Grabungen in der Basilika von Tolentino wieder aufgefunden.
Dargestellt im Augustiner-Eremitenhabit mit Lilienstengel, mit einer Schüssel mit zwei gebratenen Vögeln, mit Stern auf der Brust, mit Buch. – Patron von Bayern; der Armen Seelen im Fegfeuer; für das tägliche Brot.

11.9. **Felix** [Lat.: »der Glückliche«], Hl., und **Regula**, Hl., waren nach der Legende des 9. Jh. Geschwister, die zum Kreis der Märtyrer der Thebaischen Legion um Mauritius gehörten. Sie sollen in Zürich unter Kaiser Maximian um 300 den Martertod erlitten haben. – Über ihrem Grab entstand eine Kapelle, an der Ludwig der Deutsche 853 ein Frauenkloster errichtete, das später auf die andere Limmatseite verlegt wurde. Kaiser Karl III. (der Dicke) gründete über dem Grab der Märtyrer um 870 ein Chorherren-Stift, das Großmünster. Felix und Regula sind Stadtpatrone von Zürich.
Dargestellt mit Buch und Palme, die abgeschlagenen Häupter vor sich her tragend. – Patrone von Zürich. CH, ES

Maternus [Lat.: »der Mütterliche«], Hl., ist der erste geschichtlich bezeugte Bischof von Köln. Er nahm als Vertrauter Kaiser Konstantins 313 an einer Lateransynode in Rom und 314 an einer Synode in Arles teil. Die Bischofslisten von Köln und Tongern nennen ihn an erster Stelle. – Die späte Legende bringt Maternus in Verbindung mit Eucharius und Valerius von Trier. Nach Valerius soll Maternus Bischof von Trier geworden sein. Diese Annahme wird dadurch gestützt, dass Köln niemals Gebeine des Maternus besessen hat, während in Trier Maternus-Reliquien um 760 bezeugt sind. Da aber im 3./4. Jh. der Name Maternus sehr verbreitet war, brauchen diese Reliquien nicht von dem Kölner Bischof herzurühren. – Im Bistum Limburg wird das Gedächtnis der Bischöfe Eucharius, Valerius und Maternus zusammen am heutigen Tag begangen.
Dargestellt in Pontifikalkleidung mit drei Mitren, eine auf dem Haupt, die beiden anderen zu Füßen oder in der Hand, auch mit drei Kirchenmodellen. – Patron gegen ansteckende Krankheiten, Fieber; für Gedeihen der Weinstöcke. AC, E, K, LM, TR

Adelmar [Almar], Hl., Schüler des Avitus von Micy, wurde Priestermönch in einem Kloster bei Le Mans/Westfrankreich. Sein irdisches Leben endete um 560.

Willibert war Priester am Kölner Dom, als er 870 als Nachfolger Gunthars zum Erzbischof von Köln gewählt wurde. Im September 870 weihte er anlässlich einer Synode den karolingischen Neubau des Domes. Der Überlieferung nach errichtete er die Stifte St.-Cäcilien und St.-Matthäus im Graben. Willibert starb am 11. September 888 und wurde im Dom beigesetzt.

Ludwig IV., (Hl.), Landgraf von Thüringen, unterstützte die Liebestätigkeit seiner Gemahlin, der hl. Elisabeth. Er starb auf der Kreuzfahrt in Otranto am 11. September 1277. – Seine Gebeine wurden in Reinhardsbrunn beigesetzt. Ludwig wurde bald nach seinem Tod vom Volk verehrt, das ihm die Beinamen »der Heilige« und »der Tugendsame« gab.

Johann Gabriel Perboyre CM, Hl., geb. am 6. Januar 1802 in Puech/Frankreich, trat in die Kongregation der »Lazaristen« ein und empfing 1825 die Priesterweihe. Seit 1828 wirkte er als Seminarrektor in St.-Flour, seit 1832 als Novizenmeister in Paris. 1835 ging er freiwillig nach China in die Provinzen Honan und Hu-pe. Im September 1839 wurde er gefangen genommen. An ein Kreuz gefesselt und erdrosselt, starb er am 11. September 1840 in Wuchan. Seit 1860 ruhen seine Gebeine im Mutterhaus der »Lazaristen« in Paris. – Seligsprechung am 10. November 1889, Heiligsprechung am 2. Juni 1996. GK

Josef [Hebr.: »(Gott) möge hinzufügen«] Müller, geb. am 19. August 1894 in Salmünster, wurde am 11. März 1922 zum Priester geweiht. Als Pfarrer in Groß-Düngen im Bistum Hildesheim wurde er wegen Weitererzählens eines politischen Witzes auf Grund der Anzeige eines missgünstigen Gemeindemitgliedes verhaftet. Durch sein Schweigen rettete Müller dem Lehrer, der ihm den Witz erzählt hatte, das Leben. Dafür musste Müller selbst am 11. September 1944 das Schafott besteigen. – Seine Niederschriften im Gefängnis gehören zu den eindrucksvollsten, die sich in Märtyrerberichten der Neuzeit finden.

Maria, Hl. – das Fest vom Namen Marias bestand bereits 1513 im Bistum Cuenca/ **12.9.**
Spanien. Als bei der Belagerung Wiens das Befreiungsheer unter dem Polenkönig Johann Sobieski am 12. September 1683 die Türken vernichtend geschlagen hatte, ordnete Papst Innozenz XI. das Fest für die ganze Kirche an. Der neue römische Generalkalender nennt das Fest nicht mehr. Doch hat es als Gedächtnis im deutschen Regionalkalender Aufnahme gefunden. – Zum Leben Marias ↗ 8.9. RK

Maximin, Hl., Bischof von Trier, gest. 12.9.346, ↗ 29.5.

Gerfrid [Ahdt.: »Streiter« u. »Friede«], Sel., Neffe und Schüler Liudgers, wurde nach dessen Tod 809 sein Nachfolger als Bischof von Münster. Gerfrid führte den Ausbau der Organisation des Bistums fort. Er starb am 12. September 839 und wurde in der Abtei Werden beigesetzt.

Guido [Wido], [Ahdt.: »Wald«, Waldbewohner], Hl., war Küster in Laeken bei Brüssel. Später machte er Pilgereisen nach Rom und Jerusalem. Guido starb am 12. September 1012 in Anderlecht an der Pest. Das fast vergessene Grab wurde durch (angebliche) Wunder Mittelpunkt einer Wallfahrt.
Dargestellt in der Tracht eines Landmannes oder Pilgers, mit Ochsen. – Patron der Küster, Glöckner, Pilger, Bauern, Knechte, Kaufleute; des Viehs; gegen Viehseuche und rote Ruhr.

Degenhard, Sel., war Schüler und Gefährte des Einsiedlers Otto in der Frauenau und später auf dem Frauenberg bei Hengersberg. Nach dem Tod Ottos 1344 erbaute Degenhard auf der Breitenau eine Bartholomäuskapelle mit einer Einsiedlerhütte, wo er bis zu seinem Tod am 12. September 1374 wohnte. Er wurde in einer nicht erhaltenen Kapelle begraben.
Dargestellt in der Kutte des Einsiedlers.

13.9. **Tobias** und **Tobit** [Hebr.: »Der Herr ist gütig«] stehen im Mittelpunkt des gleichnamigen Buches des Alten Testamentes. Tobit bewahrte während der Gefangenschaft in Ninive seinem Gott die Treue und zeichnete sich durch Nächstenliebe aus. Auch in Prüfungen verlor er nicht sein Gottvertrauen. Sein Sohn Tobias wurde auf einer Reise von Erzengel Raphael begleitet und beschützt. Vater und Sohn erreichten ein hohes gottgesegnetes Alter.
Dargestellt: Tobit, wie er Tote begräbt oder wie er von seiner Blindheit geheilt wird; Tobias auf der Reise, begleitet vom Erzengel Raphael; oder der Abschied des Erzengels von der Familie des Tobias. – Der alte Tobit: Patron der Totengräber. – Der junge Tobias; Patron der Pilger, Reisenden; gegen Augenleiden.

Johannes Chrysostomus, Hl., geb. um 344/354 in Antiochien, empfing 369 die Taufe und wurde Prediger an der dortigen Bischofskirche. 397 wurde Johannes auf den Bischofsstuhl von Konstantinopel erhoben. Hier wirkte er vorbildlich als Seelsorger, erbaute für Kranke und Arme Hospize und Spitäler, kümmerte sich um die Verkündigung des Glaubens unter den Heiden. Als er das Luxusleben der Reichen anprangerte, die die Armen in Elend und Hunger verkommen ließen, zog er sich die Ungnade des kaiserlichen Hofes zu. 403 wurde Johannes abgesetzt und an die armenische Grenze verbannt. Von dort aus stärkte er durch Briefe seine Anhänger. Deshalb wurde er an das Schwarze Meer in eine noch abgelegenere Gegend verbannt. Auf dem Weg zu seinem neuen Gewahrsam starb er am 14. September 407 in Kumana. – Johannes ist einer der vier großen Kirchenlehrer des Orients und gilt als der

größte Prediger der morgenländischen Kirche. Daher auch sein Beiname Chrysostomus [Griech.: »Goldmund«]. – In der Diözese Innsbruck wird sein Gedächtnis am 11. September begangen.
Dargestellt in pontifikaler Messkleidung mit Buch, Taube, Engel, Bienenkorb. – Patron der Prediger; bei Epilepsie. GK, PA, (T)

Amatus [Lat.: »der Geliebte«] OSB, Hl., geb. um 565 in Grenoble, war Einsiedler bei St.-Maurice/Wallis und später Mönch in Luxeuil. Mit Romarich gründete er das Doppelkloster Remiremont in den Vogesen, das er als erster Abt leitete. Die Mönche wohnten im Tal, während die Klosterfrauen auf der Spitze des Berges lebten. Amatus starb am 13. September um 625 und wurde schon im 8. Jh. als Heiliger verehrt.
Dargestellt im Einsiedlerkleid mit Krug, Stein und Teufel.

Notburg, Hl., lebte nach der Legende als Magd auf Schloss Rottenburg/Tirol. Dort wegen ihrer Mildtätigkeit entlassen, trat sie in den Dienst eines Bauern im benachbarten Dorf Eben. Später lebte sie wieder als Köchin auf Schloss Rottenburg. Sie wurde nach ihrem Tod (14. Jh.) in der Kapelle in Eben beigesetzt. – Notburg gilt als ein Vorbild an Treue und Pflichterfüllung sowie opferbereiter Nächstenliebe und Frömmigkeit. 1718 erfolgte die Erhebung ihrer Gebeine, 1862 die Bestätigung des Kultes. Sie ist wohl die meist verehrte Volksheilige Tirols.
Dargestellt in einfacher Kleidung als Dienstmagd mit Sichel, Schlüsselbund, Getreidegarbe, Milchkübel, in der Schürze Brote oder einen Krug. – Patronin der Bauern, Dienstmägde; für glückliche Geburt; bei Viehkrankheiten; der Arbeitsruhe und des Feierabends. BB, G, L, M, PA, S. T, V

Johannes Chrysostomus, Hl., gest. 14.9.407, ↗13.9. **14.9.**

Conan [Kornalius] O'Rourke OCist, Hl., Zisterziensermönch in Irland. Im Alter von kaum 30 Jahren erlitt er in Kilmallock am 14. September 1578 den Martertod.

Dolores, Dolorosa – die Namen gehen zurück auf die Bezeichnung für Maria: »Mater dolorosa« [= Schmerzensreiche Mutter). Ein Fest zum Gedächtnis der Schmerzen Marias wurde 1423 in der Erzdiözese Köln angeordnet. Seit 1668 begingen die »Serviten« (OSM) am 15. September das Gedächtnis der sieben Schmerzen Marias. Papst Pius VII. verfügte 1814, es in der ganzen Kirche zu feiern. Im Allgemeinen zählt man folgende sieben Schmerzen Marias auf: Beschneidung Jesu, Flucht nach Ägypten, Auffindung Jesu im Tempel, Begegnung auf dem Kreuzweg, Kreuzigung, Kreuzabnahme, Grablegung. GK **15.9.**

15. September

Melitta [Melissa, Mela], Hl., starb in Preslav/Bulgarien um 150 den Martertod.
Dargestellt mit Götzenbildern oder Götzentempeln, die auf ihr Gebet hin zusammenstürzen; mit Schwert.

Oranna, Hl., kam nach der späten Legende im 6. Jh. mit iroschottischen Wandermönchen nach Gallien. Hier lebte sie als Einsiedlerin im Gebiet der oberen Mosel und der Saar und wirkte für den Glauben. In Eschweiler bei Saargemünd wurde sie begraben. – 1488 wurden ihre Gebeine erhoben und 1719 in die Kirche von Berus/bei Saarlouis übertragen.
Dargestellt als Jungfrau oder Einsiedlerin mit einem Kreuz, in den Händen ein Ohr. – Patronin von Deutsch-Lothringen; gegen Ohrenleiden, Schwindelanfälle. – Wallfahrt in Berus.

Notburg, Hl., lebte nach der Legende im 7. Jh. als Einsiedlerin in einer Höhle bei Hochhausen am Neckar. Ihr Grab in der heute evangelischen Kirche von Hochhausen wurde Ende des Mittelalters von zahlreichen Wallfahrern besucht.
Dargestellt in langem Gewand, mit abgerissenem Arm und Schlange, die Heilkräuter bringt.

Ludmila, Hl., Herzogin von Böhmen, geb. um 860, erzog ihren Enkel Wenzeslaus, der später ein Heiliger wurde. Auf Betreiben ihrer heidnischen Schwiegertochter Drahomira wurde sie am 15. September 921 auf der Burg Tetin bei Beraun erdrosselt. Ihr Grab befindet sich in der St.-Georg-Kirche von Prag.
Dargestellt in fürstlichen Gewändern, mit Strick um den Hals, mit Palme.

Roland [Orlando], [Germ.: »berühmt« u. »wagemutig«], Hl., von Medici, Hl., lebte sechsundzwanzig Jahre als Einsiedler bei Salsomaggiore/Parma. Er übte strenge Askese, Schweigen und Betrachtung der Heilsgeheimnisse. Roland starb am 15. September 1386 in Bargone. – Sein durch Wunder verherrlichtes Grab befindet sich in S. Bartholomeo di Busseto/Cremona.
Dargestellt mit Tierfellen bekleidet, im Gebet versunken. – Patron gegen Kopfweh.

Avia Marschner OSB, geb. in Schirgiswalde/Meißen, wurde Benediktinerin von St.-Ottilien. Ihre Wirksamkeit in Ostafrika wurde durch den Araberaufstand unterbrochen. Infolge der Strapazen und Leiden der Flucht starb sie am 15. September 1905 in Daressalam.

Josef [Hebr.: »(Gott) möge hinzufügen«] Kentenich, geb. 1885 in Gymnich, legte 1914 durch das »Liebesbündnis mit der Mater admirabilis« in der Gnadenkapelle von Schönstatt den Grund zur »Schönstatt-Bewegung«. Seine charismatische, von tiefer Marienliebe und Vorsehungsgläubigkeit geprägte Persönlichkeit ließ alle Zweige des Schönstattwerkes zu guter Entwicklung reifen. Im Dritten Reich im KZ Dachau festgesetzt, ertrug er nach dem Krieg von kirchlicher Seite Verkennung, Verleumdung und Verbannung in demütigem Gehorsam. 1965 rehabilitiert und in alle Ämter wieder eingesetzt, konnte er mit ungewöhnlicher Hingabe seine Gründungen vollenden. Er starb am 15. September 1968 und wurde in der von ihm erbauten Anbetungskirche auf Berg Schönstatt bei Valendar am Rhein bestattet.

Kornelius [altröm. Geschlechtername »Horn«], Hl., seit 251 Papst, vertrat gegenüber den während der Verfolgung durch Decius abgefallenen Christen eine mildere Bußpraxis, die diesen nach Leistung einer entsprechenden Sühne Verzeihung gewährte. Kornelius erlangte hierfür die Anerkennung einer von sechzig Bischöfen besuchten römischen Synode im Herbst 251 gegen den strengeren Gegenpapst Novatian. Unter Kaiser Gallus wurde Kornelius im Juni 253 aus Rom verbannt und starb kurz darauf. – Sein Leib wurde in der Lucinagruft der Kalixtus-Katakombe/Rom beigesetzt. Reliquien befinden sich in Kornelimünster/bei Aachen und in St.-Severin/Köln. **16.9.**
Dargestellt in päpstlicher Gewandung mit Tiara, Pallium, Kreuzstab, Buch, Schwert und Palme, mit Jagd- oder Trinkhorn. – Patron der Bauern, der Rinder; gegen Fallsucht, Krämpfe, Ohrenleiden. GK

Cyprian [Griech.: »der Zyprer«], Hl., geb. um 200/210 in Karthago, wurde kurz nach seiner Taufe um 248/249 zum Bischof von Karthago gewählt. In der Frage der Bußpraxis und der Ketzertaufe vertrat er sehr strenge Anschauungen, die mit dem milderen Brauch der römischen Kirche in Widerspruch gerieten. Doch blieb die Einheit zwischen Karthago und Rom erhalten. In der Verfolgung durch Kaiser Valerian wurde Cyprian am 14. September 258 enthauptet. – Reliquien befinden sich in Compiègne, das Haupt im Kornelimünster.
Dargestellt im bischöflichen Ornat mit Buch, Palme und Schwert. – Patron gegen Pest. GK

Martin I., Hl., Papst, gest. 16.9.655, ↗13.4.

Julia OSB, Hl., Äbtissin des Klosters Oeren in Trier. Sie starb am 16. September um 795.

Hardward [Hartward], (Sel.), wurde nach dem Tod Herkumberts 805 zweiter Bischof von Minden. Am 16. September 853 starb er.

Edith [Eadgyth], [Ags.: »Besitz« u. »Kampf«], Hl., geb. um 964/965 als Tochter des angelsächsischen Königs Edgar, genannt »der Friedfertige«. Von ihrer Mutter Wulftrud im Kloster Wilton erzogen, widmete sie sich schon früh

Werken der Askese und Nächstenliebe, ohne aber ihre frische Natürlichkeit zu verlieren. Erst 33 Jahre alt, starb sie in Wilton am 16. September um 988.
Dargestellt im Nonnenhabit mit Äbtissinnenstab, mit Armen und Kranken.

Johannes [Hebr.: »Jahwe ist gnädig«] Massías OP, Hl., geb. am 2. März 1585 in Ribera del Fresno/Spanien, verlor früh seine Eltern und wuchs bei einem Onkel auf. 1619 wanderte er in Begleitung eines Kaufmanns von Sevilla nach Kolumbien aus. Drei Jahre später trat er als Laienbruder in den Dominikanerorden ein und wirkte über dreiundzwanzig Jahre als Pförtner im Magdalenen-Kloster in Lima/Peru. Er lebte die Tugenden der Armut und des Gehorsams, zeichnete sich durch seine Liebe zu Armen und Kranken und tiefe Frömmigkeit aus. Er starb am 16. September 1645 in Lima. – Seligsprechung am 22. Oktober 1837, Heiligsprechung am 28. September 1975. GK

17.9. **Ariadne** [Ariane], Hl., Sklavin des Heiden Tertullus, der angeklagt wurde, Christen Zuflucht zu gewähren. Die Prozessakten sowie das Verhör der Ariadne sind echte Quellen. Ariadne erlitt den Tod wegen ihres Glaubens; die Zeit steht nicht fest. Die Legende des 4./5. Jhs. verlegt das Martyrium nach Phrygien in die Zeit um 140.
Dargestellt, wie sie vor dem staunenden Henker im Berg verschwindet.

Lambert, Hl., wurde von seinem Oheim Theodard erzogen und um 672 dessen Nachfolger als Bischof in Maastricht. Ende 675 wurde er vom Hausmeier Ebroin verbannt und lebte sieben Jahre im Kloster Stablo. Nach dem Sturz Ebroins konnte er unter Pippin dem Mittleren wieder nach Maastricht zurückkehren. Lambert widmete sich nun der Erneuerung des kirchlichen Lebens in seinem Bistum und der Verkündigung des Glaubens in Nordbrabant. Als Lambert gegen den Grafen Dodo die Rechte der Kirche verteidigte, wurde er von diesem an einem 17. September um 705 ermordet. – Sein Nachfolger Hubert übertrug die Gebeine Lamberts um 715 von Maastricht nach Lüttich. Im deutschen Regionalkalender sowie in den Bistümern Aachen, Freiburg i. Br. und Luxemburg wird das Gedächtnis Lamberts am 18. September begangen.
Dargestellt in bischöflicher Messkleidung mit Handkreuz, Kirchenmodell, Schwert, Pfeilen, Lanze, glühenden Kohlen. – Patron des Bistums Lüttich; der Stadt Freiburg i. Br.; der Bauern, Chirurgen, Bandagisten, Zahnärzte; bei Nierenleiden.
LÜ, (RK, AC, FR, LUX)

Badurad, Hl., von Geburt Sachse, ausgebildet in Würzburg, wurde 815 Bischof von Paderborn. Er erbaute Dom und Domstift, gründete die Domschule, errichtete Pfarrkirchen, war an der Gründung von Corvey, Herford und Böddeken beteiligt, veranlasste 836 die Übertragung der Reliquien des hl. Liborius von Le Mans nach Paderborn und des hl. Vitus nach Corvey, 860 der hl. Pusinna nach Herford. Badurad starb am 17. September 862. – Bischof Biso erhob 889 seine Gebeine.

Unni [Unno, Wimo] OSB, Hl., war Mönch in Corvey. 918 ernannte ihn König Konrad I. zum Erzbischof von Bremen-Hamburg. Unni nahm seit 934 die Mission des Nordens wieder auf und zog den Glauben predigend durch Schleswig, Jütland, Gotland und Schweden. Am 17. September 936 starb er auf dieser Reise auf der Insel Birka im Mälarsee, wo er auch bestattet wurde.
Dargestellt in Mönchshabit oder bischöflichem Ornat mit stürzendem Götzenbild.

Hildegard [Ahdt.: »Kampf« u. »Schutz«] von Bingen OSB, Hl., geb. 1098 wahrscheinlich in Bermersheim, wurde von Jutta auf dem Disibodenberg erzogen und nach deren Tod 1136 Leiterin der dortigen Frauengemeinschaft. Zwischen 1147 und 1150 gründete Hildegard ein Kloster auf dem Rupertsberg bei Bingen, 1165 ein weiteres in Eibingen bei Rüdesheim. Von Kindheit an hatte sie Visionen. Ihre dauernde Kränklichkeit hielt sie nicht ab, große Reisen nach Köln, Trier und Süddeutschland zu unternehmen und dort Bußpredigten zu halten. Ihre vielen Briefe zeigen sie als Ratgeberin von Päpsten, Fürsten und anderen Ständen. In ihrem Buch »Scivias« [»Wisse die Wege«] weist sie den mystischen Weg des Aufstiegs der Seele durch Beschauung und Leiden. Für ihre Zeit besaß Hildegard möglicherweise erstaunliche Kenntnisse in der Medizin und den Naturwissenschaften. Sie starb im hohen Alter am 17. September 1179 auf dem Rupertsberg. – Ihre Reliquien befinden sich in der Pfarrkirche von Eibingen.
Dargestellt als Äbtissin vor einem Pult mit Buch und Schreibfeder oder einem Boten einen Brief überreichend, daneben drei strahlende Türme oder Almosen verteilend. – Patronin der Esperantisten, Sprachforscher, Naturwissenschaftler.
RK, B, LM, MZ, RT, SP, TR

Raso Goetghebuer OPraem, Sel., stammte aus einer angesehenen Genter Familie und wurde Prämonstratenser in Drongen. Wegen seiner Tugenden und Kenntnisse wurde er 1485 zum Abt in Drongen erwählt. Doch 1490 verzichtete er auf Mitra und Stab und zog sich nach Steinfeld in der Eifel zurück. Hier nahm er sich besonders der Novizen an, denen er das Vorbild eines frommen und demütigen Lebenswandel gab. Er verfasste auch ein Leben des Hermann Joseph in Form eines Dialogs zwischen Magister und Novizen. Nach der Überlieferung starb Raso am 17. Oktober um 1500 an der Pest.

Robert [Germ.: »Ruhm«; Ahdt.: »glänzend«] Bellarmin SJ, Hl., geb. am 4. Oktober 1542, Neffe des Papstes Marcellus II., trat 1560 in die »Gesellschaft Jesu« ein, empfing 1570 die Priesterweihe und wirkte in Löwen als Prediger und Theologieprofessor. Hier und später am Römischen Kolleg entwickelte er eine umfangreiche schriftstellerische Tätigkeit. 1599 ernannte Papst Kle-

mens VIII. ihn zum Kardinal und 1602 zum Erzbischof von Capua. Doch seit 1605 war Bellarmin wieder in Rom tätig. Als Kardinal lebte er in großer Armut. Er war befreundet mit Franz von Sales. Bellarmin starb am 17. September 1621 in Rom. – Seine Gebeine ruhen seit 1923 in S. Ignazio/Rom. 1931 wurde er zum Kirchenlehrer erhoben.
Dargestellt im Jesuitenkleid oder im Kardinalspurpur mit Kreuz und Buch. GK

Anton Maria Schwartz COp, Sel., geb. am 28. Februar 1852 in Baden bei Wien, empfing 1875 die Priesterweihe und widmete sich ganz besonders der Jugendarbeit. Als sozial eingestellter Priester und Jugenderzieher forderte er bereits den Achtstundentag, Jahresurlaub und den arbeitsfreien Sonntag für die Lehrlinge. 1889 gründete er die Kongregation der »Kalasantiner«, deren Mitglieder einen besonderen Typus des Arbeitspriesters repräsentieren. In dieser Gemeinschaft schuf er dann Internate und Oratorien für Lehrlinge und eine kostenlose Arbeitsvermittlung. Der beliebte Seelsorger starb am 15. September 1929 in Wien. – Seligsprechung am 21. Juni 1998 in Wien.

18.9. **Richardis** [Ahdt.: »kühne Herrscherin«], Hl., Tochter des elsässischen Grafen Erchanger, seit 862 mit Kaiser Karl III. (dem Dicken) verheiratet, wurde mit diesem 881 von Papst Johannes VIII. in Rom gekrönt. Als sie grundlos des Ehebruchs verdächtigt wurde, zog sie sich in das von ihr und ihrem Erbgut errichtete Kloster Andlau zurück, dem ihre Nichte Rotrud als Äbtissin vorstand. Dort starb Richardis am 18. September 894/896. – Papst Leo IX. erhob 1049 ihre Gebeine. Das noch erhaltene Hochgrab wurde um 1350 errichtet.
Dargestellt in kaiserlichen Gewändern mit Krone und Palme, mit Flammen, die an ihren Kleidern emporlodern, als Klosterfrau mit abgelegter Krone, brennenden Holzscheiten, Bär, Pflugschar. – Patronin von Andlau. ST

Lantpert, Hl., wurde 937 Bischof von Freising. Die Ungarnzüge sowie die Aufstände gegen Kaiser Otto I. hatten im Bistum Freising große Verheerungen angerichtet. Lantpert bemühte sich, die Schäden zu beheben und das kirchliche Leben zu erneuern. Er starb am 19. September 957. – Sein Kult ist seit dem 11. Jh. nachweisbar.
Dargestellt in bischöflichem Ornat mit Lamm. M

Nikolaus [Griech.: »Sieger im Volk«] Wolf, geb. am 1. Mai 1756 in Neuenkirch/ Schweiz, stammte aus einer katholischen Bauernfamilie. Als vorbildlicher Gatte und Vater sowie als fortschrittlicher Landwirt genoss er hohes Ansehen und wurde ins Parlament des Kantons Luzern gewählt. Durch seinen festen Glauben und sein intensives Gebetsleben »im Namen Jesu« diente er in den Wirrnissen der Zeit nach der Revolution dem Volk und der Kirche. Nach seinem Tod am 18. September 1832 schlossen sich die von ihm gegründeten Gebetsgruppen zur »Bruderschaft der Bewahrung und Belebung des Glaubens« zusammen. – Das Seligsprechungsverfahren ist eingeleitet.

Januarius, Hl., war nach der legendarischen Leidensgeschichte aus dem 6./7. Jh. Bischof von Benevent und wurde in der Christenverfolgung Kaiser Diokletians am 19. September 305 in Puteoli enthauptet. – Die Gebeine befinden sich seit 1497 wieder in der Kathedrale von Neapel. Das sich jährlich an Fest- und Übertragungstagen vollziehende Blutwunder ist seit 1389 bezeugt; eine natürliche Erklärung wurde bisher nicht gefunden. **19.9.**

Dargestellt in bischöflichen Gewändern, in Flammen oder in einem glühenden Ofen stehend, mit Löwen und anderen wilden Tieren, mit einem Blutfläschchen in der Hand. – Patron der Goldschmiede. GK

Goërich [Ahdt.: »edel« u. »reich«], Hl., auch Abbo genannt, wurde 629 Nachfolger Arnulfs auf dem bischöflichen Stuhl von Metz. Im Testament König Dagoberts I. (gest. 639) wird er erwähnt. Goërich erbaute St.-Peter [»inter domum« oder »ad imagines«] in Metz und gründete ein Kloster in Épinal. Nach seinem Tod 643 wurde er in der Kirche des hl. Symphorian vor Metz bestattet. – Um 980 wurden seine Gebeine in seine Gründung Épinal übertragen, wo sie in der heute dem hl. Mauritius geweihten Kirche ruhen. Goërich ist Hauptpatron der Stadt Épinal.

Dargestellt als Bischof mit Mitra und abgelegter Krone, auch im Harnisch mit Hermelinmantel, in den Händen Mitra und Stab. ME

Theodor [Griech.: »Gottesgeschenk«], Hl., geb. 602 in Rom, von Papst Vitalian 668 zum Erzbischof von Canterbury geweiht, wo er 669 eintraf. Er schuf die Diözesanorganisation in den angelsächsischen Königreichen und ordnete das ganze Kirchenwesen, und zwar unter Beseitigung der iroschottischen Eigenbräuche, nach römischem Vorbild, ohne aber das iroschottische Klosterwesen anzutasten. Theodor starb am 19. September 690 wohl in Canterbury. – Die feierliche Erhebung seiner Gebeine erfolgte 1090. Durch Theodors Verdienst gelangte die angelsächsische Kirche zu hoher Blüte und fand die Kraft zu großer Ausstrahlung auf das Festland.

Lantpert, Hl., Bischof von Freising, gest. 19.9.957, ↗18.9.

Igor, Hl., seit 1146 Großfürst von Kiew, wurde bei einem Aufstand zur Abdankung gezwungen. Er ging als Mönch in ein Kloster. Doch eine aufgehetzte Volksmenge drang in das Kloster ein und ermordete ihn am 19. September 1147, während er in der Kirche betete.

Albert [Ahdt.: »von glänzender Abstammung«] von Löwen, Hl., geb. um 1166 aus dem Haus Brabant, wurde Archidiakon von Lüttich und am 8. September

1191 in zwiespältiger Wahl gegen Albert von Rethel zum Bischof von Lüttich gewählt. Albert von Löwen reiste nach Rom, wo er von Papst Cölestin III. bestätigt wurde. Da Lüttich ihn nicht aufnahm, wurde Albert 1192 in Reims zum Bischof geweiht, dort aber am 24. November 1192 von Lütticher Ministerialen ermordet.

Dargestellt in bischöflichen Gewändern oder Kardinalstracht, mit Palmzweig, einem oder drei Schwertern, mit Wappen von Brabant. LÜ

Bertold [Ahdt.: »berühmter Herrscher«] OSB, (Sel.), seit etwa 1200 Abt von Weingarten, war ein eifriger Marienverehrer und gab für sein Kloster eingehende Bestimmungen für die Feier des Samstags als Marientag. Er starb der Überlieferung nach am 19. September 1232.

Euthymia Üffing, am 8. April 1914 in Halverde geboren und auf den Namen Emma getauft, trat als 20-Jährige in die Kongregation der »Clemensschwestern« in Münster/Westfalen ein. Nach einer zusätzlichen Ausbildung in der Krankenpflege arbeitete sie auf der Isolierstation des Krankenhauses ihres Ordens in Dinslaken. Seit 1940 pflegte sie dort Kriegsgefangene aller Nationen. Sie ging unverzagt ihren Weg in dienender Hingabe. 1948 wurde sie als Waschküchenschwester nach Münster versetzt, wo sie am 9. September 1955 starb. – Die Seligsprechung erfolgte am 7. Oktober 2001.

20.9. **Eustachius** [Griech.: »der Ährenreiche«], Hl., nach der romanhaften Legende ein römischer Heerführer, dem auf der Jagd ein Hirsch mit einem Kreuz zwischen dem Geweih erschien. Er bekehrte sich darauf mit seiner ganzen Familie, mit der er unter Kaiser Hadrian den Martertod erlitt. – Eustachius ist vielleicht personengleich mit Eustathius, Patriarch von Antiochien, der um 340 gestorben ist. Die Hirschlegende ist eine Wandererzählung, die aus Indien über Mesopotamien in das Abendland kam und im Leben mehrerer Heiliger berichtet wird. Eustachius wird zu den Vierzehn Nothelfern gezählt.

Dargestellt in Jägerkleidung mit einem Hirsch, zwischen dessen Geweih ein Kruzifix erscheint, mit glühendem Ofen, wilden Tieren. – Patron der Förster, Jäger, Tuchhändler, Krämer, Klempner; bei traurigen Familienschicksalen; gegen schädliche Insekten.

Warin OSB, Hl., Sohn des sächsischen Grafen Egbert und der hl. Ida von Herzfeld, wurde am Hofe Karls d. Gr. erzogen, dann Mönch in Corbie/östl. v. Ammiens und 826 Abt von Corvey/bei Höxter an der Weser. Der von Ludwig dem Frommen nach Corvey verbannte Abt Hilduin von St.-Denis schenkte Warin die Reliquien des hl. Vitus, die 836 in die noch unvollendete Klosterkirche überführt wurden. Als Warin am 20. September 856 starb, hatte Corvey seine erste Blütezeit erreicht.

Dargestellt in Abtskleidung.

Die koreanischen Märtyrer **Andreas Kim** Tae-guen, Hl., **Paulus** Chong Hasang, Hl., (Laie) und ihre 101 Gefährten ließen in den Jahren 1839–1846 und 1866/67 für Christus ihr Leben.

Andreas Kim Tae-guen, geb am 21. August 1821 in Solmoe/Chungchong/Korea, empfing als erster Koreaner am 17. August 1845 in Macao die Priesterweihe. Er kehrte in seine Heimat zurück, wurde aber schon im folgenden Jahr gefangen genommen, nach Seoul gebracht und dort am 16. September 1846 enthauptet.
Der Katechist **Paulus** Chong Hasang, der viele Jahre als Gemeindeleiter fungierte, wurde am 22. September 1839 in Seoul enthauptet.
U. a. erlitten das Martyrium:
Antoine Daveluy, Hl., geb. 1818, enthauptet am 30. März 1866;
Jacques Chastan, Hl., hingerichtet am 22. September 1839;
Justus Raufer, Hl., geb. 1837, enthauptet am 30. März 1866;
Laurent Imbert, Hl., geb. am 15. April 1797 in Marignane/Frankreich, zunächst Chinamissionar, 1836 Bischof von Kapsan/Nordkorea, hingerichtet am 22. September 1839;
Louis Beaulieu, Hl., geb. 1840, enthauptet am 30. März 1866;
Martin Lukas Huin, Hl., geb. 1838, enthauptet am 30. März 1866;
Pierre Aumaitre, Hl., geb. 1837, enthauptet am 30. März 1866;
Pierre Maubant, Hl., hingerichtet am 22. September 1839;
Pierre-Henry Durié, Hl., geb. 1839, enthauptet am 30. März 1866;
Simeon Francois Berneux, Hl., geb. 1814, enthauptet am 8. März 1866.
Seligsprechungen am 5. Juli 1925 und am 6. Oktober 1968, Heiligsprechung am 6. Mai 1984 in Seoul. – GT: jeweiliger Todestag. GK

Giovanni Croese OFMCap, Hl., wurde am 27. Dezember 1804 in Camporosso/Italien geboren, trat 1824 in den Kapuzinerorden ein und nahm den Ordensnamen Francesco Maria da Camporosso an. Er war vierzig Jahre in Genua als einfacher Ordensbruder tätig und ein Vorbild selbstloser Liebe. Der bescheidene Ordensmann starb im Ruf der Heiligkeit am 17. September 1866 in Genua. – Heiligsprechung am 9. Dezember 1962. GK

José Maria de Yermo y Parres CM, Hl., geb. am 10. November 1851 in Jalmolónga in der Diözese Toluca. 1867 trat er in die »Kongregation vom hl. Vinzenz« (Vinzentiner) ein. Sein schlechter Gesundheitszustand war ausschlaggebend, dass er nach erfolgreichem Studienabschluss in die Heimat zurückkehrte. Dort verließ er die Missionskongregation, empfing die Priesterweihe und wurde in die Diözese Leòn inkardiniert. Bald genoss er hohes Ansehen als Mann des Gebets und übernahm wichtige Aufgaben an der Kurie von Leòn. Am 13. Dezember 1885 gründete er die Kongregation der »Dienerinnen des Heiligen Herzens Jesu und der Armen«. Bereits drei Jahre später eröffnete er das zweite Haus in Puebla de Los Angeles und errichtete 1893 dort auch das »Institut von der christlichen Nächstenliebe«. Getroffen von einer schweren Krankheit bereitete er sich mit Gelassenheit auf den Tod vor, so dass er die letzten Leiden mit bewundernswerter innerer Stärke ertrug. Er starb am 20. September 1904. – Seligsprechung am 6. Mai 1990, Heiligsprechung am 21. Mai 2000. GK

Maria Theresa Tauscher DCJ, geb. am 19. Juni 1855 in Sandow als Tochter eines evangelischen Pfarrers, wurde im Internat der »Herrnhuter Brüdergemeine« ausgebildet. Ihr dringender Wunsch, im sozialen Bereich tätig zu werden, führte sie nach Köln. Dort trat sie während des Kulturkampfes zur katholischen Kirche über und sie erfasste eine tiefe Neigung zum karmelitanischen Ordensideal. Sie gründete die Ordensgemeinschaft der »Karmelitinnen vom heiligsten Herzen Jesu«. Auf dem Weg dahin hatte sie viele Schwierigkeiten zu überwinden. Am 20. September 1938 starb sie in Sittard. – Das Seligsprechungsverfahren ist eingeleitet.

21.9. **Debora** [Hebr.: »Biene, Wespe«] wirkte als Prophetin im Volk Israel, das sie nach einem Gottesspruch zum Kampf gegen die Kanaanäer aufforderte. Den Sieg über die Feinde Israels besingt das Debora-Lied (*Ri* 5,2–3,1), einer der ältesten poetischen Texte der Heiligen Schrift aus dem 12./11. Jh. v. Chr.

Matthäus, Hl., einer der zwölf Apostel, wird in der altkirchlichen Überlieferung mit dem Zolleinnehmer Levi, dem Sohn des Alphäus, gleichgesetzt. Seinen Namen trägt auch das erste Evangelium. Über sein weiteres Leben berichtet die Heilige Schrift nichts. Nach legendarischen Berichten hat er um das Jahr 42 Palästina verlassen und den Glauben in Parthien, Persien und Äthiopien verkündet. Dort soll er den Martertod durch Verbrennen oder Steinigen erlitten haben. Seine Reliquien sollen von Äthiopien zuerst nach Paestum, dann im 10. Jh. nach Salerno gebracht worden sein, wo sie seit 1084 im Dom ruhen. – Die heutigen Erklärer der Heiligen Schrift unterscheiden zwischen dem Zöllner Levi, dem Apostel Matthäus und dem Verfasser des Matthäus-Evangeliums.
Dargestellt als Apostel mit Buchrolle, mit einem Engel oder Menschen als Evangelistensymbol. – Patron der Bank-, Finanz-, Steuer-, Zollbeamten, Wechsler, Buchhalter; gegen Trunksucht. GK

Wulftrud [Ahdt.: »Wolf« u. »Treue«], Sel., erzogen im Kloster Wilton, wurde von König Edgar zur ehelichen Verbindung gezwungen, obschon er bereits verheiratet war. Nach der Geburt ihrer Tochter Eadgith zog sich Wulftrud nach Wilton zurück, um für ihren Fehltritt Sühne zu leisten. Sie starb am 21. September 1000. – Ihre Verehrung dauerte bis zur Reformation an.

Jona, Jonas [Hebr.: »Taube«], Prophet des Alten Bunds, kündigte im 8. Jh. v. Chr. König Jerobeam II. die Wiederherstellung seines Reiches an. – Das alttestamentliche Buch Jona ist um 400 v. Chr. entstanden. Jona wird von Gott zu den heidnischen Bewohnern Ninives gesandt, um Buße zu predigen. Er will dem Auftrag Gottes entfliehen, entkommt ihm aber nicht, auch wenn ihn auf seiner Flucht auf hoher See ein Wal verschlingt. Gott rettet den reuigen Jona, der dann den Auftrag Gottes ausführt. Als Ninive Buße tut und deshalb von Gott verschont wird, hadert aber Jona darüber mit Gott. Doch Gott belehrt Jona über seinen allgemeinen Heilswillen: Sein Wille ist seinem Wesen nach Barmherzigkeit. **22.9.**

Dargestellt mit Schiff oder Seeungeheuer, das ihn entweder verschlingt oder ausspeit. RO

Mauritius, Hl., Offizier der Thebäischen Legion, fand mit seinen Gefährten den Martertod bei Agaunum (heute St.-Maurice/Schweiz) zwischen 280 und 300. Nach dem ältesten Bericht des Bischofs Eucherius von Lyon (um 450) wurde die aus Christen bestehende Legion niedergemetzelt, weil sie sich nicht an der Christenverfolgung des Kaisers Maximilian Herkulius beteiligen wollte. – Bischof Theodor von Octodurum/Martigny erbaute um 380 über den damals wieder aufgefundenen Gebeinen eine Kirche, an der bald ein Kloster errichtet wurde, das den Namen St.-Maurice erhielt. Kloster und Wallfahrt verbreiteten den Kult des hl. Mauritius in Europa. Unter den Ottonen und Saliern wurde Mauritius Reichspatron.

Dargestellt in Soldatentracht oder in Ritterrüstung, meist von dunkler Hautfarbe, mit Lanze, Schwert und Schild. – Patron der Soldaten, Waffen- und Messerschmiede, Kaufleute, Färber, Hutmacher, Tuchweber, Wäscher, Glasmaler, der Weinstöcke; bei Krämpfen; gegen Besessenheit, Gicht, Ohrenleiden; bei Pferdekrankheiten. – Wallfahrt in St.-Maurice (Schweiz) und Allmannshofen (Bistum Augsburg).

RK, CH, FB, SI

Liutrud [Lutrud], [Ahdt.: »Volk« u. »Treue«], Hl., lebte im 6. Jh. als gottgeweihte Jungfrau bei einer Kapelle, die auf ihrem väterlichen Erbgut in der Champagne bei Perthe errichtet war. – Ihre Gebeine wurden 863/864 in die Abtei Corvey übertragen.

Landelin, Hl., lebte als Einsiedler bei Ettenheimmünster/Schwarzwald und war vielleicht einer der ersten Glaubensboten in der Ortenau zu Beginn des 7. Jhs. Nach der späteren Legende starb er eines gewaltsamen Todes. Sein Kult in Ettenheimmünster, das ein prachtvolles Reliquiar von 1506 besitzt, sowie bei seinem Grab im benachbarten Münchweier und seine Verehrung in Straßburg sind seit dem 11. Jh. bezeugt.

Dargestellt in Einsiedlerkleidung mit Palme und Schwert. FR

Emmeram [Haimrham], [Ahdt.: »Heim/Dorf/Flecken« u. »Rabe«], Hl., Bischof aus dem westfränkischen Reich, wurde in der 1. Hälfte des 8. Jhs. von einem Agilolfinger-Herzog nach Regensburg berufen. In Kleinhelfendorf bei Aibling erlitt er der Überlieferung nach auf Grund einer falschen Anschuldigung das Martyrium und wurde in der Kirche des hl. Georg in Regensburg beigesetzt. Das Todesjahr ist unsicher (zwischen 652 und 716). – Bischof Gaubald (739–760) erhob seine Gebeine. Über seinem Grab entstand die Benediktiner-Abtei St.-Emmeram.
Dargestellt in bischöflichen Gewändern mit Buch und Palme. – Patron des Bistums Regensburg. EIH, M, R

Gunthild [Ahdt.: »zulassen« u. »Kampf«], Hl., lebte nach der späteren Legende als Dienstmagd in Suffersheim bei Treuchtlingen. Sie war sehr mildtätig und demütig. Es ist unsicher, wann sie gelebt hat, aber jedenfalls vor 1057. – Der früher weiter verbreitete Kult beschränkt sich heute auf Biberach, wo eine Wallfahrt besteht, und Schambach.
Dargestellt in bäuerlicher Kleidung mit Milchkübel und Käselaib. – Patronin der Dienstboten; gegen Aussatz, Viehseuchen.

Otto, Sel., Bischof von Freising, gest. 22.9.1158 ↗7.9.

23.9. **Zacharias** [Hebr.: »Der Herr gedachte«] und **Elisabet** [Hebr.: »Mein Gott ist Erfüllung«], Eltern Johannes des Täufers (vgl. *Lk* 1,14–17). Ihre Verehrung ist in Jerusalem mindestens seit dem 10. Jh. belegt. JE, RO

Linus, Hl., war erster Nachfolger des hl. Petrus als Bischof von Rom. Die Nachricht von seinem Martyrium ist spät, daher ungewiss. Als Todesjahr werden die Jahre 67 und 79 angegeben.
Dargestellt in Kasel oder Chormantel mit Tiara, Buch, Schwert und Palme.

Thekla, Hl., war angeblich eine Schülerin des Apostels Paulus. Nachdem sie an verschiedenen Orten Marterqualen erlitten hatte, starb sie. – In der Ostkirche stand Thekla als Erzmärtyrin in hohem Ansehen. Ihre Verehrung fand schon früh Eingang in die römische Kirche, wo sie bereits im Altertum von der christlichen Kunst dargestellt und später in den kirchlichen Sterbegebeten erwähnt wird. Die Thekla-Akten, die ihr Leben beschreiben, sind eine erbauliche romanhafte Erzählung aus der Zeit um 180.
Dargestellt in römischer Jungfrauentracht mit Kruzifix, Lilie, Palme, mit Löwen, Scheiterhaufen, Flammen, Bären und Schlangen. – Patronin der Sterbenden; gegen Augenleiden. Thekla-Brot zum Schutz gegen Krankheiten oder für Genesung von Mensch und Tier.

Basin OSB, Hl., entstammte einem fränkischen Adelsgeschlecht von der oberen Saar, war Mönch, dann Abt von St.-Maximin/Trier und Bischof von Trier. Zu Willibrord in Echternach pflegte er gute Beziehungen. Basin starb am 4. März 705.

Liutwin [Lutwin], Hl., bekleidete unter den karolingischen Hausmeiern hohe Staatsämter. Um 690 gründete Liutwin bereits das Kloster Mettlach an der Saar. Schon unter Abt und Bischof Basin von Trier (gest. 705) hatte Liutwin Einfluss auf die Bistumsverwaltung genommen. Als Anhänger Karl Martells erhielt er auch die Bistümer Reims und Laon. Die Trierer Abteien St.-Eucharius und St.-Paulin verdanken ihm Landschenkungen. Liutwin starb zwischen 717 und 723 in Reims. Er wurde in seiner Gründung Mettlach beigesetzt.
Dargestellt in bischöflicher Gewandung mit Kasel und Pallium. TR

Rotrud [Ahdt.: »ruhmvoll« u. »treu«] OSB, (Sel.), war die erste Äbtissin des von Kaiser Heinrich II. und seiner Gemahlin Kunigunde 1002 gegründeten Frauenklosters in Neuburg an der Donau.

Gerhild [Kerhild], [Ahdt.: »Mutig« u. »Kampf«] von Konstanz, Sel., führte als Reklusin in St.-Gallen ein Leben der Buße und Askese. Sie starb an einem 23. September im 12. Jh.

Francesco Forgione OFMCap, Sel., mit Ordensnamen Pio da Pietrelcina, wurde am 25. Mai 1887 in Pietrelcina in der Erzdiözese Benevent/Süditalien geboren. Am 6. Januar 1903 trat Francesco mit 16 Jahren in das Noviziat der Kapuziner in Morcone ein und nahm den Namen Pio da Pietrelcina an. Am 27. Januar 1907 legte er die feierlichen Gelübde ab und empfing am 10. August 1910 in Benevent die Priesterweihe. Seit 1918, als an Pater Pio die Stigmata aufgetreten sind, leistete er unzähligen Menschen Unterstützung und Beistand. Von der Liebe Gottes und der Liebe zu den Mitmenschen erfüllt, lebte Pater Pio seine Berufung, den Menschen Erlösung zu bringen. Diese Sendung, die sein ganzes Leben bestimmte, verwirklichte er auf dreifache Weise: durch geistliche Leitung, Empfang und Spendung des Bußsakramentes und die Feier der heiligen Messe. Im sozialen Bereich leistete er vor allem mit der Gründung eines Krankenhauses, der »Casa Sollievo della Sofferenza«, das am 5. Mai 1956 eröffnet wurde, großartige Hilfe. Im geistlichen Bereich gründete Pater Pio die »Gebetsgruppen«, die von ihm selbst »Pflanzgärten des Glaubens« und »Ausstrahlungspunkte der Liebe« genannt wurden. Pater Pio starb am 23. September 1968. Er wurde in »einem ruhigen Winkel« der Kirche S. Maria delle Grazie in S. Giovanni Rotondo bestattet. – Seligsprechung am 2. Mai 1999.

24.9. **Rupert** [Ahdt.: »der Hochberühmte«], Hl., entstammte wahrscheinlich dem um Worms ansässigen Grafengeschlecht der Robertiner. Er war wohl in Worms schon Bischof und kam um 700 nach Bayern. In den Ruinen der alten Römerstadt Juvavum (Salzburg) gründete er das Kloster St.-Peter sowie ein Frauenkloster auf dem Nonnenberg, das seine Nichte Erentrud als Äbtissin leitete. Von St.-Peter aus entfaltete Rupert als Abtbischof ohne festen Diözesanbereich eine segensreiche Tätigkeit als Glaubensbote. Er gründete Seekirchen am Wallersee und die Maximilianszelle in Bischofshofen im Pongau. Rupert starb am 27. März um 720. – Am 24. September 774 wurden seine Gebeine in den von Bischof Virgil erbauten Dom überführt.
Dargestellt in bischöflichen Gewändern mit Salzkübel und Buch. – Patron von Bistum und Land Salzburg; des Bergbaus, der Salzarbeiter, der Hunde.
RK, G, KG, L, R, S

Virgil OSB, Hl., stammte aus Irland und kam auf Empfehlung Pippins des Jüngeren 743 zu Herzog Odilo von Bayern, der ihm die Verwaltung des Bistums Salzburg übertrug. Virgil leitete seine Diözese als Abt von St.-Peter/Salzburg, die Weihehandlungen ließ er durch einen irischen Mönchsbischof vornehmen. Durch seine Lehren von der Kugelgestalt der Erde sowie durch die unkanonische Bistumsverwaltung geriet Virgil in Gegensatz zu Bonifatius, konnte sich aber trotz eines päpstlichen Entscheids im Amt halten. Nach dem Tod Bonifatius' ließ sich Virgil um 755 zum Bischof weihen. Mit Hilfe des Chorbischofs Modestus wirkte er nun erfolgreich für die Bekehrung der Bewohner des von Herzog Tassilo eroberten Karanatanien. Die Verbindung mit Irland hielt er aufrecht und trat für sein Stift St.-Peter in Gebetsverbrüderung mit dem Kloster Iona. Virgil starb am 27. November 784 und wurde in dem von ihm erbauten Dom beigesetzt. – Im Bistum Klagenfurt-Gurk wird das Gedächtnis Virgils zugleich mit dem des Chorbischofs Modestus am 24. November begangen.
Dargestellt in bischöflicher Pontifikalkleidung mit Kirchenmodell, auch mit Geldschüssel und Erdkugel. – Patron des Bistum Salzburg; in Geburtsnöten; der Kinder.
RK, G, KG, L, R, S

Gerhard [Ahdt.: »der mit dem Speer Kühne«] OSB, Hl., stammte nach späterer Überlieferung aus der venezianischen Familie Sagredo. Er wurde Mönch und Abt von San Giorgio in Venedig. Bei einer Pilgerfahrt ins Heilige Land kam er um 1015 nach Ungarn, wo ihm König Stephan I. die Erziehung seines Sohnes Emmerich anvertraute. Um 1030 wurde er erster Bischof von Csanád. Im Heidenaufstand wurde Gerhard am 24. September 1046 bei dem später nach ihm benannten Gerhardsberg in Ofen durch Steinwürfe und Lanzenstiche ermordet. – Seine Gebeine wurden 1053 nach Csanád übertragen, in der Krypta der Marienkirche beigesetzt und am 24. Februar 1084 feierlich erhoben.

Dargestellt im Bischofsgewand oder im Benediktinerhabit vor Marienbild, mit einem von einer Lanze durchbohrten Herzen. – Patron der Erzieher.

Hermann der Lahme OSB, geb. Sel., am 18. Juli 1013 in Saulgau, Sohn des Grafen Wolfrad II. von Altshausen, war von Jugend an gelähmt. Seit 1020 weilte er als Klosterschüler und Mönch auf der Reichenau/Bodensee. Hier wirkte er als Geschichtsschreiber, Mathematiker, Astronom, Dichter und Musiker. Er verfasste u. a. die Kreuzsequenz »Grates, honos, hierarchia« sowie die Ostersequenz »Rex regum, Dei agne«. Zugeschrieben werden ihm auch die Antiphonen »Alma Redemptoris Mater« und »Salve Regina, mater misericordiae«. Hermann starb am 24. September 1054 auf der Reichenau/Bodensee.
Dargestellt im Benediktinerhabit mit Krückstock.

Mercedes – das Fest »Maria de mercede«, »Unsere Liebe Frau von der Barmherzigkeit«, wurde zuerst nur im Orden der »Mercedarier« gefeiert, den Petrus Nolaskus 1218 gegründet hatte, um Christen, die in die Gefangenschaft der Sarazenen gefallen waren, loszukaufen. Papst Innozenz XII. (1691–1700) ordnete das Fest für die ganze Kirche an.

Firmin [Lat.: »beharrlich, standhaft«], Hl., war nach der Überlieferung der erste **25.9.**
Bischof von Amiens. Er erlitt um 290 den Martertod.
Dargestellt in bischöflicher Gewandung mit Palme, Schwert, Einhorn, sein Haupt vor sich tragend. – Patron der Küfer, Kinder; gegen Fieber, Krämpfe, Rheumatismus, Wassersucht, Zittern, Trockenheit.

Wigger OPraem, (Sel.), geb. als Spross eines nordthüringischen Adelsgeschlechts, kam als Prämonstratenser mit Norbert von Xanten nach Magdeburg, wo er 1129 Propst des Marienstiftes wurde. Von hier aus bemühte er sich um Gründung und Niederlassungen seines Ordens östlich der Elbe. 1138 wurde Wigger Bischof des Restteils des Bistums Brandenburg, der nach dem Wendenaufstand von 983 übrig geblieben war. In Leitzkau richtete er sogleich ein provisorisches Domkapitel ein und begann mit dem Aufbau der Diözesanverwaltung. Um 1147 gründete er ein Prämonstratenser-Stift bei Brandenburg, wohin bald nach seinem Tod 1161 das Domkapitel verlegt wurde.

Nikolaus [Griech.: »Sieger im Volk«] von Flüe [Bruder Klaus], Hl., geb. 1417 auf dem Flüeli bei Sachseln/Kanton Obwalden. Er war schon in seiner Jugend besonders begnadet. In seiner Ehe mit Dorothea Wyss hatte er zehn Kinder. Der Bergbauer wurde ein angesehener Ratsherr und Richter der Landgemeinde. 1467 verließ er nach intensiven Gesprächen mit Dorothea Hof und Familie und ließ sich nach längerem Unterwegssein am Ende als Einsiedler im Ranft nahe dem Flüeli nieder und erbaute dort eine Kapelle. Bruder Klaus war einer der letzten Mystiker des Spätmittelalters, beeinflusst durch den Mystikerkreis im Kloster Engelberg. Nahezu zwanzig Jahre lang wurde er nur genährt durch die hl. Eucharistie, die er an Sonntagen in seiner Pfarrkirche empfing. In seiner Einsiedelei wurde er Berater und Mahner seiner Landsleute und vieler Besucher. Auf der Tagsatzung in Stans/Vierwaldstätter See 1481 rettete er durch seinen Rat die Schweizerische Eidgenossenschaft vor dauernder Spaltung. Bruder Klaus starb am 21. März 1487 im Ranft.

Dargestellt im Einsiedlerkleid mit Kreuz, Strick, Rosenkranz, Dornbusch, Teufel. – Patron der Schweiz; des Kantons Unterwalden. – Wallfahrt in Sachseln und im Ranft. RK, BS. CH, FB, FR, SG, SI

Gottfried [Ahdt.: »Gottesfriede, -schutz«] Thelen SJ, Priester der »Gesellschaft Jesu« aus Wickrath bei Mönchengladbach, wurde auf einer Reise mit vier Gefährten bei Kaub/Rhein am 25. September 1620 von Soldaten seines Glaubens wegen getötet. Seine letzte Ruhestätte fand er in Marienthal/Rheingau vor dem Hochaltar.

26.9. **Kosmas** [Griech.: »Ordnung, Hochachtung, Ruhm«], Hl., und **Damian** [Griech.: »Volk«], Hl., nach der Legende Ärzte, erlitten während der Christenverfolgung Kaiser Diokletians den Martertod. – Wenn auch sichere Nachrichten fehlen, so lässt doch die schon am Anfang des 5. Jhs. nachweisbare Verehrung im Orient auf einen geschichtlichen Kern schließen. Bischof Altfrid von Hildesheim brachte Mitte des 9. Jhs. Reliquien der beiden Heiligen nach Essen und Hildesheim. 965 kamen Reliquien nach Bremen und von dort um 1400 nach München.

Dargestellt in vornehmer Kleidung mit Schlangenstab, ärztlichen Geräten, Arzneigefäßen, Mörser, Pfeilen, Scheiterhaufen, Steinen. – Patron der Ammen, Ärzte, Chirurgen, Zahnärzte, Drogisten, Friseure, Krämer, Zuckerbäcker, Physiker; gegen Epidemien, Geschwüre, Pferdekrankheiten. GK, E

Eugenia OSB, Hl., Tochter des elsässischen Herzogs Adalbert, wurde nach ihrer Tante Odilia Äbtissin im Kloster Hohenburg/Odilienberg. Eugenia starb um 735 und wurde in der Odilienkapelle ihres Klosters beigesetzt. Die Reliquien gingen zum größten Teil im Dreißigjährigen Krieg verloren.

Dargestellt im Äbtissinengewand mit Brot und Krug.

Marie-Victoire-Thérèse Couderc, Hl., geb. am 1. Februar 1805 in Le Mas de Sablières/Frankreich. Ihre Berufsfindung war nicht einfach. Zunächst arbeitete sie als Lehrerin, war dann seit 1826 Mitglied der Gemeinschaft der »Schwestern der Opferung Mariä«, bis sie ein Jahr später Mitgründerin der »Schwestern U. L. Frau vom Coenaculum« wurde. Für diese Gemeinschaft wurde der Abendmahlssaal ein Zeichen geistlichen Lebens durch Chorgebet, Verehrung des Altarssakramentes und religiöser Bildungsarbeit mit

Frauen. Marie-Victoire-Thérèse Couderc starb am 26. September 1885 in Fourvières. – Heiligsprechung am 10. Mai 1970. GK

Kaspar Stanggassinger CSsR, Sel., geb. am 12. Januar 1871 in Kälberstein bei Berchtesgarden, seit 1893 »Redemptorist«, empfing 1895 die Priesterweihe. Als vorbildlicher Seelsorger und idealer Lehrer und Erzieher der Jugend wirkte er mit unermüdlichem Opfergeist. Früh vollendet starb er am 26. September 1899 in Gars am Inn. – 1935 wurden seine Gebeine erhoben. Seligsprechung am 24. April 1988.

Hiltrud [Ahdt.: »kämpfend« u. »treu«], Hl., entstammte einer gräflichen Familie **27.9.**
und lebte in der Nähe des von ihren Eltern gestifteten Klosters Lissies/Hennegau, wo ihr Bruder Gunthard Abt war, als Reklusin in strengster Askese. Hiltrud starb gegen Ende des 8. Jh. – Der Schrein, der ihre Gebeine enthielt, wurde 1793 zerstört, doch die Reliquien befinden sich noch in Lissies.
Dargestellt in Jungfrauenkleidung mit Lampe und Kerze. – Patronin gegen Fieber.

Dietrich I. [Ahdt.: »der Mächtige im Volk«], Bischof von Naumburg, war von apostolischem Geist erfüllt. Er gründete die Klöster Bosau und Riesa, war an der Stiftung der Kirchen von Plauen, Zwickau und Ossig beteiligt, erneuerte die Stifte St.-Moritz in Naumburg und in Zeitz. Während er in der Klosterkirche von Bosau betete, wurde er am 27. September 1123 ermordet.

Vinzenz [Lat.: »der Siegreiche«] von Paul CM, Hl., geb. am 24. April 1581 in Pouy/Landes, wurde 1600 Priester und lebte seit 1608 in Paris. Dort lernte er Pierre de Bérulle kennen, der einen solchen Einfluss auf ihn ausübte, dass Vinzenz 1617 das Gelübde ablegte, sein Leben den Armen zu widmen. 1625 gründete er die »Kongregation der Mission« (Lazaristen, auch Vinzentiner genannt), die bis zu seinem Tod etwa 800 Volksmissionen in Frankreich hielt. Ebenso war er an der Gründung von Priesterseminaren und der Einrichtung von Exerzitien für den Klerus beteiligt. Vinzenz rief eine Vereinigung von Frauen zur Betreuung von armen und allein stehenden Kranken ins Leben sowie mit Luise von Marillac die Vinzentinerinnen, die erstmals in der Kirche eine Genossenschaft ohne Profess und Klausur bildeten, um sich allen Werken der christlichen Nächstenliebe zu widmen. Vinzenz wurde so zum Erneuerer des kirchlichen Lebens im Frankreich des 17. Jhs. bei Klerus und Laien. Seine Ideen breiteten sich weit über Frankreich in der ganzen Welt aus. Vinzenz starb am 27. September 1660 in Paris. Seine Gebeine ruhen dort in der Kirche der Lazaristen, sein Herz in der Kathedrale von Lyon.
Dargestellt im Priesterkleid mit Kindern, Galeerensklaven und anderen Gefangenen. – Patron aller Vereine und Werke der Nächstenliebe; der Waisen, Gefangenen, Findel-, Waisen- und Krankenhäuser; der Geistlichkeit; für das Wiederfinden verlorener Sachen. GK

Kjeld, Hl., geb. in Venning bei Randers/Jütland, war in Viborg Leiter der Domschule und wurde 1145 Dompropst. Er war sehr mildtätig und angesehen als Friedensstifter bei Streitigkeiten. Daher wurde er aber auch angefeindet und 1148/49 aus Viborg vertrieben. Doch auf Anordnung Papst Eugens III. musste er wieder in sein Amt eingesetzt werden. Kjeld starb am 27. September 1150 in Viborg. – Sein Reliquienschrein im Dom von Viborg ist 1726 verbrannt.

28.9. **Baruch** [Hebr.: »gesegnet«], ein Prophet im 11. Jh. v. Chr., wurde als vertrauter Helfer des Propheten Jeremia mit ihm nach Ägypten verschleppt. Dort soll er nach der Überlieferung auch gestorben sein. RO

Salonius, Hl., geb. um 400, Sohn des Eucherius von Lyon, erhielt seine Ausbildung in Lérins. Spätestens 439 wurde er Bischof von Genf. Sein Bruder Veranus leitete das Bistum Vence. Salonius beteiligte sich an mehreren Synoden in Südfrankreich und verfasste Erklärungen einiger Bücher des Alten Testaments. Er war Mitverfasser eines noch erhaltenen Briefes an Papst Leo I. Salonius starb nach 451. FB

Lioba [Leobgith, Truthgeb], [Ahdt.: »lieb, freundlich«] OSB, Hl., geb. um 710, stammte aus einer vornehmen angelsächsischen Familie. Sie wurde Nonne im Kloster Wimborne/Südengland. Bonifatius, der mit Lioba verwandt war, rief sie aufs Festland, um ihm bei seinem Missionswerk zu helfen. Er bestellte sie um 735 zur ersten Äbtissin des Klosters Tauberbischofsheim. Lioba war in Wissenschaften und Kunst sehr gebildet, angesehen als Lehrerin und Erzieherin, von einem heiteren Charakter. Sie starb an einem 28. September um 782 und wurde in Fulda neben Bonifatius beigesetzt. – Rhabanus Maurus übertrug ihre Gebeine 838 in die Krypta der Kirche auf dem Petersberg bei Fulda.
Dargestellt im Äbtissinengewand mit Buch und Glocke, von Blitzen umgeben.
RK, FD, FR, MZ, WÜ

Chuniald [Kuniald], [Ahdt.: »Geschlecht« u. »erhaben«], Hl., und **Gislar** [Giselher], [Ahdt.: »Spross« u. »Heer«], Hl., waren Priester und Mitarbeiter des hl. Rupert von Salzburg. Ihr Todestag, wohl 1. Hälfte des 8. Jh., ist nicht bekannt. – Bischof Virgil von Salzburg überführte ihre Gebeine zusammen mit denen Ruperts in den neu erbauten Dom. Die Legende lässt sie als Glaubensboten in Niederösterreich wirken und schreibt ihnen die Erbauung des ältesten Wiener Gotteshauses, der Rupertikirche, zu.
Dargestellt in Diakonenkleidung. S

Thekla OSB, Hl., aus angelsächsischem Geschlecht, wurde wie ihre Verwandte Lioba (um 710 – um 782) Nonne im Kloster Wimborne/Südengland und folgte wie diese dem Ruf des Bonifatius nach Deutschland. Zuerst in Tauber-

bischofsheim tätig, setzte sie Bonifatius als Nachfolgerin Hadelogs um 750 zur Äbtissin von Kitzingen und Ochsenfurt ein. Hier wirkte sie als Lehrerin und Erzieherin und widmete sich der Pflege der Kranken. Thekla starb um 790.
Dargestellt im Benediktinerinnenhabit mit Äbtissinnenstab, lehrend oder Kranke pflegend. WÜ

Wenzel [Aslw.: »mehr« u. »Ruhm«], Hl., Herzog von Böhmen, geb. zwischen 903 und 905 und von seiner Großmutter Ludmila erzogen. In den Wirren nach deren Ermordung musste Wenzels Mutter Dragomira nach dem Eingreifen König Heinrichs I. die Herrschaft an ihren Sohn abtreten. Wenzel war um die Ausbreitung und Vertiefung des Christentums in Böhmen bemüht und machte sich verdient um den Anschluss seines Volkes an die abendländische Kulturgemeinschaft. Vielleicht deswegen wurde er am 28. September 929 oder 935 in Altbunzlau von seinem Bruder Boleslav ermordet. – Seine Gebeine wurden in die von ihm gegründete St.-Veits-Kirche auf der Prager Burg überführt. Seine Verehrung breitete sich schnell auch außerhalb Böhmens aus. Wenzel ist der erste slawische Heilige.
Dargestellt im Herzogsgewand mit Herzogshut und Zepter, Fahne, Lanze, Schild und Schwert. – Patron Böhmens. GK

Alderich [Adalrich] OSB, Mönch in Einsiedeln/Schweiz Anfang des 10. Jhs. Er zog sich als Einsiedler auf die Insel Ufnau/Züricher See zurück, wo er ein Leben in Zurückgezogenheit und Abtötung führte. Seine Gebeine wurden 1141 erhoben.
Dargestellt im Benediktinerhabit oder im Einsiedlerkleid.

Thiemo [Dietmar], [Ahdt.: »der im Volk Berühmte«] OSB, Hl., geb. um 1020, aus adeligem Hause, wurde Mönch in Niederaltaich/Bayern und 1077 Abt von St.-Peter in Salzburg. Als Anhänger der Reform wurde er 1081 vertrieben, lebte als Mönch in Hirsau, konnte aber 1085 zurückkehren. 1090 wurde Thiemo Erzbischof von Salzburg. Da er im Investiturstreit unentwegt auf Seiten des Papstes stand, wurde er vom kaiserlichen Gegenbischof Berthold von Moosburg gefangen genommen. Nach seiner Flucht nahm er am ersten Kreuzzug teil. Gemäß der Überlieferung fiel Thiemo in die Hände der Seldschuken, die ihn am 28. September 1102 zu Tode marterten.
Dargestellt in bischöflichen Gewändern mit Gedärmwinde. – Patron der Bildhauer, Erzgießer, Zimmerleute, Maurer.

Konrad II. [Ahdt.: »kühner Ratgeber«], Sohn des Markgrafen Leopold III. von Österreich und Bruder Ottos von Freising, geb. um 1115 in Klosterneuburg bei Wien, wurde 1148 Bischof von Passau und 1164 Erzbischof von Salzburg. Im Streit Kaiser Friedrich Barbarossas mit dem Papst stand er auf Seiten

Alexanders III. Deshalb wurde er 1167 aus Salzburg vertrieben und ging nach Friesach und Admont, wo er kurz vor der Aussöhnung mit seinen Gegnern am 28. September 1168 starb.

Simón [Hebr.: »Gott hat erhört«] de Rojas OSST, Hl., geb. am 28. Oktober 1552 in Valladolid/Spanien, trat im Alter von 16 Jahren in den Orden der »Trinitarier« seiner Heimatstadt ein. Nach dem Noviziat studierte er an der Universität Salamanca Philosophie und Theologie und empfing dann die Priesterweihe. Er kehrte in seine Heimat zurück und übernahm nach einer Kaplanszeit eine Lehrtätigkeit in der Priesterausbildung. Der Ruf seines tugendhaften Lebenswandels und seiner Gelehrsamkeit brachte ihm nach Jahren als Hausoberer verschiedener Klöster die Berufung zum königlichen Hofkaplan in Madrid ein. Dabei blieb er der bescheidene, demütige Ordensmann, lehnte Berufungen zum Bischof ab. Ganzhingabe an Gott und eine innige Verehrung der Gottesmutter zeichneten den Provinzial des Ordens aus, der am 28. September 1624 in Madrid starb. – Seligsprechung am 19. Mai 1766, Heiligsprechung am 3. Juli 1988. GK

29.9. Michael [Hebr.: »Wer ist wie Gott?»], Hl., gilt als Vorkämpfer der Gott treu gebliebenen Engel gegen Luzifer. Sein Kult, zuerst in der Ostkirche, verbreitete sich seit der Erscheinung auf dem Monte Gargano/Süditalien im 5. Jh. in Italien und im übrigen Abendland. In das fränkische Reich kam die Michaelsverehrung vom Süden her durch die Langobarden, deren Schutzpatron er war, und vom Westen her durch die angelsächsischen Glaubensboten. Die Franken verehrten Michael als den Schutzherrn der Christen im Kampf gegen die Heiden, als den Überbringer der Opfergaben zum Thron Gottes sowie als Wäger und Geleiter der Seelen nach dem Tod. Ihm geweihte Bergkirchen (Michaelsberg/Siegburg) verdrängten bisweilen heidnische Wodanskultstätten. Als Patron von Kapellen in Obergeschossen von Türmen soll er böse Geister fernhalten.

Dargestellt als Engel in Ritterrüstung mit Helm, Schwert, Lanze und Schild, den Drachen mit Lanze oder Schwert durchbohrend, auch mit Waage. – Patron der katholischen Kirche; des deutschen Volkes (»der deutsche Michel«); der Ritter, Soldaten, Kaufleute, Waagenhersteller, Eicher, Apotheker, Bäcker, Drechsler, Maler, Schneider, Glaser, Vergolder, Blei-/ Zinngießer, Radiomechaniker, Bankangestellten (seit 1958), Sterbenden, Armen Seelen; gegen Blitz, Gewitter; für einen guten Tod; der Friedhöfe. GK

Gabriel [Hebr.: »Gott zeigt sich stark«], Hl., einer der Engel, »die vor Gott stehen«, tritt in der Heiligen Schrift als Bote Gottes in Erscheinung. Er erklärte dem Propheten Daniel den Sinn der messianischen Geschichte, verkündete Zacharias die Geburt Johannes' (des Täufers) und Maria die Geburt Jesu. (Früherer Festtag: 24. März.)

Dargestellt als leuchtender Engel, in der Hand eine Lilie. – Patron des Fernmelde- und Nachrichtendienstes, der Postboten, Briefmarkensammler; gegen eheliche Unfruchtbarkeit. GK

Raphael [Hebr.: »Gott hat geheilt«], Hl., erscheint in der Heiligen Schrift als Bote Gottes in menschlicher Gestalt. Er begleitete den jungen Tobias auf der Reise und schützte ihn vor Gefahren, seinen Vater Tobit heilte er von seiner Blindheit. – Früherer Festtag: 24. Oktober.
Dargestellt als Engel in Pilgertracht, den jungen Tobias an der Hand leitend, auch mit Fisch. – Patron der Kranken, Apotheker, Reisenden, Auswanderer, Schiffer, Dachdecker, Bergleute; gegen Augenleiden, Pest. GK

Johannes [Hebr.: »Jahwe ist gnädig«] von Dukla OFM, Hl., geb. um 1414 in Dukla/Polen, trat in den Franziskanerorden ein und wurde Guardian in Krosno und Lemberg. Er war ein beliebter Prediger und Beichtvater. Erblindet starb der große Verehrer der Gottesmutter am 29. September 1484 in Lemberg. – Seligsprechung am 21. Januar 1773, Heiligsprechung am 10. Juni 1997. GK

Sophia [Griech.: »die Weise«], Hl., war nach der legendarischen Leidensgeschichte eine Witwe in Mailand, die ihren Besitz an die Armen verschenkte und sich aus Sehnsucht nach dem Martyrium zur Zeit Kaiser Hadrians (117–138) mit ihren drei Töchtern **Fides**, **Spes**, **Caritas**, auch [griech.] **Pistis**, **Elpis**, **Agape** [»Glaube, Hoffnung, Liebe«] nach Rom begab. Nachdem die Töchter den Martertod erlitten hatten, begrub Sophie sie an einem 30. September an der Via Appia und starb selbst drei Tage später. – 778 wurde der Überlieferung nach ein Teil ihrer Reliquien in das Frauenkloster Eschau/Elsass übertragen. Von dort verbreitete sich im Mittelalter ihr Kult in Deutschland. Der drei Töchter wird am 1. August besonders gedacht. **30.9.**
Dargestellt in Witwentracht, mit drei Töchtern zu Füßen, mit Krone, Schwert, Buch und Palme. – Patronin der Witwen; in Not und Bedrängnis (Sophien-Messen).

Urs [Lat.: »der Bär«], Hl., und **Viktor** [Lat.: »der Sieger«], Hl., gehörten nach der Legende zur Thebaischen Legion. Es gelang ihnen, mit mehreren Gefährten aus Agaunum (heute: St.-Maurice/Schweiz) nach Solothurn zu fliehen. Hier wurden sie von Kaiser Maximian aufgespürt und, da sie den Glauben nicht verleugnen wollten, um 302 hingerichtet. – Die burgundische Prinzessin Sedeleuba ließ um 500 die Reliquien Viktors nach Genf überführen. Wenn auch die Zugehörigkeit zur Thebäischen Legion nicht sicher ist, so wird doch die Tatsache ihres Lebens kaum mehr bestritten.
Dargestellt in Ritterrüstung mit Banner, Schwert und Schild, mit abgeschlagenem Haupt. – Patron des Bistums Basel, des Kanton Solothurn. BS. CH, FB, SG, SI

Leopard, Hl., römischer Märtyrer des 4. Jh., war nach der Legende Kämmerer Kaiser Julians. Weil Leopard sich weigerte, dem Kaiser Weihrauch zu streuen, ließ ihn dieser zuerst geißeln und dann enthaupten. – Seine Gebeine wurden zuerst in Otricoli beigesetzt, später dann nach Aachen überführt.
Dargestellt in vornehmem Gewand als Edelmann mit Schwert und Palme.

Hieronymus [Griech.: »der heilig Genannte«], Hl., geb. um 347 in Stridon von christlichen Eltern, studierte in Rom, wo er die Taufe empfing. Auf einer Reise nach Trier lernte er das Mönchsleben kennen. Nach einem Aufenthalt in einer Klerikergemeinschaft in Aquileja ließ er sich zwei Jahre in der Wüste Chalkis nieder. Um 379 wurde er in Antiochien zum Priester geweiht. 382 reiste er nach Rom, wo er Sekretär des Papstes Damasus I. wurde und großen Einfluss auf römische Kreise frommer Frauen gewann. Nach dem Tod von Papst Damasus ließ er sich in Betlehem nieder, wo er ein Männer- und drei Frauenklöster gründete und selbst leitete.
Hieronymus war in der lateinischen, griechischen und hebräischen Sprache bewandert. Er hat zahlreiche Briefe, Übersetzungen, exegetische, historische und theologische Schriften verfasst. Vor allem hat er das Alte Testament aus dem Hebräischen und Griechischen, das Neue Testament aus dem Griechischen ins Lateinische neu übersetzt. Hieronymus starb am 30. September 419/420 in Betlehem. – Er ist einer der vier großen lateinischen Kirchenlehrer. Seine Gebeine wurden Ende des 13. Jhs. nach S. Maria Maggiore/Rom überführt.
Dargestellt mit Kardinalshut, im Büßerkleid mit Kreuz, vor einem Pult lesend oder schreibend, mit Löwen und Totenschädel. – Patron der Schüler, Studenten, Lehrer, Gelehrten, Theologen, Übersetzer, theologischen Fakultäten, Bibelgesellschaften, Aszeten; gegen Augenleiden. GK, RK, CH, FB, SG, SI, TR, (BS. BA)

Theresia vom Kinde Jesus, Hl., gest. 30.9.1897 ↗ 1.10.

Firmin [Lat.: »der Starke, Standhafte«] Wickenhäuser OFM, geb. am 19. Januar 1876 in Massenbachhausen/Württemberg, auf den Namen Josef getauft. Als jüngstes von zehn Kindern erlernte er den Beruf des Steinmetzen und betrieb energisch die weitere Schulung zum Bildhauer. 1906 entschloss er sich, in den Franziskanerorden einzutreten. Das Gebet war die Quelle seiner Kraft. Sein künstlerisches Schaffen – vor allem seine Mariendarstellungen – sah er als einen Dienst der Verkündigung. Sein Humor und seine Demut führten ihn mit Menschen aller Schichten zusammen. Bruder Firmin starb als »Herrgottsbrüderle« am 30. September 1939 in Düsseldorf. – Das Seligsprechungsverfahren ist eingeleitet.

Oktober

Platon, (Hl.), Priester in Tournay, erlitt der Überlieferung nach um 300 das Martyrium. **1.10.**

Remigius, Hl., geb. um 436 bei Laon, von vornehmer gallo-romanischer Herkunft, wurde bereits 458 Bischof von Reims. Den Frankenkönig Chlodwig, mit dem Remigius von Reims seit dessen Thronbesteigung 482 in Verbindung stand, konnte er Weihnachten 498/99 taufen. Nun begann Remigius mit der Glaubensverkündigung unter den Franken und gründete die Diözesen Arras, Laon, Thérouanne und Tournay-Cambrai. Er starb am 13. Januar um 533. – Seine Gebeine wurden 1049 in die Abtei St.-Remi, später in die Kathedrale von Reims übertragen. Sein Kult ist außer in Frankreich und Italien besonders im westlichen Deutschland verbreitet.
Dargestellt in bischöflichem Ornat, wie er Chlodwig tauft, oder mit Taube, Ölfläschchen, Teufel. – Patron von Stadt und Bistum Reims; gegen Pest, Schlangenbiss, Fieber, Halskrankheiten, Verzagtheit, Versuchungen, Gleichgültigkeit; um die Gnade des Gebetes. ST, TR

Bavo [eigentlich Allowin] OSB, Hl., wurde durch Amandus, den ersten bekannten Bischof von Straßburg, veranlasst, sein zügelloses Leben aufzugeben und im St.-Peter-Kloster in Gent Mönch zu werden. Dann begleitete er Amandus auf seiner Missionsreise. Er beschloss sein Leben als Rekluse in Gent. Bavo starb am 1. Oktober vor 659. – Er wurde im Genter Peters-Kloster beigesetzt, das später nach ihm St.-Bavo genannt wurde. Heute befinden sich seine Reliquien in der Kathedrale von Gent.
Dargestellt in Mönchskutte mit Falke, Schwert , hohlem Baum, Stein, Wagen. – Patron der Bistümer Gent und Haarlem; der Falkner; gegen Keuchhusten.

Giselbert, Hl., nach der Legende Sohn eines schottischen Königs, lebte im 11. Jh. als Hirte in Zusmarshausen/Schwaben, wo er nach seinem Tod Verehrung genoss.
Dargestellt in Hirtenkleidung mit abgelegter Krone, im Gebet versunken, während ein Engel die Schafe hütet.

Emanuel [Hebr.: »Gott mit uns«], Sel., seit 1290 Bischof von Cremona, wurde 1295 wohl aus politischen Gründen vertrieben und begab sich zur friesischen Zisterzienser-Abtei Adwerth, wo er am 1. Oktober 1298 starb. An seinem Grabe haben sich nach Berichten von Mönchen Wunder ereignet.

Werner [Ahdt.: »Verteidiger des Heeres«] OPraem, Sel., Prämonstratenser in Wilten/bei Innsbruck, studierte in Rom und wurde nach seiner Rückkehr 1300 zum Abt gewählt. Wegen seines vorbildlichen und frommen Wandels wurde er schon zu Lebzeiten vom Volk als heiligmäßiger Mann verehrt. Er verstarb wohl am 1. Oktober 1332.

Theresia vom Kinde Jesu OCarm, Hl., geb. am 2. Januar 1873 in Alençon/Normandie, trat mit päpstlicher Genehmigung 1888 im jugendlichen Alter von 15 Jahren in den Karmel von Lisieux ein, wo sie im September 1890 die Gelübde ablegte. 1893 wurde sie mit der Sorge für die Novizen betraut. Am 9. Juni 1895 brachte sie sich dar als »Ganzopfer der Liebe des gnädigen Gottes«. Ihre Lehre, die in ihrem Buch »Geschichte einer Seele« zum Ausdruck kommt, betont, dass die Liebe zu Gott an der Liebe zum Nächsten gemessen wird und eine unendlich barmherzige Liebe Gottes auch die Sünder erwartet. Theresia starb sehr jung am 30. September 1897 und ist in Lisieux bestattet. – Seit dem 3. Mai 1944 ist sie die zweite Patronin Frankreichs. 1997 wurde sie von Johannes Paul II. zur Kirchenlehrerin erhoben.
Dargestellt im Karmelitinnenhabit mit Rosen im Arm. – Patronin der Mission; in allen Anliegen. Wallfahrt in Lisieux. GK

2.10. **Beregis**, Hl., Kaplan Pippins des Mittleren, gründete 687 in den Ardennen das Kanonikerstift Andagium, dessen erster Leiter er wurde. Beregis starb nach 725. – Andagium wurde, nachdem 825 die Gebeine Huberts von Lüttich dorthin übertragen worden waren, später St.-Hubert genannt. Seit dem 10. Jh. ist dort das Fest des Beregis am 2. Oktober nachweisbar.

Ursicin OSB, Hl., leitete die Umwandlung der um 720 gegründeten Sigisbert-Zelle im schweizerischen Disentis/Kanton Graubünden in ein Benediktiner-Kloster (um 750). Er scheint Abtbischof gewesen zu sein. Möglicherweise hat er zeitweise auch der Diözese Chur vorgestanden.

Petrus OCist, Sel., Abt, **Hermann** OCist, Sel., Prior, **Jakob** Bursarius OCist, (Sel.) und andere Mönche der Zisterzienser-Abtei Neuzelle in der Niederlausitz wurden nach qualvoller Peinigung von den Hussiten ermordet, als diese am 2. Oktober 1429 das Kloster eroberten und niederbrannten.

3.10. **Niketius**, Hl., geb. wahrscheinlich in Limoges, wurde um 535/526 von König Theuderich zum Bischof von Trier berufen. Niketius erneuerte grundlegend sein Bistum. Er bemühte sich um Reform und Bildung des Klerus, förderte das Mönchtum, stellte zerstörte und verfallene Kirchen wieder her. Für den Wiederaufbau des Doms zog er italienische Handwerker heran. Furchtlos und unbeugsam verteidigte er die Rechte des einfachen Volkes gegen die Übergriffe des Adels. Als er die Sittenlosigkeit am königlichen Hof scharf

tadelte, wurde er 560 von Chlotar I. verbannt. Niketius nahm an mehreren merowingischen Synoden teil und stand in Briefwechsel mit der langobardischen Königin Chlodiswind und dem oströmischen Kaiser Justinian I. Niketius starb in Trier wohl um 566 und wurde in der dortigen Abtei St.-Maximin begraben.
Dargestellt in bischöflichen Gewändern mit Kirchenmodell. TR

Leodegar [Lutgar, Léger] OSB, Hl., geb. um 616, entstammte fränkischem Adel. Er wirkte als Berater der Königin Balthild, die ihn 663 zum Bischof von Autun/Burgund berief. Hier stellte er die Kirchenzucht wieder her und erneuerte die Kathedrale. 675 war er vorübergehend wegen seines Eingreifens in politische Wirren nach Luxeuil verbannt, konnte aber nach Autun zurückkehren. Im Mai 676 wurde er von dem neustrischen Hausmeier Ebroin in Autun gefangen genommen, geblendet und der Zunge beraubt und in die Abtei Fécamp verbannt. 679 ließ Ebroin Leodegar absetzen und ihn wohl bei Sarcing/Arras am 3. Oktober 679 enthaupten. – Leodegars Gebeine wurden 681 in das von ihm 653–659 als Abt geleitete Kloster St.-Maixent nach Poitiers übertragen. Außer in Frankreich wird Leodegar auch im Elsass und im Trierer Raum verehrt.
Dargestellt in bischöflichem Ornat mit Palme, Augen, Schwert, Bohrer, Stachel. – Patron von Murbach; des Kantons Luzern; der Müller; bei Augenleiden, Besessenheit. BS. ST, TR

Ewald [Ahdt.: »Recht, Gesetz« u. »herrschen«], Hl., hießen zwei angelsächsische Priesterbrüder, die nach ihrer Haarfarbe »der schwarze und der weiße Ewald« genannt wurden. Ende des 7. Jhs. kamen sie auf das Festland, um bei den Sachsen den Glauben zu verkünden. Doch schon bald wurden sie im Raum zwischen Rhein, Ruhr und Lippe ermordet (um 695?). Ort und Zeit des Martyriums können nicht mehr mit Sicherheit festgestellt werden. – König Pippin ließ die Gebeine nach Köln in die Kirche St.-Kunibert übertragen, wo sie am 3. Oktober 1074 von Erzbischof Anno erhoben wurden. Bei dieser Gelegenheit wurden wahrscheinlich auch Partikel ihrer Häupter an den Dom in Münster/Westfalen abgegeben.
Dargestellt der eine mit dunklem, der andere mit hellem Haar, beide als Priester im Messgewand mit Schwert und Keule. E, K, MS. PB

Utto [Udo] OSB, Sel., war wahrscheinlich Mönch auf der Reichenau/Bodensee. Als Gamelbert (↗ 17.1.) 766 das Kloster Metten gestiftet hatte, berief er seinen Neffen und sein Patenkind Utto mit zwölf Gefährten, damit sie es übernähmen. Im Raum um Metten leistete Utto mit seinen Mönchen vorbildliche Rodungsarbeit. 792 wurde Metten Reichskloster. Utto starb am 3. Oktober zu Beginn des 9. Jhs. – Die wenigen erhaltenen Reliquien befinden sich in

einem Schrein im Chor der Abteikirche. Ein gotisches Hochgrab steht jetzt im Kreuzgang des Klosters.
Dargestellt in Mönchskleidung mit Abtsstab, mit Beil oder Ast. – Patron der Roder und Neusiedler.

Adelgot, Hl., ein Schüler Bernhards von Clairvaux, wurde am 4. Februar 1151 zum Bischof von Chur geweiht. Seiner besonderen Fürsorge erfreuten sich die Klöster. Er weihte am 11. Juli 1160 die Krypta der 1150 nach Marienberg bei Bozen verlegten Benediktiner-Abtei. Am 3. Oktober 1160 ist sein Todestag.

Irmgard [Germ.: »gute Frau im Haus«] OCist, (Sel.), lebte im 13. Jh. Sie war Witwe, als sie Äbtissin des 1240 gegründeten Zisterzienserinnen-Klosters Baindt in Schwaben wurde.

4.10. **Aurea** OSB, Hl., wurde 633 von Eligius von Noyon zur Äbtissin eines Klosters berufen, das dieser in Paris gegründet hatte. Sie starb infolge einer Seuche um 665. – Ihr Leib wurde in St.-Paul bestattet, aber fünf Jahre später in die Kirche des hl. Martialis übertragen. 1792 wurde der Schrein geraubt, doch die Reliquien in die Normandie gerettet.

Franz [Ahdt.: »frei, kühn«] OFM, Hl., wurde um 1181/82 in Assisi als Sohn reicher Eltern geboren. Sein Vater nannte ihn gern Francesco [»den kleinen Franzosen«]. In seiner Jugend lebenslustig, erfuhr Franziskus nach Haft und Krankheit eine geistige Wandlung. Erfüllt von der zweifachen Liebe zu Gott und den Mitmenschen, entschloss er sich, vollkommen in der Nachfolge Christi in Armut und Gebet zu leben. Bald fand er Gefährten, für die er eine kurze Regel entwarf, die 1209/10 Papst Innozenz III. bestätigte (= nicht bullierte Regel). Schnell verbreiteten sich die Brüder im Abendland. 1212 entstand mit Klara von Assisi der Orden der Klarissinnen. Für die, die in der Welt ein Leben der Vollkommenheit führen wollten, rief Franz 1221 einen eigenen Orden [Terziaren] ins Leben. 1223 bestätigte Papst Honorius III. eine neue Regel für den Orden der Minderbrüder (= bullierte Regel). Franz, der selbst Diakon blieb, unternahm Predigt- und Missionsreisen im westlichen Mittelmeerraum. Seine enge Verbindung mit Christus wurde 1224 durch die geschichtlich sicher bezeugte Stigmatisation besiegelt [der »seraphische Heilige«]. Franz starb am 3. Oktober 1226 in Assisi; seine Gebeine ruhen in der dortigen Kirche San Francesco.
Dargestellt in härenem Habit mit Kruzifix, Totenkopf, Wundmalen, Seraph, Erdkugel sowie mit zahlreichen Begebenheiten aus seinem Leben. – Hauptpatron Italiens (seit 1939); Patron der Armen, Weber, Tuchhändler, Schneider, Kaufleute, Flachs- und Tapetenhändler; gegen Kopfweh, Pest; der Sozialarbeit; des Umweltschutzes. GK

Teresa von Ávila, Hl., gest. 4.10.1582, ↗15.10.

Franz Xaver Seelos CSsR, Sel., geb. am 19. Februar 1819 in Füssen/Allgäu, stellte sich nach dem Studium in München für die Seelsorge in Amerika zur Verfügung. Er trat in die Kongregation der »Redemptoristen« ein und empfing 1844 in Baltimore die Priesterweihe. Sein Leben stellte er ganz in den Dienst an der Ordensjugend, und sein unermüdliches Wirken galt dem einfachen Volk in Stadt und Land. Gebet, Studium und Seelsorgetätigkeit waren bestimmend für sein Leben.
Diese drei Schwerpunkte kennzeichnen auch sein gesamtes priesterliches Wirken. Mehrfach Rektor verschiedener Ordenshäuser, verstarb er am 4. Oktober 1867. – Seligsprechung am 9. April 2000.

Galla OSB, Hl., eine Tochter des römischen Senators und Patrizius' Symmachus, wurde schon in jungen Jahren Witwe und trat darauf in das Kloster S. Stefano bei der Peterskirche/Rom ein. Sie lebte in der 1. Hälfte des 6. Jhs. Wahrscheinlich ist sie mit der Galla personengleich, an die Fulgentius von Ruspe einen Brief schrieb und die von Gregor d. Gr. erwähnt wurde. **5.10.**
Dargestellt auf dem Sterbebett mit Erscheinung des hl. Petrus, auch mit einem Spital. – Patronin der Witwen.

Placidus OSB, Hl., nach dem Bericht Gregors d. Gr. Mönch in Subiaco und Schüler Benedikts, lebte im 6. Jh. Die spätere Lebensbeschreibung ist Legende.
Dargestellt im Benediktinerhabit mit Abtsstab, Buch, Anker, Schwert und Märtyrerpalme. – Patron der Schiffer; bei Gefahr des Ertrinkens.

Meinolf, Hl., stammte aus westfälischem Adel. Unter Bischof Badurad besuchte er die Domschule in Paderborn. 836 wurde er Archidiakon in Paderborn und gründete bald darauf das Kloster Böddeken. Meinolf starb um 854(?) und wurde in Böddeken begraben. – Seit 1803 befinden sich seine Reliquien in der Busdorfkirche/Paderborn.
Dargestellt als Diakon mit Kirchenmodell, oft zu seinen Füßen ein Hirsch mit Kreuz im Geweih.

Attila OSB, Hl., Mönch und Schüler des Klostergründers Froilan. König Alfons III. von Asturien erhob Attila um 909 zum ersten Bischof von Zamora, das nach Zerstörung durch die Mauren gerade wieder besiedelt worden war. Attila starb nach 916. – Seine Gebeine ruhen in S. Ildefonso/Zamora, sein Haupt in der Kathedrale von Toledo.

Timerlin, Hl., nach der Legende ein Einsiedler, wurde angeblich von Räubern erschlagen. Sein Grab befand sich ehemals in der Kirche von Ollesheim/Aachen. Die Zeit, wann er lebte, ist ungewiss.
Patron gegen die Ruhr.

Anna [Hebr.: »Erbarmung, Gnade«] Schäffer, Sel., geb. 1832 in Mindelstetten/Bayern, ertrug zweiundzwanzig Jahre lang in einem opfervollen Sühneleiden große Qualen, war mystisch begnadet und wurde der Stigmata gewürdigt. Sie starb am 5. Oktober 1925. – Seligsprechung am 7. März 1999.

Maria Faustina Kowalska, Hl., mit bürgerlichem Namen Elena, wurde am 25. März 1905 in Glogowiec/Polen geboren. Obwohl sie ein begabtes und lebhaftes Kind war, konnte sie wegen der schwierigen finanziellen Situation des Elternhauses nur die ersten Grundschulklassen besuchen. Schon als junges Mädchen verspürte sie die Sehnsucht nach religiösem Leben. Die Eltern gaben dazu ihr Einverständnis nicht. 1924 schließlich bat sie doch um Aufnahme in die »Kongregation der Seligen Jungfrau Maria von der Barmherzigkeit« in Warschau. Sie erhielt den Namen Maria Faustina. Nach zwei Jahren legte sie die vorläufigen Gelübde ab, und am 1. Mai 1933 wurde sie schließlich Professschwester. Sie führte ein tiefes geistliches Leben mit mystischem Charakter und fiel den geistlichen Leitern und Oberinnen stets als angenehme Persönlichkeit auf. 1934 begann sie auf Anweisung eines ihrer Beichtväter ein persönliches Tagebuch unter dem Titel »Die göttliche Barmherzigkeit in meiner Seele«. Maria Faustina starb am 5. Oktober 1938 in Lagiewniki in der Nähe von Krakau im Alter von 33 Jahren mit dem Wunsch, ihre Seele als Opfergabe zur Bekehrung der Sünder vor Gottes zu tragen. – Zuerst war sie auf dem Friedhof der Kongregation begraben, und erst später fanden ihre sterblichen Überreste in der Kongregationskapelle die letzte Ruhestätte. Viele Gläubige kommen an ihr Grab und erbitten ihre Fürsprache. Ihre Botschaft von der göttlichen Barmherzigkeit fand weite Verbreitung, und damit stieg auch die Verehrung von Sr. Faustina. – Seligsprechung am 18. April 1993, Heiligsprechung am 30. April 2000. GK

6.10. **Isaak** [Hebr.: »hat gelacht«: Gott, Abraham oder Sara], Patriarch. Nach *Gen* 21–24 war er der in Mamre feierlich verheißene Sohn von Abraham und Sara, den Abraham herzugeben bereit war. Später nahm er Rebekka zur Frau. KJ, MZ

Jakob [Hebr.: »Gott möge schützen«]; nach *Gen* 15–36 muss er vor seinem Bruder Esau fliehen, kämpft mit dem Engel Gottes, erhält deshalb den Namen Jsrael [Hebr. Jisrael: »Gottesstreiter«], versöhnt sich nach langer Zeit mit seinem Bruder. Er wird nach der Darstellung der Heiligen Schrift mit seinen 12 Söhnen Stammvater des Volkes Israel, »der Kinder Israels«. KJ, MZ

Renatus [Lat.: »der Wiedergeborene«], Hl., wirkte als Bischof wahrscheinlich in Sorrent im 4./5. Jh. Die ältesten Spuren seiner Verehrung finden sich im 7. Jh. in Sorrent und Neapel. Die unglaubwürdige späte Legende machte ihn zum Bischof von Angers, der später als Einsiedler nach Italien gegangen

sein soll. Doch fehlt Renatus in den ältesten Bischofslisten von Angers. Erst unter René, Herzog von Anjou und König von Sizilien [»le bon roi René«] (1409–1480), kann die Verehrung des Renatus im Raum von Angers größere Verbreitung gewinnen. In Angers wird Renatus am 12. November gefeiert.
Dargestellt als Bischof mit Pallium und Buch. – Patron der Holzschuhmacher; für glückliche Entbindung; gegen Hüftleiden.

Adalbero, Hl., geb. um 1010, war der letzte aus dem Stamm der Grafen von Lambach-Wels. Er studierte in Würzburg und war mit Gebhard von Salzburg und Altmann von Passau befreundet. 1045 wurde Adalbero Bischof von Würzburg und zeigte sich Heinrich III. und anfangs auch Heinrich IV. treu ergeben. Im Investiturstreit stellte er sich auf die Seite Papst Gregors VII. und konnte sich seitdem fast nur im südlichen Teil seiner Diözese aufhalten. Adalbero ist der eigentliche Erbauer des Domes und der Neumünsterkirche in Würzburg. Als Anhänger der Gorzer Reformbewegung erneuerte er 1047 Münsterschwarzach, gründete St.-Stephan in Würzburg und errichtete in seiner Burg Lambach ein Kloster. Dort starb er auch am 6. Oktober 1090.
Dargestellt in bischöflicher Gewandung mit Kirchenmodell. L, WÜ

Brun [Ahdt.: »der (braune) Bär«], Hl., geb. um 1030/35, wurde in seiner Vaterstadt Köln Stiftsherr an St.-Kunibert. 1057 übernahm er die Leitung der Domschule von Reims. 1081 zum Erzbischof von Reims gewählt, musste er vor dem königlichen Kardinal Helinand von Laon zurücktreten. 1083 ging er mit zwei Gefährten zu Abt Robert von Molesme, der ihn als Mönch aufnahm und ihm erlaubte, in Sèche-Fontaine/Langres eine Eremitensiedlung einzurichten. Wenig später schenkte Erzbischof Hugo von Grenoble Brun das Felsengebiet Cartusia, 24 km von Grenoble entfernt. Hier entstand 1084 die erste Kartause. Papst Urban II. rief Brun 1090 nach Rom und schenkte ihm die Cyriakuskirche in den Thermen Kaiser Diokletians. Später siedelte Brun in La Torre/Squillace, das ihm Herzog Roger von Apulien übergeben und Papst Paschalis II. bestätigt hatte. Von hier aus gründete Brun noch die Kartause S. Stefano in Bosco, wo er am 6. Oktober 1101 starb. – 1514 wurde sein Leichnam aus der Marienkirche von La Torre nach S. Stefano übertragen.
Dargestellt im Kartäuserhabit, mit Finger an der Lippe, mit Mitren zu seinen Füßen, mit Erdkugel, Steinen, Totenschädel oder Kreuz. – Patron gegen Pest. GK

Isidoor de Loor CP, Sel., geb. am 18. April 1881 in Vrasene, legte 1907 als Ordensbruder die ewigen Gelübde in der Kongregation der »Passionisten« ab. Er war in verschiedenen Klöstern als Koch tätig. Auch bei seiner schweren Krankheit waren das Streben nach wachsender Übereinstimmung mit dem Willen Gottes und die Beachtung der Ordensregel sein höchstes Lebensziel. Der schon zu Lebzeiten »Bruder vom Willen Gottes« Genannte starb am 6. Oktober 1916 in Kortrijk. – Seligsprechung am 30. September 1984.

7.10. **Rosa** [Rosa-] – der Rosenkranz entwickelte sich in der 2. Hälfte des 15. Jhs. zu seiner heutigen Form. 1475 wurde in der Kölner Dominikanerkirche die »Rosenkranzbruderschaft« gegründet. Als 1517 die Türkengefahr bedrohlich wuchs, rief Papst Pius V. die Christenheit auf, durch inständiges Beten des Rosenkranzes die Hilfe Marias zu erflehen. Zur Erinnerung an den glorreichen Seesieg bei Lepanto über die Türken am 7. Oktober 1571 gestattete Papst Pius V. das Rosenkranzfest für die ganze Kirche. Papst Klemens XI. schrieb es 1716 vor. GK

Justina, Hl., eine jungfräuliche Märtyrin, erlitt den Tod in Padua zur Zeit der Christenverfolgung Kaiser Maximians um 304. Im 6. Jh. war über ihrem Grab bereits eine Kirche errichtet. Ihr Name wird im Kanon der Ambrosianischen Messliturgie erwähnt.
Dargestellt als jungfräuliche Märtyrin mit Palme und Einhorn.

Gerold [Gerwald], [Ahdt.: »Kämpfer« und »herrschen«], Hl., ein Pilger aus Köln, machte eine Pilgerfahrt nach Santiago de Compostela in Spanien, Jerusalem und Rom. In den Alpen ermordeten ihn Räuber am 7. Oktober 1241. – Seine Gebeine ruhen in der St.-Magdalenen-Kirche in Cremona. 1651 wurde ein Teil der Reliquien in die Jesuitenkirche nach Köln gebracht.
Dargestellt in Pilgerkleidung mit Palme.

Georg [Griech.: »der Landmann«] von Pfronten-Kreuzegg OFMCap [Bruder Jörg], Sel., hieß mit bürgerlichem Namen Andreas Erhart. Er wurde am 25. November 1696 in Kreuzegg, Pfarrei Pfronten/Augsburg, geboren, lernte 1715–18 in Immenstadt das Bäckerhandwerk, wanderte dann als Geselle nach Rom, wo er 1724 in den Kapuzinerorden eintrat. Mit Eifer im Gebet und strenger Buße verband er ein frohes Herz, das allzeit zu helfen bereit war. Er starb am 7. Oktober 1762 in Frascati. – 1922 wurden seine Gebeine in die Kapuzinerkirche nach Kempten übertragen.

8.10. **Demetrius**, Hl., erlitt wahrscheinlich unter Kaiser Maximian (286–305) in Sirmium um 306 das Martyrium. – Sein Kult entfaltete sich besonders in Saloniki, wo ihm bereits um 412/413 eine prachtvolle Kirche geweiht wurde. Von hier aus, wo sein Grab das Ziel vieler Wallfahrten im Mittelalter war, strahlte der Kult des »Großmärtyrers« auch in den Westen aus. Sein Bild findet sich am Annoschrein in Siegburg (Ende 11. Jh.) und in einem Glasgemälde des Straßburger Münsters (13. Jh.).
Dargestellt in Soldatenkleidung mit Schild, Schwert oder mit Pfeilen und Skorpion. – Patron der Soldaten.

Amor, Hl., kam nach der legendarischen Lebensbeschreibung im 9. Jh. aus seinem Geburtsland Aquitanien nach Maastricht, wohnte beim Grab des hl.

Servatius und verkündete den Bewohnern der Gegend das Evangelium. Er wird auch mit der Gründung von Münsterbilsen in Verbindung gebracht, wo sein Kult im 10. Jh. schon besteht. Die dortigen Reliquien gehen aber auf Amor von Amorbach zurück.
Dargestellt in Pilgerkleidung mit Kirchenmodell.

Gunther OSB, (Sel.), Mönch in St.-Emmeram/Regensburg, wurde von Otto d. Gr. 940 auf den Bischofsstuhl von Regensburg erhoben, starb jedoch schon im gleichen Jahr am 8. Oktober.

Viktrizius Weiß OFMCap, geb. am 18. Dezember 1842 in Eggenfelden/Niederbayern, empfing 1866 die Priesterweihe und trat 1875 in den Kapuzinerorden ein, wo er sich der Erziehung der Ordensjugend und der Seelsorge widmete. Fünfzehn Jahre lang war er Provinzial, übernahm dann die Mission in Chile, förderte das Apostolat der religiösen Presse und betätigte sich als Exerzitienmeister. Seinen Mitbrüdern war er ein Vorbild an Tugend als Priester und Ordensmann. Seit 1908 arbeitete er trotz Krankheit als Seelsorger in Vilsbiburg, wo er am 8. Oktober 1924 im Ruf der Heiligkeit starb. – Seine Gebeine wurden 1927 in die Wallfahrtskirche übertragen.

Giovanni Calabria, Hl., geb. am 8. Oktober 1873 in Verona/Italien, starb am 4. Dezember 1954 in seiner Heimatstadt. Er war der Gründer der »Armen Diener und Armen Dienerinnen der Göttlichen Vorsehung«. Calabria war ein vorbildhafter Zeuge der Auferstehung. Vor seinen Mitarbeitern wiederholte er gerne die Worte aus dem Evangelium: »Euch aber muss es zuerst um sein Reich und um seine Gerechtigkeit gehen; dann wird euch alles andere dazu gegeben« (*Mt* 6,33). In dem überzeugenden Priester erstrahlten Glaube, Liebe, Opferbereitschaft und Eifer für die Seelen sowie Treue zur Kirche. – Seligsprechung am 17. April 1988, Heiligsprechung am 18. April 1999. GK

Abraham [Hebr.: »Der Vater ist erhaben« oder »Vater einer Menge«], Patriarch **9.10.** und Vater des Glaubens für Juden, Christen und Muslime. Er hieß zuerst Abram und ist zwischen 2000 und 1700 v. Chr. aus Ur in Chaldäa/Mesopotamien nach Kanaan eingewandert. Gott verheißt ihm, zum Segen für alle Völker zu werden (*Gen* 12). Er erhält die Verheißung, Stammvater eines großen Volkes zu werden. Abraham vertraut dem Herrn und Gott rechnet es ihm als Gerechtigkeit an (*Gen* 15). Er schließt mit Abraham einen Bund. Bundeszeichen ist die Beschneidung (*Gen* 17). Abraham starb 175-jährig und wurde in der Höhle Machpela in der Nähe von Mamre beigesetzt. – Das erste römische Hochgebet der Messe spricht von »unserem Vater im Glauben«.
Dargestellt im wallenden Patriarchengewand, oft mit Nimbus, in der Reihe der Propheten oder der Vorfahren Jesu; auch beim Opfer des Melchisedek, sowie bei der Opferung Isaaks. JE, MR

Sara [Hebr.: »Fürstin«] gebar nach langer Unfruchtbarkeit ihrem Gatten Abraham den Sohn Isaak. Nach ihrem Tod wurde sie in der Höhle Machpela bei Mamre begraben, die Abraham als erstes Stück des verheißenen Landes erworben hatte. Sara lebte zwischen dem 19. und 17. Jh. v. Chr.
Dargestellt in Matronenkleidung mit drei Broten.

Arnoald, Hl., war um das Jahr 600 Bischof von Metz. Nach ihm wurde das Stift St.-Arnual bei Saarbrücken benannt.

Dionysius [Griech.: »der Fröhliche«], Hl., wurde nach Gregor von Tours um die Mitte des 3. Jhs. von Papst Fabian nach Gallien gesandt, um hier das Evangelium zu predigen. In Paris erlitt dann Dionysius mit seinen Gefährten Rustikus und Eleutherius den Tod. Er wurde 6 km weit von der Stadt begraben. – Um 624 wurde bei seinem Grab die Abtei St.-Denis gegründet. Im Mittelalter hielt man Abt Hilduin von St.-Denis (etwa um 835) den Pariser Märtyrer und den Areopagiten Dionysius für die gleiche Person. Die Schriften des Areopagiten wurden nun dem Pariser Märtyrer zugeschrieben. Dionysius ist einer der Vierzehn Nothelfer und war fränkischer Reichspatron.
Dargestellt in bischöflichen Gewändern, sein abgeschlagenes Haupt tragend. – Patron der Schützen; gegen Kopfweh, Tollwut, Gewissensunruhe, Seelenleiden. GK

Theofrid [Dietfried] OSB, (Hl.), Mönch in Luxeuil. Königin Balthild, Gründerin von Corbie, ernannte ihn vor 660 zum ersten Abt dieses Klosters. Um 670 wurde Theofrid Bischof, wahrscheinlich von Amiens. Er ist gestorben nach 638.

Gunther [Ahdt.: »Kampf« u. »Heer«] OSB, Sel., entstammte wahrscheinlich dem thüringischen Grafenhaus der Schwarzburger und war mit Kaiser Heinrich II. verwandt. Von der monastischen Begeisterung der Jahrtausendwende ergriffen, wandte Gunther sich an den hl. Godehard, um Mönch in Hersfeld zu werden. Nach einer Romwallfahrt gewährte Godehard die Bitte. Doch bald wollte Gunther die Leitung des Familienklosters Göllingen an der Wipper übernehmen. Von hier kehrte er enttäuscht zu Godehard nach Niederaltaich zurück und begab sich von dort ins böhmisch-bayrische Grenzgebirge, wo er mit einigen Gefährten in Rinchnach ein Einsiedlerleben führte. Die Einsiedler führten zur Erschließung des Rachelgebietes Straßenbauarbeiten aus. Gunther vermittelte auch in Streitigkeiten zwischen Bayern und Böhmen. Im hohen Alter zog sich Gunther in eine noch wildere Einsamkeit zurück und starb am 9. Oktober 1045 in der Nähe von Hartmanitz. – Herzog Bretislav von Böhmen ließ ihn in der Abtei Brevnov bei Prag beisetzen. Bei der Zerstörung des Klosters 1420 durch die Hussiten wurden die Gebeine vernichtet.

Dargestellt im Mönchshabit oder Einsiedlerkleid, oft mit Engel, der ihm die hl. Kommunion bringt. B, FD, PA

Sibylle von Gages OCist, Sel., Stiftsdame in Nivelles, trat in das Zisterzienserinnen-Kloster Aywières/Lüttich ein. Hier lernte sie bei der Pflege ihrer blinden Mitschwester Luitgard von Tongern die Wege der Demut und Selbstverleugnung. Sibylle starb um 1250. – Ihre Gebeine wurden 1611 durch den Abt von Aulne erhoben und befinden sich jetzt in den Pfarrkirchen von Ittre und Gages.
Dargestellt im Zisterzienserinnenhabit.

Johannes [Hebr.: »Jahwe ist gnädig«] Leonardi, Hl., geb. 1541 in Diecimo bei Lucca, wurde 1573 Priester. Für die Erziehung der Jugend gründete er 1574 die Genossenschaft der »Regularkleriker der Mutter Gottes«, die der Seelsorge und der Unterweisung der Armen dienen sollte. An der Gründung eines Missionskollegs war er ebenfalls beteiligt. Papst Klemens VIII. übertrug ihm die Reform mehrerer Orden. Johannes Leonardi starb am 9. Oktober 1609 in Rom. Seine Gebeine ruhen in der dortigen Kirche S. Maria in Campitelli.
Dargestellt in Ordenshabit, das Regelbuch schreibend, auch mit Marienvision. GK

Emanuela [Hebr.: »Gott ist mit uns«] Theresia OSCl, geb. am 4. August 1696 als Tochter des Kurfürsten Max Emanuel von Bayern, wurde Klarissin im Münchener Anger-Kloster, lebte in strengster Askese und starb im Ruf der Heiligkeit am 9. Oktober 1750. – Ihre Gebeine ruhen seit 1809 in der Frauenkirche in München.

José Sanz Tejedor FSC, Hl., geb. am 20. März 1888 in Lerma/Spanien. Am 4. März 1907 trat er in den Orden der »Brüder der Christlichen Schulen« ein und nahm den Ordensnamen Kyrill Bertrán an. Sein kurzes Leben widmete er in erster Linie dem Unterricht, wobei er großen Wert auf eine tiefe religiöse Prägung legte. Mit sieben Mitbrüdern aus der Gemeinschaft der Schulbrüder erlitt er am 9. Oktober 1934 in Turón den Martyrertod.
Seine Gefährten waren seine Ordensmitbrüder:
Claudio Bernabé Cano FCS. Hl., mit Ordensnamen Victoriano Pio, geb. am 7. Juli 1905 in San Millán de Lara/Burgos;
Emmanuel Seco Gutiérrez FSC, Hl., mit Ordensnamen Aniceto Adolfo, geb. am 4. Oktober 1912 in Celada Morlantes/Burgos;
Emmanuel Barbal Cosán FSC, Hl., mit Ordensnamen Jaime-Ilario, geb. am 2. Januar 1898 in Enviny, wurde im Dezember 1936 verhaftet und starb am 28. Juli 1937 in Tarragona;
Emmanuel Canoura Arnau CP, Hl., mit Ordensnamen Inocencio de la Immaculada, »Passionist«, geb. am 10. März 1887 in S. Cecilia del Valle de Oro, starb am 9. Oktober 1934 in Turón;

Vicente Alfonso Andrés FSC, Hl., mit Ordensnamen Benjamin Julián, geb. am 27. Oktober 1908 in Juramillo de la Fuente/Burgos;
Ettore Valdiviesco FSC, Hl., mit Ordensnamen Benito de Jesùs, geb. am 31. Oktober 1910 in Buenos Aires/Argentinien;
Guilfredo Fernández Zapico FSC, Hl., mit Ordensnamen Julián Alfredo, geb. am 24. Dezember 1902 in Cifuentes de Rueda/Léon;
Philomeno López FSC, Hl., mit Ordensnamen José Marciano, geb. am 15. November 1900 in El Pedegral/Sigüenza;
Romano Mártin Fernández FSC, Hl., mit Ordensnamen Augusto Andrés, geb. am 6. Mai 1910 in Santander.
Seligsprechungen am 29. April 1990, Heligsprechungen am 21. November 1999. GK

10.10. **Gereon** [Griech.: »Greis«], Hl., nach der Legende ein Offizier der Thebäischen Legion, wurde wegen seines christlichen Glaubens bei Köln auf einem Feld, später Mechtern [= ad martyres] genannt, enthauptet. Der Leib des Märtyrers soll in einen Brunnen vor der Stadtmauer geworfen worden sein, über dem die Kaiserin Helene eine Kirche errichtete. Der Legende liegt wohl ein echtes Martyrium des 3. Jhs. zugrunde. Die Kirche St.-Gereon stammt in ihren ältesten Teilen aus dem Ende des 4. Jhs.
Dargestellt in Ritterrüstung mit Kreuzfahne. – Patron der Soldaten; gegen Kopfweh. K

Kassius, Hl., und **Florentius**, Hl., haben das Martyrium in Bonn wahrscheinlich gegen Ende des 3. Jh. erlitten. Ihr Grab wurde bereits Anfang des 4. Jhs. verehrt. Unter dem Bonner Münster ist die ursprüngliche Gedächtnisstätte erhalten. Die spätere Legende brachte die Bonner Märtyrer ebenso wie Gereon und Viktor mit der Thebäischen Legion in Verbindung. Kassius und Florentius sind Stadtpatrone von Bonn.
Dargestellt als jugendliche römische Soldaten oder als Ritter mit Fahne und Wappenschild, mit Palme. K

Viktor [Lat.: »der Siegreiche«], Hl., war Märtyrer in Xanten, dessen Grab nach Ausweis der Grabungen bereits im 4. Jh. verehrt wurde. Über seinem Grab erhebt sich der prachtvolle Viktorsdom. Die spätere Legende brachte Viktor in Verbindung mit der Thebäischen Legion. Doch hat Viktor wohl in den Verfolgungen des 3. Jhs. oder in der Mitte des 4. Jhs. unter Kaiser Julian den Tod erlitten.
Dargestellt als Soldat oder Ritter in voller Rüstung mit Palme. E, MS

Nuncius, Hl., nach der Legende von vornehmer Herkunft, lebte als Hirte in der Nähe von Waulsoord an der Maas im 7. Jh. Dort wird er auch verehrt.

Tuto OSB, Sel., Abt von St.-Emmeram und seit 894 Bischof von Regensburg war Berater Kaiser Arnulfs (von Kärnten) und seines Sohnes Ludwig (des Kindes). Tuto unterstützte auch Herzog Wenzel von Böhmen in der Verbreitung des christlichen Glaubens. Im Alter erblindete er und starb am 10. Oktober 930 in Mondsee. Er wurde bestattet in St.-Emmeram/Regensburg.

Adalgot OSB, Hl., Mönch in Einsiedeln, wurde 1012 Abt in Disentis, wo er 1031 aus dem Leben schied. Sein Todestag steht nicht sicher fest.
Dargestellt als Benediktinerabt mit Brustkreuz und Stab.

Jakob [Hebr.: »Gott möge schützen«] Spiegel OCist, geb. 1580 in Kempen am Niederrhein, wurde Priester und Beichtvater im Zisterzienserinnen-Kloster Mariengarten in Köln. 1625 nahm er selbst das Kleid des hl. Bernhard und wurde Mönch in Altenkamp. Später schickte ihn sein Abt wieder als Beichtvater ins Kloster Mariengarten. Dort ist er nach heiligmäßigem Leben am 10. Oktober 1642 gestorben.

Daniele [Hebr.: »(auf)gerichtet hat Gott«] Comboni, Sel., geb. am 15. März 1831 in Limone/Gardasee, hat sein ganzes Leben der Mission gewidmet. Er erhielt seine Ausbildung in einem Missionsinstitut in Verona, empfing 1854 die Priesterweihe und ging 1857 als Missionar in den Sudan. Zehn Jahre später gründete er ein Missionsinstitut in Verona für Priester und eine Kongregation für Schwestern, die erstmals Mitglieder nach Afrika entsandte. Mit seinem Konzept der Förderung des einheimischen Klerus und der Reduzierung europäischen Personals war er seiner Zeit voraus. Er starb am 10. Oktober 1881 in Khartum/Sudan. – Seligsprechung am 17. März 1996.

Unsere Liebe Frau vom Guten Rat, ↗26.4. E **11.10.**

Philippus [Griech.: »Freund« u. »Pferd«], Diakon, wurde nach der *Apostelgeschichte* (6,1–6) mit Stephanus zu den sieben Diakonen gewählt, die die Zwölf in ihrem Dienst entlasten sollten. Er wirkte segensreich in Samarien (8,4–8) und taufte den sich auf einer Reise befindenden Kämmerer der Königin Kandahke (8,26–40). JE, RO

Quirin, Hl., war nach legendarischer Überlieferung Priester, der vielleicht im 1. Viertel des 4. Jhs. in der Landschaft Vexin den Glauben verkündete und in Gasny/Eure durch Enthauptung den Martertod erlitt. – Seine Gebeine wurden 872 erhoben und kamen zum größeren Teil nach Malmedy. Hier erfolgte 1042 eine zweite Erhebung durch Abt Poppo. Quirin wurde besonders im Ardennen-Maas-Gebiet zwischen Malmedy und Huy sowie in der Normandie verehrt. →

Dargestellt im Messornat mit abgeschlagener Schädeldecke, die er auf dem Bauch trägt, auch mit einem Drachen an der Kette.

Ethelburg OSB, Hl., Schwester Erkonwalds, der für sie das Kloster Barking/bei Londob stiftete. In Tugend und Weisheit leitete Ethelburg als Äbtissin ihre Mitschwestern. 664 starb sie an der Pest. Ihre Gebeine wurden in Barking in einem Schrein geborgen.
Dargestellt in Nonnenhabit mit Äbtissinnenstab, Buch und Krone.

Brun [Ahdt.: »der (braune) Bär«], Hl., geb. 925 als jüngster Sohn des Königspaares Heinrich I. und Mathilde, wurde von Bischof Balderich von Utrecht erzogen. 939 von seinem Bruder Otto an den Hof berufen, wurde ihm und dem irischen Bischof Israel die Erneuerung der Studien anvertraut. Brun bildete die Hofgeistlichkeit aus und führte in mehreren ihm verliehenen Abteien die Gorzer Reform durch. 951 wurde er von Otto zum Erzkanzler, 953 zum Erzbischof von Köln und Herzog von Lothringen ernannt. In dieser Doppelstellung war Brun eine der besten Stützen der Reichs- und Kirchenpolitik Ottos. Bei Zwistigkeiten innerhalb Ottos Familie war Brun um Aussöhnung bemüht. Die Zeitgenossen rühmen seine Gelehrsamkeit und Frömmigkeit. In seiner Diözese bemühte er sich um religiöse Erneuerung durch Gründung und Reform von Klöstern und Stiften. In Köln gründete Brun die Abtei St.-Pantaleon sowie Groß-St.-Martin und St.-Andreas, in Soest das Patroklistift. Brun starb am 11. Oktober 965 in Reims und wurde in seiner Gründung St.-Pantaleon in Köln bestattet.
Dargestellt in bischöflicher Gewandung mit Pallium, Kirchenmodell, Fahne und Reichsapfel. K

Meinhard, Hl., Glaubensbote, gest. 14.8. oder 11.10.1196, ↗14.8.

Jakob [Hebr.: »Gott möge schützen«] Griesinger OP [Alemannus], Sel., geb. 1407 in Ulm, lernte die Glasmalerei, machte eine Wallfahrt nach Rom und trat als Laienbruder 1441 in den Dominikanerorden ein. Hier war er vor allem als Glasmaler tätig und vollendete 1466 das bedeutende Fenster der Cappella di Notai in S. Petronio/Bologna. Jakob starb am 11. Oktober 1491 in Bologna. – Seine Reliquien befinden sich in der dortigen Kirche S. Domenico. Sein Kult wird auch in Maria-Aufhofen/Württemberg gepflegt.
Dargestellt im Dominikanerhabit mit Taube, Malerpalette, Kreuz, Rosenkranz. – Patron der Glasmaler, Glaser. RT

Manuela Bibiana Torres Acosta, Hl., mit Ordensnamen Maria Soledad, geb. am 2. Dezember 1826 in Madrid, gründete 1851 in ihrer Heimatstadt die Kongregation der »Mägde Mariens, Dienerinnen der Kranken«, die sie als Generaloberin leitete. Sie starb am 11. Oktober 1887 in Madrid. – Seligsprechung am 5. Februar 1950, Heiligsprechung am 25. Januar 1970. GK

Dismas, der gute Schächer; nach dem Bericht des *Lukasevangeliums* sagte Jesus zu einem der beiden Räuber, die mit ihm gekreuzigt wurden: »Heute noch wirst du mit mir im Paradies sein« (*Lk* 23,39–43). Seine Verehrung ist in Jerusalem seit dem 10. Jh. bezeugt. Er gilt als Vorbild der Erweckung vollkommener Reue. **12.10.**

Patron der zum Tode Verurteilten. JE

Pantalus, Hl., ist nach Visionen Elisabeths von Schönau (1129–1164) erster Bischof von Augst/Basel gewesen. Er begleitete die Ursulanische Gesellschaft nach Rom und erlitt auf der Rückreise mit dieser in Köln den Martertod. – Das angebliche Haupt des Pantalus befindet sich seit 1833 in Mariastein bei Basel.

Dargestellt in Pontifikalgewandung mit Buch und Palme. – Patron des Bistums Basel.

Edistus [Aristus, Orestes, Horestes], Hl., wurde als Märtyrer an der alten Via Laurentina verehrt. Die Legende verlegt sein Martyrium in die Zeit Neros (54–68 Kaiser). Im 6. Jh. bestand bei der Basilika S. Paolo fuori le Mura ein Kloster des hl. Edistus, wo im 7. Jh. seine Reliquien verehrt wurden. Er ist Patron einer alten Kirche am Soracte (nördlich von Rom) und heißt dort Orestes.

Maximilian [Lat.: »der überaus Große«], Hl., ist der Name eines Heiligen, der in Bischofshofen begraben war. Über seinem Grab wurde Anfang des 8. Jh. eine Kapelle errichtet. Seine Gebeine wurden 878 nach Altötting, vor 985 durch Bischof Piligrim in den Passauer Dom übertragen. Um 990 wird er in einem Freisinger Missale »Märtyrer«, im 11. Jh. in einem Salzburger Missale »Bischof« genannt. Erst die legendarische Lebensbeschreibung des 13. Jhs. weiß, dass Maximilian aus Celeia (heute Celja in Ex-Jugoslawien) stammte, Bischof in Lorch an der Enns war und um 284 als Märtyrer starb.

Dargestellt in bischöflichem Gewand mit Kreuz in der Hand sowie mit Palme und Schwert. – Patron der Bistümer Linz und Passau. G, L, M, PA, S

Edwin [Ahdt.: »der Besitz Liebende«], Hl., seit etwa 617 König von Northumberland/Nordengland, ließ sich 627 durch Vermittlung seiner zweiten Gemahlin Ethelburg von Bischof Paulin von York taufen. Er bemühte sich um die Ausbreitung des Christentums in seinem Reich. Im Kampf mit dem heidnischen König Penda von Mercien wurde Edwin am 12. Oktober 633 besiegt und getötet.

Dargestellt in Ritterrüstung mit königlichen Insignien und Lanze.

Herlind [Harlind], Hl., leitete mit ihrer Schwester Reinhild das von ihrem Vater gegründete Kloster Aldeneyk an der Maas. Sie starb am 12. Oktober um 750. – Die Gebeine der beiden Schwestern wurden um 860 von Bischof Franko von Lüttich erhoben und befinden sich seit 1571 im benachbarten Maaseyk. – Im Bistum Lüttich wird das Gedächtnis beider Schwestern am 13. Februar begangen

Dargestellt im Benediktinerinnenhabit mit Äbtissinnenstab. (LÜ)

Gottfried [Ahdt.: »Gottesfriede, -schutz«] OPraem, erster Propst des von Graf Ludwig 1130 auf seiner Burg Arnstein an der Lahn gegründeten Prämonstratenser-Stiftes, starb angeblich am 12. Oktober 1151.

Bernhard [Ahdt.: »der Bärenharte«] von Kamenz, 1293 zum Bischof von Meißen erhoben, stiftete die Zisterzienserinnen-Abtei Mariastern bei Kamenz (damals Schlesien). Nach seinem Tod am 12. Oktober 1296 wurde er in Mariastern bestattet.

Jakob [Hebr.: »Gott möge schützen«] Rem, geb. im Juni 1546 in Bregenz, wurde 1566 Novize in der »Gesellschaft Jesu« in Rom. 1573 erhielt er die Priesterweihe und wurde Subregens in Dillingen/Saar, wo er 1574 die erste Marianische Kongregation in Deutschland gründete. Später in München und Ingolstadt tätig, wirkte er durch seine Frömmigkeit und apostolische Gesinnung nachhaltig auf die religiös-kirchliche Haltung seiner Zöglinge. Die Kapelle der »Dreimal wunderbaren Mutter« in Ingolstadt mit einem Maria-Schnee-Bild war der Mittelpunkt eines von ihm gegründeten marianischen Elitekreises. Jakob Rem starb am 12. Oktober 1618 in Ingolstadt. – Seine Gebeine wurden 1694 erhoben und 1935 in die Liebfrauenkirche von Ingolstadt übertragen.

Dargestellt im Jesuitenkleid, betend vor dem Bild der »Dreimal wunderbaren Mutter«.

Pilár – der Ursprung des Heiligtums »Unsere Liebe Frau von der Säule« [Säule = pilár] in Saragossa ist von Legenden umwoben. Doch bestand es bereits vor der Herrschaft der Sarazenen, die das Heiligtum besonders schützten. Ab 1691 wurde der Mariendom in Saragossa erbaut, der erst 1872 vollendet wurde. Im spanischen Bürgerkrieg wurde das Heiligtum vor der Vernichtung durch die Kommunisten bewahrt, da keine der darauf geworfenen Bomben explodierte. Papst Pius VII. (1800–1823) gestattete die Feier des Gedächtnisses für Aragonien, Papst Pius IX. 1872 für die ganze Kirche.

Otto Müller, geb. 1870 in Eckenhagen/Rheinland, wurde 1894 zum Priester geweiht. Seit 1896 wirkte er in enger Verbindung mit dem Volksverein für das katholische Deutschland. 1906 wurde er Diözesanpräses der Katholischen Arbeiterbewegung (KAB) in Köln, 1918 ihr Verbandspräses für Westdeutschland. Als entschiedener Gegner des Nationalsozialismus wurde er nach dem 20. Juli 1944 verhaftet und starb am 12. Oktober 1944 im Gefängnis in Berlin.

Lubentius, Hl., lebte im 4./5. Jh. Er soll Schüler des hl. Martin von Tours gewesen sein. Als Priester wirkte er unter Bischof Maximin von Trier in Kobern an der unteren Mosel. Seine Gebeine wurden nach seinem Tod nach Dietkirchen an der Lahn übertragen. Dort ist sein Kult im 9. Jh. nachzuweisen. **13.10.**
Dargestellt als Priester im Messgewand mit Buch und Kelch. LM, TR

Aurelia, Hl., wurde schon früh in Straßburg verehrt. An ihrem Grab in der ehemaligen Mauritiuskirche entwickelte sich im Mittelalter ein blühender Kult. Die Legende hat sie zu einer Gefährtin Ursulas von Köln (3. Jh.) gemacht. Doch ist sie vielleicht personengleich mit der schon zur Zeit des hl. Kolumban (um 543–614) in einer Kapelle in Bregenz verehrten Aurelia.
Dargestellt in Jungfrauentracht mit Palme. ST

Sintpert [Simbert] OSB, Hl., Abt von Murbach/Elsass, wurde um 778 Bischof von Augsburg. Nach der Absetzung Herzog Tassilos III. von Bayern wurde Sintpert dazu die Diözese Neuburg übertragen, die er um 801/807 mit Augsburg vereinte. Karl d. Gr., der ihm großes Vertrauen schenkte, übergab ihm 804 sächsische Geiseln zu ehrenvoller Haft. Vielleicht erbaute Sintpert den ersten Dom in Augsburg, der an der Stelle des heutigen errichtet wurde. Sintpert starb am 13. Oktober um 807. Er fand sein Grab in der von ihm wieder errichteten Afrakirche. – Seit 1492 ruhen seine Gebeine in einer Seitenkapelle von St.-Ulrich und Afra/Augsburg.
Dargestellt in Pontifikalgewändern mit einem Wolf, der ein Kind im Rachen trägt. – Patron des Bistums Augsburg. A

Koloman, Hl., stammte aus Irland und hatte eine Wallfahrt nach Palästina angetreten. Wegen seiner fremden Kleidung wurde er als böhmischer oder ungarischer Spion angesehen und angeblich am 17. Juli (?) 1012 in Stockerau bei Wien an einem Baum erhängt. Sein Leib wurde am 13. Oktober 1014 nach Melk überführt.
Dargestellt im Pilgerkleid mit Hut, Stab, Flasche, Strick, Rute, Zange, Steinen. – Patron der zum Tode durch den Strang Verurteilten; des Viehs (in Bayern und Österreich Pferdeumritte); der Reisenden; gegen Krankheiten, Pest, Unwetter, Ratten- und Mäuseplage, Feuergefahr (Koloman-Segen). BR, N, W

Belisind, (Sel.), Gattin des Amelius, eines fränkischen Gefolgsmannes im Heer Karls d. Gr., lebte um 775.

Reginbald OSB, Sel., wurde 1012 zum Abt von St.-Ulrich und Afra in Augsburg berufen. 1015 kam er nach Ebersberg, um das Kanonikerstift in eine Benediktiner-Abtei umzuwandeln. 1022 wurde er zum Abt des Reichsklosters Lorsch bestellt. Von hier aus gründete er die Tochterabtei Heiligenberg. Das Vertrauen Kaiser Konrads II. berief ihn 1032 zum Bischof von Speyer. Hier bestattete er im Januar seinen kaiserlichen Freund im noch nicht vollendeten Dom. Reginbald starb bald darauf am 13. Oktober 1039 und wurde im Speyerer Dom beigesetzt.

Dargestellt in bischöflichen Gewändern, einen Kronleuchter zum Muttergottesaltar bringend, oder in Abtskleidung, vor der Klosterpforte die Urkunde seiner Ernennung zum Bischof empfangend.

Eduard [Ags.: »Erbgut« u. »Hüter«] der Bekenner, Hl., geb. um 1003, wegen der Dänengefahr in der Normandie erzogen. 1042 wurde er englischer König. Er förderte klösterliche und kirchliche Einrichtungen. Er war als wohlmeinender, aber schwacher König den Parteistreitigkeiten zwischen Angelsachsen und Normannen nicht gewachsen. Eduard starb am 5. Januar 1066. – Seine Gebeine wurden am 13. Oktober 1163 durch Thomas Becket in die von Eduard erbaute Westminster-Abbey übertragen.

Dargestellt in königlichen Gewändern mit Ring, Taube, auch Kranke heilend. – Patron von England; gegen Skrofeln.

Andreas [Griech.: »mannhaft, mutig«] von Leuben OFM, Priester des Franziskanerordens, übte als Provinzial der österreichischen Ordensprovinz durch seine Gelehrsamkeit und sein heiliges Leben großen Einfluss aus. Er starb im Alter von 100 Jahren im Konvent St.-Theobald in Wien am 13. Oktober 1494.

14.10. **Kalixtus I.**, Hl., ehemaliger Sklave, verwaltete als erster Diakon unter Papst Zephyrin (199–217) den Gemeindefriedhof (Kalixtus-Katakombe/Rom). 217 zum Papst erhoben, bekämpfte er die Irrlehren, milderte die Bußpraxis entgegen den Forderungen Hippolyts von Rom und soll die Kirchenmalerei eingeführt haben. Kalixtus starb 222 und wurde auf dem Coemeterium Calepodii beigesetzt. – Erst die Legende des 7. Jhs. berichtet von seinem Martyrium. 854 wurden seine Gebeine in die Abtei Cysoing bei Tournay übertragen.

Dargestellt in päpstlicher Gewandung mit Tiara, Pallium, Palme, mit Mühlstein am Hals, mit Brunnen. GK

Fortunata, Hl., eine nicht näher bekannte Märtyrin, deren Reliquien Ende des 9. Jh. aus Gallien nach Neuenheerse übertragen wurden. Sie ist wohl nicht gleichzusetzen mit der Märtyrin Fortunata aus Cäsarea/Palästina, die unter Kaiser Diokletian um 304 den Tod erlitten hat und deren Gedächtnis ebenfalls am heutigen Tag begangen wird.

Burkhard [Burghard], [Ahdt.: »Burg« u. »hart, fest«] OSB, Hl., angelsächsischer Benediktinermönch, seit etwa 735 Gefährte des Bonifatius auf dem Festland. Dieser weihte Burkhard 741/742 zum Bischof von Würzburg. Burkhard gründete hier um 750 das Andreas-Kloster und erbaute den Salvatordom, in den er am 8. Juli 752 die Gebeine Kilians (gest. um 689) überführte. Burkhard starb 753/754, vielleicht in der Zelle Hohenburg im Odenwald. Seine Gebeine wurden unter Bischof Hugo (984–990) an einem 14. Oktober nach St.-Andreas übertragen.
Dargestellt in bischöflichen Gewändern mit Kirchenmodell, mit Holunderstab. – Patron gegen Gliederkrankheiten, Rheumatismus, Steinleiden, Lendenschmerzen.
BA, FD, WÜ

Hildegund [Ahdt.: »Kämpferin«], Hl., eine Verwandte des Grafen Goswin von Höchstadt an der Aisch, starb am Tag einer ihr aufgezwungenen Heirat am 14. Oktober um 1100. Aus ihrem Erbe gründete Goswin nach 1133 das Benediktiner-Kloster Münchaurach/bei Nürnberg, wohin ihre Gebeine übertragen wurden. Ihr Grab ist nicht mehr vorhanden.

Alan OSB, (Sel.), stammte aus Flandern und wurde durch Bernhard angeregt, Mönch in Clairvaux zu werden. 1140 wurde er Abt von Larrivour, 1152 Bischof von Auxerre. 1167 verzichtete er auf den Bischofsstuhl und wurde wieder Mönch in Clairvaux, wo er zuletzt die Zelle Bernhards bewohnte. Alan starb am 14. Oktober 1185.

Aurelia, Sel., Reklusin bei St.-Emmeram/Regensburg, lebte hier nach der Legende über fünfzig Jahre und starb am 15. Oktober 1027. Das Hochgrab im Kreuzgang von St.-Emmeram stammt aus der 1. Hälfte des 14. Jhs. **15.10.**
Dargestellt in der Kleidung einer Pilgerin.

Willa, Sel., lebte als Reklusin auf dem Nonnenberg bei Salzburg im 11./12. Jh. Ihr Grab in der Abteikirche ist noch erhalten.

Hedwig von Schlesien, Hl., gest. 15.10.1243, ↗16.10.

Theresia von Jesus (Teresa von Ávila) OCarm, Hl., geb. am 28. März 1515 in Ávila, trat am 2. November 1535 in das Karmelitinnen-Kloster Menschwerdung in Ávila ein. Nach manchen Irrwegen, Hindernissen und Krankheiten erfuhr sie mystische Erlebnisse und legte 1560 das Gelübde ab, immer das Vollkommenere zu tun. Von nun an befolgte sie genau die Regel. Unter großen Schwierigkeiten und nur durch Vermittlung des Petrus von Alcántara konnte sie 1562 den Reformkonvent vom hl. Joseph gründen und unter Mitwirkung des Johannes vom Kreuz bis 1578 noch mehrere Reformklöster errichten. Neuer Widerstand verhinderte die Weiterführung der Reform. Erst die

1580 vollzogene Lostrennung der Unbeschuhten eröffnete dem Reformwerk neue Aussichten. Doch Theresia konnte selbst nicht mehr dazu mitwirken. Am 4. Oktober 1582 starb sie in Alba de Tormes. Ihre Reliquien befinden sich in der dortigen Karmeliterkirche. – Die spanischen Stände erklärten sie 1617 zur Patronin Spaniens. In ihrem Buch »Die Seelenburg« hat Theresia das mystische Leben bis zur höchsterreichbaren mystischen Gottesvereinigung dargestellt. 1970 wurde sie zur Kirchenlehrerin erhoben.
Dargestellt im Karmelitinnenhabit mit Geißel und Dornen, mit Herz, Pfeil und Taube, mit Schreibfeder und Buch, in mystischer Schau. – Patronin von Spanien; für ein innerliches Leben; in geistlichen Nöten; der Bortenmacher; gegen Kopf- und Herzleiden. GK

16.10. **Longinus** [Lat.: »der Längliche«], unter diesem Namen wird im Osten der Hauptmann verehrt, der beim Tod Jesu ausrief: »Wahrhaftig, dieser Mensch war Gottes Sohn« (*Mk* 15,39); im Westen jedoch der Soldat, der die Seite Jesu am Kreuz mit einer Lanze durchbohrte (vgl. *Joh* 19,31–37). Nach einem Brief Gregors von Nyssa (17,15) verkündigte Longinus das Evangelium in Kappadozien und starb dort in der Stadt Caesarea. Seine Verehrung ist für Jerusalem seit dem 10. Jh. belegt. JE, RO

Gallus [Lat.: »der Gallier«], Hl., geb. um 550 in Irland, kam 610 mit Kolumban von Luxeuil nach Alemannien. Nach vergeblichen Missionsversuchen in Tuggen (March) kamen die beiden Glaubensboten nach Arbon und Bregenz am Bodensee. Nach sechsjährigem Wirken in Bregenz und im Bodenseegebiet wanderte Kolumban weiter nach Italien, Gallus blieb krank in Arbon zurück. Wieder genesen, erbaute Gallus für sich und einen Gefährten eine Einsiedelei. Später gewann er noch weitere Gefährten für seine Zelle an der Steinach. Anträge, Bischof von Konstanz sowie Abt von Luxeuil zu werden, lehnte er ab. Im Alter von 95 Jahren soll Gallus um 640 gestorben sein. Er wurde in seiner Klause zwischen Altar und Chorwand bestattet. Aus seiner Einsiedelei entwickelte sich etwa achtzig Jahre später die Abtei St.-Gallen.
Dargestellt im Mönchshabit mit Wanderstab oder in Einsiedlerkleidung mit Bär. – Patron des Bistums, der Stadt und des Kantons St.-Gallen; der Gänse und Hühner.
RK, RT, SG

Lul OSB, Hl., geb. um 710 in Wessex, lernte auf einer Pilgerfahrt in Rom Bonifatius kennen, der ihn mit nach Deutschland nahm. Hier wurde Lul Mönch, Schüler, Begleiter und Archidiakon des Bonifatius, der ihn 752 zum Chorbischof weihte. Bonifatius gedachte, seinen Lieblingsschüler auch zu seinem Nachfolger zu machen. Doch Pippin ließ ihm nach dem Tod Bonifatius' 754 nur das Bistum Mainz, mit dem allerdings Buraburg und Erfurt vereinigt wurden. Die erzbischöfliche Würde ging dagegen an Chrodegang von Metz über. Lul war sehr tatkräftig, erkannte aber nicht die Grenzen seiner Möglichkeiten. So kam es zu einer Auseinandersetzung mit Bischof Agilolf von Köln und zu einem jahrelangen Streit mit Abt Sturm von Fulda. Fulda konnte seine Eigenständigkeit gegenüber Mainz wahren. So errichtete Lul als ein mainzisches »Trutz-Fulda« in Hessen die Abtei Hersfeld. Auch das Kloster Bleidenstadt wurde von Lul gegründet. Als das Metropolitansystem ausgebaut wurde, erhielt Lul 780/782 von Papst Hadrian I. das Pallium (Insignie der Erzbischöfe; eine weiße Binde mit sechs schwarzen Kreuzen, um die Schulter gelegt) der Kirchenprovinz Mainz. Lul starb am 16. Oktober 786 und wurde in Hersfeld begraben.

Dargestellt in bischöflicher Gewandung mit Pallium, vor seinem Schreibpult.

FD, MZ

Heriburg [Herburg] OSB, Hl., eine Schwester Liudgers, war die erste Äbtissin des von ihrem Bruder gegründeten Frauenklosters Nottuln. Nottuln war das erste Frauenkloster im Bistum Münster, wahrscheinlich sogar in ganz Westfalen. Heriburg starb nach 834.

Hedwig [Hadwig], [Ahdt.: »Streit« u. »Kampf«] OSB, Hl., nach der Überlieferung Enkelin Idas von Herzfeld, ist als Äbtissin von Herford bezeugt zwischen 858 und 887. 860 erwarb sie für Herford die Gebeine der hl. Pusinna (5./6. Jh.). Hedwig starb nach 887. – Ihre Gebeine wurden bis zur Reformation in Herford verehrt.

Hedwig von Schlesien, Hl., geb. 1174 als Tochter des Grafen Berthold IV. von Andechs und im Alter von 13 Jahren mit Herzog Heinrich I. von Schlesien vermählt. Ihrem Gatten, mit dem sie sieben Kindern das Leben schenkte, war sie eine kluge und geschickte Hilfe bei seinem Bemühen, in den schlesischen Landen das christliche Leben und den kulturellen Stand zu heben. Ihre Frömmigkeit und Mildtätigkeit werden ebenso gerühmt wie ihr Starkmut im Glauben, als sie im Leid geprüft wurde. Nach dem Tod ihres Gatten 1238 zog sie sich in das von ihr 1203 gestiftete Zisterzienserinnen-Kloster Teints zurück, wo sie alle Forderungen der Regel erfüllte, ohne jedoch selbst die Gelübde abzulegen. Hedwig starb am 15. Oktober 1243 und wurde in der Klosterkirche zu Trebnitz bestattet. Ihre Gebeine wurden am 25. August 1267 feierlich erhoben.

Dargestellt in vornehmem Gewand mit Krone, Kirchenmodell, Almosen spendend. – Patronin Schlesiens, Polens, der Kathedrale von Berlin, der Brautleute.

GK, RK, B, GÖ, M, MEI

Luitgard [Lutgard], geb. 1291 bei Schenkenzell/Schwarzwald, wurde im Alter von 12 Jahren Begine in Oberwolfach und gründete 1323/24 ein Terziarinnen-Kloster in Wittichen, das sie als Vorsteherin leitete. Luitgard war von einer tiefen Verehrung des Lebens und Leidens Jesu erfüllt, das sie in einer dem

Rosenkranz ähnlichen Gebetsweise betrachtete. Sie starb am 16. Oktober 1348 in Wittichen, wo sich auch ihre Reliquien befinden.
Dargestellt in Nonnenhabit mit Rosenkranz, flammenden Herzen, Monstranz, Buch, Klostermodell.

Margareta Maria Alacoque OVM, Hl., geb. in Lauthecour/Burgund am 22. Juli 1647, trat 1671 in den »Orden der Heimsuchung Mariens« (Salesianerinnen) in Paray-le-Monial ein. Begnadet durch mystisches Schauen Jesu, Ruhen an seinem heiligsten Herzen und Miterleben seines Leidens, erhielt sie in Visionen der Jahre 1673–1675 den Auftrag, die Herz-Jesu-Verehrung an jedem ersten Freitag im Monat und durch Einführung des Herz-Jesu-Festes zu fördern. Der Jesuitensuperior Claude de la Colombière war ihr in diesen Jahren ein kluger Seelenführer. Margareta Maria starb am 16. Oktober 1690 in Paray-le-Monial und fand auch dort ihr Grab.
Dargestellt in der Tracht der Salesianerinnen, das Herz Jesu betrachtend. GK

Gerhard [Ahdt.: »der mit dem Speer Kühne«] Majella CSsR, Hl., geb. am 6. April 1726 in Muro Lucano/Süditalien, trat 1749 bei den »Redemptoristen« ein. Er war ein Vorbild in Gehorsam, Demut und Bußstrenge. Gott zeichnete ihn durch charismatische Begnadung und Wunderkraft aus. Gerhard starb am 16. Oktober 1755 in Caposele bei Neapel, wo sein Grab heute noch Ziel zahlreicher Wallfahrer ist.
Dargestellt im Ordenskleid mit Kreuz, Buch und Totenschädel.

Maria Sophie Watteyne, geb. 1832 in Kortrijk/Flandern, trat 1853 bei den »Borromäerinnen« ein und wurde 1886 Generaloberin der schlesischen Kongregation in Trebnitz. In unerschütterlichem Gottvertrauen und unermüdlichem Gebetseifer entfaltete sie eine fruchtbare und segensreiche Tätigkeit. Sie starb im Ruf der Heiligkeit am 16. Oktober 1895 in Trebnitz.

17.10. **Ignatius** [Lat.: »feurig, glühend«], Hl., Bischof von Antiochien am Orontes, wurde unter Kaiser Trajan mit mehreren Gefährten nach Rom gebracht, wo er spätestens 117 im Flavischen Amphitheater den Martertod erlitt. – Von ihm sind sieben Briefe erhalten, in denen seine Sehnsucht nach dem Martyrium für Christus zum Ausdruck kommt. Seine Briefe geben aber auch Zeugnis davon, dass der Bischof authentischer Verkünder der Lehre, Verwalter der Sakramente und Leiter der Gemeinde in sozialen und materiellen Belangen ist. Ein Kollegium von Presbytern und Diakonen ist dem Bischof untergeordnet. Die Gemeinde von Rom besitzt nach ihm einen Vorrang im Glauben, in der Liebe und in der Aufsicht über verwaiste Gemeinden.
Dargestellt in bischöflichen Gewändern als Greis mit Löwen im Amphitheater. – Patron gegen Halsweh, Grind. GK

Anselm [Germ./Ahdt.: »der von Gott Beschützte«] von Wien OFM, Priester im »Franziskanerorden«, setzte sich eifrig für den Glauben gegen Neuerer ein. Nach einem heiligmäßigen Leben starb er am 17. Oktober 1535 in St.-Pölten.

Contardo Ferrini, Sel., gest. 17.10. 1902, ↗22.10.

Lukas [Lat.: »Mann aus Luca«], Hl., stammte vielleicht aus dem syrischen Antiochien, wurde als Heide geboren und war von Beruf Arzt. Seit etwa 50/51 war er zeitweise Gefährte des Apostels Paulus auf dessen Missionsreisen. Auch während der ersten und zweiten Gefangenschaft des Apostels in Rom war Lukas, vielleicht mit Unterbrechungen, bei Paulus. Nach dessen Tod hat Lukas wohl in Achaia gewirkt und dort sein Evangelium und die Apostelgeschichte verfasst. In Böotien hat er dann, wie glaubwürdig berichtet wird, im Alter von 84 Jahren den Tod gefunden. – 357 wurden seine Gebeine durch Kaiser Konstantius II. von Böotien nach Konstantinopel übertragen und in der bald darauf erbauten Apostelkirche beigesetzt. Erst im 6. Jh. taucht die Legende auf, Lukas sei auch Maler gewesen. Nach neueren Exegeten besteht Zweifel darüber, ob der Paulus-Begleiter Lukas auch das Lukas-Evangelium geschrieben hat. **18.10.**
Dargestellt mit Evangelienbuch und Stier oder vor einer Staffelei, die Muttergottes malend. – Patron der Ärzte (St.-Lukas-Gilden), Chirurgen, Kranken (Auflegen von Lukas-Zetteln), Künstler, Goldschmiede, Glasmaler, Bildhauer, Sticker, Buchbinder, Notare, Metzger; der christlichen Kunst; des Viehs (Eingeben von Lukas-Zetteln); des Wetters. GK

Gwen[n], Hl., Frau des Fragan, war die Mutter der in der Bretagne verstorbenen Einsiedler oder Mönche Jacut und Guethenoc. Gwenn starb wohl schon vor 500.
Dargestellt als Matrone mit drei Brüsten, zu Füßen ihre drei Kinder.

Mono [Muno], Hl., stammte aus Irland, war Diakon und lebte als Einsiedler in den Ardennen. Er war mit Bischof Johannes von Maastricht bekannt. Mono wurde um 650 von Räubern erschlagen.
Dargestellt im Diakonsgewand oder in Einsiedlerkutte mit Glocke, die von Schweinen aus dem Boden gewühlt wird.

Isaak Jogues, Hl., Glaubensbote und Märtyrer, gest. 18.10.1646, ↗19.10.

Paul vom Kreuz, Hl., gest. 18.10.1775, ↗19.10.

Frideswida, Hl., geb. Ende des 7. Jh., war nach der Lebensbeschreibung des 12. Jhs. Tochter eines Unterkönigs in Mercia und entzog sich der anbefohlenen Vermählung durch die Flucht nach Oxford, wo sie ein Frauenkloster **19.10.**

gründete. Sie starb um 735. – In dem schon vor 1066 bezeugten Kanonikerstift in Oxford, das Frideswida als Schutzpatronin verehrte, wurde ihr Schrein im Mittelalter von zahlreichen Pilgern besucht.
Dargestellt im Äbtissinnengewand mit Buch, Palme oder Blume. – Patronin von Stadt und Universität Oxford.

Jean de Brébeuf SJ, Hl., geb. am 25. März 1593 in der Normandie, wurde Priester der »Gesellschaft Jesu« und Glaubensbote in Kanada. Er gründete bei den Huronen mehrere Missionsstationen und verfasste in der Sprache der Huronen ein Wörterbuch, eine Grammatik und einen Katechismus. Bei der Vernichtung der Huronenmission erlitt er am 16. März 1649 in St.-Ignace/Kanada den Martertod. GK

Isaak Jogues SJ, Hl., geb. am 10. Januar 1607 in Orléans, kam als Priester der »Gesellschaft Jesu« 1636 nach Kanada, wo er als Glaubensbote in der von Jean de Brébeuf begründeten Huronenmission tätig war. 1642 fiel er in die Hände der heidnischen Irokesen. Nach zwölfmonatiger qualvoller Gefangenschaft floh er. Nach kurzem Aufenthalt in Europa kehrte Isaak 1644 wieder nach Kanada zurück. Als er den Mohawks das Evangelium verkünden wollte, schlug ihre ihm anfangs wohlwollende Gesinnung infolge von Missernten und anderen Unglücksfällen um. Sie überfielen ihn und erschlugen ihn nach peinvoller Marter am 18. Oktober 1646 an der Stelle des heutigen Auriesville. GK

Paul vom Kreuz CP, Hl., geb. am 3. Januar 1694 in Ovada/Piemont, erlebte mit 19 Jahren einen inneren Wandel und entschloss sich 1716 zu einem Leben der Vollkommenheit. 1725 erteilte ihm Papst Benedikt XIII. die Erlaubnis, Gefährten zu sammeln. 1727 erhielt er die Priesterweihe, 1731 von Klemens XII. das Recht zur Missionspredigt. 1737 entstand in Orbetello die erste Niederlassung einer neuen Gründung des »Ordens vom Leiden Christi« (Passionisten). Die von Paul verfasste Regel wurde wegen ihrer großen Strenge in Rom abgelehnt, eine mildere Fassung von Benedikt XIV. 1741 genehmigt. Seit 1773 lebte Paul als Ordensgeneral in Rom im Kloster St. Johannes und Paulus. Paul war von unerbittlicher Strenge gegen sich selbst, erlebte mystische Begnadungen und wirkte erfolgreich als Prediger. Seine Leidensmystik ist von den spätmittelalterlichen Mystikern geprägt. Paul starb am 18. Oktober 1775 in Rom und wurde in St. Johannes und Paulus bestattet.
Dargestellt im schwarzen Passionistenhabit mit Kreuz, Lilie, Buch, Leidenswerkzeug, Totenkopf. GK

Der Hauptmann **Cornelius** war nach Angaben der *Apostelgeschichte* (10,1–48) der erste Heide, der im Sinn der Juden »gottesfürchtig« lebte und vom Apostel Petrus getauft wurde. Das *Martyrologium Romanum* berichtet, dass er später die Bischofsweihe empfangen habe. Seine Verehrung ist seit dem 10. Jh. in Jerusalem nachweisbar. JE, RO

Wendelin, Hl., lebte zur Zeit des Trierer Bischofs Magnerich um 570 in den Vogesen als fränkischer Einsiedler oder Mönch. Nach der späteren Legende des 15. Jhs. war er ein iroschottischer Königssohn, Einsiedler, Hirt und Abt von Tholey/Saarland. Wendelin fand seine letzte Ruhestätte, schon um 1000 bezeugt, in dem später nach ihm benannten St.-Wendel im Saargebiet. – Sein Grab wurde ein besonderer Wallfahrtsort. Seine Verehrung als Schutzherr für Feld und Vieh verbreitete sich im Rhein-Mosel-Gebiet, im alemannischen Raum und durch Auswanderer nach Osteuropa und Nordamerika.
Dargestellt im Hirtenkleid oder in der Einsiedlerkutte, zu Füßen eine Krone, um ihn Viehherden. – Patron der Hirten, Bauern, des Viehs; gegen Viehseuche, für gedeihliche Witterung, gute Ernte. RK, TR

Vitalis OSB, Hl., Schüler und Gefährte Ruperts von Salzburg, wurde von diesem zu seinem Nachfolger als Bischof von Salzburg und Abt von St.-Peter bestimmt. Vitalis gilt als der Schutzheilige des Pinzgaues, wo er den Glauben verkündigt haben soll. Er starb am 20. Oktober vor 730 und fand sein Grab in der Abteikirche von St.-Peter in Salzburg, wo seine Reliquien jetzt im Vitalisaltar der Katharinenkapelle ruhen.
Dargestellt in bischöflichem Gewand mit Stab und Buch, mit Herz und Lilie. – Patron der hoffenden Frauen, der Kinder. S

Johanna [Hebr.: »Jahwe ist gnädig«] Merzenich OAnnM, sie lebte in Aachen als Klosterfrau im Orden der »Annunziatinnen«. Nach einem vorbildlichen und heiligen Lebenswandel starb sie am 20. Oktober 1652.

Anna Francesca Boscardin, Hl., geb. in Gioia di Brendola bei Vicenza am 6. Oktober 1888. Als Tochter einer Bauernfamilie schloss sie sich bereits in ihrer Jugend den »Töchtern Mariens« an. Am 8. April 1905 ging sie zu den Schwestern »Maestre di S. Dorotea«, »Töchter der Heiligsten Herzen«, in Vicenza und erhielt den Ordensnamen Maria Bertilla. Nach dem Noviziat wurde sie in das Krankenhaus von Treviso gesandt, wo sie bis zu ihrem Tod mit großer Hingabe die Kranken pflegte. Sie überstand eine notwenige Operation nicht und starb am 20. Oktober 1922. Vielfältige Ausdrucksformen von Frömmigkeit an ihrem Grab sind Zeichen der geistlichen Größe dieser jungen Frau. Ihre Gebeine ruhen in der Kapelle des Mutterhauses in Vicenza. – Heiligsprechung am 11. Mai 1961. GK

Jakob Franz Kern OPraem, Sel., geb. am 11. April 1897 in Wien, besuchte das Knabenseminar in Hollabrunn, wurde 1915 Soldat, im September 1916 schwer verwundet und konnte 1917 nach Wien in das Priesterseminar gehen.

1920 trat er in das Prämonstratenser-Stift Geras im Waldviertel ein. 1922 wurde er zum Priester geweiht. Jakob Franz war schon seit den Anfängen seiner Studienzeit erfüllt vom Gedanken, Sühne zu leisten für die vielfachen Beleidigungen Gottes in der Welt. Nach seiner Verwundung blieb seine Gesundheit sehr geschwächt; oft musste er fürchten, dass er aus diesem Leben abberufen würde. Aber er opferte seine Schmerzen und Leiden Gott und ergab sich ganz in seinen Willen. Am 20. Oktober 1924, dem vorgesehenen Tag seiner feierlichen Profess, starb Jakob Franz im Spital in Wien. – Am 26. September 1956 wurden seine Gebeine in die Stiftskirche von Geras übertragen. Seligsprechung am 21. Juni 1998 in Wien.

21.10. **Ursula** [Lat.: »kleine Bärin«], Hl., Jungfrau, die in Köln wohl im 3. Jh. den Martertod erlitt. Die Grabungen in der Ursulakirche in Köln haben gezeigt, dass noch in römischer Zeit über (drei?) Gräbern eine Kirche errichtet worden ist. Die Lage der Kirche auf einem römischen Gräberfeld brachte es mit sich, dass bei Bauarbeiten in der Umgebung zahlreiche Gebeine gefunden wurden, die zur Entwicklung der Legende von den elftausend Jungfrauen beitrugen. Ursula wurde nun eine englische Königstochter, die mit einer großen Schar von Gefährten und Gefährtinnen auf einer Pilgerfahrt nach Rom in Köln durch die Hunnen das Martyrium erlitt. Von ihren Gefährtinnen werden neben anderen verehrt: Priska, Eugenia, Grata, Cäcilia und Verena. – Der Kult der heiligen Jungfrauen verbreitete sich im 12. Jh. im ganzen Abendland, von Skandinavien bis zu den Mittelmeerländern, von England bis nach Russland.

Dargestellt in fürstlicher Gewandung mit Krone, Palme, Pfeil, Taube, Ampel, Kreuzfahne, unter ihrem Mantel ihre Gefährtinnen bergend. – Patronin der Stadt Köln; der Jugend, Lehrerinnen, Tuchhändler; für gute Heirat, guten Ehestand, seligen Tod; in Kriegszeiten; gegen Kinderkrankheiten, Qualen des Fegefeuers. RK, K

Himana von Looz OCist, (Sel.), eine Halbschwester des Kölner Erzbischofs Konrad von Hochstaden, war seit etwa 1239 Äbtissin im Zisterzienserinnen-Kloster Salzinnes. 1254/67 nahm sie die verfolgte Juliana von Kornelienberg in ihrem Kloster auf. 1256 wurde Himana selbst vertrieben und fand mit ihren Nonnen Aufnahme im Kloster Flines bei Douai, wo sie 1267 wiederum Äbtissin wurde. Sie starb dort am 21. Oktober 1270.

22.10. **Salome** wird in den Evangelien als Frau des Zebedäus und Mutter der Apostel Johannes und Jakobus erwähnt. Sie war eine treue Anhängerin Jesu, stand unter dem Kreuz und besuchte am Ostermorgen das Grab.

Dargestellt in Matronentracht mit ihren Söhnen, mit Salbgefäß.

Kordula [Griech.: »Mädchen«], Hl., war nach der Legende eine Gefährtin Ursulas von Köln, die sich zunächst im Schiff verborgen hatte, aber am nächsten

Tag freiwillig das Martyrium auf sich nahm. – Name und Legende erschienen erst um 970 in der Vision Helmtruds von Neuenheerse. Die Offenbarungen Hermann Josephs von Steinfeld unterscheiden drei verschiedene Kordula. – Die Reliquien einer hl. Kordula wurden 1278 in der Kölner Johanniterkirche durch Albert d. Gr. erhoben und nach der Säkularisation nach Königswinter überführt.

Dargestellt in vornehmer Jungfrauenkleidung mit Schiff, Pfeil oder Lanze, mit Palme und Kranz oder Krone.

Ingbert [Ingobert], Hl., Mönch oder Einsiedler, wohnte im 6. Jh. in einer Zelle im Saargebiet. An dieser Stelle entstand später die Stadt St.-Ingbert.

Dargestellt im Einsiedlerkleid vor einer Höhle oder einem Kreuz.

Contardo Ferrini, Sel., geb. am 4. April 1859 in Mailand, wurde 1880 in Pavia zum Doktor der Rechtswissenschaft promoviert, studierte anschließend noch zwei Jahre in Berlin, wo er mit dem deutschen Katholizismus bekannt wurde. 1882 wurde er Dozent, dann Professor für römisches Recht in Pavia, später in Messina und Modena. Er widmete sich nur der Wissenschaft, der Selbstheiligung und der tätigen Nächstenliebe. Als Laienhelfer betätigte er sich im Jugend- und Männerapostolat. Contardo starb im Ruf der Heiligkeit am 17. Oktober 1902 an Typhus in Suna. B

Blandina [Lat.: »die Schmeichelnde, Reizende«] Ridder, geb. 1871 in Anreppen bei Büren/Westfalen (Taufname Maria), trat 1889 bei den »Cellitinnen« in der Severinstraße in Köln ein und wirkte seit 1898 als erste Röntgenschwester im Kölner Bürgerhospital. In selbstloser Hingabe an ihre Aufgabe wurde sie ein Opfer der Röntgenstrahlen. Mit bewunderungswerter Geduld und heldenhafter Ergebung in Gottes Willen ertrug sie alle Schmerzen, bis der Tod sie am 22. Oktober 1916 von ihren Leiden erlöste.

Jakobus [Hebr.: »Gott möge schützen«], Hl., der »Bruder des Herrn«, wird seit alters her in der Lateinischen Kirche mit dem Apostel Jakobus dem Jüngeren gleichgesetzt. Er war ein Vetter Jesu. Seine Mutter Maria schaute von ferne der Kreuzigung zu. Sein Vater ist unbekannt. Wie die anderen Verwandten (»Brüder«) stand er dem Wirken Jesu anfangs verständnislos gegenüber. Später kam er zum Glauben und wurde, nachdem Petrus nach Rom gegangen war, das Haupt der Kirche von Jerusalem. Jakobus lebte streng nach dem Gesetz und wurde deshalb »der Gerechte« genannt. Auf Betreiben des Hohenpriesters Ananos wurde Jakobus 62 gesteinigt. **23.10.**

Dargestellt als Greis mit Bart in bischöflichen Gewändern.

Severin, Hl., Bischof von Köln, nach Gregor von Tours ein Zeitgenosse Martins von Tours, lebte um 400. Er leitete die christliche Gemeinde von Köln zu der

Zeit, als die Stadt unter die Herrschaft der Franken kam. Severin wurde in einer Coemeterialbasilika vor der Stadt begraben, die später nach ihm St.-Severin genannt wurde. Der kostbare Schrein, der die Gebeine barg, wurde in der Franzosenzeit eingeschmolzen. Die Reliquien Severins ruhen heute in einem einfachen Schrein aus dem 19. Jh. hinter dem Hochaltar.
Dargestellt in Pontifikalgewandung mit Kirchenmodell. – Patron für Regen; gegen Unglück, Trockenheit. K

Oda, Hl., die Mutter des fränkischen Staatsmannes und späteren Bischofs Arnulf von Metz, starb in der 1. Hälfte des 7. Jhs.
Dargestellt in Matronentracht mit Buch, Kirchenmodell, Almosen spendend.

Richmud, (Sel.), weihte dem Herrn ihr jungfräuliches Leben und widmete sich als Reklusin beim Zisterzienserinnen-Kloster Walberberg bei Köln dem Gebet und der Askese. Sie starb um 1219.

Johannes [Hebr.: »Jahwe ist gnädig«] Kapistran OFMObs, Hl., geb. am 24. Juni 1386 in Capestrano, wirkte um 1412 als Richter in Perugia/Umbrien, wo er 1415 bei den »Franziskaner-Observanten« eintrat. 1417 begann er seine vierzigjährige Predigttätigkeit, die ihn durch ganz Italien und Mitteleuropa führte. Johannes predigte fast täglich, hatte großen Beichtzulauf, stiftete oft Frieden zwischen streitenden Parteien, gründete Werke der Nächstenliebe, war Ratgeber von Päpsten und Fürsten. 1451–1454 war er um die Rückgewinnung der Hussiten bemüht. Anschließend predigte er das Kreuz gegen die Türken; seiner Beredsamkeit ist die Rettung Belgrads 1456 vor den Türken zuzuschreiben. Bemühungen um die Wiederherstellung der Einheit im Franziskanerorden scheiterten am Widerstand der Konventualen. Doch erlangte Johannes Selbstständigkeit für die Observanten, deren große Ausbreitung sein Werk ist. Johannes starb bald nach dem Sieg über die Türken am 23. Oktober 1456 in Ilok an der Donau, nordwestlich von Belgrad. Seine Gebeine sind verschollen.
Dargestellt im Franziskanerhabit mit Kreuz, Kreuzfahne, Stern, besiegten Türken.
GK, RK, G, N, W

Julian Nikolaus Réche, Sel., mit Ordensnamen Arnold, geb. am 2. September 1838 in Landroff bei Metz als Sohn einfacher Leute, verdiente zunächst als Arbeiter sein Brot. Am 13. November 1862 trat er in die Gemeinschaft der »Schulbrüder des hl. Johannes Baptist de La Salle« ein. Im Alter von 39 Jahren übernahm er die Leitung des dortigen Noviziats. Er starb als Oberer der Kommunität am 23. Oktober 1890 in Reims. – Seligsprechung am 1. November 1987.

Evergislus [Eberigisil], Hl., war der erste bekannte Kölner Bischof mit fränkischem Namen. Er wird mehrfach von Gregor von Tours (538–594) erwähnt. Im Auftrag König Childeberts II. schlichtete er 590 Streitigkeiten in einem Nonnenkloster von Poitiers und erbaute in Birten bei Xanten eine Kirche zu Ehren des hl. Mallosus. Zu seiner Zeit wird in Köln die Kirche zu den »Goldenen Heiligen« (St.-Gereon) genannt. Eberigisil starb vor 594. – Erzbischof Brun I. von Köln überführte die angeblichen Reliquien des »beatus Evergisilus« von Tongern nach St.-Cäcilien in Köln. Heute ruhen sie in der Pfarrkirche St.-Peter. **24.10.**

Dargestellt in bischöflichem Ornat mit Palme. – Patron der Glaser, Glasmaler. K

Antonius Maria Claret, Hl., geb. am 23. Dezember 1807 in Sallent/Spanien, wurde 1835 Priester und wirkte seit 1843 als Volksmissionar. 1849 gründete er den Missionsorden der »Claretiner« (CMF) und 1855 das Bildungsinstitut der »Claretinerinnen«. 1850–1857 war Antonius Maria Erzbischof von Santiago de Cuba, seit 1857 Beichtvater der Königin Isabella II. von Spanien. Er verfasste eine Anzahl asketischer Schriften, die große Beachtung fanden. Am 24. Oktober 1870 starb er auf der Reise zum I. Vatikanischen Konzil in der Abtei Fontfroide bei Carcassonne/Südfrankreich. Seine Reliquien ruhen in Vich bei Barcelona. GK

Krispin [Lat.: »mit krausen Haaren«], Hl., und **Krispinian**, Hl., erlitten das Martyrium wahrscheinlich in Rom, vielleicht um 287. – Ihre Gebeine wurden nach Soissons/Frankreich übertragen. Im 9. Jh. kamen Teile der Reliquien von dort nach Osnabrück, wo die Märtyrer ebenso wie in Soissons Stadtpatrone wurden. Nach der Legende waren Krispin und Krispinian Schuhmacher. **25.10.**

Dargestellt in bürgerlicher Kleidung mit Schusterwerkzeugen, Mühlstein, Messer, Bleikessel, Scheiterhaufen. – Patron des Bistums Osnabrück; der Gerber, Sattler, Schuhmacher, Weber, Schneider. OS

Chrysanth, Hl., und **Daria**, Hl., wurden nach ihrem Martertod, wahrscheinlich unter Kaiser Diokletian um 304, in Rom an der Via Salaria Nuova bestattet. Papst Damasus (366–384) schmückte ihr Grab mit einer Inschrift. – Im 7. Jh. bestand eine ihnen zu Ehren errichtete Kirche. Abt Markward überführte 844 die Reliquien in seine Abtei Prüm, 848 in die Prümer Neugründung Münstereifel.

Dargestellt als jugendlicher Märtyrer mit Palme, Löwen, Fackeln, Axt.

Ludwig III. von Arnstein OPraem, Sel., geb. 1109, errichtete auf seiner Burg Arnstein an der Lahn ein Prämonstratenser-Stift, in das er selbst 1139 als Laienbruder eintrat, während seine Gemahlin Guda sich in der Nähe des Stifts als Reklusin niederließ. Ludwig richtete ferner die verlassenen Gebäude von

Münsterdreisen für Prämonstratenser ein und gründete die Prämonstratenserinnenklöster Marienthal bei Rockenhausen, Gommersheim, Enkenbach und Beselich bei Hadamar. Ludwig starb als der letzte seines Geschlechtes am 25. Oktober 1185 in Gommersheim und wurde in Arnstein beigesetzt.

26.10. **Amandus**, Hl., erster bekannter Bischof von Straßburg, nahm um 343 am Konzil in Sardika und 346 an der Synode von Köln teil. Seine Gebeine wurden 1290 von Honau nach Rheinau und 1398 von dort nach Straßburg in die Kirche Alt-St.-Peter übertragen, wo sie sich heute noch befinden.
Dargestellt in bischöflichen Gewändern. ST

Sigebald, Hl., war seit etwa 716 Bischof von Metz, vor Bischof Chrodegang. Sigebald stellte die Abtei St.-Nabor, später St.-Avold genannt, wieder her und gründete mit Pirmin das Kloster Neuweiler im Elsass. Nach der Überlieferung starb Sigebald am 26. Oktober 741 und wurde in St.-Avold bestattet. – Um 991 wurden seine Gebeine in die Kirche des hl. Symphorian bei Metz übertragen. Bedeutendere Teile der Reliquien Sigebalds werden in der Kathedrale von Metz aufbewahrt. ME

Witta [latinisiert: Albuin], Hl., stammte aus Angelsachsen und wurde von Bonifatius 742 zum ersten (und einzigen) Bischof von Buraburg in Hessen geweiht. 743 nahm er an dem von Bonifatius berufenen fränkischen Reformkonzil teil. Witta starb nach 760. Das Bistum Buraburg wurde bald darauf von Lul mit Mainz vereinigt. FD

Gerwich, Sel., und **Wigand**, Sel., OCist, Zisterziensermönche in Waldsassen/Oberpfalz. Wigand führte die ersten Mönche von Volkenrode nach Waldsassen, das 1133 durch Markgraf Diepold II. von Vohburg gestiftet worden war. Gerwich, Edler von Volmudstein, war nach späterer Legende Mönch in Siegburg und mit Bischof Kuno nach Regensburg gekommen. Später wurde er dann Mönch in Waldsassen. Gerwich und Wigand führten ein vorbildliches Leben als Mönche und wurden bald nach ihrem Tod als Selige bezeichnet.
Dargestellt in Ritterrüstung oder Einsiedlertracht mit Klosterkirchenmodell.

Josefine [Hebr.: »(Gott) möge hinzufügen«] Leroux OSCl, Sel., geb. am 23. Januar 1747 in Cambrai/Nordfrankreich. Sie legte am 10. Mai 1769 bei den »Klarissen« von Valenciennes ihre Profess ab. In der Nacht vom 31. August zum 1. September 1794 wurde sie von Revolutionären verhaftet und, da sie ihren christlichen Glauben nicht verleugnen wollte, am 16. Oktober 1794 enthauptet. Ihr Leib wurde verscharrt und später nicht wieder aufgefunden.
Dargestellt im Klarissenhabit mit Lilie, Palme und Schafott.

Wolfhard, Hl., geb. in Augsburg, erlernte das Sattlerhandwerk, ging dann auf Wanderschaft und gelangte 1096/97 nach Verona. Nachdem er hier kurze Zeit gearbeitet hatte, gab er sein Hab und Gut den Armen und lebte fortan zwanzig Jahre in einem Wald an der Etsch als Einsiedler. Um 1117 ließ er sich in eine Zelle beim Kloster S. Salvatore in Curte-Regia einschließen, wo er am 30. April 1127 starb. – Seine Gebeine wurden zuerst nach S. Salvatore, später nach S. Fermo Maggiore in Verona übertragen. Ein Teil der Reliquien kam am 27. Oktober 1602 nach Augsburg und befindet sich heute dort in der St.-Sebastian-Kirche. **27.10.**
Dargestellt im Einsiedlerkleid mit Sarg. – Patron der Sattler. A

Simon [Hebr.: »Gott hat erhört«], Hl., Apostel Jesu, wird im Neuen Testament nur in den Apostelkatalogen genannt. Sein Beiname »Zelotes« [der Eiferer] rührt daher, dass er, bevor er sich Jesus anschloss, der jüdischen Partei der Zeloten angehört hatte. Vermutlich wirkte Simeon später in Palästina als Glaubensbote. Über sein Lebensende gibt es keine gesicherten Quellen. Der Apostel Simon kann mit dem »Herrenbruder« Simon nicht gleichgesetzt werden. **28.10.**
Dargestellt als Apostel mit Säge, auch mit Lanze, Knüttel oder Schwert. – Patron der Holzhauer, Gerber, Lederarbeiter, Weber, Färber; mit Judas Thaddäus Patron von Goslar. GK

Judas Thaddäus, Hl., wahrscheinlich Sohn eines Jakobus, war von Jesus zum Apostel berufen worden. Er ist nicht mit Judas, dem Bruder des Simeon, gleichzusetzen. Außer in den Apostelkatalogen wird er im Neuen Testament kaum erwähnt. Die schon in alter Zeit verworrene Überlieferung gibt keine Klarheit, wo er später den Glauben verkündigt hat und als Märtyrer gestorben ist. Seit Ende des 18. Jhs. nahm seine Verehrung stetig zu.
Dargestellt als Apostel mit Buch, Keule, Hellebarde, Steinen. – Patron in schweren Nöten und Anliegen; mit Simon Patron von Goslar. GK

Alfred [Aengl.: »der durch die Elfen Rat gibt«] der Große, (Hl.), König der Angelsachsen, geb. um 848/849 in Wantage/Berkshire, trat 871 die Regierung an. Er war fast dauernd in Kämpfe mit den Dänen verwickelt, von denen er 878 London zurückeroberte, die er aber nicht aus dem Osten und Norden Englands vertreiben konnte. So blieb sein Herrschaftsbereich auf Mercia und Wessex beschränkt. Alfred gründete Schulen und Klöster, zog angelsächsische und fränkische Gelehrte an seinen Hof, sammelte die angelsächsischen Gesetze und ließ bedeutende theologische und geschichtliche Werke aus dem Lateinischen in die Volkssprache übersetzen. Alfred starb am 28. Oktober 900.
Dargestellt in königlichem Ornat oder in Ritterrüstung mit königlichen Insignien.

Die 15 **Japanischen Märtyrer** erlitten in den Jahren 1633–1637 den Märtyrertod. **Lorenzo** Ruiz de Manila, Hl., war der Sohn eines chinesischen Vaters und einer philippinischen Mutter aus Binondo bei Manila/Philippinen. Er war verheiratet und hatte drei Kinder. Seinen Lebensunterhalt verdiente er als Küster und Buchhalter bei den Dominikanern. Am 29. September 1637 erlitt er in Japan das Martyrium.
Zu seinen Gefährten gehörten u. a.: **Dominikus** Ibanez de Erquicia OP, Hl., geb. 1589, umgebracht am 14. August 1683, und **Jakobus** Kyushei Gorobioye Tomanaga OP, Hl. Seligsprechung am 18. Dezember 1981 in Manila, Heiligsprechung am 18. Oktober 1987. GK

29.10. **Ferrutius**, Hl., ein christlicher Soldat erlitt nach der Mainzer Überlieferung in der Verfolgung Kaiser Diokletians Anfang des 4. Jh. bei Mainz den Martertod. – Bischof Lul übertrug 778 die Gebeine von Kastel nach Bleidenstadt. Dort wurde ihm 812 die Klosterkirche geweiht. 1631 wurden die Reliquien vor den Schweden von Bleidenstadt nach Mainz gerettet, wo sie dann in den Wirren der Französischen Revolution verloren gingen. LM, MZ

Narzissus, Hl., Bischof von Gerona, soll gemäß der Afra-Legende während der Christenverfolgung Kaiser Diokletians am Anfang des 4. Jhs. nach Augsburg gekommen sein, wo er Afra und seine Familie zum christlichen Glauben bekehrte. Dionysius, den Onkel Afras, weihte er zum ersten Bischof von Augsburg. Narzissus kehrte nach Spanien zurück, wo er drei Jahre später (um 307?) den Martertod gefunden haben soll.
Dargestellt in bischöflichem Gewand mit Märtyrerpalme und Drachen zu Füßen. – Patron gegen Schnaken- und Stechfliegenplage.

Ermelind, Hl., stammte aus einer begüterten Familie in Brabant. Um einer von ihren Eltern geplanten ehelichen Verbindung zu entgehen, flüchtete sie, wie die Lebensbeschreibung des 11. Jhs. berichtet, in die Einsamkeit. Sie ließ sich in Meldaert bei Tienen/Belgien als Reklusin nieder und lebte dort in strengster Askese bis zu ihrem Tod gegen Ende des 6. Jhs. Ihre Reliquien befinden sich in der Kirche von Meldaert.
Dargestellt in vornehmem Gewand mit Buch oder auch im Einsiedlerkleid. – Patronin gegen Beinleiden, Gliederschmerzen.

Margareta [Griech.: »Perle«] von Hohenfels OSB, Sel., lebte als Nonne, später als Priorin im Benediktinerinnen-Kloster Rupertsberg bei Bingen im 12. Jh. zur Zeit Hildegards.

Helene [Griech.: »die Leuchtende«] Kafka, Sel., mit Ordensnamen Maria Restituta, wurde am 1. Mai 1894 in Brünn-Hussowitz geboren. Helene besuchte in Wien die Volks- und Bürgerschule. Als Dienstmädchen hatte Helene bereits einige Jahre gearbeitet, bevor sie 1913 in Wien-Lainz eine Stelle als Hilfskrankenschwester bei den »Franziskanerinnen von der christlichen Liebe«, den »Hartmannschwestern«, übernahm. Im folgenden Jahr trat sie in diese Gemeinschaft ein und begann am 23. Oktober 1915 ihr Noviziat. Sie erhielt den Namen Schwester Maria Restituta. Seit 1919 war sie im Krankenhaus in Wien-Mödling tätig, wo sie wegen ihrer Fachkenntnisse bald die Stelle der ersten Operationsschwester erhielt. Diesen Dienst versah sie über dreiundzwanzig Jahre. – Den »Anschluss« Österreichs an das Deutsche Reich verurteilte sie entschieden. Schwester Restituta wurde in ihrem großen Bekanntenkreis zur treibenden Kraft des Widerstandes gegen den nationalsozialistischen Terror. Von Mitarbeitern wegen ihrer Aktivitäten denunziert, verhaftete die Gestapo am 18. Februar 1942 die couragierte Schwester im Operationssaal. Nach Verhören und Untersuchungshaft fällte das Wiener Landesgericht am 29. Oktober des gleichen Jahres unter dem Vorsitz eines aus Berlin angereisten Mitglieds des NS-Volksgerichtshofes das Urteil: »Die Angeklagte Kafka wird wegen landesverräterischer Feindbegünstigung und Vorbereitung zum Hochverrat zum Tode und zum Ehrenrechtsverlust auf Lebenszeit verurteilt.« Am 30. März 1943 wurde Schwester Restituta enthauptet und auf dem Zentralfriedhof bestattet. – Seligsprechung am 21. Juni 1998 in Wien.

Thöger [Theodgar, Dietger], Hl., stammte aus Thüringen und ging, nachdem er in England studiert hatte, als Priestermissionar nach Norwegen. Hier wurde er Kaplan des Königs Olaf II. Haraldsson. Nach dessen Tod 1030 predigte Thöger den Glauben in Jütland. Er starb am 24. Juni um 1065 in Vestervig. Um 1067 wurden seine Gebeine erhoben und am 30. Oktober 1117 in die Kirche des Chorherren-Stiftes von Vestervig übertragen. **30.10.**

Emicho OSB, (Sel.), dritter Abt des Benediktiner-Klosters Mallersdorf/Niederbayern seit 1143, starb der Überlieferung nach am 30. Oktober 1157. – Seine Gebeine wurden 1695 mit denen seiner beiden Vorgänger erhoben.

Bernhard [Ahdt.: »der Bärenharte«] Schwendtner, geb. 1891 in Schwerin, zeigte sich als Pfarrer von Neustrelitz als ein mutiger Verteidiger des christlichen Glaubens gegen den Nationalsozialismus. Von den Schergen des Dritten Reiches zum Tode verurteilt, wurde er am 30. Oktober 1944 in Brandenburg-Görden enthauptet.

Quintin, Hl., erlitt angeblich unter Kaiser Maximinian um 300 den Martertod. Die späte Legende lässt ihn als Glaubensbote in Amiens tätig sein und ein grausames Martyrium in den nachher nach ihm benannten Ort St.-Quentin/Aisne erleiden. **31.10.**

Dargestellt als Märtyrer mit Ketten an Händen und Füßen, mit Nägeln in der Hand, mit Bratspieß, Rad, Schwert und glühendem Stuhl. – Patron der Schlosser,

Schneider, Lastträger, Ärzte, Kapläne; gegen Husten, Keuchhusten, Schnupfen, Wassersucht. – Wallfahrt in St.-Quentin.

Foillan OSB, Hl., Ire, als Glaubensbote in England tätig, wo er Abt von Cnoberesburg wurde. Durch innere Wirren wurde er aus England vertrieben und ging nach Peronne und Nivelles. Er gründete um 650 in Fosses bei Namur ein Kloster. Um 655/656 wurde er im Wald von Räubern erschlagen.
Dargestellt in bischöflicher Kleidung mit Brustkreuz.

Wolfgang [Germ.: »wie ein Wolf Angreifender«] OSB, Hl., geb. um 924 in Schwaben, machte seine Studien auf der Reichenau/Bodensee und in Würzburg. 956 wurde er Lehrer an der Domschule Trier. 965 nahm Wolfgang das Kleid des hl. Benedikt in Einsiedeln und empfing dort durch Bischof Ulrich von Augsburg die Priesterweihe. Nachdem er 971 als Glaubensbote zu den Ungarn gegangen war, wurde er 972 auf Vorschlag Bischof Piligrims von Passau zum Bischof von Regensburg ernannt. Hier entfaltete Wolfgang eine segensreiche Tätigkeit. Er förderte die Bildung und das geistliche Leben in Klerus und Volk, in Klöstern und Stiften. Auch als Bischof führte er ein streng asketisches Leben. Die Gründung des Bistums Prag ermöglichte Wolfgang 973 durch den Verzicht auf seine bischöflichen Rechte in Böhmen. Wolfgang starb am 31. Oktober 994 in Pupping/Oberösterreich und wurde in St.-Emmeram/Regensburg beigesetzt. Seine Gebeine wurden am 7. Oktober 1052 durch Papst Leo IX. erhoben.
Dargestellt im Benediktinerhabit mit bischöflichen Insignien oder in Pontifikalgewändern mit Bischofsstab, Buch, Kirchenmodell, Axt oder Beil, Wolf und Teufel. – Patron des Bistums Regensburg; der Hirten, Schiffer, Holzarbeiter, Köhler, Zimmerleute, Bildhauer, unschuldig Gefangener; gegen Gicht, Lähmung, Schlaganfall, Leibschmerzen, Ruht, Blutfluss, Fußleiden, Augenkrankheiten (Wolfgang-Brunnen), Hautentzündungen; für das Vieh (Wolfgang-Segen). RK, BR, L, R, RT, TR, W

Noitburg [Notburg], Hl., lebte nach der im 13. Jh. verfassten Lebensbeschreibung in dem von ihrer Tante Plektrud gegründeten Stift St.-Maria im Kapitol/Köln. Sie starb nach heiligmäßigem Lebenswandel um 700 und wurde in der nahe gelegenen Peter-und-Paul-Kirche begraben. – Diese Kirche wurde seit der 2. Hälfte des 12. Jhs. nach ihr St.-Noitburgis genannt. Ihre Reliquien, die Ende des Mittelalters nach Koblenz in die Kartause kamen, sind verschollen.

Jutta OPraem, (Sel.), Klosterfrau im Prämonstratenserinnen-Stift Bedburg/bei Kleve, starb dort nach einem Leben des Gebets und der Askese um 1200. Als ihr Gedächtnistag ist der 31. Oktober überliefert.
Dargestellt im Prämonstratenserinnenhabit mit glühendem Dreifuß.

Josef [Hebr.: »(Gott) möge hinzufügen«] Lingens, geb. am 10. August 1818 in Aachen, wurde dort Rechtsanwalt und war Mitarbeiter von Heinrich Hahn, dem Begründer des »Franziskus-Xaverius-Missionsvereins«. Lingens rief zahlreiche kirchliche und sozial-karitative Einrichtungen ins Leben. In der Zeit des Kulturkampfes trat er als Abgeordneter für die kirchlichen Belange ein. Er starb am 31. Oktober 1902 in Aachen.

November

1.11. **Toussaint[s]** – der Name bedeutet »Alle Heiligen«. Das Allerheiligenfest, der Gedächtnistag aller Heiligen, wird in der abendländischen Kirche seit dem 9. Jh. am 1. November gefeiert. Seine Verbreitung im Frankenreich erfolgte wohl unter Kaiser Ludwig dem Frommen, der damit einer Bitte Papst Gregors IV. nachkam.

Audomar, Hl., Bischof von Thérouanne, gest. 1.11. nach 667, ↗ 9.9.

Meimelph, (Hl.), war Diakon der Kirche von Minden zur Zeit des Bischofs Hardward um die Mitte des 9. Jhs.

Boso OSB, (Sel.), Mönch im Kloster St.-Emmeram/Regensburg, ging als Glaubensbote in die Gegend von Zeitz, wo er den dort wohnenden Slawen das Evangelium in ihrer Muttersprache verkündigte. 966 erbaute er eine steinerne Kirche in Bosau. 968 wurde er erster Bischof des neu gegründeten Bistums Merseburg. Auf einer Reise nach Bayern starb er am 1. November 970 und wurde in der St.-Johannis-Kirche in Merseburg begraben.
Dargestellt in bischöflichen Gewändern mit Kreuz.

Achahild [Atza], Hl., Gattin eines begüterten Adeligen, stiftete die Kirche in Wendelstein bei Nürnberg. Sie starb nach der Überlieferung am 1. November um 970.

Harald [Ahdt.: »der im Herr Waltende«] Blauzahn, (Sel.), um 935 König von Dänemark, empfing 960 die Taufe und bemühte sich um die Ausbreitung des Christentums in seinem Reich. 986 wurde er von seinem Sohn vom Thron gestoßen und von Angehörigen einer heidnischen Reaktion ermordet.

Dietbirg, (Sel.), Mutter Ulrichs von Augsburg, starb nach einem heiligmäßigen Leben im 10. Jh.

Wolfhold [Ahdt.: »Wolf« u. »herrschen«] OSB, Sel., Dompropst in Freising, wurde Benediktinermönch, um 1115 Abt von Admont an der Enns. Hier gründete er auch ein Benediktinerinnen-Kloster. Er starb am 1. November 1137.

Bertold, Hl., Abt von Engelberg, gest. 1.11.1197, ↗ 3.11.

Guda, Sel., Gründerin der Pfarrkirche von Adelberg, starb nach einem heiligmäßigen Leben vor 1249.

Luitpold, Sel., stammte aus dem Geschlecht der Grafen von Wolfratshausen-Dießen. Er verzichtete auf Ruhm und Ansehen in der Welt und ließ sich als Einsiedler in Lautbrunn am Ammersee nieder, wo er um 1259 aus diesem Leben abberufen wurde.

Arthur O'Nelly OSST/OSTDisc, Hl., geb. in Irland, wurde Priester im Orden der »Trinitarier«. Er ging als Glaubensbote zu den Sarazenen. In Ägypten wurde er am 1. November 1282 lebendig verbrannt.

Rupert [Ahdt.: »der Hochberühmte«] Mayer SJ, Sel., geb. 1876 in Stuttgart, wurde 1899 zum Priester geweiht und trat in die »Gesellschaft Jesu« ein. Im Ersten Weltkrieg war er Divisionspfarrer und verlor das linke Bein. Nach dem Krieg wirkte er in München als erfolgreicher und begeisternder Männerseelsorger. Unerschrocken bekämpfte er den Nationalsozialismus. Dafür wurde er in das KZ Sachsenhausen verschleppt. Als seine Gesundheit zerstört war, wurde er in die Abtei Ettal eingewiesen, wo er vier Jahre abgeschlossen von der Welt leben musste. Der mannhafte Streiter für Recht und Gerechtigkeit, für Kirche und Glauben starb am 1. November 1945. – Seligsprechung am 3. Mai 1987 in München.

Willibold [Willebold], [Ahdt.: »Wille« u. »stark«], Sel., starb als Pilger auf einer **2.11.**
Wallfahrt am 2. November 1230 in Berkheim bei Leutkirch/Illertal. Seine Gebeine wurden 1273 in die Pfarrkirche von Berkheim übertragen.
Patron des Illertals; zweiter Patron der Kirche von Berkheim.

Angela [Griech./Lat.: »die Engelgleiche«] von Stolberg, geb. 1833 (Taufname Agnes), wurde 1863 »Hedwigsschwester« in Breslau. 1871 trat sie in die »Genossenschaft der Schwestern vom Armen Kinde Jesus« über und war seit 1881 in Wien tätig. Vom Knochenfraß befallen ertrug sie seit 1898 in vorbildlicher Geduld und Gottergebenheit alle Leiden und Qualen, von denen sie am 2. November 1905 erlöst wurde.

Viktorin, Hl., war Bischof von Pettau an der Drau (heute Ptuj in Jugoslawien) **3.11.**
und gilt als der älteste Erklärer der Heiligen Schrift im Abendland. Seine Kenntnisse der griechischen und lateinischen Sprache befähigten ihn, das reiche Erbe der Schriftauslegung der griechischen Väter der lateinischen Kirche zu vermitteln. Er starb wahrscheinlich als Märtyrer in der diokletianischen Christenverfolgung um 304.
Dargestellt in bischöflichen Gewändern mit Getreidemörser.

3. November

Silvia [Lat.: »die Waldbewohnerin«?], Hl., Mutter Gregors d. Gr., stammte aus senatorischem Adel in Rom. Sie starb in Rom um 592.
Dargestellt als römische Matrone mit Psalmenbuch.

Winifred [Kelt.: Gwenfrewi], [Ahdt.: »Freund des Friedens« od. »schützender Freund«] Hl., lebte wahrscheinlich im 7. Jh. in Wales. Nach der späten Legende wurde sie enthauptete und zum Leben wieder erweckt. Später sei sie dann um 650 im Kloster Gutherin gestorben. – Sie wird als jungfräuliche Märtyrin verehrt. Ihre Reliquien wurden 1137/38 nach Shrewsbury übertragen, wo eine berühmte Wallfahrt entstand.

Hubert [Ahdt.: »berühmter Denker«], Hl., geb. um 655, wirkte als Glaubensbote in Südbrabant und in den Ardennen. Nach der Ermordung des Bischofs Lambert um 705 wurde Hubert Bischof von Maastricht. Um 715 übertrug Hubert die Gebeine Lamberts von Maastricht nach Lüttich, wohin er den Bischofssitz verlegt hatte. Hubert starb am 30. Mai 727 in Tervueren bei Brüssel. Seine Gebeine wurden am 3. November 743 erhoben und 825 in das Ardennen-Kloster Andagium übertragen, das fortan nach ihm St.-Hubert genannt wurde. Seit den Hugenotteneinfällen 1568 ist der Verbleib der Reliquien in Dunkel gehüllt.
Dargestellt in Jägerkleidung oder bischöflichen Gewändern, mit Hirsch, zwischen dessen Geweih ein Kreuz; mit Hund, Schlüssel, Jagdhorn, Buch. – Patron des Bistums Lüttich, der Ardennen; der Jäger, Schützen, Gießer, Metallarbeiter, Drechsler, Metzger, Optiker, Fabrikanten mathematischer Geräte, Mathematiker, Schellenmacher; für Jagdhunde (Hubertus-Schlüssel); gegen Tollwut der Hunde (mal de St.-Hubert), Hundebiss (Hubertus-Brot), Schlangenbiss, Wasserscheu.

RK, AC, LÜ, LUX

Pirmin OSB, Hl., war Abtbischof wohl westgotischer Herkunft, der zuerst im westlichen Frankenreich tätig war und dann seit 720 im alemannischen Raum am Oberrhein wirkte. 724 gründete er das Kloster auf der Reichenau/Bodensee. Ferner vollendete er die Stiftung von Murbach und rief die Klöster Hornbach und (vielleicht) Amorbach ins Leben. Bei der Entstehung von Gengenbach und Schwarzach war er beteiligt. Die Klöster Schuttern und Maursmünster reformierte er. In allen Klöstern führte er die Benediktinerregel ein und versuchte, ihnen möglichst große Selbstständigkeit gegenüber den Diözesanbischöfen und Grundherren zu geben. Mit Bonifatius, der zur gleichen Zeit wirkte, hatte er keine Verbindung. Pirmin starb wahrscheinlich am 3. November 753 in Hornbach in der Rheinpfalz. Nach der Auflösung des Klosters Hornbach kamen seine Reliquien 1558 nach Speyer, 1576 nach Innsbruck. Heute ruhen sie in der dortigen Jesuitenkirche.
Dargestellt in bischöflichem Ornat mit Buch, Schlangen, Frosch, Quelle, Dornenstrauch. – Patron der Pfalz, der Elsässer, der Reichenau, von Innsbruck; für glück-

liche Entbindung (in Au am Inn), bei Augenleiden; gegen Pest, Schlangen, schädliches Gewürm, Vergiftung, Rheumatismus (Quelle auf der Reichenau).
RK, CH, FR, SP

Marian, Hl., Diakon, verkündete an der unteren Elbe den Glauben. Möglicherweise ist er ein Mönch iroschottischer Herkunft gewesen. Nach der Überlieferung wurde er am 3. November 782 in Bardowick bei Lüneburg von Heiden erschlagen. Reliquien Marians befanden sich bis zur Reformation in Bardowick und Verden.

Bertold [Berchtold], [Ahdt.: »berühmter Herrscher«] OSB, Hl., seit 1178 dritter Abt des Benediktiner-Klosters Engelberg im Schweizer Kanton Obwalden, wahrte die Rechte der Abtei und förderte ihre geistige und künstlerische Blüte. Gegenüber den Mönchen zeigte er sich mild und gütig. Bertold starb am 1. November 1197. Sein Fest wird seit alters am 3. November in Engelberg gefeiert.

Idda [Ida, Ita], [Germ./Ahdt.: »schützende Frau«] von Toggenburg, Hl., stammte vielleicht aus der Familie der Grafen von Homberg, heiratete Diethelm IV. von Toggenburg und nach dessen frühem Tod Gottfried von Marstetten. Nach dessen Tod lebte sie als Inklusin beim Kloster Fischingen im Thurgau, wo ihr Sohn in der Klosterkirche eine Seitenkapelle mit einem Nikolausaltar stiftete. Nach ihrem Tod wurde sie vor diesem Altar am 3. November eines nicht näher bekannten Jahres im 13. Jh. bestattet. – Der Kult ist vor 1419 nachweisbar. Ende des 15. Jhs. verfasste Albrecht von Bonstetten mehrere Lebensbeschreibungen, in die er Motive aus der Genovefa-Legende aufnahm. 1496 wurde über den Gebeinen Iddas ein Tischgrab errichtet. In der Reformation gingen die Reliquien Iddas verloren. Doch gegen Ende des 16. Jhs. erlebte die Verehrung eine neue Blüte, die weit über den Klosterbereich hinausging.
Dargestellt in gräflichem Gewand oder im Nonnenhabit vor einer Höhle im Wald, begleitet von einem Hirsch mit zwölf Lichtern im Geweih, auch mit Raben. – Patronin für das Wiederfinden entlaufenen Viehs. BS. SG

Martin [Lat.: »der dem Mars Geweihte«] de Porres OP, Hl., geb. am 9. Dezember 1579 in Lima, war nach seiner Herkunft ein Mulatte. Im Alter von 15 Jahren trat er in seiner Heimatstadt in den Dominikanerorden ein. Der Weg zum Priestertum war ihm als Mischling versperrt. Unter seiner Leitung als Krankenpfleger wurde das Dominikanerkloster bald zu einem kleinen Hospital, in dem viele Menschen Hilfe fanden. Er zeichnete sich durch ein Leben in Demut, Frömmigkeit und Bußfertigkeit aus. Seine Hilfe erhielt jeder ohne Ansehen der Person. Der demütige Ordensbruder starb an Typhus am 3. November 1639 in Lima. – Seligsprechung am 29. Oktober 1837, Heiligsprechung am 6. Mai 1962. →

Dargestellt als Mulatte im Dominikanerhabit mit Kreuz, Rosenkranz, Brotkorb voll Mäusen und Bußwerkzeugen. – Patron gegen Ratten und Mäuseplage. GK

Karl Borromäus, Hl., Erzbischof von Mailand, Kardinal, gest. 3.11.1584, ↗ 4.11.

Johannes Baptist Stöger CSsR, geb. am 4. Oktober 1810 in Enzersfeld bei Wien, trat 1836 als Laienbruder bei den »Redemptoristen« ein, wo er als Gärtner und Bäcker in den Klöstern Wien und Eggenburg/Niederösterreich tätig war. In seiner tiefen Frömmigkeit und Demut wurde ihm jede Arbeit zum Gebet. Schwere körperliche und noch größere seelische Leiden ertrug er in unerschütterlichem Gottvertrauen. Er starb am 3. November 1883 in Eggenburg. – Seine Gebeine wurden 1900 in die Klosterkirche von Eggenburg übertragen.

4.11. **Modesta**, Hl., Äbtissin in Trier, gest. 4.11. Ende des 7. Jhs., ↗ 6.11.

Gregor [Lat.: »der Wachsame«] OSBM/OSB, Hl., war Abt des »Basilianer«-Klosters Cerchiara in seiner Heimat Kalabrien. Hier genoss er großes Ansehen durch seine Frömmigkeit und Nächstenliebe sowie durch seine Wunderkraft. Kaiser Otto III. berief ihn 996 nach Deutschland zur Gründung des Benediktiner-Klosters Burtscheid/bei Aachen. Hier starb er als erster Abt des neuen Klosters noch vor dessen gänzlicher Vollendung Ende des Jahres 999. Er wurde begraben in der Klosterkirche.

Reginhard [Reinhard] OSB, (Sel.), seit 1076 zweiter Abt des »Benediktiner«-Klosters Siegburg, ließ dem Gründer der Abtei, Erzbischof Anno von Köln, durch die »Vita sancti Annonis«, eine Lebensbeschreibung des hl. Anno, ein Denkmal setzen. Reginhard starb am 4. November 1105. – Sein Grab in der Abteikirche Siegburg wurde 1934 aufgefunden.

Karl [Ahdt.: »Mann, freier Mann«] Borromäus, Hl., geb. am 2. Oktober 1538 in Arona, studierte 1552–1559 Rechtswissenschaft in Pavia. 1559 ernannte ihn sein Onkel Pius IV. zu seinem Geheimsekretär, 1560 zum Kardinal und kurz darauf zum Administrator von Mailand. Im Juli 1563 empfing Karl die Priester- und im Dezember die Bischofsweihe. In Mailand führte Karl von Reformeifer beseelt durch Visitationen, Synoden und Pastoralinstruktionen die Beschlüsse des Trienter Konzils durch. Für die Heranbildung von Priestern gründete er mehrere Institute und Seminare. Seine Reformideen wurden in ganz Europa richtungsweisend. Seine aufopfernde Hirtensorge und sein strenges asketisches Leben machten ihn zum Vorbild eines Reformbischofs. Karl starb am 3. November 1584. Er wurde beigesetzt in der Krypta des Mailänder Domes.

Dargestellt im bischöflichen Ornat oder in Kardinalstracht mit Kreuz, Totenkampf, Geißel, Strick um den Hals, mit Pestkranken. – Patron des Bistums Lugano; der Universitäten, der Seelsorger, Priesterseminare; gegen Pest.

GK, RK, BS. CH, FB, SG, SI

Berthild [Bertila], [Ahdt.: »strahlend« u. »Kampf«] OSB, Hl., lebte als Klosterfrau in Jouarre/bei Paris, als sie um 659 von der Königin Balthild zur Äbtissin des von ihr gegründeten Klosters Chelles/bei Paris berufen wurde. Unter der klugen Leitung von Berthild nahm Chelles bald einen großen Aufschwung. Balthild selbst trat dort ein und unterstellte sich Berthild. Die fromme Äbtissin starb am 5. November um 705. – 1185 wurden ihre Gebeine erhoben. Heute befinden sie sich in der Andreaskirche von Chelles, das Haupt in Jouarre. **5.11.**

Patronin der Pferde, gegen Gewitter, Bruch- und Halsleiden.

Emmerich [Ahdt.: »Stamm der Alamer« u. »herrschen«], Hl., geb. um 1000/1007 als Sohn König Stephans I. von Ungarn und seiner Gattin Gisela, der Schwester Kaiser Heinrichs II. Seine Erziehung leitete Bischof Gerhard von Csanád. Schon in der Jugend war er durch außergewöhnliche Tugenden und Gnade ausgezeichnet. König Stephan ließ für ihn einen Königsspiegel verfassen, der Emmerich mit den Tugenden eines Regenten bekannt machen sollte. Noch zu Lebzeiten wollte der Vater seinen Sohn zum Mitregenten erheben. Doch vor seiner Krönung starb Emmerich bei einem Jagdunfall am 2. September 1031 und wurde in der Zisterzienserkirche von Stuhlweißenburg bestattet. – König Ladislaus ließ am 5. November 1083 die Gebeine Emmerichs feierlich erheben.

Dargestellt als junger Mann in Ritterrüstung mit Krone und Lilie. BR

Bernhard [Ahdt.: »der Bärenharte«] Lichtenberg, Sel., geb. am 3. Dezember 1875 in Ohlau an der Oder, erhielt 1899 die Priesterweihe, wurde 1913 Pfarrer der Herz-Jesu-Kirche in Berlin-Charlottenburg. 1931 Domkapitular, 1932 Dompfarrer und 1938 Dompropst in Berlin. Weil er öffentlich zum Gebet für christliche Nichtarier, Juden und Häftlinge in Gefängnissen und KZ aufforderte, wurde er 1941 verhaftet und 1942 wegen Vergehens gegen den Kanzelparagraphen und das Heimtückegesetz zu zwei Jahren Gefängnis verurteilt. In vorbildlicher Haltung ertrug Lichtenberg diese Zeit der Vereinsamung und des Leidens. 1943 sollte er, inzwischen schwer erkrankt, nach Dachau überführt werden. Dem Tod nahe kam er am 3. November in Hof an. Hier wurde er ins städtische Krankenhaus gebracht, wo er am 5. November 1943 starb. – Seligsprechung am 23. Juni 1996 in Berlin.

Leonhard [Ahdt.: »der Löwen-Starke«], Sel., war Einsiedler, der wahrscheinlich **6.11.**
im 6. Jh. in Noblac im Bistum Limoges/Frankreich eine Zelle gründete. Nach

der legendarischen Lebensbeschreibung aus dem 11. Jh. stammte er aus fränkischem Adel, war Schüler des Remigius von Reims, gründete das Kloster St.-Léonard-de-Noblac und nahm sich besonders der Gefangenen an. – Seine Gebeine wurden im 11. Jh. erhoben. Seine Verehrung ist in Deutschland, Österreich, Frankreich, England und Italien verbreitet. Leonhard gilt besonders als Patron für alle Anliegen der Bauern. Ihm geweihte Kirchen sind vielfach mit Ketten umspannt.

Dargestellt in Abtskleidung mit Stab und Buch, mit Gefangenenfessel, Fußblock, Ketten, Stallvieh. – Patron der Bauern, Ställe, Stallknechte, Fuhrleute, Schmiede, Schlosser, Lastenträger, Kohlenschlepper, Böttcher, Butter- und Obsthändler, Gefangenen, Bergleute, Pferde, des Viehs; für glückliche Entbindung, gegen Geistes- und Geschlechtskrankheiten, Kopfschmerzen, Siechtum. RK

Protasius, Hl., leitete das Bistum Lausanne im 7. Jh. Unter ihm wurde die Kirche von Baulmes wieder hergestellt. Der Bischof starb auf einer Reise im Juragebirge. Er wurde beigesetzt in der Marienkapelle von Basuges, das seitdem St.-Prez genannt wurde. – Seine Gebeine wurden 1400 erhoben. FB

Modesta [Lat.: »die Bescheidene«] OSB, Hl., Äbtissin im Kloster Oeren/Trier, das später nach ihrer Nachfolgerin auch St.-Irminen genannt wurde. Von Jugend an war Modesta mit Gertrud von Nivelles befreundet. In Nivelles hat Modesta wahrscheinlich auch ihre Erziehung genossen. Sie starb an einem 4. November Ende des 7. Jhs. Ihre Reliquien befinden sich heute in St.-Matthias/Trier.

Dargestellt im Äbtissinnengewand. TR

Erlfrid [Ahdt.: »frei« u. »Friede«] OSB, Sel., ein alemannischer Edelherr, nahm mit Bischof Noting von Vercelli auf seinem eigenen Grund die erste Stiftung des Klosters Hirsau im Nagoldtal vor. Er soll dort in der 1. Hälfte des 9. Jhs. als Mönch gestorben sein.

Rudolf [Rotho], [Germ.: »berühmter Wolf«] OSB, Sel., stammte nach der Überlieferung aus dem Geschlecht der Edelherren von Büren. Er wurde Mönch in Stablo. Von hier sandte Abt Poppo ihn als Abt nach Hersfeld, um dort die Einigkeit unter den Mönchen wieder herzustellen. Kaiser Konrad II. berief 1036 Rudolf als Nachfolger Meinwerks zum Bischof von Paderborn. Auf einer Italienfahrt weihte Rudolf die Kirche des von Johannes Gualbertus gegründeten Klosters Vallombrosa. Er starb am 6. November 1052 und wurde in seiner Domkirche beigesetzt. – Später wurden seine Gebeine in den Ostchor übertragen und ihm im 14. Jh. ein prachtvolles gotisches Hochgrab errichtet.

Dargestellt in bischöflichem Ornat.

Christine [Griech./Lat.: »die Christin«], Sel., geb. 1241 in Stommeln/bei Köln, war Begine in Köln, wohnte dann wieder in Stommeln. Von früher Jugend an erlebte sie Erscheinungen des Heilands und dämonische Versuchungen. Ihre Stigmatisation ist gut beglaubigt. 1267 wurde der Dominikaner Peter von Dacien ihr Seelenführer, der seit 1272 von Schweden her brieflich mit ihr in Verbindung blieb und auch ihr Leben aufzeichnete. Christine starb am 6. November 1312 in Stommeln und fand in der dortigen Kirche ihr Grab. 1342 wurden ihre Gebeine nach Nideggen und 1583 nach Jülich übertragen.
Dargestellt in Beginenkleidung, vom Teufel versucht.

Karina [Griech.: »die allzeit Reine«], Hl., starb wohl zur Zeit Kaiser Julians des Abtrünnigen als Märtyrin in Angora/Türkei Mitte des 4. Jhs. **7.11.**

Florentius, Hl., Bischof von Straßburg, gest. Ende des 6. Jhs., ↗ 21.7.

Willibrord OSB, Hl., geb. 658 in Northumberland/Nordengland, war in Ripon Schüler Wilfrids, seit 678 Mönch im irischen Kloster Rathmelsigi unter Abt Egbert, der ihn 690 mit Swidbert nach Friesland sandte. Willibrord ließ sich von dem fränkischen Hausmeier Pippin ein Missionsgebiet zuweisen und holte sich von Papst Sergius I. die Vollmacht zur Glaubensverkündigung. 695 sandte ihn Pippin erneut nach Rom, wo der Papst Willibrord am 21. November zum Erzbischof der Friesen weihte und ihm den Namens Clemens gab. Willibrord errichtete in Utrecht seine Bischofskirche. Um 700 gründete er mit Hilfe des fränkischen Adels das Kloster Echternach als Basis für die Mission. Mit dem Tod Pippins 714 brach mit der fränkischen Herrschaft auch die Mission in Friesland zusammen und konnte erst seit 719 wieder aufgenommen werden. Willibrord starb am 7. November 739 wohl in Echternach, wo er auch begraben wurde.
Dargestellt in Pontifikalkleidung mit Stab, Buch und Kirchenmodell, bisweilen mit Knaben an der Hand. – Patron der Kirchenprovinz Utrecht; von Luxemburg; bei Epilepsie, Zuckungen (Willibrordi-Brunnen). RK, AC, LÜ, LUX, MS. TR

Engelbert I. [Ahdt.: »berühmt wie die Angeln«, die ursprünglich an der Bucht von Schleswig wohnten], Hl., geb. um 1185 als Sohn des Grafen Engelbert von Berg, wurde 1199 zum Dompropst in Köln gewählt, folgte im Thronstreit zwischen Philipp von Schwaben und Otto IV. der treulosen Politik seines Vetters Adolf von Altena, wurde exkommuniziert und abgesetzt, unterwarf sich 1208 dem Papst und kämpfte zur Buße 1212 gegen die Albigenser. Dann ergriff er Partei für Friedrich II. und wurde 1216 einstimmig zum Erzbischof von Köln gewählt. Nun suchte Engelbert die Verheerungen der langen Kriegsjahre zu beheben. Er versuchte, aus dem Gebiet des Kölner Erzstiftes, aus der Grafschaft Berg, die er seit dem Tod seines Bruders 1218 verwaltete, und seinen herzoglichen Rechten in Niederlothringen und

Westfalen ein starkes Territorium zu errichten. Friedrich II. ernannte ihn zum Reichsverweser und zum Vormund seines Sohnes Heinrich, den Engelbert 1222 in Aachen zum König krönte. Engelbert war auf Bewahrung des Landesfriedens sowie auf den Schutz der Klöster vor den Bedrückungen der adeligen Vögte bedacht. Sein Vettersohn Friedrich von Isenburg, Vogt des Stiftes Essen, wollte den Erzbischof gefangen nehmen. Er überfiel ihn am 7. November 1225 bei Gevelsberg. Als Engelbert sich zur Wehr setzte, wurde er erschlagen. 1226 wurde er feierlich im Dom beigesetzt und vom Kardinallegaten Konrad von Porto zum Märtyrer erklärt. – Seine Gebeine ruhen heute in einem prachtvollen Barockschrein im Kölner Dom.
Dargestellt in bischöflichem Ornat mit Pallium, Buch und Schwert. E, K

Ernst [Ahdt.: »Beharrlichkeit«] OSB, Hl., nach der Überlieferung ein Edler von Steußlingen, wurde 1141 Abt von Zwiefalten. 1146 legte er sein Amt nieder und nahm im Gefolge des Bischofs Otto von Freising am zweiten Kreuzzug teil. Dabei erlitt er den Tod. Nach der Leidensgeschichte aus dem Ende des 12. Jh. wurde er von den Sarazenen in Mekka grausam ermordet.
Dargestellt in Abtskleidung mit Haspel und Wind.

Gisbert [Ahdt.: »Geisel« u. »glänzend«] OCist, lebte als Prior im Zisterzienser-Kloster Bebenhausen um 1200 und soll die Wundergabe besessen haben.

8.11. **Martin** von Tours, Hl., gest. 8.11.397, ↗ 11.11.

Willehad, Hl., um 745 in Northumberland/Nordengland geboren und wohl in der Schule von York erzogen. Um 757/770 ging er als Glaubensbote nach Friesland. Karl d. Gr. berief ihn 780, um an der unteren Weser die Frohbotschaft zu predigen. Beim Sachsenaufstand 782 musste Willehad fliehen. Er reiste nach Rom, verweilte dann längere Zeit in Echternach und kehrte nach Widukinds Taufe 785 in sein Missionsgebiet zurück, wo er zwischen Weser und Ems die kirchliche Organisation einrichtete. 787 in Worms zum Bischof geweiht, nahm er seinen Sitz in Bremen, wo er am 1. November 789 den ersten Bremer Dom konsekrierte. Er starb bereits am 8. November 789 in Blexem an der Wesermündung und wurde im Bremer Dom beigesetzt. – Erzbischof Ansgar überführte seine Gebeine 860 in den neuen Bremer Dom, wo sie in der Reformationszeit verschollen sind.
Dargestellt in bischöflichen Gewändern mit Kirchenmodell und zerstörten Götzenbildern. H, HI, MS. OS

Gregor [Lat.: »der Wachsame«] OSB, Sel., geborener Angelsachse, wurde 949 Mönch und 964 Abt des Klosters Einsiedeln, dessen Besitz er dank seiner guten Verbindungen zu den Ottonen mehrte. Die von ihm aufgezeichneten Gewohnheiten des Klosters Einsiedeln wurden durch seinen Schüler Wolfgang in Regensburg bekannt und waren von großem Einfluss auf die süddeutschen Klöster. Gregor starb am 8. November 996. – Seine Gebeine wurden 1522 von den Zwinglianern aus dem Schrein entfernt. Einige 1609 wieder aufgefundene Reliquien wurden 1798 von französischen Soldaten in alle Winde verstreut.

Gottfried [Ahdt.: »Gottesfriede, -schutz«] OSB, Hl., wurde um 1065/1066 im Raum von Soissons geboren und erhielt seine Bildung im Kloster Mont-St.-Quentin bei Péronne. Im Alter von 25 Jahren empfing er die Priesterweihe und wurde 1091 Abt in Nogent-sous-Coucy, das er vollständig erneuerte. 1104 wurde er gegen seinen Willen zum Bischof von Amiens berufen. Hier zeigte er sich von äußerster Güte und Mildtätigkeit gegenüber Armen, Kranken und Bedrängten. In den Auseinandersetzungen zwischen den Bürgern und dem königlichen Vogt stand er auf der Seite der Bürger, musste aber 1114 in die Große Kartause fliehen. Bald darauf wurde er zwar zurückberufen, doch wurde seine Liebe mit Undank belohnt. Am 8. November 1115 starb Gottfried in Soissons, wo er im Chor der Abteikirche bestattet wurde. – Am 4. April 1138 wurden seine Gebeine erhoben und in einem Schrein vor dem Hochaltar beigesetzt.
Dargestellt in bischöflichem Ornat mit einem Hund.

Johannes [Hebr.: »Jahwe ist gnädig«] Duns Skotus OFM, Sel., geb. um 1265, wahrscheinlich in Duns/Schottland, wurde »Franziskaner« und erhielt 1291 die Priesterweihe. Nach seinem Studium in Paris und Oxford lehrte er in Cambridge, Oxford und Paris. 1307 ging er nach Köln. Er zeigte sich als scharfsinniger Theologe und war ein Vorkämpfer für den Christkönigsgedanken und die Lehre von der Unbefleckten Empfängnis Mariens. Duns Skotus starb am 8. November 1308 in Köln und ist in der Minoritenkirche bestattet. – Die Kultanerkennung erfolgte am 6. Juli 1991.
Dargestellt im Minoritenhabit mit Schreibfeder, mit Jesuskind oder mit der Unbefleckten Empfängnis.

Theodor [Griech.: »Gottesgeschenk«] von Euchaita bei Amaseia am Pontus, Hl., **9.11.**
gab wohl 306 sein Leben für Christus hin. Nach der Legende war er Soldat im Heer Kaiser Maximians, steckte bei Beginn der Christenverfolgung 303 den Tempel der Göttermutter Kybele in Amaseia in Brand und erlitt daraufhin den Feuertod nach grausamen Martern.
Dargestellt in Soldatenkleidung oder Ritterrüstung mit Kreuz, lodernder Fackel und brennenden Götzentempeln, mit Märtyrerpalme, Scheiterhaufen und Krokodil. – Patron der Soldaten, Heere; in Kämpfen; bei Sturm.

Ragnulf [Ranulf], Hl., Vater des Abtes von St.-Vedastus in Arras und späteren Bischofs von Cambrai, Hadulf; er soll als Märtyrer um 700 bei Arras gestorben sein.

Herfrid [Ahdt.: »Heer« u. »Friede«], (Sel.), war Einsiedler in Northumberland/Nordengland. Vermutlich ist er identisch mit Abt Herfrid von Lindisfarne, der sich auf die Insel Farne zurückzog und dort 747 starb.

Roland [Rodland], [Germ.: »berühmt« u. »wagemutig«] OSB, Sel., Mönch in Elno, wurde 1069 Abt des wieder besiedelten Benediktiner-Klosters Hasnon in Flandern. Er starb der Überlieferung nach am 9. November 1084. Hundert Jahre nach seinem Tod wurde sein Leib erhalten aufgefunden.
Dargestellt im Gewand eines Benediktinerabtes, im Gebet versunken.

Erpho, Hl., Dompropst und seit 1084 Bischof von Münster, hielt im Investiturstreit Kaiser Heinrich IV. auch im Unglück die Treue. Erpho vollendete den Bau mehrerer Stiftskirchen und weihte 1090 den Dom in Münster. Besonders das St.-Mauritz-Stift bedachte er mit reichen Zuwendungen. Von seiner persönlichen Frömmigkeit zeugt eine Pilgerfahrt ins Heilige Land 1091/92. Erpho starb am 9. November 1097. Er fand seine letzte Ruhestätte auf dem Friedhof von St.-Mauritz, wo über seinem Grab eine Kapelle errichtet wurde.

10.11. **Leo** [Lat.: »Löwe«] der Große, Hl., geb. in Tuskien, bestieg 440 den Stuhl Petri und zeigte sich als entschlossener Hüter des wahren Glaubens gegen die Irrlehren und als energischer Vorkämpfer für die Rechte des Papsttums. Er ordnete die kirchlichen Verhältnisse in Gallien, Nordafrika und Illyrien. Durch persönlichen Einsatz bewahrte er Rom 452 vor den Hunnen Attilas. Auch von Geiserich erwirkte er die Schonung Roms von Brand und Mord, wenn er auch 455 eine vierzehntägige Plünderung Roms hinnehmen musste. Die von ihm überlieferten Predigten und Briefe zeichneten sich durch klaren Gedankengang und brillante Ausdrucksweise aus. Leo starb am 10. November 461 in Rom. – 1754 wurde er zum Kirchenlehrer erhoben.
Dargestellt in päpstlichem Ornat mit Tiara, Evangelienbuch, Drachen. – Patron der Sänger, Musiker, Organisten. GK

Justus, Hl., wurde 601 von Papst Gregor d. Gr. dem Augustinus von Canterbury zur Unterstützung der Mission in England gesandt. Dieser weihte Justus 601 zum ersten Bischof von Rochester. 616 wurde der Bischof von der heidnischen Reaktion vertrieben, kehrte aber nach einem Jahr zurück. 624 wurde er der vierte Erzbischof von Canterbury. Er starb bereits 627. – Seine Gebeine wurden am 13. September 1091 durch Erzbischof Lanfrank erhoben. Das alte Grab wurde 1916 wieder gefunden.

Johannes [Hebr.: »Jahwe ist gnädig«] Skotus, Hl., ein Priester aus Irland, der zuerst in Island als Glaubensbote tätig war. Schon in höherem Alter wurde er von Erzbischof Adalbert von Bremen-Hamburg nach 1055 zum Bischof von Mecklenburg geweiht. Beim Slawenaufstand wurden ihm am 10. November 1066 Hände und Füße abgeschlagen und sein Haupt dem Götzen Redigast in Rethra am Tollensee geopfert.

Johannes [Hebr.: »Jahwe ist gnädig«] Prassek, geb. am 13. August 1911 in Hamburg, 1937 Priester; **Hermann** Lange, geb. am 16. April 1912 in Leer/Ostfriesland, 1938 Priester; **Eduard** Müller, geb. am 20. August 1911 in Neumünster, 1940 Priester; sie waren Geistliche der Herz-Jesu-Kirche in Lübeck. Zusammen mit dem evangelischen Pfarrer **Karl Friedrich** Stellbrink wurden sie »wegen Vorbereitung zum Hochverrat und Rundfunkverbrechens« (Abhören ausländischer Sender) von einem nationalsozialistischen Sondergericht zum Tode verurteilt und am 10. November 1943 im Gefängnis von Hamburg-Holstenglacis durch das Fallbeil hingerichtet.

Men[n]as, Hl., war wahrscheinlich ein Ägypter, der 295 die Krone des Martyriums erlangte. Sein Grab in der Menasstadt, ehemals eine fruchtbare Oase, heute Wüste, wurde Mittelpunkt eines weit verbreiteten Kultes. – Die ausgedehnten Kirchen- und Klosteranlagen wurden 1905–1908 ausgegraben. Die Legende nennt Mennas einen Soldaten. **11.11.**

Dargestellt betend zwischen zwei Kamelen, mit zwei Augen in einer Schale, auch in Soldatenkleidung zu Pferd als Drachenbezwinger. – Patron der Kaufleute; in schweren Nöten und Anliegen; zur Wiedererlangung verlorener Sachen.

Martin [Lat.: »der dem Mars Geweihte«], Hl., wurde um 316/317 als Sohn eines römischen Tribunen in Sabaria/Pannonien geboren. Mit 15 Jahren wurde er zum Heeresdienst in der berittenen kaiserlichen Garde eingezogen. In den ersten Soldatenjahren teilte Martin am Stadttor von Amiens mit einem frierenden Bettler seinen Mantel. Im Alter von 18 Jahren empfing Martin die Taufe. Nachdem er die Armee verlassen hatte, wurde er Schüler des Hilarius von Poitiers. Nach dessen Verbannung 356 ging Martin wieder nach Pannonien, um seine Eltern zu bekehren. Von den dortigen Arianern vertrieben, zog er sich auf eine Insel bei Genua als Einsiedler zurück. Um 360 begab er sich zu dem heimkehrenden Hilarius und gründete 361 in Ligugé das erste Kloster Galliens. 371 wählten Klerus und Volk von Tours Martin zu ihrem Bischof. In der Nähe von Tours gründete Martin 375 das Kloster Marmoutier, das ein Mittelpunkt asketischen Lebens und eine Schule für hervorragende Bischöfe wurde. Unter der zahlreichen, noch heidnischen Bevölkerung in den ländlichen Gebieten Mittelgalliens verkündete Martin das Evangelium. Seine Berühmtheit als Wundertäter, sein strenges, asketisches Leben und sein Gerechtigkeitssinn für die Not des armen Volkes ließen ihm im weithin verweltlichten Episkopat und Klerus Galliens zahlreiche Gegner erwachsen. Als er auf einer Seelsorgereise in Candes am 8. November 397 starb, kamen zu seinem Begräbnis in Tours Tausende von Mönchen und gottgeweihten Jungfrauen sowie eine große Volksmenge zusammen. Martins Bedeutung liegt darin, dass er das Ideal des asketischen Mönchtums mit dem Apostolat verband und damit die Grundlage für das abendländische Mönchtum schuf. – Über Martins Grab erhob sich später eine große Basilika, bei der die Abtei St.-Martin entstand. Chlodwig (466–511) erwählte Martin zum Schutzherrn des Franken. Martins Mantel wurde eine Reichsreliquie, die die fränkischen Könige auf ihren Heerzügen begleitete. Seine letzte Ruhestätte war bis ins späte Mittelalter Ziel zahlreicher Pilgerfahrten.

Dargestellt als Reitersoldat zu Pferd, der seinen Mantel mit einem Bettler teilt, oder in bischöflichen Gewändern, umgeben von Armen. – Patron der Bistümer Mainz und Rottenburg-Stuttgart; des Burgenlandes; der Reisenden, Armen, Bettler, Flüchtlinge, Gefangenen, Hirten, Soldaten, Reiter, Gerber, Weber, Groß-, Leder- und Tuchhändler, Schneider, Müller, Bürstenbinder, Böttcher, Gastwirte, Hutmacher, Ausrufer, Abstinenzler, der Haustiere, Pferde, Gänse; gegen Blähungen, Ausschlag, Blattern, Schlangenbiss, Rotlauf; für Fruchtbarkeit der Felder. – Reiches Brauchtum: Martins-Gans und -Minne, -Feuer, -Brezel, -Umzüge.

GK, RK, BR, HI, MZ, RT, S

12.11. **Renatus**, Hl., Bischof von Angers, wohl 4./5. Jh., ↗6.10.

Ämilian, Hl., zuerst Hirte, dann etwa vierzig Jahre lang Einsiedler im Gebirge von Cogolla, wurde Priester und Pfarrer in seiner Heimat Verdejo/Nordspanien, zuletzt Lehrer und Wundertäter für die ganze Umgebung. Er starb im Alter von 100 Jahren am 12. November 574. – 1030 wurde ein Teil seiner Reliquien in die angeblich von ihm gegründete und nach ihm benannte Abtei S. Millán übertragen.

Dargestellt als Abt auf einem Pferd, mit Stab und Schwert.

Kunibert [Ahdt.: »der in der Sippe Berühmte«], Hl., entstammte moselländischem Adel. Er wurde Archidiakon in Trier und wahrscheinlich 623 Bischof von Köln. Nach den Wirren der Völkerwanderungszeit baute er sein Bistum neu auf, erwies sich als Wohltäter von Kirchen und Klöstern und rief karitative Vereinigungen ins Leben, um die Not zu lindern. Den Merowingerkönigen Dagobert I. und Sigibert III. sowie dem Hausmeier Pippin dem Älteren war er ein einflussreicher Ratgeber. Kunibert starb am 12. November um 663 und wurde bestattet in der vielleicht von ihm erbauten St.-Klemens-Kirche, die später nach ihm St.-Kunibert-Kirche genannt wurde. Sein Kult ist seit dem Anfang des 9. Jhs. nachweisbar.

Dargestellt in bischöflichen Gewändern mit Buch, Kirchenmodell und Taube.

K, TR

Arsacius, Hl., wird von der Legende des 13. Jhs. als Bischof und Märtyrer in Mailand genannt. Seine Reliquien wurden um 766 von Rom nach Ilmmünster, 1495 in die Frauenkirche nach München und 1846 wieder nach Ilmmünster gebracht. Vielleicht hat er um 400 gelebt.
Dargestellt in bischöflichem Ornat. M

Liafwin [Lebuin, Lewin], Hl., ein angelsächsischer Priester, wirkte seit etwa 770 unter Gregor von Utrecht bei den Friesen im Gebiet der Ijssel, um den Glauben zu verkünden. In Deventer erbaute er die erste Kirche. Von hier unternahm er eine vergebliche Missionsreise ins westliche Sachsenland. Nach seinem Tod um 780 wurde er von Liudger in der Kirche von Deventer begraben. – Sein Kult ist bereits im 8. Jh. bezeugt. Liafwin wird in St.-Bavo/Gent als Livinus verehrt.
Dargestellt im priesterlichen Messornat mit Buch und Stab, mit Kreuzfahne. – Patron von Deventer; für einen guten Tod.

Fegerin OPraem, »Prämonstratenser« in Waldgassen/Saargebiet und Schüler des ersten Abtes von Waldgassen, Wolfram. Nach dessen Tod 1158 wurde Fegerin Abt. Besonders lag ihm die Sorge für die Armen am Herzen. Er errichtete ein Hospital, in dem die Bedürftigen, die Kranken und die wandernden Pilger ein Unterkommen finden sollten. Nachdem er in Güte und Bescheidenheit zehn Jahre lang die Geschicke der Abtei gelenkt hatte, starb er am 12. November 1168.

Diégo [Didacus] von Alcalá OFM, Hl., geb. in Andalusien, lebte zuerst als Einsiedler und wurde dann Laienbruder im Franziskanerorden. 1441 reiste er als Glaubensbote auf die Kanarischen Inseln, wurde 1445 Guardian von Fuerteguerra und kam 1450 nach Rom, wo er im Konvent Aracoeli Kranke pflegte. Diégo übte strengste Askese, liebte das beschauliche Gebet und besaß die Gabe der übernatürlichen Krankenheilung. 1456 kehrte er über Sevilla von Rom zurück und begab sich nach Alcalá, wo er am 12. November 1463 starb.
Dargestellt im Franziskanerhabit mit Kreuz, Kochtopf oder bei der Krankenpflege.

Josaphat Kunzewitsch OSBM, Hl., geb. 1580 in Wolhynien von orthodoxen Eltern, trat in Wilna zur ruthenisch-unierten Kirche über, wurde 1604 »Basilianermönch« und 1618 Erzbischof von Polozk. Er bemühte sich eifrig um Reformen in seinem Orden und um die Ausbreitung der ruthenischen Kirche. Seine Ausstrahlung als Prediger und Beichtvater war bedeutend. Josaphat wurde bei einer Visitationsreise am 12. November 1623 in Witebsk erschlagen. – Seine Reliquien wurden 1916 nach Wien, 1949 nach Rom übertragen.
Dargestellt im Habit der Basilianermönche oder in bischöflicher Gewandung mit Hackmesser. GK

13. November

13.11. Briktius, Hl., ein Schüler Martins von Tours, wurde um 397 dessen Nachfolger als Bischof von Tours. Seinem Lehrer und Vorgänger erbaute er in Tours eine Kirche. Weil Briktius ein nicht so asketisches Leben wie Martin führte, erhoben um 417 seine Gegner Anschuldigungen gegen ihn, die aber eine Synode als Verleumdung erkannte. Briktius starb um 444. – Gregor von Tours ließ 580 seine Reliquien nach Clermont in der Auvergne überführen.
Heute werden sie in S. Michele in Pavia verehrt. Der Briktius-Kult verbreitete sich im Gefolge der Martinsverehrung.
Dargestellt in bischöflichem Gewand mit glühenden Kohlen, mit Wickelkind auf dem Arm, mit drei Ähren. – Patron der Richter; gegen Leibweh, Unterleibskrankheiten.

Himer, Hl., geb. im 7. Jh. in Lugnez bei Damphreux/Schweiz, wirkte als Glaubensbote im Schüsstal/Berner Jura. Nach seinem Tod, vermutlich um 610, wurde das Tal, wo er gelebt hatte, St.-Immer-Tal genannt. – An seinem Grab entstand ein Kloster, das 884 als Cella Himerii mit Kapelle und Dorf dem Kloster Moutier-Grandval von Karl dem Dicken übertragen wurde. Um 1130 wurde die Cella Himerii in ein Chorherren-Stift umgewandelt, das 1530 in der Reformation unterging. Reliquien Himers befanden sich an verschiedenen Orten in der Schweiz und im Elsass.
Dargestellt in Eremitenkleidung mit Bart, auch in Messkasel, mit Spaten oder Greif.
BS

Gerberg, Sel., gründete mit ihrem Gatten Megingoz das Stift Vilich/bei Bonn, wo ihre Tochter Adelheid Äbtissin wurde. Gerberg starb um 998 in Vilich.

Wilhelm [Ahdt.: »der auf Schutz Bedachte«], Sel., war im Streben nach Vollkommenheit ein Schüler der Einsiedlerin Alrun von Niederaltaich. Nach dem Tod Alruns erbaute sich Wilhelm eine Klause auf dem Frauenberg bei Rinchnach, wo er als Einsiedler lebte, aber täglich zum Chorgebet nach Niederaltaich hinabstieg. Nach seinem Tod um 1050 wurde er in Rinchnach begraben. – 1420 wurden seine Gebeine in die Abteikirche Niederaltaich übertragen.

Siard OPraem, Hl., 1194 Abt des Prämonstratenser-Stiftes Mariengaarde/Friesland nach dem Tod des Gründers Friedrich von Hallum. Siard pflegte besonders die Verehrung des leidenden Erlösers. Am 13. November 1230 verschied Siard und wurde bald nach seinem Tod verehrt. – Nach der Zerstörung von Mariengaarde wurden die Reliquien Siards 1617 nach Tongerloo/Flandern übertragen.
Dargestellt als Abt mit Geißel und Rute, Kreuz, auch Brot an Arme verteilend.

Gertrud d. Gr. von Helfta, Hl., gest. 13.11.1302, ↗17.11.

Stanislaus [Poln.: »durch Standhaftigkeit berühmt«] Kostka SJ, Hl., geb. am 28. Oktober 1550 in Rostkow/Polen, entstammte einem polnischen Adelsgeschlecht. 1564–1567 studierte er in Wien. Um in die »Gesellschaft Jesu« eintreten zu können, floh er nach Augsburg und Dillingen, von wo ihn Petrus Kanisius weiter nach Rom schickte. Dort wurde Stanislaus im Oktober 1567 als Novize von den Jesuiten aufgenommen. Hier gewannen ihm seine Frömmigkeit, besonders seine Liebe zur Gottesmutter sowie sein heiteres Wesen viele Herzen. Doch die Flucht hatte seine Körperkräfte so geschwächt, dass er am 15. August 1568 einem Wechselfieber erlag. Er wurde in Rom in der Kirche S. Andrea sul Quirinale bestattet.
Dargestellt im Knabengewand oder im Jesuitenkleid mit Lilie, Jesuskind, Wanderstab. – Patron Polens, der studierenden Jugend; bei inneren Glaubenskämpfen, Fieber, Augenleiden, Gliederbrüchen, Herzklopfen, schwerer Krankheit; der Sterbenden. A, W

Karl [Ahdt.: »Mann, freier Mann«] Lampert, geb. am 9. Januar 1894 in Göfis bei Feldkirch, 1918 Priester, wurde 1930 Provikar der Apostolischen Administratur Innsbruck. Nach mehrmaliger kürzerer »Schutzhaft« in Innsbruck wurde er im August 1940 ins KZ Dachau gebracht. Dort am 2. August 1941 entlassen, wurde ihm Mecklenburg-Pommern als Zwangsaufenthalt angewiesen, wo er in Stettin Aufnahme fand. Hier wurde er auf die verleumderischen Aussagen eines Spitzels hin wieder verhaftet, in Halle mit dem Stettiner Kaplan **Herbert Simoleit**, geb. am 8. Mai 1908 in Berlin-Steglitz, und dem Oblatenpater **Friedrich Lorenz**, geb. 1898, in einem Schauprozess zum Tode verurteilt und am 13. November 1944 in Halle durch das Fallbeil hingerichtet.

Agostina Pietrantoni FdCC, Hl., mit Taufnamen Livia, geb. am 27. März 1864 in Pozzaglia Sabina/Italien, trat im Alter von 22 Jahren in die Gemeinschaft der »Figlie della Carità« (Canossianerinnen) in Rom ein. Sie widmete sich mit ganzer Kraft der Pflege der Pestkranken, bis sie schließlich selbst Opfer der Tuberkulose und eines Verbrechens wurde. Die beliebte Ordensfrau starb am 13. November 1894 in Rom. Ihre sterblichen Überreste ruhen im Mutterhaus der »Suore della Carità« in Rom. – Seligsprechung am 12. November 1972, Heiligsprechung am 18. April 1999.

Sidonius OSB, Hl., wohl irischer Herkunft, kam 664 ins französische Jumièges, **14.11.**
begleitete um 674 Bischof Audoin von Rouen nach Rom, leitete dann als Abt ein von ihm gegründetes Kloster nördlich von Rouen, das später St.-Saëns genannt wurde. Sidonius starb nach 689. Die Reliquien befinden sich heute größtenteils in Fécamp.
Dargestellt im Mönchshabit mit Abtsstab und Buch. – Patron gegen Trockenheit.

14. November

Alberich OSB, Hl., Prior des Martins-Klosters in Utrecht, war Neffe von Bischof Gregor, der das Bistum Utrecht leitete. Nach Gregors Tod wurde Alberich Bischof von Utrecht. Die Bischofsweihe empfing er 780 in Köln. Mit Alkuin und Liudger war Alberich in Freundschaft verbunden. Besonders der Friesenmission galt Alberichs Bemühen. Doch ereilte ihn bereits am 14. November 784 der Tod. Er wurde in Susteren, einer Stiftung seiner Familie, bestattet, wo bald seine Verehrung einsetzte.
Dargestellt in bischöflichem Ornat.

Nikolaus [Griech.: »Sieger im Volk«] Tavelić OFM, Hl., geb. um 1340 in Sibenik/Dalmatien. Er wirkte als »Franziskaner« zunächst in Bosnien, danach viele Jahre in Jerusalem. Mit seinen drei Gefährten **Deodatus** [Lat.: »von Gott geschenkt«] von Roussillion, Hl., **Stephanus** von Cuneo, Hl., und **Petrus** von Narbonne, Hl., wollte er auch den Muslimen das Evangelium verkünden. Sie wurden am 14. November 1391 in Jerusalem mit dem Schwert hingerichtet. – Am 6. Juni 1889 erfolgte die Kultbestätigung, die Heiligsprechung am 21. Juni 1970. GK

Maria Merkert STFE, geb. am 23. September 1817 in Neisse im heutigen Polen, wuchs in einer katholischen Familie auf. Ihre mitfühlende Sorge galt seit früher Jugend den Armen und Hilfsbedürftigen. Nach dem Tod ihrer Mutter schloss sie sich 1842 Clara Wolff und weiteren Gefährtinnen an, um sich in einem Gemeinschaftsleben der Krankenpflege und Sozialarbeit zu widmen. Sie zeichnete sich als Mitbegründerin der »Schwestern von der hl. Elisabeth« (früher »Graue Schwestern«) durch besonderen Wagemut und Opfergeist aus. Sie starb am 14. November 1872 in ihrer Heimatstadt. – Das Seligsprechungsverfahren ist eingeleitet.

Bernhard [Ahdt.: »der Bärenharte«] Letterhaus, geb. am 10. Juli 1894 in Barmen, seit 1920 in der christlichen Gewerkschaft tätig, 1927 Verbandssekretär der »Katholischen Arbeitervereine Westdeutschlands«; er wurde 1928 Zentrumsabgeordneter im Preußischen Landtag. Seit 1933 bemühte er sich, den Katholischen Arbeiterverein zu einem geistigen Bollwerk gegen die nationalsozialistische Weltanschauung zu formen. Seit 1942 wirkte er in der Presseabteilung des Oberkommandos der Wehrmacht. In der Widerstandsbewegung gegen Hitler war er an führender Stelle tätig. Am 20. Juli 1944 verhaftet, wurde er am 13. November 1944 zum Tod verurteilt und am folgenden Tag in Berlin-Plötzensee hingerichtet.

Bischof **Marinus**, Hl., und der Diakon **Anianus**, Hl., stammten aus Irland oder dem westlichen Frankenreich. Vor den Alpenslawen flüchteten sie in die Gegend von Wilparting und Alb in Oberbayern. Als sie hier den Glauben verkündeten, erlitten sie den Martertod. Sie haben wohl im 7./8. Jh. gelebt. –

Über ihr Wirken ist weiter nichts Sicheres bekannt. Doch ist ihr Kult nach 1100 bezeugt. Ihre Reliquien in Wilparting werden von Wallfahrern besucht.

Dargestellt: Marinus in bischöflichem Ornat mit Buch und Stab; Anianus im Diakonsgewand mit Buch und Palme.

Findan OSB, Hl., geb. um 800 in Südleinster/Irland, wurde von Normannen nach den Orkney-Inseln verschleppt, wo ihm die Flucht nach Schottland gelang. Danach pilgerte er nach Rom. Bei der Rückkehr blieb er im Kloster Rheinau, wo er zuerst als Mönch lebte. Dann ließ er sich in einer Zelle an der Klosterkirche von Rheinau einmauern und verbrachte hier die letzten zweiundzwanzig Jahre seines Lebens in Gebet und strengster Askese. 878 wurde er von dieser Erde erlöst.

Seine Gebeine, 1446 wieder aufgefunden, wurden 1531 zum Teil verbrannt. Die erhaltenen Reliquien befinden sich in Rheinau. Die zuverlässige Lebensbeschreibung wurde kurz nach seinem Tod von einem irischen Mitbruder verfasst.

Dargestellt im Mönchshabit mit Herzogshut in der Hand.

Leopold III. [Ahdt.: »der Kühne im Volk«], Hl., Markgraf von Österreich, geb. um 1075 in Gars am Kamp, von Bischof Altmann von Passau erzogen, gelangte 1095 zur Regierung. Durch die Wirren des Investiturstreites zwischen Kaiser und Papst lenkte er klug und geschickt sein Land. Aus der Ehe mit der Kaisertochter Agnes stammten die späteren Bischöfe Otto von Freising und Konrad II. von Salzburg. Leopolds persönliche Frömmigkeit fand ihren Niederschlag in seiner Sorge für Klöster und Stifte. Das Stift Melk unterstellte er 1110 dem Papst. In seiner Residenz Klosterneuburg erbaute er um 1108 eine Kirche; die dortigen Stiftsherren ersetzte er 1133 durch »Augustiner-Chorherren«. 1133 gründete er die Abtei Heiligenkreuz, für die er die »Zisterzienser« aus Morimond berief. Um 1136 war er zudem wesentlich an der Errichtung der Benediktiner-Abtei Klein-Mariazell beteiligt. Leopold wurde am 15. November 1136 auf der Jagd vom Tod ereilt und fand sein Grab in der Krypta von Klosterneuburg.

Dargestellt in fürstlicher Kleidung mit Markgrafenhut, Fahnen, Kirchenmodell, Holunderstrauch mit Schleier. – Patron Österreichs. RK, KG, L, N, W

Albert [Ahdt.: »von glänzender Abstammung«] der Große OP, Hl., geb. um 1200 in Lauingen, aus ritterlichem Geschlecht, trat 1223 in den »Dominikanerorden« ein und lehrte nach Vollendung seiner Studien an verschiedenen Schulen seines Ordens. Nach einem Aufenthalt an der theologischen Fakultät in Paris seit etwa 1243/44 wurde Albert 1248 an das neu gegründete Generalstudium des Ordens in Köln berufen, wo Thomas von Aquin sein Schüler war. 1254–1257 war Albert Provinzial der deutschen Ordensprovinz,

1257 wurde er Lesemeister in Köln und 1260 auf Geheiß des Papstes Bischof von Regensburg. 1262 resignierte er als Bischof, betätigte sich 1263–1263 im Auftrag Papst Urbans IV. in Deutschland und Böhmen als Kreuzzugsprediger und kehrte dann nach Aufenthalten in Würzburg und Straßburg 1270 nach Köln zurück.

Albert besaß umfassende philosophische sowie naturwissenschaftliche Kenntnisse, die er mit einem klaren Denken und eigener Beobachtung verband. Die Einführung aristotelischen Gedankengutes in die mittelalterliche Philosophie ist entscheidend sein Werk. Die Aufnahme neuplatonischen Gedankengutes in seine wissenschaftliche Darlegung ließ ihn auch die Mystik seit Meister Eckhart beeinflussen. Sein Ansehen in Köln war so groß, dass er mehrmals zum Friedensstifter in Streitigkeiten zwischen Staat und Erzbischof erwählt wurde. Seine Schiedssprüche, wenn sie auch sorgfältig die Rechte und Privilegien der Parteien abwogen, zeigten aber deutlich, dass er im Grunde seines Herzens auf Seiten der Stadt und ihrer Bürger stand.

Albert starb am 15. November 1280 in Köln und wurde in der Kirche seines Ordens begraben. Heute ruhen die Reliquien in der Krypta der St.-Andreas-Kirche in Köln. Wegen seines umfangreichen Wissens wurde Albert »Doctor universalis« genannt. Seine reichen naturwissenschaftlichen Kenntnisse erschienen den Zeitgenossen unheimlich und ließen einen Legendenkranz um den »Magier« Albert entstehen. – 1931 wurde er zum Kirchenlehrer erhoben.

Dargestellt im Dominikanerhabit oder in bischöflichen Gewändern, am Schreibpult sitzend mit Buch und Schreibfeder. – Patron der Studenten, Theologen, Philosophen, Naturwissenschaftler, Bergleute. GK, FR, K, R, G, V

16.11. **Otmar** [Ahdt.: »der durch Besitz Berühmt«] OSB, Hl., geb. um 689, war ein Alemanne, der in Chur oder Remüs Priester an einer Florinuskirche war. 719 übernahm er die Leitung der Mönchsgemeinde beim Grab des hl. Gallus und führte dort die Benediktinerregel ein. Er gründete das erste Leprosenhaus der Schweiz. Als er die Rechte des Klosters verteidigte, wurde er zuerst in Bodmann/Pfalz gefangen gesetzt, dann auf die Rheininsel Werd bei Stein verbannt. Hier starb er am 16. November 759. – Seine Gebeine wurden 867 in der Oberkirche von St.-Gallen beigesetzt.

Dargestellt im Benediktinerhabit oder in Abtskleidung mit Weinfässchen. – Zweiter Patron des Bistums St.-Gallen. BS. CH, FR, SG

Waltger [Walter], [Ahdt.: »der Herrschende«], Sel., sächsischer Edeling, gründete wahrscheinlich in Müdehorst im 9. Jh. ein Frauenstift und wurde dort bestattet. Um 900 wurde das Stift Müdehorst mit dem Stift Herford vereinigt. Waltgers Gebeine wurden nach Herford überführt, wo er später als Mitbegründer verehrt wurde.

Dargestellt in gräflicher Kleidung mit Kirchenmodell, Ähren, Weintraube; mit Vogel, der ihm einen Fisch bringt.

Margareta [Griech.: »Perle«], Hl., geb. um 1046 in Reska/Ungarn, war die Tochter des aus England verbannten Eduard Atheling und der ungarischen Prinzessin Agatha. 1057–1566 lebte Margarete in England am Hof ihres Großonkels Eduard des Bekenners. Nach der Schlacht von Hastings 1066 floh sie nach Schottland und vermählte sich dort um 1070 mit König Malcolm III. Hier war sie für die Reform der schottischen Kirche tätig, bemühte sich um Erziehung und Unterricht und zeigte sich als große Wohltäterin der Armen. Sie war das Vorbild einer Familien- und Landesmutter. Am 16. November 1093 starb sie in Edinburgh.
Dargestellt in königlichen Gewändern mit Krone zu Füßen oder in Nonnentracht, umgeben von Armen und Kranken. GK

Viktoria, Hl., war eine christliche Jungfrau, die in Córdoba/Spanien den Martertod erlitt. Die Legende verlegt ihr Martyrium in die Zeit Kaiser Diokletians um 300. **17.11.**
Dargestellt als jungfräuliche Märtyrin, mit Rosen bekränzt. – Patronin für Regen.

Florin, Hl., geb. vermutlich im Vintschgau, lebte wahrscheinlich im 7. Jh. und war Seelsorgspriester in Remüs. Seine Verehrung wurde von den Bischöfen von Chur und den schwäbischen Konradinern gefördert. Florin ist zweiter Patron des Bistums Chur sowie Schirmherr des Unterengadin und des Vintschgaus. Reliquien kamen in das Doppelkloster Schönau/Limburg und in die Stiftskirche St.-Florin/Koblenz.
Dargestellt in Priesterkleidung mit Kelch, mit Krug oder Kanne. BB, CH

Hilda OSB, Hl., eine Nichte des angelsächsischen Königs Edwin, weihte sich im Alter von 33 Jahren Gott und übernahm bald darauf 649 die Leitung des Klosters Hartlepool. 657 gründete sie das Doppelkloster Streaneshalch, später Whitby genannt. Sie war als Äbtissin darauf bedacht, dass die Mönche und Nonnen nicht nur die Tugend liebten, sondern sich auch in der Wissenschaft fortbildeten. Hilda starb am 17. November 680 in Whitby.
Dargestellt im Gewand einer Äbtissin mit Schlangen und Vögeln.

Hiltrud [Ahdt.: »kämpfend« u. »treu«] OSB, Sel., war Klosterfrau auf dem Rupertsberg bei Bingen im 12. Jh. zur Zeit Hildegards, die sie mehrfach rühmend in ihren Schriften erwähnt.

Elisabeth von Thüringen, Hl., gest. 17.11.1231, ↗19.11.

Salome [Salomea] OSCl, Sel., geb. um 1210, Tochter Leszkos V., Herzogs von Krakau, wurde 1238 Gemahlin des ungarischen Prinzen Koloman, des späteren Königs von Kroatien. Nachdem dieser 1241 in der Schlacht gegen die Mongolen gefallen war, lebte sie als »Klarissin« im Kloster Zawichost, seit 1260 im Kloster Grodzisko, wo sie am 17. November 1268 starb. Ihr Grab ist im Chor der Minoritenkirche in Krakau.
Dargestellt im Klarissenhabit mit abgelegter Krone, vor einer Muttergottesstatue kniend.

Gertrud [Ahdt.: »mutig« u. »treu«] d. Gr. von Helfta OCist, Hl., geb. am 6. Januar 1256, erhielt unter der Äbtissin Gertrud von Hackeborn im Kloster Helfta eine gute humanistische Ausbildung. Seit 1218 lebte sie in inniger Christusverbundenheit. Ihre mystischen Erlebnisse begann sie seit 1289 aufzuschreiben und zu verkünden. Gertruds Schriften enthalten zahlreiche Hinweise auf ihre eucharistische Mystik und eine tiefe Herz-Jesu-Verehrung. Sie starb wahrscheinlich am 13. November 1302. – Die Nachwelt gab der hoch begnadeten Mystikerin den Beinamen »die Große«.
Dargestellt im Äbtissinnengewand mit flammendem Herzen, Kruzifix, Buch und Schreibfeder. – Patronin von Peru. (GK), RK, PB

Roque González de Santa Cruz SJ, Hl., und seine beiden Gefährten **Alfonso** Rodriguez SJ, Hl., und **Juan** del Castillo SJ, Hl., waren Mitglieder der »Gesellschaft Jesu«. Sie erlitten am 15. November 1628 in Caaró/Brasilien den Märtyrertod. Roque, geb. 1576, stammte aus vornehmer Familie in Asunción/Paraguay, empfing die Priesterweihe und wirkte zunächst als Missionar im Gran Chaco, dann als Pfarrer in seiner Heimatstadt. 1609 trat er in die »Gesellschaft Jesu« ein und gründete zahlreiche Missionsstationen in den Nachbarländern. – Seligsprechung am 28. Januar 1934, Heiligsprechung am 16. Mai 1988 in Asunción. GK

Maria Josefa von Habsburg, geb. in Wien am 8. Dezember 1688, Erzherzogin von Österreich, heiratete Kurfürst Friedrich August III. von Sachsen, mit dem sie die Hofkirche in Dresden erbaute. Die Kurfürstin, eine große Gönnerin der katholischen Kirche in Sachsen, starb nach einem heiligmäßigen Leben am 17. November 1757. Ihre Gebeine ruhen neben ihrem Gatten in der Hofkirche.

18.11. **Odo** OSB, Hl., geb. in Aquitanien um 878/879 und am Hof Wilhelms von Aquitanien erzogen. 927 übernahm er als zweiter Abt die Leitung von Cluny, das er zum Mittelpunkt einer Reformbewegung machte. 937 waren ihm schon siebzehn andere Klöster unterstellt. Seine strenge Askese wetteiferte mit seiner Güte und Freigebigkeit. Odo starb am 18. November 942 in Tours

und wurde dort in der Klosterkirche Saint-Julien bestattet. – Seit den Hugenottenkriegen (1562–1598) ruhen die Reliquien in Isle-Jourdain.
Dargestellt im Abtsgewand mit Buch, auch Arme bedienend. – Patron der Musiker; für Regen, gegen Dürre.

Gerung OPraem war von Norbert von Xanten zuerst nach Ursberg, dann nach Roggenburg/Schwaben gesandt worden, um hier das um 1130 gegründete Prämonstratenser-Stift aufzubauen. Die großen Schwierigkeiten, die sich ihm hierbei entgegenstellten, überwand er im Vertrauen auf die Hilfe der Gottesmutter Maria, die er mit inniger Liebe verehrte. Nachdem unter seiner vierzigjährigen Leitung die Neugründung ein stetiges Wachstum erlebt hatte, starb er am 18. November 1170.

Philippine Rose Duchesne SC, Hl., geb. am 29. August 1769 in Grenoble/Frankreich, trat im Alter von 18 Jahren bei den »Salesianerinnen« in ihrer Heimatstadt ein. Ihr Vater holte sie vor Beginn der Französischen Revolution aus dem Kloster zurück. 1801 schloss sie sich dann mit einigen ehemaligen Mitschwestern der hl. Magdalena Sophia Barat und den »Sacré-Coeur-Schwestern« an. Im Pariser Mutterhaus wurde sie Sekretärin der Generaloberin und ging 1818 in die USA. Dort gründete sie in der Diözese St.-Louis mehrere Niederlassungen. Bis 1840 leitete sie das neu gegründete Kloster St.-Charles und kehrte nach einer zweijährigen Missionstätigkeit bei den Indianern wieder nach St. Charles zurück. Dort starb sie am 18. November 1852. – Seligsprechung am 12. Mai 1940, Heiligsprechung am 3. Juli 1988. GK

Obadja, Abdias, Abdia, [Hebr. obadja: »Diener Gottes«] war einer der Kleinen Propheten im 9. Jh. v. Chr. Er verkündete den Tag des Herrn als Tag des Gerichts. RO **19.11.**

Toto OSB, Hl., Mitstifter und erster Abt des Klosters Ottobeuren, das nach der Überlieferung 764 gegründet wurde. Er starb wohl Anfang des 9. Jhs. – Abt Isengrim ließ 1163 die Gebeine Totos unter dem Holzaltar von Ottobeuren beisetzen.

Swidger [Suitger], Hl., stammte aus sächsischem Adel. 993 wurde er Bischof von Münster/Westfalen. Das Kreuz anhaltender Kränklichkeit soll er mit großer Geduld ertragen haben. Er starb am 19. November 1011. Seine Reliquien befinden sich im Dom in Münster.

David [Hebr.: »Liebling«] OFM, Sel., geb. um 1200/10 in Augsburg, war einer der ersten deutschen »Franziskaner«. Nach Tätigkeit am Generalstudium in Magdeburg war er 1235–1250 Novizenmeister in Regensburg, wo Berthold von Regensburg sein Schüler war. David wirkte auch als Visitator und Volksprediger. Seine Schriften, zum Teil mystischen Inhalts, verraten eine überlegene Kunst der Seelenführung und eine gesunde Askese. David starb am 9. November 1272 in Augsburg und wurde bald vom Volk verehrt.

Elisabeth [Hebr.: »Gott hat geschworen« od. »Gott ist vollkommen«], Hl., geb. 1207 als Tochter des Königs Andreas II. von Ungarn und seiner Gemahlin Gertrud von Andechs, wurde im Alter von 1 Jahr mit dem späteren Landgrafen Ludwig IV. von Thüringen verlobt und 1211 nach Thüringen gebracht, wo sie von der frommen Landgräfin Sophie erzogen wurde. 1221 heiratete Elisabeth Ludwig und schenkte mit ihm in glücklicher Ehe drei Kindern das Leben: dem späteren Landgrafen Hermann, Sophie, die Herzogin von Brabant wurde, und Gertrud, später Meisterin von Altenberg. Als Ludwig beim Kreuzzug Kaiser Friedrichs II. am 11. Juli 1227 in Italien gestorben war, wurde Elisabeth von ihrem Schwager Heinrich Raspe ihres Wittums beraubt, musste die Wartburg verlassen und geriet in größte Not. Ihre Verwandten und ihr Beichtvater Konrad von Marburg zwangen Heinrich, Elisabeth eine Abfindung zu geben. Mit diesen Gütern gründete sie ein Spital in Marburg, wo sie die Armen und Kranken pflegte. 1228 legte Elisabeth das Gelübde der Armut und Weltentsagung ab und wurde »Franziskaner-Terziarin«. Ganz erfüllt vom Geist des hl. Franziskus wollte sie in der Nachfolge Christi leben und auch sein Leiden und Kreuz auf sich nehmen. Unter tiefer Selbsterniedrigung lebte sie den Werken der Buße und der Nächstenliebe. Am 17. November 1231 gestorben, wurde sie am 19. desselben Monats in der Kapelle des Franziskushospitals beigesetzt und bereits am 27. Mai 1235 heilig gesprochen. – Zur gleichen Zeit wurde mit dem Bau der Elisabethkirche begonnen, wohin später ihre Gebeine in einen kostbaren Schrein übertragen wurden. Landgraf Philipp von Hessen entnahm 1539 die Reliquien, um ihre Verehrung zu beenden. Seit dieser Zeit ist der Großteil der Reliquien verschollen. Das Haupt Elisabeths wird in der Klosterkirche St.-Elisabeth in Wien, Landstraßer Hauptstraße, verehrt. Nach der Erhebung der Gebeine Elisabeths wurde eine Reliquie dem Kloster Altenberg bei Wetzlar gegeben, wo ihre jüngste Tochter Gertrud erzogen wurde. Seit der Säkularisation wird diese Reliquie in der jetzigen Pfarrkirche von Sayn aufbewahrt. Andere Reliquien kamen 1270 in den Dom von Halberstadt. Eine kleine Reliquie befindet sich im Dom von Udine. Der Überlieferung nach befinden sich Teile ihres Brautkleides, ein Brustkreuz und eine Pax-Tafel im Heiltumschatz von Kloster Andechs.

Dargestellt als junge Frau in fürstlichen Gewändern oder in schlichter Kleidung, Armen die Füße waschend oder Almosen spendend, mit Korb voller Rosen, Weinkrug, Kirchenmodell. – Patronin von Thüringen und Hessen, des Deutschen Ordens, der Caritasvereinigungen; der Bäcker, Spitzenmacherinnen, Witwen, Waisen, unschuldig Verfolgter, Bettler, aller Notleidenden. GK, RK, B, FD, GÖ, MEI

Mechthild [Ahdt.: »die machtvolle Kämpferin«] OCist, Sel., geb. 1241, entstammte dem Geschlecht der Edlen von Hackeborn. Unter der Leitung ihrer Schwester Gertrud, Äbtissin von Helfta, erhielt Mechthild eine sorgfältige Ausbildung, übernahm die Klosterschule und wurde Vorsängerin im Chor. Ihre mystischen Erlebnisse wurden zunächst ohne ihr Wissen aufgezeichnet. Nach ihr sollen Liebe und Lob Gottes durch die Benutzung aller Sinne zu Gott hin geschehen. Durch Gebete und Übungen wirkte sie nachhaltig auf die Förderung der Herz-Jesu-Verehrung. Mechthild starb am 19. November 1299.
Dargestellt im Zisterzienserinnenhabit mit Herz, Buch und Taube.

Joseph Kalinowski OCarm, Hl., mit Ordensnamen Raphael vom hl. Joseph, geb. als Sohn einer Akademikerfamilie am 1. September 1835 in Vilna. Er absolvierte eine agrarwissenschaftliche und militärische Ausbildung, nach der er es bis zum Oberst in der zaristischen Armee zubrachte. Als 1863 die polnische Volkserhebung begann, gab er seine Karriere auf und schloss sich den Aufständischen an. Er wurde zum Führer der Volksbewegung für Litauen. Ein Jahr später bereits verschleppte man ihn dafür in sibirische Arbeitslager. Im Frühjahr 1873 in Freiheit, ging er zunächst nach Paris und verdiente seinen Lebensunterhalt als Erzieher. 1877 trat er in Graz in den »Karmeliterorden« ein und empfing am 15. Januar 1882 die Priesterweihe. Arbeit und Buße bestimmten sein Leben, das er nun als Ordensmann für die Bekehrung Russlands aufopferte. Er starb in Wadowice als Superior des Klosters am 15. November 1907. – Seligsprechung am 22. Juni 1983 in Krakau, Heiligsprechung am 17. November 1991. GK

Korbinian, Hl., wurde wahrscheinlich um 680 bei Melun geboren. Anlässlich **20.11.**
einer Romreise kam er nach Bayern, damals war er bereits Bischof. In Kains bei Mais-Meran gründete er ein kleines Kloster mit eigener Regel. Doch wirkte er auf Bitten des Herzogs Grimoald als Bischof in Freising. Als Korbinian die unrechtmäßige Ehe Grimoalds mit Pilitrud verurteilte, musste er nach Kains fliehen. Doch Grimoalds Nachfolger Hugibert holte Korbinian ehrenvoll zurück. Korbinian starb am 8. September um 720/730. – Sein Leib, zuerst in der Zenoburg bei Meran bestattet, wurde 765 von Bischof Arbeo nach Freising übertragen. Im Bistum Bozen-Brixen wird das Gedächtnis Korbinians am 9. September begangen.
Dargestellt in Mönchshabit, Abtskleidung, Priestergewand oder bischöflichem Ornat mit Buch, Kirchenmodell, mit Bär, der ein Lastenbüdel trägt. – Patron des Erzbistums München und Freising. M, BB

Edmund [Aengl.: »der durch Besitz Mächtige«], Hl., geb. um 840, war seit 855 König der Ostangeln. Bei einem Einfall der heidnischen Dänen 870 wurde er gefangen genommen. Da er sich weigerte, seinen Glauben zu verleugnen,

wurde er gegeißelt, mit Pfeilen durchbohrt und zuletzt enthauptet. Seine Gebeine kamen 903 in die Abtei Bury St.-Edmund's, die sich zu einem bedeutenden Wallfahrtsort entwickelte.
Dargestellt in königlichen Gewändern oder in Ritterrüstung mit königlichen Insignien, mit Bär, Baum, Pfeilen, Wolf. – Patron gegen Pest.

Bernward [Ahdt.: »Bär« u. »Hüter«] OSB, Hl., geb. um 960, entstammte sächsischem Adel. Um 975 begann er sein Studium an der Domschule Hildesheim und empfing anschließend in Mainz durch Erzbischof Willigis die höheren Weihen. 987 wurde ihm die Erziehung Ottos III. anvertraut. 993 zum Bischof von Hildesheim berufen, war Bernward um die Bildung des Klerus, die Seelsorge und die Verwaltung der Diözese bemüht. Durch Reisen im Dienst des Reiches nach Italien, Flandern und Frankreich erhielt er neue künstlerische Anregungen, durch die er die Hildesheimer Werkstätten für alle Künste zu hoher Blüte führte. Bernward gründete St.-Michael in Hildesheim als erstes Männerkloster seines Bistums. Am 11. November 1022 nahm er noch selbst das Gewand des hl. Benedikt. Wenige Tage später, am 20. November 1022, starb Bernward. Er wurde in der Krypta von St.-Michael in einem selbst entworfenen Sarkophag beigesetzt. – Als erster Sachse wurde er am 21. Dezember 1192 heilig gesprochen. Nach der Säkularisation 1803 kam der größere Teil seiner Reliquien in die Magdalenenkirche. Haupt und rechter Arm befinden sich im Dom.
Dargestellt in bischöflichen Gewändern mit Hammer, Kelch, Kreuz. – Mitpatron des Bistums Hildesheim; Patron der Goldschmiede. HI

21.11. **Amalberg** OSB, Hl., um 800 Äbtissin von Susteren. In der ehemaligen Stiftskirche, deren Patronin sie ist, befinden sich auch noch einige Reliquien.
Dargestellt im Benediktinerinnenhabit mit Äbtissinnenstab und Kirchenmodell.

Johannes [Hebr.: »Jahwe ist gnädig«] von Meißen OFM, Priester des »Franziskanerordens«, wurde Leiter der von der österreichischen Provinz abgetrennten böhmischen Observantenprovinz. Nach einem heiligen Leben, das durch Wunderkräfte begnadet war, starb er 1492 in Olmütz oder Beuthen.

22.11. **Cäcilia** [Lat.: »die Trübäugige«], Hl., wurde nach der Ende des 5. Jhs. entstandenen Legende mit ihrem Verlobten Valerian und dessen Bruder Tiburtius enthauptet. Der Zeitpunkt des Todes ist ungewiss. – In der Kirche in Trastevere/Rom wurde 545 das Gedächtnis Cäcilias am 22. November begangen. Wahrscheinlich war Cäcilia die Stifterin dieser Kirche. Papst Paschalis I. ließ um 820 die angeblichen Gebeine Cäcilias aus der Prätextatus-Katakombe nach Trastevere übertragen.
Dargestellt in römischer Jungfrauenkleidung mit ihrem Verlobten und einem Engel, mit Schwert und Wunde am Hals, mit Orgel oder anderen Musikinstrumenten. –

Patronin der Kirchenmusik, der Organisten, Orgelbauer, Instrumentenmacher, Sänger, Musiker, Dichter. GK

Klemens [Lat.: »der Sanftmütige«], Hl., war als als Bischof von Rom (92–101) der dritte Nachfolger des Apostels Petrus. Möglicherweise ist er der im *Philipperbrief* (4,3) genannte Paulusschüler. Um 93/97 verfasste er einen Brief an die Korinther, in dem er zu Eintracht, Friede und Ordnung mahnte. Sein Martyrium ist unsicher. – Die Legende berichtet, dass er mit einem Anker um den Hals ins Schwarze Meer versenkt wurde. Seine Reliquien sollen erst von dem Slawenapostel Cyrill im 9. Jh. nach Rom gebracht worden sein. **23.11.**
Dargestellt in bischöflichem Ornat mit Pallium und Tiara, mit Anker, Brunnen und Lamm. – Patron der Seeleute, Hutmacher, Steinmetze, Marmorarbeiter; bei Sturm, Gewitter; gegen Wassergefahren, Kinderkrankheiten. GK

Klemens [Lat.: »der Sanftmütige«], Hl., erster bekannter Bischof von Metz gegen Ende des 3. Jh. Zu dieser Zeit befand sich in einem ehemaligen Amphitheater außerhalb der Stadt ein christliches Oratorium mit Friedhof. – Im 7. oder 8. Jh. wurde hier eine Klemenskirche errichtet. Da man den Todestag des ersten Metzer Bischofs nicht kannte, beging man sein Gedächtnis am Fest Papst Klemens' I. Auf Grund mehrerer Visionen übertrug Bischof Herimann von Metz 1090 die Gebeine des Bischofs Klemens in die Kathedrale. Die Reliquien wurden in der Französischen Revolution zerstört.
Dargestellt im bischöflichen Ornat, wie er das Amphitheater von üblem Gewürm säubert. ME

Felizitas [Lat.: »Glückseligkeit«], Hl., war eine römische Märtyrin, deren Verehrung seit dem 5. Jh. in Rom nachweisbar ist. Nach der Legende erleidet sie mit ihren sieben Söhnen den Martertod.
Dargestellt als römische Matrone mit Palme und Schwert, mit den Häuptern ihrer sieben Söhne. – Patronin der Frauen und Mütter; für Nachkommenschaft.

Kolumban, Hl., geb. um 543 in Irland, war Schüler und später Lehrer im dortigen Kloster Bangor. 591 zog er mit zwölf Gefährten nach Gallien, wo er als Wander- und Bußprediger tätig war. Auf Veranlassung König Childeberts gründete er mehrere Klöster, darunter Luxeuil/Burgund. Für seine 200 Mönche schrieb er eine Regel sowie Bußbücher, die trotz ihrer Strenge weite Verbreitung fanden. Mit dem einheimischen Bischöfen geriet er in Streit, da er am alten Ostertermin festhalten wollte. Als Kolumban Childeberts Nachfolger Theuderich wegen dessen ungezügelten Lebens tadelte, wurde er aus Burgund verwiesen. Vom Zürichsee/Schweiz und aus Bregenz/Bodensee vertrieben ihn die heidnischen Bewohner. Am Bodensee ließ Kolumban den erkrankten Gallus zurück. Er selbst begab sich dann mit seinen Gefährten über die Alpen, wo er 613 mit Hilfe Königin Theodelinds das Kloster

Bobbio gründete. Hier endete am 23. November 615 sein bewegtes Leben. Er fand sein Grab in der Krypta der Klosterkirche.
Dargestellt im Pilgerkleid oder Abtsgewand mit Mitra und Stab, mit Bär und Sonne. – Patron gegen Geisteskrankheiten, Überschwemmungen.
GK, RK, FR, SG, (CH)

Trudo, Hl., wurde von Remaklus (um 600 – 670/76, Abtschof des Doppelklosters Stablo und Malmedy) nach Metz geschickt, wo er sich an der Domschule unter Bischof Chlodulf seinen Studien widmete. In seiner Heimat im Haspengau war er dann als Glaubensbote tätig. 662 gründete er auf seinem Eigengut Sarchinium ein Kloster, das später nach ihm Sint-Truiden genannt wurde. Hier wurde Trudo auch nach seinem Tod um 695 bestattet. – Die Reliquien ruhen seit 1806 in der Kirche Unserer Lieben Frau in Sint-Truiden. Im Bistum Metz wird sein Gedächtnis am 23. Mai begangen.
Dargestellt in Mönchskleidung mit Quelle und Holzstück. LÜ, (ME)

Detlev [Ahdt.: »Volk« u. »Erbe«] von Parkentin OPraem, stammte aus einem Mecklenburgischen Adelsgeschlecht und wurde »Prämonstratenser« in Ratzeburg/Holstein. 1395 wurde er Bischof von Ratzeburg. Er war freigiebig und lebte selbst sehr einfach. Detlev starb am 23. November 1419.

24.11. **Modestus**, Hl., Chorbischof in Salzburg, wurde von Bischof Virgil vor 767 nach Karantanien gesandt, um hier den Glauben zu verkünden. Er errichtete Kirchen in Maria-Saal und St.-Peter im Holz, wo zur Römerzeit Bischofssitze entstanden, die aber in der Völkerwanderung untergingen. Maria-Saal wurde fortan Sitz eines Chorbischofs. Modestus ist der Überlieferung nach am 3. Dezember um 772 gestorben. Er wurde in Maria-Saal bestattet, wo ein Hochgrab seine Reliquien birgt. Im Bistum Gurk-Klagenfurt wird sein Gedächtnis zugleich mit dem **Virgils** am heutigen Tag begangen.
Dargestellt im bischöflichen Ornat mit Kirchenmodell. KG

Flora, Hl., lebte als Jungfrau in Córdoba/Spanien. Während der Christenverfolgung durch die Araber im 8. Jh. wurde sie nach langer Kerkerhaft mit dem Schwert getötet.
Dargestellt als jungfräuliche Märtyrin mit Palme, Kreuz und Schwert.

Hitto [Hildo] OSB, war Mönch in der Abtei St.-Gallen. Nachdem seine Schwester Wiborada von den Ungarn getötet worden war, pflegte er ihr Grab und setzte eine auch im Winter blühende Fenchelpflanze darauf. Er starb nach 926.

Albert von Löwen, Hl., Bischof von Lüttich, gest. 24.11.1192, ↗19.9.

Johannes [Hebr.: »Jahwe ist gnädig«] Leisentritt wurde im Mai 1527 in Olmütz/Mähren (heute Tschechien) geboren. Nach dem Studium in Krakau/Polen wurde er 1549 Priester, 1551 Kanoniker und 1559 Stiftsdekan in Bautzen/Oberlausitz. 1560 zum Generalkonsul der beiden Lausitzen bestellt, zeigte er sich als eifriger Oberhirte, der durch sein kluges Verhalten bewirkte, dass der katholische Glaube in der Lausitz erhalten blieb. In seinen Schriften forderte er den Gebrauch der deutschen Sprache bei der Messe und der Spendung der Sakramente. Sein 1567 erschienenes deutsches Gesangbuch »Geistliche Lieder und Psalmen« enthielt Gesänge zu den einzelnen Abschnitten der Messe. Leisentritt starb am 24. November 1586 in Bautzen und fand seine letzte Ruhestätte in der dortigen Domkirche.

Andreas Dung-Lac, Hl., und und weitere 117 **Vietnamesische Märtyrer** (8 Bischöfe, 50 Priester, 59 Laien) ließen für ihren Glauben das Leben. – Andreas empfing 1823 die Priesterweihe und wurde am 21. Dezember 1839 in Hanoi enthauptet.
Zu den Glaubenszeugen gehörten u. a.:
Agnes Le Thi Thanh, Hl., als einzige Frau und Mutter von sechs Kindern, ermordet am 12. Juli 1841;
Augustin Schoeffler MEP, Hl., ↗1.5.
Hieronymus Hermosilla OP, Hl., geb. 1800 in Elorio/Spanien, Apostol. Vikar, enthauptet am 1. November 1861;
Jean-Théophane Vénard MEP, Hl., Priester, ermordet am 13. Februar 1859;
Thomas Tran van Thien, Hl., Seminarist, ermordet am 21. September 1838;
Valentino Faustino Berrio Ochoa OP, Hl., geb. 1827 in Santo Domingo/Spanien, Apostol. Vikar, enthauptet am 1. November 1861;
Vinzenz Liem OP, Hl., Priester, erster vietnamesischer Märtyrer, ermordet am 7. November 1773.
Seligsprechungen am 27. Mai 1900, 15. Mai 1906, 14. April 1909 und am 29. April 1951, Heiligsprechungen am 19. Juni 1988. GK

Katharina [Griech.: »die allzeit Reine«], Hl., soll zur Zeit des Kaisers Maxentius (305–312) in Alexandrien das Martyrium erlitten haben. Ihr Leben und Sterben ist geschichtlich nicht zu fassen. – Die Legende berichtet, dass Katharina in einer Disputation fünfzig heidnische Gelehrte besiegt habe. Da das Rad zerbrach, auf dem sie gerädert werden sollte, wurde sie mit dem Schwert enthauptet. Ihr Leichnam wurde von Engeln auf den Sinai getragen, wo Kaiser Justinian I. später (557?) das berühmte Katharinen-Kloster erbaute. – Seit dem 8. Jh. ist die Verehrung Katharinas auch im Westen nachweisbar. Katharina soll vor ihrem Tod bei Gott Fürbitte eingelegt haben für alle, die ihren Namen anrufen würden. Da Gott dieses Gebet erhörte, liegt hierin wohl ein Grund für die schnelle Ausbreitung des Kultes in Europa und ihre Aufnahme in den Kreis der Vierzehn Nothelfer. **25.11.**

Dargestellt in der vornehmen Kleidung einer Königstochter mit Krone, Kreuz, Palme, Buch, Schwert und Rad. – Patronin der Jungfrauen, Ehefrauen, Hochschulen, Philosophen, Gelehrten, Bibliotheken, Lehrer, Studenten, Schüler, Redner, Buchdrucker, Spinnerinnen, Tuchhändler, Gerber, Schuhmacher, Wagner, Müller, Friseure, Schiffer; bei Migräne, Krankheiten der Zunge; zur Auffindung Ertrunkener.

RK, FB, SI

Egbert OSB, Sel., Mönch in der Reformabtei Gorze/Lothringen. 1047 berief ihn Bischof Adalbero von Würzburg zum Abt von Münsterschwarzach, um hier die Reform zu festigen. Durch seine Mönche verbreitete er den Erneuerungsgedanken im Maingebiet, Sachsen und Österreich. 1056 übertrug ihm Adalbero die Gründung des Klosters Lambach. Auch an der Stiftung der Klöster St.-Burkhard Würzburg, Michaelsberg/Siegburg und Neustadt war Egbert beteiligt. Er starb am 25. November 1076/77.

Margareta [Griech.: »Perle«], Hl., die Gattin Herloghs, der sie am 25. oder 28. November 1176 in Ølse bei Køge auf der Insel Seeland unter Vortäuschung eines Selbstmordes aufhängte. Daher wurde Margarete in ungeweihter Erde bestattet. Als sich aber an ihrem Grabe mehrere Wunder ereigneten, wurde sie von Erzbischof Absalon von Lund, ihrem Verwandten, am 19. Juli 1177 feierlich in der Liebfrauenkirche in Roskilde beigesetzt und bis zur Reformation vom Volk hoch verehrt.

Elisabeth [Hebr.: »Gott hat geschworen« od. »Gott ist vollkommen«], Sel., geb. am 25. November 1386 in Waldsee/Württemberg als Tochter des Leinenwebers Achler, lebte als »Franziskaner-Terziarin« zuerst in Waldsee, dann in der Klause von Reute. Ihre glühende Verehrung des Leidens Christi wurde belohnt durch mystische Schau, Stigmatisation und Nahrungslosigkeit. Die »gute Beth«, wie sie vom Volk genannt wurde, starb am 25. November 1420 in Reute.

Dargestellt in Nonnentracht mit den Wundmalen Jesu, mit Kruzifix, Geißel, Dornenkrone, Totenschädel, Rosenkranz; mit Engel, der eine Hostie bringt. RT

Niels Stensen [Nikolaus Stenonis], [Griech.: »Sieger im Volk«], Sel., geb. Anfang Januar 1638 in Kopenhagen, wurde nach Abschluss seines Medizinstudiums 1664 in Leiden/Niederlande zum Dr. med. promoviert. Als Arzt und Forscher weilte er dann in Paris und Florenz. Nach seiner Konversion 1667 wurde er 1675 Priester, 1677 von Papst Innozenz XI. zum Apostolischen Vikar der nordischen Mission ernannt und erhielt in Rom die Bischofsweihe. Nach zweijährigem Wirken in Hannover wurde Stensen 1680 Weihbischof in Münster, wo er ein Förderer der katholischen Reform war. Seit 1683 wirkte er in Hamburg und starb am 5. Dezember 1686 in Schwerin. Seine Gebeine wurden 1687 in die Gruft der Mediceer in Florenz übertragen und dort 1953 erhoben.

– Nils Stensen war ein bedeutender Anatom und Geologe, ferner Begründer der Kristallkunde. Als Priester und Bischof war er unermüdlich tätig und führte ein opferbereites, heiligmäßiges Leben. – Seligsprechung am 23. Oktober 1988. HI, MÜ

Bertger, Sel., Priester und Seelenführer Idas von Herzfeld. Nach ihrem Tod blieb er weiterhin in Herzfeld und starb um 830 plötzlich auf den Stufen des Altars. **26.11.**

Konrad, [Ahdt.: »kühner Ratgeber«], Hl., geb. um 900, stammte aus dem Welfengeschlecht. Nach seinem Studium in St.-Gallen und an der Domschule Konstanz wurde er 934 Bischof von Konstanz. Er war ein ausgezeichneter Verwalter des Bistums und beschenkte Kirchen und Klöster reich. Mit Ulrich von Augsburg verband ihn enge Freundschaft. Dreimal pilgerte er ins Heilige Land. 948 weihte er die erste Kirche in Einsiedeln. Konrad starb am 26. November 975. – Seine Gebeine, ursprünglich in der Mauritiuskirche beigesetzt, wurden wahrscheinlich 1089 in das Konstanzer Münster übertragen. In der Reformation wurden die Reliquien 1526 in den Bodensee geworfen. Das Haupt wurde gerettet und befindet sich jetzt im Münsterschatz. – Im deutschen Regionalkalender sowie in den Bistümern Rottenburg-Stuttgart und St.-Gallen wird am heutigen Tag auch das Gedächtnis Gebhards von Konstanz begangen.
Dargestellt in bischöflichem Ornat mit Kelch und Spinne. – Patron des Erzbistums Freiburg i. Br. RK, FR, RT, SG, V

Ida [Germ./Ahdt.: »schützende Frau«] OSB, Sel., Tochter des Pfalzgrafen Erenfrid und der Kaisertochter Mathilde. Ihr Bruder war Erzbischof Hermann II. von Köln, ihre Schwester Richeza Königin von Polen. Ida war Äbtissin von St.-Maria im Kapitol/Köln und starb um 1060. Ihr Grab befindet sich in der dortigen Krypta.

Konrad [Ahdt.: »kühner Ratgeber«] OPraem, (Sel.), »Prämonstratenser« in Ratzeburg, wurde 1284 in schon vorgerücktem Alter von seinen Mitbrüdern zum Bischof von Ratzeburg gewählt. Zwar sträubte er sich, die Bischofswürde anzunehmen, nicht weil er, wie er sagte, die Mühen scheute, sondern weil er sich den Anstrengungen des Amtes nicht mehr gewachsen fühlte. Doch nahm er schließlich auf Drängen seiner Mitbrüder das Amt an und leitete mit Klugheit und Frömmigkeit seine Diözese bis zu seinem Tod am 26. November 1291.

Albert [Adalbert], [Ahdt.: »von glänzender Abstammung«] OSB, Sel., stammte aus einem ritterlichen Geschlecht, das im Dienstverhältnis zu den Grafen von Haigerloch stand. 1239 geboren, 1261 Mönch in Oberaltaich und Leiter

der Klosterschule. Neben bedeutender wissenschaftlicher Tätigkeit übte er auch die Pfarrseelsorge in Oberaltaich aus. Hier nahm er sich besonders der Armen und Aussätzigen an. Albert starb am 26. November 1311. Seine Verehrung ist ungebrochen bezeugt bis zur Gegenwart.
Dargestellt im Messgewand mit Buch.

Johannes [Hebr.: »Jahwe ist gnädig«] Berchmans SJ, Hl., geb. am 13. März 1599 in Dienst/Brabant, trat 1616 der flämischen Provinz der »Gesellschaft Jesu« bei und wurde 1618 zum Studium der Philosophie an das römische Kolleg geschickt. Er zeichnete sich durch treueste Befolgung seiner Pflichten aus, pflegte eine gesunde Frömmigkeit und war dabei eine gütige Frohnatur. Kurz nach seinem Abschlussexamen erkrankte Berchmans in Rom und starb am 13. August 1621. Sein Grab befindet sich dort in S. Ignazio.
Dargestellt im Jesuitentalar mit Kreuz, Totenschädel, Regelbuch und Rosenkranz. – Patron der studierenden Jugend. LÜ

27.11. **Oda**, Hl., soll als Einsiedlerin an dem später nach ihr Sint-Oden-Roey genannten Ort in Südbrabant gelebt haben. Ihre Lebensbeschreibung aus dem 12. Jh., die aber teilweise auf örtlicher Überlieferung fußt, lässt Oda irischer Herkunft sein und bringt sie mit der Gründung der Abtei Rolduc/Klosterrath in Verbindung. Oda starb um 726.
Dargestellt in vornehmer Kleidung mit Krone und Taube.

Virgil, Hl., Abtbischof von Salzburg, gest. 27.11.784, ↗24.9.

Bilhild, Hl., soll in Veitshöchheim/bei Würzburg geboren und Gattin des Thüringenherzogs Hetan gewesen sein. Als Witwe soll sie dann Anfang des 8. Jhs. in Mainz das Kloster Altmünster mit Unterstützung ihres Onkels, des Erzbischofs Sigibert, gegründet haben. Ihr Kult ist im 9. Jh. bezeugt. Der Hauptteil der Reliquien befindet sich heute in St.-Emmeram/Mainz.
Dargestellt im Äbtissinnengewand, bisweilen auch im Fürstenhermelin, mit Kirchenmodell sowie bei der Pflege von Kranken. MZ

28.11. **Berta** [Ahdt.: »glänzend, berühmt«], Hl., Mutter Ruperts von Bingen, lebte im 8. Jh. Ihre letzte Ruhestätte fand sie in der Kapelle auf dem Rupertsberg. – Ihr Kult blühte noch im 17./18. Jh. in Eibingen.

Gunther, Hl., war nach der Legende ein Sohn Herzog Tassilos III. von Bayern, des Gründers der Abtei Kremsmünster/Österreich (777). Gunthers Grab soll in der Abtei Melk sein.

Hathumod [Hadumod] OSB, (Hl.), Tochter des sächsischen Herzogenpaares Liudolf und Oda, wurde um 840 geboren. Ihre Eltern gründeten 852 das Kloster

Brunshausen, in dem sie Äbtissin wurde. Hathumod lebte streng nach der Regel und war ihrem Konvent eine liebevolle Mutter. Als eine Seuche das Kloster heimsuchte, pflegte sie in hingebender Liebe ihre Mitschwestern. Hierbei zog sie sich eine Ansteckung zu und starb am 28. November 874. So erlebte sie die schon 856 geplante, aber erst 881 erfolgte Verlegung des Klosters nach Gandersheim nicht mehr.

Saturnin [Sernin], Hl., war der erste Bischof von Toulouse. Nach der Legende hatte ihn Papst Fabian (236–250) zur Verkündigung des Glaubens nach Südgallien gesandt. Saturnin wurde wohl in der Christenverfolgung des Decius um 250 bei einer heidnischen Opferfeier an einen Opferstier gebunden und zu Tode geschleift. Über seinem Grab wurde schon bald ein kleines Oratorium errichtet. Später erhob sich hier die Abtei Saint-Sernin. **29.11.**
Dargestellt in bischöflicher Gewandung. – Patron gegen Kopfweh, Blattern, Pest, Todesfurcht, Ameisenplage; für eine gute Sterbestunde.

Radbod, Hl., geb. um 850 aus vornehmem fränkischen Geschlecht zwischen Maas und Sambre, ausgebildet an der Domschule Köln und der Hofschule Kaiser Karls des Kahlen, bestieg 899 den Bischofsstuhl von Utrecht. Schon 900 musste er vor den Normannen nach Deventer/Niederlande fliehen, wo er fortan seinen Wohnsitz nahm. Der gelehrte und feinsinnige Bischof verfasste außer anderen Werken auch lateinische Gedichte und Lobreden auf Heilige. Am 29. November 917 ereilte ihn in Ootmarsum der Tod. – Über seinem Grab in Deventer errichtete sein Nachfolger Balderich einen Altar. Seine Reliquien befinden sich heute in der Pfarrkirche von Deventer, Teile seines Haupte in Assen.
Dargestellt in bischöflicher Kleidung, Armen die Füße waschend.

Jolanda OSB, (Sel.), »Benediktinerin« in Moustier-sur-Sambre, wurde durch das Gebet Luitgards von Tongern aus ihrer Gleichgültigkeit und Lauheit auferweckt. Jolanda führte fortan als Zisterzienserin in Aywières ein vorbildhaftes Leben des Gebets und der Abtötung. Sie starb vor 1246.

Jutta [Julitta], [Hebr.: »die Judäerin, Jüdin«] OCist, Sel., erste Äbtissin des vor 1222 gegründeten Zisterzienserinnen-Klosters Heiligental/Unterfranken. Sie starb vor 1251 und wurde vor dem Hochaltar der Klosterkirche begraben. – Bald gab es eine Wallfahrt, bei der die Kranken aus einer Schale tranken, die mit einer Armreliquie zusammengefasst war. 1579 kam diese Schale in das Juliusspital von Würzburg, wo sie verschollen ist.

Christine [Griech./Lat.: »die Christin«] OPraem, entstammte einem nassauischen Vasallengeschlecht aus dem Raum um Wiesbaden und wurde in jungen Jahren Chorfrau im Prämonstratenserinnen-Stift Retters/Taunus.

Nach einer Zeit großer seelischer Qualen wurde sie begnadet durch das Miterleiden der Passion Jesu und durch übernatürliche Schau. In ihren letzten Lebensjahren pflegte sie Arme und Kranke im Krankenhaus ihres Klosters. Christine starb im Alter von 22 Jahren um 1291.

Friedrich [Ahdt.: »schützender Herrscher«] von Regensburg OSA, Sel., Laienbruder im Orden der »Augustiner-Eremiten«, führte ein Leben des Gebets, des Gehorsams und der Dienstbereitschaft am Nächsten. Nach seinem Tod am 29. November 1329 fand er seine letzte Ruhestätte in der Regensburger Cäcilienkirche. Ein Gemälde von 1481, das bei seinem Grab angebracht ist, stellt Szenen und Wunder aus seinem Leben dar.
Dargestellt im Augustinerhabit bei der Holzarbeit mit einem Engel, der ihm die hl. Kommunion bringt. R

Cuthbert Mayne, Hl., englischer Weltpriester, erlitt am 29. November 1577 während der Verfolgung der Katholiken in England den Märtyrertod. Wie er gaben 39 Gefährten in der Verfolgung der Jahre 1535–1679 ihr Leben für Christus. – Seligsprechung am 15. Dezember 1929, Heiligsprechung am 25. Oktober 1970. GK

Franz Joseph Rudigier, geb. am 7. April 1811 in Partenen/Vorarlberg, 1835 zum Priester geweiht. 1852 bestieg er den Bischofsstuhl von Linz. Als energischer Verteidiger des Glaubens und der Kirche gegen den herrschenden Liberalismus musste er viele Kränkungen erdulden. Er förderte die Marienverehrung und das katholische Vereinswesen. Am 29. November 1884 starb er in Linz.

30.11. **Andreas** [Griech.: »der Mannhafte«], Hl., stammte aus Betsaida in Galiläa und war später mit seinem Bruder Simon Petrus in Kafarnaum ansässig. Andreas war zuerst Jünger des Täufers Johannes, ging aber auf dessen Wink zu Jesus, dem er auch seinen Bruder zuführte. Nach dem Wunder des reichen Fischfanges schloss sich Andreas Jesus ganz an. Nach der Überlieferung predigte Andreas den Glauben im Gebiet des Schwarzen Meeres sowie in Thrakien und Griechenland. Hier erlitt er in Patras/Achaia am 30. November 60 den Tod an einem schrägen Kreuz. – Seine Reliquien kamen 356 in die Apostelkirche nach Byzanz, 1208 nach Amalfi, das Haupt 1462 nach Rom. Letzteres wurde 1964 durch Papst Paul VI. nach Patras zurückgegeben.
Dargestellt als Apostel mit Buch und Andreaskreuz. – Patron Russlands, Achaias und Schottlands; der Fischer, Fischhändler, Bergleute, Seiler, Metzger; für Kindersegen, Ehevermittlung, Eheglück, gutes Wetter; gegen Gicht, Krämpfe, wehen Schlund, Rotlauf (Andreas-Krankheit). GK

Emming [Emmig], [Ahdt.: »Stamm der Amaler« u. »stark sein«], Hl., Graf im Lerigau, **Gerwald** [Ahdt.: »Speer« u. »herrschen«], Hl., Angelsachse, und

Folkard [Fulkhard], [Ahdt.: »Volk« u. »hart«], Hl., waren Gehilfen Willehads bei der Verkündigung des Glaubens in Dithmarschen und im Sachsenland. Sie alle erlitten 782 mit anderen Gefährten den Martertod durch die Sachsen. Ihre kultische Verehrung in Bremen ist in der Reformation untergegangen.

Dezember

1.12. Nahum [Hebr.: »Der Herr tröstet«] ist einer der Kleinen Propheten. Er verkündete seine Trostbotschaft in der 2. Hälfte des 7. Jhs. v. Chr. und besingt die Treue Gottes zu Israel, seinem Weinberg. RO

Natalie [Lat.: »die an Weihnachten Geborene«], Hl., war nach der Legende Gattin Hadrians, eines römischen Offiziers, der in der Christenverfolgung Kaiser Maximians (Anfang 4. Jh.) den Martertod erlitt. Natalie soll sich dann beim Grabe ihres Gatten niedergelassen haben bis zu ihrem Tod nach 300.
Dargestellt in römischer Witwentracht mit Grab.

Eligius [Lat.: »der Auserwählte«], Hl., geb. um 588 bei Limoges, war Goldschmied und unter den Königen Chlotar II. und Dagobert I. Münzmeister am königlichen Hof. Er kaufte zahlreiche Sklaven frei und gründete Kirchen und Klöster. Als Dagobert, dem er ein treuer Ratgeber war, 639 starb, verließ Eligius den Hof, wurde Priester und 641 Bischof von Noyon/Frankreich. Er bemühte sich besonders um die Bekehrung noch heidnischer Franken. Eligius starb am 1. Dezember 660. – Seine Reliquien, zuerst im Kloster Saint-Éloi, befinden sich seit 1462 zum größten Teil in der Kathedrale von Noyon.
Dargestellt in bischöflichen Gewändern, mit Amboss, Goldschmiedewerkzeugen, Hufeisen. – Patron der Gold- und Silberschmiede, Schmiede, Messerschmiede, Schlosser, Metallarbeiter, Münzmeister, Büchsen- und Lampenmacher, Graveure, Uhrmacher, Wagner, Kutscher, Sattler, Pferdehändler, Tierärzte, Korbmacher, Bauern, Knechte, Pächter, Bergleute; gegen Pferdekrankheiten.

Landoald [Ahdt.: »festes Land« u. »herrschen«], Hl., soll langobardischer Herkunft gewesen sein. Er war Gefährte des Amadeus von Elno und verkündete besonders im Hasbengau die Frohe Botschaft. Landoald starb 668 in Wintershoven bei Maastricht. Sein Leib wurde 980 nach St.-Bavo/Gent übertragen.

Blanka, Hl., geb. 1188 als Tochter Königs Alfons IX. von Kastilien, seit 1200 vermählt mit König Ludwig VIII. von Frankreich, erzog ihren Sohn Ludwig IX. zu einem vorbildlichen Christen und Herrscher. Nach dem frühen Tod ihres Gatten 1226 führte sie mit fester Hand die Regierung bis 1235, dann später nochmals, während Ludwig seinen Kreuzzug ausführte. Sie starb am 1. Dezember 1252 in dem von ihr gegründeten Zisterzienserinnen-Kloster Maubuisson/Frankreich.
Dargestellt in königlichem Ornat.

Edmund [Aengl.: »der durch Besitz Mächtige«] Campion SJ, Hl., geb. am 25. Januar 1540 in London, wurde anglikanischer Diakon, fand 1569 den Weg zur katholischen Kirche, trat 1573 der »Gesellschaft Jesu« bei und wurde 1579 zum Priester geweiht. 1580 ging er wieder nach England, wo er besonders in London durch Wort und Schrift für den Glauben tätig war. Durch Verrat 1581 gefangen genommen, wurde er als »aufrührerischer Jesuit« gefoltert und am 1. Dezember 1581 in Tyburn bei London als Hochverräter erhängt.

Charles de Foucauld, geb. 1858 in Straßburg, zuerst Offizier und Erforscher Marokkos, wurde 1886 Trappist in Frankreich und Syrien, Einsiedler in Nazaret und 1901 Priester. Er ging dann in die Sahara, wo er in Armut im Geist des Evangeliums lebte und sich der Armen annahm. Am 1. Dezember 1916 wurde er in Tamanrasset/Tunesien durch Tuaregs erschossen. Auf ihn geht die Gründung der »Kleinen Brüder und Schwestern Jesu« (des Charles de Foucauld) zurück.

Bibiana, Hl., hat nach der legendarischen Lebensbeschreibung unter Kaiser Julian (361–363) das Martyrium erlitten. Papst Simplicius (468–483) weihte ihr zu Ehren eine Kirche. Hierdurch ist ihr Kult in Rom für die 2. Hälfte des 5. Jhs. bezeugt. **2.12.**

Dargestellt als jugendliche Märtyrin an der Geißelsäule mit Geißeln, Dolch und Palme. – Patronin gegen Kopfweh, Krämpfe, Epilepsie, Trunksucht, Unfälle.

Luzius, Hl., gehörte dem Stamm der Pritanni im nördlichen Churrätien/Schweiz an. Im 5./6. Jh. war er als Glaubensbote bei der zum Teil noch heidnischen Bevölkerung in der Umgebung von Chur tätig. In karolingischer Zeit wurden seine Gebeine in die ihm zu Ehren erbaute Ringkrypta von St.-Luzi/Chur überführt. – Die Legende des 9. Jhs. machte Luzius zu einem König von Britannien, der bei der Verkündigung des Evangeliums in Chur den Martertod erlitten hat.

Dargestellt in königlichen Gewändern mit Krone, Reichsapfel, Schwert, Buch und Pflug. – Patron von Stadt und Bistum Chur. RK, BS. CH, FB, SG, SI, V

Wisinto OSB, Sel., Priestermönch der Benediktiner-Abtei Kremsmünster. Er starb nach einem vorbildlichen und frommen Leben am 2. Dezember um 1079. – Der Schrein mit seinen Reliquien befindet sich seit 1712 unter der Epistelseite des Hochaltars der Abteikirche.

Johannes [Hebr.: »Jahwe ist gnädig«] von Ruysbroek CanReg, Sel., geb. 1293, Priester 1317, war Kaplan der Stiftskirche in Brüssel. Er versenkte sich in die Schriften der früh- und hochmittelalterlichen sowie der brabantisch-rheinischen Mystiker. Durch seine Schriften versuchte er, den im Volk verbreiteten freigeistigen Anschauungen die wahre christliche Mystik entgegen-

zusetzen. Nach 1330 verließ er mit gleichgesinnten Gefährten Brüssel und gründete in der Einsamkeit die Augustiner-Chorherren-Propstei Groenendael, wo er erster Propst wurde. Seine Schriften fanden weite Verbreitung und beeinflussten nachhaltig Gerhard Groote, niederländischer Bußprediger und Mystiker (1340–84). Ruysbroek sieht die lebendige Verbindung von eucharistischer und Herz-Jesu-Verehrung. Er starb am 2. Dezember 1381 in Groenendael. Schon bald erhielt er den Beinamen »der Wunderbare«.
Dargestellt in Chorherrenkleidung auf einer Wachstafel schreibend.

3.12. Gerlind, (Sel.), war die erste Gemahlin des elsässischen Herzogs Adalbert, Mutter der späteren Äbtissin Attala (gest. 741) und Schwägerin Odilias. Sie starb im 1. Viertel des 8. Jhs. und wurde in St.-Stephan/Straßburg bestattet.

Attala, Hl., Äbtissin in Straßburg, gest. 3.12.741, ↗ 5.12.

Modestus, Hl., Glaubensbote in Kärnten, gest. 3.12.772, ↗ 24.11.

Sola, Hl., Mönch und Glaubensbote, gest. 3./4.12.794, ↗ 5.12.

Emma [Imma] von Lesum, (Hl.), Gemahlin des sächsischen Grafen Liudger und Schwester Bischof Meinwerks von Paderborn, wurde nach dem Tod ihres Gatten eine große Wohltäterin der Kirche von Bremen, wo seit 1013 ihr Verwandter Unwan Bischof war. In Stiepel bei Bochum gründete sie die (spätere Wallfahrts-)Kirche. Bei Zwistigkeiten und Feindschaften war sie als eine gerechte Friedensvermittlerin gesucht. Emma starb am 3. Dezember 1038. Sie wurde beigesetzt im Dom von Bremen. Reliquien befanden sich auch in der Abteikirche Werden an der Ruhr.

Franz Xaver SJ, Hl., geb. 1506 auf Schloss Javier in Navarra (span.-franz.), studierte seit 1525 in Paris, schloss sich hier 1533 Ignatius von Loyola an, empfing 1537 die Priesterweihe und half 1539 Ignatius in Rom bei dem Entwurf der Ordenssatzung für die »Gesellschaft Jesu«. 1541 fuhr Franz als Päpstlicher Legat nach Ostindien, wo er in Goa, bei den Perlfischern, dann in Travancore, Malakka und auf den Molukken segensreich und mit großem Erfolg wirkte. 1549–1552 weilte er in Japan, wo er ebenfalls christliche Gemeinden gründete. 1552 nach Goa zurückgekehrt, wollte er nunmehr das Evangelium in China verkünden. Doch auf der Reise dorthin ereilte ihn am 3. Dezember 1552 auf der Insel Sancian bei Kanton der Tod. Seine Reliquien befinden sich seit 1554 in Goa, der rechte Unterarm seit 1615 in Rom.
Dargestellt in Jesuitentalar mit Kreuz in der Hand, beim Predigen oder Taufen. – Patron der Missionare, aller Missionen (seit 1927), der Seefahrer; gegen Sturm, Pest; für eine gute Sterbestunde. GK, CH

Johann Nepomuk von Tschiderer zu Gleifheim, Sel., geb. am 15. April 1777 in Bozen, wurde 1800 Priester, 826 Domherr in Trient, 1828 Provikar für den deutschen Bistumsteil, 1832 Weihbischof von Brixen und Generalvikar für Vorarlberg mit Sitz in Feldkirch, 1834 Fürstbischof von Trient. Er trat dem Staatskirchentum mit Klugheit entgegen, sorgte für die Bildung des Klerus, gründete Schulen und karitative Einrichtungen. Gegenüber den beiden Volksgruppen seiner Diözese übte er eine vorbildlich ausgleichende Haltung. Von Klerus und Volk geliebt, starb er am 3. Dezember 1860 in Trient im Ruf der Heiligkeit. – Seligsprechung am 30. April 1995.

Barbara [Griech.: »die Fremde«], Hl., wurde als jungfräuliche Märtyrin in Nikomedien verehrt. Ihr Martyrium wird in die Zeit der Christenverfolgung des Kaisers Maximinus Daja (305–313) verlegt. Die romanhafte Legende berichtet, der heidnische Vater habe sie in einen Turm gesperrt. Dort sei sie auf wunderbare Weise durch die Eucharistie gestärkt worden. Dann habe der Vater die Tochter, die ihren Glauben nicht verleugnen wollte, dem Gericht ausgeliefert, das Barbara nach grausamer Marterung zum Tode verurteilte. – Barbara gehört zum Kreis der Vierzehn Nothelfer. **4.12.**

Dargestellt in vornehmer Jungfrauengewandung, mit Palme, Krone, Schwert, Fackel, mit dreifenstrigem Turm, Kelch und Hostie, mit Straußenfedern und Kanonenrohr. – Patronin der Bergleute, Gefangenen, Architekten, Glöckner, Glockengießer; Türme, Artillerie; Hutmacher, Köche; gegen Gewitter, Feuergefahren, Fieber, Pest, jähen Tod; um Gnade der Wegzehrung in der Todesstunde. RK

Johannes [Hebr.: »Jahwe ist gnädig«], Hl., geb. um 650 in Damaskus, stammte aus einer vornehmen christlich arabischen Familie. Zunächst wie sein Vater im Dienst des Kalifen tätig, zog er sich wohl noch vor 700 in das Sabas-Kloster bei Jerusalem zurück. Zum Priester geweiht, setzte er sich um 726 im Bilderstreit energisch für die Verehrung der Bilder ein. Der Ruf der Gelehrsamkeit veranlasste manche Bischöfe, ihn mit wichtigen Aufgaben zu betrauen. Er starb im hohen Alter, angeblich 104 Jahre alt, vor 754. – Seine Reliquien, noch Ende des 12. Jhs. im Sabas-Kloster, scheinen dann nach Byzanz übertragen worden zu sein. Schon in den ältesten liturgischen Büchern der Ostkirche wird sein Fest am 4. Dezember erwähnt. 1890 wurde er zum Kirchenlehrer erhoben.

Dargestellt als Greis in orientalischer Mönchskleidung, an einem Pult schreibend, eine abgehauene Hand haltend, mit Körben und Marienbild. GK

Anno, Hl., Erzbischof von Köln, gest. 4.12.1075, ↗5.12.

Osmund, Hl., aus normannischem Adel, wurde Kanzler Wilhelms des Eroberers, mit dem er 1066 nach England gekommen war. 1072 wurde er Bischof von Exeter, 1078 von Salisbury. Seine Schriften förderten die Einheit der

Liturgie in England, Schottland und Wales und dienten später als Grundlage für das »Book of Common Prayer«, das amtliche liturgische Buch der anglikanischen Kirche. Osmund starb am 3./4. Dezember 1099.

Christian [Griech./Lat.: »der Christ«] Oliva OCist, Sel., »Zisterzienser« in einem deutschen Kloster in Polen. Von hier aus zog er um 1206 als Glaubensbote zu den heidnischen Preußen. 1215 weihte ihn Innozenz III. zum Missionsbischof. Bald darauf aus Preußen verjagt, suchte er einen einheimischen Klerus heranzubilden. 1228 gründete er den Orden der »Ritterbrüder Christi von Dobrin«. Doch konnte Christian keine Erfolge erreichen. Erst der 1231 ins Leben gerufene »Deutsche Orden« (OT) konnte die Preußen bezwingen. 1233–1238 schmachtete Christian in der Gefangenschaft der Preußen. Bei der vom »Deutschen Orden« erreichten kirchlichen Neuordnung 1243 wurde Christian übergangen. Er scheint sich dann in das polnische Kloster Sulejow zurückgezogen zu haben, wo er am 4. Dezember 1245 gestorben ist. Nach unverbürgten Berichten soll er in der Elisabethkirche von Marburg begraben sein.

Dargestellt im Zisterzienserhabit oder in bischöflichen Gewändern.

Adolph [Ahdt.: »edler Wolf«] Kolping, Sel., geb. am 8. Dezember 1813 in Kerpen bei Köln, stammte aus einer kinderreichen Tagelöhnerfamilie. Nach Erlernen des Schuhmacherhandwerks erfuhr er in mehreren Werkstätten hautnah das Elend der Handwerksgesellen. Nach mühevollem Studium wurde er 1845 Priester. Als Domvikar in Köln gründete er 1849 einen Gesellenverein nach dem Elberfelder Vorbild. Auf zahlreichen Reisen sowie durch Wort und Schrift trat er für die Idee der Gesellenvereine ein, die sich in Deutschland, Österreich, der Schweiz und Nordamerika verbreiteten. Seine Ziele waren Wecken des Familiengeistes, Erziehung zu Ehrenhaftigkeit und Berufstüchtigkeit. Der »Gesellenvater« starb am 4. Dezember 1865 in Köln und ruht in der dortigen ehemaligen Minoritenkirche. – Seligsprechung am 27. Oktober 1991.

Dargestellt in Priesterkleidung, umgeben von jungen Gesellen. RK, HI, K

5.12. **Attala** OSB, Hl., Tochter des elsässischen Herzogenpaares Adalbert und Gerlind, von ihrer Tante Odilia in Hohenburg erzogen. 717 wurde sie Äbtissin des von ihrem Vater gegründeten Frauenklosters St.-Stephan/Straßburg, dem sie etwa zwanzig Jahre vorstand. Ihren Nonnen war sie ein Vorbild der Frömmigkeit und Nächstenliebe. Attala starb am 3. Dezember 741 und wurde in St.-Stephan bestattet. – Nach der Erhebung wurden die Reliquien 1172/75 in einem Steinsarg in der Krypta beigesetzt. Sarg und Reliquien gingen in der Französischen Revolution zugrunde. ST

Sola [Sualo] OSB, Hl., Angelsachse, kam auf Bitten Bonifatius' 741/745 nach Deutschland und wurde (in Fulda?) Mönch und Priester. Sola ließ sich dann um 750 im bayerischen Altmühltal beim Königshof Husen nieder und predigte den Glauben. Karl d. Gr. schenkte ihm den Platz seines Wohnsitzes 793. Am 3./4. Dezember 794 starb Sola. Sein Eigentum an der Altmühl hatte er der Abtei Fulda vermacht, die hier eine Propstei, später Solnhofen genannt, errichtete. – Um 838/839 wurde sein Leib erhoben. Der Großteil seiner Reliquien ging in der Reformation verloren.
Dargestellt im Messornat mit Buchrolle, auch in Abtskleidung mit Buch, in der Hand eine Figur, die eine Fackel trägt, sowie mit einem Esel, der einen Wolf besiegt. – Nebenpatron des Bistums Eichstätt. EIH

Hartwig [Herwig], Hl., aus dem Geschlecht der Grafen von Sponheim, wurde 991 Erzbischof von Salzburg. Von Otto III. bekam er 996 das Markt- und Münzrecht, Heinrich II. schenkte ihm Güterbesitz. Hartwig war seeleneifrig und mildtätig. Er erneuerte Kirchen und Klöster und reformierte die Salzburger Domschule. Hartwig starb am 5. Dezember 1023. Sein Grab im Salzburger Dom ist seit dem Brand 1598 verschollen.
Dargestellt in bischöflichen Gewändern mit Pallium, mit blühendem Zweig in der Hand.

Anno [Ahdt.: »der wie ein Adler herrscht«], Hl., geb. um 1010 aus schwäbischem Geschlecht, wurde nach dem Studium an der Domschule Bamberg um 1054 Propst in Goslar, 1056 Erzbischof von Köln. Er erweiterte das Gebiet des Erzstiftes und sicherte den Besitz durch Gründung von Klöstern, die er mit Reformmönchen besetzte. Ebenfalls errichtete er Stifts- und Pfarrkirchen. Armen gegenüber war er freigiebig. Die Kölner Bürger aber, die sich 1074 gegen seine Herrschaft auflehnten, strafte er streng. Nach dem Staatsstreich von Kaiserwerth 1062 war Anno mehrere Jahre Reichsverweser für den minderjährigen Heinrich IV. Anno starb am 4. Dezember 1075 in Köln und wurde in seiner Lieblingsgründung Siegburg beigesetzt. – Seine Reliquien befinden sich dort in dem kostbaren Annoschrein des 12. Jh. Seine Zeitgenossen sowie das bald nach seinem Tod entstandene Annolied rühmen ihn als die Blüte und das Licht Deutschlands.
Dargestellt in bischöflichem Ornat mit einem oder fünf Kirchenmodellen. – Patron gegen Gicht. RK, K

Reginhard, Hl., Stiftspropst an St.-Kassius in Bonn, wurde 1025 Bischof von Lüttich. Er war eifrig in seinem Hirtenamt, wohltätig gegenüber Armen und mild gegenüber Irrlehrern. Er starb am 5. Dezember 1037.
Dargestellt in bischöflichem Ornat mit Mitra und Stab.

Niels Stensen, gest. 5.12.1686, ↗25.11.

6.12. **Zefanja**, Sophonias, Sophonia [Hebr.: »Der Herr schützt«] war einer der Kleinen Propheten im 7. Jh. v. Chr. Er kämpfte gegen den falschen Stolz Israels und seiner Nachbarn und rief das Volk auf, nach Gerechtigkeit und Demut zu trachten. Er verhieß den Tag Gottes, der Gerechtigkeit bringt für Israel und die Völker. RO

Nikolaus [Griech.: »Sieger im Volk«], Hl., ist wahrscheinlich in der 1. Hälfte des 4. Jhs. Bischof von Myra gewesen. Ein Kranz von Legenden überdeckt seinen Lebensweg. Sein Kult ist seit dem 6. Jh. in Myra und Byzanz nachweisbar. Im 9. Jh. wurde Nikolaus auch in Unteritalien und Rom verehrt. Bald drang sein Kult, gefördert durch die Kaiserin Theophanu, im 10. Jh. auch nach Deutschland, Frankreich und England. Die Überführung seiner Gebeine 1087 von Myra nach Bari brachte eine Hochblüte des Kults in ganz Europa. Da die Legende ihn als Retter in Schwierigkeiten vieler Art schilderte, wird er als Helfer in allen Nöten angerufen. Ganz besonders gilt Nikolaus als Freudenbringer für die Kinder. In Lothringen wird er als Landespatron verehrt.

Dargestellt in bischöflichem Ornat mit Anker oder Schiff, mit Bottich mit drei Knaben; mit Geldbeutel der Münzen, die er drei Mädchen in einer Hütte reicht; mit drei Broten oder Goldstücken oder Äpfeln. – Patron der Richter, Rechtsanwälte, Notare, Schreiber, Kinder, Schüler, Chorknaben, Jungfrauen, Reisenden, Pilger, Fährleute, Schiffer, Matrosen, Fischer, Flößer, Kaufleute, Apotheker, Parfümfabrikanten und -händler, Müller, Korn- und Samenhändler, Metzger, Weber, Leineweber, Tuchscherer, Spitzen- und Tuchhändler, Knopfmacher, Steinbrucharbeiter, Steinmetzen, Bierbrauer, Schnapsbrenner, Weinhändler, Wirte; für glückliche Heirat, Befreiung von Gefangenen, Wiedererlangung gestohlener Dinge; gegen irrige Urteile, Wassergefahren, Seenot, Diebe. GK, BS. CH, FB, ME, SG, SI

Dionysia, Hl., erlitt mit anderen Gefährten im südlichen Tunis den Tod als Märtyrin für den rechten Glauben um 484, als der Vandalenkönig Hunerich sie zum Bekenntnis der arianischen Irrlehre zwingen wollte.

Henrika Faßbender OFM, stammte aus Aachen (Taufname Katharina) und war »Franziskanerin« in Salzkotten. Zur Tätigkeit in St.-Louis/Nordamerika ausersehen, reiste sie mit mehreren Mitschwestern auf dem Dampfer »Deutschland«, der im Atlantik in Seenot geriet. Die Schwestern verzichteten auf Rettung zugunsten von Eltern mit Kindern und sahen dem nassen Tod im gemeinsamen Gebet furchtlos entgegen. Als Opfer ihrer heroischen Nächstenliebe wurden sie am 6. Dezember 1875 vom Meer verschlungen. – Die Namen der übrigen Franziskanerinnen: **Brigitta** (Elisabeth) Dammhorst aus Mastholte bei Wiedenbrück, **Norberta** (Johanna) Reinkober aus Steindorf/Oberschlesien, **Aurea** (Josepha) Badziura aus Nengarten/Oberschlesien, **Barbara** (Thekla) Hültenschmidt aus Deleke/Westfalen.

Ambrosius [Griech.: »von unsterblicher Natur, göttlich«], Hl., geb. um 339 in Trier als Sohn eines hohen Beamten, wurde nach dem frühen Tod seines Vaters für die staatsmännische Laufbahn in Rom ausgebildet und noch als Katechumene 374 zum Bischof von Mailand gewählt. Hier zeigte er sich als hervorragender Seelsorger. In seinen Predigten legte er den wahren Glauben gegenüber der Irrlehre des Arius und dem Heidentum dar. Im Gottesdienst führte er den Gesang der Hymnen ein, die das Volk durch abwechselnden Gesang mehr beteiligen sollten. Den gottgeweihten Jungfrauen, auch den in die Irre Gegangenen bot er Hilfe und Unterstützung. Auch für die leiblichen Nöte der Armen sorgte er mit hingebender Liebe. Dem Staat gegenüber vertrat Ambrosius die Selbstständigkeit der Kirche, die in Glaubensfragen allein zu entscheiden habe. Auch die Kaiser mussten sich als Christen den Moralgesetzen der Kirche unterwerfen. So verlangte Ambrosius von Kaiser Theodosius, dass er nach dem Blutbad von Thessalonike Kirchenbuße leistete. Seine zahlreichen Schriften zu Gebieten des Glaubens, der Katechese, die erhaltenen 91 Briefe sowie die von ihm gedichteten Hymnen ließen Ambrosius zu einem der Wegbereiter der mittelalterlichen christlichen Kultur werden. Er starb am 4. April 397 in Mailand und wurde unter dem Altar seiner Basilika bestattet. – Ambrosius ist einer der vier großen lateinischen Kirchenlehrer. Sein Festtag ist der Jahrestag seiner Bischofsweihe, der 7. Dezember. **7.12.**

Dargestellt in bischöflichen Gewändern oder in der Tracht eines Lehrers oder als Kirchenvater, mit Bienenkorb, Kirchenmodell und Reliquienkästchen. – Patron der Imker, Wachszieher, Lebkuchenbäcker, Bienen, Haustiere. GK, TR

Gerald [Gerhard], [Ahdt.: »der mit dem Speer Kühne«] OSB, Hl., Domscholaster in Regensburg. Mit seinem Freund Ulrich von Zell wurde er Mönch in Cluny. 1067 wurde er nach Rom berufen und zum Bischof von Ostia ernannt. Als päpstlicher Legat weilte er in Frankreich, Spanien und Deutschland, wo er am Zustandekommen eines vorläufigen Friedens zwischen Papst Gregor VII. und Kaiser Heinrich IV. mitwirkte. Im Februar 1067 geriet Gerald in der Lombardei in die Gefangenschaft von Anhängern des Kaisers. Im folgenden Jahr ereilte ihn der Tod am 7. Dezember. Seine Reliquien birgt die Kathedrale von Velletri.

Conseption, Immaculata – das Hochfest »Maria sine labe originali concepta«, »Maria, ohne Makel der Erbsünde empfangen« oder kurz »Maria immaculata«, »Maria, die Unbefleckte«, ist bereits im 8. Jh. in der Ostkirche nachzuweisen. Später kam es über Neapel in den Westen, wo besonders Duns Skotus (gest. 1308 in Köln) ein Vorkämpfer war für die Lehre von der Unbefleckten Empfängnis Marias. 1263 wurde das Fest im Franziskanerorden, 1708 durch Papst Klemens XI. in der ganzen Kirche eingeführt. 1854 wurde dann die Lehre von der Unbefleckten Empfängnis Marias als Glaubenssatz verkündet. **8.12.** →

Unter dem Titel der »Unbefleckten Empfängnis« ist Maria Patronin des Erzbistums Köln; Patronin der Tuchscherer, Böttcher, Tapezierer. GK

Alfrida (Elfrida], Hl., **Edith**, Hl., und **Sabina**, Hl., werden in Caestre/Nordfrankreich verehrt. Sie wurde angeblich 819 im Hennegau von Normannen getötet.

Konstantin, (Sel.), Schüler Bernhards in Clairvaux, wurde Prior in Troisfontaines. Seit 1132 wirkte er als erster Abt in Orval. Er starb im Ruf der Heiligkeit am 8. Dezember 1145.

9.12. **Hanna** [Hebr.: »Erbarmung, Gnade«], um 1100 v. Chr. Prophetin und Mutter des Propheten Samuel. Nach *1 Sam* 1,1 – 2,11 hat sie ihr Kind von Gott erbeten und gelobt, es dem Dienst Gottes zur Verfügung zu stellen. Der Lobgesang Hannas (*1 Sam* 2,1–10) war Vorbild für den Lobgesang, den das *Lukasevangelium* Maria zuschreibt (*Lk* 1,46–55). RO

Eucharius [Griech.: »der Dankbare«], Hl., ist der erste bekannte Bischof von Trier. Mit dem Rhônegebiet stand er in Verbindung. In Trier errichtete er in der Nähe der heutigen Kirche St.-Matthias ein Oratorium, das später nach ihm benannt wurde. Eucharius lebte im 3. Jh. Über seinem Grab wurde eine ihm und seinem Nachfolger Valerius geweihte Kapelle errichtet, die im 5. Jh. der Trierer Bischof Cyrillus erneuerte. Erst die späte Legende machte Eucharius zu einem Schüler des hl. Petrus. – Im Bistum Limburg wird das Gedächtnis der Trierer Bischöfe Eucharius, Valerius und Maternus gemeinsam am 11. September begangen.
Dargestellt in bischöflichem Ornat mit Pallium, auch in Wanderkleidung mit Stab, Drache, Hund oder Teufel, mit Kirchenmodell. TR, (LM)

Liborius [Lat.: »der Freie«] Wagner, Sel., geb. 1593 in Mühlhausen/Thüringen, stammte aus einer evangelischen Familie. In Würzburg trat er unter dem Einfluss der Jesuiten 1623 zur katholischen Kirche über, wurde 1625 Priester und 1626 Pfarrer in Altenmünster bei Schweinfurt. Hier wirkte er mit klugem Eifer, um seine Gemeinde nach der Reformation zum katholischen Glauben zurückzuführen. 1631 fiel er in die Hand der Schweden, die ihn fünf Tage auf Schloss Mainberg marterten, weil er seinem katholischen Glauben nicht untreu werden wollte. Am 9. Dezember 1631 wurde er in Schonungen erstochen; seine Leiche warf man in den Main. Seine Gebeine ruhen heute in der Pfarrkirche in Heidenfeld.
Dargestellt in Priesterkleidung mit Palme, Schwert oder Dolch.

Petrus [Pierre] Fourier CanReg, Hl., geb. am 30. November 1565 in Mirecourt/Herzogtum Lothringen, wurde 1585 »Augustiner-Chorherr« in Chaumousey,

erhielt 1589 in der Simeonskirche von Trier die Priesterweihe und war seit 1597 Pfarrer in Mattaincourt. Hier wirkte er vier Jahrzehnte lang und formte durch vorbildhaftes Leben und Opferbereitschaft sowie durch umfassende karitative und soziale Tätigkeiten die verwahrloste Pfarrei vollständig um. Er gründete eine Darlehenskasse, rief ein Schiedsgericht ins Leben und richtete eine Freischule ein. 1597 gründete er auch die »Regular-Kanonissen U. L. Frau«. Fourier starb am 9. Dezember 1640 in Gray/Haute-Saône. 1641 wurde sein Leib nach Mattaincourt überführt. – In der Diözese Trier wird sein Gedächtnis am 10. Dezember begangen.
Dargestellt in Kanonikerkleidung mit flammendem Herzen, Rosenkranz, häufig mit Marienbild. ME, (TR)

Francesco Antonio Fasani OFMConv, Hl., geb. am 6. August 1681 in Lucera/Italien, trat in den »Franziskanerorden« ein und wurde Professor der Philosophie. Er wirkte auch als Prediger und Provinzial seines Ordens in Apulien. Dabei gelang es ihm, persönliche Liebenswürdigkeit mit ernstem Reformstreben zu verbinden. Der Ordensmann starb am 29. November 1742 in Lucera. – Seligsprechung am 15. April 1951, Heiligsprechung am 13. April 1986.
GK

Tethard [Diethard] OCist, (Sel.), gründete 1191 in Friesland das Zisterzienser-Kloster Bloonkamp, auch Olde-Kloster genannt, das er als erster Abt bis zu seinem Tod am 10. Dezember 1200 leitete. **10.12.**

Brun[o] [Ahdt.: »der (braune) Bär«] OPraem, aus dem Geschlecht der Edelherren von Braunsberg, wurde 1214 Abt des Prämonstratenser-Stiftes Rommersdorf bei Engers am Rhein. Er vergrößerte die Stiftsgebäude und bereicherte die Bibliothek. Mit Landgraf Ludwig von Thüringen und der hl. Elisabeth war er in Freundschaft verbunden. Brun starb am 10. Dezember 1236.

Angelina [Lat.: »die (kleine) Engelgleiche«], Hl., Tochter eines albanischen Edelmannes, heiratete 1460 den vertriebenen serbischen Fürsten Stephan den Blinden. Nach dessen Tod geriet sie mit ihren Söhnen in große Not. 1479 gab ihr Kaiser Friedrich III. das Schloss Weittersfeld bei Gurk als Lehen. 1486 zog sie in das ihr von dem ungarischen König Matthias geschenkte Schloss Kupinik/Kelpén bei Mitrovica. Nach 1496 gründete sie mit ihrem Sohn das Kloster Kruschedol in der Fruska Gora. In dem benachbarten Frauenkloster beschloss Angelina um 1510 als Äbtissin ihr Leben.
Dargestellt in Nonnentracht mit Krug.

Johann Georg Seidenbusch, geb. am 5. April 1641 in München, wurde 1666 Priester und 1667 Pfarrer in Aufhausen/Oberpfalz. Hier errichtete er die bald viel besuchte Wallfahrtskirche Maria Schnee. Seidenbusch war von tiefer Frömmigkeit und liebenswürdiger Bescheidenheit. Deshalb genoss er allgemein großes Ansehen. Seit 1672 führte er mit seinem Hilfspriester ein gemeinsames Leben und begründete ein Oratorianerinstitut in Aufhausen, dem 1701 eine Gründung in Wien und 1707 eine in München folgte. Seidenbusch starb am 10. Dezember 1729 in München.

11.12. **Damasus**, Hl., geb. um 305 wahrscheinlich in Rom, wurde 366 zum Papst gewählt. Er bekämpfte die Irrlehren seiner Zeit, stärkte die Stellung der Kirche von Rom gegenüber den Ostkirchen. Hieronymus beauftragte er mit einer Revision des lateinischen Bibeltextes. Von Damasus sind Briefe und Sendschreiben erhalten. Er verfasste auch Inschriften in Gedichtform, die er an den Grabstätten der Märtyrer und an kirchlichen Bauwerken anbringen ließ. Damasus starb am 11. Dezember 384. Seine Gebeine wurden später nach S. Lorenzo in Damaso übertragen.
Dargestellt in päpstlichen Gewändern mit Doppelkreuz, mit Buch oder Kirchenmodell. – Patron gegen Fieber. GK

Tassilo (III.), (Sel.), folgte 748 seinem Vater Odilio als Herzog von Bayern. 765 heiratete er Luitbirg, die Tochter des Langobardenkönigs Desiderius. Von Pippin 757 zum Vasalleneid gezwungen, regierte er seit 763 selbstständig. In der bayrischen Kirche übte er großen Einfluss aus auf die Einsetzung der Bischöfe und behielt die Gerichtsbarkeit über den Klerus. Tassilo gewann durch Mission und Kolonisation das Norital und den Vintschgau und eroberte für die christlichen Slowenen Kärnten von den Avaren zurück. 777 war Tassilo maßgebend bei der Gründung der Abtei Kremsmünster beteiligt und stiftete oder erneuerte mehrere andere Klöster. Karl d. Gr. zwang Tassilo 787 zum Lehenseid, verurteilte ihn 788 wegen Verlassens des fränkischen Heeres 763 zum Tode. Zu lebenslänglicher Klosterhaft begnadigt, lebte Tassilo zunächst in Jumièges, seit 794 in Lorsch, wo er an einem 11. Dezember unbekannten Jahres starb.

Richar OSB, (Sel.), Benediktinermönch in Niederaltaich und hier Schüler Godehards. Schon früh wurde er Abt von Lenone bei Brescia. 1038 begehrten ihn die Mönche von Montecassino zum Abt. Hier stellte Richter das ausgeplünderte Kloster wieder her und verschaffte ihm neue Existenzgrundlagen. Richar starb am 11. Dezember 1055.

David [Hebr.: »Liebling«] OCist, Sel., geb. um 1100 in Florenz, wurde 1131 Mönch in Clairvaux. Er gehörte zu der Schar der Mönche, die 1134 Bernhard aussandte, um das Kloster Himmerod zu gründen. Hier zeichnete sich David durch eine vorbildliche mönchische Lebenshaltung aus. Er empfing mystische Begnadungen und die Wundergabe. Nach seinem Tod am 11. Dezember 1179 wurde sein Leib 1204 in einem Marmoraltar beigesetzt. – Bei der Säkularisation von Himmerod kamen seine Gebeine nach Trier, später nach Jupille/Belgien, 1930 wieder zurück nach Himmerod.

Arthur [Kelt.: »Bär« od. »erhaben, edel«] Bell OFM, Sel., geb. am 13. Januar 1590 in Worcestershire, wurde nach seinem Studium in Saint-Omer und Valladolid 1618 Priester und »Franziskaner« in Segovia. 1632 sollte er die schottische Franziskanerprovinz neu errichten; seit 1634 wirkte er als Guardian in London. Hier wurde er als »Spion« am 6. November 1643 verhaftet und in Tyburn bei London um seines Glaubens willen am 11. Dezember 1643 gehängt und gevierteilt.

Dietrich [Theoderich], [Ahdt.: »der Mächtige im Volk«] OSB, (Sel.), Abt des Benediktiner-Klosters Kremsmünster/Österreich, wo er um 1082 die Hirsauer Reform einführte. Er starb an einem 12. Dezember unbekannten Jahres. **12.12.**

Vizelin, Hl., wurde um 1090 wahrscheinlich in Hameln geboren und im Benediktiner-Kloster Abdinghof erzogen. 1123 wurde er Domscholaster in Bremen, studierte 1123–1126 in Frankreich und wurde 1126 in Magdeburg von Norbert von Xanten zum Priester geweiht. Noch im gleichen Jahr übertrug ihm Erzbischof Adalbero von Bremen die Mission der Wenden in Wagrien/Ostholstein. Trotz vieler persönlicher Opfer scheiterte sein Auftrag. Vizelin gründete daraufhin als Missionsstützpunkt die Augustiner-Chorherren-Stifte Neumünster und Segeberg in Holstein. Doch politische Wirren ließen auch jetzt keine großen Erfolge in der Mission aufkommen. Als Vizelin 1149 Bischof von Oldenburg/Holstein wurde, zwang ihn der Streit zwischen Erzbischof Hartwig I. von Bremen und Heinrich dem Löwen, weiterhin in Neumünster zu wohnen. Nach einem Leben, das von vielen Mühen und Entsagungen sowie zahlreichen Rückschlägen und Enttäuschungen ausgefüllt war, starb Vizelin hier am 12. Dezember 1154. – Seine Gebeine wurden im 14. Jh. nach Bordesholm überführt, wo sie in der Reformationszeit beseitigt wurden. H

Hartmann [Ahdt.: »hart« u. »Mann«] CRSA/OSA, Hl., geb. um 1090 bei Passau, erhielt seine Ausbildung im Augustiner-Chorherren-Stift St.-Nikola in Passau. 1122 wurde er Domdekan in Salzburg, 1128 Propst des neu gegründeten Klosterneuburg. An allen Orten hatte er die Aufgabe, das gemeinsame Leben einzurichten oder wiederherzustellen. Hierbei wirkte er besonders durch sein Vorbild eines priesterlichen Lebens. 1140 wurde er Bischof von Brixen. Auch hier erneuerte er in seiner Diözese das religiöse Leben und gründete 1142 das Augustiner-Chorherren-Stift Neustift bei Brixen. Mit Eberhard von Salzburg verbanden ihn Freundschaft und gleiche Ideale.

In ganz Deutschland wegen seines vorbildlichen Lebens hoch geschätzt, starb Hartmann am 23. Dezember 1164 in Brixen und wurde in seiner

Gründung Neustift beigesetzt, wo sein Grab Mittelpunkt einer Wallfahrt wurde.

Dargestellt als junger Augustiner-Chorherr oder in bischöflichem Ornat mit Kelch, über den das Jesuskind schwebt, oder mit Lamm Gottes. – Patron der Schwangeren.
BB, G, PA, W

Johanna Franziska OVM, Hl., geb. am 28. Januar 1572 als Tochter des burgundischen Parlamentspräsidenten Frémyot, heiratete 1592 den Baron Christophe de Chantal, mit dem sie vier Kindern das Leben schenkte. Nach dem Tod ihres Gatten durch ein Jagdunglück 1601 widmete sie sich ganz der Erziehung ihrer Kinder sowie Werken der Nächstenliebe. 1604 fand sie in Franz von Sales einen Seelenführer, der sie auf den Weg der Demut und der Ergebung in Gottes Willen führte. Mit ihm gründete sie 1610 in Annecy den »Orden von der Heimsuchung Mariens« (Salesianerinnen). Mit Franz von Sales verband sie eine tiefe geistliche Freundschaft. In großen innerlichen Leiden wurde sie durch außerordentliche mystische Gnaden gestärkt. Sie starb am 13. Dezember 1641 in Moulins und wurde in Annecy bestattet.

Dargestellt in Salesianerinnentracht mit Herz. – Patronin für glückliche Entbindung.
GK

13.12. **Luzia** [Lat.: »die Leuchtende«], Hl., war eine Märtyrin in Syrakus, deren Geschichtlichkeit durch die in Syrakus wieder entdeckte Luzia-Katakombe mit Grablege bezeugt ist. Die über ihrem Grab errichtete Kirche reicht in ihrem Ursprung noch in die byzantinische Zeit Siziliens zurück. – Die erst im 5./6. Jh. verfasste legendarische Leidensgeschichte erzählt, dass Luzia das Gelübde der Jungfräulichkeit abgelegt hat. Ihr enttäuschter Bräutigam habe sie darauf in der Verfolgung Kaiser Diokletians als Christin angeklagt. Luzia sei dann nach grausamen Martern durch einen Schwertstich in den Hals getötet worden. Ihr Festtag ist vielerorts mit reichem Brauchtum ausgestattet.

Dargestellt in Jungfrauentracht mit Palme und Schwert, mit Halswunde, Augen auf einem Teller, Lampe. – Patronin der Armen, Blinden, reuigen Dirnen, Glaser, Weber, Schneider, Näherinnen, Sattler, Polterer, Notare, Schreiber, Pedelle, Türhüter, Kutscher, Bauern, kranker Kinder; gegen Augenleiden, Halsschmerzen, Ruhr, Blutfluss, Infektionskrankheiten.
GK

Odilia [Ottilia] OSB, Hl., geb. um 680, Tochter Herzog Attichs im Elsass, stiftete mit ihrem Vater das Kloster Hohenburg, dessen erste Äbtissin sie wurde. Später gründete sie auch noch das Kloster Niedermünster. Odilia starb in Hohenburg um 720, wo sie auch beigesetzt wurde. Ihr Leben wurde von einem Legendenkranz umwoben. – Ihr Grab in Odilienberg, wie man später Hohenburg nannte, wurde eine viel besuchte Wallfahrtsstätte. Odilia ist Landespatronin des Elsass.

Dargestellt im Gewand einer Äbtissin, mit Buch, auf dem zwei Augen liegen, mit Krone, Hahn, Kelch. – Patronin des Elsass; gegen Augen-, Ohren- und Kopfleiden.

Jodok [Judok, Jobst, Jost], Hl., war der Sohn eines bretonischen Fürsten. Um die Nachfolge nicht antreten zu müssen, entfloh Jodok um 640, wurde Priester und seit 644 Einsiedler an verschiedenen Orten. Mehrere Jahre nach seiner Romfahrt starb er angeblich um 668/669. – An einem seiner Aufenthaltsorte entstand später die Benediktiner-Abtei Saint-Josse-sur-Mer. Die Jodokskirche in Landshut rühmte sich, eine größere Reliquie zu besitzen. Bedeutender Wallfahrtsort in Deutschland ist heute noch St.-Jost in der Eifel.
Dargestellt im Einsiedlerkleid oder Pilgergewand mit abgelegter Krone, mit Quelle und Haustieren. – Patron der Pilger, Schiffer, Siechhäuser; für Gedeihen der Feldfrüchte und gute Ernte; gegen Gewitter, Schadenfeuer, Getreidebrand, Fieber, Pest, Krankheiten.

Emo von Huizinge OPraem, Sel., geb. in Friesland, studierte in Paris, Oxford und Orléans, wurde Pfarrer in Husdinge, wurde »Prämonstratenser« und war erster Propst des 1208/09 neu gegründeten Klosters Bloemhof, das 1214 nach Wittewierum verlegt wurde. Er betätigte sich als theologischer Schriftsteller und vor allem als Chronist. Nach einem heiligmäßigen Leben starb Emo am 13. Dezember 1237 in Rozenkamp.

Johanna Franziska von Chantal OVM, Hl., Ordensgründerin der »Salesianerinnen«, gest. 13.12.1641, ↗12.12.

Benno [Kurzform von Bernhard; Ahdt.: »der Bärenharte«] Koglbauer OFMCap, geb. am 29. Juni 1862 (Taufname Matthias) in Mönichkirchen bei Aspang/Niederösterreich, trat als Laienbruder in den »Kapuzinerorden« ein, lebte in den Klöstern Innsbruck (1901) und Brixen (1902–1907), zuletzt seit 1907 als Klosterpförtner in Bregenz. Er galt als Vorbild klösterlichen Tugendlebens. Benno starb am 1. Dezember 1925 im Ruf der Heiligkeit. Seine Gebeine wurden 1934 in die Josefskapelle der Bregenzer Klosterkirche übertragen.

Bertold [Ahdt.: »berühmter Herrscher«] OFM, Sel., geb. um 1210 in Regensburg, **14.12.**
trat um 1226 in den Minoritenorden ein. Nach seinem Studium in Magdeburg entwickelte er sich zum größten Volksprediger des Mittelalters. Mit dem Mystiker David von Augsburg und mit Albert d. Gr. begab sich Bertold auf Predigtreisen. Er predigte in Süddeutschland, Österreich, Schlesien, Böhmen, Mähren, in der Schweiz und in Frankreich, wo er in Paris mit König Ludwig dem Heiligen zusammenkam. Die Anschaulichkeit und Lebendigkeit des Vortrages ließen ungeheure Menschenmengen zu Bertolds Predigten zusammenströmen. Der große Volksprediger starb am 13./14. Dezember 1272 in Regensburg. Sein Grab in der dortigen Minoritenkirche wur-

de bald Ziel zahlreicher Wallfahrten. Heute befinden sich seine sterblichen Überreste im Regensburger Dom.
Dargestellt im Franziskanerhabit mit Predigtgestus.

Johannes vom Kreuz OCarm, Hl., geb. am 24. Juni 1542 in Fontivera/Spanien, stammte aus einem verarmten Adelsgeschlecht. Nach kurzer Tätigkeit als Krankenwärter im Hospital von Medena trat er 1563 in den Karmeliterorden ein und studierte 1564–1568 in Salamanca. Mit Teresa von Ávila bemühte er sich um die Reform des Ordens. 1572–1577 war er Spiritual des Menschwerdungs-Kloster in Ávila, wo Teresa Priorin war. Als der Sturm gegen die Reform im Orden losbrach, wurde Johannes von seinen Gegnern im Kloster von Toledo in strenger Haft gehalten. Nach der Trennung des Ordens in einen reformierten Zweig bekleidete Johannes mehrere Ordensämter. Seit 1588 war er Prior des Klosters in Segovia. Um seinen Reformgedanken zu vertreten, reiste er nach Ubdea, obwohl er bereits schwer erkrankt war. Hier starb er nach unwürdiger, aber mit Geduld ertragener Behandlung am 14. Dezember 1591. In schweren Leiden reifte Johannes zum Heiligen heran, der sich in zahlreichen Schriften als ein hoch begnadeter Mystiker erwies. – 1926 wurde er zum Kirchenlehrer erhoben.
Dargestellt im Karmeliterhabit mit Kreuz, Buch und Schreibfeder, mit Kreuz tragendem Christus. GK

Franziska [Ahdt.: »frei, kühn«] Schervier SPSF, Sel., geb. am 3. Januar 1819 in Aachen, bemühte sich von Jugend an um Gleichförmigkeit mit dem Willen Gottes und war von einer großen Liebe zu den Armen und Bedrängten. 1845 gründete sie die »Genossenschaft der Armen Schwestern vom hl. Franziskus«. Mit ihren Schwestern arbeitete sie in Frauenzuchthäusern und betreute Büßerinnen. Ihr Ziel war, jedes Opfer auf sich zu nehmen, um den leidenden Brüdern und Schwestern in der Welt zu helfen. Franziska starb am 14. Dezember 1876 in Aachen. Ihr Grab wird von zahlreichen Betern besucht.
Dargestellt im Ordenskleid mit Kreuz. AC, K

15.12. Wunibald [Ahdt.: »Freude« u. »mächtig«] OSB, Hl., geb. 701 in Südengland, war der Bruder Willibalds und Walburgs. Bonifatius gewann auf seiner zweiten Romreise 737/738 Wunibald für die deutsche Mission. Hier wirkte Wunibald in Thüringen, in der Oberpfalz und in Mainz. 752 gründete er in der Diözese Eichstätt, wo sein Bruder Willibald Bischof war, im Hahnenkammgebiet das Kloster Heidenheim. Von hier aus erneuerte und festigte er das verwilderte religiöse Leben der umwohnenden Bevölkerung. Wunibald starb am 18. Dezember 761 in Heidenheim. Seinen noch unversehrten Leib erhob am 2. September 777 sein Bruder Willibald. – Ein Hochgrab Wunibalds von 1483 steht heute noch in der jetzt evangelischen, ehemaligen Klos-

terkirche. Die Reliquien Wunibalds wurden in der Reformation an verschiedene Orte übertragen.
Dargestellt im Benediktinerhabit mit Abtsstab, Buch und Maurerkelle. – Patron der Brautleute, Bauarbeiter. EIH

Carlo Steeb, Sel., geb. 1773 in Tübingen, Sohn evangelischer Eltern, konvertierte 1792 in Verona zum katholischen Glauben und wurde 1796 Priester. Neben seiner Tätigkeit als Professor am Priesterseminar in Verona bewährte er sich als unermüdlicher Seelsorger der Armen, Kranken und Gefangenen. Zahlreichen Menschen war er ein kluger Seelenführer. Zur Unterstützung seiner karitativen Werke gründete er die »Kleinen Schwestern der Barmherzigkeit«. Steeb starb im Ruf der Heiligkeit am 15. Dezember 1856 in Verona. RT

Christiane [Nina], [Griech./Lat.: »die Christin«], Hl., eine Jungfrau, lebte zur Zeit Kaiser Konstantins als Gefangene bei den Georgiern. Sie bekehrte durch ihr Gebet, ihr vorbildliches Leben und ihre Lehrtätigkeit um 322 die königliche Familie und das georgische Volk zum christlichen Glauben.

Abel [Hebr.: »Vergänglichkeit«] und **Kain**, nach biblischer Überlieferung Söhne der Stammeltern Adam und Eva. Gott nahm Abels Erstlingsopfer gnädig an. Die Kirchenväter sprechen darum auch später von der »Kirche von Abel«. Das erste römische Hochgebet erinnert an das »Opfer deines gerechten Dieners Abel«. **16.12.**

Noach, Noa, Noe [Hebr.: »Ruhe«, »Trost«] ist nach *Genesis* 6–9 »Held der Sintflut«. Er brachte nach der Rettung Gott ein Brandopfer dar. Gott schloss mit ihm einen ewigen Bund, dessen Zeichen der Regenbogen ist.

David [Hebr.: »Liebling«], 1010–970 v. Chr. in Betlehem geboren als jüngster Sohn Isaias, von Samuel anstelle Sauls zum König gesalbt. Nach dem Tod Sauls zog er nach Hebron und verlegte den Königssitz in die Stadt Jerusalem, die er von den Jebusitern eroberte. Die Bundeslade übertrug er nach Jerusalem. Ein Teil der *Psalmen* ist sein Werk. Er starb im hohen Alter 965 v. Chr. nach 40-jähriger Regierung über das Volk Israel (vgl. *1 Sam – 2 Sam* 24). Mit König David wird aller Vorfahren Jesu Christi gedacht. JE

Haggai, Aggäus [Hebr.: »Am Festtag geboren«] ist ein nachexilischer Kleiner Prophet und lebte um 520 v. Chr. Er forderte das Volk zum Wiederaufbau des Tempels auf. RO

Sturm[i] OSB, Hl., geb. um 715 in Oberösterreich (Lorch?), schloss sich um 733/35 Bonifatius an, wurde bei Abt Wigbert in Fritzlar ausgebildet, erhielt um

740 die Priesterweihe und war dann als Glaubensbote bei den Hessen tätig. 744 gründete er im Auftrag des Bonifatius das Kloster Fulda, das Sturm als Abt zur geistigen und wirtschaftlichen Blüte führte. 751 verlieh der Papst der Abtei die Unabhängigkeit von der bischöflichen Gewalt, die Sturm nach dem Tod des Bonifatius gegen Erzbischof Lul von Mainz in harten Kämpfen zu behaupten wusste. 754 sicherte Sturm Fulda die Gebeine des Bonifatius. 774 erhielt Sturm für seine Abtei ein großes Missionsgebiet an Diemel und Weser um Hameln und Minden. Auf dem Sachsenfeldzug Karls d. Gr. 779 erkrankte Sturm und starb kurz nach seiner Rückkehr in Fulda am 17. Dezember 779.

Seine Reliquien befinden sich im Dom von Fulda.

Dargestellt im Gewand eines Benediktinerabtes mit Stab und Regelbuch, Kirchengrundriss oder Kirchenmodell, mit Einhorn. – Nebenpatron des Bistums Fulda.

FD, MZ

Tanko [Tatta] OSB, Hl., war Abt im Kloster Amorbach. Amorbach sandte Mönche nach Sachsen, um dort im Raum von Verden den Glauben zu verkünden. Hier in Verden wurde dann Tanko Bischof. Als Todestag ist der 16. Dezember 808 angegeben.

Dargestellt im Benediktinerhabit.

Ado OSB, Hl., Mönch in Ferrières, war als Lehrer im Kloster Prüm zur Zeit des Abtes Markward (gest. 853) tätig. Vielleicht war Ado auch in Rom oder Ravenna. Wir treffen ihn dann als Seelsorger der Kirche des hl. Romanus in Lyon. 860 wurde er Erzbischof von Vienne. Hier bemühte er sich, das sittliche Leben zu bessern. Gegen Kaiser Lothar verteidigte er die Heiligkeit und Unauflöslichkeit der Ehe. Ado verfasste auch ein einflussreiches Martyrologium. Er starb am 16. Dezember 875. – Seine Reliquien wurden in den Hugenottenkriegen mit denen anderer Heiliger zusammengetragen.

Dargestellt in bischöflichen Gewändern.

Adelheid [Germ.: »Frau von edlem Wesen«], Hl., geb. 931 als Tochter König Rudolfs von Burgund. Nach dem Tod ihres ersten Gatten, König Lothars von Italien, 950, wollte Berengar II. von Friaul sie zur Heirat zwingen. Doch 951 vermählte sie sich mit König Otto I. Von großem Einfluss auf Otto I. war sie zeitweise Reichsregentin unter Otto II. und Otto III. Ihre Beziehungen zu ihrer Schwiegertochter, der Kaiserin Theophanu, waren allerdings dauernd gespannt. Bei der Reichsregierung war ihr Erzbischof Willigis von Mainz ein treuer Berater. Adelheid stand in guter Verbindung zur Abtei Cluny, deren Reformwerk sie förderte. Nach 973 gründete sie das Reformkloster Selz, wo sie seit 995 lebte, am 16. Dezember 999 starb und bestattet wurde. – Ihre Reliquien gingen während der Reformation verloren.

Dargestellt in fürstlichem Gewand mit Krone, Kirchenmodell und Schiff. A, FB, ST

Dietrich [Ahdt.: »der Mächtige im Volk«] OPraem, er nahm in Floreffe das weiße Gewand des hl. Norbert (»Prämonstratenser«). Abt Gerland stellte ihn an die Spitze der Brüder, die von Floreffe auszogen, um die Neugründung Rommersdorf am Mittelrhein zu übernehmen. 1135 wurde Dietrich hier Abt. Er erneuerte die zerfallenen Gebäude und richtete Ordensleben und Gottesdienst ein. Dietrich starb am 16. Dezember 1145.

Lazarus [Hebr.: »Gott hat geholfen«], Hl., lebte mit seinen Schwestern Maria und Marta in Betanien. Er war mit Jesus befreundet, der das Haus der Geschwister öfter besuchte. Als Lazarus gestorben war, erweckte ihn Jesus vier Tage nach seinem Tod zum Leben. Das Lazarusgrab in Betanien, das seit dem 4. Jh. bezeugt ist, entspricht einer jüdischen Grabanlage und könnte das Grab gewesen sein, in dem Lazarus gelegen hat. – Die Legende des 11./12. Jh. lässt Lazarus mit seinen Schwestern in die Provence fahren, wo er als Bischof von Marseille gestorben ist. **17.12.**

Dargestellt, wie er auf den Ruf des Herrn aus dem Grab heraussteigt; auch in bischöflichem Gewand. – Patron der Aussätzigen, Leprosenhäuser, Totengräber.

Sturm[i], Hl., Abt von Fulda, gest. 17.12.779, ↗16.12.

Jolanda OP, Hl., Tochter des Grafen Heinrich von Vianden, erhielt nach vielen Schwierigkeiten und Drangsalen von ihren Eltern 1248 die Erlaubnis, in das Dominikanerinnen-Kloster Marienthal bei Mersch/Luxemburg einzutreten. 1258 wurde Jolanda Priorin und begründete eine Blütezeit des Klosters. Sie erweiterte die Klostergebäude, richtete eine Bibliothek ein und erwarb kostbare Reliquien. Sie starb am 17. Dezember 1283. – Ihr Grab in der Klosterkirche wurde 1825 aufgefunden.

Wunibald, Hl., Gründerabt von Heidenheim, gest. 18.12.761, ↗15.12. **18.12.**

Philipp [Griech.: »Freund« u. »Pferd«] OPraem, »Prämonstratenser« in Ratzeburg, wurde nach dem Tod Isfrids 1204 dortiger Bischof. Unermüdlich erfüllte er in der Diözese Ratzeburg die bischöflichen Pflichten und pflegte das Andenken an seinen heiligen Vorgänger. Er starb am 18. Dezember 1215.

Petrus CanReg, Sel., lebte als Priester in dem um 1131 gegründeten Chorherren-Stift Arolsen im Bistum Paderborn. Er war ein glühender Verehrer der Gottesmutter Maria. Weiter bemühte er sich eifrig um die Seelsorge in Frauenklöstern. Petrus starb der Überlieferung nach am 19. Dezember wohl in der Mitte des 12. Jhs. **19.12.**

Konrad [Ahdt.: »kühner Ratgeber«] von Lichtenau OPraem, war Domherr in Konstanz. Dann trat er in das Prämonstratenser-Stift Ursberg ein. Nachdem

Burchard von Biberach, der Verfasser der Ursberger Chronik, 1231 als Propst von Ursberg zurückgetreten war, wurde Konrad sein Nachfolger. Er verschönerte das Stift durch neue Bauten und vermehrte die Bibliothek durch weitere Handschriften. Der Kirche schenkte er eine Reliquie des heiligen Kreuzes. Von allen betrauert, starb Konrad am 19. Dezember 1240.

20.12. **Hoger** [Ahdt.: »Dornbusch« u. »umhegter Platz«] OSB, Hl., Mönch von Corvey, wurde Hilfsbischof des Erzbischofs Adalgar von Hamburg-Bremen und 909 dessen Nachfolger. Holger starb am 20. Dezember 916. Er wurde in der Michaelskirche in Bremen beigesetzt. – Seine Gebeine wurden 1036 in den Dom überführt.

Eido [Eico], dritter Bischof von Meißen seit 992, predigte in seiner Diözese unter den heidnischen Bewohnern den Glauben und gründete zahlreiche Kirchen. Nach einem heiligmäßigen Leben starb er am 20. Dezember 1015 in Leipzig.

Heinrich [Ahdt.: »der in seinem Besitztum Mächtige«] Egher OCart, geb. 1328 in Kalkar/Niederrhein, Stiftsherr an St.-Georg in Köln und in Kaiserwerth, trat 1365 als »Kartäuser« in die Kartause in Köln ein. Er wurde Prior in Monnikhuizen bei Arnheim, wo sich durch seinen Einfluss Gerhard Groote bekehrte. Später leitete Heinrich Egher die Kartausen von Roermond, Köln und Straßburg und war Visitator mehrerer Ordensprovinzen. In seinen Schriften bekennt er sich zu den Frömmigkeitsanschauungen der »Devotio moderna« und förderte die Herz-Jesu-Verehrung und das Rosenkranzgebet. Er starb in Köln am 20. Dezember 1408.

Regina [Germ.: »Beraterin«; Lat.: »Königin«] Hueter, geb. in Tegernsee, Klosterfrau in St.-Jakob am Anger/München. Ihr wurden mystische Begnadungen zuteil. In einer Vision erhielt Regina die Zusicherung, ihr Kloster werde vor den Schrecken des Schwedenkrieges verschont bleiben. Sie starb im Ruf der Heiligkeit am 20. (oder 30.?) Dezember 1646.

21.12. **Hagar**, die ägyptische Magd Saras und Abrahams, gebar mit Zustimmung ihrer Herrin Abraham einen Sohn, Ismael, der Stammvater der ismaelitischen Stämme wurde. Später wurde Hagar von Sara aus Eifersucht in die Fremde verstoßen.

Bezela, Mutter des Bischofs Benno von Meißen, soll in ihren letzten Lebensjahren auf dem Burgwart in Göda bei Bautzen gelebt haben. Sie starb an einem 21. Dezember in der 2. Hälfte des 11. Jhs.

Richard [Ahdt.: »kühner Herrscher«] OCist, Sel., stammte aus England und studierte in Paris, wo er Magister der Naturwissenschaften und der freien

Künste wurde. Dann wurde er Priester und trat nach einer Reise ins Heilige Land in das Zisterzienser-Kloster Adwerth/Friesland ein. Hier wurde er schon zu Lebzeiten wegen seiner Frömmigkeit verehrt. Richard starb am 21. Dezember 1266. – Seine Gebeine wurden wohl im 14. Jh. aus dem Kreuzgang unter den Altar des Kapitelsaales überführt. Sein Andenken war auch nach der Reformation noch nicht erloschen.

Petrus Kanisius, Hl., Kirchenlehrer, gest. 21.12.1597, ↗27.4.

Peter Friedhofen FMMA, Sel., geb. am 25. Februar 1819 in Weitersburg bei Vallendar, seit 1834 Schornsteinfeger in Ahrweiler und Vallendar, war von kernhafter Frömmigkeit, apostolischem Geist und selbstloser Nächstenliebe erfüllt. 1850 legte er den Grund zur Kongregation der »Barmherzigen Brüder von Maria-Hilf« für die Krankenpflege, für die er 1852 die bischöfliche Bestätigung und 1857 die kirchliche Gutheißung ihrer Satzung erlangte. Friedhofen starb am 21. Dezember 1860 in Koblenz. – 1928 wurden seine Gebeine in die Maria-Hilf-Kapelle nach Trier übertragen. Seligsprechung am 23. Juni 1985. GT: 23. Juni. TR

Bertheid, (Sel.), war die Schwester Bischof Hermanns I. von Münster. Dieser erhob die von Liudger erbaute Marienkapelle zur Pfarrkirche. Der Bereich der Liebfrauenpfarrei wurde von der Dompfarrei abgezweigt. Der Liebfrauen- oder Überwasserkirche gliederte Hermann ein Kanonissenstift an, das unter Leitung seiner Schwester Bertheid eine Bildungsstätte für Töchter des Adels werden sollte. Die Weihe der neuen Pfarr- und Stiftskirche erfolgte Weihnachten 1040 in Gegenwart Kaiser Heinrichs III. und zahlreicher Bischöfe. Bertheid starb im Ruf der Heiligkeit am 22. Dezember 1042. **22.12.**

Jutta [Hebr.: »die Judäerin, Jüdin«] OSB, Sel., aus dem Geschlecht der Grafen von Sponheim, wurde um 1090 geboren. Um 1106 gründete sie bei dem Benediktiner-Kloster Disibodenberg eine Frauenklause, die sich bald zu einem ansehnlichen Kloster entwickelte, das sie als Meisterin leitete. Neben anderen Schülerinnen wurde ihr auch ihre Nichte Hildegard zur Erziehung anvertraut, die später ihre Nachfolgerin werden sollte. Jutta starb am 22. Dezember 1036. Schon bald nach ihrem Tod wurde ihr Grab durch Wunder gerühmt.

Dargestellt im Benediktinerinnenhabit, zwischen zwei Engeln, über ihr eine brennende Lampe, umgeben von Feuerzungen.

Marian der Schotte OSB, Sel., hieß eigentlich Moel Brigte [Knecht der Brigida], geb. um 1028 in Irland. Er weilte um 1056–1058 als Mönch in Groß-St.-Martin in Köln. Dann hielt er sich kurz in Paderborn und Fulda auf. In Würzburg empfing Marian 1059 die Priesterweihe. Später begab er sich wiederum nach Fulda. Nach 1069 lebte er als Inkluse am Mainzer Dom. Marian verfasste eine Weltchronik, deren Originalhandschrift in der Vatikanischen Bibliothek in Rom erhalten ist. Er starb am 22. Dezember 1082/83.

23.12. **Viktoria**, Hl., eine Märtyrin in der Nähe von Rom, die in der Christenverfolgung des Decius (um 250) oder wahrscheinlich Kaiser Diokletians (um 303) den Tod für Christus erlitten hat. Ihr Kult war früher in Italien verbreitet. – Ihre Reliquien wurden 827 nach Piceno, 931 ins Kloster Farfa übertragen.
Dargestellt in römischer Jungfrauentracht mit Palme, Schwert und Drachen.

Gregor, [Lat.: »der Wachsame«], Hl., Priester, erlitt wahrscheinlich zur Zeit Kaiser Diokletians um 303 in Spoleto den Martertod. – Erzbischof Brun I. von Köln überführte im 10. Jh. die Reliquien Gregors in den Kölner Dom.
Dargestellt in Priestergewand mit Palme, Buch, Schwert und Knütteln.

Dagobert II. [Kelt./Ahdt.: »gut, glänzend«], Hl., wurde um 652 als Sohn des austrasischen Königs Sigibert III. geboren. Nach dem Tod seines Vaters 656 verbannte ihn der Hausmeier Grimoald in ein irisches Kloster. 676 führte Bischof Wilfrid von York Dagobert zurück, der nun zum König von Austrasien (heute Westdeutschland, mit Lothringen, Hauptstadt Metz) erhoben wurde. Doch der Hausmeier von Neustrien, Ebroin, bekämpfte Dagobert und ließ den König kurz vor Weihnachten 679 auf der Jagd von Woëvre bei Stenay in der Nähe von Verdun ermorden. Dagobert wurde in der Stenay beigesetzt und später vom Volk als Märtyrer verehrt.
Dargestellt in königlichem Ornat mit Palme, Nagel oder Lanzenspitze. ST

Gaubald [Ahdt.: »Gau, befestigtes Land« u. »herrschen«] OSB, Sel., war wahrscheinlich bereits Abt von St.-Emmeram/Regensburg, als Bonifatius ihn 739 zum ersten Bischof der neu errichteten Diözese Regensburg weihte. Gaubald starb am 23. Dezember um 761. Sein Grab ist am Eingang der Ramwoldkrypta von St.-Emmeram.

Ivo [Germ.: »Eiche«] CanReg, Hl., geb. um 1040 bei Beauvais, wurde nach seinem Studium in Paris und Le Bec 1078 Propst der »Regulierten Chorherren« von St.-Quentin in Beauvais und 1090 Bischof von Chartres. Im Investiturstreit nahm er eine versöhnliche Stellung ein. Er vertrat den Reformgedanken in der Kirche und förderte die Verbreitung der Kanonikerregel. Durch seine Schriften zu Fragen des kirchlichen Rechts gewann er im Mittelalter großen Einfluss. Nach seinem Tod am 23. Dezember 1116 wurde er sogleich in Chartres als Heiliger verehrt.

Hartmann, Hl., Bischof von Brixen, gest. 23.12.1164, ↗12.12.

Thorlak [Aisl.: »Gott« u. »herrschen«] Thorhallsson CanReg, Hl., 1133 auf Island geboren, studierte in Paris und Lincoln. 1168 wurde er Prior, 1172 Abt des Augustiner-Chorherren-Stiftes Thykkvibaer. 1178 bestieg er den Bischofssitz von Skalholt auf Island. Thorlak war bedacht auf Einhaltung der kirchlichen Zucht und Ordnung. Besonders setzte er sich für die Heilighaltung der Ehe ein. Thorlak starb am 23. Dezember 1193. Schon bald wurde er als Heiliger verehrt, und es wurden ihm als dem Nationalheiligen Islands eine Anzahl von Kirchen auf der Insel geweiht.

Johannes [Hebr.: »Jahwe ist gnädig«], Hl., geb. am 23. Juni 1390 in Kety (daher Cantius genannt), Kanoniker am Stift St.-Florian in Krakau und Professor an der dortigen Universität. Er war erfüllt von Frömmigkeit, Liebe zu den Armen und Sorge für seine Studenten. Mehrfach pilgerte er zu Fuß nach Rom und einmal nach Jerusalem. Er starb am 24. Dezember 1473 in Krakau und wurde er in der Universitätskirche St.-Anna beigesetzt.
Dargestellt als Priester mit Kreuz, Monstranz und Marienvision. GK

Marie Marguerite Dufrost de Lajemmerais, Hl., geb. am 15. Oktober 1701 in Varennes/Kanada. Im Alter von 18 Jahren heiratete sie Francois d'Youville. Nach dem Tod ihres Ehemannes erzog sie ohne große Mittel ihre beiden Söhne, die Priester wurden. Nun verwandte die alleinstehende Frau ihre Zeit und Kraft ganz für Arme und Verlassene. In ihrem Haus richtete sie ein Hospiz ein, aus dem später die Kongregation der »Grauen Schwestern der Liebe« hervorging. Die charismatisch begnadete Ordensgründerin starb am 23. Dezember 1771 in Montréal. – Seligsprechung am 3. Mai 1959, Heiligsprechung am 9. Dezember 1990. GK

Wilhelm [Ahdt.: »der auf Schutz Bedachte«] Eberschweiler SJ, am 5. Dezember 1837 in Püttlingen an der Saar geboren, trat 1858 in die »Gesellschaft Jesu« ein. Sein Lebensziel »Alles zur größeren Ehre Gottes« konnte er als Rektor, Spiritual und Novizenmeister seinen Mitbrüdern und als Beichtvater den Gläubigen glaubwürdig vermitteln. Nach geduldig ertragener Krankheit starb er am 23. Dezember 1921 in Exaten/Niederlande.

Adam [Hebr.: »der Mensch«] und **Eva** [Hebr.: »die Leben Gebende«], die Stammeltern der Menschheit, hat Gott nach der Lehre der Väter begnadet und so der Erlösung teilhaftig gemacht. **24.12.**
Dargestellt im Paradies, nackt oder mit Fellen bekleidet, mit Baum, Schlange und Apfel. – Patrone der Gärtner, Schneider.

Irmina von Oeren/Trier, Hl., gest. 24.12. vor 710, ↗ 3.1.

Hanno OSB, Hl., Mönch in St.-Maximin/Tier, wurde 937 erster Abt der von Kaiser Otto I. gegründeten Mauritius-Abtei in Magdeburg. 950 ernannte der Kaiser ihn zum Bischof von Worms. Vor 954 nahm Hanno an einer Mainzer Provinzsynode teil, die Erzbischof Friedrich einberufen hatte. Hanno starb nach der Überlieferung am 24. Dezember 978.

Adelbert OSB, ritterlicher Herkunft, lebte im 11. Jh.. Er geriet in falschen Verdacht und wurde schuldlos geblendet. Als blinder Pilger kam er in die Abtei Mönchengladbach, wo er sich als Einsiedler und Inkluse niederließ. Er fand Aufnahme in die klösterliche Gemeinschaft. Adelbert starb nach einem Leben der Entsagung und wurde in der Abteikirche bestattet, wo sein Grab heute noch erhalten ist.

Erkenbert CRSA/CSA, Sel., geb. um 1080, war Sohn des bischöflichen Kämmerers Reginmar von Worms. Er gründete 1119 auf seinem Gut Frankenthal/ Rheinpfalz ein Augustiner-Chorherren-Stift, in das er später eintrat und wo er Priester und Propst wurde. Erkenbert starb am 24. Dezember 1132 und wurde vor dem Hochaltar der Stiftskirche beigesetzt.

Johannes Cantius, Hl., gest. 24.12. 1473, ↗23.12.1998

Joseph Maklouf OAnt, Hl., mit Ordensnamen Scharbel, geb. um 1828 in Bekà Kafra/Libanon, wuchs in einer armen, frommen Familie auf. In seiner Jugend hütete er die Schafe der Familie und trat im Alter von 13 Jahren in Maifuq in den libanesischen »Antoniusorden« ein. 1851 legte er im Kloster zum hl. Maron die Gelübde ab. Nach Studium und Priesterweihe (1859) kehrte er für sechzehn Jahre in das Maron-Kloster zurück. Im Einvernehmen mit seinen Oberen zog er sich 1875 in das Kloster St.-Peter und Paul in die Bergeinsamkeit zurück. Als Mönch zeichnete er sich durch Eifer in Gebet und Studium, Nächstenliebe und Gehorsam aus. Er starb am 24. Dezember 1898 in Annaya. Die Erinnerung an den »heiligen Mönch vom Libanon« wird von Christen und Muslimen in Ehren gehalten. – Seligsprechung am 5. Dezember 1965, Heiligsprechung am 9. Oktober 1977. GK

25.12. **Weihnachten** – Hochfest der Geburt Jesu Christi GK

Eugenia [Griech.: »die Wohlgeborene«], Hl., erlitt als jungfräuliche Märtyrin in Rom um 258 den Tod. Sie fand ihr Grab im Coemeterium Apronianі an der Via Latina und genoss schon früh kultische Verehrung. Sie ist dargestellt in den Mosaiken von S. Apollinare nuovo in Ravenna.
Dargestellt in römischer Jungfrauentracht mit Märtyrerkrone, Palme und Schwert. – Patronin gegen Taubheit, Besessenheit.

Anastasia [Griech.: »Auferstehung«], Hl., hat wahrscheinlich in der Verfolgung des Diokletian um 304 in Sirmium/Pannonien das Martyrium erlitten. Da damals Sirmium die Hauptstadt von ganz Illyrien war, verbreitete sich der Kult schnell. Eine neue Kultwelle begann, nachdem um 470 die Reliquien Anastasias in eine ihr zu Ehren geweihte Kirche nach Konstantinopel übertragen worden waren. In Rom wurde ihr Gedächtnis in S. Constanza begangen, die von einer Stiefschwester Konstantins d. Gr. errichtet und nach dieser benannt worden war.
Dargestellt als jungfräuliche Märtyrin mit Schleier und Krone, Scheiterhaufen und Schere. – Patronin gegen Kopfleiden, Brustkrankheiten.

Maria Theresia von Wüllenweber, Sel., gest. 25.12.1907, ↗5.9.

Stephan [Griech.: »Kranz, Krone«], Hl., war einer der sieben Diakone der christlichen Urgemeinde in Jerusalem. In Streitgesprächen besonders vor hellenistisch gebildeten Juden vertrat er die Wahrheit der Lehre Jesu Christi. Auch vor dem Hohen Rat von Jerusalem hielt er eine glänzende Verteidigungsrede (*Apg* 7). Deshalb wurde er zum Tode durch Steinigung verurteilt. Bei der Vollstreckung des Urteils legten die Zeugen ihre Kleider zu Füßen des Saul, des späteren Apostels Paulus, nieder. Nach dem Tod Stephans mussten die hellenistisch gebildeten Christen Jerusalem verlassen und gründeten Gemeinschaften außerhalb der Heiligen Stadt. – Stephans Gebeine wurden 415 aufgefunden. Teile seiner Reliquien kamen später über Konstantinopel nach Rom. Die in Aachen befindlichen Reliquien wurden bei der Messe zur Königskrönung in einem kostbaren Reliquiar, der Stephansburse, ausgestellt. Sein Kult ist besonders im Süden des deutschen Sprachgebietes bis weit östlich in den Donauraum verbreitet. **26.12.**
Dargestellt im Ornat eines Diakon mit Dalmatik, Palme, Buch und Steinen. – Patron der Pferde (Pferdesegnung und Umritt am Fest), Pferdeknechte, Kutscher, Steinhauer, Maurer, Zimmerleute, Weber, Schneider, Küfer; gegen Besessenheit, Steinleiden, Seitenstechen, Kopfweh; für einen guten Tod. GK, W

Richlind, Sel., Gemahlin Erkenberts, der das Augustiner-Chorherren-Stift Groß-Frankenthal gegründet hatte. In dessen Nähe gründete sie das Augustiner-Chorfrauen-Stift Klein-Frankenthal. Nach der Überlieferung starb sie am 26. Dezember 1150.

Johannes [Hebr.: »Jahwe ist gnädig«], Hl., Sohn des Zebedäus und der Salome, Bruder des älteren Jakobus, war zuerst Jünger des Täufers Johannes. Die Zebedäussöhne waren am See Gennesaret von Jesus zu Jüngern berufen worden und genossen mit Simon Petrus eine Vorrangstellung. Sie durften bei der Verklärung und im Garten Getsemani anwesend sein. Johannes war der Jünger, den Jesus liebte und dem er unter dem Kreuz seine Mutter anver- **27.12.**

traute. Später war Johannes eine der Säulen der Gemeinde von Jerusalem und Samaria. Nach alter Überlieferung hat Johannes später in Ephesus gewirkt. Unter Domitian wurde er auf die Insel Patmos verbannt, wo er die *Geheime Offenbarung* schrieb. Als er nach Ephesus zurückgekehrt war, verfasste er dort das vierte Evangelium und die Johannesbriefe. In Ephesus ist er dann auch in hohem Greisenalter um das Jahr 100/101 gestorben. – Das älteste Zeugnis für seine Verehrung bildet um 200 die Johanneskirche mit seinem Grab in Ephesus. In Rom wurde unter Papst Hadrian I. (772–795) die Kirche des hl. Johannes vor dem Lateinischen Tor eingeweiht. – Neuere Exegeten unterscheiden zwischen dem Lieblingsjünger Johannes, dem Apostel Johannes, dem Evangelisten Johannes und dem Verfasser der Geheimen Offenbarung.

Dargestellt als Jüngling oder Greis mit Ölkessel, Kelch mit Schlange oder mit Buch, Schreibfeder und Adler. – Patron der Bildhauer, Maler, Buchdrucker, Buchbinder, Schriftsteller, Schreiber, Beamten, Notare, Theologen, Papierfabrikanten, Graveure, Glaser, Spiegelmacher, Metzger, Korbmacher, Kerzenfabrikanten, Sattler, Winzer; der Freundschaft; bei Brandwunden; gegen Hagel, Vergiftung; für gute Ernte. – Am Festtag Segnung des Weines (Johannesminne). GK

Fabiola, Hl., stammte aus der alten römischen Familie der Fabier und war Christin. Sie heiratete einen lasterhaften Mann, von dem sie gesetzlich geschieden wurde. Gegen kirchliches Gesetz ging sie eine neue Ehe ein. Nach dem Tod ihres zweiten Gatten leistete sie öffentliche Kirchenbuße und wurde wieder zu den Sakramenten zugelassen. Aus ihrem großen Vermögen unterstützte sie nun Arme und Kranke, Priester, Mönche und gottgeweihte Jungfrauen. Im Herbst 394 reiste Fabiola ins Heilige Land, wo sie Hieronymus und Paula kennen lernte. Nach Rom zurückgekehrt, widmete sie sich erneut Werken der Nächstenliebe und war wesentlich an der Gründung eines Pilgerhospizes in Partus beteiligt. Fabiola starb Ende 399. Hieronymus verfasste eine Lobrede auf sie.

Dargestellt im Büßerkleid, im Gebet versunken.

Esso [Ezzo, Hesso] OSB, Hl., Schüler des Abtes Wilhelm von Hirsau, wurde um 1100 erster Abt des neu gegründeten Klosters Beinwil. Er war ein vorbildlicher Ordensmann und guter Verwalter des Klosterbesitzes. Nach der Überlieferung starb er am 27. Dezember um 1133 und wurde in der Klosterkirche bestattet.

Rudger OPraem, Hl., lebte am kaiserlichen Hof und trat dann in den »Orden des hl. Norbert« (Norbertiner/Prämonstratenser) ein. Als 1135 die alte Benediktiner-Abtei St.-Paul in Verdun den Prämonstratensern übergeben wurde, übernahm Rudger als Abt die Leitung des neuen Konvents. Unter ihm blühte neues Leben in St.-Paul. Rudger starb am 27. Dezember 1140.

Walto [Balto] OSB, Sel., seit 1129 Abt in Wessobrunn. In der bei der Abtei errichteten Frauenklause lebte damals die Reklusin Diemut, die im Auftrag Waltos über vierzig Bücher für die Klosterbibliothek abschrieb. Walto starb nach einem heiligmäßigen Leben am 27. Dezember 1156/57 und wurde in der Klosterkirche beigesetzt. – Später wurden seine Gebeine in ein Hochgrab vor dem Kreuzaltar übertragen. Seit 1904 ruhen sie in der Pfarrkirche von Wessobrunn.

Hermann [Ahdt.: »Heer« u. »Mann«] OSB, Sel., und **Otto** [Germ.: »der Besitzende«] OSB, Sel., ein Brüderpaar aus Heidelberg, kamen um 1320 nach Niederaltaich/Bayern, wo Hermann als Konverse und Otto als Mönch und Priester das Ordenskleid nahmen. 1322 ging Hermann als Einsiedler in das Quellgebiet des Regen und errichtete in Frauenau bei Zwiesel eine Marienkapelle. Dort starb er am 28. Dezember 1326 und wurde in der Vorhalle der Propsteikirche von Rinchnach begraben. – Otto hatte inzwischen als Einsiedler im Böhmerwald gelebt. Nach zehn Jahren übernahm er in Frauenau das Erbe seines Bruders und wirkte hier neun Jahre lang als Seelsorger und Ratgeber. Zuletzt siedelte er mit seinem Schüler Degenhard auf den Frauenberg bei Hengersberg über, wo er 1344 gestorben ist. Er fand seine letzte Ruhestätte bei seinen Mitbrüdern in Niederaltaich. – Hermann wird besonders in St.-Hermann bei Bischofsmais verehrt. Dort Hauptwallfahrtstag: 24. August. **28.12.**

Franz von Sales, Hl., gest. 28.12.1622, ↗24.1.

Thamar [Tamara], [Hebr.: »Palme«], sie heiratete nach dem Tod ihres Gatten Her dessen Bruder Onan (Gen 34; Rut 4,12 ff). Da dieser ihr keine Nachkommenschaft zeugen wollte, strafte ihn Gott. Nach Onans Tod verweigerte der Schwiegervater Juda ihr einen weiteren Sohn. Darauf erschlich sich Thamar von Juda Nachkommen und gebar die Zwillinge Peres und Zerach. Durch Peres wurde Thamar eine Ahnfrau Jesu. **29.12.**

Isai [Jesse], [Hebr.: »Mann Jahwes«] aus Betlehem, gehörte zum Stamme Juda. Er war ein Enkel der Moabiterin Rut und der Vater Davids. Isai ist also auch ein Stammvater Jesu. Er lebte vor dem Jahr 1000 v. Chr.
Dargestellt als schlafender Mann, aus dem der Stammbaum Jesu hervorwächst. An diesem Stammbaum ist Jesus die letzte Blüte der »Wurzel Jesse«.

Lothar [Ahdt.: »der im Herr Berühmte«] OSB, geb. 795 als der älteste Sohn Kaiser Ludwigs des Frommen. Schon früh von Ludwig zum Kaiser bestimmt, konnte Lothar in den zahlreichen Kämpfen der Söhne gegen Ludwig und mit seinen Brüdern die Reichseinheit nicht wahren, wenn ihm auch mit dem (nach ihm Lotharingien benannten) Mittelreich der Kaisertitel blieb. 855 teilte Lothar seinen Reichsteil wiederum unter seinen drei Söhnen auf und

setzte so die Stückelung des Reiches fort. Hierauf entsagte Lothar der Herrschaft und wurde Mönch in Prüm, wo er am 29. Dezember 855 starb und beigesetzt wurde.
Dargestellt in kaiserlichem Ornat oder in Mönchskleidung mit abgelegter Kaiserkrone.

Reginbert [Reinbert] von Seldenbüren OSB, Sel., gründete im 10. Jh. bei einer schon im 9. Jh. bezeugten Zelle des Klosters Rheinau die Abtei St.-Blasien/Südschwarzwald, wo er auch selbst das Ordenskleid nahm. Er starb um 962. – Seine sterblichen Überreste ruhen seit 1927 im alten Mönchschor von St.-Blasien.
Dargestellt in vornehmer Tracht, wie er dem Bischof von Konstanz seine Gründung übergibt.

Thomas [Hebr.: »Zwilling«] Becket, Hl., geb. 1118 in London, wurde nach Studien in Paris und Bologna 1154 Archidiakon in Canterbury. 1155 ernannte ihn König Heinrich II. zum Lordkanzler. 1162 wurde Thomas Erzbischof von Canterbury und Primas von England. Nun widmete er sich ausschließlich seinen Aufgaben als Bischof. Er führte ein Leben fortan wie ein Mönch und zeigte sich als großherziger Helfer der Armen. Als der König in die Rechte der Kirche eingriff, widerstand ihm Thomas mit Mut und Entschlossenheit. 1164 musste der Erzbischof nach Frankreich ausweichen. Nach langwierigen Verhandlungen zwischen Papst Alexander III., dem König und Thomas konnte dieser 1170 nach England zurückkehren. Doch bald ergaben sich neue Streitigkeiten. In dem Glauben, dem König einen Gefallen zu erweisen, ermordeten vier Edelleute am 29. Dezember 1170 Thomas während der Vesper in der Kathedrale von Canterbury. – Das Grab des Erzbischofs war bald Mittelpunkt einer bedeutenden Wallfahrt. König Heinrich VIII. ließ 1538 den Schrein zerstören und die Reliquien vernichten.
Dargestellt in pontifikaler Kleidung mit Palme, Schwert und Kirchenmodell. GK

30.12. **Ananias, Azarias, Misael** [oder: Schadrasch, Meschach und Abed-Nego] sind die drei Jünglinge im Feuerofen (vgl. *Dan* 3,1–97). Unter Nebukadnezar im 6. Jh. v. Chr. bekannten sie standhaft ihren Glauben an Gott, ihren wahren Herrn. Gott rettete sie aus dem Feuerofen, in den sie geworfen wurden, weil sie sich weigerten, ein goldenes Standbild anzubeten. RO

Felix I. [Lat.: »der Glückliche«], Hl., seit 268/269 Papst, nahm die Gemeinschaft mit der Kirche von Antiochien wieder auf, nachdem der Irrlehrer Paul von Samosata als Bischof abgesetzt worden war. Felix starb am 30. Dezember 273/274 und wurde in der Kalixtus-Katakombe begraben.
Dargestellt im päpstlichen Ornat mit Buch.

Sabinus, Hl., gab in Spoleto als Märtyrer sein Leben für Christus hin. Seine Verehrung ist im frühen Mittelalter bezeugt. Die späte, romanhafte Leidensgeschichte sieht ihn als Bischof von Assisi. – Seine Reliquien kamen 1191 in die Prämonstratenser-Abtei Windberg bei Straubing.
Dargestellt als Märtyrer mit Krone in den verhüllten Händen oder in Pontifikalgewändern mit Palme und Fahne.

Germar [Germer] OSB, Hl., geb. um 610 in Wardes, Staatsmann am Hof der fränkischen Könige Dagobert I. und Chlodwig II., gründete das Kloster Isle (heute St.-Piere-aux-Bois), verließ um 647 Frau und Tochter und wurde im Kloster Pentale Mönch und dann Abt. Später zog er sich in die Einsamkeit zurück. 655 gründete er das Kloster Flay, das er als Abt bis zu seinem Tod am 30. (?) Dezember um 660 leitete. Kloster Flay wurde nach ihm St.-Germer-de-Flay genannt. Seine Reliquien wurden von den Normannen nach Beauvais in Sicherheit gebracht, aber in der Französischen Revolution vernichtet.

Richard [Ahdt.: »kühner Herrscher«] von Arnsberg OPraem, (Sel.), auch Anglicus genannt, war »Prämonstratenser« in der Abtei Wedinghausen bei Arnsberg. Er schrieb eine Messerklärung, die von der damals üblichen allegorischen Deutung abwich. Richard starb um 1190 in Wedinghausen.

Vincenza Maria López y Vicũna, Hl., am 22. März 1847 in Cascante/Spanien geboren, widmete sich Werken der Nächstenliebe und eröfnete ein Heim für Arbeit suchende Mädchen. 1876 gründete sie das »Institut der Töchter der Unbefleckten Jungfrau Maria« für Hausangestellte. Sie starb am 26. Dezember 1890 in Madrid. – Seligsprechung am 19. Februar 1950, Heiligsprechung am 25. Mai 1975. GK

Kolumba [Lat.: »die Taube«], Hl., eine christliche Jungfrau, die im 3. Jh. in Sens lebte. Die spätere, allerdings unzuverlässige Leidensgeschichte verlegt das Martyrium Kolumbas in die Zeit des Kaisers Aurelian (270–275). – Ihr Kult ist bereits im 6. Jh. bezeugt und später weit verbreitet. Ihre Reliquien befanden sich in der Abteikirche Saint-Colombe in Sens, die 1792 zerstört wurde. **31.12.**
Dargestellt in vornehmer Jungfrauenkleidung mit Bärin, Pfauenfeder, Buch. – Patronin gegen Augenleiden, Regen.

Silvester [Lat.: »Waldbewohner«], Hl., stammte aus Rom und erlebte die grundlegende Umstellung des römischen Staates zum Christentum. 314 wurde er zum Bischof von Rom erhoben. Unter ihm wurde durch die Förderung Kaiser Konstantins neben mehreren anderen kirchlichen Bauten auch die erste Peterskirche in Rom errichtet. Silvester starb am 31. Dezember 335 und wurde in der von ihm erbauten Kirche über der Priscilla-Katakombe bestattet. Erst seit dem 5. Jh. verband die Legende fälschlich seinen Namen mit der Taufe Konstantins.

Dargestellt im päpstlichen Ornat mit Stier, Schlange oder Muschel, mit Engel und Ölbaumzweig. – Patron für Haustiere, gute Futterernte. GK

Melanie [Griech.: »die Schwarze«], Hl., geb. 383, stammte aus der alten römischen Adelsfamilie der Valerier. Mit ihrem Gatten unterstützte sie Arme reichlich sowie Kirchen und Klöster. In ihrem Haus in Rom richtete sie eine Herberge für Pilger ein. Mit Paulinus von Nola und Augustinus von Hippo war Melanie bekannt. Auf einer Reise nach Jerusalem gründete sie auf dem Ölberg ein Schwesternkloster, wo sie seit 417 ihren ständigen Wohnsitz nahm und ein strenges Buß- und Gebetsleben führte. Hier ereilte sie der Tod am 31. Dezember 439.

Dargestellt im Nonnenhabit oder Einsiedlerinnenkleid, vor oder in einer Höhle betend, mit Kreuz und Totenschädel.

Maro [Marius], Hl., Bischof von Avenches, gest. 31.12.594, ↗ 4.1.

Odilo, Hl., Abt von Cluny, gest. 31.12.1084, ↗ 3.1.

Luitfrid [Ahdt.: »Volk« u. »Friede«] OSB, Sel., Mönch in St.-Blasien/Südschwarzwald, wurde 1085 Abt von Muri/Schweiz. Hier war er bedacht, dass die Klostersatzungen von Fruttuaria, die über St.-Blasien 1082 in Muri eingeführt worden waren, treu befolgt wurden. Luitfrid starb nach einem heiligmäßigen Leben am 31. Dezember 1096.

Apollonia Radermecher STFE, geb. am 9. September 1571 in Aachen, war seit 1610 in 's Hertogenbosch in der Krankenpflege tätig. 1622 berief sie der Rat der Stadt Aachen zur Leitung des 1336 gegründeten Elisabeth-Hospitals am Radermarkt. Von da an setzte sie ihre Arbeitskraft und ihr Vermögen für die Kranken ein. 1626 stiftete sie die »Hospitalschwestern der hl. Elisabeth vom dritten Orden des hl. Franziskus«, eine Genossenschaft, die heute als »Aachener Elisabetherinnen« in Deutschland, Österreich, Luxemburg und Nordamerika verbreitet ist. Apollonia starb nach einem Leben der Liebe und Hingabe für den Nächsten am 31. Dezember 1626, vielleicht infolge einer Infektion, die sie sich bei der Pflege von Pestkranken zugezogen hatte. – 1953 wurden ihre Gebeine erhoben und im Mutterhaus der Elisabethinnen in Aachen beigesetzt.

Katharina [Griech.: »die allzeit Reine«] Labouré FdC, Hl., geb. am 2. Mai 1806 in Fain-les-Moûtiers auf einem Bauernhof, war zuerst Dienstmagd, wurde 1830 »Vinzentinerin« und wirkte als vorbildliche, opferbereite Pflegerin im Hospital d'Enghien/Paris. Ihre Marienerscheinungen wurden Anlass zur Prägung der »Wundertätigen Medaille«. Sie starb am 31. Dezember 1876 in Paris. Ihr unversehrter Leib ruht in der Kirche der Vinzentinerinnen in der Rue du Bac/Paris.

Alphabetisches Namenregister

Vorbemerkung

Das Register enthält alle Namen in alphabetischer Reihenfolge. Bei den Namen, die im Namenstagskalender enthalten sind, ist das Datum angegeben, z. B. Blandina 2.6. – Bei Neben-, Kurz- und Koseformen der Namen folgt ein Verweis auf die Form des Namens, die im Kalender steht, z. B. Blanda ↗ Blandina. – Zahlreiche Neben-, Kurz- oder Koseformen der Namen lassen eine mehrfache Ableitung zu. Im Register sind dann auch mehrere Hinweise gegeben, z. B. Thilde ↗ Klothilde, Mathilde, Mechthild. – Personen der jüngeren Zeit mit Vor- und Zunamen werden im Register in alphabetischer Einordnung unter dem Vornamen mit Datum genannt, z. B. Edith Stein 9.8., dagegen unter dem Zunamen (Familiennamen) mit Verweis, z. B. Stein ↗ Edith Stein. – Bei einigen Heiligen werden im Kalender auch Martyriumsgefährten genannt, die aber dort nicht durch besonderen Druck hervorgehoben sind. Im Register wird dann bei diesen Namen auf den Namen des Hauptheiligen verwiesen, unter dem die Gefährten im Kalender zu finden sind, z. B. Hilaria ↗ Afra; oder Priska ↗ Ursula.

Bezüglich Auswahl, Schreibung und Hinweise auf die Grundformen der Kurz- und Kosenamen wird auf die entsprechenden Abschnitte der Einleitung verwiesen. Hinsichtlich der Angaben über die kultische Verehrung ist das Vorwort zu beachten.

A

Alphabetisches Namenregister

E

I

L

Q

R

T

Literaturhinweise

Aktion Namenspatrone, hrsg. vom Seelsorgeamt Regensburg (Faltblätter für Namenspatrone).

Angenendt, Arnold: Heilige und Reliquien. Die Geschichte ihres Kultes vom frühen Christentum bis zur Gegenwart, München 1994.

Assmann, Dieter: Heiliger Florian, bitte für uns. Die Heiligen und Seligen in Österreich und Südtirol, Innsbruck 1977.

Attwater, Donald: The Penguin Dictionary of Saints, Harmondsworth 31970.

Bach, Adolf: Deutsche Namenkunde, 3 Bde., Heidelberg 1952–56.

Bader, Hermann: Alle Heiligen und Seligen der röm.-kath. Kirche, München-Pasing o.J. (1950).

Beaugrand, Günter (Hrsg.): Die neuen Heiligen. Große Christen auf dem Weg zur Heilig- oder Seligsprechung, Augsburg 1991.

Becker-Huberti, Manfred: Feiern – Feste – Jahreszeiten. Geschichte und Geschichten, Bilder und Legenden, Freiburg i. Br. ²2001.

Becker-Huberti, Manfred: Lexikon der Bräuche und Feste. Über 3.000 Stichwörter mit Infos, Tipps und Hintergründen für das ganze Jahr, Freiburg i. Br. ²2001.

Beinert, Wolfgang (Hrsg.): Die Heiligen heute ehren, Freiburg/Basel/Wien 1983.

Bibliotheca Sanctorum, 12 Bde., 1 Register und 2 Ergänzungsbände, Cittá Nuova Editrice, Roma 1961ff.

Boehm, Fritz: Geburtstag und Namenstag im deutschen Volksbrauch – Hort deutscher Volkskunde, Bd. 4, Berlin/Leipzig 1938.

Braun, Joseph: Tracht und Attribute der Heiligen in der deutschen Kunst, Stuttgart 1943. Nachdruck Stuttgart 1964.

Briemle, Theodosius: Unsere Heiligen. Kurze Lebensnotizen, Stuttgart 1953.

Britschgi, Ezechiel: Name verpflichtet (Arena-Taschenbuch, Bd. 8/9), Würzburg 1959.

Congregatio pro causis Sanctorum (Hrsg.): Index ac status Causarum, Cittá del Vaticano 1988.

Dies.: Index ac status Causarum, IV. Supplementum, cura di Pietro Galavotti, Cittá del Vaticano 1994.

Congregatio de causis Sanctorum (Hrsg.): Index ac status Causarum, Cittá del Vaticano 1999.

De Clerk, Donanation (Hrsg.): Hagiologion – Lebensbilder der Heiligen, Seligen und große Gestalten des Prämonstratenser-Ordens. Unter Mitarbeit von Christian Wolf. Deutsche Ausgabe, Windberg 1999.

Delooz, Pierre: Die Heiligsprechung und ihre soziale Verwendung, in: Concilium, 15. Jg., Heft 1979, S. 571–577.

Doyé, Franz von Sales: Heilige und Selige der römisch-katholischen Kirche, deren Erkennungszeichen, Patronate und lebensgeschichtliche Bemerkungen, 2 Bde., Leipzig 1929.

Dürig, Walter: Geburtstag und Namenstag. Eine liturgiegeschichtliche Studie, München 1954.

Essmann, Karl-Richard: Mit Kindern Namenstage feiern (Katechetische Handlungsfelder, hrsg. v. Katechetischen Institut Wien, Bd. 2, Wien/Freiburg/Basel 1983.

Fink, Humbert: Die Boschafter Gottes. Eine Kulturgeschichte der Heiligen, München 1983.

Goldner, Johannes: Bayerische Heilige, Freilassing 1979.

Harnoncourt, Philipp: Die Neuordnung der Eigenkalender im deutschen Sprachgebiet. Nachkonziliare Dokumentation Bd. 29, Trier 1975.

Harnoncourt, Philipp: Gesamtkirchliche und teilkirchliche Liturgie. Studien zum liturgischen Heiligenkalender und zum Gesang im Gottesdienst unter besonderer Berücksichtigung des deutschen Sprachgebiets, Freiburg/Basel/Wien 1974.

Heimerans Vornamenbuch, erweitert und bearbeitet von Hellmut Rosenfeld. Geschichte und Bedeutung, München [11]1968.

Heinz-Mohr, Gerd: Lexikon der Symbole. Bilder und Zeichen der christlichen Kunst, Düsseldorf/Köln [6]1981.

Herder Lexikon Kunst, bearbeitet von Ursula Böing-Häusgen, Freiburg i. Br. [4]1981.

Herder Lexikon Symbole, bearbeitet von Marianne Oesterreicher-Mollwo, Freiburg i. Br. [5]1982.

Herders Kleines Lexikon der Heiligen (Herderbücherei, Bd. 326), Freiburg i. Br. 1968.

Hergemöller, Bernd-Ulrich: Gebräuchliche Vornamen. Herkunft, Deutung, Namensfest, Münster [3]1972.

Hergemöller, Bernd-Ulrich: Die Geschichte der Papstnamen, Münster 1980.

Höing, Marianne: 50 Namenspatrone für die meistgewählten Jungen- und Mädchennamen, Donauwörth 1983.

Holböck, Ferdinand: Die neuen Heiligen der katholischen Kirche, 4. Bde. Stein am Rhein 1991–99.

Hotz, Joachim: Wallfahrtskirchen in Europa, München 1983.

Jooß, Erich (Hrsg.): Geschichten von Hirten, Heiligen und Narren. Das große Buch der Legenden aus unserer Zeit, Freiburg/Basel/Wien 1983.

Karlinger, Felix: Legendenforschung, Aufgaben und Ergebnisse, Darmstadt 1986.

Kempf, Constantin: Die Heiligkeit der Kirche im 19. Jahrhundert, Einsiedeln [8]1927.

Kerler, Dietrich Heinrich: Die Patronate der Heiligen, Ulm 1905; Nachdruck Hildesheim 1968.

Klein, Diethard H. (Hrsg.): Das große Hausbuch der Heiligen. Namenspatrone, die uns begleiten – Berichte und Legenden, Aschaffenburg 1983.

Koch, Ludwig: Jesuiten-Lexikon, Paderborn 1934.

Köhler, Albert / Sauren, Josef: Kommende deutsche Heilige. Heiligmäßige Deutsche aus jüngerer Zeit, Dülmen 1936.

Kracht, Hans-Joachim / Haas, Astrid: Große Gestalten der Kirche. Heiligsprechungen während des Pontifikats von Johannes Paul II., in: LÓsservatore Romano. Wochenausgabe in deutscher Sprache, 31. Jg. 2001, Nr. 30/31, 14–16; 32/33, 10 f.; 34, 12 f.

Kriss-Rettenbeck, Lenz /Möhler, Gerda (Hrsg.): Wallfahrt kennt keine Grenzen. Themen zu einer Ausstellung des Bayerischen Nationalmuseums und des Adalbert Stifter Vereins, München/Zürich 1984.

Krug, Viktor: Unsere Namenspatrone, Bamberg 1929.

Künstle, Karl: Ikonographie der christlichen Kunst, 2 Bde., Freiburg 1926, 1928.

Kuhne, Alexander: Wallfahrtsstätten im Erzbistum Paderborn, Paderborn 1984.

Kuld, Lothar: Glaube in Lebensgeschichten. Ein Beitrag zur theologischen Autobiographieforschung, Stuttgart 1996.

Läpple, Alfred: Deutschland, deine Wallfahrtsorte, Aschaffenburg [2]1983.

Lanczkowski, Günter: Verborgene Heilbringer, Darmstadt 1977.

Landschaftsverband Rheinland, Amt für rheinische Landeskunde (Hrsg.): Bibliographie Bedevaart – Pèlerinage – Wallfahrt Rhein-Maas, Köln 1982.

Legenda Aurea des Jacobus de Voragine, übersetzt von Richard Benz, Köln/Olten 1969.

Legenda Aurea: Das Leben der Heiligen, hrsg. von Erich Weidinger, Aschaffenburg 1986.

Leidl, August (Hrsg.): Bistumspatrone in Deutschland. Festschrift für Jakob Torsy, München/Zürich [2]1985.

Lexikon der christlichen Ikonographie, hrsg. von Engelbert Kirschbaum und Wolfgang Braunfels, 8 Bde., Rom/Freiburg/Basel/Wien 1968–76.

Literaturhinweise

Lexikon für Theologie und Kirche, 10 Bde., Freiburg i. Br. 1993–2001.

Lienhardt, G.: Ephemerides hagiologicae Ordinis Praemonstratensis, Augsburg 1764; Auctuarium Ephemeridum, Augsburg 1767.

Linnartz, Kaspar: Unsere Familiennamen, 2 Bde., Bonn 1958.

Manns, Peter (Hrsg.): Die Heiligen in ihrer Zeit, 2 Bde., Mainz ³1967.

Manns, Peter (Hrsg.): Die Heiligen. Alle Biographien zum Regionalkalender für das deutsche Sprachgebiet, Mainz 1975.

Mazakarini, Leopold K.: Die Attribute der Heiligen. Die Symbole in der mittelalterlichen Kunst, Wien 1985.

Meingast, Fritz: Unsere Bayerischen Nothelfer, München 1982.

Melchers, Erna und Hans: Das große Buch der Heiligen. Geschichten und Legenden im Jahreslauf, München 1978.

Molinari, Paolo: Die Heiligen und ihre Verehrung, Freiburg/Basel/Wien 1964.

Moll, Helmut (Hrsg.): Zeugen für Christus. Das deutsche Martyrologium des 20. Jahrhunderts, 2 Bde., Paderborn/München 1999.

Müller, Gerhard Ludwig: Gemeinschaft und Verehrung der Heiligen. Geschichtlich-systematische Grundlegung der Hagiologie, Freiburg/Basel/Wien 1986.

Neubner, Joseph: Die heiligen Handwerker, Münster 1929.

Nied, Edmund: Heiligenverehrung und Namengebung, Freiburg 1924.

Nouveau Lexique des fetes à souhaiter. Centre national de pastoral liturgique, Paris 1971.

Pernoud, Regine: Die Heiligen im Mittelalter. Frauen und Männer, die ein Jahrtausend prägten, Bergisch-Gladbach 1988.

Pfister, Herta: Der an uns Gefallen findet. Frauen im Alten Testament, Freiburg 1986.

Réau, L.: Iconographie de l'art chrétien, III. Iconographie des Saints, 3 Bde., Paris 1958–59.

Reclams Lexikon der Heiligen und der biblischen Gestalten. Legende und Darstellung in der christlichen Kunst, hrsg. von Hiltgart L. Keller, Stuttgart ⁶1987.

Reclams Namenbuch. Die wichtigsten deutschen und fremden Vornamen mit ihren Ableitungen und Bedeutungen, hrsg. von Theo Herrle, Stuttgart ¹¹1970.

Roeder, Helen: Saints and their Attributes. With a Guide to Localities and Patronage, London/New York/Toronto 1955.

Röse, Dirk: Die 111 schönsten biblischen Vornamen. Ihre Herkunft und Bedeutung, Stuttgart 1999.

Das *Römische Martyrologium.* Das Heldengedenkbuch der katholischen Kirche, neu übersetzt von Mönchen der Erzabtei Beuron, Regensburg ²1935, ³1962.

Rothemund, B./ Puckett, J.: Gnadenreiche Jesulein, Jesuskindwallfahrtsorte. Entstehung, Geschichte, Brauchtum, 1982.

Sacra Congregatio pro Causis Sanctorum (Hrsg.): Novae Leges pro Causis Sanctorum, Cittá del Vaticano 1983.

Schallweg, Paul: Huif Himmerl. 33 Nothelfer für Leib und Seel, o. O. u. J. (1982).

Schmitz, Hans Josef: Von heiligen Menschen. Leben, Texte und Geschichte unserer Namenspatrone, Mainz ²1981.

Schnitzler, Theodor: Die Heiligen im Jahr des Herrn, Freiburg i. Br. ⁴1982.

Schreiner, Josef: Heilige – Zeugen für unser Leben, Würzburg 1986.

Schulz, Winfried: Das neue Selig- und Heiligsprechungsverfahren, Paderborn 1988.

Schwaiger, Georg: Bavaria Sancta, 3 Bde., Regensburg 1970–73.

Seifert, Traudl (hrsg. von J. E. Schuler): Heilige in Kunst und Legende, München 1973.

Senger, Basilius: 2000 Vornamen. Ihre Deutung und ihre Patrone mit dem neuen Heiligenkalender, St. Augustin 1972.

Seuffert, Josef: Lebendige Zeichen. Kleine Fibel christlicher Symbole, Freiburg/Basel/Wien [2]1984.

Sieger, Marcus: Die Heiligsprechung. Geschichte und heutige Rechtslage (Forschungen zur Kirchenrechtswissenschaft, Bd. 23), Würzburg 1995.

Stadler, J. E. / Ginal, J. N.: Vollständiges Heiligenlexikon, 5 Bde., Augsburg 1858–82. Nachdruck Hildesheim/NewYork 1975.

Taschenbuch der Vornamen. München 1973.

Thrasolt, Ernst: Das Martyrologium Germaniens, Dülmen 1939.

Torsy, Jakob: Lexikon der deutschen Heiligen, Seligen, Ehrwürdigen und Gottseligen, Köln 1959.

Torsy, Jakob: Die Eigenkalender des deutschen und niederländischen Sprachgebietes mit besonderer Berücksichtigung der Erzdiözese Köln (Studien zur Kölner Kirchengeschichte, Bd. 14), Siegburg 1977.

Unsere Namenspatrone in Wort und Bild, hrsg. vom Neuland-Verlag Joseph Bösl, München-Pasing, jetzt Spann-Verlag, Kreuzberg o.J.

Van der Schaar, J.: Woordenboek van Voornamen. Inventarisatie van de doop – en roepnamen met hun etymologie (Aula-Boeken 176), Utrecht/Antwerpen 1970.

Veraja, Fabijan: La Beatificatione. Storia problemi prospettive, Roma 1983.

Vies des Saints et des Bienheureux par les RR, PP. Bénédictins de Paris, 13 Bde., Paris 1935–59.

Vinel, André: Le Livre des Prenoms selon le nouveau calendrier, Paris 1972.

Vornamen in ihrer richtigen Schreibung und Bedeutung, hrsg. vom Fachverband der österreichischen Standesbeamten, Wien 1953.

Walterscheid, Johannes: Deutsche Heilige. Eine Geschichte des Reiches im Leben deutscher Heiliger, München 1934.

Warncke, Carsten-Peter: Bavaria Sancta – Heiliges Bayern. Die altbayerischen Patrone aus der Heiligengeschichte des Matthaeus Rader (Die bibliophilen Taschenbücher, Nr. 280), Dortmund 1981.

Wasserzieher, Ernst: Hans und Grete. Zweitausend Vornamen erklärt, Bonn [18]1972.

Watteck, Nora: Einsiedler. Inklusen, Eremiten, Klausner und Waldbrüder im Salzburgischen, Salzburg 1972.

Welker, Klaus (Hrsg.): Heilige in Geschichte, Legende, Kult. Beiträge zur Erforschung volkstümlicher Heiligenverehrung und zur Hagiographie. Wolfgang Müller zugeeignet, Karlsruhe 1979.

Wimmer, Otto: Die Attribute der Heiligen, Innsbruck/Wien/München 1964.

Wimmer, Otto: Handbuch der Namen und Heiligen mit einer Geschichte des christlichen Kalenders, Innsbruck/Wien/München [3]1966.

Wimmer, Otto / Melzer, Hartmann: Lexikon der Namen und Heiligen. Bearbeitet und ergänzt von Josef Gelmi, 6. verb. u. erg. Aufl., Innsbruck/Wien/München 1988.

Zimmermann, Alfons M.: Kalendarium Benedictinum. Die Heiligen und Seligen des Benediktinerordens und seiner Zweige, 4 Bde., Metten 1933 38.

Ordensnamen

Hinweis: Nicht bei allen in diesem Werk vorkommenden Orden, Kongregationen, Gesellschaften oder Gemeinschaften war es möglich, deren Abkürzung ausfindig zu machen. Manche von ihnen gibt es heute auch nicht mehr. Herausgeber und Verlag sind dankbar für ergänzende Mitteilungen.

Aachener Elisabetherinnen/Franziskanerinnen des Dritten Ordens v. d. hl. Elisabeth (STFE)
Albertiner-Brüder/Brüder im Dritten Orden des hl. Franziskus (–)
Albertiner-Schwestern/Schwestern im Dritten Orden des hl. Franziskus (–)
Alcantariner-Franziskaner (OFMDisc/OFMAlc)
Annunziat(inn)en/Orden von der Verkündigung Marias (OAnnM)
Antoniusorden/Antoniter (OAnt)
Arme Diener und Arme Dienerinnen der Göttlichen Vorsehung (PSDP)
Arme Dienstmägde (Jesu) Christi (AD)
Arme Franziskanerinnen von der ewigen Anbetung (–)
Arme Regularkleriker der Mutter Gottes/Piaristen (SP)
Arme Schulschwestern U. L. Frau (SSND)
Arme Schwestern vom hl. Franziskus (SPSF)
Arnsteiner Patres/Picbus-Patres (SSCC)
Augustiner-Eremiten, Beschuhte/Augustiner(innen) (seit 1969: OSA)
Augustiner-Chorherren (CRSA/CSA)
Augustiner-Chorfrauen/Kongregation der sel. Jungfrau Maria (CBMV)
Augustiner-Rekollekten (ORSA)

Barmherzige Brüder, Gent (CCF)
Barmherzige Brüder, Frati Bibi (CFC)
Barmherzige Brüder, Mecheln (FDM)
Barmherzige Brüder des hl. Johannes von Gott (OSJdD)
Barmherzige Brüder von Maria Hilf (Trier) (FMMA)
Barmherzige Brüder von Montabaur (FMM)
Barmerhzige Schwestern des hl. Vinzenz von Paul (FdC)
Barmherzige Schwestern vom hl. Joseph/Sisters of Charity (–)
Barmherzige Schwestern vom Heiligen Kreuz (–)
Barnabiten/Regularkleriker vom hl. Paulus (CRSP)
Basilianer vom hl. Josaphat (OSBM/ OBasSJos)
Basilianer von Grottaferrata (OSBI/OBasIt)
Benediktiner(innen) (OSB)
Benediktinerinnen von der ewigen Anbetung (OSBSSSacr)
Benediktineroblatinnen (OblOSB)
Birgitten/Orden vom Heiligsten Erlöser (OSBirg/OSSalv)
Borromäerinnen (–)
Brüder der christlichen Schulen (FSC)
Brüder im Dritten Orden des hl. Franziskus/Albertiner-Brüder (–)

Bruderschaft der Bewahrung und Belebung des Glaubens (–)
Bußschwestern vom hl. Dominikus (–)

C siehe auch unter K
Canossianerinnen/Canossa-Schwestern (FCC/FdCC)
Caritas- und Schulschwestern von St.-Gildrad (–)
Cellitinnen (–)
Chorfrauen U. L. Frau (–)
Chorherren, Regulierte (CanA/CanReg)
Christliche Schulbrüder (FSC)
Claretiner/Missionare des Unbefl. Herzens Marias (CMF)
Clemensschwestern (–)
Comboni-Missionare (MCCJ)

Deutschordenspriester/Deutscher Orden (OT)
Dienerinnen des allerheiligsten Altarsakramentes (–)
Dienerinnen des heiligen Herzens Jesu (–)
Dienerinnen des heiligen Herzens Jesu und der Armen (–)
Dienerinnen des hl. Herzen Jesu zum Unterricht und zur apostolischen Tätigkeit (–)
Dienerinnen Jesu der Liebe (SdJ)
Dominikaner (OP)
Dominikanerinnen/Schwestern vom Dritten Orden des hl. Dominikus (OSD)
Dorotheenschwestern (SSD)
Dritter (weltlicher) Orden des hl. Franziskus (OSF)

Englische Fräulein/Maria-Ward-Schwestern/Institut der sel. Jungfrau Maria (IBMV)
Eremiten vom hl. Franz(iskus) v. Assisi/Paulaner (OM)
Erlöserorden/Birgittenorden (OSBirg)
Eucharistiner/Kongregation der Priester vom hl. Sakrament (SSS)
Eudisten/Kongregation von Jesus und Maria (CJM)

Franziskaner/Minderbrüder (OFM)
Franziskanerinnen (OSF)
Franziskanerinnen des Dritten Ordens v. d. hl. Elisabeth/Aachener Elisabethinnen (STFE)
Franziskanerinnen v. d, christlichen Liebe/Hartmannschwestern (–)
Franziskanerinnen v. d. Unbefleckten Empfängnis (–)
Franziskanerbrüder/-rinnen v. Waldbreitbach (TFSC)
Franziskaner-Missionsschwestern von Maria Hilf (–)
Franziskaner-Oberservanten (OFMObs)
Franziskaner-Rekollekten (OFMRec)
Franziskaner-Terziarinnen/Dritter (weltlicher) Orden des hl. Franziskus (OFS)
Franziskus-Xaverius-Missionsverein/Xaverianer (SX)

Gemeinschaft der Priester von den heiligsten Wundmalen unseres Herrn Jesus Christus/Stigmatiner (CSS)
Genossenschaft der Armen Brüder vom hl. Franziskus (–)
Genossenschaft der Armen Schwestern vom hl. Franziskus (SPSF)
Genossenschaft der christlichen Schulbrüder (FSC)

Genossenschaft der Franziskanerinnen von der hl. Familie (–)
Genossenschaft der regulierten Kleriker der frommen Schulen/Piaristen (SP)
Genossenschaft der Schwestern der hl. Teresa von Jesus (–)
Genossenschaft der Schwestern vom Armen Kinde Jesu (–)
Gesellschaft der hl. Ursula/Ursulinen (OSU)
Gesellschaft der Ordensfrauen vom heiligsten Herzen Jesu/Sacre Coeur (SC)
Gesellschaft der Töchter des hl. Franz von Sales (–)
Gesellschaft des hl. Franz Xaver für auswärtige Missionen/Xaverianer (SX)
Gesellschaft Jesu/Jesuiten (SJ)
Gesellschaft Marias/Maristen (SM)
Gesellschaft Marias/Montfortaner (SMM)
Gilbertiner (–)
Graue Schwestern/Töchter der Liebe von Besançon (STFE)

Hartmannschwestern (–)
Hedwigschwestern (–)
Herz-Jesu-Missionare (SC)
Hieronymiten (OESH)
Hospitalorden der Barmherzigen Brüder (HO)
Hospitalschwestern vom heiligsten Herzen Jesu (–)

Ingenbohler Schwestern (–)
Institut der Barmherzigen Schwestern Dienerinnen Jesu (–)
Institut der hl. Magdalena von Canossa (FdCC)
Institut der kleinen Schwestern für die verlassenen Greise (–)
Institut der sel. Jungfrau Maria/Maria-Ward-Schwestern/Englische Fräulein (IBMV)
Institut von der christlichen Nächstenliebe (–)
Italienische Basilianer (von Grottaferrata) (OSBI)

Jesuiten/Gesellschaft Jesu (SJ)

K: siehe auch unter C
Kalasantiner (COp)
Kamaldulenser (OSBCam)
Kamillianer/Regularkleriker zum Dienst an den Kranken (MI)
Kapuziner (OFMCap)
Kapuzinerinnen (OSClCap)
Karmelit(inn)en, Beschuhte (OCarm)
Karmelit(inn)en, Unbeschuhte (OCD)
Karmelitinnen der Liebe (–)
Karmelitinnen vom heiligsten Herzen Jesu (DCJ)
Kartäuser(innen) (OCart)
Katharinerinnen (–)
Klarissen (OSCl)
Klarissen-Kapuzinerinnen (OSClCap)
Kleinste Schwestern der Schmerzensmutter (–)
Kongregation der Maristen/Gesellschaft Mariens (SM)
Kongregation der Mission/Lazaristen/Vinzentiner (CM)

Kongregation der Priester für die auswärtigen Missionen (–)
Kongregation der Priester vom hl. Sakrament/Eucharistiner (SSS)
Kongregation der sel. Jungfrau Maria/Augustiner-Chorfrauen (CBMV)
Kongregation der sel. Jungfrau Maria von der Barmherzigkeit (–)
Kongregation des allerheiligsten Erlösers/Redemptoristen (CSsR)
Kongregation Jesus und Maria/Eudisten (CJM)
Konventualen/Minoriten/Schwarze Franziskaner (OFMConv)

Lazaristen/Kongregation der Mission/Vinzentiner/Pauliner (CM)

Mägde Mariens, Dienerinnen der Kranken (–)
Mägde Mariens von der Unbefl. Empfängnis (–)
Mariahilfschwestern/Salesianerinnen Don Boscos (OVM)
Marianer (MIC)
Maria-Ward-Schwestern/Englische Fräulein/Institut der sel. Jungfrau Maria (IBMV)
Maristen/Gesellschaft Marias (SM)
Maristen-Schulbrüder (FMS/PMF)
Mercedarier/Nolasker (OdeM)
Minimen/Paulaner (OMinim)
Minoriten/Konventualen/Schwarze Franziskaner (OFMConv)
Missionare/Missionsschwestern vom Kostbaren Blut (CPPS)
Montfortaner/Gesellschaft Marias (SMM)

Nolasker/Mercedarier (OdeM)
Norbertiner/Prämonstratenser (OPraem)

Oratorianer (Or)
Oratorium vom hl. Franz von Sales/Salesianer Don Boscos (SDB)
Orden der französischen Annunziatinnen (OAnnM)
Orden der Heimsuchung Marias/Salesianerinnen des hl. Franz von Sales (OVM)
Orden vom Heiligsten Erlöser/Birgitten (OSBirg)
Orden vom Leiden Christi/Passionisten (CP)
Orden von der Unbefleckten Empfängnis (CFIC)
Orden von der Verkündigung Marias/Annunziatinnen (OAnnM)

Pallottiner (SAC)
Passionisten/Kongregation vom Leiden Christi (CP)
Paulaner/Minimen (OMinim)
Piaristen/Genossenschaft der regulierten Kleriker der frommen Schulen (SP)
Picbus-Patres/Arnsteiner Patres (SSCC)
Prämontratenser/Norbertiner (OPraem)
Predigerorden/Dominikaner (OP)
Priester für die auswärtigen Missionen (–)

Redemptoristen/Kongregation des allerheiligsten Erlösers (CSsR)
Redemptoristinnen (OSsR)
Regularkleriker vom hl. Paulus/Barnabiten (CRSP)
Regularkleriker zum Dienst an den Kranken/Kamillianer (MI)

Regulierte Chorfrauen U. L. Frau (–)
Regulierte Augustiner-Chorherren/Augustiner (CanA[ug]/CSA)
Regulierte Chorherren (CR/CanReg)
Regulierte Kanoniker (CR)
Rosenkranzbruderschaft (–)

Sacré-Cur-Schwestern (SC)
Salesianer des hl. Johannes Don Boscos (SDB)
Salesianerinnen des hl. Franz von Sales/Orden der Heimsuchung Mariens (OVM)
Salesianerinnen Don Boscos/Mariahilfschwestern (OVM)
Salvatorianer (SDS)
Salvatorianerinnen (SorDS)
Schulbrüder des hl. Johann Bapist de la Salle (FSC)
Schwertbrüder(orden) (–)
Schwestern der christlichen Liebe (SCC)
Schwestern der hl. Anna von der Vorsehung (–)
Schwestern im Dritten Orden des hl. Franziskus (OSF)
Schwestern U. L. Frau vom Coenaculum (–)
Schwestern U. L. Frau vom Trost (–)
Schwestern U. L. Frau von der Liebe und Zuflucht (–)
Schwestern U. L. Frau von Montreal (–)
Schwestern U. L. Frau von Namur (–)
Schwestern vom armen Kinde Jesu (–)
Schwestern vom Göttlichen Heiland/Salvatorianerinnen (FDS)
Schwestern vom hl. Paulus (FSP)
Schwestern vom Heiligsten Sakrament (–)
Schwestern von den heiligsten Herzen Jesu und Marias, Rom (MSSCC)
Schwestern von der hl. Elisabeth/Graue Schwestern (STFE)
Schwestern von der schmerzhaften Mutter (–)
Schwestern von der Göttlichen Vorhersehung (SDP)
Servit(inn)en (OSM)
Sisters of Charity/Barmherzige Schwestern vom hl. Josef (–)
Somasker (CRS)
Spiritaner/Väter vom Hl. Geist (CSSp)
Steyler Missionare/Gesellschaft des Göttl. Wortes (SVD)
Steyler Missionsschwestern/Anbetungsschwestern (SSpS)
Stigmatiner/Gemeinschaft der Priester von den heiligen Wundmalen unseres Herrn Jesus Christus (CPS)

Theatiner (CR/OTheat)
Töchter der Liebe vom hl. Vinenz von Paul/Vinzentinerinnen (FdC)
Töchter der Göttlichen Liebe (FDC)
Töchter der Liebe von Besançon/Graue Schwestern (STFE)
Töchter des Heiligsten Herzens Jesu (–)
Töchter Marias, Hilfe der Christen/Don-Bosco-Schwestern (FMA)
Töchter vom heiligen Kreuz (FCr)
Trappist(inn)en/Zisterzienser(inn)en v. d. strengen Observanz (OCR)
Trinitarier(innen) (OST/OTrin)

Unbeschuhte Karmelit(inn)en (OCD)
Unbeschuhte Trinitarier (OSTDisc)
Ursulinen (OSU)
Vallombrosaner(innen) (CVUOSB)
Vinzentiner (CM)
Vinzentinerinnen/Töchter der Liebe des hl. Vinzenz von Paul (FdC)
Vinzentinerinnen (SCVP/FdC)

Wilhelmiten (–)

Xaverianer/Gesellschaft des hl. Franz Xaver für auswärtige Missionen (SX)

Zisterzienser(innen) (OCist)